De collectioneur

Edited by Leon van den Broeke (Amsterdam / Kampen)

in cooperation with
Klaas-Willem de Jong (Amsterdam / Groningen)
Pieter T. Pel (Kampen)
Herman J. Selderhuis (Apeldoorn)
Johannes Smit (Potchefstroom)
Kathy Smith (Grand Rapids)

LEON VAN DEN BROEKE (ED.)

De collectioneur

De kerkrechtelijke nalatenschap
van D. Deddens

Summum

Deze uitgave is mede mogelijk gemaakt door een bijdrage van het Deddens Kerkrecht Centrum.

© 2018 Summum Academic Publications
Kampen
www.summumacademic.com

Omslagontwerp: Brainstorm
Opmaak binnenwerk: Gewoon Geertje

ISBN 9789492701039
ISSN 2590-0404

Alle rechten voorbehouden. Niets uit deze uitgave mag worden verveelvoudigd, opgeslagen in een geautomatiseerd gegevensbestand of openbaar gemaakt in enige vorm of op enige wijze, zonder voorafgaande schriftelijke toestemming van de uitgever.

Rector D. Deddens – ADD, ADC Kampen

Ter nagedachtenis aan

Detmer Deddens (1923-2009)

en

Ariena Adriana Deddens-Koppe (1923-2010)

Bibliofilie kan gemakkelijk overgaan in bibliomanie, en daar zijn ook alweer tal van boeken aan gewijd. Als God ons voor korte tijd in dit leven wat boeken toevertrouwt, zal nooit ons hart daaraan mogen hangen, hoe mooi en zeldzaam ze ook mogen zijn. Het is alles genade, en wij zelf zullen zijn bezittende als niet bezittende.

D. Deddens, "Wat is het oude boek?" in *ND*-Boekenbijlage 29 september 1973, 23.

Inhoudsopgave

Woord vooraf – W.O. Deddens,
voorzitter Deddens Kerkrecht Centrum   9

Afkortingen   11

Inleiding   13

1. Een biografie   27

2. Prof. Dr. S. Greijdanus en het Gereformeerde Kerkrecht
   – Artikel 1948   101

3. Greijdanus over zijn leven – Verslag interview 1968   147

4. De verdwijnende ouderling: Het wegvallen van het
   ouderlingenambt in de congregationalistische kerken
   van Massachusetts – Inaugurele rede 1979   181

5. Toespraak D. Deddens ter gelegenheid van zijn
   inaugurele rede 1979   215

6. Unity of Faith – Rede ter gelegenheid van de
   International Council of Reformed Church 1982   219

7. Hoornbeek over het Independentisme – Rectorale rede 1982   263

8. Robert Baillie en Apollonius' "Consideratio" – Artikel 1982   291

9. Synoden bij Robert Parker en in de congregationalistische
   kerkorden van 1648 en 1658 – Artikel 1984   325

10. Congregationalisme: Het namens de congregationalisten
    gegeven antwoord op de complete reeks vragen, hun uit
    Nederland door Apollonius gesteld – Afscheidsrede 1988   343

11. Toespraak J. Douma ter gelegenheid van Deddens'
    afscheid als hoogleraar aan de Theologische Universiteit
    Kampen 1988   371

12. Toespraak J. Kok ter gelegenheid van Deddens' afscheid
    als hoogleraar aan de Theologische Universiteit Kampen 1988   375

"Summiere gegevens" en Aanvullende bibliografie van D. Deddens   379

Bibliografie - gebruikt door Leon van den Broeke   405

Geraadpleegde archiefinstellingen en onderzochte archieven
– gebruikt door Leon van den Broeke   443

Informanten   447

Beeldmateriaal   449

Trefwoordenregister   #

Woord vooraf

Het was in 2001 dat mijn oom Detmer mij opbelde of ik voorzitter wilde worden van het door hem in het leven te roepen Prof. Detmer Deddens Kerkrecht Centrum. "Jongen," zo benadrukte hij, "het zal je nagenoeg geen tijd kosten ... Mag ik op je rekenen?".
We hadden de maanden er voor intensiever contact gekregen over verhuizingen en zijn bibliotheek. Hij had al eerder met me gesproken over op te richten stichtingen en dat hij zijn bibliotheek wilde overdragen aan de Theologische Universiteit in Kampen. Er zou nog heel wat water door de IJssel stromen voordat dit in kannen en kruiken was!

Die bibliotheek waar het om ging kende ik! Het was het decor bij de jacht op spoken in de pastorie in Leeuwarden. Achter elke plank zag hij er wel een, en ik op den duur ook! De verhalen erbij herinner ik mij niet zo, maar ze waren voor mij als vijfjarige niet zozeer eng, wel erg spannend. Toen ik wat ouder was waren de avonturen die hij beleefd had met zijn vriend Bill nòg spannender. Met een grote sigaar in zijn mond en twinkeling in zijn ogen verzon hij z'n verhalen. Of 'vriend Bill' ooit bestaan heeft ...?

In mijn rol als voorzitter van het Deddens Kerkrecht Centrum moest ik groeien en vooral nut en waarde van gereformeerd kerkrecht ontdekken. Inmiddels had het echtpaar Deddens twee andere stichtingen in het leven geroepen. Eén daarvan was een stichting die de lang gekoesterde wens moest verwezenlijken dat er een bundel zou komen met de niet eerder uitgegeven oraties die hij aan de Theologische Hogeschool Kampen had uitgesproken. Daarbij had hij ook aangegeven dat er enkele reeds gepubliceerde artikelen moesten worden opgenomen. Deze stichting zag geen kans dit te realiseren en is vervolgens ontbonden, waarbij de beschikbaar gestelde financiële middelen zijn overgedragen aan het Deddens-Koppe Fonds.

Met de komst van Leon van den Broeke als universitair docent Kerkrecht aan de Theologische Universiteit Kampen werd ook de vacature van directeur van het Deddens Kerkrecht Centrum weer vervuld en konden we als bestuur (prof. dr. Chris Kruse, mr. dr. Pieter T. Pel en ondergetekende) de missie en aandachtspunten van DKC herdefiniëren. Mijn waardering voor kerkrecht in het algemeen en in het bijzonder gereformeerd kerkrecht is inmiddels behoorlijk aangewakkerd en ik ben overtuigd geraakt dat het vakgebied ecclessiologie van grote waarde is voor vele facetten van de opleiding theologie. Ten onrechte heeft kerkrecht een stoffig imago (gekregen) en ook de studie van het congregationalisme raakt actuele vraagstukken in onze (gereformeerde) kerken.

Wij zijn verheugd dat we samen met het bestuur van het Deddens-Koppe Fonds nu aan de lang gekoesterde wens van Detmer Deddens hebben kunnen voldoen. Hoewel zijn professoraat relatief kort is geweest, is hij zijn hele leven lang geboeid geweest door het historische Kerkrecht. Hij is op dat spoor gezet door prof. P. Deddens sr. en stond daarmee in de lijn van prof. G. Voetius, prof. F.L. Rutgers en prof. S. Greijdanus. Mijn opa Pieter Deddens was de eerste hoogleraar met een ecclesiologische leeropdracht aan de Theologische Hogeschool aan de Broederweg. Hij heeft niet alleen de kerkrechtelijke toon gezet voor de Gereformeerde Kerken vrijgemaakt, maar ook voor zijn oudste zoon Detmer en daarmee diens wetenschappelijke en bibliofiele interesse aangewakkerd en vormgegeven.

Het is mijn wens dat deze bundel mag bijdragen aan een beter begrip van het leven en de studies van Detmer Deddens. Ik hoop dat het werk vanuit het Deddens Kerkrecht Centrum (DKC) een aandeel mag leveren aan een groeiende (internationale) belangstelling en bestudering van stichting, wezen en structuur van de kerk.

Het verheugt me dat onze directeur tegelijk werkt aan een bundel van niet-uitgegeven oraties van mijn opa en ik zie uit naar de volgende boekpresentatie, het verzameld werk van P. Deddens sr.

Goes, 15 mei 2018

Bestuur van het Deddens Kerkrecht Centrum,
Wicher O. Deddens,
Voorzitter

Afkortingen

ADC	Archief- en Documentatiecentrum Gereformeerde Kerken in Nederland, Kampen
ADD	Archief D. Deddens
AGKL	Archief Gereformeerde Kerk vrijgemaakt Leeuwarden
AGKWS	Archief Gereformeerde Kerk vrijgemaakt Wetsinge-Sauwerd
AGOS	Archief G.O. Sander
AHJCCJW	Archief H.J.C.C.J. Wilschut
AJK	Archief J. Kamphuis
AKHCL	Archiefbewarende Kerk Harlingen Classis Leeuwarden
AKMCH	Archiefbewarende Kerk Mariënberg Classis Hardenberg/Ommen
ALAV	Archief L.A. Valkema
APD	Archief P. Deddens sr.
ATU	Archief Theologische Universiteit Kampen (Broederweg)
BLGNP	*Biografisch Lexicon voor de Geschiedenis van het Nederlands Protestantisme*
GACG	Groninger Archieven: Regionaal Historisch Centrum, Classis Groningen
GKN	Gereformeerde Kerken in Nederland (synodaal)
GKv	Gereformeerde Kerken in Nederland (vrijgemaakt)
GS	Generale Synode
De Ref.	*De Reformatie: Weekblad tot ontwikkeling van het gereformeerde leven 1945-...*
Handboek	*Handboek van de Gereformeerde Kerken in Nederland vrijgemaakt 1945-...*
De Heraut	*De Heraut voor de Gereformeerde Kerken in Nederland 1913-...*
Informatieboek	*Informatieboekje van de Nederlands Gereformeerde Kerken 1974-...*
Jaarboek	*Jaarboek ten dienste van de Gereformeerde Kerken in Nederland 19..*
ND	*Nederlands Dagblad*
RD	*Reformatorisch Dagblad*

Inleiding

Bundel
Een drieluik moest het worden. Dat was de creatieve vondst van D. Deddens (1923-2009), hoogleraar aan de Theologische Universiteit Kampen van de GKv, nadat hij er eerder niet in was geslaagd zijn inaugurele rede (1979), rectorale rede (1982) noch afscheidsrede (1988) voor publicatie gereed te maken. Hij had zich voorgenomen na zijn pensionering aan zo'n bundel toe te komen.[1] Hij schreef over dit plan in 1988 aan zijn collega J. Kamphuis.[2] Later voegde hij eraan toe dat er drie door hemzelf geselecteerde en al gepubliceerde artikelen aan de bundel zouden moeten worden toegevoegd. De laatste veertien jaar van zijn leven was hij bezig met zijn erfenis in de meest brede zin van het woord: zijn boeken, zijn theologische nalatenschap en de (historisch-)kerkrechtelijke kennis en kunde die hij had opgebouwd. Maar ook daarvoor al, tijdens zijn arbeidzame leven, probeerde hij de manier waarop mensen zich hem en zijn werk zouden moeten herinneren te registreren. In samenspraak met anderen kwamen hij en zijn vrouw A. Deddens-Koppe (1923-2010) tot de oprichting van drie stichtingen.

Deddens Kerkrecht Centrum
Zij riepen in 2002 de 'Stichting Prof. Detmer Deddens Kerkrecht Centrum' in het leven. Door gesprekken met zijn opvolger, M. te Velde,[3] had dit vorm en inhoud gekregen. Deddens wist niet goed wat hij met zijn boekenschat aan moest. Hij wilde ze wel schenken aan de Theologische Universiteit Kampen, maar stelde als voorwaarde dat er een kamer in de universiteitsbibliotheek zou komen die zijn naam zou dragen. Als doelstelling van deze stichting werd geformuleerd: 'het bevorderen van de studie en de kennis van het kerkrecht, inzonderheid van het gereformeerde kerkrecht'.[4] De stichting beoogt dit te verwezenlijken door:

---

1 F. van der Pol, e-mailwisseling met editor, 1 mei 2018.
2 J. Kamphuis (1921-2011), predikant Ferwerd en Hallum 1948, Bunschoten-Spakenburg 1951 en Rotterdam-Delfshaven 1955, emeritus-predikant 1958, hoogleraar Theologische Hogeschool Kampen 1958, hoogleraar Dogmatiek Kampen 1979, emeritus-hoogleraar 1987; *Handboek 2012*, 511-521.
3 Mees te Velde, predikant Neede 1975, Enschede-Oost 1982, emeritus-predikant 1988, hoogleraar 1989, emeritus hoogleraar 2015; *Handboek 2018*, 108.
4 Art. 2 van de statuten, geraadpleegd 22 maart 2017, http://kerkrecht.nl/content/stichting-%E2%80%98prof-detmer-deddens-kerkrecht-centrum%E2%80%99.

a het inrichten en instandhouden van een Prof. Detmer Deddens Kerkrecht Centrum — waarin de door de oprichters van de stichting aan de stichting geschonken boeken en documentatie, zijn ondergebracht — in de daartoe met de Theologische Universiteit van de Gereformeerde Kerken in Nederland, Broederweg 15 te Kampen overeengekomen afgesloten ruimte in het 'Linneweeversgildehuys', naast de Dr. R.J. Dam-kamer;
b het beheren, toegankelijk maken, aanvullen en up to date houden van de onder a. genoemde collectie in het Centrum;
c het bekendheid geven aan het bestaan en de doelstelling van het Centrum;
d het verlenen van een financiële bijdrage voor het onderzoek ten behoeve van een te publiceren studie op het gebied van het gereformeerde kerkrecht die de kennis daarvan verdiept;
e hetgeen overigens van belang is te achten voor de kennis van het gereformeerde kerkrecht en voor de praktijk van het leven en samenleven van de gereformeerde kerken in binnen- en buitenland.[5]

Deddens Koppe Fonds
Daarnaast riep het echtpaar Deddens de 'Stichting Deddens Koppe Fonds' in het leven. Het doel van deze stichting is 'het verlenen van subsidies/bijdragen voor (in het bijzonder wetenschappelijke) bijdragen op het gebied van de kerkgeschiedenis en het kerkrecht.'[6] Deze bijdragen dienen een confessioneel-gereformeerd karakter te dragen.

Stichting Publicaties Professor Deddens
Het echtpaar Deddens riep nog een derde stichting in het leven. Het doel hiervan was de publicatie van de oraties van Deddens, zijn artikel over Greijdanus en het gereformeerde kerkrecht[7] of het verslag van het interview met prof. S. Greijdanus in de *Almanak* van 1968,[8] zijn artikel over Synoden bij Robert Parker dat reeds gepubliceerd was in de Kamp-

---

5 Geraadpleegd 22 maart 2017, http://kerkrecht.nl/content/stichting-%E2%80%98prof-detmer-deddens-kerkrecht-centrum%E2%80%99.
6 Geraadpleegd 22 maart 2017, http://www.deddenskoppefonds.nl/.
7 D. Deddens, ""Prof. Dr S. Greijdanus en het Gereformeerde Kerkrecht," in *Almanak van het Corpus Studiosorum in Academia Campensi "Fides Quaerit Intellectum,"* (Kampen: Ph. Zalsman, 1948), 54ᵉ jrg., 185-223.
8 D. Deddens, "Greijdanus over zijn leven", in *Almanak van het Corpus Studiosorum in Academia Campensi "Fides Quadrat Intellectum" 1968-1969,* (Kampen: Zalsman, [1969]), 66-88.

huis-bundel[9] en zijn artikel over Robert Baillie[10] en Apollonius'[11] *Consideratio* dat reeds gepubliceerd was in de *Almanak* van 1982.[12]

Aangezien het bronnenmateriaal bij de inaugurele en de rectorale redes zoek was geraakt en door de verslechterende lichamelijke en mentale gezondheid van Deddens, is het werk aan de publicatie van genoemde geschriften gestaakt en is deze stichting in 2013 ontbonden. Allen die ooit door Deddens zijn gevraagd zijn oraties en de door hem verlangde bundel het licht te doen zien en met hem hebben moeten samenwerken, verdienen respect. Het werken hieraan vereiste van hen flexibiliteit, incasseringsvermogen en veel geduld. Het was bij Deddens niet gauw goed. Wie hem heeft gekend, weet dat hij perfectionistisch en specialistisch was. Hij creëerde zelf graag die mythe. Perfectionisme en specialisme vormden een uitstekend alibi om (nog) niet te kunnen publiceren. Hieraan zit echter ook een keerzijde. P. Schelling[13] spreekt van die remmende hang naar het perfecte; hij hoorde af en toe in de twee gemeenten die hij na hem diende hoe ver dat ging.[14] Het was mede de reden dat Deddens nooit de doctorsgraad heeft weten te behalen, maar daarover later meer.

Niet-uitgegeven werk P. Deddens sr.
Wat betreft het niet kunnen uitgeven van zijn eigen oraties bevond Deddens zich in goed gezelschap. Ook zijn vader, P. Deddens sr., was niet in

---

9   D. Deddens, "Synoden bij Robert Parker en in de congregationalistische kerkorden van 1648 en 1658," *Bezield verband: Opstellen aangeboden aan prof. J. Kamphuis bij gelegenheid van zijn vijfentwintig-jarig ambtsjubileum als hoogleraar aan de Theologische Hogeschool van De Gereformeerde Kerken in Nederland te Kampen op 9 april 1984*, ed. M. Arntzen (Kampen: Van den Berg), 1984, 46-57.

10 Robert Baillie (1602-1662) onderwees aan de universiteit van Glasgow 1625-1631, predikant Kilwinning, legerpredikant 1639-1640, professor 1642; Alexander D. Campbell, *The Life and Works of Robert Baillie (1602-1662): Politics, Religion and Record-Keeping in the British Civil Wars*, (Woodbridge: Boydell Press, 2017) (*St. Andrews Studies in Scottish History*); "Robert Baillie," geraadpleegd 13 februari 2018, http://www.universitystory.gla.ac.uk/biography/?id=WH0007&type=P.

11 Willem/Guilelmus Apollonius (1603-1657), predikant Sint Anna Ter Muiden 1627, Middelburg 1631, tevens hoogleraar aan de Illustre School aldaar (1652-1657); D. Nauta, "Apollonius, Willem (Guilelmus)," in *BLGNP* 2, 30-32.

12 D. Deddens, "Robert Baillie en Apollonius' "Consideratio", in: *Almanak van het Corpus Studiosorum in Academia Campensi "Fides Quadrat Intellectum"* (Kampen: Zalsman, 1982), 91-115.

13 P. Schelling, predikant Wetsinge-Sauwerd 1966, Middelburg 1969, Leeuwarden 1979, 's-Hertogenbosch 2000, emeritus 2003; geraadpleegd 5 april 2018, www.gkv.nl.

14 P. Schelling, brief aan de editor, 20 maart 2018.

staat geweest al zijn oraties gepubliceerd te krijgen.[15] Dat lag niet zozeer aan het feit dat hij perfectionistisch was, zoals zijn zoon Detmer, maar dat hij in 1958 onverwacht overleed.[16] Hij had het werken aan de publicaties voor zich uit moeten schuiven tot zich een rustig moment aandiende, maar het mocht er niet meer van komen. Het was al bijzonder dat Deddens sr. naast zijn vele werkzaamheden als adviseur in kerkrechtelijke aangelegenheden en bij gerechtelijke processen vanwege de Vrijmaking in staat was te schrijven voor de kerkelijke pers. Detmer schreef in 1994 na het overlijden van zijn vader:

> Het is mijn Vader niet beschoren geweest, naar zijn wens en voornemen meerdere resultaten zijner studien in boekvorm uit te geven. Hij hoopte, na de beëindiging van de actieve hoogleraarsdienst, waarin al deze jaren zoveel extra-arbeid ten behoeve van de kerken werd gevraagd, de tijd en de rust te vinden, die hem in staat zouden stellen zijn rectorale redevoeringen en andere verhandelingen in het licht te geven. De Here heeft het anders beschikt. De geschriften op wetenschappelijk gebied, die sub reservatione Jacobi (onder voorbehoud van Jacobus, Jac. 4:15, K.D.) nog zouden worden gepubliceerd, zijn niet meer verschenen en kunnen hier niet worden vermeld. Intussen moge hier wel worden medegedeeld, dat het voornemen bestaat, in ieder geval tot uitgave van de rectorale oraties te komen.[17]

Karel, Detmers jongere broer die voor de familie de bundel redigeerde,[18] voegde zelf aan deze woorden van zijn broer toe: "Helaas is het niet gekomen tot uitgave van de drie genoemde rectorale oraties, vooral omdat het notenmateriaal zo moeilijk te achterhalen was, K.D.)."[19]

In een interview met de journalist P.A. Bergwerff zei Detmer ruim tien jaar eerder: "Maar als een auteur werkstukken van zijn hand niet persklaar heeft nagelaten, kunnen zich allerlei problemen voordoen."[20] Naar achteraf is gebleken, slaat dit ook op zijn eigen niet afgeronde werkstukken; de geschiedenis herhaalt zich met de niet-uitgegeven oraties van Detmer. Er doen zich ook hier 'allerlei problemen' voor. Tegelijk is dat

---

15 J. Kamphuis, "Deddens, Pieter," in *BLGNP* 5, 133-134.
16 Kamphuis, "Deddens, Pieter," 133-134.
17 K. Deddens, Uit het leven van Prof. P. Deddens (1891-1958), onuitgegeven [s.l.: s.n., 1994], Bijlage 13.
18 Deddens, Uit het leven, Bijlage 13.
19 Deddens, Uit het leven, Bijlage 13.
20 "Rector prof. drs. D. Deddens na drie jaar professoraat." *Nederlands Dagblad*-Variant: Schooldag, 1982.

niet een reden hiervoor te zwichten, omdat er ook die andere kant van het niet-uitgeven bestaat, zoals junior over de niet-uitgegeven oraties van zijn vader zei:

> Overigens moet ik zeggen dat deze aangelegenheid me nog steeds na aan het hart ligt en dat het me erg spijt dat de auteur [P. Deddens sr.] zelf niet aan publikatie is toegekomen. Hij heeft de zaak laten liggen tot rustiger tijden, maar die heeft hij niet meer mogen beleven."[21]

Niet pas in 1982, maar al in 1965, en mogelijk nog eerder, hadden de zonen Deddens het plan opgevat de nog niet gepubliceerde oraties van hun vader uit te geven. Karel schreef op 19 november 1965 een brief waarin hij puntsgewijs inging op de vragen die Detmer hem had geschreven. Hun broer Piet had de oraties toegestuurd aan Karel. Hij constateerde dat de herkomst van de citaten uit het Latijn door senior niet was vermeld. Karel was van mening dat dit ook niet hoefde, maar vroeg toch raad aan Detmer. Hij vroeg hem ook wie de leiding van het project op zich zou nemen waarbij hij aantekende dat het uiteraard in overleg met 'moeder' moest gebeuren. Vanwege het aanstaande vertrek van Karel naar Curaçao waren de meeste boeken al ingepakt. Hij liet weten dat hij kort daarvoor Kamphuis had ontmoet en dat die had geadviseerd het boek bij Oosterbaan & Le Cointre in Goes uit te geven. Hij wilde met Detmer (Mariënberg) op maandag 29 november bij hun moeder in Kampen afspreken. Karel zou dan na het verzorgen van lessen aan de Kweekschool in Amersfoort en een afspraak in Paterswolde in Kampen kunnen zijn. Hij stelde Detmer voor ernaar toe te werken dat de uitgave van het boek zou worden aangekondigd op 13 januari 1966, de dag dat senior 75 zou zijn geworden. Het boek is nooit verschenen.

Karel vermeldde ook dat hij dinsdag 23 november voor Detmer naar een 'auctie' zou om te bieden op boeken voor hem. Blijkbaar had Detmer hem gevraagd. Karel vroeg hem tot welke bedragen hij moet bieden. Onbekend is wat Detmers reactie is geweest, welke boeken Karel heeft kunnen aanschaffen en of het een winstgevende deal is geworden.

Een bundel?
Ondanks de fascinatie van Deddens jr. voor het repeterende motief in zijn academische arbeid als het gaat om het gereformeerde en het congregationalistische kerkrecht van de puriteinen in Nieuw Engeland heeft hij

---

21 **"Rector prof. drs. D. Deddens na drie jaar professoraat."**

er weinig over kunnen publiceren. In het algemeen geldt dat hij geen academische veelschrijver was. Op hem is van toepassing hetgeen A. Kuyper[22] over zijn alter ego F.L. Rutgers[23] schreef: 'de drukpers heeft hij nooit vermoeid' en 'een alle ambt-genooten vooruitvliegend ijveraar is hij nooit geweest'.[24] Kuyper roemde Rutgers, maar vond hem geen 'productieven kracht' naast hem als het ging om publiceren.[25] In die zin heeft Deddens iets weg van Rutgers. Tegelijk geldt dat wat Rutgers publiceerde gedegen was voorbereid en met een zo groot mogelijke acribie tot stand kwam dit niet altijd van Deddens geldt. Natuurlijk, een artikel als over het Doleantiekerkrecht in de *Doleantie-Wederkeer*-bundel heeft hij minutieus voorbereid en uitgevoerd.[26] Het voetnotenapparaat beslaat een derde deel van het bijna honderd pagina's tellende hoofdstuk. Toch kan ik me niet aan de indruk onttrekken dat hij bij tijd en wijle verre van perfectionistisch werkte, soms ook slordig was, omdat hij moeite had orde te scheppen in de wetenschappelijke chaos in zijn hoofd.

Aanvankelijk zijn er momenten van aarzeling geweest of de oraties van Deddens wel uitgegeven zouden kunnen worden. Allereerst, niemand kan het zo doen als Deddens het zelf zou hebben gedaan. Ten tweede, de bronverwijzingen bij de inaugurele rede en de afscheidsrede ontbraken en de rectorale rede (handgeschreven) is typografisch verre van uitgewerkt. Net toen ik gereed was met het manuscript kwam bij toeval ergens in het land de voetnoten die behoren bij de inaugurele rede boven water. Ik heb overwogen ze alsnog in te voegen. Uiteindelijk heb ik

---

22 Abraham Kuyper, o.a. promotie tot doctor 1862, predikant Hervormde Gemeente te Beesd 1863, Utrecht 1867, Amsterdam 1870, oprichting *De Standaard* 1872, emeritus 1874 vanwege lidmaatschap Tweede Kamer, oprichter Vrije Universiteit Amsterdam 1880, initator Doleantie 1886, tweede periode lidmaatschap Tweede Kamer 1894, minister-president 1901-1905; G. Puchinger, "Kuyper, Abraham (1837-1920)," geraadpleegd 4 januari 2018, http://resources.huygens.knaw.nl/bwn1880-2000/lemmata/bwn2/kuijper.

23 Frederik Lodewijk Rutgers (1836-1917) predikant hervormde gemeenten Soesterberg 1860, Eibergen 1865, Brummen 1867, Vlissingen 1874, 's-Hertogenbosch 1877, Amsterdam 1878, hoogleraar Vrije Universiteit 1879; D. Nauta, "Rutgers, Frederik Lodewijk," in *Biografisch lexicon voor de geschiedenis van het Nederlands protestantisme* 1 (Kampen: Kok, 1978) 303-304.

24 A. Kuyper, "Het afsterven van mijn trouwen vriend Rutgers," *De Heraut* 20 maart 1917.

25 Kuyper, "Het afsterven".

26 D. Deddens, "Het Doleantie kerkrecht en de Afgescheidenen", in *Doleantie-Wederkeer. Opstellen over de Doleantie van 1886*, eds. D. Deddens en J. Kamphuis (Haarlem: Vijlbrief, 1986), 57-150.

hiervan afgezien, omdat de handgeschreven noten van Deddens verre van volledig zijn. Ook gaf hij niet aan welke noot bij welke zin in de hoofdtekst hoorde. Ten derde ontbreken ook van de rectorale rede voetnoten – voor zover die er ooit zijn geweest. Ik vermoed namelijk van niet. Het lijkt alsof Deddens deze rede onder grote (tijds)druk heeft geschreven. Alleen al het werken aan de voetnoten vanwege de door Deddens aangehaalde citaten heeft me veel arbeidsuren gekost. Elk citaat moest in boeken, artikelen of op het internet worden opgezocht. Vele citaten lieten zich ook niet zomaar vinden. Ten vierde, het was niet altijd duidelijk wat Deddens precies in zijn oraties bedoelde. Tegelijkertijd groeide wel het besef dat het doel van Deddens was, blijkens de oprichting van de derde stichting, om tot publicatie te komen. Hoewel deze bundel in alle bescheidenheid tot stand is gekomen, is toch gemeend de kerkhistoricus, kerkrechtgeleerde en bibliofiel Deddens postuum recht te doen met een bundel met werk van zijn eigen hand. Bovendien worden op deze wijze de oraties aan de anonimiteit en het archief onttrokken. Ook komt hiermee aan het licht dat Deddens een groot kenner van het historische kerkrecht was. Academisch onderzoek moet niet gehinderd worden, maar verdient continuering en doordenking. Anderen kunnen voor hun onderzoek op Deddens' werk voortbouwen; ook dat is immers wetenschap. Door publicatie wordt ook recht gedaan aan de doelstelling van de door het echtpaar Deddens in het leven geroepen eerste stichting, namelijk het bevorderen van de kennis van het gereformeerde kerkrecht. Tenslotte, niet alleen Deddens wordt postuum recht gedaan, maar ook de geschiedenis van zowel de Gereformeerde Kerken vrijgemaakt als de Theologische Universiteit Kampen. Het ontbreken van de oraties vormt tot op heden een lacune in de geschiedschrijving van beiden.

Voordat een eventuele bundel met zijn drie oraties het daglicht zou zien, had Deddens nog een aantal voorwaarden gesteld. Hij stond erop dat zijn bijdrage over S. Greijdanus ook zou worden opgenomen in de bundel met oraties die hij in de periode 1979-1988 had uitgesproken. Niet bekend is welk artikel Deddens precies voor ogen stond. Er is immers het verslag van het interview dat hij Greijdanus afnam enkele weken voor diens overlijden. Deddens publiceerde dit verslag 20 jaar later in de *Almanak F.Q.I.* van 1968-1969.[27] Eerder al, in 1948, had hij een artikel over Greijdanus en het gereformeerde kerkrecht geschreven in de *Almanak F.Q.I.* van 1948, de speciale Greijdanus-editie. Bij gebrek aan duidelijkheid welk artikel Deddens opgenomen wilde hebben, heb ik na overleg

---

27 **Deddens, "Greijdanus over zijn leven".**

besloten voor beide artikelen een plaats in te ruimen in de Deddens-bundel. Daarmee wordt dan ook meteen duidelijk dat Deddens zowel oog had voor de persoon van Greijdanus (het verslag in 1968-1969) als voor diens werk (het artikel in 1948).

Vanwege laatstgenoemde artikel had K.C. van Spronsen (1897-1979) van uitgeverij Oosterbaan & Le Cointre uit Goes Deddens in 1948 gevraagd een werk van biografische aard over Greijdanus te schrijven.[28] Ook dit boek heeft nimmer het licht gezien. Wel heeft Deddens, verzamelaar als hij was, allerlei informatie over Greijdanus verzameld die hij zozeer bewonderde. Greijdanus had op zijn beurt grote bewondering voor F.L. Rutgers. In Greijdanus' studeerkamer hing naast een portret van een voorvader ook een afbeelding van Rutgers. Voor Rutgers was G. Voetius de kampioen van het gereformeerde kerkrecht. Deddens wilde in de voetsporen van zijn illustere voorgangers gaan. De door hem verzamelde informatie zou hem in staat stellen een boek te schrijven over Greijdanus en daarmee over het gereformeerde kerkrecht.

Deddens heeft kort voor Greijdanus' dood op 19 mei 1948, tweemaal urenlang met hem gesproken – op woensdag 24 maart en op dinsdag 13 april. Er volgde nog een kort bezoek op woensdag 28 of donderdag 29 april 1948. Zoals aangegeven, twintig jaar later was Deddens in de gelegenheid het verslag van deze gesprekken in de genoemde *Almanak* te publiceren. Naast de met Greijdanus gedeelde fascinatie voor Rutgers had Deddens nog meer gemeen met hem. Beiden waren zij studeerkamergeleerden. Ook Deddens zou zijn boeken schenken aan de Theologische Universiteit Kampen. Een andere parallel betreft het Greijdanus-Kruithof-fonds en het Deddens Koppe Fonds. En een verdrietige overeenkomst van heel andere aard: beider huwelijk bleven kinderloos.

De bundel
Elk van de acht werken van Deddens die in deze bundel zijn opgenomen, laat ik voorafgaan door een inleidende tekst. Daarmee plaats ik de betreffende oratie of het bewuste artikel van Deddens in een bepaalde context. Voetnoten van Deddens staan niet-vetgedrukt en die van mij **vetgedrukt** onderaan de pagina's.

---

28 **ADC, ADD, Brief K.C. van Spronsen aan Deddens, 18 februari en 8 maart 1948; Brief Deddens aan H.J. Schilder, 21 februari 1958. "Rudolf van Reest" was de pseudoniem van K.C. van Spronsen. Zie over Van Spronsen ook: N. Scheps,** *Interviews over 25 jaar Vrijmaking* **(Kampen: Kok, 1970, passim).**

Het is gebruikelijk wanneer een originele tekst die uitgegeven wordt niet compleet is - woorden of halve zinnen vallen bijvoorbeeld weg of het zinsverband is niet duidelijk - om deze zaken aan te vullen of verduidelijken tussen vierkante haken met daarbij de initialen van de editor. Ter illustratie: 'brs.' wordt dan 'br[oeder]s'. Vooral de rectorale rede bevat veel afkortingen. Deddens heeft deze mogelijk in een korte tijd moeten schrijven en is er niet aan toegekomen zijn rede toen dan wel later zelf te bewerken en uit te werken. Gezien de vele afkortingen en de helderheid heb ik ervan afgezien overal mijn initialen aan de vierkante haken toe te voegen. Dit zou storend werken.

Deddens' oraties betreffen de puriteinse congregationalisten in vooral de kolonie Nieuw Engeland: Massachusetts en Connecticut in de zeventiende eeuw. Maar vanuit het besef dat Deddens zich vooral met het historische kerkrecht bezighield is het uitgeven van dit werk de moeite waard. Bovendien, het algemene onderwerp van het congregationalisme en het aanpalende independentisme is anno 2018 nog steeds actueel. Allerlei kerkelijke leiderschapsstijlen spelen ook nu een rol, zowel in laag- als hoogkerkelijke geloofsgemeenschappen. Ook evangelische geloofsgemeenschappen tonen een veelkleurig palet aan leiderschapsstijlen. De Protestantse Kerk in Nederland is met de aanvaarding van het rapport *Kerk 2025* een nieuwe fase ingegaan door ruimte te durven geven voor elf grotere classes en de benoeming van een gelijk aantal zogeheten 'classispredikanten'. Bij al die historische en actuele ontwikkelingen gaat het blijkbaar steeds weer om de vraag wie er in de gemeente van Christus welke bevoegdheden al dan niet heeft en om welke reden(en). Die vraag past in een maatschappelijke context waarin het voortdurend gaat over leiding, leiderschapsstijl(en) en motieven, en dat niet alleen bij populistische politieke partijen. In een mediacratie kan een leider gemaakt worden, maar ook gebroken. Het is de kracht van zowel het presbyteriaal-synodale als het congregationeel-independentistische stelsel van kerkregering dat samen leiding gegeven wordt aan de kerk van Christus. Voor dat laatstgenoemde kerkrechtstelsel heeft Deddens in zijn drie oraties ruime aandacht gevraagd en dan specifiek zoals dit in Nieuw Engeland (Massachusetts en Connecticut) vorm en inhoud kreeg. Het onderwerp had zijn grote belangstelling en voorliefde. Ondanks dat de eerste van die set oraties bijna meer dan vier decennia geleden werd uitgesproken, is de leiderschapsstijl, de verankering van de bevoegdheden en de wijze waarop het stelsel wordt uitgeoefend nog steeds actueel.

Naast het congregationalisme is er nog een andere factor die Deddens' onderwerpkeuze actueel maakt. Dat betreft de motieven van de *Pilgrim*

Fathers die aan de overzijde van de Atlantische Oceaan een nieuw bestaan vonden waar zij hun geloof konden belijden en beleven. Godsdienstvrijheid is anno 2018 een actueel thema door divergerende opvattingen over enerzijds een te ruime mate en anderzijds een te beperkte of beperkende godsdienstvrijheid, het terugdringen van religie uit het publieke domein en door de migratiestromen over de wereld.

Deddens was een heer en hield van een formele houding en werkwijze. Dat maakt het voor mij lastig om hem consequent met 'Detmer' aan te duiden. Hoewel hij me in de voorbije maanden dierbaar is geworden en dichterbij is gekomen, kan ik er niet om heen hem zoveel mogelijk met 'Deddens' aan te duiden. Wanneer het gaat om de verhouding tot zijn vader duid ik hem nog wel eens aan als 'Deddens jr.' of 'junior' ten opzichte van 'P. Deddens sr.' of 'senior'. Ook maak ik gebruik van deze aanduidingen, bijvoorbeeld als het gaat om zijn broer Karel; dan is het logisch om hem 'Detmer' te noemen om alle verwarring te voorkomen. Vanuit die lijn heb ik zoveel mogelijk geprobeerd personen met hun initialen en achternaam aan te duiden, tenzij er redenen zijn het anders te doen.

Toen ik in 2016 vanuit de Deddenskamer kwam te werken en kennismaakte met zijn nalatenschap viel het mij op dat het in de gesprekken met mijn informanten die met hem hadden (samen)gewerkt of hem goed hebben gekend vooral ging over deze fragmentarische nalatenschap – waarom ontbreken essentiële stukken in zijn archief en heeft hij bepaalde stukken juist wel bewaard? – de oprichting door hem van maar liefst drie verschillende stichtingen en vooral over zijn teleurstelling dat hij in 1958 niet als hoogleraar werd benoemd, de nooit gepubliceerde dissertatie en de evenmin gepubliceerde inaugurele rede, de rectorale rede en zijn afscheidsrede. Dit heeft geleid tot een meer academische biografie, hoezeer deze ook ingebed is in Deddens' kerkelijke context. Voor een biograaf is hij een interessant figuur. Maar, het is steeds een afweging geweest wat er wel of niet in de bundel kon worden opgenomen. Er is geen behoefte hem op te hemelen of zijn verhaal vromer te maken dan het is. Tegelijk mag er, ondanks de ongemakkelijke aspecten van zijn leven en werk, ruim aandacht zijn voor zijn positieve kanten. Uit mondelinge en schriftelijke bronnen, ook geschriften van zijn eigen hand, komt niet altijd een positief verhaal over Deddens naar voren. Anekdotes zijn er vele; ze zijn ook legendarisch. Niet alle verhalen konden in deze bundel worden opgetekend, deels omdat ze te gevoelig liggen en om Deddens te beschermen, deels omdat de informanten ze wel met mij deelden, maar niet met de intentie dat ze zouden worden opgenomen. Ik probeer Deddens te eren en recht te doen. Ik doe dat wel naar eer en geweten. Dat betekent een eerlijke schets op basis van bronnen, zowel mondelinge als schriftelijke. Dat sluit de rafels van het levensverhaal niet uit, maar juist in. Dat leidt voor mij niet tot een diskwalificatie van de persoon Deddens; integendeel, het maakt hem juist tot een mooier mens.

Dankwoord
Tenslotte, de publicatie van deze bundel had niet tot stand kunnen komen zonder de hartelijke en royale medewerking van een aantal personen. Wat was het een voorrecht in de eerste anderhalf jaar van mijn aanstelling als universitair docent aan de Theologische Universiteit Kampen contacten te leggen met velen die Deddens hebben gekend, met hem hebben samengewerkt en zijn sterke en minder sterke kanten konden belichten. In alfabetische volgorde dank ik: prof. dr. E.A. de Boer (oud-student en hoogleraar Kerkgeschiedenis Theologische Universiteit Kampen), de heer I. Bruinsma (archivaris Archiefbewarende kerk Harlingen van de Classis Leeuwarden), prof. dr. J. van Bruggen, (emeritus-hoogleraar Nieuwe Testament Theologische Universiteit Kampen), mevrouw G. Deddens-de Graaf (schoonzus, Hoek), prof. dr. J. Douma (emeritus-hoogleraar Theologische Universiteit Kampen), drs. L.C. van Drimmelen (oud-docent Kerkrecht Faculteit der Godgeleerdheid Vrije Universiteit Amsterdam), ds. T.K. van Eerden (predikant Zuidhorn), ds. A. de Graaf (oud-student-assistent, zendingspredikant Brazilië), mevrouw B.I. Greving (gemeentelid Leeuwarden), dhr. J.E. Greving (oud-gemeentelid Leeuwarden en deputaat-secretaris Classis Leeuwarden), mevrouw T. Greving-de Vries (oud-gemeentelid Leeuwarden), mevrouw T. Haaksema-Douma (gemeentelid Wetsinge-Sauwerd), drs. G. Harmanny (bibliothecaris Theologische Universiteit Kampen), ds. C.J. Harryvan (oud-student en predikant Oekraïnezending Kiev, Oekraïne), de heer M. Heemskerk (oud-gemeentelid Oegstgeest), de heer K. Heijman (koster Gereformeerde Kerk vrijgemaakt 'Morgenster' Leeuwarden), mevrouw M. Hiemstra (gemeentelid Leeuwarden), de heer F. Hoogland (gemeentelid Leeuwarden), ds. L.S.K. Hoogendoorn (oud-student en predikant Uithuizermeeden), prof. dr. P.H.R. van Houwelingen (oud-student en hoogleraar Nieuwe Testament Theologische Universiteit Kampen), drs. M. Janssens (docent Latijn Theologische Universiteit Kampen), prof. dr. B. Kamphuis (emeritus-hoogleraar Dogmatiek Theologische Universiteit Kampen), dr. P. van der Kamp (universitair docent Poimeniek, Diaconaat en Homiletiek en begeleider van studenten Theologische Universiteit Kampen), de heer J. Kansen (vrijwilliger Archief- en Documentatiecentrum

Gereformeerde Kerken in Nederland), prof. dr. G. Kwakkel (hoogleraar Oude Testament Theologische Universiteit Kampen en Faculté Jean Calvin, Aix-en-Provence, Frankrijk), prof. drs. J.P. Lettinga (emeritus-hoogleraar Theologische Universiteit Kampen), de heer G. Luehof (oud-curator en oud-directeur Theologische Universiteit Kampen), ds. M. de Meij (oud-student en emeritus-predikant), prof. drs. J.A. Meijer (oud-hoogleraar TU Kampen), mevrouw drs. M. Palma (Bibliotheek Theologische Universiteit Kampen), mevrouw H. Mulder-Deddens (dochter van prof. P. Deddens en zus van prof. D. Deddens), ds. P. Niemeijer (oud-gemeentelid Leeuwarden en predikant Rijnsburg), prof. mr. F.T. Oldenhuis (bijzonder hoogleraar Religie en Recht Rijksuniversiteit Groningen), de heer R. Oosterhuis (gemeentelid Wetsinge-Sauwerd), ds. H. Pathuis oud-student-assistent (predikant Spakenburg-Noord), de heer H. Peereboom (gemeentelid Kampen-Zuid), prof. dr. F. van der Pol (oud-promovendus en emeritus-hoogleraar Theologische Universiteit Kampen), de heer A. Prins (oud-scriba Leeuwarden), familie F.R. Rijpma (gemeenteleden Leeuwarden), familie O.J. Rijpma (gemeenteleden Leeuwarden), de heer E. de Roode (vrijwilliger Archief- en Documentatiecentrum Kampen), dr. W.H. Rose (oud-student en universitair hoofddocent Semitische talen en culturen Theologische Universiteit Kampen), drs. G.O. Sander (oud-student en predikant Assen-West), ds. P. Schelling (tweemaal opvolger van ds. D. Deddens), familie W.O. Sierksma (gemeenteleden Leeuwarden), mevrouw A. Spijker (huidige bewoonster van de voormalige pastorie Groningerstraatweg 52, Leeuwarden), prof. dr. W. van 't Spijker (emeritus-hoogleraar Theologische Universiteit Apeldoorn), de heer H. Titsing (scriba Wetsinge-Sauwerd), het echtpaar L.A. Valkema (bevriend met het echtpaar D. Deddens en A. Deddens-Koppe), de heer G. van der Veen (archivaris Archiefbewarende Kerk Mariënberg van de Classis Hardenberg/Classis Ommen), prof. dr. W. van Vlastuin (rector Hersteld Hervormd Seminarie Vrije Universiteit Amsterdam), dr. J. Vree (oud-universitair-docent Vrije Universiteit Amsterdam) de heer A. Vreugdenhil (zoon van curator ds. W. Vreugdenhil uit 's-Hertogenbosch)[29] en ds. R. de Wolf (oud-student en predikant Hardenberg).

Verder ben ik de kerkenraden van de Gereformeerde Kerken vrijgemaakt van Wetsinge-Sauwerd, Mariënberg en Leeuwarden erkentelijk voor hun medewerking aan en facilitering van het archiefonderzoek. Diezelfde erkentelijkheid geldt voor de Classes Groningen, Hardenberg/Ommen en Leeuwarden.

---

29 **W. Vreugdenhil (1904-1984), predikant Langeslag 1939, Hardenberg 1946, 's Hertogenbosch 1949, emeritus 1975;** *Handboek 1985*, 289-291.

Bijzonder was het bezoek aan het echtpaar J. Veenhof-M.E. Veenhof-Laffer gedurende een weekend in februari 2018 in Gunten, Zwitserland en de gesprekken met dr. Veenhof. Hij, mijn oud-hoogleraar Dogmatiek aan de Faculteit der Godgeleerdheid van de Vrije Universiteit Amsterdam, is oud-student aan de Theologische Hogeschool Kampen. Nog immer is hij *begeistert*. Gedurende het inspirerende weekend met uitzicht over de *Thunersee* en de besneeuwde bergtoppen spraken we uitvoerig over de geschiedenis van de Vrijmaking, de Hogeschool, de studententijd, en over wat het betekende om als zoon van hoogleraar C. Veenhof (1902-1983) en M. Veenhof-Bakker (1899-1979) na Harkstede, Haarlem en Utrecht in Kampen op te groeien. In dat kader spraken we ook langdurig over P. Deddens sr. en D. Deddens.[30] Zo deelden we letterlijk en figuurlijk heel wat vergezichten. Hartelijke dank voor jullie gastvrijheid!

Een woord van dank geldt in het bijzonder ook prof. dr. M. te Velde, emeritus-hoogleraar Kerkgeschiedenis en Kerkrecht en oud-rector Theologische Universiteit Kampen. Die dank omvat meer dan het delen van informatie. Als opvolger van Deddens heeft hij er mede voor gezorgd dat een groot deel van Deddens' boeken in een speciaal daarvoor ingerichte Deddenskamer in de universiteitsbibliotheek kwamen te staan en dat er een Deddens Kerkrecht Centrum werd opgericht. Bovendien was het zijn verdienste dat het Deddensarchief in het Archief- en Documentatiecentrum werd ondergebracht en er een begin werd gemaakt met het catalogiseren en inventariseren. Als eerste directeur gaf hij met het bestuur van het Deddens Kerkrecht Centrum hieraan leiding.

Bijzonder behulpzaam en waardevol was het contact met drs. P.L. Storm (predikant Vroomshoop en secretaris Deddens Koppe Fonds) en dr. H.J.C.C.J. Wilschut (voorzitter Stichting Deddens Koppe Fonds). Grote dank komt het bestuur van de Stichting Deddens Koppe Fonds toe voor de royale ondersteuning en facilitering van deze publicatie, het vertrouwen dat ze mij gaven en het delen van hun ervaringen aangaande Deddens met mij.

Van het begin af aan is er een prettige en constructieve samenwerking met het bestuur van het Deddens Kerkrecht Centrum, ook als het ging om het finaliseren van dit Deddens-project. Hartelijke dank aan de heer

---

30 **Cornelis Veenhof (1902-1983), onderwijzer en leraar te Spakenburg 1920-1926, predikant Harkstede 1933, Haarlem 1936, Utrecht 1941, hoogleraar Theologische Hogeschool Broederweg 1946, emeritus 1968**; W. Janse, "Veenhof, Cornelis," in *BLGNP* 5, 521- 523; Ab van Langevelde, *In het klimaat van het absolute. C. Veenhof (1902-1983). Leven en werk* **(Barneveld: De Vuurbaak, 2015)** (*ADChartasreeks* 27).

W.O. Deddens (voorzitter), prof. dr. C. Kruse (secretaris) en mr. dr. P.T. Pel voor de samenwerking, ondersteuning en het samen realiseren van de doelstellingen van het Deddens Kerkrecht Centrum. De doorstart van het Deddens Kerkrecht Centrum krijgt een extra impuls door het realiseren van een eerste boek in de net opgerichte Deddens Kerkrecht Serie. Deddens krijgt in die zin nog meer dan hem voor ogen had gestaan.

Tenslotte is er ook een bijzonder woord van dank aan hen die in het Archief- en Documentatiecentrum van de Gereformeerde Kerken in Nederland in Kampen met archieven werken en in royale mate samen met mij het Deddens-avontuur zijn aangegaan: prof. dr. G. Harinck (onder andere hoogleraar, directeur Archief- en Documentatiecentrum Kampen en directeur van het Neo-Calvinism Research Institute aan de Theologische Universiteit Kampen), dr. dr. A. van Langevelde (Archief- en Documentatiecentrum Kampen) en mevrouw drs. M.J. Wijma, archivaris van het Archief- en Documentatiecentrum Kampen. Met plezier denk ik terug aan mooie momenten in het Archief- en Documentatiecentrum en rondom het (Deddens)archief. Wat een voorrecht om gedurende vele dagen en avonduren het hele Deddensarchief uit de kluis tevoorschijn te halen, uit te stallen in de studiezaal, systematisch door te werken, opnieuw te ordenen, inventariseren en catalogiseren – al dan niet omlijst door gezamenlijke lunch- en avondmaaltijden. Wat hebben we vele en lange gesprekken met elkaar gehad! Jullie hebben met de andere meelezers, W.O. Deddens, B. Kamphuis, C. Kruse, P.T. Pel, P. Schelling en J. Veenhof, mij geholpen om een dertig jaar oude wens van wijlen professor D. Deddens tot een goed einde te brengen. Toch nog werd hij professor. Toch nog verschijnt de door hem zo verlangde bundel.

1. Een biografie

Een glansrijke toekomst
De academische toekomst lachte de jonge Detmer Deddens toe. Hij, de oudste zoon van de vrijgemaakt-gereformeerde prof. Pieter Deddens (1891-1958)[1] en Maria Deddens-Buurman (1891-1974);[2] broer van prof. dr. Karel Deddens (1924-2005),[3] ds. Pieter Deddens jr. (*1927),[4] Anneke van Zeijst-Deddens (Johanna Maria, 1930-1988) en Ineke Mulder-Deddens (Hillechiena *1933), kon in Groningen naar het Willem Lodewijk Gymnasium. Na het behalen van zijn diploma en ondanks de oorlog en de Vrijmaking was hij succesvol in het afronden van zijn kandidaatsexamen[5] (18 januari 1949, cum laude) en doctoraalexamen (24 juni 1952, cum laude). Daarmee werd hij de eerste afgeleverde doctorandus aan de Broederweg. Doordat hij zo glansrijk door zijn studie kwam en door de met zijn vader gedeelde fascinatie voor het historisch kerkrecht, studeerde hij verder in die richting. Het behalen van de doctorstitel was het volgende doel. Uit de in totaal zestien beroepen die op hem werden uitgebracht, nam hij uiteindelijk dat van het Groningse dorp Wetsinge-Sauwerd aan. Zijn leven, vanaf zijn eerste (kleine) gemeente in 1949, bestond, naast zijn kerkenwerk, voor een groot deel uit studeren, lezen, boeken en verzamelen. De weg naar een academische toekomst leek geplaveid.

De jonge Detmer
Maar laten we beginnen bij het begin. Detmer werd geboren op 18 januari 1923 in Brielle. Zijn ouders vernoemden al hun kinderen. Hij werd vernoemd naar zijn opa Detmer Deddens (1853-1923); zijn broer Karel naar opa Karel Buurman (1860-1938). Zus Anneke was vernoemd naar

---

1 Pieter Deddens (1891-1958); J. Kamphuis, "Deddens, Pieter," in *BLGNP* 5, 133-134.
2 Maria Deddens-Buurman overleed op 17 januari 1974. Een dienst voorafgaande aan haar begrafenis vond plaats op dinsdag 22 januari in De Schutse te Hoogeveen. De begrafenis vond plaats op de Algemene Begraafplaats van Kampen te IJsselmuiden waar het graf van haar man was. Aansluitend was er gelegenheid tot condoleren in de aula van de Theologische Hogeschool; ADC, ADD, Rouwkaart Maria Buurman.
3 *Handboek 2006*, 466-472.
4 P. Deddens jr. (*1927), predikant Creil 1962, Rozenburg 1965, Hilversum 1972, Wageningen 1980, emeritus 1992; *Handboek 2016*, 250.
5 *Almanak F.Q.I. 1949*, 40.

de vrouw van opa Karel Buurman: oma Johanna Maria Buurman-Oosterom (1862-1935). Zus Ineke (Hillechiena) heet naar oma Hillechina Deddens-Mulder (1860-1936) en Piet jr. naar zijn vader.

Hun vader, P. Deddens sr., had als onderwijzerszoon er eerst voor gekozen onderwijzer te worden. Op zijn vierentwintigste besloot hij alsnog theologie te gaan studeren. Vijf jaar later had hij zijn kandidaatsexamen behaald aan de Theologische School van de Gereformeerde Kerken te Kampen en werd hij gereformeerd predikant te Brielle en Tinte (1920). Daarna volgden Rijswijk ZH (1923) en Groningen (1934-1946).

Deddens sr. zijn grootvader, was ook predikant geweest: de bevindelijk-gereformeerde en Groninger Geert Hindrik(s) of Hinderks[6] Deddens (1818-1899), gehuwd met Aaltje Berends Dekker (1827-1915). Aanvankelijk was Geert tot zijn 27^e werkzaam in het boerenbedrijf.[7] Toen werd hij opgeleid door H. de Cock,[8] D.P. Postma[9] en W.A. Kok.[10] Daarna diende hij de gemeenten van Borger (1848), Schildwolde (1850), Ten Boer (1852) en Oude Pekela (1864) en ging in 1893 met emeritaat.[11]

Nog in Groningen componeerde de gymnasiast Detmer dam- en schaakproblemen en diende ze voor publicatie in bij *De Standaard* en de *Nieuwe Provinciale Groninger Courant*; de eerste op 14-jarige leeftijd. De redacteur vond de 'compositie van een beginnend problemist' een 'eerste

---

6 Joh. De Haas noemt hem 'Geert *Hindrik*'. Anderen 'Geert *Hinderk*'; Joh. De Haas, "Deddens, Geert Hindrik," in: *Gedenkt uw voorgangers* 1, Haarlem: Vijlbrief, 84. Een brief van enkele leden aan de Hervormde Gemeente te Meeden van 28 april 1836 geeft geen uitsluitsel. Deddens ondertekende met 'Geert H. Deddens'; ADC, APD, Levensgeschiedenis door ds. G. Deddens, inv. nr. 7. Op zijn trouwakte staat 'Geert Hinderks' vermeld. Zijn geboorteakte bevat alleen de naam 'Geert', wel dat zijn vader 'Hinderk' heette; geraadpleegd 11 mei 2018, http://allegroningers.nl.

7 G.H. Deddens, Uit het leven van ds. G.H. Deddens (1818-1899), K. Deddens, ed., niet-uitgegeven publicatie [1991].

8 Helenius de Cock (1824-1894), zoon van Hendrik de Cock, afgescheiden predikant Nieuwe Pekela 1844, Appingedam-Bierum 1845, 's-Hertogenbosch 1847, Kampen 1852, docent Theologische School Kampen; G.J. Schutte, "Cock, Helenius de," in *BLGNP* 5, 121-124.

9 Dirk Pieters Postma (1818-1890), predikant Minnertsga 1840, Middelstum en Bedum 1842, Wildervank 1844, Wildervank en Meeden 1847, Zwolle 1849, 1858 vertrek naar Zuid-Afrika, Rustenburg (Zuid-Afrika) 1859, Burgersdorp 1866, tevens docent Theologische School Burgersdorp 1869, docent Theologische School 1879; Joh. de Haas, *Gedenkt uw voorgangers: Abels-Zweedijk, periode 1834-1880*, vol. 1 (Haarlem: Vijlbrief, 1984), 210-212.

10 Wolter Alberts Kok (1805-1891), landbouwer, afgescheiden predikant Ruinerwold-Koekange 1842, Hoogeveen 1846, emeritus 1889; H. Mulder, "Kok, Wolter," in *BLGNP* 3, 224.

11 De Haas, *Gedenkt* 1, 84.

schrede op het glibberig pad der problematiek' en 'zeer geslaagd'.[12] Deddens had later de beschikking over een boekenkast vol schaakliteratuur. Daarnaast volgde hij tijdens de Tweede Wereldoorlog verrassend genoeg boksles. Elke minuut van de dag was hij bezig, zo ook met boksen.

Op het gymnasium werd hij verliefd op zijn klasgenote Arien Koppe (1923-2010), uit de welgestelde Groninger familie Koppe. Ze kregen een relatie en op de eerste lentedag van 1945 verloofden Detmer en Arien zich.

Nadat hij geslaagd was voor zijn gymnasiumexamen werd Deddens op 15 december 1942 ingeschreven als student aan de Kamper Hogeschool (Oudestraat) van de toen nog ongedeelde Gereformeerde Kerken in Nederland.

De inschrijvingsdatum hield verband met het feit dat Deddens sr. in juni 1942 was gearresteerd wegens een anti-nazistische toespraak en van 11 juli tot 7 december 1942 vast zat in kamp Amersfoort. Detmer was toen, als oudste zoon, thuis meer nodig dan anders. Hij nam met een groot verantwoordelijkheidsgevoel veel taken van zijn vader in het gezin over. Volgens een verklaring van de kerkenraad van de Gereformeerde Kerk van Groningen van 5 juni 1943 was de twintigjarige Deddens jr. sinds 1 maart 1943 als hulpprediker aangesteld. Deze verklaring verschafte hem in deze oorlogstijd bewegingsvrijheid onder het mom van het uitvoeren van 'de noodzakelijke uitoefening van geestelijke werkzaamheden' en zou hem kunnen beschermen indien hij zou worden gearresteerd. Hij was namelijk actief in het verzet: zogenaamd als aardappelrooier hielp hij mee met het bergen van wapendropping.

In Kampen werd hij lid van de studentenvereniging F.Q.I. en ging hij net als de meeste studenten mee met de Vrijmaking. Na enkele Kamper studiejaren kwam het gezin P. Deddens sr. in Kampen te wonen. Deddens sr. werd in 1944 in het kerkrechtelijk en dogmatisch conflict met de generale synode van de Gereformeerde Kerken in Nederland geschorst als predikant van Groningen. Dit conflict leidde tot de Vrijmaking. Zowel de schorsing van de Kamper hoogleraar dogmatiek K. Schilder in dit conflict als die van zijn vader hebben diepe indruk gemaakt op Detmer. Van huis uit had Detmer het proces gevolgd. Voor hem was er geen twijfel mogelijk: de Vrijmaking was Gods verlossend werk. Hij zou zijn leven lang de Vrijmaking verdedigen en staan voor de dominante vrijgemaakte ideologie van de doorgaande reformatie.

Op 12 oktober 1945 benoemde de gereformeerd-vrijgemaakte synode Deddens sr. als hoogleraar voor 'het Kerkrecht en de Kerkgeschiedenis'

---

12 [D. Deddens] "Probleem nr. 599," *De Standaard*, 7 mei 1937.

aan de Theologische Hogeschool te Kampen (Broederweg).[13] Het gezin P. Deddens sr. verhuisde naar de oude Hanze-, sigaren en theologen-stad Kampen. De agenda van Deddens sr. was, naast zijn professoraat, zijn functie als bibliothecaris van de Kamper Hogeschool en redactiewerk voor het kerkelijke weekblad *De Reformatie*, gevuld met het advieswerk voor het kerkverband en de rechtszaken ten gevolge van de Vrijmaking.

Rector P. Deddens –
APD, ADC Kampen

Deddens was de eerste student die na de afzetting van Schilder in 1944 een tentamen bij hem aflegde.[14] Vanuit de nieuwe ouderlijke woning aan de Spoorkade 7 werd hij actief in het studentenleven. Hij was in 1946 o.a. voorzitter van de 'Commissie onderzoekende het interacademisch contact' en praetor van het op 16 oktober 1925 opgerichte dispuut H.E.R.O.S.[15] In

---

13 *Acta Voorloopige GS Enschede 1945*, art. 34 en art. 48.
14 "Ambtsjubileum drs. D. Deddens," *ND* 24 augustus 1974, 2.
15 **De overige leden van de 'Commissie onderzoekende het interacademisch contact'**
    waren: C.J. Breen, J. Faber en J. Kamphuis. C.J. Breen (1924-2014), predikant Ter-
    neuzen 1953, Katwijk 1957, Amsterdam-Centrum 1970, emeritus 1989; *Handboek*

datzelfde jaar was hij voorzitter van de Lustrumcommissie, met C. Trimp[16] als abactis. Op donderdagavond 31 januari 1946 zou er een soiree zijn. Het werd op prijs gesteld wanneer de aanwezigen 'in avondkleeding' zouden verschijnen.[17] Deze feestelijkheden waren ingebed in een scala aan plechtigheden in de week van 28 tot en met 31 januari, met onder meer de inaugurele rede van Deddens sr. op maandag 28 januari om zeven uur 's avonds. De volgende ochtend inaugureerde B. Holwerda.[18] Relevant voor de rode draad in Detmers academische werk is de vermelding van een van zijn activiteiten in de studentenalmanak: "Lezingen: Het Independentisme, zijn ontstaan in Engeland en zijn invloed op de Nederlanden."[19]

Wonen in Kampen
Vanuit het jonge en grote huis (1936) aan de Spoorkade,[20] vrijwel aan de voet van de Stationsbrug, hadden de Deddensen een schitterend stadsgezicht tussen Bovenkerk en Buitenkerk: de schepen, de torens, de panden aan de overzijde en de IJssel die altijd in beweging was.

De Deddensen vierden vaak vakantie op Ameland. Een Groninger medegevangene in Kamp Amersfoort van Deddens sr. had daar een vakantiehuisje dat ze mochten gebruiken.[21] Als de familie Deddens

---

2015, 512. Zie over Faber o.a.: Scheps, *Interviews*, passim. De andere bestuursleden van H.E.R.O.S. van dat jaar waren: J. Faber (abactis), A. de Jager (quaestor), C.J. Ketel (assessor I) en M.K. Drost (assessor II). Anthonie de Jager (*1922) werd ingeschreven op 28 september 1945 en uitgeschreven op 15 april 1951; Harinck/Berkelaar, *Domineesfabriek*, 553.

16 Cornelis Trimp, predikant Twijzel 1951, Middelburg 1955, Voorburg 1961, Groningen-Noord 1967, hoogleraar 1970-1992 Homiletiek, Catechetiek, Poimeniek, Liturgiek, Diaconiek, Evangelistiek; Harinck/Berkelaar, *Domineesfabriek*, 505.
17 ADC, Archief F.Q.I., XVIe Lustrum Fides Qvaerit Intellectvm, MCMXLVI.
18 Benne Holwerda (1909-1952), predikant Kantens 1934, Amersfoort 1938-1945, hoogleraar Theologische Universiteit Kampen (Broederweg) 1945; R.H. Bremmer, "Holwerda, Benne," in *BLGNP* 4, 213-214; George Harinck (ed.), *Holwerda herdacht: Bijdragen over leven en werk van Benne Holwerda (1909-1952)*, (Barneveld: De Vuurbaak, 2005) (*ADChartasreeks* 10).
19 *Almanak van het Studentencorps "Fides Quaerit Intellectum" 1946*, 52e jrg. (Kampen: Ph. Zalsman, z.j.), 25.
20 Geraadpleegd 28 maart 2018, https://huispedia.nl/kampen/8267aa/spoorkade/7.
21 Jan Ridderbos, *Nederlandse predikanten gevangen in Kampen en/of omgekomen tijdens WO II*; geraadpleegd 12 december 2017, http://docplayer.nl/14110637-Nederlandse-predikanten-gevangen-in-kampen-en-of-omgekomen-tijdens-wo-ii-samensteller-dr-jan-ridderbos.html. Th. Delleman, *Opdat wij niet vergeten: De bijdrage van de Gereformeerde kerken, van haar voorgangers en leden, in het verzet tegen het nationaal-socialisme en de Duitse tyrannie*, Kampen: Kok, 1949, 221.

vakantie hielden, werkte vader aan zijn kerkrechtelijke adviezen. Ook toen de kinderen al de deur uit waren, bleef dit Waddeneiland een ontmoetingsplek voor de familie.

Uit de familiecorrespondentie blijkt een hartelijk onderling meeleven: de behoefte aan nader contact, informeren naar elkaars gezondheid, een dankwoord van vader Deddens voor een doos sigaren, een woord van moeder dat er een pak boeken gereedlag voor Sauwerd, informeren naar het pastorie- en gemeenteleven, het kerkelijke leven en vooral ook de kerkelijke pers: wie heeft wat geschreven, of beter geformuleerd: wie heeft wie aangevallen, in *De Reformatie* of *Opbouw*?

Detmers jongste zus, mevrouw H. Mulder-Deddens, verhaalt: "Detmer was erg gevoelig voor gezelligheid. Als er verjaardagen waren van vader en moeder ofzo en hij kwam, dan was het erg gezellig. Hij kon smakelijk vertellen, bijvoorbeeld over een boek dat hij net over Winston Churchill had gelezen. Ook was Detmer erg humoristisch."[22]

Zo goed als niets treffen we in de, ook latere, correspondentie van Detmer aan over de wereld buiten de kerk, zoals de Koude Oorlog, de Hongaarse Opstand, de moord op J.F. Kennedy, rassendiscriminatie, de Vietnamoorlog, kabinetsformaties, studentendemonstraties of Elfstedentochten. Er was sprake van een absolute betrokkenheid op de eigen vrijgemaakt-gereformeerde zuil.

Het leven was niet alleen idyllisch aan de Spoorkade. Na het overlijden van de collega-hoogleraren Schilder en Holwerda in 1952 was P. Deddens sr. meer in de schijnwerpers komen te staan. De polemieken in de kerkelijke periodieken, een vorm van schriftelijk ruziemaken, over de identiteit en de koers van het kerkverband creëerden spanning in heel wat pastorieën, professorenwoningen en in vrijgemaakt-gereformeerde huizen waar intens met de ontwikkelingen in het kerkverband en aan de Hogeschool werd meegeleefd.[23] Die jaren vormden de voedingsbodem voor de scheuring die zich in 1967 in de vrijgemaakte kerken zou voltrekken en zou resulteren in het ontstaan van de Nederlands Gereformeerde Kerken. Deddens sr. werd als opvolger van Schilder in de hoedanigheid van eindredacteur van *De Reformatie* bekritiseerd; ook toen hij deze taak in 1956 neerlegde vanwege gezondheidsredenen en als redacteur betrokken

---

22 **Gesprek mevrouw H. Mulder-Deddens met editor, 22 maart 2018.**
23 **Zie over deze periode onder meer: Van Langevelde,** *In het klimaat,* **377-442.**

bleef. Hij werd onder handen genomen door de Kamper predikant G. Visee[24] in de lokale kerkbode en door H.J. Jager[25] in *Opbouw*.

Ook de verhoudingen in de senaat waren niet aangenaam. Detmer schreef op 1 maart 1957 aan zijn vader: "Hoe zijn de verhoudingen onder de proffen nu? Nog even ellendig als vorig jaar?"[26] Deddens sr. leed onder die spanningen. Vijftien dagen na het overlijden van zijn vader typte Detmer, inmiddels vanuit zijn mooi gelegen vrijstaande pastorie aan de Stationsweg 1 te Mariënberg, aan Jaap Kamphuis: "Ik geloof, dat 1957 Vaders moeilijkste levensjaar is geweest. Moeilijker nog dan 1952, moeilijker ook dan 1944."[27]

Studeren en afstuderen
Deddens was de eerste student aan de Broederweg die het doctoraalexamen aflegde. Dat was op 24 juni 1952 een evenement; veel studenten waren bij de uitslag aanwezig waren. Twee dagen nadien werd L. Doekes, de latere hoogleraar Dogmatiek, geëxamineerd,[28] maar deze tweede doctoraal student kreeg niet, zoals doctorandus D. Deddens, het predikaat cum laude.[29] De examinator die dit judicium verleende, was Deddens sr.

C. Veenhof schreef in *De Reformatie* over het feit dat Greijdanus, Schilder en Holwerda deze dag niet meer hadden mogen meemaken, maar ook dat het een bijzondere dag voor de Hogeschool was:[30]

---

24 G. Visee (1908-1976), predikant Nes en Wierden 1933, Emlichheim 1936, Leerdam 1942, 1946 Kampen, emeritaat 1971. Hij was onder andere eerste scriba van de Generale Synode van Amersfoort van 1948 en voorzitter van de Generale Synode van Kampen van 1951, redacteur van de *Kamper Kerkbode* en medewerker aan *De Reformatie*, *Opbouw*, *De Poortwake*, *De Vrije Kerk* en het *Calvinistische Jongerenblad*. Vooral is Visee bekend geworden vanwege de kerkscheuring in 1967; "Ds. G. Visee overleden," *RD*, 12 juli 1976; *Acta GS Kampen 1951*, 10; *Acta GS Amersfoort 1948*, 10.
25 Harm Jan Jager (1900-1988), predikant Jutrijp-Hommerts 1928, Voorthuizen 1932, 1946 gereformeerd-vrijgemaakt, hoogleraar Theologische Hogeschool Broederweg 1948, emeritaat 1966; J. van Bruggen, "Jager, Harm Jan," in *BLGNP* 5, 280-281.
26 ADC, APD, Brief D. Deddens aan P. Deddens sr., 1 maart 1957.
27 ADC, ADD, Brief D. Deddens aan J. Kamphuis, 21 februari 1958.
28 Lourens Doekes (1913-1997), predikant Maartensdijk 1940, Rotterdam-Feijenoord 1944, geschorst, gereformeerd-vrijgemaakt predikant Hilversum 1947, hoogleraar 1953, emeritus 1979; J. van Bruggen, "Doekes, Lourens," in *BLGNP* 6, 65-66.
29 *Almanak* 1953, 39.
30 C. Veenhof, "Een 'historische' dag," *De Reformatie* 27ᵉ jrg., n°. 38, 28 juni 1952, 316.

> Dinsdag jl. was het voor de Theologische Hogeschool een bizondere dag. Voor het eerst in haar lange, bewogen historie werd toen door één van haar studenten het doctoraal examen afgelegd. (…) God beware onze Hogeschool. En geve haar het énige, dat haar bestaansrecht geeft, nl. het dienstbaar zijn aan de opbouw der kerk en zo aan de vroomheid des levens.[31]

Een jaar voor zijn kandidaatsexamen had Deddens zijn kerkrechtelijke interesse aan de dag gelegd met het artikel "Prof. Dr S. Greijdanus en het Gereformeerde Kerkrecht" in de *Almanak F.Q.I. 1948*. Naast de fascinatie voor Greijdanus en het gereformeerde kerkrecht had het congregationalistische kerkrecht van de *Pilgrim Fathers* hem al als student te pakken. Het was liefde op het eerste gezicht. Waar kwam die fascinatie vandaan voor het kerkrecht van de Engelse puriteinen die in 1620 naar Nieuw-Engeland koers hadden gezet? Mogelijk was die gewekt door Schilder, die bevriend was geweest met A. Eekhof (1884-1933),[32] de Leidse kerkhistoricus met grote kennis van de Amerikaanse kerkgeschiedenis en de geschiedenis van de *Pilgrim Fathers*. Eekhofs vader was presbyteriaans predikant geweest in Alto, later in Milwaukee (beide Wisconsin) in de Verenigde Staten van Amerika. Na zijn promotie in 1909 reisde Eekhof door Noord-Amerika met een stipendium van de Leidse curatoren, om onderzoek te verrichten in Amerikaanse archieven. Later, als hoogleraar in Leiden, woonde Eekhof vlakbij Schilder in Oegstgeest. Hij noemde zijn woning: *Mayflower*.

Deddens zou later zijn Leeuwarder pastorie (Groningerstraatweg 52) diezelfde naam geven met toestemming van zijn kerkenraad. In zijn bibliotheek stond bovendien onder een glazen stolp een replica van het schip van circa 40 bij 40 centimeter. Deze naam heeft hij later ook gebruikt als briefhoofd.

Daarnaast is mogelijk zijn interesse voor het puriteinse kerkrecht gewekt door zijn vader. Op 9 december 1947 sprak Deddens sr. de rectorale rede uit 'Van Dordt naar Westminster: Beantwoording van de vraag, of het beroep op de Westminster Assembly inzake de bevoegdheid der meerdere vergaderingen gewettigd is'. Daarin ging hij in op de betekenis van de Westminster Assembly van 1643, een synode die van belang was voor het herstructureren van de Church of England in de periode 1643-

---

31 C. Veenhof, "Een 'historische' dag," *De Reformatie* 27ᵉ jrg., nº. 38, 28 juni 1952, 316.
32 Albert Eekhof was hervormd predikant te Diemen 1910, Ouderkerk aan de Amstel 1914, buitengewoon hoogleraar Leiden 1914, gewoon hoogleraar Leiden 1924-1933; A. de Groot, "Eekhof, Albert," in *BLGNP* 1, 74-76.

1653. Ook belichtte hij de verhouding tussen de Synode van Dordrecht van 1618-1619 en deze assembly. Ter voorbereiding daarop liet Deddens sr. boeken vanuit Engeland overkomen naar Kampen. Het is niet ondenkbaar dat Deddens sr. zijn zoon heeft gevraagd mee te werken aan het onderzoek dat ten grondslag lag aan de rectorale rede. Tenslotte wortelde Detmer zijn interesse waarschijnlijk ook in het spanningsveld tussen oud en nieuw kerkrecht en specifiek in de inaugurele rede die D. Nauta[33] in 1936 aan de Vrije Universiteit te Amsterdam had uitgesproken: *De Nederlandse Gereformeerden en het Independentisme in de zeventiende eeuw*.[34]

Promovendus
Deddens sr. heeft zijn oudste zoon geïnspireerd om na het doctoraalexamen verder te gaan met een kerkrechtelijke promotiestudie over het congregationalisme in Engeland en Nieuw-Engeland, een terrein waarop overigens ook de theoloog R. Boon[35] zich bewoog. Een jaar voordat Deddens in Kampen afstudeerde, was Boon in Utrecht gepromoveerd op de dissertatie: *Het probleem der Christelijke gemeenschap: Oorsprong en ontwikkeling der congregationalistisch geordende kerken in Massachusetts*.[36] Detmer begon aan het onderzoek en wisselde met Boon een aantal brieven uit.

---

33 Doede Nauta (1898-1994) was hulppredikant te Alphen aan den Rijn 1922, predikant te Woubrugge 1927, hoogleraar Kerkgeschiedenis en Kerkrecht aan de Vrije Universiteit Amsterdam; C. Augustijn, "Nauta, Doede," in *BLGNP* 6, 204-206.
34 D. Nauta, *De Nederlandse Gereformeerden en het Independentisme in de zeventiende eeuw*, Amsterdam: Paris, 1936.
35 Rudolf Boon (1920-2014), studeerde theologie in Amsterdam, Utrecht, New York, Oxford en Edinburgh, interim-predikant Zaltbommel 1951, hervormd predikant Landsmeer en Purmerland-Den Ilp 1955, emeritaat 1984, bijzonder hoogleraar liturgiewetenschap aan de Vrije Universiteit in Amsterdam tot 1991, geraadpleegd 13 februari 2018, http://www.narratio.nl/boon/.
36 R. Boon, *Het probleem der Christelijke gemeenschap: Oorsprong en ontwikkeling der congregationalistisch geordende kerken in Massachusetts* (Amsterdam: Stichting Universitaire Uitgaven, 1951).

Deddens' archief onthult in ieder geval vier titels voor zijn dissertatie:

- Het Kerkrecht van de congregationalisten in de 17ᵉ eeuw[37]
- Het Kerkrecht van de independenten en zijn beoordeling door de Nederlandse gereformeerden in de 16ᵉ en 17ᵉ eeuw
- Het Congregationalisme en zijn beoordeling door Nederlandse gereformeerden in de 16ᵉ en 17ᵉ eeuw
- Het congregationalisme in de zeventiende eeuw: Kerkrechtelijke opvattingen en praktijken van de congregationalisten en hun beoordeling door contemporaine Nederlandse Gereformeerden, inzonderheid door Johannes Hoornbeek

In 1953 werd hij in staat gesteld om drie maanden studieverlof op Schiermonnikoog te financieren, evenals de aankoop van boeken en een microfilmmachine uit Parijs. In 1955 leverde hij een elf pagina's lang document aan bij H.J. Schilder met daarin de lijst van aan te schaffen boeken en de kosten voor reproductie.[38] Deddens ging bij dit kostenoverzicht uit van een omvang van een dissertatie 464 pagina's. Hij verwees voor wat betreft de opzet van de dissertatie naar die van M.B. van 't Veer[39] uit 1942.[40] In datzelfde jaar correspondeerde hij met de vrijgemaakt classicus D. Holwerda[41] over de kosten van de publicatie van de dissertatie en vroeg advies op dat punt. Holwerda was zelf juist gepromoveerd op een in het Latijn

---

[37] Een eerste versie hiervan is gedateerd op '3/5 mei 1958'. Bovendien noemde hij die titel ook in de brief van 27 maart 1958 aan C.D. Goudappel; ADC, ADD. Vier maanden later, op donderdag 18 september 1958, besloot de generale synode uit het tweetal D. Deddens en J. Kamphuis laatstgenoemde aan te stellen als hoogleraar 'kerkgeschiedenis en aanverwante vakken'; *Acta GS Bunschoten-Spakenburg*, art. 46, 24; art. 56, 28-29.

[38] "Voorlopige opgave van onkosten verbonden aan de voorbereiding en uitgave van de dissertatie – D. Deddens. (November 1955);" ADC, DD, Notitie D. Deddens aan H.J. Schilder, 14 november 1955.

[39] M.B. van 't Veer (1904-1944), predikant Zevenbergen 1931, Groningen 1936, Amsterdam 1941; *Jaarboek* 1946, 173.

[40] M.B. van 't Veer, *Catechese en catechetische stof bij Calvijn* (Kampen: Kok, 1942).

[41] Douwe Holwerda (1920-2011) overleed op 12 augustus 2011 op 91-jarige leeftijd. Holwerda was hoogleraar Griekse taal- en letterkunde aan de Rijksuniversiteit Groningen, geraadpleegd 2 maart 2018, https://www.nd.nl/nieuws/geloof/in-memoriam-douwe-holwerda-91.248905.lynkx. Geraadpleegd 2 maart 2018, http://www.opbouwonline.nl/artikel.php?id=12797.

geschreven dissertatie.[42] Op Tweede Kerstdag 1955 gaf Deddens sr. zijn oudste zoon nog wat schriftelijke adviezen over de subsidie en dit aanstaande studieverlof, onder andere: 'Geniet samen veel van 't mooie perspectief, en leef vrolijk en dankbaar'.[43]

Als promotor vroeg zijn vader Detmer regelmatig naar de voortgang van zijn dissertatie en dacht mee met de verhouding tussen het kerkenwerk, de persoonlijke omstandigheden en de promotiearbeid en herinnerde zijn zoon-promovendus eraan dat zijn promotiearbeid tot groot nut van de kerken zou zijn.[44] Voor hem was het perspectief van de voltooiing van het proefschrift echter ook om persoonlijke redenen belangrijk. Hoewel zijn vader dan wel geen gepromoveerd theoloog was, hij was wél hoogleraar. Zijn schoonvader, mr. dr. Rensinus Koppe (1879-1939),[45] lid van de Gedeputeerde Staten van Groningen voor de Anti-Revolutionaire Partij, patroon van "Advocatenkantoor Koppe, Breukelaar, Bout en Boaz-Bank" en directielid van de Naamloze Vennootschap "N.V. Groningsche Hypotheekbank voor Nederland" was een gepromoveerd jurist. Rensinus en zijn echtgenote, Geertruida Geziena Koppe-Holtman (1886-1974), raakten welgesteld.[46] Hoewel Deddens' schoonvader al tien jaar voor zijn huwelijk met Arien was overleden, moeten op Detmer de posities van zowel zijn vader (hoogleraar) als zijn reeds overleden schoonvader (gepromoveerd jurist) gedrukt hebben. Na het overlijden van zijn vader op 6 februari 1958 wenkte bovendien diens vacante leerstoel. Detmer wilde in beeld zijn als beoogde opvolger van zijn vader, en om die reden had hij ineens haast met zijn dissertatie,

---

42 D. Holwerda, *Commentatio de vocis quae est fusis vi atque usu praesertim in Graecitate Aristotele anteriore*, Groningae: Wolters, 1955; ADC, ADD, Brief D.K. Wielenga aan D. Deddens, 28 november 1955.

43 ADC, ADD, Brief P. Deddens sr. aan D. Deddens, 26 december 1955.

44 ADC, ADD, Brieven P. Deddens sr. aan D. Deddens, 2 november 1953, 30 december 1955, 11 april 1956, 21 juli 1956.

45 Rensinus Koppe publiceerde o.a.: *De leerscholen en het ontwerp L.O. wet* (Groningen: Jan Haan, [1920]); *Eenige strafrechtelijke beschouwingen in verband met het beginsel van de wet van 12 Febr. 1901 (Stbl. No. 63)*, (diss. Groningen: Jan Haan, 1906). Rensinus was een zoon van de gereformeerde predikant Arie Koppe (1841-1926) en Wilhelmina Stegeman (1857-1905). Arie Koppe was predikant in Schildwolde 1869, Gasselternijveen 1875, Zuidwolde (Gn.) 1892 en emeritus 1912; *Gemeenten en predikanten*, 324; *Jaarboek 1927*, 359-362.

46 Geertruida Gezina Koppe-Holtman overleed op 26 januari 1974. De begrafenis vond plaats op woensdag 20 januari op de Noorderbegraafplaats aan de Moesstraat te Groningen. Aansluitend was er gelegenheid tot condoleren in een van de lokalen van de Noorderkerk, Noorderbuitensingel 12 te Groningen; AGKL, Rouwkaart Geertruida Gezina Koppe-Holtman.

Twee maanden na het overlijden van Deddens sr. ontving Detmer van de Stichting Afbouw een bedrag van fl. 1.250,-- op zijn rekening. Het was de helft van het hem toegezegde bedrag van fl. 2.500,-- voor zijn promotiestudie. In een brief van 27 maart 1958 aan de Delftse gemeentearchivaris C.D. Goudappel (1912-1997) schreef hij dat hij hoopte voor het einde van dat kalenderjaar met zijn proefschrift gereed te zijn.[47] Detmer had toen al een opmaak gereed voor het titelblad. Alleen de datum hoefde nog maar ingevuld te worden. Een en ander lijkt wat voorbarig, daar zijn archief nauwelijks definitieve tekst bevat, alleen maar veel aantekeningen en hooguit enkele pagina's getypte tekst. Van een promotie is het nooit gekomen.

Opvolging
Vijf dagen na het overlijden van P. Deddens sr. verzochten de curatoren de senaat om advies voor een voordracht aan de synode van een opvolger. Op 18 april, bracht hij zijn advies uit: "Aan de e.v. generale synode te verzoeken om uitstel der benoeming tot de daarop volgende synode, in de verwachting dat alsdan de voorbereiding ener benoeming met meer overtuiging zal kunnen geschieden dan vandaag mogelijk blijkt."[48] De curatoren beraadslaagden verschillende malen over dit advies en verwierpen het tenslotte op 28 mei met vijf stemmen voor en drie stemmen. Met meerderheid van stemmen besloten zij

> dat de mogelijkheid tot het formeren van een voordracht niet uitgesloten mag worden geacht en dat alles in het werk gesteld moet worden tot zulk een voordracht te komen; dat in de bespreking o.a. naar voren werd gebracht een eventuele herverdeling der te doceren vakken op een splitsing van het professoraat van wijlen prof. P. Deddens.[49]

Er was verschil van inzicht tussen de curatoren, de senaat en de synode over het al dan niet benoemen van een opvolger voor de vacante leerstoel van Deddens sr.[50] Op 15 september besloot hoogleraar H.J. Schilder buiten de senaat om een notitie te sturen aan de curatoren. Hij ging uitvoerig

---

47 Zie ook: "Rector prof. drs. D. Deddens na drie jaar professoraat."
48 ADC, ATU, Notulen Senaat, 18 april 1958.
49 ADC, ATU, Notulen Curatoren, 28 mei 1958.
50 Als deputaten-curatoren fungeerden destijds: D. van Dijk, J. Hettinga, J. van Bruggen, H. Veltman, W. Vreugdenhil, K. Doornbos en D. Vreugdenhil; ADC, ATU, Brief 5 september 1958, Generale Synode van de Gereformeerde Kerken in Nederland 1958 Bunschoten-Spakenburg aan Deputaten-Curatoren.

in op de vraag waarom hij enerzijds Deddens als kandidaat geschikt achtte, maar uiteindelijk toch de voorkeur gaf aan Kamphuis. Hij stelde een enkelvoudige voordracht voor. Mochten de curatoren van mening zijn dat er toch een of meerdere extra kandidaten dienden te worden voorgedragen, dan dacht hij naast Deddens aan J. Faber.[51] Die had in 1951 zijn kandidaatsexamen gedaan en in 1958 zijn doctoraal. Daarmee kwam ook hij in het vizier, maar daar bleef het bij. Op de curatorenvergadering van diezelfde 15e september lag het voorstel ter tafel om te besluiten dat er geen geschikte kandidaat was en dat er evenmin een kandidaat-in-wording in beeld was. Maar dit voorstel haalde het niet: met drie tegen vijf werd het verworpen. Curator J. Hettinga[52] bracht vervolgens het voorstel ter tafel om het tweetal Deddens en Kamphuis aan de synode voor te dragen. Dit voorstel werd met vijf tegen drie in het curatorium aangenomen. Het drietal tegenstemmers - K. Doornbos,[53] J. van Bruggen[54] en D. van Dijk[55] – liet dat in de notulen aantekenen. Van Bruggen en Van Dijk behielden zich ook het recht voor om hetzij mondeling hetzij schriftelijk van hun gevoelen aan de synode rekenschap te geven. De curatoren kwamen uiteindelijk met een voordracht van twee naar hun oordeel daarvoor het meest in aanmerking komende personen: Deddens en Kamphuis.[56]

---

51 Faber diende in eigen land de kerken van Deventer (1950-1958) en Schiebroek-Hillegersberg-Centrum (1958-1969). In datzelfde jaar viel hem alsnog een leerstoel - die van de Dogmatiek - ten deel, maar dan aan het Hamilton Theological College in Canada (1969-1989), thans het Canadian Reformed Theological Seminary. In 1990 ging hij daar met emeritaat. In 1969 promoveerde hij nadat hij zijn dissertatie *Vestigium Ecclesiae. De doop als spoor der kerk: Cyprianus, Optatus, Augustinus* in Kampen had verdedigd; "Ds. J. Faber overleden," *RD*, 5 oktober 2004; J. Faber, *Vestigium Ecclesiae: De doop als "spoor der kerk" (Cyprianus, Optatus, Augustinus)* (diss., Goes: Oosterbaan & Le Cointre, 1969).
52 Jochem Hettinga (1898-1976), predikant Wijckel-Balk 1923, Hasselt 1929, Harlingen 1946, emeritus 1964; *Handboek 1977*, 240-245. Hettinga was curator van 1948 tot 1972.
53 Klaas Doornbos (1893-1986), predikant Wormer 1934, emeritus 1963. In 1968 ging Doornbos naar de wat later zou gaan heten 'Nederlands Gereformeerde Kerken'; *Handboek 1968*, 86; *Informatieboekje 1987*, 167-169.
54 J. van Bruggen (1909-1965), predikant Tweede Exloërmond 1935, Wormerveer 1939, Assen 1943; *Handboek 1966*, 183-185.
55 Douwe van Dijk (1887-1985), predikant Knijpe 1913, Uithuizen 1917, Groningen 1920, overgegaan naar de Gereformeerde Kerken vrijgemaakt 1944, predikant Groningen 1944, emeritaat 1960; L.J. Joosse, "Dijk, Douwe van," in *BLGNP* 6, 69-71.
56 *A.w.*

Na een roerige zitting besloot de synode op 18 september Kamphuis te benoemen als opvolger van Deddens sr. Dat gebeurde niet op basis van diens wetenschappelijke kwalificaties, want die had hij destijds (nog) niet. De opvallende keuze had eerder een zeker strategisch en kerkpolitiek karakter. Kamphuis lag goed als hoofdredacteur van *De Reformatie* en als apologeet van de vrijgemaakt-gereformeerde lijn.

Gelukwens
Het voelde voor de oud-bokser Deddens als een knock-out. Hij wenste Kamphuis evenwel toe:

> Moge God je sterken èn op de dag zelve, en in heel de tijd van je hoogleraarschap, die volgen gaat. Strekke je arbeid tot ere van zijn Naam, en tot rijke zegen voor School en Kerk! Je inaugurele rede, professorale eersteling moge daarbij door vele andere geesteskinderen worden gevolgd! Een schone en wijde taak ligt voor je, - moge de volbrenging daarvan ook je zelf veel vreugde schenken.[57]

Kamphuis had Deddens laten weten dat de voorlopige datum van zijn inaugurele rede op 9 april stond gepland. Hij hechtte eraan dat Deddens erbij zou zijn:

> Persoonlijk nodig ik je graag uit als oudste zoon van mijn voorganger en als vriend-in-de-nood (...) van de predikanten wil ik opzettelijk uit laten nodigen m'n collegae in engere zin van vroeger en later tijd. (...) En voor wat mij aangaat ook jou graag. Maar blijf je liever daarbuiten, schrijf rustig je oordeel.[58]

Deddens kon de inauguratie van Kamphuis niet bijwonen, omdat hij op een classisvergadering moest zijn met het peremptoire, het beslissende, examen van kandidaat H. Pool.[59] Deddens had zich naar eer en geweten bij Kamphuis afgemeld. Een ongeschreven regel gaf aan dat de classis voor rouw en trouw ging. Op een later tijdstip werd de vergaderdatum

---

57 ADC, ADD, Brief D. Deddens aan J. Kamphuis, 25 maart 1959.
58 ADC, ADD, Brief J. Kamphuis aan D. Deddens, 26 februari 1959.
59 Harm Pool (1928-2014) werd na zijn classicaal examen predikant te Avereest-Dedemsvaart, 3 mei 1959. Daarna volgden Veenendaal 1966, Veendam en Zuidbroek 1971 en Veendam 1985. Hij werd emeritus-predikant in 1993; *Handboek 2015*, 524.

echter een week verplaatst.⁶⁰ Desondanks was hij hoogstwaarschijnlijk niet aanwezig bij de inauguratie. Hij zou in latere correspondentie er zeker melding van hebben gemaakt. Hij heeft wel zijn oordeel gegeven over Kamphuis' rede.⁶¹ Hij bedankte hem voor de toezending ervan en schreef dat hij hem met instemming en bewondering had gelezen en ervan onder de indruk was dat hij de rede in zo korte tijd had geschreven. Hij gaf nog wat aanwijzingen voor verbetering, zoals een adequate bronvermelding.

De vraag is hier niet zozeer waarom Kamphuis benoemd werd, maar meer: waarom Deddens niet? Uit de brief van H.J. Schilder valt op te maken dat hij het wenselijk vond dat Deddens eerst zijn dissertatie zou afronden, en ook dat hij zich baseerde op mondelinge bronnen die Deddens – de studeerkamergeleerde met een fascinatie voor details – als persoonlijkheid minder geschikt achten dan Kamphuis. Bovendien komt er uit naar voren dat Kamphuis meer naar buiten en naar voren trad en de man van de grote lijnen was.

Reacties
De benoeming van Kamphuis deed nogal wat stof opwaaien. Wie de publicaties hierover leest, krijgt de indruk dat de benoeming van verschillende kanten kritisch werd bejegend. Grotendeels was dit inderdaad ook het geval. Zo bekritiseerde Veenhof in een brief aan Kamphuis de benoeming en toonde hij zijn verbijstering over de solo-actie van H.J. Schilder:

> Ik had er geen moment om gedacht, dat zoiets onder ons mogelijk was. Ik had er ook geen moment om gedacht, dat hij U zou voorgedragen (…) Wanneer ik dit alles overweeg, dan zeg ik met volle overtuiging: deze benoeming is slecht, in ieder opzicht; ze is partijdig. Ze is volkomen in strijd met de normen die Prof. Schilder en Prof. Greijdanus ons meermalen, speciaal ook voor een zaak als deze, voorhielden. Ik ben er daarom volstrekt van overtuigd, dat de zegen des HEREN daarop niet rusten zal. Ten opzichte van de kerken niet, voor de school niet en voor U niet.⁶²

Volgens hem had Deddens bemoemd moeten worden. Hij had zich

> van jongs af aan op de bestudering van de kerkgeschiedenis toegelegd, deed een cum laude candidaats- en doctoraal examen en is na jarenlang ploeteren

---

60 ACH, Notulen Kerkenraad GKv Mariënberg, 7 april 1959.
61 ADC, ADD, Brief Deddens aan Kamphuis, 26 februari 1959.
62 ADC, Archief J. Kamphuis, 403, doos 22, Brief C. Veenhof aan J. Kamphuis, 26 september 1958.

bijna aan een promotie toe. Over deze examens, evenals ook over dat van U, kan ik oordelen, ik ben de enige overlevende van hen die ze heeft meegemaakt. U weet het, ook ik wilde, voordat, vóór het tot een verantwoorde voordracht komen zou, wachten op meer licht en zekerheid. Maar Ds Deddens was van meet af bij mij een zeer serieuze candidaat. En in de wetenschappelijke bestudering van de vakken, welke thans in geding zijn, is hij verreweg het meest gevorderd. En op zijn leven en belijdenis is niets aan te merken.[63]

Hoezeer Veenhof en Kamphuis ook verschillen en zouden gaan verschillen tot en met een kerkscheuring aan toe, ze waren het op dit punt eens; zelfs Kamphuis was van mening dat Deddens een betere kandidaat-hoogleraar was dan hij zelf. In zijn reactie betaalde Kamphuis Veenhof met gelijke munt terug. Hij kwalificeerde Veenhofs brief als: 'slecht, in ieder opzicht'.[64] Hij wees Veenhof erop dat hij tijdens de benoeming gewezen had op: 'òf een jonge predikant, die academisch voor deze taak zo ver mogelijk was voorbereid – ik sprak in dat verband van een examen cum laude – òf een oudere predikant met rijke stadservaring, die op het gebied van de kerkhistorie ook wat had gepresteerd'.[65] Hij liet Veenhof weten dat hij vooral niet de aandacht op zichzelf had gevestigd, maar gewezen had op respectievelijk D. Deddens en de Enschedese predikant R.H. Bremmer[66] – zonder evenwel hun namen te noemen. Bremmer zou, naar later bleek, in 1961 bij G.C. Berkouwer[67] aan de Vrije Universiteit op Bavinck promoveren. Evenwel, hij kwam niet op tal te staan vanwege zijn samensprekingen met de synodaal-gereformeerden.

---

63 ADC, Archief J. Kamphuis, 403, doos 22, Brief C. Veenhof aan J. Kamphuis, 26 september 1958.
64 ADC, AJK, Brief J. Kamphuis aan C. Veenhof, 27 september 1958.
65 ADC, AJK, Brief J. Kamphuis aan C. Veenhof, 3 oktober 1958.
66 Rolf Hendrik Bremmer (1917-1995), hulppredikant Groningen-Helpman 1942 GKN, predikant Groningen-Helpman 1943 GKN, predikant Groningen-Helpman 1944 GKv, Zwolle 1946, Enschede 1958, emeritus 1990; G. Harinck, "Bremmer, Rolf Hendrik," in *BLGNP* 6, 50-52.
67 Gerrit Cornelis Berkouwer (1903-1996), predikant Oudehorne 1927, Amsterdam-Watergraafsmeer 1931-1945, buitengewoon hoogleraar VU 1940, gewoon hoogleraar 1945, emeritus 1973; C. van der Kooi, "Berkhouwer, Gerrit Cornelis," in *BLGNP* 5, 51-55.

In *Opbouw*⁶⁸ vroeg de redactie (o.a. H.J. Jager en C. Veenhof) naar de beweegredenen om Kamphuis te benoemen en 'niet een der broeders, welke zich reeds vele jaren met de studie van de kerkgeschiedenis hebben bezig gehouden'.⁶⁹ De redactie stelde: "Dubbel zwaar is deze taak voor hem die benoemd is, daar hij zich tot nog toe niet speciaal op het gebied van kerkgeschiedenis en kerkrecht heeft bewogen."⁷⁰ De redactie sloot het artikel af met deze woorden: "Het is onze begeerte, dat Ds Kamphuis wijsheid moge ontvangen van de HERE om die beslissing te nemen, welke het heil van de kerk en de school waarlijk dient."⁷¹ Dit artikel riep nogal wat weerstand op. Om die reden plaatste de redactie op 24 oktober 1958 een nieuw artikel. De redactie bleef kritisch, maar niet zozeer jegens Kamphuis.⁷² Verder gaf de redactie aan dat er na het optrekken van de kruitdampen misschien nog eens gesproken zou moeten worden over vragen als:

> Is een synode wel het geschikte college om een hoogleraar te benoemen? Is het wel goed, dat alles zo in het geheim gebeurt? Is de verhouding tussen Kerk en School wel zo, als we die totnogtoe hebben gezien? Waarbij misschien ook nog wel een woordje zal moeten worden gewisseld over het promotierecht, waarvoor zo krachtig is geijverd.⁷³

Anders was de toonzetting in *De Reformatie*. H.J. Schilder schreef dat er blijdschap was over zowel de opvulling van de vacante leerstoel als over de benoeming van Kamphuis, de redacteur van de rubriek 'Kerkelijk leven' in *De Reformatie*, en dat dit gezien kon worden als genade.⁷⁴ Een curieuze stap maakte Schilder door in datzelfde artikel ook te schrijven van blijdschap te hebben gesproken als de andere kandidaat, Deddens, zou zijn benoemd.⁷⁵

---

68 "Een professor benoemd," *Opbouw* n°. 2, 26 september 1958, 187; "Vragen rondom de hoogleraarsbenoeming," *Opbouw* 2 n°. 2, 24 oktober 1958, 220.
69 "Een professor benoemd," *Opbouw* n°. 2, 26 september 1958, 187.
70 *A.w.*, 187.
71 *A.w.*, 187.
72 "Vragen rondom de hoogleraarsbenoeming," *Opbouw* 2 n°. 2, 24 oktober 1958, 220.
73 *A.w.*, 220.
74 H.J. Schilder, "Kerkelijke leven: Opdracht tot reformatorische historiografie," *De Ref.*, 33ᵉ jrg., n°. 51, 27 september 1958, 401.
75 Schilder, "Kerkelijke leven," 401.

Het waren overigens niet alleen Kamper theologen die met verbijstering en afkeuring reageerden op de benoeming van Kamphuis. Scherp was de toonzetting in *Petah-ja: Orgaan van de Bond van Mannenvereniging op Geref. Grondslag*.[76] Bremmer stelde voorop dat hij Kamphuis 'qua persoon' met de benoeming als hoogleraar feliciteerde.[77] Het ging hem om de manier waarop de benoeming was verlopen. Bremmer stelde de twee kandidaten tegenover elkaar: Kamphuis die slechts het kandidaatsexamen had gedaan tegenover Deddens die 'bijna gereed' was met zijn dissertatie.[78] Daarmee kwam volgens Bremmer ook het promotierecht in het geding waarvoor zo hard was gestreden.

In de *Kamper Kerkbode* toonde de Kamper predikant G. Visee zich ook verbaasd.[79] Naast gekwalificeerde andere kandidaten als Deddens en Bremmer noemde hij ook de Enschedese predikant I. de Wolff.[80]

I. de Wolff schetste op 4 oktober 1958 in het *Gereformeerd Kerkblad voor Overijssel en Gelderland* de benoeming, maar dan van meerdere zijden. Hij eindigde zijn artikel met een pleidooi voor een tijdelijke opschorting van de benoeming:

> Een doctor doet een doctor geboren worden, heeft prof. dr. T. Hoekstra [81] eens geschreven. Dat doet geen staat, geen kerk, geen synode, geen professor zonder graad (…) tenzij er een gelijk te stellen bekwaamheid gevonden wordt als vrucht van jarenlange vakstudie.[82]

Het bevestigt het beeld van een kerkverband dat onder druk stond. Aan de andere kant moet ook gezegd worden dat in andere delen van het kerkverband de benoeming als het ware voor kennisgeving werd aangenomen. Ter illustratie, de *Gereformeerde Kerkbode voor Groningen * Fries-*

---

76 R. Bremmer, "Deining over een hoogleraarsbenoeming," "Een tere kwestie," en "En nu verder," *Petajah* 12, n°. 10 oktober 1958, 121-126.

77 R. Bremmer, "Deining over een hoogleraarsbenoeming," *Petajah* 12, n°. 10 oktober 1958, 121.

78 *A.w.*, 122.

79 G. Visee, "In een vacature voorzien," *Kamper Kerkbode: Weekblad ten dienste van de Geref. Kerk van Kampen*, 63ᵉ jrg. n°. 41, 18 oktober 1958.

80 I. de Wolff (1901-1976), predikant Mussel 1930, Enschede 1935, emeritus 1970; *Handboek 1976*, z.j., 23.

81 Tjeerd Hoekstra (1880-1936), gereformeerd predikant Hazerswoude 1906, 's Hertogenbosch 1908, hoogleraar Theologische School Kampen 1913-1936; H. Mulder, "Hoekstra, Tjeerd," *BLGNP* 3, 186-187.

82 I. de W. [I. de Wolff], "Wetenschappelijk vacuum;" *Gereformeerd Kerkblad voor Overijssel en Gelderland* 11ᵉ jrg. n°. 113, 4 oktober 1958.

land * *Drenthe* verhulde niet dat het besluit nogal wat voeten in de aarde had gehad, maar vooral feliciteerde het Kamphuis met zijn benoeming en merkt daarbij profetisch op: "De gaven, die hem zijn geschonken, geven evenwel goed vertrouwen, dat, als hij zich daar eenmaal op heeft geworpen, hij daarin veel zal weten te bereiken en daarin een goed hoogleraar zal worden."[83] Twee weken later nam het blad in de rubriek "Persschouw" een lange lijst van citaten op over de hoogleraarsbenoeming. De samensteller van deze rubriek, ds. J.F. Heij uit Drachten[84] eindigde zijn "Persschouw" als volgt:

> Op de Schooldag is het samengestroomd kerkvolk door zijn "leiders" gewaarschuwd voor "partijschappen". Dat is veelszins goed en schoon. Maar de "partijschappen" zijn mijns inziens veel meer te zoeken en te vinden onder de "leiders" dan onder de "geleiden" (…) Ons kerkvolk verlangt niet dat "leiders" het in alles roerend met elkaar eens zijn, maar het wordt de mensen vanlieverlee wat te veel: Reformatie, Opbouw, Contact, Stijl, Ruimte enz. Zouden ook de "leidinggevende figuren" niet een klein beetje tegen "partijschappen" willen vechten? We moeten ook dit punt in onze gebeden maar niet vergeten.[85]

Niet alleen werd met academische en kerkelijke bezwaren gereageerd die gepaard gingen met menselijke emoties, maar ook werd de stem van God hierin gezocht: "(…) - stemmingen zijn zelfs ook op synodes ondoorgrondelijke bezigheden! -, maar ook daarin hebben we de niet minder onbegrijpelijke voorzienigheid Gods te aanvaarden."[86]

Om in het licht van het promotierecht de formele situatie aan te duiden: Kamphuis (geen doctorandus of doctor, maar wel professor) werd de promotor van Deddens (doctorandus) die 'bijna gereed' was met de voltooiing van zijn dissertatie. Veel is er van de relatie promotor (Kamphuis) en promovendus (Deddens) niet terechtgekomen. Dat had in dit geval niets te maken met de bovengenoemde stelling van T. Hoekstra dat alleen een doctor een doctor doet geboren worden. J. Kamphuis heeft anderen

---

83 *Gereformeerde Kerkbode voor Groningen * Friesland * Drenthe* 27 september 1958, n°. 38.
84 J.F. Heij (1919-1999), predikant Langerak 1944, Hasselt 1947, Drachten 1955, Amersfoort-Centrum 1965; *Handboek 2000*, 414-417.
85 D. J.F.H. [Drachten, J.F. Hey], "Wetenschappelijk vacuum;" *Gereformeerde Kerkbode voor Groningen * Friesland * Drenthe* 11 oktober 1958, n°. 40, 3-4.
86 "Ds. J. Kamphuis tot hoogleraar benoemd;" *Gereformeerde Kerkbode voor Groningen * Friesland * Drenthe* 11 oktober 1958, n°. 40.

wel met succes tot de promotieplechtigheid weten te begeleiden. Zoon B. Kamphuis kan zich niet herinneren dat zijn vader er ooit over gesproken heeft dat er een relatie was tussen J. Kamphuis als promotor en Deddens als promovendus. Dit wil niet zeggen dat dergelijke gesprekken nooit hebben plaatsgevonden.

Kamphuis' visie
In een interview met M. Stolk, journalist van het *Reformatorisch Dagblad*, ruim vijftig jaar na zijn benoeming, liet J. Kamphuis weten dat hij Deddens een veel geschiktere kandidaat had gevonden dan zichzelf.[87] In een interview met de journalist en de latere hoofdredacteur van het *Nederlands Dagblad* Peter Bergwerff en fotograaf en opmaakredacteur bij het *Nederlands Dagblad* en journalist Tsjerk S. de Vries (1947-2012) had hij zich er eerder over uitgesproken. Een lang citaat uit dit interview is van belang om Kamphuis zelf aan het woord te laten komen:

> Ik dacht toen: dit is een foute benoeming. Ik vond dat Deddens benoemd moest worden. Gewoon academisch gezien. Een leerling van onze school die cum laude doctoraal gedaan had. Hij was een jaargenoot van mij, dus ik wist wat 'r in hem zat. En ik kende mijn eigen beperkingen. Hij was een fijnzinnig historicus en een groot canonicus, een van de weinigen die we hebben. Nou, ik dacht: ik bedank als ik daardoor zou kunnen bewerkstelligen dat er alsnog een verkiezing kan plaatsvinden met deze naam. Ik ben toen naar de praeses van de synode gegaan, de 'oude' ds. J. van Bruggen, en heb hem gevraagd: "als ik terugtreed, komt dan de tweede man van de voordracht voor de aandacht van de synode?" Hij zei: "Daar mag ik alleen op eigen titel op antwoorden, ik kan niet namens de vergadering spreken." "Maar", zei hij, "ik kan de vergadering wèl overzien en dan is de zaak deze, dat als jij terugtreedt er geen benoeming zal plaatsvinden." Nu, toen heb ik de principebeslissing genomen dat ik het zou aannemen. Als ik nee zou zeggen, betekende dit, dat – laat ik het nu zo mogen formuleren – er geen opvolging zou komen en dat het docentencorps dus een versmalling zou ondergaan (…) En in mijn visie was de versmalling van het docentencorps een begin van de begrafenis van Kampen (…) Ik zou er dan maar tegenaan moeten. En ik stond helemaal niet voorgesorteerd hoor! Wat wist ik nu helemaal van algemene kerkgeschiedenis af? (…) Een van de eerste dingen die ik daarna deed, was naar Deddens gaan. Die stond toen in Mariënberg. Daar heb ik hem de hele situatie verteld, meer dan ik nu vertellen kan. Ik heb gezegd: en daarom zal ik het aannemen. En

---

87 Maarten Stolk, "Werken met de jongens van de Broederweg," *RD*, 2 juli 2009.

toen ik mijn verhaal verteld had, keek Deddens mij aan met die ondoorgrondelijk blik – u weet, hij is altijd wat geheimzinnig in zijn voorkomen – en sprak: "Als ik je ergens mee helpen kan, dan kun je altijd bij mij terecht." Een vriend. En een christen. Dat zijn mooie dingen in zo'n moeilijke situatie (...).[88]

Hoe Van Bruggen bij dit antwoord aan Kamphuis kwam, is niet bekend. Blijkbaar beschikte hij over voldoende informatie vanuit de synode om tot deze uitspraak te komen. Als Kamphuis de benoeming niet zou hebben aanvaard, dan zou Deddens toch niet zijn benoemd.

Studiegenoot H. van Tongeren
H. van Tongeren, oud-studiegenoot en later Deddens' directe voorganger in de kerk van Leeuwarden schreef een troostbrief. Allereerst refereerde hij vanuit zijn Leeuwarder pastorie aan het applaus dat Deddens had ontvangen tijdens een predikantenconferentie. Verder speet het hem dat Kamphuis de benoeming als hoogleraar had aanvaard: "Wat zou het een bevrijding geweest zijn, als hij bedankt had! Maar 't heeft niet zo mogen wezen. Ik vrees, dat de beer los is in de kerken. Genade moge ons vergezellen."[89] Hij bemoedigde Deddens verder met: "Enfin, kerel, ga jij moedig voorwaarts en probeer, wat ik je smeken mag, binnen de kortst mogelijke tijd te promoveren. Dat zou prachtig zijn."[90]

H.J. Schilder
Wie ook reageerde was H.J. Schilder. Hij verkeerde in een lastige positie, hij mocht immers wat vertrouwelijk was niet met Deddens delen. Toch wilde hij wel iets aan Deddens toevertrouwen, namelijk datgene wat niet geheim was. Schilder verdedigde enerzijds de keuze voor Kamphuis en anderzijds wilde hij niet dat Deddens uit het feit dat hij niet was benoemd de conclusie zou trekken dat hij gediskwalificeerd was. Schilder vond zijn 'vermelding op de voordracht' voor 'honderd procent eervol' en dat ook

---

88 *Met open vizier. Peter Bergwerff en Tjerk S. de Vries in gesprek met prof. J. Kamphuis* (Barneveld: De Vuurbaak, 1987), 84 (*De eerste generatie*). In zijn 'In Memoriam' na Deddens' overlijden in *Nader Bekeken* van december 2009 formuleerde Kamphuis het enigszins anders: "Hij [D. Deddens] keek mij peinzend aan en zei na rustige overweging: 'Je keus versta ik en heb je ooit mijn hulp nodig, dan ben ik, zo ik die kan geven, van harte daartoe bereid';" J. Kamphuis, "In Memoriam Detmer Deddens (1923-2009)," *Nader Bekeken* december 2009, 333-334.
89 ADC, ADD, Brief H. van Tongeren aan D. Deddens, 6 oktober 1958.
90 *A.w.*

in de besprekingen 'groot respect voor U en Uw candidatuur' was gebleken.[91] Vervolgens verwees hij naar de goddelijke leiding in de voorbije weken en maanden. Ironisch genoeg reikte hij Deddens de hand als het ging om hulp bij diens promotiearbeid.

Karel Deddens

Karel Deddens had rondom de hoogleraarsbenoeming telefonisch en postaal verkeer met Kamphuis. Hij schreef op 28 september 1958 een lange en indringende brief. Hij roemde Kamphuis' kwaliteiten en wenste hem sterkte met de overwegingen de benoeming al dan niet te aanvaarden. Hij leek bij hem op niet-aanvaarding aan te koersen, want hij wees Kamphuis op de andere roeping die hij ook had: gemeentepredikant in Rotterdam-Delfshaven. Hij meende dat oprecht, want hij prees Kamphuis' kwaliteiten als gemeentepredikant, als man op kerkelijke vergaderingen en tussen het kerkvolk. Karel vatte zijn verkapte verzoek en advies aan Kamphuis eigenlijk samen in die ene zin: "Wij hebben wel eens tegen elkaar gezegd: hij [Detmer] is gebóren voor de katheder."[92]

Daarnaast wees hij op de verwachtingen die Deddens sr. had gekoesterd over de opvolging:

> Vandaag hebben we Ded [Detmer], die n.b. tegen zijn promotie aan zit, en toch twee cummetjes op zijn naam heeft staan! Voor mij is het dan ook onbegrijpelijk dat de stemming op de synode zo uitviel. (…) Maar ik weet hoeveel VADER met Ded ophad. Wat kon Vader glunderen als hij hoorde dat Ded met tientallen buitenlandse Universiteiten in correspondentie stond, en dat hij naar de bronnen terug ging.[93]

Volgens Karel was er veel ontstemming bij het kerkvolk en dat niet alleen bij de lezers van *Opbouw* of *Contact*, maar ook van *De Reformatie*. Volgens hem had Detmer het moeilijk: "Ik weet dat Ded hier vast wil houden aan de belijdenis van Zondag 10. Maar het is voor hem wel heel moeilijk!"[94]

De relatie Deddens-Kamphuis

Er is altijd sprake geweest van een vriendelijke en waarderende relatie

---

91   ADC, ADD, Brief H.J. Schilder aan D. Deddens, 21 september 1958.
92   *A.w.*
93   ADC, AJK, Brief K. Deddens aan J. Kamphuis, 28 september 1958.
94   *A.w.* .

tussen Deddens en Kamphuis. Tegelijk moet ook gezegd worden dat Deddens voor Kamphuis geen bedreiging was. Kamphuis was de leider, straalde autoriteit uit en had gezag of op z'n minst boezemde hij ontzag in. Van Deddens valt veel te zeggen, maar niet dat hij een leider was. Wel was hij technisch gezien een goede voorzitter van kerkelijke bijeenkomsten en vergaderingen. Dat zou later ook blijken tijdens zijn voorzitterschap van vier generale synoden. Hij leidde die synoden met ferme hand. Hij had als het om de kennis van het kerkrecht ging natuurlijk gezag en ging wanorde tegen.

Kamphuis en Deddens, ze verschilden zeer van elkaar. Kamphuis schreef: "We waren zo verschillend in achtergrond en karakter én we waren één in de dienst."[95] Toch waren ze op elkaar gesteld, niet direct in de zin van vriendschap, ook al noemde Kamphuis hem in het hierboven aangehaalde citaat 'een vriend'. Zoon B. Kamphuis vertelde dat zijn vader op Deddens gesteld was omdat hij hem beschouwde als 'man van de kerk'.[96] Dat respect was wederzijds. Kamphuis kon bij Deddens terecht - en omgekeerd - voor kerkelijke, academische en bibliografische adviezen. Deddens gaf Kamphuis niet alleen bibliografische tips, en omgekeerd, maar bood ook boeken aan die Kamphuis van hem kon kopen.[97] Persoonlijke vrienden waren het echter niet.

Reactie van Deddens
Deddens werd als het ware 'beloond' met de redactie van het *Handboek* c.q. het kerkelijk niet onbelangrijke jaaroverzicht en later met het redacteurschap van *De Reformatie*, het voorzitterschap van vier synodes en het president-curatorschap. Echter, academisch gezien sloot Deddens zich voorlopig nog meer op binnen de muren van zijn studeerkamer, omringd door zijn vele vrienden, zijn boeken.

Toen Deddens vele jaren later werd gevraagd wat het destijds voor hem had betekend dat hij niet benoemd was, antwoordde hij: 'een ramp'.[98] Hij had gehoopt dat hij zijn vader had kunnen opvolgen. Desondanks bleef hij zich inzetten voor het kerkverband. De eerste maal schreef hij het jaaroverzicht 1959 voor het *Handboek 1959*. Voor een buitenstaander

---

95 J. Kamphuis, "In Memoriam Detmer Deddens (1923-2009)," *Nader Bekeken* december 2009, 333-334.
96 B. Kamphuis, gesprek met editor, 4 oktober 2017.
97 O.a. ADC, ADD, Brief D. Deddens aan J. Kamphuis, 14 januari 1959.
98 L.A. Valkema, gesprek met editor op basis van gesprek tussen L.A. Valkema en D. Deddens, 15 februari 2017.

bleef hij objectief over de benoeming van Kamphuis:
> We menen wat de reacties betreft hiermede te mogen volstaan. Er heeft een wettige kerkelijke benoeming plaatsgevonden, en achter de "meeste" kerkelijke vergadering de kerken zèlf ziende, èn de Here der kerken, heeft de nieuw benoemde hoogleraar de roeping die tot hem kwam, aanvaard. Moge Hij, die alle dingen leidt, prof. J. Kamphuis schenken al wat hij nodig heeft tot de volbrenging van zijn schone, doch zware taak, en zij er in de kerken veel gebed voor hem en voor de andere Hoogleraren aan de Theol. Hogeschool, dat rijke geschenk van 's Heren goedheid en ontferming.[99]

Hij had hierover vooraf met Kamphuis gecorrespondeerd. Kamphuis had toestemming gegeven voor publicatie van de mededeling dat hij op de dag van de benoeming onwetend was inzake de voordracht en voegde eraan toe: "En ik kan het niet nalaten je wel heel hartelijk te danken, dat je zó je geven wilt in broederdienst!"[100]

Deddens beviel goed als redacteur van het *Handboek*. Ds. D. Nieuwenhuis,[101] schreef in het kerkblad van Bunschoten-Spakenburg:

> Ds. Deddens heeft nu voor de eerste maal de redactie van het Handboek en ik moet zeggen, hij heeft zich op voortreffelijke wijze daarvan gekweten. De verzorging van een dergelijk handboek is heus geen kleinigheid. Ik zou b.v. ieder in onze gemeente, die de jaren des onderscheids heeft, aanraden het in vele opzichten uitstekende jaaroverzicht 1958 te lezen.[102]

Ook Kamphuis roemde het schrijven van het jaaroverzicht en de redactie van de algehele tekst van het *Handboek* door Deddens – een minutieus en tijdrovend werk.[103] Deddens heeft deze taak meer dan tien jaar nauwgezet uitgevoerd.

In maart 1967 trad Deddens tevens toe tot de redactie van *De Reformatie*.

Publiceren
Deddens kwam moeizaam tot productie en publicatie, maar dat was zijn

---
99 D. Deddens, "Jaaroverzicht 1958," in *Handboek 1959*, 207.
100 ADC, ADD, Brief J. Kamphuis aan D. Deddens, 5 februari 1959.
101 Derk Nieuwenhuis (1911-1994), predikant Zuidwolde 1946, Zaandam 1948, Vlaardingen 1950, Bunschoten-Spakenburg 1956, IJmuiden 1962, Harlingen 1967, Vollenhove-Kadoelen 1973, emeritus 1979; *Handboek 1995*, 324-326.
102 *Gereformeerde kerkbode: Contactorgaan van de kerken Bunschoten-Spakenburg en Eemdijk*, 8ᵉ jrg. n°. 14, 4 juli 1959.
103 J. Kamphuis, "Handboek-1960," *De Ref.* 35ᵉ jrg., n°. 30, 18 juni 1960, 295.

hele leven het geval en heeft niet te maken met een eventuele negatieve terugslag ten gevolge van de benoeming van Kamphuis in plaats van hemzelf. Op academisch niveau heeft hij weinig gepubliceerd. Onderzoek naar zijn publicatielijst leert dat hij vooral boekrecensies schreef. In 1959 waren dit er negentien in het *Gereformeerd Gezinsblad*, één in *De Reformatie* en één in *Lucerna*. In 1960 volgden er dertien boekrecensies in het *Gereformeerd Gezinsblad*, net als in 1961; in 1962 zeventien. Rondom de Synode van Rotterdam-Delfshaven van 1964-1965 zijn dit er vijf, maar in 1967, toen hij voorzitter was van de Synode van Amersfoort-West, wist hij er maar liefst dertien gepubliceerd te krijgen in het *Gereformeerd Gezinsblad*. Hij, de boekenliefhebber, genoot van de komst van nieuwe boeken die bij hem ter recensie werden bezorgd. In 1957 schreef hij aan zijn ouders dat Kamphuis hem had gevraagd het boek

De jonge D. Deddens –
Archief W.O. Sierksma

De wereldweg der kerk[104] van H. te Merwe te recenseren voor *De Reformatie*:[105] 'dat heb ik met graagte geaccepteerd. Ik heb in al die jaren nooit een stom woord geschreven [waarschijnlijk bedoelde hij: gepubliceerd], en zo'n recensie vind ik leuk. En je krijgt een boek van F. 27.50 zo cadeau, dat is niet te versmaden'.[106] Het verklaart zijn plezier in het schrijven van meer dan 200 boekrecensies. De productiefste tijd van Deddens was wat dat betreft tussen 1959 en 1978. De indruk dat Deddens eigenlijk vrijwel niets gepubliceerd heeft, is onjuist. Naast populair-wetenschappelijke artikelen heeft hij ook wel enkele wetenschappelijke publicaties geschreven.[107]

Wetsinge-Sauwerd
Toen Deddens in 1958 zijn vader niet kon opvolgen, moest hij zich naast het werk voor het kerkverband blijven concentreren op het predikantswerk in achtereenvolgens Mariënberg waar hij ten tijde van de benoeming van Kamphuis net stond (1957-1963) en Leeuwarden (1964-1979).

Zijn eerste gemeente was Wetsinge-Sauwerd (1949-1957). Hij verhuisde er met Arien heen, nadat ze op 12 augustus 1949 in Groningen in het huwelijk waren getreden. Deddens sr. was voorgegaan in de huwelijksdienst in de Noorderkerk te Groningen. Arien zou zich een leven lang wegcijferen voor haar Detmer. Zij adoreerde hem. Aanvankelijk was het helemaal niet de bedoeling dat het jonge echtpaar in Wetsinge-Sauwerd zou terechtkomen. Deddens jr. kon kiezen: Kantens, Arum, Minnertsga-Oude Bildtzijl, Emmen, Berkum, Loenen aan de Vecht en Wetsinge-Sauwerd.[108] Later volgden ook nog beroepen vanuit Winterswijk-Aalten[109] en Tiel-Zaltbommel.[110] Daarnaast werd hij ook beroepen door de kerk van Pernis. Deddens nam dit laatste beroep aan en bedankte voor alle andere beroepen. Maar korte tijd later nam hij een nadere beslissing en bedankte alsnog voor het beroep,[111] toen er geen geschikte pastorie beschikbaar bleek. Daarna volgden nog beroepen uit Hijken,[112] Twijzel, Zutphen,

---

104 H. te Merwe, *De wereldweg der kerk*, Delft: Meinema, 1956.
105 D. Deddens, *De Ref.* 32 n°. 24, 23-3-1957.
106 ADC, APD, Brief D. Deddens aan P. Deddens, 1 maart 1957.
107 Zie zijn bibliografie op pagina ...
108 "Kerknieuws," *De Ref.*, 24ᵉ jrg., n°. 22, 26 februari 1949, 188.
109 "Kerknieuws," *De Ref.*, 24ᵉ jrg., n°. 25, 19 maart 1949, 212.
110 "Kerknieuws," *De Ref.*, 24ᵉ jrg., n°. 26, 26 maart 1949, 219.
111 "Kerknieuws," *De Ref.*, 24ᵉ jrg., n°. 35, 28 mei 1949, 296.
112 "Kerknieuws," *De Ref.*, 24ᵉ jrg., n°. 39, 25 juni 1949, 327.

Onnen, Garrelsweer en Opende-Surhuisterveen.[113]

In plaats van Pernis, een kerk dichtbij zijn geboortegrond, koos hij voor een kerk in de nabijheid van de stad waar hij zijn jeugd had doorgebracht.

Trouwe ambtsdienst

Op 10 juli 1949 legde Deddens met goed gevolg het peremptoir examen in de Classis Groningen in de Noorderkerk te Groningen af. In dat kerkgebouw was zijn vader in 1934 verbonden aan de Groninger gemeente. De Groninger predikant A. van der Ziel[114] examineerde Deddens gedurende 15 minuten op het terrein van 'Inleiding in de Heilige Schrift'. Ds. F.A. den Boeft[115] nam het examen Kerkrecht (15 minuten) af en de Groninger predikant D. van Dijk[116] het examen Kerkgeschiedenis (30 minuten). Ook vond er onderzoek plaats naar de preek die Deddens hield over Efeze 6:10-20.

Op 11 september 1949 bevestigde P. Deddens sr. zijn oudste zoon. 's Middags preekte zoon Detmer over Psalm 45, het profetische hooglied van de Koning-Bruidegom en zijn bruid. Deddens bleek geestelijk goed te liggen bij de gemeenteleden: "Meerdere leden spraken uit de vrucht der reformatie te ervaren in een beter inzicht in Gods Verbond en Zijn beloften aan zijn volk en meerdere troost en leering uit den Dienst des Woords."[117] Bovendien werd toegevoegd dat 'de jeugd grondig en duidelijk wordt onderwezen in de Schriftuurlijke Waarheid, terwijl de leerlingen ook het

---

113 "Kerknieuws," *De Ref.*, 24ᵉ jrg., nº. 41, 9 juli 1949, 348.
114 Asjen van der Ziel (1905-1990), hulppredikant Nijmegen 1934, predikant Vollenhove-Ambt-Cadoelen 1935, Wetsinge-Sauwerd 1940, Groningen 1943, vrijgemaakt-gereformeerd Groningen 1944, geschorst 1963, afgezet 1965, Tehuisgemeente 1967, Groningen-Zuid (gereformeerd synodaal) 1968; *Gemeenten en predikanten*, 387; *Jaarboek 1991*, 486-487.
115 Floris Adriaan den Boeft (1896-1966), predikant Kruiningen 1922, Amersfoort 1926, Kralingen 1930 (tevens Kralingscheveer 1945), Helpman 1946 GKv, Helpman herenigd 1960, hulppredikant Helpman 1961, emeritus 1962, hulpdiensten Montfoort 1962-1964; *Handboek 1959*, 16; *Gemeenten en predikanten*, 212; *Jaarboek 1967*, 458-460. Interessant detail is dat professor H.H. Kuyper Den Boeft in Kruiningen heeft bevestigd en dat het Schilder was die het huwelijk van Den Boeft met Jane van den Bout in Boven-Hardinxveld heeft bevestigd.
116 Douwe van Dijk (1887-1985), predikant Knijpe 1913, Uithuizen 1917, Groningen 1920, overgegaan naar de Gereformeerde Kerken vrijgemaakt 1944, predikant Groningen 1944, emeritaat 1960; L.J. Joosse, "Dijk, Douwe van," in *BLGNP* 6, 69-71.
117 AGKWS, Notulen kerkenraad 7 november 1949.

opgegeven werk over 't algemeen goed leeren.'[118] Wat de catechisanten van toen zich vooral herinneren is dat Deddens goed catechisatie kon geven, maar dat het wel vaak ging over de groepsemigratie onder leiding van en de stichting van de stad Holland, Michigan in de Verenigde Staten van Amerika door Albertus C. van Raalte[119] en over de *Mayflower* van de *Pilgrim Fathers*. De jeugd van toen vond hem wel stijf in de omgang. 's Avonds wandelde Deddens vaak in het donker door het dorp. Hij herkende niemand en groette niemand. Als de kinderen of jongeren 'hoi' tegen hem zeiden, antwoordde hij altijd beleefd, maar afstandelijk met een minzaam 'goedenavond'. Maar de jongeren hadden hem graag mee met uitstapjes, zoals naar Dierenpark Emmen. Ze wisten dat hij dan op zijn best was: "Soms was het een kwibus."[120] Wie als kind regelmatig de pastorie bezocht, kon rekenen op een warm onthaal. Deddens probeerde de kinderen het schaken bij te brengen. Hij kon gezellig en humoristisch zijn, net zoals hij vroeger thuis was.

Op dinsdag 4 juli 1950 nam hij met de gemeenteleden in Wetsinge-Sauwerd het nieuwe kerkgebouw in gebruik.[121] Aan de hand van Efeze 2:19-22 preekte hij over het fundament, de opbouw en het doel van de glorie van de nieuwtestamentische kerk als de heilige tempel in de Heere. Architect T.K. van Eerden (1898-1995) uit Loppersum schonk een 'prachtig doopbakje'.[122] Hij was de opa van D. Deddens' latere student-assistent T.K. van Eerden.

Stad en dorp
Het was niet alleen rozengeur en maneschijn in de pastorie op het Groninger platteland. Zeker, Deddens bezocht graag en vaak de universiteitsbibliotheek in de stad Groningen, maar er was ook zorg om zijn vrouw die een half jaar ziek lag, zonder dat de gemeenteleden wisten wat haar scheelde.

---

118 *A.w.*
119 Jacob E. Nyenhuis and George Harinck, eds., *The Enduring Legacy of Albertus C. Van Raalte as Leader and Liaison*, Grand Rapids, Michigan: William B. Eerdmans Publishing Company/Holland, Michigan: Van Raalte Press, [2014].
120 Gesprek mevrouw T. Haaksema-Douma met editor, 13 maart 2018.
121 *Gereformeerde Kerkbode (Noorden)* 6ᵉ jrg. n°. 28, 15 juli 1950.
122 *A.w.*; geraadpleegd, 4 juni 2016, http://www.bolks.nl/stamboom/Leven_en_werk_TK_van_Eerden_080702.pdf

In de vergadering van 4 januari 1956 vroeg en kreeg hij drie maanden studieverlof om zich te kunnen wijden aan zijn studie.[123] Dit verklaart waarom Deddens op Pasen 1956 niet in zijn gemeente was om het opstandingsevangelie te prediken, maar op Schiermonnikoog verbleef. Het was een ongekende luxe om zich onder te dompelen in zijn onderzoek en even weg te zijn uit Sauwerd. Hij klaagde bij zijn vader over de Sauwerder pastorie, onder andere omdat hij 'zo langzamerhand met de boeken geen raad weet: geen bergruimte meer in 't hele huis, consistorie ook al propvol, en daar is het vochtig, zodat de banden schimmelen'.[124] Het echtpaar Deddens ging zich steeds meer realiseren dat ze stadsmensen waren en dat de mentaliteit en cultuur in een Groninger dorp anders was.[125] De sociale omgang die verwacht werd, was voor hen beiden niet altijd gemakkelijk op te brengen. Ze waren allebei op hun privacy gesteld, hoe goed ze ook lagen in de gemeente.

Classis Groningen
Op zijn eerste classisvergadering als predikant, op 6 oktober, was Deddens met ouderling Korn. Bouwman, net als de andere afgevaardigden, om 09:00 uur present in de Noorderkerk te Groningen. De classis benoemde hem als secundus-examinator voor het vak Kerkrecht. In deze eerste bijeenkomst mengde hij zich meteen in de te bespreken classicale aangelegenheden, specifiek het verzoek van J.G. Agema[126] uit Groningen. Deze had een opleiding voor zendeling genoten bij het Rijnsche Zendingsgenootschap in het Duitse Barmen en wilde niets liever dan werken op West-Borneo. Daartoe verzocht hij toelating tot het predikantschap op basis van 'singuliere gaven' conform art. 8 van de Dordtse Kerkorde.

---

123 AGKWS, Notulen kerkenraad 27 maart 1952.
124 ADC, APD, Brief D. Deddens aan P. Deddens, 16 augustus 1956.
125 *A.w.*
126 Jan Gerrijt Agema (1916-2008) volgde de opleiding tot zendeling bij de Rijnsche Zending te Wuppertal-Barmen (Duitsland). Vervolgens studeerde hij theologie in Kampen. De vrije gereformeerde kerk van Drachten zond hem uit als zendeling naar Bengkajang (Kalimantan-Barat). Twaalf jaar later werd hij als Nederlander Indonesië uitgezet. Vervolgens was hij twintig jaar zending in Mamelodi (bij Pretoria). Ook na zijn emeritaat in 1984 bleef Agema actief, in Eerstrus (kleurlinglocatie) ten oosten van Pretoria, Zuid-Afrika. Geraadpleegd 6 maart 2018, https://www.digibron.nl/search/detail/012dbdbb87567d398290280c/ds-j-g-agema-overleden. Tj. de Boer, "Jan Gerrit Agema 1916-2008," geraadpleegd 6 maart 2018, https://volgdeboereninzuidafrika.wordpress.com/2008/03/07/jan-gerrit-agema-1916-2008/; *Handboek 2009*, 547-549.

Op 24 april 1952 leidde Deddens voor het eerst als voorzitter een vergadering van de classis. Hij sprak een kort woord vanwege het overlijden van K. Schilder en beëindigde zijn toespraak met de woorden: "Laten wij de nagedachtenis van Prof. Schilder eeren door in zijn voetstappen gaande zoowel te strijden tegen de hierarchie als te bewaren de zegeningen van het kerkverband."[127] De classis benoemde Deddens met zijn collega J. Groen[128] als predikant-afgevaardigden met twee ouderlingen naar de eerstvolgende Particuliere Synode Groningen. Vanaf 29 oktober 1953 was hij examinator Kerkgeschiedenis. Voor Kerkrecht bleef hij nog even vervanger van zijn collega J. Smelik.[129] De kerkelijke loopbaan van Deddens was op gang gekomen.

Afscheid van Wetsinge-Sauwerd
Deddens ontvingen beroepen uit Buitenpost,[130] Eindhoven,[131] Delft,[132] Middelstum,[133] Sliedrecht,[134] Amstelveen,[135] Alkmaar,[136] Sappemeer[137] en Gouda.[138] Later volgde ook nog het beroep van Oegstgeest en Valkenburg.[139] Voor Deddens was Oegstgeest en Valkenburg een aantrekkelijke gemeente, immers zij lag dichtbij de universiteitsbibliotheek Leiden. Bij de kennismaking met de kerkenraden vroeg hij welke faciliteiten en dispensatie hem konden worden geboden opdat hij zich kon wijden aan de promotiearbeid. Zo wilde hij vrijgesteld worden van huisbezoek. Ded-

---

127 GA, CG, inv. nr. 2, 24 april 1952.
128 J. Groen jr. (1906-1968), predikant Venlo-Roermond 1934, Kralingscheveer 1939, Bilthoven 1942 Groningen 1946; *Handboek 1969*, 173-176.
129 Jan Smelik (1899-1960), predikant Zevenbergen c.a. 1926, Loosduinen 1929, Apeldoorn 1946, Groningen 1949; *Handboek 1961*, 215-222.
130 *De Ref.*, 27e jrg. No. 9, 1 december 1951, 79; *De Ref.*, 27e jrg. no. 12, 22 december 1951, 107.
131 *De Ref.*, 27e jrg. no. 19, 16 februari 1952, 163; *De Ref.*, 27e jrg. no. 22, 8 maart 1952, 188.
132 *De Ref.*, 27e jrg. no 45, 16 augustus 1952, 368; *De Ref.* 27e jrg. no. 49, 13 september 1952, 392.
133 *De Ref.*, 28e jrg. no. 3, 18 oktober 1952, 24.
134 *A.w.*
135 *A.w.*
136 *De Ref.*, 28e jrg. no. 49, 12 september 1953, 383; *De Ref.* 29e jrg. no. 1, 3 oktober 1953, 7.
137 *De Ref.*, 29e jrg. no. 20, 20 februari 1954, 164; *De Ref.* 29e jrg. no. 23, 13 maart 1954, 188.
138 *De Ref.*, 30e jrg., no. 1, 2 oktober 1954, 8; *De Ref.*, 30e jrg. no. 3, 16 oktober 1954, 24; *De Ref.*, 30e jrg. no. 6, 6 november 1954, 48.
139 *De Ref.*, 32e jrg. no. 3, 20 oktober 1956, 24.

dens' wensen gaven spanningen op kerkenraadsniveau, met als gevolg dat hij voor het beroep bedankte. Uiteindelijk zou R. Brands[140] naar Oegstgeest-Valkenburg gaan; de latere ondertekenaar van de Open Brief uit 1966. Deddens zou de Generale Synode van Amersfoort-West van 1967 voorzitten die deze Open Brief zou veroordelen.

In 1957 nam Deddens een beroep aan naar Mariënberg. Dat het Mariënberg zou worden,[141] was niet zonder meer duidelijk voor Deddens. Wie enigszins bekend is met het beroepingswerk weet dat een beroepen predikant erg kan gaan twijfelen over het al dan niet aannemen van het beroep. Dat geldt eens te meer voor de twijfelaar Deddens. In zijn overwegingen leunde hij op zijn vader. Mariënberg was een veel grotere gemeente; en met de promotiearbeid was hij lang niet zover gekomen als hij gehoopt had. Hoewel ze volgens hem in Mariënberg nog niet bekend waren met "'t abc van "doorgaande reformatie""[142] concludeerde hij dat hij het beroep maar moest aannemen: "Als ik eens 'n jaar of drie – hier in Marienberg sta en dan intussen m'n proefschrift af krijg, kan ik misschien nog eens naar een (...) andere plaats, een stad misschien; ik voel me altijd meer op m'n gemak in de stad dan op 't land!"[143] Wel verlangde hij dat Mariënberg een extra ouderling zou verkiezen en bevestigen en dat hij slechts van twee wijken per winter de huisbezoeken mee zou doen. Dan zou hij genoeg tijd over houden voor zijn dissertatie.

Hoe goed de band ook is geweest tussen gemeenteleden en predikant(sechtpaar), Deddens is na zijn afscheid nooit meer in Wetsinge-Sauwerd geweest om te preken. De gemeenteleden konden dit moeilijk volgen, maar ze zouden die verbazing en voor velen ook dat gemis gaan delen met die van Mariënberg en Leeuwarden. Het werd vaak uitgelegd als een te formele opstelling van een dienaar des Woords die afscheid had genomen. Een predikant kan zich zowel formeel opstellen en toch voorgaan in zijn oude gemeente.

---

140 **Roel Brands (1917-2001)**, predikant Gameren 1943, Gorinchem 1946, Bergentheim 1947, Oegstgeest en Valkenburg 1957-1968, Leeuwarden-Huizum GKN 1968, in 1980 uit het ambt ontheven. In een toelichting via een asterix staat er in het *Jaarboek 1980*: "In de 'Samenvatting' werd van de juiste situatie uitgegaan;" *Jaarboek 1969*, 92; *Jaarboek 1980*, 5; *Handboek 1967*, 96; De Boer, *De schele dominee*, passim. In *Gemeenten en predikanten* staat: 'buiten bediening', *Gemeenten en predikanten*, 281.
141 *De Ref.*, 32ᵉ jrg. no. 44, 10 augustus 1957, 348 (beroepen) en *De Ref.* 32ᵉ jrg. no. 48, 7 september 1957, 372 (aangenomen).
142 *A.w.*
143 *A.w.*

Deddens had in 1949 in Wetsinge-Sauwerd 145 belijdende leden en doopleden aangetroffen.[144] Toen hij acht jaar later naar Mariënberg vertrok, was dat totale ledenaantal gedaald naar 113. Dat kwam door een piek in Deddens' periode in het aantal mensen dat vanuit dit Groningse dorp emigreerde naar Canada. Het lage(re) aantal leden voor een fulltime predikant verklaart ook waarom Deddens zijn handen vrij had voor studie. Het pastorale werk werd zoveel mogelijk door zijn vrouw gedaan; niet in die zin dat Deddens zelf geen huisbezoek aflegde, maar als er iets was, hadden de gemeenteleden veel aan haar, net als later de gemeenteleden in Mariënberg en Leeuwarden.

Mariënberg
Op 15 december 1957 bevestigde zijn vader hem in Mariënberg in de ochtenddienst. 's Middags deed hij zijn intrede met een preek over Deuteronomium 32:11 en 12, over Gods bevreemdende, bewakende en bewarende zorg zoals dat uit het beeld van de arend naar voren kwam.[145] Die dag stond in zijn geheugen gegrift: "Vaak denk ik terug aan een woord van mijn vader. Toen hij me bevestigde in Mariënberg, dat was kort voor zijn overlijden, liepen we samen langs de rijen boeken. Hij zei toen: zul je nooit vergeten dat het allemaal genade is?"[146]

Deddens had bij zijn intrede 545 leden en bij zijn vertrek in 1963 was dat opgelopen tot 707.[147] Op 25 september 1958, in de eerste kerkenraadsvergadering, na de benoeming van Kamphuis als hoogleraar valt hierover in de notulen niets terug te vinden. Datzelfde geldt van de notulen van volgende vergaderingen. Het 'gewone' gemeentewerk vergde alle aandacht: ambtsdragersverkiezingen, catechisaties, huisbezoeken, de problematiek van gemengde verkeringen (tussen een vrijgemaakte en een hervormde of synodaal-gereformeerde), bezwaarschriften en de oprichting van een eigen vrijgemaakte lagere school enzovoorts. Toch wist Deddens juist in die septembervergadering, zo kort na de afwijzing als hoogleraar, een regeling te treffen met de kerkenraad om zijn promotiestudie te kunnen voortzetten: "De praeses zal zo veel mogelijk gelegen-

---

144 J. de Graaf en G.J. de Graaf, eds., *50 Jaar Handboek: Overzicht van predikanten en ledenaantallen in de Gereformeerde Kerken sinds de vrijmaking* (Goes: Oosterbaan & Le Cointre, 1996), 40.
145 "Intrede Drs Deddens te Marienberg," *Sallands Volksblad – Nieuwe Ommer Courant*, 20 december 1957.
146 D. Deddens in een interview met P.A. Bergwerff, "Rector prof. drs. D. Deddens na drie jaar professoraat." in *ND*-Variant Schooldag 1982.
147 De Graaf en De Graaf, *50 Jaar Handboek*, 43.

heid gegeven worden om zijn studie voort te zetten, om zodoende zijn proefschrift klaar te krijgen."[148] Ondanks de misgelopen benoeming tot hoogleraar werkte Deddens verder aan zijn proefschrift, althans aan het regelen van studieverlof voor dat doel.

Studieverlof Hilversum
Ondanks deze regeling met de kerkenraad, viel het hem tegen dat er zo weinig ruimte voor studie in de pastorie overbleef. Op vrijdag 1 april 1960 klaagde hij bij de kerkenraad dat hij in de voorbije jaren bijna niets had kunnen doen aan zijn dissertatie. De klacht overviel de kerkenraad enigszins, ondanks het begrip voor het belang van het promotieonderzoek. Ruim een half jaar later besloot hij unaniem om Deddens de eerste zeven maanden van 1961 studieverlof te geven met als motivatie dat 'ook dit van grote betekenis is voor de Kerk des Heren'.[149] Niet alle gemeenteleden waren het eens met dit besluit. Zorg was er over de hoge financiële lasten die het studieverlof voor de gemeenteleden met zich meebracht en over het feit dat de gemeente niet was gekend in de besluitvorming. Deddens gaf kort voordat het studieverlof inging tegenover de kerkenraad een uiteenzetting van zijn promotiearbeid. Hij deed dit opdat de kerkenraadsleden met gemeenteleden tijdens het huisbezoek hierover konden spreken. Hij verwees hierbij naar het promotierecht van de Theologische Hogeschool, het gebruik van zijn dissertatie door professoren en lectoren aan de Hogeschool met het oog op de opleiding van aanstaande predikanten en de grote (financiële) offers die hij en zijn vrouw al hadden gebracht voor de studie en ook nog moesten brengen. Het studieverlof ging door.

Het echtpaar Deddens verbleef gedurende die maanden in de vrijgemaakte pastorie aan de Gijsbrecht van Amstelstraat 9 in Hilversum; de bewoners, het echtpaar ds. H.D. van Herksen,[150] waren toen op Curaçao waar Van Herksen hulpddiensten verrichtte.[151] Ruim een decennium later zou het huis de pastorie van zijn broer P. Deddens jr. worden.[152]

Vanuit die pastorie schreef Deddens een brief aan Bremmer om hem te feliciteren 'met het feit, dat je dissertatie nu klaargekomen is' maar ook 'met het feit, dat je een proefschrift van formaat en allure geschreven

---

148 ACH, Notulen Smalle Kerkenraad GKv Mariënberg, 25 september 1958.
149 AKMCH, Notulen Classis Hardenberg, 20 oktober 1960.
150 Hermannus Dirk van Herksen (1921-2009), predikant Onnen 1949, Hilversum 1953, Heemse 1966, emeritus 1986; *Handboek 2011*, 533-536
151 *Handboek 2011*, 534.
152 P. Deddens jr. stond van 1972 tot 1980 in Hilversum; *Handboek 2016*, 250.

hebt'.¹⁵³ Vervolgens schreef hij dat Bremmer, omdat deze 'van eerlijke taal houdt', het vast goedvond dat hij twee dingen naar voren wilde brengen die wat hem betreft jammer waren. Allereerst verweet Deddens Bremmer dat hij van de Theologische Hogeschool (met promotierecht) en promotor L. Doekes naar de Vrije Universiteit en G.C. Berkouwer was gegaan: "3 febr. wordt nu wel voor je zelf een feestdag, maar betekent geen feest voor Kampen, en ook niet voor de kerken, die de eigen Hogeschool met haar promotierecht onderhouden en liefhebben."¹⁵⁴ Vervolgens herhaalde Deddens nog eens zijn kritiek en scherpte dat aan:

> Je hebt je diss. mede opgedragen aan de nagedachtenis van K.S. – maar wordt hij in je diss. geëerd op een wijze, waarmee hij zelf blij zou zijn geweest? Ik kan deze opdracht niet rijmen met de punten die ik zojuist noemde (er zou m.i. méér te noemen zijn), maar ik kan haar HELEMAAL niet rijmen met het feit, dat je je van Kampen, en van Doekes als promotor, hebt afgewend, om nu te promoveren aan de VU, en n.b. bij Berkouwer, die voorzitter was van de synode, die op K.S. ambtelijke moord pleegde, en die zijn handtekening onder de desbetreffende stukken nog nooit heeft teruggenomen. Op de linkerpagina (na het titelblad) met grote letters: "Promotor: Prof. Dr G.C. Berkouwer", op de rechterpagina: "Dr Klaas Schilder, Piae Memoriae" - het een is m.i. strijdig met het ander."¹⁵⁵

Deddens wenste Bremmer sterkte voor de promotiedag.
In zijn studieverlof was Deddens flink opgeschoten: met het schrijfwerk was hij halverwege, zo meldde hij de kerkenraad later, maar er moest nog wel wat literatuur doorgenomen worden. Er was een ander onderwerp dat belangrijker leek: een wat zorgelijk verslag van allerlei kosten (vervoer, huur en brandkosten) die Deddens had moeten maken in relatie tot de geringe preekbeurtvergoedingen in de omgeving van Hilversum. Maar de kerkenraad ging over tot de orde van de dag. Voor het werk aan zijn dissertatie had hij inmiddels wel flinke financiële support gekregen van A.F. Don, directeur van Acoustical Handel-Mij N.V. Amsterdam, de Nederlandse B&O-importeur Amsterdam, die behoorde bij de kerk van Bussum.¹⁵⁶ Hij stelde een bedrag van fl. 8.000,-- beschikbaar aan Stichting

---

153 **Archief R.H. Bremmer, Brief D. Deddens aan R.H. Bremmer, 20 januari 1961.**
154 **A.w.**
155 **A.w.**
156 **Geraadpleegd 5 april 2018, http://www.grammofoon.com/frameset.htm?; http://www.grammofoon.com/Acoustical/Acoustical_SM20.htm&ContentFrame;**

Afbouw – het Kamper fonds voor de doctorale en promotiestudie - ten gunste van Deddens' promotie.[157]

Beroepingswerk
In datzelfde jaar, 1961, stond Deddens voor een eventueel beroep van de kerk van Hattem op tweetal met R. Houwen uit Zuidhorn.[158] Uit het tweetal werd Houwen gekozen.[159] Maar kort daarna volgden er beroepen van Hillegersberg-Straatweg en Hilligersberg-Terbregge,[160] Grand Rapids MI in de Verenigde Staten van Amerika[161] en Bunschoten-Spakenburg.[162] Daarna volgden nog beroepen vanuit Groningen-Zuid (vierde predikantsplaats)[163] en Zuidhorn.[164] In Helpman (tweede predikantsplaats) kwam Deddens op tweetal te staan met W.G. de Vries uit Leiden,[165] die het beroep kreeg.[166] Deddens' volgende thuis voor vele jaren zou uiteindelijk Friesland worden.

ADC, ADD, Brief A.F. Don aan 'De weleerwaarde Heer Drs D. Deddens. Gereformeerde Pastorie, Hilversum' 8 mei 1961. Ook schreef Don op 5 juni 1961 nog een brief in reactie op een niet gevonden brief van Deddens aan Don. Vervolgens schreef Don een ongedateerde brief aan J.P. Lettinga van de Stichting Afbouw. J.P. Lettinga (*1921), docent Theologische Hogeschool Gereformeerde Kerken vrijgemaakt Kampen (benoemd 1951) 1952, buitengewoon hoogleraar Semitische filologie en de cultuurgeschiedenis van het Nabije Oosten, alsmede in de tekstgeschiedenis van het Oude Testament (benoemd 1969) 1970; Koert van Bekkum, Gert Kwakkel, Wolter H. Rose, eds., *Language and History. Essays in Honour of Professor Jan P. Lettinga* (Oudtestamentische Studiën), (Leiden/Boston: Brill 2018); "Prof. Lettinga nam afscheid in Kampen," *RD*, 15 mei 1987; ADC, ADD, Brief A.F. Don aan J.P. Lettinga, ongedateerd.

157 ADC, ADD, Brief D. Deddens aan J.P. Lettinga, 27 januari 1961.
158 R. Houwen (1924-2004), predikant Garrelsweer 1952, Nijmegen 1955, Zuidhorn 1958, Hattem 1962, Utrecht-N.W. 1968, Spakenburg-Zuid 1975, Voorburg 1986, emeritus 1991; *Handboek 2005*, 459. "Kerknieuws," *De Ref.*, 37ᵉ jrg., n°. 6, 11 november 1961, 48.
159 "Kerknieuws," *De Ref.*, 37ᵉ jrg., n°. 7, 18 november 1961, 56.
160 "Kerknieuws," *De Ref.*, 37ᵉ jrg., n°. 10, 9 december 1961, 79.
161 "Kerknieuws," *De Ref.*, 37ᵉ jrg., n°. 12, 23 december 1961, 96.
162 "Kerknieuws," *De Ref.*, 37ᵉ jrg., n°. 13, 6 januari 1962, 104.
163 "Kerknieuws," *De Ref.*, 37ᵉ jrg., n°. 26, 7 april 1962, 212.
164 "Kerknieuws," *De Ref.*, 37ᵉ jrg., n°. 27, 14 april 1962, 220.
165 W.G. de Vries, predikant Winschoten 1951, Leiden 1956, Helpman 1963, Haren 1974, Zwolle 1982, emeritus 1992; *Handboek 2007*, 500-503; "Kerknieuws," *De Ref.*, 38ᵉ jrg., n°. 2, 13 oktober 1962, 16.
166 "Kerknieuws," *De Ref.*, 38ᵉ jrg., n°. 3, 27 oktober 1962, 25.

Leeuwarden
Eind 1962 koos de kerkenraad van Leeuwarden in de vacature H. van Tongeren uit het tweetal Deddens en de Drachtster predikant J.F. Heij[167] de eerste.[168] Nederland was in die dagen in de ban van een zeer strenge winter met de zwaarste Elfstedentocht ooit, die van 18 januari 1963, Deddens' veertigste verjaardag. De Friese hoofdstad vierde feest op die dag en spoedig zou het ook in de kerkelijke gemeente feest worden: Deddens had het beroep aangenomen, zo liet *De Reformatie* van de dag na de heroïsche schaatstocht weten.

In de Friese kerkelijke context kregen Heij en Deddens met elkaar te maken. Toen hij net verhuisd was van Drachten naar Amersfoort, schreef Heij een brief aan Deddens waarin hij terugblikte op de ruim twee jaar dat ze samen hadden gewerkt voor het welzijn van de Friese kerken:

> Laat ik je maar openlijk zeggen, Detmer, dat ik je vooral sinds je in Friesland kwam en we elkaar zo nu en dan ontmoetten, zeer ben gaan waarderen. Om je kennis en inzicht, maar ook omdat je je niet boven mij stelde, wat je gezien, je gaven wel had kunnen doen, maar naast mij ging staan, helpend, corrigerend als het moest, maar in elk geval begrijpend. En doordat we beiden 's Heren kerk van harte liefhadden werd onze verhouding vanzelf mooi en gaaf.[169]

Niet alleen deze collega, maar ook de Leeuwarder gemeenteleden gingen Deddens waarderen. Het echtpaar Deddens zelf voelde zich in de Friese hoofdstad als een vis in het kerkelijke water. De komst van de inmiddels ervaren predikant, met zijn persoonlijkheid en werkwijze brachten rust en stabiliteit in de Leeuwarder gemeente na moeilijke jaren die zij met de naar Grand Rapids MI vertrokken predikant H. van Tongeren[170] achter de rug had.[171] Ook tijdens de voor de vrijgemaakt-gereformeerde kerken roerige jaren zestig bleef de eenheid in de gemeente tijdens Deddens'

---

167 "Kerknieuws," *De Ref.*, 38ᵉ jrg., n°. 12, 22 december 1962, 100.
168 "Kerknieuws," *De Ref.*, 38ᵉ jrg., n°. 13, 5 januari 1963, 108; "Kerknieuws," *De Ref.*, 38ᵉ jrg., n°. 15, 19 januari 1963, 124.
169 ADC, ADD, Brief J.F. Heij aan D. Deddens, 6 december 1965.
170 Hendrik van Tongeren (1918-1984), predikant Rouveen, 1947, Leeuwarden 1955, Grand Rapids 1962, Maassluis 1965. Buiten verband 1975 en predikant Bunschoten-Spakenburg 1978; *Handboek 1975*, 124; *Informatieboekje 1985*, 159-162; O. Mooiweer, "In memoriam," *Opbouw*, 20 april 1984, 28ᵉ jrg., n°. 16, geraadpleegd 28 maart 2018, http://www.opbouwonline.nl/artikel.php?id=12597.
171 Van Tongeren zou in 1975 buiten het vrijgemaakt-gereformeerde kerkverband komen te staan en predikant worden in de Nederlandse Gereformeerde Kerken.

ambtsperiode zo goed als bewaard. Lastig was de relatie met de zusterkerk Huizum aan de zuidkant van de stad. Ze was aanzienlijk kleiner dan haar grote zuster, maar was er wel trots op dat ze in de Vrijmaking in de stad het voortouw had genomen. Wat de relatie ook bemoeilijkte: waar Leeuwarden meer een *Reformatie*-gemeente was, was Huizum meer een *Opbouw*-gemeente.

Deddens wist waaraan hij begon. Leeuwarden zelf stond niet als gemakkelijk te boek. Er speelden daar diverse zaken: de keuze voor het bouwen van een nieuw kerkgebouw of de aankoop van de synodaal-gereformeerde Noorderkerk, het vinden van een geschikte pastorie en het al dan niet instellen van een tweede predikantsplaats. Dat laatste is er niet van gekomen. Ondanks dit alles zag hij het als Gods leiding om het beroep aan te nemen en niet weg te lopen voor de kerkelijke problemen.

Broer Karel bevestigde hem in Leeuwarden, op 19 mei 1963 om 17:00 uur in de Doopsgezinde kerkgebouw van Leeuwarden, omdat het eigen kerkgebouw te klein was voor die gelegenheid met veel gasten. Er was nog een ander gebouw dat Detmer ongeschikt achtte: de pastorie aan het Spanjaardsplein 1. Nog voordat hij bevestigd was, ontstond er al wrijving tussen hem en de kerkenraad. Drie dagen voor de jaarwisseling van 1962-1963 was het echtpaar Deddens op bezoek in Leeuwarden. In het beroepingswerk was de pastorie aan het Spanjaardplein ter sprake gekomen. Deddens vroeg zich af waar hij zijn 200 meter (!) aan boeken kwijt zou moeten. Ook legde hij aan de kerkenraad de vraag voor wie de verhuiskosten zou moeten betalen, de installatiekosten en de boekenrekken voor zijn 200 meter. Daarnaast wees hij er op dat zijn traktement en emolumenten in Mariënberg beter waren dan in Leeuwarden. De kerkenraad toonde begrip en kwam hem een eind tegemoet door onder andere de boekenrekken aan te vullen voor wat de bibliofiele predikant uit Mariënberg mee zou nemen. Het zou niet alleen nodig zijn voor al zijn boeken, maar ook voor de duizenden catalogi die hij van antiquariaten had ontvangen.[172] Hij liet weten dat de pastorie toch niet geschikt zou zijn. De kerkenraad accepteerde dat en stelde de gemeenteleden voor om het pand aan de Bleeklaan 96 te kopen. Het was niet groter, wel doelmatiger. Er kwam wel tegenspraak. Wat zou er opeens mis zijn met de pastorie aan de Spanjaardsplein? Bovendien: "Is men niet te veel geschrokken van de 200 meter boeken?".[173] Toch werd Bleeklaan 96 aangeschaft.

---

172 P.A. Bergwerff, "Drs. D. Deddens, en zijn verhuizing naar de andere kant van de tafel," *ND*, 3 maart 1979, 2.
173 AGKL, Notulen kerkenraad en gemeenteberaad, 23 januari 1963.

Na deze aankoop typte Deddens een lange brief die het karakter heeft van *second thoughts*: bij nader inzien vond het echtpaar Deddens Bleeklaan 96 minder geschikt. Het echtpaar had bij de bezichtiging gezwegen omdat het geestelijke aspect van de roeping voorrang had op de materiële aspecten. Deddens wees erop dat zij het in Mariënberg in financieel en materieel opzicht fantastisch hadden. Hij kon niet nalaten te vermelden dat onder de vrijgemaakte collega's de Mariënbergse pastorie bekendstond als

> de mooiste "vrijgemaakte" pastorie in heel Overijssel, een ruime, vrijstaande villa met loggia en balkons, met aan drie zijden tuin, en met uitzicht, geheel vrij, op de bossen. Beiden van oorsprong stadsmensen hebben wij het leven en werken hier, buiten het rumoer en gejacht van de stad, temidden van bossen en ongerepte natuur bijzonder lief gekregen;[174] het valt ons niet mee van deze sfeer die het dagelijks leven en werken in de pastorie zo gunstig beinvloeden kan, afstand te doen.[175]

Deddens hoopte dat er toch nog op een andere woning aangeschaft kon worden: 'een huis dat voor lange tijden als een werkelijk goede en doelmatige ambtswoning dienen kan'.[176] Het ging hem om 'de ere der kerk'.[177] Dan mochten de gemeenteleden wel met meer vreugde offeren voor een echt goede pastorie.[178] Hij herhaalde ook zijn dankbaarheid jegens Leeuwarden en 'met de innige bede, dat de HEERE de a.s. arbeid zal willen zegenen, en met de zeer hartelijke hoop en verwachting, dat er te Leeuwarden fijne, hechte banden zullen mogen ontstaan.'[179]

Na zo'n brief en nadat er al met instemming van Deddens een nieuwe pastorie was gekocht, is het eigenlijk verwonderlijk dat er hechte banden zijn gegroeid, maar dat was dan ook niet dan nadat de Friezen op stevige toon op de brief van Deddens hadden gereageerd – de kou moest wel uit de lucht. Ze wezen hun aanstaande predikant erop dat hij met het proces akkoord was gegaan en dat de zaken met zijn instemming waren afgehandeld. De kerkenraad herinnerde Deddens' aan zijn eigen woorden: "U hoort mij nu niet weer over dit huis."[180] en stelde onomwonden:

---

174 In de tekst staat: 'liefkegregen'.
175 AGKL, Brief D. Deddens aan de kerkenraad GKv Leeuwarden, 27 april 1963.
176 A.w.
177 A.w.
178 A.w.
179 A.w.
180 AGKL, Brief kerkenraad GKv Leeuwarden aan D. Deddens, 4 mei 1963.

Tenslotte dominee Deddens moeten wij elkaar, U ons en wij U, aanvaarden zoals we zijn, ieder met zijn eigen geaardheid, karakter en omstandigheden, want de kerk van Leeuwarden is de kerk van Marienberg niet en U dominee van Tongeren niet, dan ook alleen kunnen we samen vruchtbaar en met blijdschap de ambtsdienst opnemen en vervullen tot Gods eer. Tot ziens hier D.V. in Leeuwarden.

Deddens kwam naar de Leeuwarder Bleeklaan en wist gaandeweg de harten van de Friezen te veroveren terwijl het omgekeerde ook het geval was. De band en het vertrouwen moeten ook wel goed zijn geweest, want hij was voor taken in het kerkverband veel weg uit de gemeente. In de zestien jaar van Leeuwarder periode was hij voorzitter van vier generale synoden, die hem zomaar maandenlang uit het gemeentewerk haalden – direct in 1964 al, zijn tweede jaar – en om niet meer te noemen, vanaf 1972 was er ook het Friese curatorschap van de Theologische Hogeschool.

D. Deddens
25 jaar predikant –
Archief familie
M. Hiemstra Leeuwarden

Bovendien kreeg hij steeds meer last van stem- en keelproblemen. Specialisten adviseerden hem rustig aan te doen en gaven hem soms een absoluut spreekverbod. Dat is knap lastig voor een predikant die van zoveel gremia voorzitter was. Hierdoor was hij vaak afwezig bij vergaderingen. Maar in dat alles gaf de kerkenraad hem veel ruimte, want hij waardeerde hem en liet dat blijken in woorden en stoffelijke blijken bij de verjaardagen, het twaalfenhalf- en vijftienjarig predikantschap in Leeuwarden (1975 en 1978) en vooral ook daarvóór bij het grote feest ter gelegenheid van het vijfentwintigjarig predikantsjubileum, in 1974.

Minder lang dan in Deddens' vorige twee gemeenten is er in de Leeuwarder kerkenraadsnotulen sprake van studieverlof: een maand in januari 1978 met twee vrije zondagen. De dissertatie lijkt in Leeuwarden uit het beeld te zijn verdwenen.

D. Deddens predikant in Leeuwarden – Archief familie W.O. Sierksma Leeuwarden

Positief predikantsbeeld

Er werd veel van Detmer gevergd in de Leeuwarder gemeente. Hoewel zij bij zijn komst kleiner was dan de Mariënberger gemeente bij zijn vertrek daar – 593 respectievelijk 707 gemeenteleden – kreeg hij het in de Friese hoofdstad toch drukker. De gemeente met haar typische stadstrekken groeide van dat begin van 593 leden tot 765 bij zijn vertrek in 1979.[181]

Er bestaat een positief beeld over Deddens als Leeuwarder predikant. Zijn prediking, pastoraat, catechese en bestuurlijke vaardigheden worden geroemd. B. Kamphuis bevestigt dit beeld. In 1966 kregen hij, zijn ouders, zus en een neef in Friesland een auto-ongeluk. Hoewel de verwondingen van zijn moeder aanvankelijk erger leken dan die van zijn vader, bleek het even later andersom te zijn. Kamphuis sr. moest worden opgenomen in het ziekenhuis in Leeuwarden. Zoon Barend verbleef regelmatig in de weekenden in de Friese hoofdstad om zijn vader te bezoeken. Deddens was diens pastor, en de familie Kamphuis was over Deddens' pastoraat zeer te spreken. Ook genoot Barend van zijn prediking, want die was anders dan hij gewend was van de Kamper predikanten: "Deddens zette hoog in. Hij preekte inhoudelijker dan de Kamper predikanten."[182] P. Niemeijer, nu predikant te Rijnsburg, vult aan:

> Hij was een begaafd preker en wist dogmatiek en praktijk goed te combineren. Hij was van de oude stempel. Vertrouwd gereformeerd, maar ook wel origineel in zijn beelden. Zijn preken waren beslist niet droog. Ze waren goed opgebouwd. Ik heb als kind natuurlijk lampen en orgelpijpen zitten tellen, maar kon zeker als tiener de preken prima volgen en ook blijven luisteren. Ik denk dat hij door zijn preken en catechese veel mensen gevormd heeft. Ik ben in mijn ambtelijke loopbaan op kerkelijke vergaderingen regelmatig mensen uit Leeuwarden tegengekomen die zich onderscheidden door hun kerkelijke en inhoudelijke opstelling.[183]

1974
In het begin van 1974 waren zowel Deddens' moeder als zijn schoonmoeder overleden, negen dagen na elkaar, respectievelijk 17 en 26 januari. Na dit moeilijke begin kwam het echtpaar Deddens vol in de schijnwerpers te staan op een feestelijke dag die de gemeente organiseerde. Deddens leverde zelf ook een bijdrage: in verband met zijn zilveren ambtsjubileum had hij wat gegevens over zichzelf op papier gezet: elf pagina's waarop hij precies had genoteerd welke functies hij had uitgeoefend in welke periode en hij kende daaraan ook een waarde toe.[184] Uit behoefte aan volledigheid

---
181 De Graaf en De Graaf, *50 Jaar Handboek*, 41.
182 Prof. dr. B. Kamphuis, gesprek met editor, woensdag 4 oktober 2017.
183 P. Niemeijer, e-mailwisseling met editor, 19 maart 2018.
184 ADC, ADD, Documentatie-gegevens Drs. D. Deddens, Leeuwarden.

onderstreepte hij nog eens letterlijk en figuurlijk dat hij uniek was: "Het aantal landelijke deputaatschappen waarin ds. Deddens werd benoemd is uitzonderlijk groot en spant duidelijk de kroon."[185] Het moet gezegd worden: ook anderen zagen hem als uniek als het gaat om het aantal functies dat een predikant uitoefenende. Roel Sikkema schreef in het *Nederlands Dagblad* een artikel naar aanleiding van de doctoraalscriptie van Ernst Hooijveld over "De mannenbroeders".[186] Hij opende met: "Wie is de belangrijkste man in de 'vrijgemaakte elite'? Prof. drs. D. Deddens, want hem worden maar liefst acht kernfuncties toebedeeld."[187] Voordat Deddens in zijn overzicht verwees naar zijn publicaties, gaf hij een samenvattende conclusie:

> Ds. D. Deddens, die dit jaar zijn zilveren ambtsjubileum viert, heeft zich <u>kerkelijk</u> geroepen gezien tot vele en zeer bijzondere <u>diensten</u>, waarbij inzonderheid valt te denken aan het viervoudig praesidiaat van de generale synode van De Gereformeerde Kerken in Nederland, hetgeen een unicum is, en heeft bijzondere <u>verdiensten</u> daarnaast gehad op cultureel terrein, met name in de sector van het oude protestantse boek.[188]

Waardering
Ook zonder deze eigen geschiedschrijving – hij hield ook hierin graag de regie – werd Deddens doorgaans in ere gehouden als Leeuwarder predikant. Op Koninginnedag organiseerde de kerk voetbal voor de kinderen van de lagere school. Met zichtbaar genoegen was Deddens keeper. Het leverde hem veel goodwill op. Het kinderloze echtpaar Deddens was dol op kinderen: "Ze zorgden vaak voor kinderen van anderen, vingen ongehuwde moeders op en jong Leeuwarden vertelde me vaak hoe hij op de grond met hen had zitten spelen als hij (letterlijk dus) over de vloer was."[189] Een ander gemeentelid vertelde dat hij eens op bezoek ging bij de enige snackbar die 's nachts open was, vlakbij de eerste Leeuwarder pastorie aan de Bleeklaan. Toen hij de zaak binnenstapte trof hij daar tot zijn verbazing Deddens aan die om 3 uur in de nacht zichtbaar zat te genieten

---

185 *A.w.*
186 **Ernst Hooiveld, "De mannenbroeders: Een onderzoek naar de maatschappelijke kerngroep in de vrijgemaakt-gereformeerde wereld 1944-1994," onuitgegeven doctoraalscriptie TU Kampen, 1995.**
187 **Roel Sikkema, "Tussen Schilders en Deddensen,"** *ND* **1 maart 1995.**
188 *A.w.*
189 **P. Schelling, brief aan de editor, 20 maart 2018.**

van een patatje. Deze schrok zich een hoedje en voelde zich betrapt, maar, galant als altijd, nam hij toch even de hoed voor het gemeentelid af.

Niemeijer schreef:

> Op de catechisatie had hij geen ordeproblemen, wel aandachtsproblemen. Synodewerk en stemklachten zorgden ervoor dat DD [Detmer Deddens] nog wel eens verstek moest laten gaan in Leeuwarden. Na afloop van de drie kwartiers-catechisatie stond DD bij de deur met een collectebus voor de zending. Hij groette je daar persoonlijk. De catechisaties werden gescheiden gegeven: de jongens op dinsdag, de meisjes op woensdag (...) Hij kon hartelijk lachen, en vertelde ongeveer één keer per jaar op de catechisatie een mop.[190]

Beroepen

Deddens is lang in Leeuwarden gebleven, 16 jaar. Het klikte en hij was er op zijn plaats. Even was er voor Leeuwarden concurrentie van een 'naburige' provinciehoofdstad: De kerk van Groningen-Zuid bracht in 1966 een beroep op hem uit. Voor Deddens leek het een wenk om zijn vader in de stad Groningen te kunnen opvolgen en zo terug te keren naar de plaats van zijn jeugd. Bovendien zou hij dan weer in de nabijheid van de universiteitsbibliotheek wonen waarvan hij eerder zo dankbaar gebruik had gemaakt, maar Deddens nam het beroep niet aan.[191] Hij had het er wel zwaar mee gehad. Hij kreeg meer mooie beroepen: onder meer Utrecht, Haarlem, Arnhem, Zwolle, Apeldoorn, Monster en Lincoln (Canada). Het beroep van Zwolle kwam 'wel met grote klem op hem af',[192] maar hij zou het toch niet aannemen. Met Arnhem had hij het echt zwaar. Hij liet de Leeuwarder kerkenraad weten dat niet alleen de kerk van Arnhem, maar de hele classis herderloos was. De kerkenraad toonde begrip, maar liet hem opnieuw weten dat hij zijn herder en leraar niet kwijt wilde.

Daarna gebeurde iets bijzonder. Deddens lichtte zijn beweegredenen om niet naar Arnhem te gaan omstandig aan de kerkenraad uit. Wat die zijn geweest, valt niet na te gaan. Mogelijk had hij het beroep wel aangenomen als hij aan de Bleeklaan had moeten blijven wonen. Anderzijds moet ook gesteld worden dat Deddens het in Leeuwarden goed had en dat hij in die gemeente de ruimte kreeg om bijvoorbeeld een aantal malen voorzitter van de generale synode te zijn. Toen Deddens besloot niet naar

---

190 P. Niemeijer, e-mailwisseling met editor, 17-19 maart 2018.
191 ADC, ADD, Brief R.H. Bremmer aan D. Deddens, 4 juli 1966; "Kerknieuws," in: *De Ref.*, 41ᵉ jrg., nº. 35, 28 mei 1966, 280.
192 AGKL, Notulen kerkenraad, 15 juni 1970.

Arnhem te gaan, besloot de kerkenraad meteen: 'een passende pastorie te kopen' en dit aan de gemeente voor te leggen. Een zaak die keer op keer terug was gekomen op de kerkenraad, was Deddens' vraag tot aankoop van een grotere pastorie. Er was al een commissie 'pastorie' ingesteld, maar de woonsituatie had nooit grote prioriteit. Maar nu, na zeven jaar wachten, was het zover en Deddens maakte van de gelegenheid gebruik om de zaak nog eens op de agenda te zetten. Zijn geduld werd beloond met de royale pastorie aan de Groningerstraatweg. Het leek haast een beloning voor het bedanken voor het beroep van Arnhem. In 1970 verhuisde het echtpaar Deddens van de Bleeklaan 96 naar een nieuwe pastorie aan de Groningerstraatweg 52.[193] De tweede Leeuwarder pastorie was een royale jaren-dertig-woning aan de uitvalsweg naar Groningen. Wat het huis zo bijzonder geschikt maakte, was de erachter liggende aanbouw met zelfstandige ingang opzij van het huis: een voormalige dokterspraktijk met een royale spreekkamer, die studeerkamer werd, en ruimten ervóór, die veel boeken konden bergen. Eindelijk had Deddens een pastorie in overeenstemming met de 'ere der kerk', zoals hij het eerder had geschreven. Vanaf dat moment werd in de gemeente regelmatig de vraag gesteld hoe het met Deddens' dissertatie stond. Gaandeweg zou duidelijk worden dat de nieuwe pastorie geen dissertatie en bijbehorende doctorsgraad zouden opleveren. Promoveren was voor een andere Deddens weggelegd; niet de oudste zoon Detmer van wie de ouders veel verwachtten, maar zijn jongere broer Karel promoveerde, in 1975.[194] Dat moet wat met Detmer hebben gedaan.[195]

Een tweede Bogerman
Deddens was 'een echte heer, voornaam, formeel, compleet met hoed, die hij afnam als hij groette. DD [Detmer Deddens] was gezien. Er werd vrij algemeen met waardering over hem gesproken. Men had ontzag en respect voor hem. Hij was beminnelijk in de omgang,'[196] aldus Niemeijer.

---

193 In 1970 staat Deddens nog geregistreerd op zijn adres aan de Bleeklaan. In 1971 woont hij aan de Groningerstraatweg; *Handboek 1970*, 9. *Handboek 1971*, 11; AKHCL, Brief D. Deddens 4 mei 1970 (Bleekerlaan), Brief D. Deddens 27 april 1971 (Groningerstraatweg).

194 Karel Deddens, *Annus liturgicus? Een onderzoek naar de betekenis van Cyrillus van Jeruzalem voor de ontwikkeling van het "kerkelijk jaar"* (Goes: Oosterbaan & Le Cointre, 1975).

195 AGKL, Ingekomen en uitgegane stukken, 11 juni, 12 juni, 18 juli, 6 oktober, 15 november 1979.

196 P. Niemeijer, e-mailwisseling met de editor, 19 maart 2018.

Maar Deddens had meer talenten dan hij in de gemeente kwijt kon. Afgezien van zijn lokale, classicale en provinciale kerkbestuurlijke taken was hij in zijn Friese ambtsperiode viermaal voorzitter van de generale synode in een roerige tijd voor de kerken, met in zijn eerste synode (Rotterdam-Delfshaven 1964-1965) o.a. de schorsing van A. van der Ziel en in de volgende (Amersfoort-West 1967) het niet aanvaarden van de afgevaardigde B.J.F. Schoep[197] van de Particuliere Synode Noord-Holland waarop de scheuring van 1967 volgde.[198] Van der Ziel was voor hem nog een bekende uit de Classis Groningen: hij was door hem in de classis geëxamineerd. Deddens' sluitingsrede van de spannende synode van 1967 trok bijzondere aandacht: het *Gereformeerd Gezinsblad* beoordeelde die onder de kop "Een kostelijke rede" als 'een der beste in de historie van onze kerk'.[199] W. Vreugdenhil te 's Hertogenbosch, redacteur van het *Gereformeerd Kerkblad voor Zuid-Holland, Zeeland, Noord-Brabant en Limburg* gaf Deddens een schriftelijk compliment voor de wijze waarop hij als assessor van de synode van Rotterdam-Delfshaven de voorzitter J.A. Vink had vervangen,[200] die op 4 juli 1964 op 63-jarige leeftijd in zijn vakantieoord 'Haus Elim' in Oberndorf plotseling overleden was.[201] Volgens Vreugdenhil had Deddens als nieuwe voorzitter:

> voor hete vuren gestaan en heeft in moeilijke situaties verkeerd, maar rustig, vriendelijk en toch met vaste hand heeft hij het schip van de synode door de branding weten heen te loodsen. Onder zijn leiding kon de synode, na zwaar verlies, haar taak verder afwerken en ten einde brengen.[202]

---

197 Berend J.F. Schoeps (1928-2007), predikant Nieuwer-Amstel 1957 (gereformeerd vrijgemaakt), Bodegraven 1969 (gereformeerd synodaal), Groningen-Zuid 1973, Gouda 1980, emeritaat 1990. Schoeps was vooral bekend als initiatiefnemer en opsteller van de Open Brief van 31 oktober 1966, de brief die werd veroordeeld door de Synode van Amersfoort-West 1967 van de Gereformeerde Kerken vrijgemaakt. Geraadpleegd 28 april 2017, https://drive.google.com/file/d/0B0cIIAg_dq8LN3JCV3h2Um9mcG8/view. Geraadpleegd 28 april 2017, http://www.digibron.nl/search/detail/012dc1130b469659da18071d/ds-b-j-f-schoep-overleden.
198 Geraadpleegd 28 april 2017, http://www.digibron.nl/search/detail/165cfacf9dfb-115f56be9e492b94c6e7/zaak-ds-schoep-weer-ter-discussie-op-synode-hattem.
199 "Van Binnenlands Gebeuren," *Gereformeerd Gezinsblad* 20 november 1967.
200 Jasper Adrianus Vink (1900-1964), predikant Hoek 1935, Berkel en Rodenrijs 1939, Amersfoort 1946; *Handboek 1965*, 167-171.
201 Geraadpleegd 10 oktober 2017, http://kerkrecht.nl/sites/default/files/ActaG-Kv1964.pdf
202 W. Vreugdenhil, "Nabetrachting" *Gereformeerd kerkblad voor Zuid-Holland, Zeeland, Noord-Brabant en Limburg*, 17e jrg. n°. 5, 30 januari 1965.

Als preses had Deddens veel geduld, eindeloos geduld, volgens J. Kamphuis:

> Hij was eindeloos geduldig in het geven van ronde na ronde, terwijl hij zichzelf buiten de bespreking hield. Het duurde mij wel eens te lang. Tweeëntwintig mensen die zich opgaven voor een ronde. En Deddens bleef maar luisteren. Nooit iemand in de rede vallen.[203]

Of zijn zwijgen altijd luisteren was? Tijdens zulke lange rondes wierp hij ook regelmatig een blik op de antiquarische catalogus die op zijn schoot opengeslagen lag of soms zelfs openlijk op de moderamentafel, om te zien of er nog een bijzonder boek te kopen was of te verhandelen viel. Hij was een echte bibliofiel met een voorliefde voor oude boeken. Hij had kennis van de waarde van antiquarische werken. Hij beleefde ook plezier aan de handel hierin en stond als zodanig ook internationaal bekend. Toen zijn vader bibliothecaris van de hogeschool was en hij predikant in Wetsinge-Sauwerd bood Detmer zijn vader regelmatig boeken te koop aan ten behoeve van de bibliotheek. Toen al was hij een handelaar en in zijn latere leven ontplooide hij dat talent nog meer. Als hij financiële voordelen zag, liet hij die kansen niet aan zich voorbijgaan, en als hij ze niet zag, probeerde hij ze te creëren. Dat bleef niet beperkt tot de handel in antiquarische boeken. Soms ging hij daarbij over grenzen heen.

Aan de spannende Delfshavense synode en haar preses hangt nog een ander verhaal. Op zeker moment – was het misschien na de week van de Van der Ziel-beslissing met haar dramatische verloop? – was Deddens vrijdags wel uit Rotterdam vertrokken, maar niet zoals altijd na een rit over de Afsluitdijk in Leeuwarden aangekomen. Hij zou toch niet ergens onderweg, net als zijn voorganger Vink, aan de spanningen zijn bezweken? In ieder geval was hij spoorloos tot hij zaterdagmiddag gezond en wel boven water kwam. Intussen was er onder verantwoordelijken al wel een telefonade op gang gekomen of er de volgende (zon)dag in de kerken geen voorbede gedaan moest worden rond de vermiste synodepreses. Gelukkig hoefde dat plan geen doorgang te vinden. Het verhaal gaat dat Deddens door autopech bij zijn bevriende antiquair T. Bolland (1943-2010)[204] in Amsterdam terecht was gekomen, daar had overnacht en de

---

203 Bergwerff en De Vries, *Met open vizier*, 97.
204 Geraadpleegd 18 juni 2018, https://www.rd.nl/boeken/in-memoriam-ton-bolland-1943-2010-1.554519; Monic Slingerland, "Handige jager op oude bijbels," in *Trouw* 21 juni 2010; geraadpleegd 18 juni 2019, https://www.trouw.nl/home/

volgende dag de tijd van de autoreparatie nuttig had besteed met een bezoek aan het gerenommeerde Antiquariaat H. Coebergh in Haarlem.

Eerder is al geconstateerd dat Deddens trots was op het feit dat hij (viermaal) preses van een generale synode was geweest. Hij vergeleek zichzelf graag met de Leeuwarder predikant Johannes Bogerman (1575-1637),[205] de bekende preses van de Generale Synode van Dordrecht 1618/1619. Deddens bewonderde mannen als Greijdanus, Rutgers en Voetius. Maar, was het niet Bogerman die als voorzitter van de Dordtse synode een beslissende rol gespeeld in het conflict met de remonstranten? Was Bogerman ook niet op latere leeftijd alsnog hoogleraar (in Franeker) geworden? Het zal niet zonder reden zijn dat Deddens' archief enkele afbeeldingen van Bogerman bevat en evenmin dat anderen de vergelijking tussen Bogerman en Deddens maakte. Had Deddens immers niet met vaste hand het vrijgemaakt-gereformeerde erfgoed bewaakt rondom de kerkscheuring van 1967?

Aan het einde van de Synode van Amersfoort-West van 1967 sprak de eerste assessor, ds. Joh. Francke,[206] Deddens toe:

> Het zou een interessante bezigheid zijn de Dordtse Synode van 1618/'19 èn de Amersfoortse Synode van 1967, b.v. inzake het handhaven van de leer, eens met elkaar te vergelijken. Het zou niet minder interessant zijn de 44-jarige praeses van deze Synode [D. Deddens] naast de 42-jarige praeses van de Dordtse [J. Bogerman] te zetten. En dan niet om blik en baard te vergelijken, maar de geestelijke kwaliteiten, voorzover die zich laten meten en vergelijken. Wij zullen ons echter aan zulk een vergelijking niet wagen. En dat niet zozeer om óf praeses Bogerman óf praeses Deddens te prijzen of te sparen, maar om deze reden willen we het niet: vanwege Gods pluriforme gaven schiet een vergelijking immers te kort. U hebt als praeses eigen gaven. Wij zijn er dankbaar voor. U hebt in een zeer moeilijke tijd van De Gereformeerde Kerken in Nederland op Schriftuurlijke wijze leiding mogen geven aan drie generale synoden. Wij zijn er dankbaar voor. U hebt ons op een vaste en toch milde en soms geestige wijze in het synode werk geleid. Daarin waart u op eigen manier een Bogerman. Wij zijn er dankbaar voor. U hebt ons als

---

handige-jager-op-oude-bijbels~ad8e3fe2/.
205 Johannes Bogerman (1575-1637), predikant Sneek 1599, Enkhuizen 1603, Leeuwarden 1604, hoogleraar Franeker 1636, preses van de Synode van Dordrecht van 1618/1619; G.P. van Itterzon, "Bogerman(nus), Johannes," in *BLGNP* 2, 73-76.
206 Johannes Francke (1908-1990), predikant Hoek 1942, Rotterdam-Delfshaven 1946, Hoogeveen 1953, emeritaat 1970; *Handboek 1991*, 324-328.

synodeleden temidden van vele spanningen en bedolven onder zware stukken, bij Gods Woord, Gods beloften en Gods bedreigingen gehouden. Wij zijn er dankbaar voor. U hebt in uw openingsgebeden de nood van de kerken en de synode, ja, van geheel de wereld, in ootmoedigheid aan de God des verbonds voorgelegd. Wij zijn er dankbaar voor. Van uw vader, onze onvergetelijke professor P. Deddens, gold wat dr. L. H. Wagenaar[207] van Johannes Bogerman getuigde:
"Zijn buitengewone geestkracht hield hem staande, en onwankelbaar was zijn vertrouwen op God, wiens zaak hij naar zijn innigste overtuiging diende". In de lijn der geslachten zien wij die genade Gods ook in uw leven zich openbaren. Moge de HERE onze God u vergelden wat u in een drievoudig praesidium voor de kerken en haar generale synoden hebt gedaan! Mèt u leggen we al het werk dezer generale synode voor de aandacht der kerken, maar eerst voor het aangezicht van Hem, die als de trouwe God van het verbond met onze vaderen u en ons naar lichaam en geest heeft gesterkt om maandenlang dat alles te doen.[208]

Hoewel Francke aangaf dat hij zich niet aan een vergelijking tussen Bogerman en Deddens wilde wagen, deed hij het toch. Dat hij ook nog een vergelijking trok met Deddens sr. geeft aan hoe hoog de pretenties waren in een kleine kerkelijke wereld waar mensen elkaar, hun predikanten en theologen op het schild hesen – en er evenmin voor terugdeinsden ze er vanaf te halen als ze tegenvielen.

Teruggetrokken
Deddens, en ook zijn vrouw, werden geroemd en bemind door de gemeente, maar er was ook afstand tussen predikant en gemeente, en wie er gevoelig voor was, had daar last van. Dat was niet alleen omdat hij altijd zo deftig gekleed was, maar ook omdat hij excentriek en vooral gereserveerd was in zijn optreden. Hij was aimabel en hoffelijk als hij het moest zijn, maar hij kon soms ook zomaar uit die rol vallen, en dan maakte zijn omgeving kennis met zijn schaduwzijde. Deddens schermde zijn priveleven sterk af. Niemeijer plaatst dat in de context dat Deddens objectiviteit, onpartijdigheid, conflictmijding en distantie hoog in het vaandel droeg. Het was daarnaast ook een kwestie van karakter. In de pastorie aan de Groningerstraatweg vertoefde het echtpaar Deddens het liefst aan de achterzijde van de woon-

---

207 **Lutzen Harmens Wagenaar (1855-1910), hervormd predikant Wons 1882, Heeg 1884, gereformeerd predikant 1886, Leeuwarden 1889, Arnhem 1892, Middelburg 1899**; G.R. Zondergeld, "Wagenaar, Lutzen Harmens," in: *BLGNP* 3, 389-391.
208 *Acta GS Amersfoort-West 1967*, art. 296.

kamer. Zo waren zij vanaf de straatkant aan het zicht onttrokken, en leefden in hun eigen wereld. Het was een expressie van hun teruggetrokken bestaan. Het weerhield gemeenteleden om al te spontaan bij de pastorie aan te bellen. P. Niemeijer schrijft: "Je kwam normaal gesproken ook niet binnen in de pastorie (...) aan de Groningerstraatweg 52, in het huis dat de naam Mayflower (door een lolbroek vertaald met: De Meevaller) van hem kreeg."[209] Diegenen die uiteindelijk wel werden toegelaten, waren dan wel weer welkom en werden hartelijk ontvangen.

Toch nog professor?
In het archief van J. Kamphuis bevindt zich correspondentie die nieuw licht werpt op de relatie tussen de Theologische Hogeschool Kampen en Deddens. Waar in 1958 de leerstoel van zijn vader aan hem voorbijging, deed zich in 1972 opeens een nieuwe kans voor. H.J. Schilder had in 1958 buiten de senaat om, en ondanks vermelding van de talenten van Deddens, de voorkeur gegeven aan Kamphuis, en met succes. Maar nu, in 1972 spande hij zich met Kamphuis in om Deddens als parttime wetenschappelijk medewerker aangesteld te krijgen, hoewel deze tot dat moment weinig wetenschappelijks had gepresteerd. Wel liep daar doorheen een voordracht van de Particuliere Synode Friesland aan de Generale Synode van Hattem voor de benoeming van Deddens als deputaat-curator, en die functie in het 'bestuur' van de hogeschool zou natuurlijk een deeltijd-docentschap onmogelijk maken. Schilders actie moet gezien worden tegen de achtergrond van het feit dat Kamphuis in 1971 overspannen was geraakt als 'nawerk' van de spanningen rond de kerkscheuring in 1967 en volgende jaren. Kamphuis had een fors takenpakket en moest begin 1971 drie maanden tot rust komen. In Haamstede aan de Zeeuwse kust kon hij zich ontspannen en zette hij zijn studeerkamerwerk in een ontspannen omgeving voort. Op vrijdag 24 maart 1972 hadden Schilder en Kamphuis contact met Deddens. Deze had in het weekend diep nagedacht en kwam er in een brief van maandag 27 maart op terug. Hij schreef op de hem kenmerkende uitvoerige wijze. Hij begon met te verwijzen naar zijn vader die in het *Handboek 1952* had geschreven over wat hem in gedachten kwam toen hij de redactie ervan op zich had genomen, namelijk 'dat elke nieuwe opdracht van de Meester voor ons, zijn slaven, een nieuwe ere is'.[210] Deddens jr. voegde daar nu aan toe:

---

209 P. Niemeijer, brief aan de editor, 19 maart 2018.
210 ADC, AJK, 403 doos 4, Brief D. Deddens aan J. Kamphuis en H.J. Schilder, 27 maart 1972.

D. Deddens als voorzitter van de Generale Synode van Hattem van 1972 met naast hem actuarius J. Kok – ADD, ADC Kampen

Mocht de Here me inderdaad door de a.s. generale synode een nieuwe opdracht willen verstrekken: die van deputaat-curator of die van wetenschappelijk medewerker, het mogen ontvangen daarvan – welke de taak dan ook wezen zal – zal me een nieuwe ere zijn. Dat Hij die roept ook de belofte van bekwaammakende genade geeft, is ook nu tot wezenlijke bemoediging.[211]

Vervolgens gaf hij aan dat de kandidatuur voor deputaat-curator voor hem 'naar U bekend is, als een volkomen verrassing' overkwam.[212] Hij sprak zijn dankbaarheid uit over beide kandidaturen en gaf zijn voorkeur aan het deputaat-curatorschap. Maar het vervolg van de brief doet anders vermoeden. Uitvoerig ging hij in op zijn kandidatuur voor wetenschappelijk medewerker. Vanwege zijn Leeuwarder gemeente zou hij de aanvaarding slechts willen overwegen als de benoeming voor drie jaar zou gelden, dus tot aan de synode na die van Hattem. Leeuwarden had hem al zo vaak moeten afstaan aan voorgaande generale synodes. Vervolgens komen diepere motieven aan het licht. In de gewenste drie jaar zou Ded-

---

211 *A.w.*
212 *A.w.*

dens zijn dissertatie kunnen afronden en promoveren. Daarna zou een oud plan kunnen worden uitgevoerd: de instelling van een tweede leerstoel in de ecclesiologische vakken met als specialisatie het Kerkrecht van de zestiende en zeventiende eeuw. Curatoren hadden een dergelijke splitsing van de ene leerstoel in 1958 ook al eens besproken rond de vacature van Deddens' vader en Detmer wist daarvan. Toen was het plan niet doorgegaan, nu kon hij het presenteren als taakverlichting voor Kamphuis. Hij zal hebben beseft dat hij hierin verder ging dan Kamphuis en Schilder bedoelden, maar hij wilde voor zichzelf de garantie hebben, dat het beoogde assistentschap geen tijdelijke functie zou zijn, maar perspectief zou bieden op een definitieve benoeming voor een zelfstandige leerstoel. Hij zette de zaak met blijdschap en energie uiteen. Op 3 april volgde een uitvoerig antwoord van Schilder mede namens Kamphuis. Het tweetal liet hem weten 'uitermate dankbaar' te zijn voor zijn brief van 31 maart.[213] Mede namens Kamphuis stelde hij dat de functie van president-curator en wetenschappelijk medewerker niet te verenigen waren. Het was de bedoeling dat Deddens niet alleen als curator zou worden benoemd, maar ook president-curator werd. Dat liet onverlet dat een promotie van een zittende curator wel tot de mogelijkheden behoorde, en daarna ook een eventuele benoeming van een curator tot lid van het docentencorps. Dat zou dan wel beëindiging van het curatorschap betekenen. Schilder meldde dat Kamphuis en hij in de senaat de mogelijkheid van een voordracht aan de synode hebben besproken, maar dat het niet tot definitieve besluitvorming was gekomen. Uiteindelijk moest de synode hierover een beslissing nemen. Bovendien wees Schilder erop dat Kamphuis en hij niet aan een benoeming met verdergaande strekking hadden gedacht, met andere woorden: een tweede leerstoel in de ecclesiologische vakken was bij hen niet in beeld. Zij hadden dit expres niet ter sprake gebracht omdat het een belemmering zou kunnen zijn voor Deddens' promotiearbeid. Een positie als wetenschappelijk medewerker ter versterking van de ecclesiologische leerstoel zou de promotie van Deddens eerder kunnen bevorderen. Was Schilder voorzichtig geworden nadat hij 14 jaar eerder bij de voordracht van Deddens en Kamphuis al had gezegd dat Deddens zich eerst maar eens aan de promotiearbeid moest wijden, terwijl hij nu moest concluderen dat het proefschrift nog steeds niet af was? Hoe het zij, Schilder schreef dat, omdat Deddens intussen werd voorgedragen om curator te worden, hij en Kamphuis van oordeel waren dat voorrang diende te worden verleend aan de benoeming

---

213 **Brief H.J. Schilder aan D. Deddens, 3 april 1972**; ADC, AJK, 403, doos 4.

als 'primus-curator'.[214] Deddens zou in juist deze functie 'heel het onderwijs gedurende vele jaren, zo God wil, uitermate ten goede (...) kunnen komen; ook de ecclesiologische leerstoel is bij waarneming van die functie daadwerkelijk gebaat, zij het op andere wijze dan door een wet[enschappelijk]. medewerkerschap'.[215] Namens Kamphuis, die vanwege ziekte niet aanwezig kon zijn bij de senaatsvergadering, heeft Schilder de senaat geïnformeerd.[216]

Deddens zag voor een tweede maal een kans tot benoeming als hoogleraar aan zich voorbijgaan.

Eindelijk professor
Zeven jaar later ontstond er aan de Hogeschool een vacature, want de dogmaticus was geëmeriteerd – Doekes nam na ruim 26 jaar officieel afscheid. Omdat er naar het oordeel van senaat en curatoren geen duidelijke opvolger beschikbaar was, kwamen zij tot het plan om J. Kamphuis van leerstoel te laten wisselen. Trimp was de beoogde kandidaat, maar het was niet gewenst hem van leerstoel te laten wisselen. Maar wie moest dan die vrijkomende leerstoel gaan bezetten? Onder Deddens' eigen leiding als president-curator kwam in de curatorenvergadering van 11 september 1978 de zaak aan de orde. Dat hij al gauw vroeg of het niet beter was dat hij de vergadering verliet, was doorzichtig en voorbarig, want formeel was zijn naam nog niet ter sprake gekomen. Maar er waren ook wandelganggesprekken (geweest), ook in de kleine kring van curatoren en hij kon dan ook zeggen:

> In dat verband is mijn naam genoemd. Nu zou men kunnen vragen naar mijn fysieke toestand, m.n. naar mijn stem, die de laatste tijd haperde. Het antwoord kan verblijdend zijn: onafhankelijk van de thans aan de orde gekomen zaak heb ik specialistisch advies ingeroepen en heb goede getuigenissen mogen vernemen. Binnenkort onderga ik een volledige check-up. Mag de ik behandelende specialist zeggen, waar het nu ook om gaat?[217]

Op zeker moment kwam zijn naam formeel wel ter sprake en desgevraagd verliet hij de vergadering na de leiding aan de assessor te hebben overgedragen. Op dat moment moet hij hebben gevoeld dat het moment echt

---

214 **Brief H.J. Schilder aan D. Deddens, 3 april 1972; ADC, AJK, 403, doos 4.**
215 *A.w.*
216 *A.w.*
217 **ADC, ATU, Archief Deputaten-curatoren, vergadering 11 september 1978.**

nabij was dat hij in de ecclesiologische voetstappen van zijn vader kon gaan treden en zijn toga zou gaan dragen. 's Middags vergaderden curatoren met de senaat. Zij waren het, meldden ze, eens met de senaat dat de vervulling van de vacature alleen kon plaatsvinden door een interne oplossing. Tegelijk uitten de curatoren wel hun zorgen, omdat het voorstel geen versterking van de kwaliteit van de Hogeschool met zich meebracht, maar 'niveauverlies'.[218] Vervolgens waren ze toch van oordeel dat Kamphuis 'ware voor te dragen voor deze katheder'.[219] Onder de jongere generatie waren geen kandidaten voor de ecclesiologische katheder. "Eerst is verdere rijping van deze jongeren nodig."[220] Tenslotte oordeelden de curatoren dat Deddens de geschikte opvolger zou zijn. Hij had immers 'met name in recensies en ook in kerkelijke vergaderingen blijk gegeven van grondige kennis van de zaken van de ekklesiologie. Bovendien heeft hij de reputatie van een positief gereformeerde instelling."[221] Niet Deddens' academische prestaties werden geroemd, maar zijn krantenstukjes en kerkelijke vaardigheden.

Toen het gesprek nog werd voortgezet kwam ook zijn gezondheid, specifiek zijn stem- en keelproblemen aan de orde en de vraag kwam daarbij op of de benoeming wel kon doorgaan. De arts adviseerde het stoppen met roken van sigaren ernstig te overwegen, maar de stemproblemen hoefden de

D. Deddens met sigaar –
ADD, ADC Kampen

---

218 *A.w.*
219 *A.w.*
220 *A.w.*
221 **ADC, ATU, Archief Deputaten-curatoren, vergadering 11 september 1978.**

benoeming als hoogleraar niet te verhinderen.[222] Wel was hij van mening dat Deddens zijn stem enigszins diende te ontzien, zoals door minder vaak te preken. Deddens conformeerde zich daaraan, maar niet aan het advies te stoppen met roken. Tot begin jaren negentig van de twintigste eeuw zou hij een stevige sigarenroker blijven. In ieder geval kon op basis van dit medisch attest de benoeming doorgaan.

Speciaal voor de vervulling van de vacature-Doekes kwam op verzoek van een aantal particuliere ressorten op dinsdag 20 februari 1979 een buitengewone generale synode bijeen in de Koepelkerk van Arnhem, 'soms vanuit Siberische streken',[223] aldus de preses van de samenroepende kerk, want de winterse omstandigheden waren net zo buitengewoon als de synode.[224] De inhoud van de voordracht was om Kamphuis te benoemen op de dogmatische leerstoel en Deddens op de op deze wijze vacant gemaakte ecclesiologische leerstoel. Beiden waren aanwezig, Kamphuis als rector en synodeadviseur en Deddens inmiddels als president-curator, maar ze werden al gauw gebroederlijk per taxi naar een 'schuilplaats' gebracht. Vandaar werden zij aan het einde van de dag weer opgehaald, om in de avondvergadering de benoeming te ontvangen en direct ook te aanvaarden. Later, in zijn dankwoord bij zijn inaugurele rede op 7 september 1979, drie dagen na Doekes' afscheid, zei Deddens tegen Kamphuis: "Van de vele gebeurtenissen die we samen hebben meegemaakt, ook in en rondom generale synoden, zal u en mij wel vooral blijven heugen de retraite die ons werd opgelegd in Arnhem."[225] Inderdaad waren beiden jarenlang betrokken geweest bij het synodale werk: Kamphuis als synodeadviseur in zijn kwaliteit als hoogleraar Kerkrecht en Deddens als synodepreses of president-curator.[226] De aanvaarding werd definitief.[227]

---

222 Al eerder, in een brief van D. Deddens aan J. Kamphuis, 3 december 1976, schrijft eerstgenoemde over een spreekverbod vanwege 'erge heesheid' en weer een bezoek aan de keelspecialist; ADC, AJK, 403, doos 6.
223 *Acta Buitengewone GS Arnhem*, art. 1.
224 Ter tafel lag een voordracht van deputaten-curatoren, gedateerd 9 oktober 1978, vier dagen nadat de vorige synode van Groningen-Zuid gesloten was – een kerkrechtelijke curiositeit die nog lang de aandacht zou vragen.
225 Zie de toespraak van Deddens vanwege zijn inaugurele rede op pagina 270.
226 Op dat tijdstip fungeerden naast D. Deddens (president-curator) fungeerden W.G. de Vries, H. Bouma, H.D. van Herksen, T.J. Keegstra, J. Kok, C.J. Breen, W. de Graaff, P. Schelling, A.J. Hendriks en N.E. Nieboer als deputaten-curatoren.
227 *Acta Buitengewone GS Arnhem 1979*, art. 7.

Harinck/Berkelaar typeren zijn overgang als 'de duurste Kamper transfer ooit. Niet alleen moest het pensioen van de 56-jarige Deddens afgekocht worden, ook voor zijn huisvesting te Kampen ging geld van de Hogeschool over tafel'.[228] Dit pensioentechnisch perspectief en het bijbehorende kostenplaatje werpen ook een ander licht dan het vakinhoudelijke profiel op een hoogleraarsbenoeming in een academische en kerkelijke context als van de Theologische Hogeschool en de Gereformeerde Kerken vrijgemaakt. Het belicht de rechtspositionele en financiële situatie die met een leerstoel en een benoeming van een leerstoelhouder gepaard gaan.

Opvallend was intussen de taakomschrijving door de Synode van Arnhem van 1979: hoogleraar in de 'ecclesiologische vakken', niet met als leeropdracht 'Kerkgeschiedenis en Kerkrecht', hoewel dat uiteraard wel werd bedoeld. Zijn vader was hoogleraar 'voor het Kerkrecht en de Kerkgeschiedenis' geweest,[229] en zijn voorganger Kamphuis was in 1958 benoemd als hoogleraar 'kerkgeschiedenis en aanverwante vakken'.[230]

In het kerkblad van Wetsinge-Sauwerd keek ds. H. Veldman[231] naar aanleiding van de uitnodiging voor de inauguratie in 1979 nog eens terug naar de benoeming van J. Kamphuis in 1958. Hij schreef dat de Here het zo had geleid in 1958 opdat juist Kamphuis als hoogleraar krachtige leiding kon geven aan de kerk in de storm van de zestiger jaren van de vorige eeuw.[232]

Al op 12 maart 1979, krap drie weken na zijn benoeming, nam Deddens afscheid van de gemeente van Leeuwarden.[233] Het overhaaste vertrek uit Leeuwarden – in een en hetzelfde kerkblad de mededeling van de benoeming en de datum van het afscheid! – viel niet goed bij de kerkenraad en de gemeente; dat het allemaal zo vlug moest werd niet goed begrepen. Maar in de kerkenraadsvergadering van 5 maart gaf Deddens aan dat de benoeming hem ook was overvallen en dat hij onder grote druk stond van de nieuwe president-curator, H. Bouma, om in september te kunnen beginnen en dat hij alle tijd nodig had om zijn inaugurele rede

---

228 Harinck en Berkelaar, *Domineesfabriek*, 399.
229 *Acta Voorlopige GS Enschede 1945*, art. 34.
230 *Acta GS Bunschoten-Spakenburg 1958*, art. 46, 24; art. 56, 28-29.
231 H. Veldman, predikant Wetsinge-Sauwerd en Winsum-Obergum 1976, Winsum-Obergum 1980, Den Ham 1983, Hasselt 1991, Urk 1997, emeritus 2001; *Handboek 2016*, 297.
232 ADC, ADD, Kerkblad De Band: Mededelingenblad van de Gereformeerde Kerk (Vrijg.) te Westinge-Sauwerd, 3ᵉ jrg. n°. 16, 8 september 1979.
233 *Acta Buitengewone GS Arnhem 1979*, 12.

en zijn colleges voor te bereiden.[234] Hij moest en wilde zelf ook zijn nieuwe baan zo snel mogelijk aanvangen. De kerkenraad van Leeuwarden gaf Deddens de ruimte om hoogleraar te worden.

Hoewel het geen kerkordelijke vereiste was, hadden, als blijk van de hartelijke relatie tussen Deddens en de gemeente, alle kerkenraadsleden de akte van emeritering ondertekend. Het was een idee van scriba A. Prins. Deddens was immers trouw gebleken in zijn ambtsdienst, de gemeente kon rekenen op zijn 'confessionele betrouwbaarheid' en hij was in de loop van de jaren een stichtende factor voor de gemeente geworden.[235]

Na dertig jaar predikantswerk, en ruim twintig jaar nadat hij voor de leerstoel was gepasseerd kon Deddens alsnog in de kerkhistorische en kerkrechtelijke schoenen van zijn vader staan en diens toga dragen. Van kansel naar katheder: in een interview met het *Nederlands Dagblad* zei hij: "Ik beschouw dit hoogleraarschap als een mooie en te waarderen afsluiting van mijn ambtelijke loopbaan."[236]

Studenten
De overgang van Leeuwarden naar Kampen had niet alleen gevolgen voor de kersverse professor, maar ook voor mevrouw Deddens. Zij had zich dertig jaar lang met overgave aan het gemeentewerk gegeven en ineens viel dat weg. Was het verdriet van ongewilde kinderloosheid altijd al om hen heen, dat viel nog meer op in de stilte van de Kamper professorenwoning. Enigszins werd het verlies van het pastorie- en gemeenteleven gecompenseerd door het bezoek van enkele studenten(-assistenten). Zeker, zij liepen met hem weg, niet zozeer vanwege zijn colleges, maar wel vanwege zijn grote gedetailleerde kennis van het historische kerkrecht.

Deddens was geliefd, maar alleen bij studenten die zich op zijn vakgebied begaven en bij de Ecclesiologische Club – 'Ecclo' – hoorden. Ze leerden daar meer van hem dan in zijn wat matte colleges waar weinig vaart in zat en die ook vaak te detaillistisch waren, zodat de grote lijn soms ver te zoeken was. Student-assistenten herinneren zich met dankbaarheid de bourgondische bijeenkomsten in huize Deddens of etentjes elders. Grote hilariteit was er bij de studenten toen hij hen een keer ontving in een

---

234 **AGKL, Notulen kerkenraad 5 maart 1979.**
235 *A.w.*
236 **Bergwerff,** "Drs. D. Deddens," 2.

D. Deddens tijdens excursie Ecclesiologische Club – Archief M. de Meij, Vlissingen

Schotse kilt. Dat was weer eens wat anders dan het plechtstatige driedelige kostuum met hoed dat Deddens doorgaans droeg. De studenten van de Ecclesiologische Club beleefden met hem mooie gesprekken en ook kerkhistorische uitstapjes naar Graafschap Bentheim (1980), Heusden/ Gorinchem (1981), Ulrum en Dokkum (1982), Amsterdam (1983), Amsterdam (1985), Breda (1986), Dordrecht (1987) en Texel (1988).[237] Deddens was dan op zijn best en hij liet zich van zijn meest humoristische kant zien. Wel had hij, ook als het om humor ging, zoals bij alles, graag de regie. Een voorbeeld, tijdens het 25-jarig hoogleraarsjubileum van J. Kamphuis op 9 april 1984 voerden studenten op verzoek een cabaret uit. Naast

---

237 In 1984 vond er geen excursie plaats; *Almanak F.Q.I.* 1980, 68; *Almanak F.Q.I.* 1981, 72; *Almanak F.Q.I.* 1982, 74; *Almanak F.Q.I.* 1983, 73; *Almanak F.Q.I.* 1984, 68; *Almanak F.Q.I.* 1985, 74; *Almanak F.Q.I.* 1986, 68; *Almanak F.Q.I.* 1987, 77; *Almanak F.Q.I.* 1988, 85.

Cor Harryvan[238] waren het de studenten Perry Storm,[239] Atze Buursema[240] en Elbart Luth.[241] Harryvan blikt terug op het script over de *locus de femina*, in dogmatisch jargon het hoofdstuk over de vrouw, en de uitvoering ervan:

> Deddens hield een toespraak als in de verre toekomst. En dan was dit zogenaamd Deddens' historische terugblik van de inconsequente opstelling van Kamphuis. Het ging er dan over, dat Kamphuis in zijn jonge jaren had geschreven of betoogd, hoe belangrijk hij het vond, dat jongens en meisjes niet samen jeugdvereniging hadden. En dat hij later in een andere publicatie daarover anders bleek te denken. Zoiets was het. De 'grap' was, dat we in feite dus niet alleen Kamphuis maar ook Deddens in het zonnetje zetten.[242]

Deddens vond het briljant en genoot zichtbaar. Maar plotseling verstrakte zijn gezicht. Hij kreeg toen pas door dat Harryvan *hem* en niet Kamphuis imiteerde. Het lachen verging Deddens. Harryvan moest korte tijd later mondeling tentamen afleggen. Na de gebruikelijke begroeting: 'Sigaar?' kwam Deddens terug op het cabaret. Waarom was hij onderwerp van cabaret geweest en wat had de studenten bewogen dit te doen? Harryvan gaf uitleg en Deddens zweeg er verder over. Het kwam de studenten nog wel te staan op een reprimande van de president-curator, maar Kamphuis reageerde met humor: "Bedankt Cor, je hebt me in het zonnetje gezet, maar het was wel een felle zon."[243] Het cabaret is gefilmd en een fragment daaruit is later dat jaar op de Schooldag vertoond. Deddens vond het maar niets.

---

238 C.J. Harryvan, predikant Lemele-Lemelerveld 1990, Lelystad 1995, Lelystad (miss. dienst Oekraïne) 01-02-2003, uitzending op 10-08-2003. Geraadpleegd 20 maart 2018, https://www.gkv.nl/zoek-een-predikant/. Geraadpleegd 20 maart 2018, https://oekrainezending.nl/cor-harryvan/.
239 P.L. Storm, predikant Broek op Langedijk 1988, Terneuzen 1992, Rijnsburg 1997, Vroomshoop 2003; *Handboek 2018*, 146
240 A. Buursema, predikant Almkerk-Werkendam en Breda 1990, Utrecht-Noord/West 1996, Amersfoort-West 2003, Barneveld-Voorthuizen 2015; *Handboek 2018*, 190-191.
241 E.C. Luth (1963-2018), predikant Almelo, Groningen-Noord 2010, Groningen-Noord-West 2012, afgezet 2016; *Handboek 2017*, 480.
242 C.J. Harryvan, e-mailwisseling met editor, 23 maart 2018.
243 *A.w.*

Tentamens
Deddens nam tentamens doorgaans mondeling af thuis aan de Burgwal 81 of in zijn werkkamer in de hogeschoolbibliotheek. Deddens bood de studenten altijd eerst een sigaar aan, zoals hij ook bij zijn vrienden of collega's deed uit een blik met gekregen exemplaren: 'Sigaar, amice'?[244] Sommige studenten, waaronder de huidige universitair hoofddocent Semitische Talen W.H. Rose,[245] werden om 7 uur 's morgens verwacht. Anderen, zoals student G.O. Sander,[246] moesten op zaterdagavond om half negen verschijnen. Niet alle studenten gingen met plezier naar Deddens, niet alleen om het tentamen als zodanig, maar ook vanwege zijn wijze van tentaminering. Toenmalig student P.H.R. van Houwelingen[247] – nu hoogleraar Nieuwe Testament – deelde twee ervaringen met me. Toen hij zich eens meldde bij Burgwal 81 was de eerste tentamenvraag kerkrecht die Deddens hem stelde: "'Stel, u bent dominee, er is iemand overleden uit de gemeente en u bezoekt de familie. Wat is dan het eerste dat u zegt?' Het gewenste antwoord was: 'Rouwdiensten zullen niet worden belegd' (= artikel 71 KO in de destijds geldende versie)."[248] Het antwoord: de familie eerst groeten en condoleren, was blijkbaar bij Deddens niet in beeld. Nog curieuzer waren de onderstaande vragen tijdens Van Houwelingens doctoraalexamen:

> De tweede situatie was op mijn eindexamen, dat ging nog via een gesprek over een opgegeven pensum met alle docenten in de Senaatskamer. Voor het onderdeel Kerkgeschiedenis had ik o.a. de Dordtse synode moeten bestuderen uit de *Nederlandse Kerkgeschiedenis* van Otto J. de Jong.[249] Vraag: "Wie waren de afgevaardigden uit Friesland"? Ik antwoordde dat ik hun namen

---

244 P. Schelling, brief aan de editor, 20 maart 2018.
245 Geraadpleegd 18 juni 2018, https://www.tukampen.nl/medewerkeronline/whrose.
246 G.O. Sander, predikant Kantens 1994, Siegerswoude-Frieschepalen 2000, Assen-West 2009; *Handboek 2016*, 49.
247 Geraadpleegd 18 juni 2018, https://www.tukampen.nl/medewerkeronline/phrvanhouwelingen.
248 P.H.R. van Houwelingen, gesprek met editor, 14 maart 2018 en e-mailwisseling 17 maart 2018.
249 Het boek betreft O.J. de Jong, *Nederlandse Kerkgeschiedenis*, 1ᵉ dr. (Nijkerk: Callenbach, 1972). Otto J. de Jong (1926-2013), hervormd predikant Nieuwolda 1955, Ten Boer 1961, lector Rijksuniversiteit Groningen 1964, hoogleraar Groningen 1968, hoogleraar Universiteit Utrecht 1972, emeritaat 1991. Geraadpleegd 22 maart 2018, https://www.rd.nl/kerk-religie/kerkhistoricus-prof-dr-otto-j-de-jong-87-overleden-1.351385.

niet uit mijn hoofd had geleerd. "Dan zal ik u een andere vraag stellen: wie waren de afgevaardigden uit Zuid-Holland?". Ik bleef stil en keek wanhopig de kring rond (...). [250]

Student-assistenten
Dit soort vragen maakten de academische en kerkelijke relevantie van het vak Kerkrecht niet bepaald duidelijk en ook weinig aantrekkelijk. Deddens mocht dan een vat vol kennis zijn, volgens zijn studenten beschikte hij niet over didactische gaven. Hij was en bleef de studeerkamergeleerde die in de nachtelijke uren van Kampen regelmatig aan het werk was in zijn 'opperzaal'. Hij had in dat kolossale huis met elf kamers op z'n minst twee werkkamers op twee verschillende verdiepingen. De ene werkkamer, op de eerste verdieping was het ecclesiologische 'heilige', de pronkkamer, waar hij gasten ontving. Het echte werk vond plaats in het 'heilige der heiligen' op de tweede verdieping. Het was een plek waar slechts enkele uitverkorenen werden toegelaten. Hij zat daar geboeid een nieuwe catalogus met antiquarische boeken te bestuderen, na te denken over de aan- of verkoop van een zeldzaam exemplaar, een fascinerend detail uit te werken voor een artikel of te zwoegen op zijn oraties. Mogelijk had Deddens ook meer kamers ingericht voor zijn enorme bibliotheek - de student-assistenten kunnen het zich dat niet precies meer herinneren. Het kon de eerste van hen – H. Pathuis (assistent van 1979 tot 1981) – zomaar overkomen dat Deddens tijdens een werkoverleg onder het genot van een sigaar, liefst een strakke Havanna, een schaakbord tevoorschijn toverde. De assistent moest wel over enige schaakcapaciteit beschikken, anders was voor Deddens de lol er gauw af. Zodra hij merkte dat de student niet alleen kerkhistorische en kerkrechtelijke, maar ook schaaktechnische interesse had, was hij in zijn nopjes, zeker als hij won en dat deed hij bijna altijd. Maar hij kon ook even verrassend een einde maken aan een gesprek alsof dan ineens zijn gedachten afdwaalden naar verplichtingen die hem te binnen schoten. Deddens hield zeker van gezelligheid, maar hij bepaalde zelf tijd en aandacht. Zomaar kon de student-assistent door Deddens of zijn vrouw ook weer worden ingeschakeld voor allerlei werk, ook voor de voorbereiding van colleges of het nawerk ervan. Dan fungeerde mevrouw Deddens als postbode tussen haar man en de assistenten.

---

250 P.H.R. van Houwelingen, gesprek met editor, 14 maart 2018. P.H.R. van Houwelingen, e-mailwisseling met editor, 17 maart 2018.

Het kon ook anders. Op een gegeven moment was er een landelijke poststaking en er moest toch echt een brief naar curatoren en deputaten-financieel. Dus moest assistent Pathuis maar als ijlbode fungeren. Het werd wel een unieke situatie: Deddens leende zijn geliefde Audi 100, waarin hij doorgaans hard, soms te hard, reed, uit aan een student. Voor postbode Pathuis was het een ervaring en hij heeft er geweldig van genoten, die rondrit van honderden kilometers langs verschillende adressen in Oost-, Noord- en West-Nederland, in zó'n auto, om wat brieven te bezorgen.

Perfectionisme en publiceren
Gemeten naar de huidige academische maatstaven was het een tamelijk luxe situatie geweest waarin Deddens werkte. Hij kon heel veel werk uitbesteden, zowel aan zijn assistenten als aan zijn vrouw die als een *personal assistant* dag en nacht voor hem klaarstond en ook werden hij, en zijn collega's, niet zoals nu door hun werkgever beoordeeld op prestaties. Er was toen niet een academische verantwoordingscultuur als nu. Met al die hulp om hem heen moet het nog meer verwonderen dat hij niet meer heeft weten te publiceren. Hij was verplicht, ook naar de kerken toe, om veel meer naar buiten te treden, te publiceren en meer buiten de eigen Theologische Hogeschool op academisch niveau te verkeren.

Over zijn dissertatie sprak hij niet meer in die Kamper tijd. Het vele werk slokte hem op. Dat is begrijpelijk, maar het roept toch ook de vraag op of dit de echte reden was. Hij was niet de enige hoogleraar die niet gedoctoreerd was. Tijdens zijn hoogleraarschap droegen alleen de collega's J. van Bruggen, J. Douma, C. Trimp en K. Veling de doctorstitel. Maar toch, die ene titel bleef Deddens ontbreken: de doctorsgraad. Aan het einde van zijn leven heeft hij toegegeven dat hij gedurende zijn leven te veel heeft verzameld en te weinig heeft geschreven. Tegen zijn zus, mevrouw H. Mulder-Deddens, zei hij aan het einde van zijn leven: "Ik heb spijt. Ik wilde dat ik had kunnen promoveren."[251] Het was (de mythevorming van) zijn perfectionisme dat hem gehinderd heeft. Het kan ook vertaald worden als dat hij te pieterpeuterig was om een proefschrift te schrijven, maar er speelde nog een andere belemmering: zijn motivatie. Die wisselde nogal sinds niet hij, maar J. Kamphuis als hoogleraar was benoemd en het ook goed deed in Kampen. Toch vroeg en kreeg hij studieverlof en financiële support van de gemeenten die hij diende en in Leeuwarden zelfs een grotere pastorie. Maar ook in de jaren zeventig in

---

251 **Mevrouw H. Mulder-Deddens, telefonisch gesprek met editor, 22 maart 2018.**

die grotere pastorie lukte het niet, en evenmin toen hij aan het einde van dat decennium zijn intrek nam in de professorenwoning in Kampen. Wel had hij het in zijn laatste levensjaren vaak over zijn drie oraties die in een bureaulade gereedlagen om na zijn dood te worden gepubliceerd, ook al wist hij toen al wel dat hij, naar de mens gesproken, de publicatie van die bundel niet meer zou meemaken. Niet zonder reden was hij de man die in Kampen bekend stond om de 'theologia non publicata'.[252]

In Kampen moest Deddens ontdekken dat het één ding is om hoogleraar te *worden*, maar iets anders om hoogleraar te *zijn*. Hoe hard hij ook had moeten werken als gemeentepredikant in combinatie met het bredere kerkenwerk, het professoraat vergde een andere inspanning. Dat ging soms zijn krachten te boven. Het afronden van publicaties was problematisch voor hem, omdat er altijd wel een voetnoot bleef die uitgebreid diende te worden of een passage die nader moest worden bekeken. Bovendien was hij bang voor negatieve recensies.

Een voorbeeld van de druk waaronder hij stond, of beter gezegd: waaronder hij zichzelf zette, was toen hij het 'In Memoriam' bij het overlijden van H.J. Schilder moest schrijven voor het *Handboek*. De deadline was bepaald op de eerstvolgende maandag. Hij vroeg assistent De Graaf het weekend in Kampen te blijven om hem bij te staan. Hij moest het manuscript uittypen en vervolgens bij Deddens bezorgen, want die moest uiteraard alles minutieus controleren en waar nodig corrigeren. De Graaf kreeg het eerste deel op zaterdag. Hij werkte dat uit en leverde het bij hem in. Vervolgens kreeg hij een briefje van Deddens met het klemmende verzoek de nacht van zondag op maandag beschikbaar te zijn. Om klokslag middernacht liep mevrouw Deddens naar Broederweg 8 waar De Graaf destijds woonde, en overhandigde hem één vel manuscript. Hij typte dat weer uit, stopte het in de enveloppe en bezorgde het om 1 uur aan Burgwal 81. Vervolgens moest mevrouw Deddens om half 2 opnieuw haar jas aantrekken richting Broederweg 8 gaan om vel twee te bezorgen. Zo ging dat door tot 3 uur 's nachts. De Graaf was toen nog niet klaar, want hij kreeg een briefje met het verzoek de trein van 7 uur naar Goes (uitgeverij Oosterbaan & Le Cointre) te pakken om vóór het middaguur de kopij daar te bezorgen. Het werd een korte nacht voor De Graaf. Dit voorval illustreert onder welke druk Deddens zichzelf zette om iets klaar te krijgen. Maar het blijkt dat hij die druk ook oplegde aan zijn assistenten en niet in de laatste plaats aan zijn vrouw. Ook zij heeft die nacht, en misschien ook in nog meer nachten, niet veel rust gehad met een man die

---

252 M. te Velde, e-mailwisseling met editor, 14 april 2018.

leed onder de prestaties die zijn vermogen te boven gingen. Als hij al zo moeizaam een 'In memoriam' schreef, hoe veel te meer gold dit dan wel niet van een academisch artikel of hoofdstuk?

Kamper inzet
Van de acht jaar en acht maanden professoraat fungeerde hij één jaar als rector; gedurende het academische jaar 1981-1982. Hij bekleedde het ambt van hoogleraar en oefende de functie van rector uit zoals hij predikant, deputaat, curator en ook voorzitter van de synodes van Rotterdam-Delfshaven 1964-1965, Amersfoort-West 1966, Amersfoort-West 1967[253] en Hattem 1972[254] was geweest: op kundige, maar ook op tamelijk formele wijze.

Een speciaal aspect van het werk van de Kamper hoogleraar Kerkgeschiedenis en Kerkrecht was het geven van kerkrechtelijke adviezen, niet alleen als de generale synode bijeenkwam, maar ook aan de mindere vergaderingen, deputaten, commissies, kerkenraden, predikanten en gemeenteleden. Voor deze taak reserveerde hij in zijn agenda steevast de zaterdag in zijn agenda. Gemiddeld gaf hij naar eigen zeggen negen adviezen per week. Als hij onder druk stond door een aanstaande publicatie, kon het wel eens erg lang duren voordat hij de telefoon aan de Burgwal 81 opnam. Er werd dan ook in het kerkverband gemopperd dat wanneer er een dringend kerkrechtelijk advies nodig was vanuit Burgwal 81 dat mensen steevast de in-gesprek-toon te horen kregen. Dat was niet omdat de kerkrechtadviseur steeds aan de telefoon zat, maar omdat de hoorn ernaast lag. Deddens was wel eens niet aanspreekbaar. Toch moet er ook op worden gewezen dat elke minuut die hij moest besteden aan het geven van adviezen hij niet kon wijden aan onderzoek en het gereedmaken van publicaties.

Rond 1984 is Deddens bezig geweest met de voorbereidingen voor een publicatie over de kerken in Rheinland-Pfalz. Student-assistent Pathuis moest het voorwerk verrichten en Deddens zou op basis daarvan aan een publicatie werken. Die is nooit verschenen.

Hetzelfde gold voor zijn initiatief om met de Groninger jurist F.T. Oldenhuis[255] een boek te schrijven over de relatie tussen recht en kerkrecht. Hij was onder de indruk gekomen van Oldenhuis' publicatie in de *Kamper Bijdragen* waarvoor deze zijn doctoraalscriptie aan de Rijksuniversiteit

---

253 *Acta GS Amersfoort-West 1966-1967*, 10.
254 *Acta GS Hattem 1972*, 12.
255 **Geraadpleegd, 18 juni 2018, https://www.rug.nl/staff/f.t.oldenhuis/.**

Groningen had omgewerkt.[256] Oldenhuis had verwacht dat zijn publicatie in de *Kamper Bijdragen* uitsluitend zou worden opgemerkt in de eigen vrijgemaakte zuil. Hij had daarin immers de juridische kanten belicht van kerksplitsingen, waarbij de nadruk lag op de bespreking van de zogenaamde vrijmakingsrechtspraak.

In het bijzonder in de provincie Groningen had de Vrijmaking tot een groot aantal vonnissen van de rechtbank Groningen geleid. Oldenhuis keerde zich in zijn publicatie in de *Kamper Bijdragen* tegen de zogenaamde meerderheidsregel: bij kerkbreuken waarin geloofsvragen een centrale rol vervullen volgen de kerkelijke goederen de groep die in de kerkenraad de meerderheid vorm. Hij meende dat juist in die gevallen waarin de rechter zich van een oordeel in het conflict moest onthouden vanwege vragen van geloof en belijden, de kerkelijke goederen zouden moeten worden verdeeld naar rato van het ledental in beide groepen. De fundering van die nieuwe aanpak werd mede met behulp van zijn leermeester prof. mr. O.K. Brahn in zijn publicatie in de *Kamper Bijdragen* deugdelijker verankerd dan in de scriptie aanvankelijk was neergelegd.

Kort nadat Oldenhuis' publicatie in de *Kamper Bijdragen* verscheen, wijdde de Amsterdamse notaris A.G. Lubbers (1918-1993)[257] zijn complete bijdrage in de *G.J. Scholten-bundel*[258] aan het bespreken van deze *Kamper Bijdragen*.[259] De positieve bespreking van Lubbers bleef in de rechtsliteratuur niet onopgemerkt. De facto werd door die uitvoerige bespreking de basis gelegd voor de latere publicaties die Oldenhuis vanaf dat moment in de juridische tijdschriften over de positie van kerkgenootschappen publiceerde. De wijze waarop Oldenhuis met zijn meerderen aan een 'seculiere' universiteit samenwerkte en de wijze waarop hij daarover met Deddens vrijmoedig sprak, maakte diepe indruk op Deddens.

---

256 F.T. Oldenhuis, *Rechtsvinding van de burgerlijke rechter in kerkelijke conflicten: De strijd om het zelfstandig bestaan van de plaatselijke kerk*, Groningen: De Vuurbaak, 1977 (*Kamper Bijdragen* 20).

257 Anton Gerard Lubbers was advocaat 1943-1952, kandidaat-notaris 1954-1960, notaris 1960-1979, rechter-plaatsvervanger 1960-1973, buitengewoon hoogleraar privaatrecht Universiteit Amsterdam 1974; P. Abas e.a., ed., *Non sine causa: Opstellen aangeboden aan prof. mr. G.J. Scholten ter gelegenheid van zijn afscheid als hoogleraar aan de Universiteit van Amsterdam* (Zwolle: W.E.J. Tjeenk Willink, 1979).

258 Abas, *None sine causa*.

259 A.G. Lubbers, "Van kleine mensen, dingen die niet voorbijgaan;" in Abas, *Non sine causa*, 223-243, met name voetnoten 3-5, 7, 9, 11-16, 18, 20.

Deddens bekende later tegenover Oldenhuis dat hij niet in staat was zelf zo'n boek over kerk en recht te schrijven en hem nodig had. Net als bij de jonge historicus Harinck was hij onder de indruk van de jonge jurist en liet niet na om zijn bewondering aan hen bekend te maken. Het was algemeen bekend dat Deddens moeilijk toegankelijk was. Oldenhuis meldde zich spontaan aan bij Deddens en was dan steeds welkom, niet alleen in de studeerkamer op de eerste, maar zelfs in Deddens' eigen werkkamer op de tweede verdieping. Ten behoeve van het boek dat Deddens had voorgesteld, maakte Oldenhuis een concept-inhoudsopgave en stuurde dat naar Kampen. Deddens reageerde daar niet op en voor Oldenhuis, die zich primair met aansprakelijkheidsrecht bezig hield, had dat project geen prioriteit. Ook dit boekproject van Deddens boek strandde; net als bundels over K. Schilder en over Greijdanus en zijn eigen dissertatie is het bij een plan gebleven.

Tussenpaus
Waar een te verwachten benoeming in 1958 niet door was gegaan, was die enigszins onverwacht alsnog gekomen in 1979. Eerherstel was het voor Deddens, zeiden we al, althans zo voelde hij het zelf en vele anderen met hem. Maar daarvoor moest wel een hoge prijs worden betaald. In 104 maanden moest het allemaal gebeuren en daarin viel ook nog een jaar rectoraat. In vergelijking met zijn collega's was deze periode zeer kort. Zelfs H.M. Ohmann[260] was drie jaar langer actief, om maar te zwijgen van Trimp (22 jaar), K. Veling (23 jaar),[261] Douma (27 jaar), B. Kamphuis (27 jaar), H.J. Schilder (28 jaar), J. Kamphuis (28 jaar), Van Bruggen (34 jaar), Lettinga (35 jaar) en J.A. Meijer (36 jaar),[262] waarbij moet worden aangetekend dat

---

260 **Heinrich Marinus Ohmann (1928-2006), predikant Zuidbroek 1956, Hoek 1962, Dokkum 1968, Hamilton 1971, Dokkum 1981, hoogleraar Theological College of the Canadian Reformed Churches 1971-1981, hoogleraar Kampen 1981-1993 Canoniek, Exegese incl. Hermeneutiek, Historia sacra, Historia revelationis van het Oude Testament, Bijbelse oudheden;** Harinck/Berkelaar, *Domineesfabriek*, 506.
261 **Kars Veling, docent Filosofie Gereformeerde Sociale Academie Zwolle 1972-1987, docent 1972 Wijsbegeerte, buitengewoon lector 1979 Wijsbegeerte, buitengewoon hoogleraar 1987-1995 Wijsbegeerte;** Harinck/Berkelaar, *Domineesfabriek*, 507.
262 **Johannes Abel Meijer, docent 1969 Nieuwtestamentisch Grieks, Oudchristelijk Grieks, Oudchristelijk Latijn; Lector 1976 Nieuwtestamentisch Grieks, Hellenistisch en Oudchristelijk Grieks, Oudchristelijk Latijn; buitengewoon hoogleraar 1987-2005 Nieuwtestamentisch, Hellenistisch en Oudchristelijk Grieks en Oudchristelijk Latijn; universitair docent Oudchristelijk Latijn Theologische Universiteit Apeldoorn 1997-2005;** Harinck/Berkelaar, *Domineesfabriek*, 506.

G. Kwakkel, benoemd in 1987, nu, na 31 jaar, nog actief is en dat genoemde jaren niet alleen de periode als hoogleraar betreffen. Zo was deze 'mooie en te waarderen afsluiting'[263] van Deddens' ambtelijke loopbaan, zoals hij het zelf noemde voor de ecclesiologische leerstoel niet meer dan een tussenfase: twee jonge kerkhistorici hadden zich al gezet aan de voorbereiding van hun dissertaties. Met de benoeming van Deddens als hoogleraar in 1979 werd hem misschien alsnog recht gedaan, maar deze benoeming getuigde ook sterk van iets tijdelijks: Deddens werd dan wel hoogleraar, maar met de connotatie van 'tussenpaus': tussen enerzijds Kamphuis als voorganger en anderzijds M. te Velde en F. van der Pol die als academisch gekwalificeerde opvolgers Deddens spoedig zouden inhalen, omdat zij wél de doctorstitel zouden behalen, overigens met Deddens als promotor. Hij was hartelijk naar hen toe, zeker naarmate hun promotietrajecten vorderden. De afstand tussen promotor en promovendus werd verkleind. Tegelijk moesten ze ook wel hun eigen weg volgen tijdens dat traject, omdat Deddens in hun promotieonderzoeken vooral gericht was op details en minder op de hoofdlijnen.

Inauguratie D. Deddens met rechts van hem president-curator H. Bouma – ADD, ADC Kampen

---

263 **Bergwerff, "Drs. D. Deddens,"** 2.

Hoe dan ook, zijn opvolger als president-curator, de Asser predikant H. Bouma,[264] schreef in *De Reformatie*: "De nieuwe hoogleraar is geen veelschrijver. Maar uit wat hij gepubliceerd heeft, kan duidelijk genoeg blijken dat hij – wat ons betreft – zijn plaats in de docentenkring straks met vrijmoedigheid kan innemen."[265]

Dat gold misschien voor kerkmensen, maar zodra hij buiten de vrijgemaakt-gereformeerde zuil trad en zich soms in academische kringen bewoog, kwam hij minder tot zijn recht. Zo was hij in de Werkgroep Nederlands Reformatorisch Kerkrecht van een aantal docenten uit het land in de jaren tachtig van de vorige eeuw vaak stilzwijgend aanwezig. Terecht stellen Harinck en Berkelaar: "Deddens was als ecclesioloog alleen bekend in eigen kring."[266]

Burgwal 81
Hoogleraar in Kampen worden, dat betekende voor Deddens terugkeren naar de plaats waar hij met zijn ouders had gewoond en had gestudeerd Het betekende ook een verhuizing van een pastorie naar een 'professorenwoning' aan Burgwal 81, althans, dat maakte Deddens ervan. R. van der Wolf verwoordt het treffend: het echtpaar Deddens had niet veel boeken, maar: "Het echtpaar Deddens woonde bij Detmer zijn boeken in."[267] Het hele huis was er vol van. De verzekerde som van Deddens' bibliotheek was in 1976 fl. 230.000,-- Ter vergelijking, in 2016 zou dit fl. 606.538,-- oftewel Euro 275.234,-- betekenen.[268] Daarna zou de bibliotheek nog omvangrijker worden.

Deddens moest eraan wennen dat er geen pastorie meer voor hem klaar stond, maar dat hij zelf op zoek moest naar een passende woning. Aan de ene kant kon hij zakelijk zijn, vooral als het om boeken ging. Aan de andere kant was hij soms ook zakelijk naïef. Dat bleek onder meer bij de aankoop van Burgwal 81, want het huis hing als een financiële molensteen om zijn nek. Hij had vanwege de grote hoeveelheid boeken de woning van de Nederlands-Gereformeerde predikant J.H. Kamerbeek[269]

---

264 Hendrik Bouma (1917-2000), predikant Niezijl 1943, Niezijl en Kommerzijl 1945, Assen 1946, Assen-Noord 1977, emeritus 1981; *Handboek 2001*, 430-432.
265 H. Bouma, "Drs. D. Deddens benoemd tot hoogleraar," *De Ref.*, 24 februari 1979.
266 Harinck/Berkelaar, *Domineesfabriek*, 399.
267 Prof. dr. J. Douma en ds. R. van der Wolf, gesprek met editor, 5 februari 2018.
268 Geraadpleegd 17 maart 2018, http://www.iisg.nl/hpw/calculate2-nl.php
269 Jan Herman Kamerbeek (1931-1998), predikant Velp en Oosterbeek 1958, Apeldoorn 1967, Kampen 1973, Bunschoten-Spakenburg 1985, emeritus 1993, geraadpleegd 20 februari 2018, http://www.verkade.nu/dominees.nl/overleden. php?q=overl1998. *Informatieboekje 1997*, 57.

gekocht. Het huis had een volume van 1.700 kubieke meter. Voor de aankoop van dit pand was financiering van onder andere de Hogeschool nodig. De economische recessie van begin jaren tachtig van de vorige eeuw, de hoge rentestand, en de uitgaven voor het gereedmaken, inrichten en herstellen van de woning leidden bij het echtpaar Deddens tot grote zorgen en slapeloze nachten. Op zeker moment kreeg Deddens zelfs een flauwte en kwam lelijk te val vlak voor zijn huis. Uit medisch onderzoek kwam niets ernstigs naar voren, alleen een lage bloeddruk. Deddens weet dit aan de problemen met het huis en de vele, zware slaaptabletten die hij al enkele jaren innam die zijn lichamelijke en mentale conditie beïnvloedden. Daardoor kon hij niet bereiken wat hem voor ogen had gestaan bij aanvang van zijn professoraat.[270] Hij was enige tijd voor niemand benaderbaar, zelfs niet voor J. Kamphuis. Die riep student De Graaf, Deddens' assistent, bij zich om te horen hoe het met Deddens ging, want Deddens had zich opgesloten in Burgwal 81.

In de zomer van 1983 schreef Deddens in een emotionele toestand een lange brief, anders geformuleerd: een dossier, aan deputaten-financieel. Hij had zelfs zijn doorgaans heilige vakantie er een dag voor uitgesteld, eerst moest de lange brief af. Hij was een knappe boekhistoricus, kerkhistoricus en kerkrechtgeleerde met een groot rechtvaardigheidsgevoel, maar hij kon ook mokken. Deputaten-financieel hadden lang en veel geduld met hem. Deddens, die al enkele maanden ziek thuis was, schreef dat hij en zijn vrouw liever in Leeuwarden waren gebleven waar het leven beter was dan in Kampen. Na een aantal gecompliceerde maanden namen de onder druk gezette deputaten-financieel het pand over: het echtpaar werd van eigenaar huurder tot 1 januari 1989. Het verklaart waarom het echtpaar Kampen en de fraaie professorenwoning al heel spoedig na het emeritaat verliet: het huurcontract liep af.

Hij heeft minder kunnen presteren dan hem voor ogen had gestaan. Zelf wees hij dan op het feit dat hij halverwege zijn dienstperiode als hoogleraar enkele maanden niet heeft kunnen werken en ook in de jaren daarvoor had hij spanningen gehad waardoor hij niet heeft kunnen doen wat hij zich bij aanvaarding van zijn ambt had voorgenomen. Waar hij sinds 1958 naar had verlangd, hoogleraar worden op de ecclesiologische leerstoel als zijn vaders opvolger, was in 1979 realiteit geworden, maar hij moest ontdekken dat het professoraat tegenviel. Niet de status en het aan-

---

270 **ADC, ADD, Bijlage A – Brief Deddens aan deputaten-financieel 11 juli 1983 - bij de brief D.A. Hekman aan het moderamen van deputaten-curatoren van de Theologische Hogeschool, 31 oktober 1983.**

zien die met een professoraat meekwamen, die jas paste hem wel. Zijn kennis kon hij ook kwijt, maar de werklast en het weinig kunnen afsluiten en presenteren van aangevangen onderzoek werd een kwelling. De vraag is gerechtvaardigd of hij vanuit academisch perspectief het hoogleraarschap aankon.

Dubbel beeld
Sommigen hebben hem ervaren als een 'kerkvorst' met een 'heel gewichtig uiterlijk', iemand met het gezag, de statuur en de uitstraling van een 'aristocraat', een 'bisschop' en een 'paus', een 'elitair', 'deftig', 'formalistisch' man die zich gauw te kort gedaan voelde. Mensen konden zich storen aan zijn ijdelheid en zijn erg formele opstelling die ook tot uitdrukking kwam in zijn kleding en omgang. Maar er zijn anderen die met een mildere blik naar Deddens kijken. Ze herkennen zijn wel formele, weinig flexibele en gereserveerde opstelling, maar zien die als een schild om zich niet te hoeven blootgeven, zijn kwetsbaarheid te verbloemen, iets waaronder hij zelfs soms ook leek te lijden. Ze zagen ook een galante, gezellige, humoristische en soms zelfs lieve man. Hij werd door gemeenteleden geroemd als predikant en door sommige student(en) als hoogleraar. Hij kon op de Ecclesiologische Club altijd een goed verhaal houden. Zij gingen hem missen. In de *Almanak F.Q.I.* van 1988 valt te lezen:

> Met dit Kerkrecht-jaar beleefde de Club tegelijk een waardige finale van 9 jaar functioneren onder voorzitterschap van prof. Deddens. Voor zijn onvergetelijke en bezielende leiding zeggen we hem graag ook op deze plaats hartelijk dank (…) Ach, lezer, woorden schieten hier tekort; ze kunnen slechts contouren zijn van het daverende slotakkoord in majeur op de finale van 9 jaren Ecclesiologische Club die de historie ingaan als de 'onvergetelijke jaren van D. Deddens'.[271]

Emeritaat
Op 18 januari 1988 werd Deddens emeritaat-gerechtigd en op 11 mei 1988 nam hij officieel afscheid. Het echtpaar betrok eind augustus de woning van zijn dat jaar overleden zus (Anneke) aan de Van Nijenhovelaan 11 in Hoogeveen.[272] Haar man, hun zwager, gepensioneerd patholoog-anatoom (Jan van Zeijst), maakte plaats door naar een kleiner

---
271 *Almanak F.Q.I. 1988*, 84-85.
272 In het *Handboek 1988* staat als zijn adres nog Burgwal 81 vermeld, *Handboek 1988*, 11. In het *Handboek 1989* het adres in Hoogeveen; *Handboek 1989*, 13.

appartement te verhuizen. Daar kon in een oorspronkelijk door Deddens' moeder bewoonde aanbouw opnieuw een 'studiezaal' worden ingericht.

Een jaar na zijn afscheid organiseerde Leeuwarden de royale viering zijn 40-jarig ambtsjubileum als predikant in de Fenixkerk in de Friese hoofdstad. Op 18 januari 1993, Deddens' zeventigste verjaardag werd hij door de Leeuwarder felicitatie-deputatie meegenomen naar het gemeentehuis omdat burgemeester S. Faber van Hoogeveen hem, de geëmeriteerde theologische hoogleraar persoonlijk wilde feliciteren. Daar wachtte hem een 'verrassing': een koninklijke onderscheiding, waartoe Leeuwarden het initiatief genomen had: 'Officier in de Orde van Oranje Nassau'. Deddens' reactie was kort en bondig: "Nou, dat werd tijd!"[273] Het had hem gestoken dat hij niet bij zijn afscheid als hoogleraar een koninklijke onderscheiding had gekregen die bij de burgerlijke gemeente Kampen door de Hogeschool aanhangig zou zijn gemaakt, zoals bijvoorbeeld wel zijn gewaardeerde collega J. Kamphuis ('Ridder in de Orde van de Nederlandse Leeuw') die deze een jaar na zijn emeritaat had ontvangen ter gelegenheid van Koninginnedag 1988. Enkele dagen later schreef Deddens een brief aan de toenmalige hoofdredacteur van het *Nederlands Dagblad*, J.P. de Vries: "Volkomen onverwacht wat mijzelf betreft, werd ik op m'n onlangs gevierde 70ste verjaardag vereerd met de koninklijke onderscheiding van de benoeming tot Officier in de Orde van Oranje Nassau."[274] Nadat hij had aangegeven dat hij jarenlang voor niets boeken had gerecenseerd en er financieel niet beter van was geworden, sterker: dat het ook ten koste was gegaan van zijn promotiearbeid, beklaagde hij zich erover dat in het krantenbericht stond dat hij tweemaal en niet viermaal preses van verschillende generale synoden was geweest.[275]

Exact een halve eeuw na zijn artikel over Greijdanus en het gereformeerde kerkrecht publiceerde de 75-jarige Deddens zijn laatste academische werk: het ene werd gepubliceerd in de Greijdanus-bundel[276] van het Archief- en Documentatiecentrum Kampen, het andere werd opgenomen als lemma in de serie *Biografisch Lexicon voor de Geschiedenis van het Nederlands Protestantisme*.[277] De cirkel was rond: hij was zijn academische publicaties begonnen met Greijdanus en hij eindigde met Greijda-

---

273 P. Schelling, brief aan de editor, 20 maart 2018.
274 ADC, ADD, Brief D. Deddens aan J.P. de Vries, 27 januari 1993.
275 *A.w.*
276 D. Deddens, "Het manuscript 'Kerkrechtelijke studiën': Greijdanus over gereformeerd kerkrecht," in *Leven en werk van prof. dr. Seakle Greijdanus*, ed. G. Harinck, (Barneveld: De Vuurbaak, 1998), 233-261 (*AD Chartas-reeks*, ed. G. Harinck 3).
277 D. Deddens en H.R. van der Kamp, "Greijdanus, Seakle," in *BLGNP* 4, 152-155.

nus. Daarna zouden er geen academische publicaties van zijn hand verschijnen, en, voor zover is te overzien, ook geen kerkelijke meer.[278]

Eén jaar later, op 12 augustus 1999, waren Detmer en Arien vijftig jaar gehuwd. Ze vierden dit feest in nog redelijke welstand op 26 augustus in De Spaarbankhoeve aan de Hoogeveenseweg te Fluitenberg. Vijftig jaar waren ze samen. Zij zou haar leven lang in de schaduw van haar Detmer staan. Ze was trots op hem, verzorgde hem, schermde hem soms af van de buitenwereld en stimuleerde hem als het ging om het aanschaffen van boeken en het werken aan de beeldvorming van bibliofiel en professorale status. Hij wilde dan ook dat als de bundel met zijn oraties zou verschijnen er naar voren zou komen hoeveel Arien voor hem heeft betekend.[279] Zonder haar was hij niets. Twee weken later, op 11 september, was er een receptie in de Fenixkerk te Leeuwarden vanwege het vijftigjarig predikantschap van Deddens.

Behalve een tussentijdse verhuizing naar een kleiner appartement in Hoogeveen, die ook een vrijwel volledige ruiming van de bibliotheek betekende – die naar de Kamper bibliotheek verhuisde voor het daar in te richten Deddens Kerkrecht Centrum – gebeurde er verder weinig meer in de negenjarige periode tussen het emeritaat en de intrek in het verzorgingshuis de *Arendshorst* in Assen, die in verband met toegenomen zorgbehoefte van beiden nodig was geworden. Wat daarbij fascineert is de vraag waarom Deddens in die relatief rustige jaren en voordat zijn ogen hem in de steek gingen laten, er niet toe gekomen is om zijn oraties zelf gereed te maken voor publicatie en ook niet om zijn werk aan zijn dissertatie te hervatten.

Tragiek
In 2003 vierde hij zijn tachtigste verjaardag opnieuw in De Spaarbankhoeve. Bezoek thuis kon het echtpaar niet meer ontvangen, daarom plaatsten ze een week van tevoren, op 11 januari, in het *Nederlands Dagblad* een advertentie met een uitnodiging voor een receptie. Cadeaus werden niet verwacht. Het echtpaar attendeerde de receptiegangers op de Stichting De Brug, gericht op kleinschalige ontwikkelingshulp in Cambodja en opgezet door de vrijgemaakt-gereformeerde kinderarts mevrouw Diny van Bruggen (1945-2009).[280] Foto's van het gezellige samenzijn op de verjaardag versluieren de al verslechterende gezondheid, een fysiek en mentaal voortschrijdend proces bij beiden. Kort na die verjaardag verhuisden ze

---
278 *De Ref. 1999-2009.*
279 Ook hierin volgde hij het spoor van S. Greijdanus.
280 Geraadpleegd, 4 juni 2018; http://stichtingdebrug.nl/over-ons/.

van de Van Nijenhovelaan 11 naar een appartement aan De Maaier 7 in Hoogeveen.

Acht jaar eerder, in 1995, had Deddens al aan L.A. Valkema geschreven dat hij moest gaan opruimen.[281] De gezondheidssituatie van Doekes en die van Deddens' broer Karel hadden hem aan het denken gezet. Karel kreeg tijdens een vakantie in Canada een herseninfarct en bleef na herstel (eerst in een ziekenhuis in Zeeuws-Vlaanderen) afasiepatiënt. Dat motiveerde Detmer vanaf dat moment geleidelijk aan met de opruiming te beginnen.[282] Hij was slachtoffer geworden van zijn eigen bibliofilie, misschien moeten we zeggen: bibliomanie.

Aan het begin van het nieuwe millennium was Deddens gestopt met het gebruiken van de typemachine; hij begon zijn brieven met de hand te schrijven, maar na verloop van tijd kon hij door slechtziendheid niet meer in een rechte lijn schrijven. De letters en woorden dansten als het ware op en neer. Mevrouw Deddens las haar man voor; in de woorden van Van der Wolf: "Zijn blinde ogen werden opgevuld door haar stem – hoe dementerend zij ook was."[283] We kunnen ons er slechts bij benadering een beeld van vormen hoe de resterende jaren die daarop volgden eruit moeten hebben gezien voor hen beiden. Een nieuwe verhuizing bleek onvermijdelijk, want zelfstandig wonen was niet langer verantwoord. Kamer 305 van verzorgingshuis (thans: Woonzorgcentrum) *Arendhorst* aan de Klenckestraat 40 te Assen werd in maart 2006 het nieuwe onderkomen.[284] Het bleek moeilijk voor hem zich aan te passen aan de nieuwe woonomgeving. Van het personeel en zijn medebewoners eiste hij met '*professor* Deddens' te worden aangesproken. In het huis was hij echter gewoon '*mijnheer* Deddens'.

Verzamelen en verzameld worden
Zijn promotor en vader was 51 jaar daarvoor al overleden. Twee dagen voor Reformatiedag 2009, op 29 oktober, overleed Detmer Deddens op 86-jarige leeftijd.[285] Enige tijd voorafgaande aan zijn overlijden had hij tegenover Wilschut verklaard: 'er is vrede met de Here' en dat hij wist 'van vergeving voor zijn zonden en tekortkomingen in het reinigend bloed

---

281 ALAV, Brief D. Deddens aan L.A. Valkema, 21 augustus 1995.
282 *A.w.*
283 Zie voetnoot 76.
284 *Handboek 2007*, 18.
285 J. Kamphuis, "In memoriam prof. drs. Detmer Deddens 18 januari 1923 – 29 oktober 2009," *Handboek 2011*, 548-551; *Handboek 2010*, 524; Prof D. Deddens overleden," *ND*, 30 oktober 2009.

van Jezus Christus'.[286] Van der Wolf bevestigde dit beeld: "Detmer was een bevindelijk christen was en kon klein zijn voor God."[287] Hij verwees daarbij naar de familiegeschiedenis en met name naar Detmers' overgrootvader Geert H. Deddens.

Op dinsdag 3 november 2009, zestig jaar na zijn bevestigings- en intrededediensten in de kerk van Wetsinge-Sauwerd, zou dezelfde Psalm 45 als toen centraal komen staan, maar dan in een samenkomst voorafgaande aan zijn begrafenis. Een *samenkomst*, want, zoals hij de studenten ondervroeg tijdens tentaminering: 'rouwdiensten zullen niet worden belegd'.[288] Op de rouwkaart stond: "Luister dochter, zie en hoor, vergeet uw volk en het huis van uw vader. Begeert de koning uw schoonheid, buig voor hem, hij is uw heer," Psalm 45:11,12. G.O. Sander, de net uit Frieschepalen-Siegerswoude afkomstige nieuwe predikant van Assen-West, leidde de samenkomst voorafgaande aan de begrafenis.[289] Hij sprak deze herkenbare woorden over Deddens:

> In 1979 'verhuisde' hij van de preekstoel naar de collegezaal. Als hoogleraar kerkgeschiedenis en kerkrecht mocht hij zijn actieve dienst afsluiten. Zo kennen velen van ons hem ook. Een man met zwier, gekleed in stemmig driedelig, met sigaar en hoed. Altijd een plechtstatige manier van spreken.[290]

Indringend waren ook de meer persoonlijke woorden:

> Hij [D. Deddens] was er dankbaar voor dat de Here hem Arien gaf, zijn vrouw. Samen hebben ze veel meegemaakt en beleefd: de Vrijmaking, de bevrijding. Een goed en gelukkig huwelijk was het. Al was er al die jaren wel het verdriet dat hun huwelijk zonder kinderen is gebleven. Ze hebben het daar erg moeilijk mee gehad. Zeker ook bij het ouder worden werd het gemis van kinderen ook sterker gevoeld. Dat er – om een voorbeeld te noemen – bij de verhuizing van Hoogeveen naar Assen geen kinderen waren om op terug te vallen.

---

286 **Wilschut, Memorabilia.**
287 **R. van der Wolf, gesprek met editor, 5 februari 2018.**
288 **Zie voetnoot 311.**
289 *Handboek 2009*, 93.
290 **AGOS, Toespraak voorafgaande aan de begrafenis van Detmer Deddens op dinsdag 3 november 2009.**

Een moeilijk te doorgronden persoonlijkheid, predikant, preses en professor ontviel de Gereformeerde Kerken vrijgemaakt en de Theologische Universiteit Kampen. Detmer Deddens, de eeuwige promovendus, emeritus-hoogleraar en collectioneur werd vergaderd tot zijn voorgeslacht. Zijn naam werd bijgeschreven in het boek des levens.

2. Prof. Dr S. Greijdanus en het Gereformeerde Kerkrecht – Artikel 1948

In 1948 wist Deddens als 24- of 25-jarige student een artikel te publiceren over Greijdanus en het gereformeerde kerkrecht in de Almanak van F.Q.I. die gewijd was aan Greijdanus.[1] Hij zal over dit onderwerp en dit artikel gesprekken hebben gevoerd met zijn hoogleraar en vader P. Deddens sr. De kerkrechtelijke fascinatie van D. Deddens had een voorgeschiedenis. Die werd niet alleen ingegeven door het enkele feit dat zijn vader Kerkrecht en Kerkgeschiedenis als leeropdracht had. Wat de kerkrechtelijke gemoederen van de Deddensen bezighield, waren de in hun ogen verontrustende ontwikkelingen als de (inhoud van de) inaugurele rede van D. Nauta aan de Vrije Universiteit Amsterdam in 1936, de promotie van M. Bouwman over Voetius en het gezag der synoden aan de Vrije Universiteit Amsterdam in 1937 en de divergerende opvattingen tussen gereformeerden over de bevoegdheden van meerdere vergaderingen. Deze ontwikkelingen waren al enkele decennia gaande, sinds de kwesties J.B. Netelenbos (1879-1934)[2] in de periode van 1917 tot 1920 en met name de kwestie J.G. Geelkerken (1879-1960)[3] van 1926[4] die in 1944 uitmondden in een zwarte bladzijde in het boek dat kerkgeschiedenis heet door de schorsing van K. Schilder en S. Greijdanus. Die divergentie werd bekend als de strijd tussen 'oud' en 'nieuw' kerkrecht. De vrijgemaakt-gereformeerden die meegingen met Schilder en Greijdanus zagen en zien zich als vertegenwoordigers van 'oud' kerkrecht.

---

1 D. Deddens, "Prof. Dr S. Greijdanus en het Gereformeerde Kerkrecht," in *Almanak* 1948, 185-223.

2 Jan Bernard Netelenbos was predikant te Oostkapelle 1905, Heerenveen 1910, Middelburg 1912, hervormd predikant te Heinkenszand 1921, Roermond 1928, Groenlo 1931-1934; C. Bezemer, "Netelenbos, Jan Bernard," in *BLGNP* 1, 208-209

3 Johannes Gerardus Geelkerken was predikant te Epe 1911, Amsterdam-Zuid (Overtoom) 1915-1926, in Hersteld Verband Amsterdam-Zuid 1926-1946, hervormd predikant 1946; Maarten J. Aalders, *Heeft de slang gesproken? Het strijdbare leven van dr. J.G. Geelkerken (1879-1960)*, (Amsterdam: Bert Bakker, 2013); B.A. Venemans, "Geelkerken, Johannes Gerardus," in *BLGNP* 2, 206-207.

4 Maarten J. Aalders, *Een handjevol verkenners? Het Hersteld Verband opnieuw bekeken*, (Barneveld: De Vuurbaak, 2012) (*ADChartasreeks* 21).

Zij staan in de kerkrechtelijke traditie van G. Voetius, F.L. Rutgers en S. Greijdanus, met het accent op de zelfstandigheid van de plaatselijke kerk en een vrijwillige toetreding van lokale kerken in een kerkverband. De synodaal-gereformeerden waren de vertegenwoordigers van 'nieuw' kerkrecht. Zij hadden een synodocratische lijn ingezet door de meerdere vergadering meer bevoegdheden toe te kennen.

Greijdanus, hoogleraar Nieuwe Testament, was zich intensief gaan bezighouden met de polemiek over deze kerkrechtelijke kwestie. Vier jaar na de Vrijmaking van 1944 overleed hij. Deddens is voor zijn leven geboeid geraakt door Greijdanus. Zijn eerste academische publicatie die hij schreef had als onderwerp Greijdanus en het gereformeerde kerkrecht.

Deddens betrok in zijn artikel ook J. van Lonkhuyzen. Greijdanus was Van Lonkhuyzen bijgevallen in diens strijd tegen de in zijn ogen kerkrechtelijke dwalingen van 'discipel' M. Bouwman en diens promotor H.H. Kuyper. Deddens verhaalde over de strijd van Greijdanus tegen 'het hierarchisch monster'. Daarmee doelde hij op de synode die Greijdanus 'neerwierp'. Hij besprak Greijdanus' kerkrechtelijk werk in drie fasen. Allereerst betrof het de artikelen die Greijdanus, als predikant van de kerk van Paesens-Moddergat, in de periode 1916 tot 1917 had geschreven in het Friesch Dagblad. De tweede fase slaat op de publicaties die Greijdanus vanwege de promotie van Bouwman had geschreven in de periode tussen 1937 en 1944. Tenslotte concentreerde Deddens zich op het werk van Greijdanus: 'Schriftbeginselen van Kerkrecht inzake meerdere vergaderingen' uit 1946.

Deddens toonde in zijn artikel twee jaar na het geschrift van Greijdanus uit 1946 een toegewijd discipel van hem te zijn. Ook hij klaagde over het nieuwe kerkrecht waarvan classico- en synodocratie de nieuwe identiteit vormde. Hij streed naast Greijdanus in de apologie van het gereformeerde kerkrecht zoals dat door F.L. Rutgers en G. Voetius is vormgegeven. Dat betekent dat in volle omvang de plaatselijke kerken hun macht niet overdragen. Meerdere vergaderingen mogen bestaan, ze zijn zelfs nuttig, maar ze zijn gebonden en beperkt door de Heilige Schrift, de gereformeerde belijdenis, de kerkorde, de lastbrief en de instructie.

Prof. Greijdanus als nieuwtestamenticus, dogmaticus, canonicus. Wie, die bij het opmerken van deze trits in onze almanak, [niet] de wenkbrauwen fronst? Viel deze driedeling niet telkens te bespeuren, als in de laatste jaren de arbeid van den jubilaris voor theologie en kerken werd gememoreerd bij gelegenheid in toespraak en artikel, onder droeve en blijde omstandigheden?[5] In de laatste jaren. Weinigen die hem tien jaar geleden eerden in beide eerste opzichten, zullen vermoed hebben dat anno Domini 1947 er stof te over zou zijn om den Here te danken voor de arbeid van Prof. Greijdanus óók op kerkrechtelijk gebied!

't Was echter geen gebrek aan *kennis* van het Gereformeerd kerkrecht – het bewijs hiervan komt straks – maar wel het ontbreken van *roepingsbesef* om op dit gebied kracht te ontplooien, dat hem zo "laat" van zich deed horen in dit opzicht. Want, om een woord van hemzelf te citeren: "Het komt bij alles, ook bij het bestrijden van het verkeerde, aan op roeping en recht of bevoegdheid van Godswege".[6] Daarom heeft hij ook van Assen '26[7] af, tot '37[8] toe, op dit terrein in 't publiek gezwegen; hij zag, naar zijn eigen zeggen, de *noodzaak* niet in om te schrijven of te spreken, onbekend als hij was met de colleges en adviezen van Prof. Dr H. H. Kuyper in 't bijzonder. Toen evenwel in '37 Dr M. Bouwmans dissertatie verscheen, waarin werd voorgedragen als Gereformeerd een kerkrecht, dat een aanranding betekende van Christus' gezag, en een bezondiging aan Zijn kerk, toen zag hij de nood zich opgelegd en is hij gaan spreken, gehoorzamende aan de roeping Gods. Hij viel Dr J. van Lonkhuyzen[9] bij in diens trouw volgehouden, ondanks alle krenkende kleineringen en valse voorstellingen van *De Heraut*-redacteur, waardig gestreden strijd. Hij wees aan de zuivere beginselen van het Gereformeerde kerkrecht, toetste eraan, streed ervoor, als geen ander blootleggend de grote kloof tussen het zuivere Gereformeerde kerkrecht en het nieuwe kerkrecht, gefundeerd niet op Schriftuurlijke beginselen, maar op kerkelijke practijk uit vroegere eeuw, al dan niet ter zake.

't Is van belang het scherp te zien: Prof. Greijdanus streed in canonicis tenslotte dezelfde strijd als ook in dogmaticis in die jaren te strijden viel

---

5 Cf. de "Rede van *Prof. Dr K. Schilder*, uitgesproken ter gelegenheid van den 70sten verjaardag van Prof. Dr S. Greijdanus", Handboek ten dienste van de Geref. Kerken in Nederland (onderh. art. 31 K.O.), pp. 135, 164; Ds K. Sietsma in de "Kroniek" van het Geref. Theol. Tijdschrift (verder geciteerd als G.T.T.), 42e jrg., p. 230 v.; "Toespraak bij het Afscheid van Prof. Greijdanus" door Ds B. Holwerda, De Wachter, 41 jrg. Nos 8, 9 (12 en 26 Febr. '42); Toespraak door den *Assessor I* der Generale Synode van Groningen 1946 tot Prof. Dr S. Greijdanus, Acta, art. 30.
6 De Wachter, 41e jrg., no 21.
7 **De Synode van Assen van 1926 van de Gereformeerde Kerken in Nederland.**
8 **Zie voetnoot 50.**
9 **J. van Lonkhuyzen (1873-1942), promotie 1905, predikant Wilnis 1899, Aarlanderveen 1902, Rijswijk 1909-1911, Christian Reformed Church Grand Rapids 1911, Chicago 1918-1928, Zierikzee 1928-1939;** B.A. Venemans, "Lonkhuyzen, Jan van," in *BLGNP* 2, 309-310.

in onze kerken: de strijd tegen objectivisme en historisme en wetenschapsdwang, hier van canonici, gelijk daar van dogmatici. Tegen het verval, dat op het Gereformeerde erf zichtbaar was reeds jaren vóór Assen '26, maar dat zich op de synode van dat jaar wel heel duidelijk openbaarde, in dogmatische en kerkrechtelijke rapporten beide. Want terwijl in de dogmatische rapporten meer geteerd werd op dogmatisch erfgoed, dan dat men het Woord Gods zelf liet spreken, daar werd in de kerkrechtelijke rapporten niet geredeneerd vanuit de Schriftuurlijke principes van het Gereformeerd kerkrecht, maar voortdurend verwezen naar vroegere practijk en naar uitspraken van mannen van wetenschap. Zo ook in de "Open Brief". Is het niet tekenend dat omstreeks die tijd de beide canonici Prof. Dr H. H. Kuyper[10] en Prof. Dr H. Bouwman[11] inzake wezen en macht der meerdere kerkelijke vergaderingen van inzicht veranderden, beiden, naar eigen zeggen, door nadere bestudering van uitspraken en practijk der vaderen?[12]

Welnu, als dus in '37 de dissertatie van Prof. Kuypers discipel Dr M. Bouwman uitkomt, waarin de in '26 verkregen inzichten van beide canonici en de daarop gevolgde hiërarchische synode-daden hun rechtvaardiging moeten hebben, dan gaat Prof. Greijdanus zijn zwijgen verbreken. Zó vult hij de kolommen van *De Reformatie* dat één jaar later Prof Kuyper opmerkt, dat reeds Dr van Lonkhuyzen het "Doleantie-kerkrecht" ontwikkeld had, maar dat dit nog veel uitvoeriger geschiedde door Prof. Greijdanus: die "trachtte dit nieuwe stelsel van kerkrecht nu systematisch uiteen te zetten".[13]

Prof Greijdanus blijft schrijven! Wanneer het verval in de Gereformeerde kerken hand over hand toeneemt, en de synodale hiërarchie haar

---

10 **Herman Huber Kuyper (1964-1945), promotie magna cum laude 1891, eredoctor protestantse theologische faculteit Parijs, gereformeerd predikant 1891, Leeuwarden 1891, hoogleraar VU 1900, emeritaat 1940**; D. Nauta, "Kuyper, Herman Huber," in *BLGNP* 3, 233-236.
11 **De gereformeerde kerkhistoricus en kerkrechtgeleerde H. Bouwman (1863-1933), predikant Berlikum 1893, Hattem 1897, promotie 1899 Amsterdam, hoogleraar Kerkgeschiedenis en Kerkrecht Theologische School Kampen 1903-1933**; J. van Gelderen, "Bouwman, Harm," in *BLGNP* 6, 47-49.
12 Cf. voor Prof. Kuyper: De Heraut, 15 Mei '32, geciteerd door Prof. Greijdanus in De Reformatie (verder geciteerd als Ref.), 18^e jrg., p. 299. Cf. ook De Heraut no 3457 (11 Juni '44). Cf. voor Prof. Bouwman: Dr J. v. Lonkhuyzen, Geen napleiten, G.T.T., 33^e jrg., p. 200. Dat Prof. Bouwman echter geenszins genoemd kan worden een promotor van de synodocratie zoals die de laatste jaren is aanschouwd, blijkt duidelijk uit zijn "Gereformeerd kerkrecht", II, Kampen 1934, pp. 12-83.
13 De Heraut no 3167 (2 Oct. '38).

vleugels gaat uitslaan, met haar klauw het heilig palladium der vrijheid der kerken ontrovend, dan blijft hij het kwaad aan de kaak stellen. Zó dat in Maart '44 Prof. Kuyper een artikelenreeks "Prof. Greijdanus en ons kerkrecht" begint met de opmerking, dat deze gemeend heeft "ook op het gebied van het Gereformeerde kerkrecht als leider te moeten optreden inzonderheid om de handelingen der Synode aan critiek te onderwerpen en voor de vrijheid op te komen van degenen, die zich aan de leeruitspraken en andere beslissingen van de Synode om der consciëntie wille niet kunnen onderwerpen, zoals ze zeggen".[14] En zó, dat enkele maanden het hiërarchisch monster hem als ambtsdrager neerwerpt: is zo niet tevens de verdere doorklank van zijn stem zoveel mogelijk belet? Zijn stem heeft echter weerklank gevonden, en vindt weerklank steeds meer, en ze blijft klinken, in de kring van die kerken, die dragen willen het juk van Christus alleen.

In 1946 verschijnt tenslotte zijn geschrift: "Schriftbeginselen van Kerkrecht inzake meerdere vergaderingen". Een "Woord vooraf" ontbreekt, - is niet heel de strijd tegen het kerkrechtelijk verval in het laatste decennium "woord vooraf"? De exegeet reikt daar den canonicus de hand. Prof. Greijdanus wijst nu aan, wat de Schrift als beginselen voor kerkrecht openbaart, en toont aan, dat de principes van het Gereformeerde kerkrecht in overeenstemming met Gods Woord zijn.

En nu is dit een blijde verrassing, dat Prof. Greijdanus diezelfde beginselen, waarvoor hij om Christus' wil heeft gestreden, en óók smaadheid en verdriet heeft geleden, ook voorgehouden heeft reeds ongeveer dertig jaar geleden, als redacteur van het "Friesch Kerkblad". Van de artikelen, in de spanne tijds van nog geen anderhalf jaar toen door hem geschreven, zijn er vele, die de toepassing van het Gereformeerde kerkrecht betreffen, waarvan hij de beginselen - toen nog algemeen aanvaard - in het licht stelt, incidenteel, bij de beantwoording van ingekomen vragen, bij de toetsing van kerkelijke practijk uit die dagen en bij de verdere bespreking van zaken en gebeurtenissen op kerkrechtelijk gebied.

En daarmee vallen in de werkzaamheid van Prof. Greijdanus ter zake van het Gereformeerde kerkrecht deze drie phasen te onderscheiden:

Eerst stelt hij, incidenteel en beknopt, de beginselen van het Gereformeerd kerkrecht in het licht, en hij toetst er aan, terwijl die beginselen in de Gereformeerde kerken algemeen aanvaard worden. (Artt. in "Friesch Kerkblad" Aug. '16 - Dec. '17).

---

14 id. no 3446 (26 Mrt. '44).

Dan stelt hij, systematisch en breder, die beginselen, in het bijzonder die betreffende de meerdere vergaderingen, in het licht, en hij toetst er aan, terwijl ze in de Gereformeerde kerken met woord en daad al meer verloochend worden (publicaties van '37 tot '44).

Vervolgens wijst hij aan de Schriftbeginselen voor kerkrecht, weer speciaal inzake de meerdere vergaderingen, en toont aan dat de beginselen van het Gereformeerd kerkrecht, het jus constitutum, met Gods Woord overeenstemmen ("Schriftbeginselen van Kerkrecht inzake meerdere vergaderingen", 1946).[15] Naar deze indeling willen wij de publicaties van Prof. Greijdanus op kerkrechtelijk gebied bespreken.

Wij willen *eerst* onze aandacht richten op zijn artikelen in het „Friesch Kerkblad", *dan* op zijn publicaties van '37 tot '44 i.v.m. het nieuwe kerkrecht, om *tenslotte* te luisteren naar hetgeen in het laatstgenoemde geschrift ons uit Gods Woord gezegd wordt.

I

't Valt op, dat de toenmalige Dr S. Greijdanus van Paesens, sinds 1 Augustus 1916 optredend als redacteur van het "Friesch Kerkblad", in een van zijn eerste artikelen reeds dadelijk gaat spreken over *"Doorwerking van beginselen"*. Hij onderscheidt "zakelijke beginselen", "die, krachtens Gods schepping en bestel in de dingen zelve werken, en ze in hun zijn en doen metterdaad beheerschen", en "persoonlijke beginselen", "door welke de mensch zich in zijn denken en handelen laat beheerschen", en wekt dan op om ook op kerkelijk gebied scherp op de beginselen acht te geven; "niet maar enkel op de beginselen, welke den mensch leiden of beheerschen, om alzoo te weten, wat hij bedoelt en begeert en welke zucht hem bij het zoeken van iets drijft, maar vooral op die beginselen, welke in eenige zaak zelve besloten liggen of met haar heerschende worden. Omdat toch niet die persoonlijke beginselen, doch die zakelijke beginselen tenslotte doorwerken, geheel los van en zonder eenige leiding door die persoonlijke beginselen". Daarom: "op die zakelijke beginselen moet

---

15 De kommentaren van Prof Greijdanus in de serie-Bottenburg en zijn "Korte Verklaringen" (uitg. J.H. Kok, Kampen) laten we liever buiten beschouwing. De Nieuwtestamentische boeken, die voor het kerkrecht de meeste gegevens bevatten (Mattheus-hfst. 16; 18; Handelingen: Pastorale Brieven) zijn in deze reeksen niet door hem geëxegetiseerd, en de verder voor het kerkrecht belangrijke plaatsten uit de andere boeken zijn ook besproken in "Schriftbeginselen van kerkrecht".

steeds acht gegeven worden, omdat met alle practijk *zakelijke beginselen in werking gesteld worden*".[16]

Welnu, dat acht geven op de beginselen is er bij den redacteur, Dr S. Greijdanus, inderdaad geweest, getuige zijn artikelen.

Als hem gevraagd wordt of er overwegende beginselbezwaren zijn tegen de *heffing van een z.g. "hoofdelijke omslag" ter voorziening in de stoffelijke behoeften van een plaatselijke kerk*, antwoordt hij, dat de kerkeraad zijn bevoegdheid niet te buiten zou gaan, wanneer hij een schatting maakte en aan ieder meedeelde wat zijns inziens door ieder bijgedragen behoorde te worden. Maar verder zou een kerkeraad in geen geval mogen gaan, "want de macht, door God aan den kerkeraad verleend, kan wel in goeden zin eene regeerende genoemd worden, doch vindt de uitdrukking van haar wezen vooral in de woorden: bedienende of leidende; zij is geene heerschende of dwingende". Daarom mag de kerkeraad niet dwingen, desnoods door toepassing van censuur, om te handelen naar de kerkeraadsschatting. "Bij Israël had God bevolen de tienden op te brengen voor den dienst van Zijn huis (Num. 18 : 21 v.v.). Maar wij lezen niet, dat eenig mensch aangewezen werd om, desnoods met macht of dwang, nu ook te zorgen dat steeds ieder Israëliet metterdaad de tienden opbracht. God heeft Zichzelven ook eenige uitdeeling van "loon" of "straf" (Ps. 119 : 69 ber[ijmd].) voorbehouden; en wij moeten wat aan Hem durven overlaten, hetzij ter belooning, hetzij ter bestraffing".[17]

Hij ziet in art. 28 *der armenwet*, waarin tot ondersteuning van armen die kerklid zijn, van kerk of diaconie een verklaring gevraagd wordt, dat zij zelf geen genoegzame hulp kan bieden, weshalve zij den betrokkene tot ondersteuning overlaat aan het burgerlijk armbestuur, een strik voor de kerken. Hij toont aan, dat zulk een verklaring nooit gegeven mag worden: ze zou beteekenen een onwaar heten van 's Heren eigen beloften van hulp aan zijn kerk![18]

Hij stelt in het licht wat de *bekendmaking van een attestatieaanvraag* eigenlijk betekent. "De bedoeling is dan niet, dat van kerkeraadswege aan de gemeente wordt te kennen gegeven, dat die of die vertrokken is; maar de bedoeling is, dat de gemeente daarmede opgeroepen wordt om aangaande dat genoemde lid, stilzwijgend of expres, getuigenis betreffende geloof en levenswandel bij den kerkeraad al te leggen: De gehele gemeente

---

16 Friesch Kerkblad (verder geciteerd als Fr. Kb.), 10e jrg. no 46 (15 Sept. '16) (cursiv. v. Prof. Greijdanus).
17 id., 10e jrg. no 52 (27 Oct. '16).
18 id., 11e jrg. no 3 (17 Nov. '16).

dient hem zo te attesteren naar de gemeente waar hij heen gaat, en die op hem weer zal hebben acht te nemen, tot opscherping der liefde en der goede werken (Hebr. 10 : 24).[19]

Hij beantwoordt een vraag, *in welke kerk er stemrecht is voor militairen*, die steeds heen en weer trekken en hun attestaties bij zich hebben of aan anderen ter bewaring hebben gegeven, en wijst er daarbij op, dat men zijn attestatie niet bij zich mag houden of anderen ter bewaring geven, want "attestatie wordt aangevraagd en afgegeven naar een bepaalde, in die attestatie genoemde kerk; zij behoort dus ook ten spoedigste daar ingediend te worden".[20]

Hij antwoordt op enkele vragen inzake het *recht van de kerkeraad met betrekking tot het beroepingswerk*, trekt een zestal conclusies uit de kerkenordening, en stelt daarbij in het licht, dat de verhouding kerkeraad - gemeente anders is dan de verhouding bestuur -vereniging: een vereniging staat boven haar bestuur, maar de kerkeraad heeft een eigen, niet van de gemeente ontvangen doch door den Here hem opgelegd gezag, en zou desnoods moeten beslissen en handelen ook tegen de wens der gemeente.[21]

Wanneer hem gevraagd wordt: "*Neemt in den kerkeraad de diaconie een ondergeschikte plaats in*, zodat zij, wanneer de kerkeraad (de dienaar des Woords en de ouderlingen) dit nodig oordeelt, ten allen tijde verantwoording heeft te doen, niet alleen van het administratieve, maar ook van de zaken die behandeld en de besluiten die genomen werden?", dan antwoordt hij, dat, waar de kerkeraad (dienaren des Woords met ouderlingen) het ambt van de leiding of regering der gehele gemeente is opgelegd, dit ook insluit het toezicht oefenen op de diakenen in betrekking tot hun ambtsbediening naar volle omvang.[22]

In het volgende nummer spreekt hij dan over de in onze kerkenordening voorkomende uitdrukking *"kerkeraad en diakenen"*, die de vraag kan doen opkomen of de diakenen niet tot de kerkeraad behoren. Hij wijst dan naar de artikelen 37 en 38 en zegt, dat in art. 38 niet aangegeven is "dat in het diaconale ambt ook ligt opgesloten het regeerambt; maar dan wordt verondersteld, dat wie als diakenen gekozen worden, tevens gelijk als stilzwijgend, gekozen worden tot, om zoo te zeggen, *hulpouderlingen*. In zoover dan de diakenen mede deelnemen in de werkzaamheden van kerkregeering, tuchtoefening e.d.g., doen zij dit eigenlijk niet

---

19 id., 11e jrg. no 7 (15 Dec. '16).
20 id., 11e jrg. no 41 (10 Aug. '17).
21 id., 11e jrg. no 45 (7 Sept. '17).
22 id., 11e jrg. no 45 (7 Sept. '17).

als diakenen, noch krachtens hun diaconale ambt, maar in hoedanigheid van hulpouderlingen; gelijk de ouderlingen als hulpdiakenen werkzaam kunnen zijn, als hoedanig zij dus verondersteld worden, stilzwijgend, tegelijk met hun verkiezing tot diakenen of ouderling, gekozen te zijn".[23]

Hij geeft in een later nummer antwoord op een vraag inzake *diaconale verzorging*[24], en in de volgende nummers publiceert hij twee artikelen, getiteld: *"Hoe wel, en hoe niet te handelen bij niet vervanging van aftredende ambtsdragers"*, waarin hij de betekenis van het ambt, en het heilig en Goddelijk karakter ervan uiteenzet, en aanwijst dat niet-vervanging, zoals genoemd in art. 27 K.O., uitzondering moet blijven, en dat niet-aftreding en eenvoudigweg a.h.w. "doorzitten", zonder aftreding en herkiezing, strijdt met de Heilige Schrift (1 Cor. 14 : 10) en met de kerkenordening, terwijl zulk een wijze van verlenging van zittingsduur ook niet zonder gevaar te achten is. Daarom: "Is de zittingsduur van ouderlingen of diakenen afgeloopen, dan treden zij af. Dat geldt van allen steeds. En de regel is dan verder, dat zij ook vervangen worden door anderen. Maar op dien regel kunnen uitzonderingen voorkomen, zodat er geene vervanging van de aftredenden plaats heeft". Maar dan moet het zó gaan, dat "zij opnieuw candidaat gesteld en verkozen worden".[25]

In het volgende nummer beantwoordt hij een vraag inzake *het beslissingsrecht bij verkiezing tot ambtsdrager*. Heeft de kerkeraad het recht iemand te dwingen het ambt te aanvaarden, die om gezondheidsredenen meent te moeten bedanken? Eerst wordt dan in het licht gesteld, dat ambtsdragers en kerkeraden en meerdere kerkelijke vergaderingen zich steeds met de uiterste "voorzichtigheid en omzichtigheid en schroomvalligheid", hebben te hoeden tegen alle heerschappijvoering over 's Heren gemeente en geloovigen. Tóch hebben zij een zekere regeermacht van den Here ontvangen t.a.v. gemeente en geloovigen, een regeermacht, die haar begrenzing vindt in Gods Woord. Van een dwingen is geen sprake, maar het persoonlijke oordeel in zulk een zaak behoort men niet te handhaven tegen het oordeel van kerkeraad en eventueel meerdere vergaderingen ín, behalve wanneer men in zijn consciëntie menen zou te zullen zondigen bij aanvaarding der roeping. Met dit beroep op de consciëntie moet men echter voorzichtig zijn.[26]

In de tijd van nog geen anderhalf jaar, waarin bovenstaande uiteenzettingen alle door Prof. Greijdanus gegeven werden, heeft hij ook opmerkelijk

---

23 id., 11e jrg. no 46 (14 Sept. '17).
24 id., 12e jrg. no 5 (30 Nov. '17).
25 id., 12e jrg. nos 6 en 7 (7 en 14 Dec. '17).
26 id., 12e jrg. No 8 (21 Dec. '17).

veel aandacht besteed aan de regelingen inzake art. 13 KO. en wat er mee samenhangt. Ook op dit punt onderzocht hij de zakelijke beginselen, en waar hij het beginsel der hiërarchie reeds zag ingeslopen, of dreigend in te sluipen, daar waarschuwde hij.

Reeds aanstonds na aanvaarding van zijn redacteurschap publiceert hij een artikel, getiteld "*Regelingen van finantieele aangelegenheden op Classis en Synode*". Hierin schrijft hij: "De steunbehoevende kerk mag slechts vragen ondanks den plicht van barmhartigheidsbetoon, die, naar Goddelijk gebod, op de tot hulp bekwame kerken rust; van vorderen, van opleggen mag geen sprake zijn. Daarom moet bij classicale of synodale regeling van deze onderlinge hulpaanvraag en steunbieding der kerken, ook vermeden worden alle manier van handelen en wijze van spreken, waardoor het inzicht in de wezenlijke verhoudingen te dezer zaak verduisteren kon. Verkeerde terminologie (woordgebruik) en min juiste handelwijzen propageeren verkeerde beginselen en voeren wellicht ongemerkt in eene richting, die men gansch niet uit moet; langzaam als stapje voor stapje, brengende waar men niet wezen wil, noch mag. Daarbij kweekt de eene verkeerdheid allicht de andere. Van een synodaliter of classicaliter over de respectieve classes en kerken percentsgewijze *omslaan* van de gelden, die verschillende kerken in deze aangelegenheden mogen noodig hebben, moet dan ook niet gesproken worden. Autoritatieve (krachtens machtshoogheid) "verdeeling van lasten" van boven af, heeft bij deze zaken geen recht van bestaan."[27]

En wanneer dan enkele dagen daarna in *De Heraut*[28] het verslag wordt gepubliceerd van de Particuliere Synode van de Gereformeerde kerken in Zuid Holland (Z.),[29] waarin vermeld wordt, dat na uitvoerige bespreking met 20 tegen 4 stemmen[30] inzake art. 13 K.O. het besluit is genomen, dat de gehele benodigde som door de synode over de classes wordt omgeslagen, schrijft Prof. Greijdanus een uitvoerig artikel, om het verkeerde van dit

---

27 id., 10e jrg. no 41 (11 Aug. '16).
28 G. Dalhuijsen, "Kort Verslag van de Partic. Synode van Zuid-Holland (N. ged.) gehouden te 's-Gravenhage 20 Juni 1916," *De Heraut*, n°. 2012, zondag 13 augustus 1916. Dalhuijsen (1862-1926) was tweede scriba van de PS Zuid-Holland (Noord). Hij was predikant te Heinkenszand 1889, Nieuwerkerk aan den IJssel 1895, emeritus 1920; *Gemeenten en predikanten*, 288.
29 Deddens schreef hierboven over de 'Particuliere Synode van de Gereformeerde kerken in Zuid Holland (Z.)', maar het betrof de Particuliere Synode van de Gereformeerde kerken in Zuid Holland (Noord).
30 Deddens schreef over een stemverhouding van 20-4. Uit het artikel in *De Heraut* blijkt dat het besluit 'met algemeene stemmen' is aangenomen.

besluit aan te toonen. Hij schrijft dan, dat men zou kunnen zeggen: "Eene synode is eene samenkomst van kerken binnen een synodaal ressort. Wat op zulk eene synode besloten of met algemeene, of met meerderheid van stemmen aangenomen wordt, is dus in de grond der zaak niets anders dan het zich vrijwillig onderling verbinden der respectieve kerken."

"Dat worde nader onderzocht."

Prof. Greijdanus wijst er dan eerst op, dat het hier niet betrof een *verklaring*, door elke kerk voor zich afgegeven, maar dat een *stemming* plaats vond. "Stemmen is in zulk geval het gebruiken van een *machtsmiddel*. Dan is daar bij den stemmer niet enkel *eene binding van zich*, maar ook eene *binding van den ander*. Dan wordt maar geen *contract* gesloten, met hetwelk niemand anders dan de contractant te doen heeft, doch dan wordt eene wet gesteld, een regel aangenomen, die heerschappij hebben zal ook over anderen, zelfs misschien terwijl zij voor zich van zulk een zaak niets weten wilden". - "Voorts is bij alle stemming gegeven de mogelijkheid, dat niet allen zich in de zaak, waarover gestemd wordt, kunnen vinden: de mogelijkheid, dus van eene minderheid. Beslissingen door stemmen sluit dus, althans bij bepaalde stemmingen, in zich de idee van overheersching eener minderheid door eene meerderheid. Naar de innerlijke gedachte liggen dus in dergelijk *stemmen en beslissen door* stemmen twee euvelen: heerschappij oefenen van den een over den ander, heerschen van eene meerderheid over eene minderheid". Daarom, al ware een synode een samenkomst van alle kerken in het synodaal ressort, waarop elke kerk door een eigen afgevaardigde vertegenwoordigd was, dan zou ze nog de bevoegdheid tot het nemen van een besluit als bovengenoemd missen (art. 84, nu 85 der K.O.). Maar een synode is zulk een samenkomst niet; ze is een vergadering van gedeputeerden ener classicale samenkomst; bij haar is een "getrapte" vertegenwoordiging. Men kan hier dus niet eens volhouden, dat de kerken zich alle vrijwillig en contractueel verbinden. Maar "dan is de heerschappijvoering van de ter synode in "getrapten" weg gedeputeerden over de kerken duidelijk voor iedereen zichtbaar".

Geen synodale besturen.

Geen hernieuwde synodale hiërarchie.

Wij mochten den strik ontkomen. Zullen wij de kerken zich er wederom in doen verstrikken, of ongewaarschuwd zich in laten verstrikken?"[31]

Zou er in die dagen een geweest zijn, die in onze Gereformeerde kerken zó scherp de hiërarchische insluipselen gezien heeft en ze zo scherp

---

31 id., 10e jrg. no 44 (1 Sept. '16).

ontleed en zo helder in het licht gesteld heeft als de toenmalige predikant en kerkblad-redacteur Dr S. Greijdanus?

Wanneer hij straks in een artikel "Beginselen aan art.13 k.o. ten grondslag liggende" gedeeltelijk het principiële deel van het voor de Generale Synode van 1905 door zijn leermeester Prof. Dr F. L. Rutgers opgestelde[32] rapport betreffende art. 13 citeert, daar dit "ook thans wederom ernstige overweging verdient", stelt hij toch de vraag, hoe een van de daarin genoemde punten met een ander punt klopt. En over de practische regeling, in dit rapport aanbevolen, maakt hij twee weken later ook enkele opmerkingen, waarin de wenselijkheid wordt aangewezen van weglating van een der voorstellen, n.l. van het benoemen door classes en synodes van deputaten, om op de goede naleving van art. 13 KO. toe te zien, en eventueel het onderling hulpbetoon der kerken naar behoren te leiden. Zo wees hij enkele voor verbetering vatbaar zijnde punten aan in het door Prof. Rutgers opgestelde, en onder enkele zeer kleine wijzigingen door de Synode van Utrecht 1905 met algemene stemmen aanvaarde rapport, in een tijd dat op meerdere vergaderingen voorstellen in bespreking of reeds aangenomen waren, die zowel principieel als practisch lijnrecht tegen dat rapport ingingen. Wat die punten zijn, en welke opmerkingen Prof. Greijdanus maakte, willen we in 't kort bezien.

In het artikel *"Beginselen aan art. 13 K.O. ten grondslag liggende"* citeert hij de zeven in Dr Rutger's rapport genoemde principes. Hij schrijft daarbij: "Hoe klopt toch, wat onder 3° genoemd wordt, met wat onder 2° gezegd is? Onder 2° wordt het een eisch van billijkheid genoemd, dat bij de bepaling der onderscheidene pensioenen rekening wordt gehouden o.a. met het aantal jaren, welke bij de emeriteering in den dienst des Woords vervuld zijn; onder 3° echter heet het, dat alleen de kerk, aan welke een emeritus-verklaarde laatstelijk verbonden werd, tot uitkeering van zijn pensioen verplicht is; omdat op zichzelf geene kerk rechtens nog financiëele verplichtingen hebben kan tegenover eenen predikant, die van haar is losgemaakt, aangezien die verplichting voortvloeit uit den tusschen eene kerk en haar predikant bestaanden band, en dus met dien band staat en valt." Hij toont dan de discrepantie tussen deze beide punten aan, en betoogt, dat de band tussen een predikant en een gemeente duurzaam is; hij kan niet doorgesneden noch losgemaakt worden, en kan

---

[32] Naar zijn eigen zeggen in een brief, gepubliceerd in Fr. Kb. Van 30 Nov. 1917 (11e jrg. no 22) was Prof. Rutgers de opsteller van het door de vijf benoemde deputaten ondertekende Rapport. Deze brief is ook te vinden in Dr F. L. Rutgers, Kerkelijke Adviezen, I, Kampen 1921, pp. 93-98.

daarom ook zeer wel finantiële verplichtingen meebrengen. Waarom hij i.p.v. de geldende regeling, waarbij toch feitelijk plaats heeft een overbrengen van verplichtingen van andere, vroeger gediende kerken ten laste van de laatst gediende kerk, een regeling voorstaat, "volgens welke de uitkeering van het pensioen van een emeritus-verklaarde" komt "voor rekening van de kerken, aan welke hij achtereenvolgens verbonden was, en dan naar evenredigheid van het getal jaren, dat hij aan elk van haar verbonden is geweest".[33]

In het artikel van twee weken later over de *practische regeling, genoemd in Dr Rutgers' rapport*, verklaart hij zich tegen de daarin aanbevolen afzonderlijke deputaatschappen, om tweeerlei reden. Ten eerste, omdat op die wijze „practisch de uitkering van het pensioen door de kerk zelve, wier dienaar des Woords emeritus verklaard werd, of kwam te overlijden, beschouwd en *behandeld zou worden als eene zaak, die eerst in de tweede plaats ter sprake kwam en van ondergeschikter beteekenis* was dan de verkrijging van het tractement voor een nieuwen dienaar des Woords". En ten tweede, "omdat dan de kerken gezamenlijk aansprakelijk gesteld zouden blijven voor de pensioenenuitkeering, welke op eene plaatselijke kerk rust". Iedere kerk heeft te verstaan, dat zij *in de eerste plaats* zorgen moet voor de uitkering van het eventuele pensioen, en dat de vraag naar het tractement voor een nieuwen dienaar des Woords slechts *in de tweede plaats* ter sprake komt. Zo kan schier geen enkele kerk voor de *uitkering van het door haar te verstrekken pensioen* hulpbehoevend worden, daar het pensioen kleiner som bedraagt dan het tractement. Wél kan zij hulpbehoevend worden, *t.a.v. het tractement voor den nieuwen dienaar des Woords*. Maar voor zulke hulpbehoevende kerken zijn er reeds deputaten. "*Andere* deputaten, van die voor hulpbehoevende kerken onderscheiden, en benoemd tot finantieele hulpverstrekking inzake art. 13 K.O. zijn niet noodig, en werken als vanzelf verkeerd.[34]

In een nummer van enkele maanden later citeert hij een *brief van Prof Dr F. L. Rutgers over een voorstel inzake art. 13 K.O.*, dat geheel tegen diens rapport inging.[35] Wanneer naar aanleiding daarvan een stuk wordt ingezonden door Ds W. C. F. van Helsdingen,[36] die een voorstel tot

---

33 Fr. Kb., 11e jrg. no 7 (15 Dec. '16).
34 id., 11e jrg. no 9 (29 Dec. '16).
35 id., 11e jrg. no 22 (30 Mrt '17).
36 **W.C.F. van Helfsdingen (1878-1970), predikant Cubaard 1910, Augustinusga en Surhuizen 1914, Hendrik Ido Ambacht 1925, emeritus 1944, hulpddiensten te Amersfoort 1944-1954 GKN;** *Gemeenten en predikanten*, **236;** *Jaarboek 1971,* **464-466.**

"onderlinge verzekering" bij de Particuliere Synode van Friesland-Noord had ingediend[37], schrijft Prof. Greijdanus een artikel, getiteld *"Zelfhelp"*, waarin hij doet zien, dat zulk een onderlinge verzekering als niet geoorloofd af te wijzen is. Men noemt deze "zelfhelp", maar ze houdt toch in, dat men zich door anderen láát helpen.

Slechts vraagt men de hulp van anderen nu niet als een liefdeblijk, maar eist haar als hetgeen men rechtens en wettelijk van anderen te vorderen heeft. "Nu kunnen wij kerken onderscheiden, die zich, in geval van pensioenuitkeering, zelve helpen kunnen, en andere, die dan anderer hulp noodig hebben". Prof. Greijdanus toont dan uit de Schrift aan, dat een kerk geen hulp van andere kerken vragen, noch aannemen mag, voor uitgaven, welke zij zelf wel opbrengen kan.[38] En wat de kerken betreft, die eventueel anderer hulp niet missen kunnen: "Wanneer deze kerken reeds nu niet bekwaam zijn, ondanks alle inspanning, om aan hare Dienaren des Woords, voor gezin en studiebehoeften te verschaffen, wat naar behoorlijke eisch noodig is, mogen zij dan in de vervulling dezer verplichting nog meer te kort komen, door financieelen steun te bieden aan kerken, die zelve wel in hare uitgaven konden voorzien, en geene hulp van anderen zouden noodig hebben, wanneer zij handelen naar plicht?" Natuurlijk behoort elke kerk zoveel mogelijk voorzorgsmaatregelen te nemen, daar zij tenslotte iedere dag kan komen te staan voor de noodzaak van pensioenuitkering. "Maar zou daarom niet meer gelet behoeven te worden op onderscheid van omstandigheden, noch gevraagd, welke voorzorgsmaatregelen eene kerk in hare bizondere omstandigheden te nemen heeft?"[39] Dit handhaaft hij en verduidelijkt hij nog even in enkele aantekeningen, wanneer tegen dit betoog Ds v. Helsdingen een stuk inzendt."[40]

Enige maanden later schrijft hij weer een artikel met betrekking tot deze zaak. De generale synode is dan bijeen geweest en heeft de in 1905 aangenomen regeling onveranderd gehandhaafd. Nu dook echter in de pers een bericht op, dat de rapporteur (Prof. Dr H.H. Kuyper) op de synode zou uitgesproken hebben, dat er geen principieel-kerkrechtelijke bezwaren bestaan tegen een regeling van z.g.n. vrijwillige onderlinge verzekering, als door enkele particuliere synodes reeds was aangenomen.

---

37 id, 11e jrg. no 26 (27 April '17).
38 Prof. Greijdanus citeert 1 Thess. 4:11; Ef. 4: 28; Thess. 3:10, 12; Hand. 20: 33, 35; 1 Cor. 8: 1-9
39 Fr. Kb., 11e jrg. no 29 (18 Mei '17).
40 id., 11e jrg. no 32 (8 Juni '17).

Prof. Greijdanus wijst er dan op, dat deze voorstelling niet juist is, en memoreert, dat het doen van sommige particuliere synodes inzake invoering van een regeling van "onderlinge verzekering" inderdaad kerkrechtelijk principieel verwerpelijk verklaard is. "Waarom het hierbij gaat, is: *het karakter van classis-vergadering en synodes*", die volgens het Gereformeerde kerkrecht geen heersende macht hebben: „met zoodanige in- en doorvoering dezer regeling matigen zich classisvergadering en synode eene macht aan, die zij volgens het Gereformeerde kerkrecht niet hebben, worden zij besturende, heerschende hiërarchieën. En als zij eenmaal dien weg betreden hebben, is het eind niet te overzien. Dat is hier het kerkrechtelijk principieel-verkeerde. Daarom moet gewaarschuwd worden."[41] En wordt ook hierop een stuk ingezonden, dan stelt hij opnieuw in 't licht, in enkele aantekeningen, het verkeerde van zulke classicale en synodale regelingen, in het bizonder van 't benoemen en instrueren van deputaten in dezen, waarvan de kerken naar believen gebruik zouden kunnen maken.[42]

Zo schreef Dr S. Greijdanus in 1916 en '17. Met opzet hebben we al zijn artikelen in het "Friesch Kerkblad" uit die jaren vermeld, voorzover ze op kerkrechtelijk gebied lagen, en ook van bijna alle in korte trekken de inhoud weergegeven. Ze zijn immers niet slechts van *historische* betekenis, inzover ze uitdrukken de kerkrechtelijke inzichten van den toenmaligen redacteur Ds S. Greijdanus, maar hun inhoud is ook van *actueel* belang, daar meer dan één onderwerp besproken wordt, waarover ook vandaag in onze kerken van gedachten wordt gewisseld. Bovendien zijn ze algemeen onbekend, en moeilijk onder ogen te krijgen.

We willen nu ertoe overgaan onze aandacht te richten op de strijd, door Prof. Greijdanus sinds '37 gestreden tegen het nieuwe kerkrecht.

II
Het nieuwe kerkrecht.
De uitdrukking is van Prof. Greijdanus zelf afkomstig. Hij bezigt haar het eerst in April '38,[43] wanneer de nieuwe kerkrechtelijke inzichten van Prof. Dr H. H. Kuyper een publieke systematische ontvouwing mèt een poging tot wetenschappelijke fundering hebben gekregen in de dissertatie van

---

41 id., 12e jrg. no 1 (2 Nov. '17).
42 id., 12e jrg. no 4 (25 Nov. '17).
43 "Het nieuwe Kerkrecht in de practijk", Ref., 18ᵉ jrg., 266. Cf. ook "Nieuw Kerkrecht", id., 18e jrg., 298, v.; "Niet geslaagd", id., 18ᵉ jrg., 307, v.

Dr M. Bouwman, en kerkelijk in toepassing worden gebracht in de zaak-Drachten. Dan komen pennen in beweging, ter logenstraffing der gebezigde uitdrukking beschrijvend incidenteel gevolgde practijk uit vroegere eeuw, en canonici en dogmatici van eertijds citerend als voorvaderen van het kerkrecht, dat gedoceerd en gepropageerd wordt. En dan geeft Prof. Greijdanus een vindicatie en motivering van de gebruikte term: sinds omstreeks 1924 (naar Prof. Kuyper zelf zegt, moet dit zijn: sinds 1926)[44] is Prof. Dr H. H. Kuyper, evenals Prof. Dr H. Bouwman "geheel omgezwaaid van kerkrechtelijke beschouwing inzake wezen en macht en tuchtrecht der meerdere vergaderingen; en in 1926 schier alle predikanten van onze Gereformeerde kerken, ook Ds Joh. Iansen met hem". "Tevoren verwierpen zij dit kerkrecht als gansch ongereformeerd. En de canonici van destijds hebben onze Gereformeerde kerken ertoe gebracht, in theorie en practijk deze verandering te volgen." Het in '26 geadviseerde, in toepassing gebrachte en sindsdien gedoceerde kerkrecht "is nieuw, geheel anders dan wat met en sedert 1886 werd in practijk gebracht en geleerd".[45]

Waarin ligt nu het verschil tussen het sedert 1886 in practijk gebrachte en geleerde kerkrecht en het nieuwe kerkrecht? Bij herhaling wijst Prof. Greijdanus het aan, daartoe genoodzaakt door het telkens weer verdoezelen en scheef voorstellen van de punten in geding, in 't bijzonder door Prof. Dr H. H. Kuyper in *De Heraut*.

Zojuist hebben we reeds geciteerd de woorden van Prof. Greijdanus, dat de verandering in '26 betrof wezen, macht en tuchtrecht der meerdere vergaderingen. Hij zegt er voorts dit van: " - het gaat om de tegenstelling Gereformeerd kerkrecht, of hiërarchie, opperbestuur. De quaestie betreft de vraag *naar de uitvoering van een oordeel van meerdere vergaderingen: of een meerdere vergadering volgens Gods Woord en het Gereformeerde kerkrecht zelve die uitvoering ter hand mag nemen op die wijze, dat zij den kerkeraad wegschuift, en zich in diens plaats dringt en doet wat des kerkeraad is.*"[46] En elders schrijft hij: "De quaestie is slechts welk karakter en welke macht de meerdere vergaderingen hebben; of het hoogere besturen zijn, met heerschende macht, zelve in eigenlijke zin, kerken met eigen

---

44 "Eerst toen we de procedure in 1926 aan de orde kwam, en te voorzien was welke gevolgen deze zou hebben, hebben Prof. Bouwman evenals ik, met het oog op de taak die als prae-adviseurs ons wachtte, een uitvoerige studie van dit vraagstuk gemaakt", Deze studie deed Prof. Kuyper "een geheel ander licht opgaan", De Heraut, no 3457 (11 Juni '44).
45 Ref., 19e jrg., 5.
46 id., 18e jrg. 307.

macht of autoriteit over de kerkeraden".[47] Nog verder gepreciseerd: "Waar het bij deze quaestie van het nieuwe kerkrecht op aan komt, is, dat men uit Gods Woord en de grondbeginselen van het Gereformeerde kerkrecht grondig bewijst, dat de meerdere vergaderingen eene eigene, van Christus haar gegevene, autoritatieve macht hebben *boven* de kerkeraden, van gelijksoortig of hetzelfde karakter en denzelfden inhoud als die der kerkeraden, doch van uitgebreider omvang".[48] In een later artikel geeft hij "het punt, dat kerkrechtelijk tegenwoordig onder ons in geding is", aldus aan: 't betreft "de grond, *de Schriftuurlijke grond* van eene eigene autoriteit der meerdere vergaderingen boven en over de kerkeraden en plaatselijke kerken, om onafhankelijk van deze, kerkeraadsleden en particuliere geloovigen te schorsen, af te zetten, te censureeren, en plaatselijke kerken te regeeren".[49] Elders schrijft hij: "De quaestie is, welke de *grond* en welke de *geaardheid en omvang* zijn van de macht der meerdere vergaderingen. *Is het gereformeerde kerkverband eene confoederatie, of eene hiërarchie? Hebben de meerdere vergaderingen een eigen gezag, niet afgeleid van de kerken, maar een rechtstreeks door God haar gegeven gezag over de kerken*, om deze zelfstandig te mogen gebieden, over haar kerkeraden en leden zelfstandig censuur te oefenen door schorsing en afzetting?"[50] En later weer: "De quaestie is, welke de grond en welke de *geaardheid*, en deels ook welke de *omvang* of *uitgestrektheid* zijn van de macht der meerdere vergaderingen".[51]

---

47 id., 19e jrg., 27.
48 id., 19e jrg., 44.
49 id., 19e jrg., 109.
50 id., 19e jrg., 219.
51 id., 19e jrg., 251. Cf. Ook Acta der voortgezette Gen. Syn. A'dam '36 en der Gen. Syn. Sneek '39, Bijlage XXXVI: Rapport-Nauta over de kwestie van he tuchtrecht der meerdere vergaderingen, p. 216, v.: "Het is niet de vraag, of de meerdere vergaderingen wel tuchtmacht bezitten. De kwestie is evenwel, wat die bevoegdheid der meerdere vergaderingen precies omvat; hoever die macht zich uitstrekt; welke haar grenzen zijn; in het bijzonder ook welke taak de meerdere vergaderingen eventueel bij de tenuitvoerlegging der genomen besluiten hebben te vervullen. Dit betreft dan speciaal de tuchtmacht, welke aan de meerdere vergaderingen toekomt met betrekking tot de ambtsdragers." Cf. ook *Ds Joh. Jansen*, Oud of Nieuw Kerkrecht? Wierden, z.j., waarin, afgedacht van de vage en onvolledige formulering en onjuiste probleemstelling op p. 1, toch in 't vervolg de punten van verschil wel juist aangegeven worden. En *Dr M. Bouwman*, Tweeërlei Kerkrecht, A'dam 1944, p. 7, v.v., waarin echter van het oude kerkrecht ten onrechte wordt beweerd dat het leert dat meerdere vergaderingen vergaderingen van kerken zijn, die door haar ambtsdragers samenkomen. Dit moet zijn: door haar afgevaardigden. Voorts is het verschil dat terzake van de bevoegdheid tot de bediening van Woord en Sacramenten tussen het oude en het nieuwe kerkrecht gecreëerd wordt, onjuist.

Wat houdt nu het nieuwe kerkrecht in betreffende de onderhavige punten: het karakter van de meerdere vergaderingen en de grond, geaardheid en omvang van hun macht?

We willen luisteren naar Dr M. Brouwer[52] "de jonge vader van het nieuwe kerkrecht",[53] wiens dissertatie "zakelijk..... eene uiteenzetting en verdediging der opvattingen van Prof. Dr H. H. Kuyper sedert omstreeks 1926 van Voetius' kerkrechtelijke leeringen en van het ware wezen en de rechte werking van het gereformeerde kerkverband"[54] geeft en het eerst de pen van Prof. Greijdanus tegen het nieuwe kerkrecht in beweging bracht.

Dit zegt Dr Bouwman

a. inzake het *karakter* van de meerdere vergaderingen: er bestaat geen principieel verschil tussen meerdere vergadering en kerkeraad[55]. Een meerdere vergadering is evenals een kerkeraadsvergadering een bijeenkomst van ambtsdragers qua talis,[56] wier recht van bevelen wortelt in hun ambt.[57] Indien bij uitzondering een niet-ambtsdrager naar een meerdere vergadering wordt afgevaardigd, berust zijn synodale bevoegdheid per delegatíonem op het ambt zijner lastgevers. Daardoor wordt aan de vergadering het ambtelijk karakter niet ontnomen;[58]

b. inzake de *macht* van de meerdere vergaderingen:

1. de *grond* ervan is tweeërlei: het jus divinum positivum[59] en de wederzijdse toestemming der kerken.[60] De laatste is de grond in concreto, de eerste in abstracto.[61] Ze vormen de grondslag voor het ambtelijk gezag der meerdere vergaderingen, want

---

52 **Hier vergiste de jonge Deddens zich pijnlijk door de jonge doctor en 'jonge vader van het nieuwe kerkrecht' met de verkeerde achternaam aan te duiden: Brouwer in plaats van Bouwman.**
53 Dr J. *van Lonkhuyzen*, Is het nieuwe kerkrecht niet een ernstige dwaling?, Franeker, 1939, p. 13.
54 *Prof. Greijdanus*, Ref., 17e jrg., 341. Cf. "Wederwoord" in De Bazuin, 85ᵉ jrg., no 44 (29 Oct. '37).
55 M. *Bouwman*, Voetius over het gezag der synoden, A'dam, 1937, pp. 109, 410, Stelling VII.
56 **Qua talis betekent 'als zodanig';** *Van Dale* 2, 2836.
57 id., 94, v.
58 id., 95.
59 **Positief (goddelijk) recht.**
60 id., 113, v.v.
61 id., 147, v.

2. de *geaardheid* van de macht is gelijk aan die van de kerkeraad.[62] De delen ervan zijn niet slechts gelijk (leer-, regeer- en tuchtmacht), maar het karakter ook: ze is ambtelijk;[63]
3. de *omvang* ervan is daarom niet geringer dan die van de kerkeraad. Vroegere lering in dezen is onjuist: "Het is ook niet juist, dat de macht der meerdere vergadering daarom beperkter is dan die van den kerkeraad, omdat zij een potestas delegata[64] is, en derhalve nooit in vollen omvang op een classis of een synode kan worden overgebracht (H. Bouwman t.a.p.[65]) deel II bl. 22) of omdat de kerken slechts een deel van haar macht en bevoegdheid samenbrengen (Jansen, Korte Verkl. bl. 141, De Bevoegdheid, bl. 16)".

De kerkelijke macht is niet voor verdeling vatbaar; het is de volle kerkelijke macht, die gedelegeerd wordt.[66]

Ze is zelfs uitgestrekter, daar ze een potestas cumulativa[67] is. Daardoor is ze meerder of hoger en niet minder of lager dan die van de kerkeraad.[68] "Het verschil tusschen de macht van den kerkeraad en van de synode bestaat hierin, dat de eerste wezenlijk is de macht van één kerk, de laatste daarentegen de macht van meer kerken, die een éénheid vormen."[69] Daarom heeft een meerdere vergadering het recht van cassatie, d.i. de bevoegdheid om kerkeraadsbesluiten te vernietigen.[70] Ook is ze in geval van wanbestuur, onmacht, hoger beroep enz. bevoegd om in de zaken der plaatselijke kerk in te grijpen en in die kerk haar drievoudige macht uit te oefenen.[71] Ze kan "den kerkeraad eener plaatselijke kerk in geval van hardnekkig volgehouden wanbestuur excommuniceeren; a fortiori heeft

---

62 id., 111
63 id., 109, v.v.
64 *Potestas delegata* is gedelegeerde macht, dat wil zeggen dat de kerkenraad een deel van zijn macht delegeert.
65 "Gereformeerd Kerkrecht", Kampen, I, 1928, II, 1934.
66 *M. Bouwman*, a.w., p. 250, noot 2.
67 *Potestas cumulativa* is cumulatieve of vermeerderende macht, omdat meerdere kerken samenkomen door afgevaardigde ambtsdragers.
68 id., 105, v.v., Stelling VIII.
69 id., 410.
70 id., 238, v.v.
71 id., 236, v.v.

de meerdere vergadering dus het recht den kerkeraad uit het ambt te ontzetten".[72]

Dit is in overeenstemming met de kerkenordening en niet ermee strijdig. Het strijdt niet met art. 85 K.O., want dit artikel "begrenst niet de macht der meerdere vergaderingen en handhaaft ook niet de zelfstandigheid der particuliere kerk tegenover de classen en synoden . . . . . doch sluit in zich de subjectie en de subordinatie aan de meerdere vergaderingen".[73] Ook is dit conform art. 79 K.O. Want daarin wordt het principe gesteld, dat de kerkeraad de afzetting van ambtsdragers niet alléén mag verrichten. "Minstens één genabuurde kerk moet mede oordeelen over de afzetting van ouderlingen en diakenen. En waar twee kerken samen ouderlingen en diakenen mogen afzetten, daar is naar het beginsel van art. 79 a fortiori een samenkomst van meer genabuurde kerken daartoe gerechtigd. En deze genabuurde kerken oefenen dit recht uit in de classen en synoden. Art. 79 legt dus het synodale tuchtrecht over de ambtsdragers vast".[74] Het artikel heeft "niet tot strekking om de eenige instantie aan te wijzen, die gerechtigd is, om de tucht over de ambtsdragers te oefenen, maar wijst . . . . . . de laagste instanties aan, die daartoe gerechtigd zijn."[75] Dit sluit in, dat het classicaal of synodaal procederen mag gebeuren op eigen initiatief, ter eerster instantie, waarbij gebruik mag worden gemaakt van alle bestaande kerkelijke tuchtmiddelen.[76] "Wanneer Lohman en Rutgers oordeelen, dat de artikelen 72 tot 81 der D.K.O. "zulk een classicaal procedeeren, ter eerste instantie, of op eigen hand ingrijpen in 't geheel niet kennen, en juist integendeel uitsluiten (De Rechtsbevoegdheid, 2e dr. bl. 32), geven zij derhalve van deze artikelen geen juiste interpretatie".[77]

Tot zover Dr M. Bouwman.

Van deze nieuwe kerkrechtelijke leer stelt Prof. Greijdanus aanstonds de grote betekenis in 't licht, wanneer hij van het proefschrift van Dr M. Bouwman zegt, dat het van de canonici van het oude kerkrecht, Rutgers en Kuyper, e.a., de eer als kenners van het Gereformeerde kerkrecht

---

72 id., 185, cf. ook Stelling XI.
73 id., 379, cf. ook Stelling IX.
74 id., 398.
75 id., 402.
76 id., 406.
77 id., 406, noot 1.

vernietigt en de eer van hun "Reformatie"-handelingen wegneemt.⁷⁸ Het betekent t.a.v. de Doleantie-beweging, dat ze "rust op eene jammerlijke kerkrechtelijke dwaling harer leiders, en dat zij in wezen eene ongeoorloofde kerkelijke revolutie is geweest", zoals hij later breder aantoont.⁷⁹ Het betekent voor de Gereformeerde kerken, die uit de Doleantie ontstonden, dat ze in ongerechtigheid ontstaan zijn en voor de vraag worden gesteld "of ze niet geroepen zijn onder het synodale Bestuur van de Hervormde Kerk terug te keeren". Voor alle Gereformeerde kerken in Nederland betekent het, dat ze bij toepassing van dit kerkrecht komen "in de knellende overheersching van eene op menschelijke aanmatiging berustende synodale geweldoefening".⁸⁰ En de promotors en invoerders ervan hebben zich ervan bewust te zijn, naar hij in een later artikel doet uitkomen, dat zij mede aansprakelijk zijn voor de latere droeve gevolgen.⁸¹

Want de inhoud en de fundering van deze kerkrechtelijke leer deugen niet. In samenvatting willen wij volgen het in lengte van artikelen gegeven getuigenis van Prof. Greijdanus dienaangaande. Eerst ter zake van de *inhoud* (A), vervolgens in betrekking tot de *fundering* (B) van het nieuwe kerkrecht.

A. Scherp en klemmend heeft Prof. Greijdanus het telkens weer betoogd: dit stelsel betekent *hiërarchie: het gaat buiten de grenzen door Christus voor de ambten gesteld en boven de maat, door hem eraan verleend*.⁸² De incidentele hiërarchische daad van Assen, waar de synode zich niet bepaalde tot de praeformatie van het vonnis over de kerkeraad van Amsterdam-Zuid,⁸³ maar tevens tot eigenmachtige uitvoering ervan overging - een ambtelijk gequalificeerde daad - heeft nu in het systeem een consequente doorvoering en uitwerking gekregen; de meerdere vergadering heeft de bevoegdheid tot zulke ambtelijke daden, want: de macht der meerdere vergaderingen is van ambtelijk karakter, want: meerdere vergaderingen zijn vergaderingen van ambtsdragers qua talis,⁸⁴ zitting

---

78 Ref., 17e jrg., 341. Prof Greijdanus wijst op pp. 74 v.v., 109, 156, 227, 242, 246, 283, 325 e.a. van Dr Bouwman's boek.
79 Cf. Ref., 19e jrg., 20; en: "Wederwoord" in de Bazuin, 85ᵉ jrg. no 44 (29 Oct. '37). Cf. ook *Dr J. van Lonkhuyzen*, Bouwman's dissertatie nader getoetst, Geref. Theol. Tijdschr. 38ᵉ jrg., 517.
80 Ref., 17ᵉ jrg., 343.
81 Ref., 19e jrg., 43.
82 Ref., 19e jrg., 116.
83 **Aan de kerk van Amsterdam-Zuid was J.G. Geelkerken verbonden.**
84 **Zie voetnoot 405.**

hebbende krachtens hun ambt: het een kan niet zonder het ander. Alleen: het stelsel is nog maar ten halve, nog niet ten volle consequent!

Hetgeen Prof. Greijdanus in vele artikelen over genoemde punten geschreven heeft, zouden we zo willen samenvatten:

Inzake *het karakter der meerdere vergadering* betoogt hij, dat dit verschillend is van dat ener kerkeraadsvergadering. Reeds in zijn eerste artikel n.a.v. de dissertatie van Dr M. Bouwman, geeft hij de consequentie aan van de constructie dat meerdere vergaderingen principieel met kerkeraden overeenkomen. *Men kan deze stelling slechts handhaven, zo men het plaatselijk karakter der ambten, een van de grondbeginselen van het Gereformeerd kerkrecht, opgeeft* en de ambten universeel verklaart, zoals het apostelambt was. Ter meerdere vergadering zouden dan de ambtsdragers van één kerk ook ambtsbevoegdheid hebben over de andere kerken uit het ressort der meerdere vergadering.[85] "Wat Rome van den paus zegt, n.l. dat hij ambtsdrager is van de geheele kerk, zou dan moeten gelden van alle regeerouderlingen onzer Gereformeerde kerken: ergens ouderling is dan overal, in alle kerken, ouderling."[86] Elders schrijft hij: "Bij eene oecumenische of wereld-synode werden zij (de afgevaardigden, D.D.) dan oecumenische ambtsdragers van al de daartoe behoorende kerken over de geheele wereld ..... Zulk een wereldsynode kon dan nog verder gaan en één of twee afgevaardigden deputeeren, aanstellen tot bestuur van de geheele kerk over de gansche wereld. Want waarom zou dat dan niet mogen, noch kunnen doorgaan, maar bij deputatie van classisvergadering en particuliere en nationale synode wel? We hadden dan de hiërarchie ten top gevoerd in den gereformeerden paus." "Natuurlijk komt het in de practijk niet zover. Allerlei omstandigheden en overwegingen en verhoudingen verhinderen dat. Dit neemt niet weg, dat zóó het beginsel is, welks consequente doorwerking daartoe moet voeren." "Dat is het beginsel van de hiërarchie, van het pausdom, van de opperheerschappij der meerdere kerkelijke vergaderingen over de kerken, van de classico- en synodocratie".[87]

Een tweede consequentie laat hij ook zien: zijn meerdere vergaderingen in wezen gelijksoortig aan kerkeraadsvergaderingen, dan mogen zij ook alles doen wat kerkeraden mogen verrichten. "Zij zouden dan leden en ambtsdragers harer kerken als rechtstreeks of onmiddellijk, d.i. zonder tusschenkomst van de kerkeraden mogen censureeren en excommuni-

---

85 Ref., 17e jrg., 342.
86 Ref. 18e jrg., 102.
87 De Wachter, 41e jrg., no 13; cf. Ook Ref., 19ᵉ jrg., 252.

ceeren, schorsen en afzetten, dienaren des Woords mogen beroepen, de zaken dier kerken mogen regelen en daarvoor beschikkingen treffen, in de finantieele aangelegenheden dier kerken mogen ingrijpen, doop en avondmaal mogen doen bedienen, opvolging harer maatregelen en voorschriften mogen vorderen, niet maar op grond van de Kerkenordening, vgl. art. 31, doch naar eigen, oorspronkelijk, zelfstandig, van de opdracht harer kerken onafhankelijk, Goddelijk gezag. Dan ware er bij de classicale en synodale vergaderingen niet een praerogatief, slechts van een waardeering en eenheid zooals Voetius zegt, maar van jurisdictie."[88]

Daarom handhaaft Prof. Greijdanus: de ter meerdere vergadering gedeputeerde ambtsdragers komen er wel *in* hun ambt en *met* hun ambt, maar niet *krachtens* hun ambt, doch krachtens hun speciale *afvaardiging*, hun speciale *opdracht*,[89] gelijk naar hij aantoont steeds in de Gereformeerde kerken,[90] ook door Prof. Dr H.H.Kuyper vóór '26,[91] en zelfs nog in '38,[92] is betoogd. Een kerkeraadsvergadering is een vergadering van ambtsdragers, die "hun mandaat, hun last, hunne taakbepaling, hunne werkzaamheidsbeschrijving en -aanwijzing niet van menschen, maar van God in Zijn Woord hebben ontvangen, en die een ieder krachtens hun persoonlijke ambtsplichten samenkomen en handelen en besluiten".[93] Een meerdere vergadering is een bijeenkomst van kerkelijke afgevaardigden, "die, welk ambt zij in hunne gemeenten ook bekleeden en bezitten mogen, toch niet krachtens dat ambt leden dier classicale of synodale vergadering zijn, maar alleen door *kerkelijke deputeering*." Niet rechtstreeks van God, maar van de kerken krijgen zij hun mandaat, last, taakbepaling, enz.[94]

Somt Prof. Kuyper in "*De Heraut*" nu allerlei omstandigheden en vroegere gevallen op, dat sommige gemeenten alleen maar een predikant hadden en nog geen kerkeraad, en concludeert hij dan: "Waar geen kerkeraad is, kan natuurlijk van delegatie geen sprake zijn . . . . . . De predikanten kwamen op de vergadering dus zonder delegatie of credentiebrief mee te brengen, alleen omdat ze predikanten waren en als zoodanig hun

---

88 De Wachter, 41^e jrg., 20, 13, cf. ook Ref., 19^e jrg., 44, 252.
89 Ref., 17^e jrg., 342; 18^e jrg., 305; De Wachter, 41e jrg., no 12, e.a.
90 De Wachter, 41e jrg., nos 12, 13.
91 ibidem; Ref., 19e jrg., 12; cf. Verder de citaten van Ds C. Veenhof, Ref., 18^e jrg., 449, uit De Heraut, no 1534 (26 Mei 1907).
92 Cf. Ref., 18e jrg., 305.
93 De Wachter, 41e jrg., no 13.
94 ibidem.

kerken vertegenwoordigden"[95], dan wijst Prof. Greijdanus het foutieve in deze redenering aan. Zulk een predikant werd niet toegelaten, omdat hij predikant was, maar omdat hij predikant was van één der kerken van de betrokken classis. Het kwam hier aan op zijn relatie tot die en die bepaalde kerk, niet op zijn ambtsdrager zijn.[96]

Dat geldt ook voor het andere geval waarbij geen delegatie plaats vindt, en dat vroeger mogelijk was: "Zelfs wanneer geheele kerkeraden zouden samenkomen, zouden deze daar zitten qua vertegenwoordigende hunne gemeente of kerken".[97]

Schrijft Ds Joh. Jansen,[98] dat hij de woorden van Prof. Greijdanus: "wel *met* het ambt, niet *krachtens* het ambt ter meerdere vergadering", niet begrijpt, want: "Wél komen met ambt, maar zonder ambtsbevoegdheid is met elkander in strijd",[99] dan wijst Prof Greijdanus op ouderlingen- en predikantenconferenties. Daar zijn de aanwezigen met hun ouderlingen- of predikantenambt. "Dus mogen die ouderlingen- en predikantenconferenties tucht oefenen, predikanten beroepen, doen wat met het ouderlingenambt gegeven is?"[100]

Het nieuwe kerkrecht is inzake het karakter der meerdere vergaderingen in strijd met de grondbegins[e]len van het Gereformeerde kerkrecht, en de argumenten, aangevoerd tegen hetgeen tot 1926 toe is gedoceerd, houden geen steek.

Inzake *de macht der meerdere vergaderingen* moeten daarom, waar over de *grond* ervan sprake is, ook aanstonds de wegen uiteengaan. Want zijn meerdere vergaderingen principieel gelijk aan kerkeraadsvergaderingen: bijeenkomsten van ambtsdragers als zodanig, dan moet men ontkennen, dat mandaat, last, taakbepaling enz. van de leden ervan niet rechtstreeks van God, maar van mensen gegeven zijn. Men moet dan noodwendig aan het jus divinum positivum,[101] genoemd als grond in abstracto voor de macht der meerdere vergaderingen, de inhoud toekennen van een "begiftiging der

---

95 De Heraut, 19 Dec. '37, geciteerd in Ref., 19ᵉ jrg., 148.
96 Ref., 18ᵉ jrg. 148.
97 De Wachter, 41e jrg., no 12.
98 **Johannes Jansen (1873-1956), predikant 's-Gravenmoer 1901, Nieuw-Buinen 1904, Burum 1906, Ten Boer 1915, IJmuiden 1922, Wierden 1926, emeritus 1935; T.B. van Houten, "Jansen, Johannes," in** BLGNP **3, 196-197. Meer dan door zijn predikantschap was en is Jansen bekend als gereformeerd kerkrechtgeleerde en van zijn publicaties op gereformeerd-kerkrechtelijk terrein.**
99 A.w., p. 18, geciteerd in Ref., 19ᵉ jrg., 27.
100 Ref., 19ᵉ jrg., 27.
101 **Zie voetnoot 106.**

synoden met een eigene, macht over de kerken", zooals Bavinck het uitdrukt,[102] een gedachte, waar ook hij zich met alle kracht tegen verzette, en waartegen tot '26 in de Gereformeerde kerken een ieder de strijd aanbond.

Want wie aan het genoemde principiële verschil tussen kerkeraad en meerdere vergadering vasthoudt, ontkent een jus divinum in díe zin. "Bij classicale en synodale vergaderingen is het alles menschelijke opdracht en overdracht, kerkelijke, maar geen rechtstreeks Goddelijke, zooals bij de kerkeraden."[103]

Van een jus divinum[104] is echter als grond voor de macht der meerdere vergaderingen wèl te spreken in de zin, die Voetius eraan geeft, n.l. dat het aangaan van het kerkverband Goddelijke roeping is,[105] met ontkenning echter van het z.g. jus divinum immediatum[106] van classes en

---

102 Gereform. Dogmatiek, IV, 475, geciteerd door *dr J. v. Lonkhuyzen*, Is het nieuwe kerkrecht niet een ernstige dwaling? p. 23, noot 2.
103 De Wachter, 41ᵉ jrg. no 13; cf. ook Ref., 18ᵉ jrg., 305 v.
104 Goddelijk recht.
105 Cf. Ref., 18ᵉ jrg., 289. De meerdere vergaderingen hebben dus een ander soort Goddelijk recht dan de kerkeraden. Cf. ook *Dr J. van Lonkuyzen*, Goed onderscheiden! G.T.T., 40ᵉ jrg., p. 472. Ook: id., Is het nieuwe kerkrecht, enz., p. 23, noot 2.
106 Hiermee wordt bedoeld dat de identiteit van de classes en de synodes niet die van goddelijke, directe en onmiddelijke aard is. De christelijke-gereformeerde hoogleraar J. Hovius (1900-1979) greep in 1962 terug op Voetius en legde uit: "Hoewel de Belijdenis de woorden niet gebruikt vinden we hier toch wat later aangeduid wordt als jus divinum positivum en jus divinum permissivum, door *Voetius* aldus omschreven: Jus divinum est vel positivum seu immediatum ac directum; vel permissivum seu mediatum et indirectum. Istud est rerum in se adiaphorarum, quas in hanc aut illam partem determinanda permisit Deus potestati politicae aut ecclesiasticae, ²⁷), d.i.: het goddelijk recht is òf positief of onmiddellijk en direct, òf permissief of middellijk en indirect. Het laatste heeft betrekking op zaken, die op zich zelf middelmatig zijn, waaromtrent God aan de burgerlijke of kerkelijke macht heeft toegestaan om ze in deze of gene zin te beslissen. Deze onderscheiding in de Belijdenis, later door het gereformeerd kerkrecht overgenomen, is voor de hand liggend. Dat er gepredikt moet worden behoort tot het positieve goddelijke recht, het is uitdrukkelijk, expressis verbis, door God bevolen. Maar hoe vááк er op een zondag gepredikt moet worden wordt door de kerk beslist — dit is jus divinum permissivum. Dat de sacramenten moeten bediend worden behoort weer tot het jus divinum positivum. Of het avondmaal echter 4 of 6 of 12 of 52 keer per jaar gevierd moet worden valt onder het jus divinum permissivum, m.a.w. dit is aan de kerk overgelaten. Het jus divinum positivum eist in sommige gevallen de excommuniatie van een lid der kerk, het jus divinum permissivum zegt, dat de tweede trap van de afsnijding slechts toegepast mag worden na advies van de classis. Deze voorbeelden kunnen gemakkelijk met andere worden vermeerderd. Wat tot het eerste, het jus divinum positivum, behoort is onverander-

synodes.[107]

Zo is het te verstaan, dat wanneer Ds Joh. Jansen n.a.v. de uitspraak van Prof. Greijdanus: "Deze overgedragen macht, n.l. der meerdere vergaderingen, rust op menschelijke bepaling of afspraak, is voorzoover juris humani, niet juris divini"[108] [109] schrijft: "Hoe meer ik mij dat indenk, hoe meer mij dat onschriftuurlijk en onhoudbaar voorkomt...... Een macht, welke de kerken niet van Christus hebben ontvangen, maar bij "onderlinge afspraak" verleenen, is geen Goddelijk recht, en ook geen kerkelijk recht".[110] Prof. Greijdanus verwijst naar zijn citering van Voetius, op wien men zich juist beroept.[111]

Inzake *de geaardheid van de macht der meerdere vergaderingen* spreekt het nu vanzelf, dat het nieuwe kerkrecht leert, dat deze gelijk is aan die van de kerkeraadsbevoegdheid: de macht is ambtelijk.

Wat echter niet vanzelf spreekt, is dat men *van deze ambtelijke macht* beweert, dat zij door de kerkeraden op hun afgevaardigden en aldus op de meerdere vergaderingen gedelegeerd, open overgedragen wordt.[112] Op- en overdracht van ambtsmacht aan een ander is ongeoorloofd, "Niemand heeft het recht zijne van God of Christus ontvangen macht aan een ander over te dragen. Dat kan God of Christus alleen. Hij, die de macht

---

lijk; daaraan mag niet getornd worden, want het komt tot ons met goddelijk gezag en is daarom consciëntie-bindend. Het tweede, het jus divinum permissivum, valt onder het aspect der betrekkelijkheid; het mag en moet veranderd worden als het heil der kerk dit eist of als de omstandigheden dit noodzakelijk maken: aedificatio ecclesia suprema lex, [27a]), mits deze veranderingen weer niet strijden tegen de geboden des Heren, tegen de inzettingen van Christus";
J. Hovius, *Het verband tussen onze Belijdenis en onze Kerkorde: Enkele opmerkingen*, Sneek: B. Weissenbach & Zoon, 1962, 12
(Rede uitgesproken bij de overdracht van het Rectoraat aan de Theologische Hogeschool der Chr. Gereformeerde Kerken te Apeldoorn op 9 oktober 1962). Bij voetnoot 27 verwees Hoving naar G. *Voetius*, Pol. Eccl., Pars II, Lib. IV, Tract. I, Cap. IV, 2 (Vert. van dr M. Bouwman). Voetnoot 27a is echter weggevallen. Zie ook: Bouwman, *Voetius*, 115. Hovius was predikant in de christelijke-gereformeerde kerken van Sneek 1924, Nieuwe Pekela 1927 en Zwolle 1941. Van 1947 tot 1972 was hij hoogleraar Kerkgeschiedenis en Kerkrecht aan de theologische Hogeschool Apeldoorn; W. van 't Spijker, "Hovius, Jan," in *BLGNP* 6, 130-131.

107 Cf. Ref., 18^e jrg., 305, noot 3, 306.
108 Ref., 18e jrg., 341.
109 **Menselijk, niet goddelijk recht.**
110 A.w., p. 23, geciteerd in Ref., 19^e jrg., 28.
111 Ref., 19^e jrg., 28.
112 Cf. *Dr M. Bouwman*, a.w. 250, noot 23, e.a., en: *ds Joh. Jansen*, a.w. 25.

verleent, kan haar ook weer ontnemen en aan een ander overdragen. Maar daartoe heeft de lasthebber zelf het recht niet."[113]

Het nieuwe kerkrecht moet daarom noodwendig komen tot de leer van een oorspronkelijke, eigen, zelfstandige macht der meerdere vergaderingen, die buiten of boven de delegatie omgaat en niet ervan afhankelijk is.[114]

Maar het heeft dan ook de plicht het Schriftuurlijke van deze leer te bewijzen, mede *tegenover* de "beste gereformeerde canonici", met wier gezag het zich, bij onmacht tot principiële bewijsvoering, zo graag wil dekken. Bij wijze van resumtie, na uitvoerige citering, geeft Prof. Greijdanus deze uitspraken door: "Voetius zegt: die macht van synoden is non originalis, sed derivata et delegata, d.i. niet oorspronkelijk, maar afgeleid en opgedragen. J. Hoornbeek[115] schrijft: "sed synodi ex communi et libero Ecclesiarum consensu in synodum haec potestatem habent delegatam", wat Dr F. L. Rutgers aldus weergeeft: "maar de synode, als zijnde eene vergadering, die voortvloeit uit de gezamenlijke en vrije overeenstemming der kerken, heeft eene macht, die opgedragen en helpend en dienend is". Dr A. Kuyper drukt zich zo uit, "dat de synode uit zichzelve geen zier macht heeft." Dr F. L. Rutgers zegt, dat „bij de classes en synoden slechts eene beperkte, bedienende, afgeleide, "lagere" macht was, en "de synode ... had slechts eene *afgeleide*, haar *opgedragen* macht". Dr H. Bouwman maakt de duidelijke tegenstelling: "De kerkeraad heeft eigen macht, de meerdere vergaderingen afgeleide macht". En Dr H. H. Kuyper stelt het zoo voor: "De hoogste macht berust bij den kerkeraad en van den kerkeraad daalt die macht op de classis, de provinciale en de generale synode".[116]

Vooronderstelling van deze uitspraken *tegen* eigen oorspronkelijke zelfstandige synodale macht, *voor* synodale macht, per delegatie ontvangen, is steeds het onderscheid tussen de *ambtsmacht*, die ieder ambtsdrager van Christus ontvangen heeft, en die niet gedelegeerd kan worden, en de *kerkelijke macht*, de door de kerken verleende macht om in naam en met de autoriteit der kerk te handelen, die gedelegeerd wordt aan de afgevaardigden ter meerdere vergadering, Dit is een door den kerkeraad open overgedragen macht, een afgeleide macht, die de afgevaardigden in zichzelf niet bezitten, maar door hun afvaardiging van hun kerkeraden

---

113 Ref., 19e jrg., 43.
114 De Wachter, 41e jrg. No 13; cf. Ook id., no 12; Ref., 19e jrg. 28, 44, 109.
115 **Johannes Hoornbeek was predikant te Muhlheim 1639-1643, hoogleraar Utrecht 1644, Leiden 1654; G.P. van Itterzon, "Hoornbeek, Johannes," in** *BLGNP* **2, 259-261.**
116 De Wachter, 41e jrg. no 12.

ontvangen.[117] Deze macht der afgevaardigden ter meerdere vergadering "cumulatief" te noemen, is volgens Prof. Greijdanus wel mogelijk, maar niet aanbevelenswaardig,[118] wijl de term licht verwarring wekt. "Het beeld van opstapelen (cumulare = ophoopen) is hier minder geschikt, omdat het de gedachte wekt van hoogere macht.[119] Er is bijeenvoeging van macht, geene vermeerdering van bevoegdheid of recht, ofschoon wel versterking van kracht".[120]

Zo is de macht van de kerkeraad en die der meerdere vergaderingen verschillend van geaardheid. Waar de eerste is een door Christus gegeven macht, de tweede een door de kerken verleende autoriteit, is het dus een verschil als tussen Christus en Zijn kerk.[121]

Inzake de *omvang van de macht der meerdere vergaderingen* blijkt na het voorgaande de leer van het nieuwe kerkrecht van alle principiële grond ontbloot, en strijdig met de beginselen van het Gereformeerde kerkrecht, en zo ook met de kerkenordening.

Want de grotere omvang van de macht der meerdere vergaderingen is, naar Prof. Greijdanus meermalen heeft uiteengezet, slechts mogelijk in twee gevallen:

A. indien zoodanige meerdere macht resultaat is van de delegatie der kerken, òf

B. indien ze, los van deze delegatie, rechtstreeks door Christus aan classes en synodes gegeven is.[122]

Nu is A niet mogelijk, zoals reeds is aangetoond.

Immers dan zou

    a. moeten plaatsvinden delegatie, op- of overdracht van ambtsbevoegdheid van de kerkeraden op de meerdere vergaderingen, waartoe ze kracht noch recht hebben,[123]

---

117 Ref., 19ᵉ jrg., 43.
118 Ref., 17ᵉ jrg., 342; cf. De Wachter, 41e jrg., no 19: „Van bijeenvoeging of cumulatie, opeenhooping van macht of bevoegdheid kan *in dit opzicht* niet gesproken worden". (cursiv. v. Prof. Greijdanus). Dus in ander opzicht wel. Hier gaat ook Prof. Dr Th. L. Haitjema scheef, wanneer hij spreekt van "*accumulatie* van het ambtsgezag door middel van classicale vergaderingen, provinciale en generale synoden", Prof. Dr H. van Oyen e.a., Inleiding tot de Theologische Studie, Groningen 1946, p. 149.
119 Ref., 17ᵉ jrg., 342.
120 Ref., 18ᵉ jrg., 313.
121 Ref., 19ᵉ jrg., 43.
122 De Wachter, 41e jrg. nos 12, 19.
123 Ref., 19ᵉ jrg., 43.

b. het plaatselijk karakter van de ambtsbevoegdheid der ter meerdere vergadering gedelegeerden moeten worden prijsgegeven[124]

Derhalve is de enig andere mogelijkheid, dat men de meerdere macht van classes en synodes losmaakt van de delegatie en uit de Schrift bewijst, dat ze rechtstreeks door Christus gegeven is, en dat het beginsel dat alleen de plaatselijke kerk een eigen, oorspronkelijke, zelfstandige macht heeft, onjuist is, waarvan het bewijs eveneens nog moet geleverd worden.

En waar zo het nieuwe kerkrecht botst met de beginselen van het Gereformeerde kerkrecht, die tevens aan de kerkenordening ten grondslag liggen, is het geen wonder, dat het ook met de kerkenordening zelf strijdt.

Ook dit is meermalen door Prof. Greijdanus betoogd. Daar is allereerst *art. 85 K.O.*, het artikel dat de "geheele kerkenordening, dus het gansche samenleven onzer kerken, ook alle credentiebrieven en instructies" beheerst.[125] Het sluit alle classico- en synodocratie uit, naar begrepen kan worden, niet slechts uit de inhoud van het artikel, zooals ook Dr Rutgers schreef, maar tevens uit de Wezelse artikelen, IV, 7, 9 en V, 19,[126] en uit de bijvoeging bij het artikel[127] door de Synode van 1578.[128]

Alle classico- en synodocratie, want het artikel spreekt uit, dat geen classis of synode "van zichzelve, oorspronkelijk, zonder onderlinge afspraak of overeenkomst der betrokken kerken, van Godswege eenige zeggenschap heeft of mag pretendeeren of oefenen over eene harer kerken" (punt B, bovengenoemd).[129] Ook zegt het, dat "die kerken ook niet de minste macht van zeggenschap of heerschappij over eenige kerk (kunnen) samenbrengen, als zij in Classisvergadering of Synode samenkomen". (punt A, bovengenoemd).[130] Immers geen kerk heeft enigerlei zeggenschap over een andere kerk. Geen kerk kan meer macht delegeren, dan zij

---

124 Ref., 17ᵉ jrg., 342; 18e jrg., 102; 19e jrg., 252; De Wachter, 41e jrg. no 13, e.a.
125 De Wachter, 41ᵉ jrg., no 12.
126 **Art. IV.7 Wezel. Geraadpleegd 22 maart 2018, http://kerkrecht.nl/node/3522.
    Art. IV.9 Wezel. Geraadpleegd 22 maart 2018, http://kerkrecht.nl/node/3522.
    Art. V.19 Wezel. Geraadpleegd 22 maart 2018, http://kerkrecht.nl/node/3547.**
127 Deddens moet hier gedoeld hebben op particuliere vraag 4 bij art. 19 van de Acta van de Synode van Dordrecht van 1578. Geraadpleegd 22 maart 2018, http://kerkrecht.nl/node/4895 en http://kerkrecht.nl/node/4983. Zie over Wezel ook: Jesse Spongeholz, *The Convent of Wesel: The Event that Never was and the Invention of Tradition*, (Cambridge: Cambridge University Press, 2017).
128 ibidem.
129 ibidem.
130 ibidem.

zelf heeft. Derhalve kan ook geen kerk zulk een zeggenschap aan haar afgevaardigden ter meerdere vergadering delegeren. En dus missen ter meerdere vergadering gedeputeerden dergelijke macht." 20 en 30 en 50 X 0 is evenzeer 0 als 1 X 0".[131]

"Werpt men tegen, dat in dit art. 85 K.O. ook staat, dat geen dienaar over andere dienaren, geen ouderling of diaken over andere ouderlingen of diakenen eenige heerschappij voeren zal en dat aldus tuchtoefening door den kerkeraad over dienaren en ouderlingen en diakenen uitgesloten zou zijn, dan ziet men over het hoofd, dat elke ouderling krachtens zijn ambt gezag heeft over de geheele gemeente en allen, die tot haar behooren, dus ook over hare dienaren, ouderlingen en diakenen, en dat dus in den kerkeraad metterdaad is een samenbrengen van macht, en dat de kerkeraad macht heeft over de gemeente niet vanwege onderlinge afspraak, maar van Godswege. Die verhouding van ambtsdragers tegenover elkander en van den kerkeraad tegenover de gemeente is eene geheel andere dan die der kerken onderling ten aanzien van elkander, en dientengevolge der meerdere kerkelijke vergaderingen tot hare kerken".[132]

Waar nu het nieuwe kerkrecht met dit artikel in strijd is, gaat Dr M. Bouwman er toe over de inhoud van het artikel te verdraaien, opdat de schijn van overeenstemming met de KO. bewaard zou blijven. Naar diens opvatting, reeds gememoreerd in het korte exposé over het nieuwe kerkrecht hierboven, komt volgens Prof. Greijdanus dit artikel aldus te luiden: "Geene afzonderlijke kerk zal over eene andere kerk..... eenige heerschappij voeren, maar alle kerken min eene in eene meerdere vergadering hebben het recht daartoe over die eene kerk wel".[133]

Naast art. 85 is het *art. 79 K.O.* waarmee het nieuwe kerkrecht in strijd komt. Hier is de verwringing der woorden door Dr M. Bouwman, reeds door ons geciteerd, wel heel evident. Prof. Greijdanus zegt ervan: "Men staat toch wat te kijken over zulk een redeneering. Uit eene bepaling, dat een kerkeraad niet alleen het vonnis van afzetting over een ambtsdrager

---

131 ibidem, "20 en 30 en 50 x 0 is evenzeer 0 als 1 x 0", wie kent deze en soortgelijke uitdrukkingen ter verduidelijking in dezen niet? Steeds weer heeft Prof. Greijdanus ze gebezigd. Wat echter niet zo algemeen bekend is, is dat ze naar zijn eigen zeggen niet geheel origineel zijn: hij heeft ze aan zijn leermeester Prof. Rutgers ontleend, die dezelfde gedachte uitdrukte in negatieve vorm met het oog op de regeling van de emeriti-verzorging, in het in 't eerste deel van dit artikel genoemde, door Prof. Greijdanus in het Friesch Kerkblad besproken rapport van Prof. Rutgers inz art. 13 K.O. uit 1905. Cf. Ref., 19^e jrg., 300.
132 De Wachter, 41^e jrg., no 12; cf. Ref., 18^e jrg., 102.
133 Ref., 17e jrg., 343.

mag uitspreken, wordt geconcludeerd, dat die kerkeraad desnoods wel geheel uitgeschakeld mag worden, ja, dat de andere kerken dier classis wel tegen hem in, eenig lid van zijn college of van zijne kerk mogen excommuniceeren.....Natuurlijk maakt het geen punt van verschil uit, dat wel eene, maar niet twee, noch drie, noch alle kerken der classis zouden mogen medeoordeelen. Maar waar ligt het recht tot den sprong, dat dus ook de kerkeraad, wiens lid het geldt, in die excommunicatie wel voorbijgegaan en terzij gezet mag worden?" Art. 79 zegt er niets van.[134]

Hij wijst verder de fout aan in de redenering, die art. 36 K.O. tot steunpilaar van het nieuwe kerkrecht zoekt te maken: "Beweert men, dat in art. 36 K.O. de gemeente niet genoemd kan worden, en dat in dat artikel niet kon staan: "'t welk de kerkeraad heeft over de gemeente", omdat classisvergadering en synode vergaderingen zijn, maar de gemeente een lichaam is, dan heeft men natuurlijk hierin wel gelijk, dat classisvergadering en synode vergaderingen zijn en de gemeente een lichaam is", maar "men denkt er dan niet aan, dat de kerkeraad evenzeer een lichaam is als de gemeente, hoewel die ook kerkeraadsvergaderingen houdt." "Dan zou dat artikel alleen hebben kunnen luiden: 't Zelfde zeggen heeft de Particuliere Synode over de Classe, 't welk de Generale Synode heeft over de Particuliere".[135]

Aldus blijkt inzake de omvang van de macht der meerdere vergaderingen het nieuwe kerkrecht alle principiële grond te missen, en strijdig te zijn met de beginselen van het Gereformeerde kerkrecht, en de aangenomen kerkenordening.

Prof. Greijdanus handhaaft er tegenover het wezenlijk Gereformeerde kerkrecht: In volle omvang dragen de kerken hun macht niet over. Zij "bepalen door onderlinge overeenkomst, wat die meerdere vergaderingen mogen en moeten doen, voor hoever de macht, die zij zelve ontvingen, wordt overgedragen en voor hoever niet. Dat hebben onze Gereformeerde kerken gedaan in hare kerkenordening".[136] Voorts doen de kerken het in lastbrief en eventuele instructie. Zo zijn meerdere vergaderingen "gebonden en beperkt, niet alleen door Heilige Schrift en Gereformeerde belijdenis, maar ook door kerkenordening en lastbrief en eventueele instructie".[137]

In de kerkenordening nu heeft de plaatselijke kerk met de andere kerken omtrent de oefening en de wijze van oefening van de drieërlei macht

---

134 ibidem.
135 De Wachter, 41e jrg., no 13.
136 id., no 18.
137 id., no 15.

de afspraak gemaakt "zich van afzonderlijke leervaststelling te onthouden, maar deze aan de meerdere vergaderingen (in casu eene synode) over te laten, met behoud evenwel van het recht tot eigen beoordeeling inzake overeenstemming al dan niet met Gods Woord; vgl. art. 31 KO. Ook laat zij de bestuursregeling van het samenleven der kerken aan de meerdere vergaderingen over, zonder echter ook daarbij eigen oordeel en zelfstandigheid prijs te geven. En inzake de tucht accordeert zij met de andere kerken, dat zij die tucht in die en die gevallen niet oefenen zal dan in overleg met de meerdere vergadering, of op haar aanwijzen, en dat zij die oefenen zal op die en die manier en in die en die gevallen, óf ook niet oefenen, al naar die meerdere vergaderingen het rechtmatig en noodzakelijk oordeelen; en voorts spreekt zij met die andere kerken af, dat slechts in bepaalde gevallen eene meerdere vergadering over eenige tuchtoefening het beslissend oordeel vellen zal, vgl. art, 79 K.O" doch dat overigens de eigenlijke uitoefening der tucht blijft aan elke kerk zelve, hoewel meermalen naar het advies der meerdere vergaderingen, vgl. art. 77 K.O."[138]

Zo hebben de besluiten der meerdere vergaderingen formeel, d.i. afgezien van de vraag, of ze materieel in overeenstemming zijn met Gods Woord, slechts bindende kracht voor zoover ze overeenstemmen met de aangenomen kerkenordening.[139] Want de kerkeraden hebben zich niet verbonden tot onderwerping aan menselijk gezag, maar tot onderwerping aan Gods Woord.[140] Houdt een kerk zich niet aan deze afspraak, naar art. 31 K.O., dan missen echter de meerdere vergaderingen het recht, om met geweld of overheidsmacht de kerken tot gehoorzaamheid te dwingen. Zij hebben dan, naar het woord van Dr Rutgers, tenslotte "geen ander verweermiddel dan om deze kerk van het verband af te snijden."[141]

De weergave van de bewijsvoering door Prof. Greijdanus, dat het nieuwe kerkrecht strijdt met de beginselen van het Gereformeerde kerkrecht, en mitsdien met de kerkenordening, en van zijn verdediging van het wezenlijk Gereformeerd kerkrecht moeten we nu besluiten. Beperkte plaatsruimte staat verdere citering niet toe. Mogen de artikelenreeksen in *De Reformatie* en *De Wachter*,[142] waarin het boven saamgevatte door Prof.

---

138 Ibidem; zo ook Prof. Dr H.H. Kuyper eertijds, cf. de citaten van Ds C. Veenhof in Ref., 19ᵉ jrg., 30, uit De Heraut, no 2357.
139 Ref., 19e jrg., 277, cf. Ook 260, 309.
140 id., 19e jrg, 43.
141 *Dr F.L. Rutgers* en *Jhr Mr A.F. de Savornin Lohman*, De Rechtsbevoegdheid der Plaatselijke Kerken, Amsterdam, 1887, p. 178, v.; cf. Ref., 19ᵉ jrg., 324.
142 Naast kleinere artikelen, vooral: "Over vragen van Geref. Kerkverband. Voetius over het gezag der Synoden", Ref., 17ᵉ jrg. 341; "Het nieuwe kerkrecht in de practijk", 19ᵉ jrg.,

Greijdanus geschreven werd, spoedig herdrukt en gebundeld uitgegeven worden! Ze zijn immers meer dan historische monumenten van de strijd door Prof. Greijdanus samen met Dr J. van Lonkhuyzen vooral gestreden. "De zucht toch, om den hiërarch te spelen, schuilt..... in elks hart." En op dit woord van Dr A. Kuyper laat Prof. Greijdanus volgen: "God heeft ons als koningen geschapen, en nu de zonde ons verdorven heeft, willen wij, ook ondanks wederbarende genade, toch dien koningsdrang doen gelden zelfs in verkeerden zin.[143]

B. Dat dit laatste te bedenken valt óók van de allerheiligsten, die, zolang zij in dit leven zijn, ook nog slechts een klein beginsel der nieuwe gehoorzaamheid hebben, heeft Prof. Greijdanus steeds weer voorgehouden in betrekking tot de *fundering* van het nieuwe kerkrecht. Want de Woordverlating in de Gereformeerde kerken in de laatste tientallen jaren is mede tot uiting gekomen in het *historisme*, de wijze van fundering óók van het nieuwe kerkrecht. Want niet op de Schrift en op de beginselen van het Gereformeerde kerkrecht, maar op uitspraken en daden der vaderen heeft zich het nieuwe kerkrecht gefundeerd, zonder bij die uitspraken en daden de toets der Schrift aan te leggen. In het begin van dit artikel is reeds iets ervan meegedeeld. We willen aan hetgeen Prof. Greijdanus ook in dezen geschreven heeft, in 't kort aandacht geven.

Reeds in zijn eerste artikel tegen Dr M. Bouwman's proefschrift "Voetius over het gezag der synoden" wijst hij de fundering af: "We zijn met onze kerkelijke studieën en praktijken wat op den verkeerden weg. Zeker moeten we onderzoeken, wat onze Vaderen in de 16^e en 17^e eeuw hebben geleerd en gedaan. Daardoor eerst kunnen we recht inzicht verkrijgen in allerlei problemen en wijzen van oplossing, moeilijkheden, vragen. Maar

---

266; "Nieuw Kerkrecht", id., 298; "Niet geslaagd", id., 307; "Het wezen der meerdere kerkelijke vergaderingen volgens Voetius", id., 281, e.v.; „De quaestie van het nieuwe kerkrecht", 19^e jrg., 4, e.v.; "Het punt in geschil", id., 108; "Over hiërarchie", id., 116; "De Kerken in Synode samengekomen", id., 124, e.v.; "Calvijn over de samenkomst te Jeruzalem", id., 237; "Confoederatie óf hiërarchie", id., 251 e.v.; "Calvijn over kerkelijke macht en synodeuitspraken", id., 267; "Dr F.L. Rutgers en Jhr Mr A.F. de Savornin Lohman over het oude Gereformeerde Kerkrecht", id., 276 e.v.; "Wederwoord" in De Bazuin, 85^e jrg., nos 43, 44, 45; "Over Gereformeerd Kerkrecht", De Wachter, 41^e jrg., no 12 e.v. (ook in overdruk verschenen). Verder ook: "De nadere verklaring van "De Generale Synode" over hare aldoorgaande continuatie en handelingen", id., no 8 e.v.; "Opmerkingen bij "Antwoord van de Generale Synode aan Prof. Dr S. Greijdanus", id., no 16 e.v.; "Voetius over het gezag der meerdere kerkelijke vergaderingen en over eventueel conflict daarmee", id., 10 Mrt 1944 (ook in overdruk verschenen).

143 Ref., 19^e jrg., 146.

daarbij moeten we het niet laten. Ook die Vaderen zijn in hun doen en leeren niet normatief. Wat zij deden en zeiden moet daarom evenzeer in elk afzonderlijk geval getoetst worden en wel aan Gods Woord, aan de Heilige Schrift". "We moeten in onze kerkrechtelijke studiën en praktijken meer dan tot dusver ons wachten voor historisme, het erkennen van het historisch geschiede als normatief. Ook inzake het Gereformeerde kerkrecht moet meer aan Schriftstudie gedaan worden". "We dienen niet uit het oog te verliezen, dat onze Vaderen meermalen in de praktijk beslissingen hebben genomen naar gedienstigheid der omstandigheden .... voor welke beslissingen dan later zoo goed zoo kwaad het ging eene theoretische rechtvaardiging werd uitgedacht als principieel juist of geoorloofd of geboden".[144]

En telkens opnieuw klinkt zijn oproep om op woorden en daden van mensen zich niet te beroepen, zonder toetsing er van aan de Schrift. Op Schriftbewijs en op bewijs uit de grondbeginselen van het Gereformeerd kerkrecht, dáárop komt het aan.[145]

Daarom heeft Prof. Greijdanus gedaan, wat Dr Bouwman nagelaten had: hij heeft Voetius' uitspraken getoetst aan de Schrift en aan de beginselen van het Gereformeerde kerkrecht en in zijn diepgaande studie: "Het wezen der meerdere vergaderingen volgens Voetius"[146] aangetoond, hoe bij Voetius twee lijnen elkaar snijden: een van de aanwijzing der grondbeginselen en een van gelegenheidsuitspraken, gedaan in verband met de practijk, waarvoor hij een theorie moet uitdenken. "Hij komt dan met zijn theorie van het "melius esse" (dat het beter is), of dat de eenheid of Vereeniging zeker recht schept, of dat er ontleening of delegatie van dwingende macht zou zijn, of dat er in dezen cumulatie van rechtsmacht ware".[147] Door Dr A. Kuyper Sr en Dr F. L. Rutgers is de eerste lijn vastgehouden. Het nieuwe kerkrecht neemt de gelegenheidsuitspraken van Voetius e.a. en hun daarmee accordeerende daden als uitgangspunt tot het ontwerpen van een systeem.[148]

Hij toetst en wijst af een nuttigheidsredenering van Hoornbeek[149] en citeert later andere uitspraken van hem.[150]

---

144 Ref., 17e jrg., 343.
145 Ref., 17e jrg., 343; 18e jrg., 102, 306, 307; 19e jrg., 108, 251.
146 Ref., 18e jrg., 281, 289, 297, 305, 313, 322, 333, 341.
147 Ref., 18e jrg., 314, 334.
148 Ref., 18e jrg., 323.
149 Ref., 18e jrg., 281.
150 De Wachter, 41e jrg., no 12.

Van de *Westminster Confessie*,[151] waarop een beroep gedaan wordt, toont hij aan, dat er in geleerd wordt een overheersing der kerk door de overheid, waar het systeem van Koning Willem I in 1815/16 geheel mee overeenkomt, en dominocratie, clericalisme, opperheerschappij van dienaren des Woords over de kerken.[152]

Dat ook de *Synopsis* de toestand bij Oud-Israël en die in de nieuwe bedeling, nu de kerk zelfstandig is, niet goed uit elkaar houdt, toont hij eveneens aan. "Overheidsmacht en kerkelijke macht en meerdere vergaderingen worden aldus niet voldoende onderscheiden en uitelkaar gehouden." Van een ingrijpen der meerdere vergaderingen, om zich in de plaats des kerkeraads te dringen en te doen wat des kerkeraads is, wordt in 't geheel niet gesproken in de Synopsis![153]

En van *Calvijn* laat hij zien hoe deze meermalen duidelijk te kennen heeft gegeven, dat een synode geen macht of autoriteit van zichzelf heeft, maar alleen van de overeenstemming van haar uitspraken met Gods Woord. Calvijn verklaart: het gezag der kerk is aan het Woord verbonden, en daarvan niet af te scheiden.[154]

De oorzaak, waardoor onze vaderen in de 16e eeuw en 17e eeuw in de practijk soms of meermalen anders handelden dan in hun theorie, geeft Prof. Greijdanus aan: "het stond in verband met den oorlogstoestand in deze landen en met hunne beschouwing over de verhouding tusschen overheid en kerk en met het feitelijke verband van deze beide hier".[155] Elders zet hij dat uitvoeriger uiteen.[156]

Hij waarschuwt om met voorbeelden uit de Franse Gereformeerde en de Engelse Presbyteriaanse kerken voorzichtig te zijn. Daarin heerste al van den beginne aan een enigszins andere, hiërarchischer geest dan in ons land. Dit wijst hij nader aan.[157]

Hij toornt tegen de uitspraak der Synode van Sneek uit '38,[158] die ter rechtvaardiging van het handelen der classis Drachten verklaarde, dat "de meest gezaghebbende Gereformeerde canonici" zulk handelen c.q. als

---

151 **De Westminster Assembly aanvaardde in 1646 de Westminster Confession als geloofsbelijdenis van de Church of Scotland en presbyteriaanse kerken wereldwijd.**
152 Ref., 19e jrg., 36 v.
153 Ref., 19e jrg., 37.
154 Ref., 19e jrg., 237, 252, 267, v.
155 De Wachter, 41e jrg., no 14.
156 Ref., 19e jrg., 27.
157 De Wachter, 41 jrg., no 14.
158 **Particuliere Synode van Sneek van 1938; S. Greijdanus, "De quaestie van het nieuwe kerkrecht (VI)," *De Ref.*, 19ᵉ jrg., n°. 6, 11 november 1938, 42.**

rechtmatig en plichtmatig leren: "......dit droeve, van zoo veroordeelenswaardige lichtvaardigheid getuigende, om indruk te maken van holle phraseologie zich bedienende stukje rapport"; en stelt de vraag wie deze canonici voor ons moeten zijn. Behoren ook Dr A. Kuyper Sr er toe en Dr F. L. Rutgers en Prof. Dr H. H. Kuyper en Ds Joh. Jansen vóór '26?[159]

En zo strijdt hij niet alleen tegen de grond, waarop men fundeert: het doen en zeggen der vaderen, zonder dit te toetsen, maar óók tegen de lichtvaardige wijze, waarop zulks geschiedt: met onzuivere en onvolledige voorstelling meermalen. "Voor een gegrond beroep wordt meer vereist "dan alleen maar het noemen van eenige klinkende namen en geschriften, onderwijl men zelf die werken misschien niet eens ingezien, laat staan bestudeerd, heeft, en meer ook dan de aanhaling van een enkel zinnetje, waarbij niet gerekend wordt met het verband, noch met de geheele beschouwing van de betreffende autoriteit".[160]

Hij toont aan, dat Dr M. Bouwman op principiële punten Voetius verkeerd vertaald en voorgesteld heeft. Zo m.n. wanneer hij Voetius laat zeggen, dat het geheel der synodaal verbonden kerken, ecclesia instituta is, waarvan de plaatselijk geinstitueerde kerken delen of afdelingen zijn.[161] Voetius blijkt dit juist zo kras mogelijk te ontkennen!

Zo moet hij ook een beroep van Prof. Kuyper op de Westminster Confessie en op de Synopsis en op Dr A. Kuyper Sr afwijzen als niet ter zake dienende: over het punt in geding wordt in de gegeven citaten niet gesproken.[162] Eveneens wijst hij af, het tot in den treure de laatste jaren herhaalde en weerlegde beroep op de bekende plaats Rutgers-de Savornin Lohman,[163] Rechtsbevoegdheid,² 179.[164] En hij citeert van Voetius, hoe deze van de Synode van Delft 1628,[165] door bestudering van wier handelingen Prof. Kuyper schreef vooral van inzicht veranderd te zijn in '26,[166] gezegd heeft dat ze niet onmiddellijk, uit eigen beweging, buiten weten en

---

159 Ref., 19ᵉ jrg., 42, v.
160 Ref., 19e jrg., 42, v.
161 De Bazuin, 85e jrg., no 45; Ref., 18ᵉ jrg., 297, v.; cf. Ook id., 17ᵉ jrg., 342.
162 Ref., 18ᵉ jrg., 207, v.
163 **A.F. de Savornin Lohman en F.L. Rutgers,** *De rechtsbevoegdheid onzer plaatselijke kerken,* **2ᵉ. dr., (Amsterdam: J.A. Wormser, 1887).**
164 De Bazuin, 85e jrg. no 43; Ref., 18ᵉ jrg., 308; cf. ook De Wachter, 41ᵉ jrg., no 15.
165 **De Particuliere Synode van Delft van 1628. W.P.C. Knuttel,** *Acta der Particuliere Synode van Zuid-Holland 1621-1700, deel 1 1621-1633,* **('s Gravenhage: Martinus Nijhoff, 1908),** *(Rijks Geschiedkundige Publicatiën kleine serie 3),* **270-274 en 276-277.**
166 De Heraut, 15 Mei '32, cf. Ref. 18e jrg., 334, noot 5; cf. Ook De Heraut, no 2357 (11 Juni '44).

tegen de wil van de kerkeraad van Rotterdam en de classis Rotterdam gehandeld heeft. Ware er bij Zuidhollandse classes en synodes zulk een eigenmachtig ingrijpen geweest, dan moest volgens Voetius gezegd worden "dat zij niet volgens, maar tegen de Kerkenorde gehandeld hadden"![167]

Zó gaf Prof. Greijdanus getuigenis van de zuivere Gereformeerde beginselen in zijn strijd tegen het nieuwe kerkrecht, waarvan hij de verkeerdheden in inhoud en fundering aanwees.

Toch beperkte hij zich niet tot dit getuigenis geven. Hij gaf ook concreet aan, hoe naar deze beginselen in de practijk van het kerkelijk samenleven beter te handelen was. In een artikelenreeks "De kerken in synode samengekomen"[168] schrijft hij hoe het heerlijke beginsel en schone ideaal, in deze uitdrukking onder woorden gebracht, beter hun recht konden erlangen, ofschoon ze zelfs in ons kleine landje niet te verwezenlijken zijn. Ook hier blijft het noodgedwongen bij afgevaardigden-synodes; tot samenkomen der kerken in eigenlijke zin komt het niet, hoewel de meerdere vergaderingen zo wel genoemd worden "met het oog op de bedoeling en vanwege het beginsel en ideaal, dat ze doet houden".[169] Prof. Greijdanus bepleit dan:

1. dat de ter synode te behandelen zaken, alsmede de rapporten, zo veel mogelijk en zo vroeg mogelijk aan de kerken worden bekend gemaakt, opdat ze ter kerkeraadsvergadering en zo ook op de meerdere vergaderingen goed besproken worden en ondertussen ook de kerkelijke bladen er over kunnen schrijven. Zo moeten alle kerken meewerken;[170]

2e, dat er steeds andere afgevaardigden worden gezonden, zoveel dit maar enigszins mogelijk is, opdat de synodes niet zo ongeveer vaste colleges vormen, vooral wat de dienaren des Woords betreft. Verder dienen synodale deputaten voor zaken van álle kerken niet als afgevaardigden ter generale synode gezonden te worden, voorzover het mogelijk is;[171]

3. dat er vermeerdering kome van het aantal afgevaardigden naar de meerdere vergaderingen, zodat er drie afgevaardigden van elke kerk ter classicale vergadering, zes afgevaardigden van iedere classis ter particuliere synode, en acht afgevaardigden van iedere particuliere

---

167 Ref., 18e jrg., 334.
168 id., 19e jrg., 124, 131, 140, 146, 154, 162, 170.
169 id., 19e jrg., 140.
170 id., 19e jrg., 154.
171 id., 19e jrg., 162.

synode ter generale synode komen. Het aantal is dan verdubbeld, wat voor commissievorming en arbeidsverdeling een grote verbetering zou geven. Laten de grote kerken overgaan tot splitsing, dan is er tevens een betere vertegenwoordiging van de grote kerken.[172]

"De kerken in synode saamgekomen kon door een en ander iets beter zijn recht erlangen".[173]

Welnu, hoe in de kerkelijke practijk zowel deze aanwijzingen genegeerd zijn, als ook de beginselen van het Gereformeerde kerkrecht steeds meer verloochend werden, is bekend. Het hiërarchisch beginsel in Assen-1926 in werking gesteld, had geleid tot een hiërarchisch systeem, dat, mede door de docerende, de kerken adviserende en ter generale synode praeadviserende canonici gepropageerd als Gereformeerd, en als zodanig aanvaard door velen, die meer op personen, dan op beginselen acht gaven, kerkelijk werd toegepast, ook door de generale synodes. De derde hiërarchie[174] had haar intrede gedaan.

Dan is het weer Prof. Greijdanus, die mèt Prof. Schilder, in de strijd vooraan staat (Dr v. Lonkhuyzen is naar Amerika vertrokken). De beginselen, die hij voorhoudt zijn dezelfde; het adres is anders. Hij richt zich nu tot de vergadering, die zich na afgehandeld agendum, continueert, en met voorbijgang der mindere vergaderingen zich opwerpt als permanent bestuur over de Gereformeerde kerken; die terzake van art. 50 afwijkt van de ongewijzigde kerkenordening, zonder dat dit noodzakelijk is, en die zulk handelen bovendien als volkomen rechtmatig voorstelt.[175] In een uitvoerig schrijven in Jan. '43, in artikelvorm door hem gepubliceerd in *De Wachter*, stelt hij de synodale afwijking van dit artikel en van art. 31 K.O. aan de kaak.[176]

---

172 id., 19e jrg., 170.
173 ibidem.
174 **Als eerste hiërarchie wordt beschouwd de episcopale hiërarchie van de Rooms-Katholieke Kerk. De tweede hiërarchie is die van de Nederlandse Hervormde Kerk onder het Algemeen Reglement van 1816. Niet zonder reden werd ook gesproken van het hervormd genootschap. Deddens beschouwde de synodaal-gereformeerde kerken als de derde hiërarchie vanwege synodocratie.**
175 Cf. Schrijven van de Gen. Synode d.d. Dec. '42 aan alle kerkeraden, Acta v.d. voortgezette Gen. Synode van Sneek 1939, Bijlage CVI, p. 264 v.v.; ook opgenomen in "De Wachter", 41e jrg. no 8; cf. ook verdere stukken inz. de "zelf-continuering", opgenomen in de Bijlagen bij genoemde Acta.
176 De Wachter, 41e jrg., nos 8-10.

Het antwoord van de Synode[177] op haar verzoek gepubliceerd in *De Heraut* en *De Wachter*,[178] voorziet hij in 't laatste blad van enkele aantekeningen,[179] waarin hij o.m. de inmiddels gepubliceerde verklaring van de commissie[180] Nauta-Den Hartogh[181]-De Jong[182]-Ridderbos Sr[183] over een grote en een kleine restrictie bij art. 31[184] veroordeelt; betoogt dat, wanneer een synode zonder dwingende noodzaak mag afwijken van de K.O., de synodale overheersing der Gereformeerde kerken erger nog is dan in de Hervormde kerk, waar de synode gebonden is aan de moeilijk te veranderen reglementenbundel;[185] en tegenover 't synodale beroep op de Particuliere Synode van Veere (1610),[186] terzake van art. 31, ter weerlegging

---

177 Deddens schreef - in de volgende voetnoot - dat de synode de brief aan Greijdanus schreef op 21 april 1943. Daarbij verwees hij naar bijlage CXXI. M.i. moet het gaan om 29 april 1943; *Acta Voortgezette Synode 1943 Utrecht*, 283-293.

178 Schrijven van de Gen. Synode aan Prof. Dr S. Greijdanus, d.d. 21 April 1943, Bijlage CXXI bij geciteerde Acta; ook opgenomen in De Wachter, 41ᵉ jrg., nos 16 en 17.

179 De Wachter, 41 jrg., nos 16 en 17.

180 Deddens doelde hier op de 'deputaten tot de communiqué's der synode'. Naast de vier door Deddens genoemde deputaten was ook J. Hoek benoemd. Die heeft Deddens hierboven niet genoemd; *Acta Voortgezette Synode Utrecht 1943*, 142. Dr. Jakob Hoek (1894-1955), synodaal predikant Noord-Scharwoude 1919, Soest 1921, 's Gravenhage-West 1926; *Gemeenten en predikanten*, 310; *Jaarboek 1956*, 444-445.

181 Mr. dr. Gerrit Marinus den Hartogh (1899-1959), synodaal predikant Hazerswoude 1929-1933, promotie in de rechten 1933, hoogleraar Theologische Hogeschool (Oudestraat) Kampen 1934; T.J.S. van Staalduine, "Hartogh, Gerrit Marinus den," in *BLGNP* 4, 183-184.

182 P. de Jong (1893-1979), synodaal predikant Schoonebeek 1919, Almkerk 1923, Bunschoten en Spakenburg 1926, Zwolle 1944, 's Gravenhage-Oost (voor de geestelijke verzorging in de inrichtingen van het Ministerie van Justitie) 1953, emeritus 1959; *Gemeenten en predikanten*, 317; *Jaarboek 1980*, 518.

183 Jan Ridderbos (1879-1960), predikant Oosterend (F.) 1905, promotie 1907, Meppel 1909, Bussum 1912, hoogleraar Kampen 1913-1950; R.H. Bremmer, "Ridderbos, Jan," in *BLGNP* 1, 280-283.

184 Cf. id., 41ᵉ jrg., no 11. Zie voetnoot 560.

185 id., 41 jrg., no 16; cf. "Snele afloop als der wateren", e.a.

186 J. Reitsma en S.D. van Veen, *Acta der Provinciale en Particuliere Synoden, gehouden in de noordelijke Nederlanden gedurende de jaren 1572-1620: Zeeland 1579-1620, Overijsel 1584-1620*, 5, (Groningen: J.B. Wolters, 1895), 91-112, met name 97. Het is niet zozeer curieus dat Deddens verwees naar de Provinciale Synode van Veere van 1610, evenmin naar art. 31 van de Dordtse Kerkorde van 1619, maar ten tijde van deze Zeeuwse Synode bestond de Dordtse Kerkorde van 1619 nog niet. Hooguit had Deddens kunnen wijzen op art. 28 van de Haagse Kerkorde van 1586 en nog meer op het feit dat in Zeeland de provinciale kerkorde van 1591 rechtsgeldig was. Puur tekstueel gezien zijn de beiden artikelen 28 identiek.

van de beschuldiging van "nieuw kerkrecht", wijst op meerdere synodale handelingen en kerkrechtelijke uitspraken sinds Doleantie en Vereniging.[187]

Hoe de kerkeraden van Kampen en Giessendam-Nederhardinxveld met hun weigering tot conformering aan hetgeen naar hun oordeel met Gods Woord streed, alsook Prof. Schilder met zijn beroep op de kerkeraden, geheel overeenkomstig Voetius' leer handelden, toont hij in een artikel in Maart '44 aan.[188]

Hoe evenmin als vele andere getuigenissen en smeekbeden het getuigenis van Prof. Greijdanus van verder hiërarchisch geweld vermocht te weerhouden, behoeft hier in den brede niet gememoreerd. Al driester en afzichtelijker werd het geweld van de vergadering, die "de kerken zelf"[189] geheten, zich van de kerkenordening losmaakte, en als een hiërarchisch beest met scherpe klauw eerst ambtelijk doodde den enen profeet, die het gewaagd had een plaatselijke kerkeraad te adviseren overeenkomstig de kerkenordening te handelen, en verder het ondernomen had de kerkeraden te betrekken in de voorbereiding van de zaak van revisie van synodale beslissingen op vraagpunten, die zelf zonder enige voorkennis der

> Hooguit is er verschil in schrijfwijze. Er is echter een wezenlijk verschil en dat betreft begrijpelijkerwijs de woorden 'provinciale synode' en 'generale synode'. Ter vergelijking, art. 28 van de Haagse Kerkorde van 1586 bepaalde: "Soo yemant hem beclaeght deur de uytspraecke der minder Vergaderinghe veronghelijckt te zijne, de selve sal hem tot een meerder Kerckelicke vergaderinghe beroepen moghen: ende t'ghene door de meeste stemmen goet ghevonden is, sal voor vast ende bondigh ghehouden werden. Ten sy dattet bewesen worde te strijden teghen het woort Godts, ofte teghen de Artijckelen in desen Generalen Synodo besloten, soo langhe als de selve door gheen ander Generale Synode verandert zijn;" geraadpleegd 24 maart 2018, http://kerkrecht.nl/node/6082. Art. 28 van de Zeeuwse Kerkorde van 1591 bepaalde daarentegen: "Soo yemant hem beklaaght, door de uytsprake der minder Vergaderinge verongelickt te zijne, de selve sal hem tot een meerder Kerckelicke Vergaderinge beroepen mogen, ende het gene door de meeste stemmen goet gevonden is, sal voor vast ende bondigh gehouden worden: ten zy dat het bewesen worde te stryden tegen het Woort Godts oft tegen d'artickelen in desen Provincialen Synodo besloten, soo lange als de selve door geene andere Provinciale oft Generale Synode verandert sijn;" C. Hooijer, *Oude kerkordeningen der Nederlandsche Hervormde Gemeenten (1563-1638), en het concept-reglement, op de organisatie van het hervormd kerkgenootschap in het Koningrijk Holland (1809)*, (Zalt-Bommel: Joh. Noman, 1865), 311.

187 De Wachter, 41e jrg., no 16.
188 "Voetius over het gezag der meerdere kerkelijke vergaderingen en over eventueel conflict daarmee". De Wachter, 10 Mrt '44 (ook in overdruk verschenen).
189 Cf. "Snelle afloop als der wateren".

kerken aan de orde waren gesteld. Daarna ook ambtelijk doodde den anderen profeet, Prof. Greijdanus, die, bij het uitvallen van de kerkelijke pers, in meerdere kleine geschriften[190] van het zondige van de laatste daad getuigde. Hiermede heeft hij "de goede naam en eer van de Synode aangetast" en daardoor, naar zij uitspreekt, gezondigd tegen het vijfde en negende gebod van de wet des Heren.[191] Van de verdere daden dezer synode hebben wij hier te zwijgen. De vrijmaking er van van vele kerken is gevolgd, mede een vrucht van het trouw waken en getuigen van Prof. Greijdanus; een wederkeer tot de kerkenordening en tot de Schriftuurlijke kerkrechtelijke beginselen, voortdurend door hem aangewezen.

Zo is de strijd van Prof. Greijdanus tegen het nieuwe kerkrecht binnen de kring der Gereformeerde kerken ten einde gekomen.[192]

III
Toch heeft Prof. Greijdanus op kerkrechtelijk gebied niet gezwegen sindsdien. Ten laatste vraagt nog de aandacht zijn "Schriftbeginselen van kerkrecht inzake meerdere vergaderingen". Van dit recente en onder ons algemeen bekende geschrift zullen we geen uitvoerige bespreking, maar een summiere samenvatting slechts van de hoofdpunten geven.

De kerk is des Heren. Daarom heeft Hij alles over en in haar te zeggen (pag. 1, 2). Dat doet hij in de Schrift (3). Daarin heeft Hij Zijn wil inzake de kerk en haar leven of handelen geopenbaard door Zijn eigen spreken en doen en door dat van Zijn discipelen of apostelen en eerste dienaren, voorzover het met Goddelijke autoriteit wordt meegedeeld (7).

Wie in het Woord niet blijft, is buitengeworpen en is verdord (9), en moet ook als in opstand tegen den Here der kerk weerstaan en verworpen worden, welke hoge pretentie in naam of formeel opzicht dan ook gevoerd wordt (10).

De kerk is een geestelijke eenheid, één geheel, het éne lichaam van Christus. In die zin gaat ook het geheel aan de delen vooraf. Alle plaatselijke kerken zijn van dit éne lichaam van Christus openbaringen (10).

---

190 "De schorsing van Prof. Dr K. Schilder", "Dat ik niemand lichtelijk en onverhoord oordeele", "Zijn dan deze dingen alzoo? En hij zeide….. Hoort toe", "Snelle afloop als der wateren".
191 Acta v.d. Gen. Syn. v.d. Geref. Kerken in Ned. 1943-45, Kampen, z.j., p. 152.
192 Binnen de kring der Gereformeerde kerken. Enkele publicaties tegen de verdergaande kerkelijke ontaarding der synodocratische kerkengroep zijn later gevolgd: "De zestien uitspraken van de Synode te Utrecht in Aug, 1945", "Mijne schorsing door de generale Synode", "De Synode te Utrecht van Jan. - Maart 1946 en hare dogmatisch een kerkrechtelijke beslissingen", Ref., 21ᵉ jrg., no 146, v.

Die éne kerk is niet een institutaire, ambtelijke eenheid, met kleinere afdelingen, met een in rangorde afdalende ambtelijke institutie (11). De Here gaf met enkel plaatselijke ambten of ambtsdragers voorziene kerken, die onderling onafhankelijk zijn (12, 25 - 28). Meerdere vergaderingen hebben dan ook generlei eigen bevoegdheid of zeggenschap (14). 't Hangt hier alles af van de onderlinge afspraak, toestemming, medewerking dier kerken (15).

Want het verband der kerken rust aan de kant der kerken louter in wederzijdse vrijwillige overeenkomst. Van Gods kant is er echter een verplichting, wanneer dat verband mogelijk is (19).

Daar de eenheid van de kerk geestelijk is, moet ook de eenheid der kerk, waarom Christus bidt in het Hogepriesterlijk gebed, maar niet verstaan worden als een uitwendige organisatieeenheid en allerminst hoofdzakelijk of uitsluitend. "Die éénheid is er ook ondanks alle uitwendige band van samenhang ontbreekt" (21). Die uitwendige band van vereniging of samenhang is van ondergeschikte, zo niet zelfs zeer ondergeschikte betekenis en waarde, blijkens het gemis er van van de gemeenten onderling in het Nieuwe Testament (22). Toch is samenwerking en correspondentie der plaatselijke kerken roeping, omdat zij alle een geestelijke eenheid zijn en plaatselijke openbaringen van het éne lichaam van Christus (28). Als reden tot samenwerking en correspondentie komt de zonde met haar werking slechts in de tweede plaats ter sprake (29). "Die samenwerking en correspondentie moet dienen om 's Heeren Woord volle heerschappij te doen hebben en het heil der kerken te bevorderen. Zoodra die twee, welke nauw samenhangen en in den geest een zijn, er door verhinderd of geschaad worden, moeten die correspondentie en samenwerking verbroken, te niet gedaan worden, hetzij voor een deel, hetzij geheel, al naar gelang zich voor doet" (28).

Uitvoerig bespreekt hij tenslotte de samenkomst te Jeruzalem, Hand. 15, waaruit al te veel geconcludeerd is zonder rekening te houden met hetgeen in Gal. 2 over deze bijeenkomst wordt gezegd. Prof. Greijdanus stelt in 't licht, hoe van deze vergadering als van een synode in de gebruikelijke zin moeilijk gesproken kan worden (30 - 32) en hoe in 's Heren openbaring aan Paulus (Gal. 2 : 2) ons geen Goddelijke aanwijzing gegeven is, dat de vergadering recht en naar Zijn wil was (33 - 35). Bij vele onzekerheden staat toch dit vast, dat apostelen en ouderlingen niet buiten de gemeente om hebben gehandeld. En dit waren dan zelfs de apostelen (37). Van de dogmata wordt gezegd, dat ze kekrimena[193] zijn, d.i. door

---

193 **Kekrimena (κεκριμένα) houdt verband met de Griekse woorden** *krima* (κρίμα) **en**

oordelen als van een kritès[194] vastgesteld. Dit hebben óók meerdere vergaderingen slechts te doen: te krinein, te oordeelen als een rechter, om te onderzoeken wat Gods Woord zegt, en om naar dat Woord alles te beoordelen en vast te stellen, of te verwerpen, voor te schrijven of te verbieden. Anders heeft het beslotene generlei kracht (38). Voorts is het opmerkelijk, dat deze samenkomst, ofschoon verklarende: "het heeft den Heiligen Geest en ons goedgedacht", toch geen censuurmaatregelen tegen eventuele ongehoorzamen heeft ontworpen (39). Ondanks het vele onzekere en onduidelijke wil Prof. Greijdanus echter toch niet ontkennen, dat met deze vergadering enige Goddelijke aanwijzing gegeven kan zijn van geoorloofdheid en wenselijkheid van synodale samenkomsten van plaatselijke kerken (39). In gelijke zin heeft hij eertijds ook geschreven bij de bespreking van de dissertatie van Dr D. Jacobs.[195] [196]

Zo wijst Prof. Greijdanus de Schriftbeginselen aan tegenover hen die ze prijsgeven. 't Zijn de beginselen, die hij ongeveer dertig jaar geleden reeds voorhield en steeds heeft verdedigd.

Van een Greijdanus I en een Greijdanus II kan werkelijk geen sprake zijn! Hij heeft de zuivere beginselen niet losgelaten uit nuttigheidsoverwegingen, ook niet uit overwegingen van nuttigheid voor zichzelf. Toen de hiërarchie insloop in de kerken, hand in hand gaande met verwording in theologie en kerkelijk leven: objectivisme (subjectivisme), historisme, wetenschapsdwang, toen heeft hij geprofeteerd, - is niet alle profetie geboren uit de strijd voor het recht des Heren? De toorn van mensen en van een generale synode heeft hij zo tegen zich gericht, opdat, naar de woorden eens door hemzelf geschreven, voorkomen zou worden het opwekken van Gods toorn tegen de Gereformeerde kerken.[197] Want de eerste zin uit

---

kekrimenos (κεκρῐμένως) die respectievelijk oordeel of beslissing en oordeelkundig of discreet betekenen; Henry G. Liddell en Robert Scott, *A Greek-English Lexicon*, (Oxford: Clarendon Press, 1996), 995 en 935.
194 *Kritès* of κρίτης betekent rechter of scheidsrechter; Charles Hupperts, *Woordenboek Grieks-Nederlands*, (Leeuwarden: Eisma Edumedia, 2004), 211.
195 G.T.T., 28e jrg., 190, v.
196 David Jacobs (1879-1969), hervormd hulppredikant Maassluis 1919, predikant Nijkerkerveen 1920, Hoogmade 1922, Krimpen aan den IJssel 1928, Tull en 't Waal 1931, Boskoop 1933, emeritus 1944, hulppredikant Sirjansland 1945, Altforst en Appeltern 1948-1954; J. van Oort, "Jacobs, David," in: *BLGNP* 2, 272-273; D. Jacobs, *De verhouding tusschen de plaatselijke en de algemeene kerk in de eerste drie eeuwen. Een onderzoek mede ter belichting van den hedendaagschen kerkelijken strijd*, (Leiden: J. Ginsberg, 1927).
197 "De schorsing van Prof. Dr K. Schilder", p. 6 (andere editie: p.16).

zijn laatste kerkrechtelijk geschrift is een belijdenis, geloofd door hem met het hart en nagekomen met de daad: "De kerk is des Heeren".[198]

De kerk is des Heren. Mogen de geestelijke zonen van Prof. Greijdanus in deze belijdenis getrouw volharden, ook met de daad!

Het is de geëerde leermeester van Prof. Greijdanus, Prof. Dr F. L. Rutgers geweest, die in zijn laatste rectorale oratie er aan herinnerde, dat Calvijn, toen hem in een smaadschrift o.a. was voorgeworpen, dat hij geen kinderen had, kort en treffend ten antwoord gaf: "God had mij een zoontje gegeven, Hij heeft het genomen. En nu word ik ook gesmaad wegens kinderloosheid. Maar ik heb immers zonen, bij tienduizenden, in de gansche christelijke wereld". Prof. Rutgers laat er dan op volgen: "Welnu, in die zonen, die hij sinds dien tijd nog voortdurend gehad heeft, in die groote familie, die met hem verwant is in geloof en beslistheid en ijver en zelfverloochening, en die de door hem weer aan het licht gebrachte beginselen verder uitwerkt en toepast, in die allen heeft hij voortdurend, niet slechts hetzelfde als een standbeeld geven kan, maar ook inderdaad nog veel meer, iets dat zijn aandenken levend houdt, niet op eene plaats en dan onbewegelijk, maar door heel de wereld en in volle actie".[199]

Moge zó, in geloof en beslistheid en ijver en zelfverloochening, er bij de grote familie van Prof. Greijdanus gevonden worden een verder uitwerken en toepassen van de door hem in het licht gestelde beginselen van het Gereformeerde kerkrecht,

Is de ernstige begeerte daartoe, vandaag geopenbaard, niet voor Prof. Greijdanus de schoonste jubileumhulde?

D. D.

SLOTAANTEKENING
Nadat dit artikel geschreven was, kwam de dissertatie van Dr A.J. Bronkhorst[200] uit over "Schrift en Kerkorde" (uitg. J. Rijndorp, Willemstad).

---

198 Schriftbeginselen, p. 3.
199 "De beteekenis der gemeenteleden als zoodanig, volgens de beginselen die Calvijn, toen hij openlijk optrad, heeft ontwikkeld en toegepast", Amsterdam, 1906, p. 7.
200 **Alexander Johannes Bronkhorst (1914-1984), hervormd predikant Wijk aan Zee en Duin 1940, Willemstad 1943, Den Haag 1947, hoogleraar Faculteit Protestantse Godgeleerdheid Brussel, 1966 hoogleraar Utrecht. In 1947 promoveerde hij tot doctor op het proefschrift** *Schrift en kerkorde een bijdrage tot het onderzoek naar de mogelijkheid van een "schriftuurlijke kerkorde",* **(Den Haag : Zuid-Holl. Boek- en Handelsdrukkerij, 1947). A. de Groot, "Bronkhorst, Alexander Johannes," in** *BLGNP* **5, 92-94; A. de Groot,** *Tussen uitdaging en traditie: Kerkelijk belijden in historisch en oecumenisch perspectief,* **('s-Gravenhage: Boekencentrum, 1984).**

Voor dit uit twee hoofdstukken (I "De Bijbelsche gegeven"; II "De kerkrechtelijke conclusies") bestaande werk blijkt van de arbeid van Prof. Greijdanus op kerkrechtelijk gebied geheel geen kennis genomen te zijn! Voor hoofdstuk I zijn Prof. Greijdanus' kommentaren, en zijn geschriften als "Is Hand. 9 (met 22 en 26) en 15 in tegenspraak met Galaten 1 en 2?" en "Schriftbeginselen van kerkrecht" evenmin geraadpleegd, als voor hoofdstuk II zijn talrijke artikelen uit het laatste decennium over het Gereformeerd kerkrecht. De auteur geeft er dan ook blijk van niet op de hoogte te zijn met het feit, dat hetgeen hij op p. 265 van Prof. Schilder inz. Voetius citeert, ontleend is aan de Voetius-artikelen van Prof. Greijdanus!

Dat deze totale negatie het hare er toe heeft bijgedragen dat het door Dr Bronkhorst.[201] verdedigde presbyteriaal-synodale stelsel een hiërarchische strekking heeft gekregen, behoeft geen betoog. Ze kan evenwel geen verwondering wekken bij wie geen verlangen bespeuren bij den auteur tot een kerkelijk leven onder vigeur der D.K.O. en die ook verder op meerdere punten de geloofsband met hem doorgesneden zien.

Overigens is 't leuk nota te kunnen nemen van een uitspraak als deze: "De binnen de Gereformeerde Kerken geblevenen hebben door dit blijven de gang van zaken der laatste jaren aanvaard en daarmede dus toegegeven dat de Synode het hoogste gezag en het laatste woord heeft en daardoor de kerkrechtelijke "Sturm-und-Drang"-periode der Doleantie voor geëindigd verklaard. De Gereformeerde Kerken onderhoudende art. 31 D.K.O. blijven bij de oorspronkelijke opvattingen van A. Kuyper en Rugters" (p. 264, v.).

---

201 In de tekst van Deddens staat: "Dr B."

3. Greijdanus over zijn leven
– Interviewverslag 1968-1969

Deddens had professor Greijdanus hoog staan. Dat was al zo toen hij nog student was en ook later als predikant en professor. Zoals uit het vorige artikel van Deddens over Greijdanus en het gereformeerde kerkrecht mag blijken, had Greijdanus als bijbelwetenschapper kerkrechtelijk positie gekozen voor het Doleantiekerkrecht en tegen het in zijn ogen nieuwe kerkrecht dat rondom de promotie van M. Bouwman tot doctor in de godgeleerdheid in 1937 scherp aan het licht was gekomen. Bovendien bleef Greijdanus ook K. Schilder trouw. Kerkelijke vergaderingen als de classis vergadering, de particuliere synode en de generale synode zouden in een consequent doorgevoerd Doleantiekerkrecht slechts afgeleide macht (potestas derivata) hebben. Uiteindelijk zou een langslepend dogmatisch conflict, principieel verschil van kerkrechtelijk inzicht en botsing van karakters culmineren in de schorsing van K. Schilder in 1944. Net als Schilder werd ook Greijdanus geschorst. Hij streed met Schilder tegen de kerkrechtelijke dwalingen van de 'synodaal' gereformeerden, tegen de zwenking van het zogenaamde oud naar nieuw kerkrecht.

Karel Cornelis van Spronsen van uitgeverij Oosterbaan & Le Cointre uit Goes had in 1948 Deddens uitgenodigd een boek over Greijdanus te schrijven. Van Spronsen kwam op dat idee vanwege de kopie die Deddens hem had toegestuurd over Greijdanus en het gereformeerde kerkrecht in de Almanak van studentenvereniging F.Q.I. in 1948. Van Spronsen werkte van 1939 tot 1963 bij uitgeverij Oosterbaan & Le Cointre. Er was geen haast bij een dergelijk biografisch werk over Greijdanus. Deddens besloot alvast wat materiaal te verzamelen. Hij sprak hierover met zijn vader, P. Deddens sr. Die overlegde met K. Schilder. Het leidde er uiteindelijk toe dat D. Deddens Greijdanus mocht interviewen.

Een boek over Greijdanus zou er van de hand van Deddens nooit komen. Vijftig jaar later zou G. Harinck een bundel uitgeven.[1] Toen hij hierover met D. Deddens sprak, vertelde deze dat hij jaloers was op Harinck. Deddens had het niet verder gebracht dan een interviewverslag van de gesprekken die hij in het voorjaar van 1948 met Greijdanus had gehad. Twintig jaar later

---

1 G. Harinck, ed. *Leven en werk van prof. dr. Seakle Greijdanus* (**Barneveld: De Vuurbaak, 1998**), (*AD Chartas-reeks*, ed. G. Harinck 3).

was hij in staat dit verslag te publiceren. Nog weer dertig jaar later, in 1998, heeft Deddens in de hierboven genoemde bundel van Harinck een overzicht gegeven van de kerkrechtelijke strijd van Greijdanus.[2] *Met een lemma over Greijdanus in de serie Biografisch Lexicon voor de Geschiedenis van het Nederlandse Protestantisme vormde dit de laatste academische publicatie van Deddens. Met Greijdanus begon in 1948 zijn theologische carrière en met Greijdanus eindigde zijn theologische publicatielijst.*

In tegenstelling tot het vorige artikel gaat dit niet over het kerkrechtelijke werk, en ook niet over het bijbelwetenschappelijke werk, van Greijdanus, maar meer over zijn persoon, zijn leven en zelfs over zijn vakanties. Bijzonder is de opsomming door Greijdanus van de vakanties die hij en zijn vrouw jaarlijks beleefd hebben. Het is ook bijzonder dat Deddens het van belang vond om dit soort informatie op te nemen in zijn verslag. Evengoed, het interview vond plaats kort voor het overlijden van Greijdanus. Het interview moet dan ook in de context geplaatst worden van een mens die de balans van zijn leven aan het opmaken was. Het geeft bovendien aan dat toenmalig drukbezette theologen ook vakanties vierden, ook al werkten sommigen op hun vakantieadres gewoon door.

Inleiding

Toen de Almanak-redactie mij verzocht een artikel te schrijven, en daarbij wat het onderwerp betreft de vrije hand liet, dacht ik eerst aan het Convent van Wezel.[3] Toch heb ik bij nadere overweging er de voorkeur aan gegeven, hier andere stof te publiceren. Ter verklaring en toelichting gaarne het volgende.

---

2 D. Deddens, "Het manuscript 'Kerkrechtelijke studiën": Greijdanus over gereformeerd kerkrecht," in Harinck, *Leven*, 233-261.

3 Met het Convent van Wezel wordt gedoeld op de bijeenkomst van een aantal predikanten (en ouderlingen) die in 1568 in Wezel zouden zijn samengekomen. Owe Boersma stelde dit in zijn dissertatie ter discussie. De bijeenkomst zou in 1571 hebben plaatsgevonden, nog voor de Synode van Emden van 1571. Sterker nog, het is de vraag of de bijeenkomst daadwerkelijk heeft plaatsgevonden; O. Boersma, *Vluchtig voorbeeld : de Nederlandse, Franse en Italiaanse vluchtelingenkerken in Londen, 1568-1585*, (s.l. s.n., 1994). De Amerikaanse historicus Jesse Spongeholz stelt in zijn recente boek dat dit Convent niet heeft bestaan en toont gedetailleerd het idee van dit Convent aan in zijn nieuwste boek: Jesse Spongeholz, *The Convent of Wesel: The Event that Never was and the Invention of Tradition*, (Cambridge: Cambridge University Press, 2017).

Zoals ieder corpslid weet, was de Almanak-F.Q.I.[4] van twintig jaar geleden een soort Festschrift-Greijdanus.[5] Deze had op 19 december 1947 zijn 30-jarig ambtsjubileum als hoogleraar mogen vieren, en was de avond tevoren gehuldigd in een buitengewone corpsvergadering, die voor allen die haar bijwoonden onvergetelijk is. Aan het begin van de samenkomst was aan de jubilaris het erelidmaatschap van het corps aangeboden. Voor het eerst in zijn leven was de toen 76-jarige als 'amice Greijdanus' aangesproken door een praetor corporis[6] F.Q.I. Maar van de kant van het corps was er sterke behoefte gevoeld nog iets méér te doen: besloten was, ook de nieuwe almanak aan de jubilaris te wijden.

Na de verschijning daarvan ontving een van de medewerkers, ondergetekende, het verzoek, te zijner tijd sub reservatione Jacobaea[7] over Greijdanus een boek te schrijven, een werk van biografische aard. Afwijzen durfde ik dit verzoek niet; in voorzichtige vorm werd het positief beantwoord, waarbij, dat een publicatie op korte termijn om verschillende redenen onmogelijk moest worden geacht. Afgesproken werd, dat ik in de nabije toekomst wèl - dat in ieder geval - zoveel mogelijk materiaal zou trachten te verzamelen.

Doorslag gevend voor deze beslissing was de houding van Greijdanus zelf. Uit m'n aantekeningen, in die dagen nauwkeurig bijgehouden, het volgende. Op maandagavond, 22 maart '48, sprak ik over het verzoek met mijn vader. Deze gaf zijn mening, en stelde voor, dat hij de volgende dag met K. Schilder spreken zou, vooral over de vraag of Greijdanus zelf op de hoogte zou worden gebracht. Reactie van Klaas Schilder:[8] laten we het direct maar aan Greijdanus zelf voorleggen ('t gebeurde bij een vergadering van het comité voor het Amersfoortse Congres, welbekend). Reactie van Greijdanus: dan moet hij zèlf maar het materiaal verzamelen. Daarbij: hij mag wel bij mij komen, als hij met vragen zit. Verrassend!

Op aanraden van mijn vader ben ik toen dadelijk de volgende dag naar Greijdanus zelf toegegaan; hij had er die dinsdag namelijk buitengewoon slecht uitgezien, was blauw in het gezicht geweest, en zou, naar de gedachte van mijn vader, misschien nog maar weinige weken verwijderd zijn van de vervulling van de hoop, die hij op de corpsvergadering had

---

4 **Corpus Studiosorum in Academia Campensi Fides Quadrat Intellectum (F.Q.I.)** is de studentenvereniging van de Theologische Universiteit Kampen, geraadpleegd 12 mei 2017 http://www.fqinet.nl.
5 **Prof. Dr. S. Greijdanus bij zijn 30-jarig ambtsjubileum;** *Almanak* 1948, 64-257.
6 **Praetor corporis: voorzitter van het studentencorps.**
7 **Onder het voorbehoud van Jakobus, ofwel:** *Deo volente*; Jakobus 4:13-15.
8 **In de tekst van Deddens staat: "K.S.".**

uitgesproken: dat de Here hem spoedig tot Zich zou nemen in Zijn heerlijkheid. Enkele uren achtereen heeft Prof. Greijdanus mij toen van zijn leven verteld.

Voor de tweede maal heb ik hem bezocht drie weken. later, op 13 april. Met grote welwillendheid heeft hij toen bijna drie uur lang nadere vragen van mij beantwoord. Zijn lichamelijke moeiten waren inmiddels weer toegenomen, en verergerden in de weken daarna. Nadat hij op 1 mei thuis nog zijn verjaardag had kunnen vieren, werd hij op 4 mei opgenomen in het rooms-katholieke ziekenhuis te Zwolle, waar hij de 19e mei overleed.

Van deze laatste weken heeft de schoonzuster van Prof. Greijdanus, Mevrouw A. A. J. Verbrugge-Zevenbergen,[9] een verslag gemaakt in de vorm van dagelijkse aantekeningen, die zij me ter beschikking heeft gesteld. Met diepe erkentelijkheid zij hier vermeld, dat Mevrouw Verbrugge ook in andere opzichten alle mogelijke hulp heeft willen bieden. In het laatste gesprek met Greijdanus - op 13 april zei hij: 'als het tot een uitgave komt, moet je mijn vrouw er een heel grote plaats in geven, hoor'. Ik beloofde dit, en merkte op dat ik al overwogen had me tot Mevrouw Verbrugge te wenden, omdat ik wel besefte dat het voor hem zelf minder gemakkelijk was, over Mevrouw Greijdanus me nog méér mee te delen dan hij gedaan had. Hij stemde hier volledig mee in. Met grote welwillendheid en vriendelijkheid heeft Mevrouw Verbrugge me veel verteld, en ook brieven en foto's afgestaan.

Hier zij aangestipt, dat ook anderen veel informatie hebben verschaft, dikwijls in de vorm van persoonlijke herinneringen. 'Old men forget', maar in Arum trof ik in 1948 twee figuren aan, die over het gezin Greijdanus in de tijd te Witmarsum nog allerlei dingen wisten te verhalen. Ook uit Greijdanus' vroegere gemeenten ontving ik inlichtingen. Veel bijzonderheden hoorde ik van hen, die Greijdanus dagelijks van heel nabij hadden meegemaakt, o.a. oud-dienstboden, en de huishoudster van Prof. Greijdanus. Dit geldt ook van een eerdere fase, ik denk; bijv. aan zijn verblijf in Blija, waar iemand van vertelde die hem daar in de dagelijkse omgang gekend had.

De zo bijeengebrachte stof is natuurlijk veel te min voor verwerking in een artikel. Wat wèl tot de mogelijkheden behoort is: het levensverhaal hier publiceren, dat Greijdanus zelf kort voor zijn sterven mij gedaan heeft. Daartoe wil ik nu graag overgaan. Het gebeurt met veel piëteit en

---

9 **Mevrouw Antonia Anna Johanna Verbrugge-Zevenbergen overleed op 10 februari 1970 op 87-jarige leeftijd; ADC, ADD, Overlijdensbericht.**

diepe dankbaarheid. 'k Denk hier aan de woorden waarmee de toenmalige Ds H. J. Schilder[10] zijn toespraak namens de 'jongere oud-leerlingen' in die gedenkwaardige corpsvergadering besloot:

> 'Ziet, Professor Greijdanus, omdat wij in Uw eenvoudige, maar daarom te meer rijke en voor ons zoo beteekenisvolle leven deze betuiging der geestelijke autarkeia[11] steeds krachtiger en schooner hebben geproefd en bevestigd gezien, daarom wel ten diepste mogen wij, die vroeger U reeds oprecht en doordacht respecteerden en waardeerden, nú eindigen met de zooveel schooner en dieper erkentenis: wij hebben U liefgekregen, van ganser harte'.[12]

Hier moge ik persoonlijk aan toevoegen, dat het mij een ere is geweest, dat Prof. Greijdanus mij, toen nog student, heeft willen ontvangen zoals hij gedaan heeft en me zijn vertrouwen heeft willen schenken. Terwijl het me spijt dat een boek over hem nog niet in het licht gegeven is, ben ik erg dankbaar voor de gelegenheid nu te zijner nagedachtenis iets te kunnen publiceren van en over hem. Zo krijgt de almanak van destijds ter ere van het erelid van F.Q.I. nu, twintig jaar later, in dit bepaalde opzicht nog weer een vervolg - en is juist deze almanak niet een zeer geëigende plaats voor het levensverhaal, dat uit Greijdanus' eigen mond werd opgetekend?

Over dit laatste nog een enkel woord. Op mijn eigen verzoek heeft Greijdanus me vooral ingelicht over de tijd die aan zijn professoraat voorafging. Zou er nog meer gelegenheid geweest zijn, dan zou ik hem graag nog verdere vragen hebben gesteld over de latere tijd, maar het leek me van veel belang speciaal over de periode vóór 1917 allerlei dingen van hem te horen, omdat deze veel minder bekend was. Bij het eerste gesprek op 24 maart heb ik niet zo heel veel vragen gesteld; ik hoefde dat niet te doen, omdat hij, eenmaal aan het vertellen, zelf herhaaldelijk van het een

---

10 H.J. Schilder (1916-1984), hulppredikant Bergschenhoek 1942, predikant (vrijgemaakt) Bergschenhoek 1944, Utrecht 1946-1952, hoogleraar Theologische Universiteit 1952-1981; R. ter Beek, "Schilder, Herman Johannes," in *BLGNP* 6, 278-280.

11 *Autarkeia* beteket zelfverzorgend, zelfvoorzienend, zelfredzaam; *A Greek-English Lexicon of the New Testament and Other Early Christian Literature: A Translation and Adaption of the Fourth Revised and Augmented Edition of Walter Bauer's Griechisch-Deutsches Wörterbuch zu den Schriften des Neuen Testaments und der übrigen urchristlichen Literatur*, by William F. Arndt and F. Wilbur Gingrich, (Chicago/London: The University of Chicago Press, 1979), 122.

12 De toespraak van Ds H.J. Schilder werd onder de titel 'Ambtsjubileum en ambtelijke autarkie' gepubliceerd in *De Ref.*, 23e jrg., blz. 110-113 (3 jan. 1948).

op het ander kwam. Zo nu en dan noemde ik zelf een onderwerp, bijv.: 'kunt u iets zeggen over uw standpunt in 1905 ten aanzien van de bezwaren tegen de leringen van Kuyper, en de pacificatieformule?';[13] 'kunt u iets vertellen over uw perswerk in de periode dat u predikant was?', enz. Bij de tweede ontmoeting was dat anders: ik had toen dertig vragen van tevoren geformuleerd over punten, waar ik graag nog iets méér van wilde weten, en tijdens het gesprek vroeg ik soms nog meer. In de weergave die hier volgt, heb ik deze vragen en hun beantwoording ingevoegd bij de diverse onderdelen. Ik sta er voor in, dat wat hier vermeld wordt, inderdaad de eigen woorden van Greijdanus zijn geweest. Ik heb zelf niets toegevoegd aan wat ik uit zijn mond heb opgetekend dan alleen een enkele keer een werkwoord: daar ik snel noteren moest, werkte ik met afkortingen, waarbij soms een werkwoord achterwege bleef.

Hier spreke nu dus de servus Christi[14] Seakle Greijdanus, doctor ecclesiae,[15] over zijn door de Here geleide 'eenvoudige, maar daarom te meer rijke en voor ons zo betekenisvolle leven'.

**

Het ouderlijk gezin
'Op 1 mei 1871 hen ik geboren in Arum. Mijn vader was daar landarbeider. Het gezin had kunnen bestaan uit vader, moeder, en tien kinderen. Maar één broertje is overleden op tweejarige leeftijd, één zusje tussen drie en vier jaar, één kindje werd doodgeboren, en één zusje is overleden op een leeftijd tussen 1¼ en 1½ jaar. Dus zes kinderen zijn volwassen geworden.

---

13 De pacificatieformule was een verzoeningsverklaring uit 1905. Ook na de vereniging van afgescheidenen en dolerenden in 1892 in de Gereformeerde Kerken in Nederland bleef er theologisch verschil van inzicht bestaan tussen beide groeperingen over de leer van de veronderstelde wedergeboorte van A. Kuyper in relatie tot het verbond en de beloften van God. Op de Synode van Utrecht van 1905 werd een overeenkomst bereikt over deze kwestie. Niettemin, in de jaren dertig en veertig van de twintigste eeuw werd deze pacificatieformule opnieuw onderwerp van strijd, hetgeen zou uitmonden in de Vrijmaking van 1944 en de Vervangingsformule door de buitengewone Generale Synode van Utrecht 1946; J.P. de Vries, "Vrijmaking," in *Christelijke Encyclopedie* 3, ed. G. Harinck et. al. (Kampen: Kok, 2005), 1837-1839; D. Deddens en M. te Velde, ed., Vrijmaking – Wederkeer, 2e dr., (Barneveld: De Vuurbaak, 1994); F.L. Bos, "Vervangingsformule," in *Christelijke Encyclopedie* 6, ed. F. Grosheide en G.P. van Itterzon, (Kampen: Kok, 1961), 482.
14 Servus Christi: dienaar van Christus.
15 Doctor ecclesiae: kerkleraar.

In 1893 zijn mijn ouders naar Amerika geëmigreerd, naar Paterson (New Jersey). Mijn broers en zusters zijn daar ook heen gegaan; één broer ging iets eerder, een andere later. Omdat ik zelf toen op het gymnasium in Zetten[16] was, ben ik niet meegegaan. Mijn vader is daar in Paterson overleden in 1915. Toen ik in 1926 voor de tweede keer een reis naar Amerika maakte, heb ik mijn moeder nog gezien, na 25 jaar. Ongeveer een half jaar daarna is zij overleden. Eén zuster en een broer zijn ook overleden. Eén zuster en twee broers zijn nu dus nog in leven.

Er bestaat van het geslacht Greijdanus een boek,[17] waarvan een exemplaar zich o.a. in het Fries Museum bevindt. Het geslacht is afkomstig uit Franeker, de naam stamt uit de 17e eeuw'.[18]

Jeugdjaren in Arum en Witmarsum (1871-1889)
'Van Arum zijn we verhuisd naar Witmarsum. Daar ben ik opgegroeid. Op zesjarige leeftijd ben ik naar school gegaan, tot mijn tiende jaar. Toen moest ik gaan verdienen. Later ben ik nog een winter naar school geweest. Dan moest ik dit doen, dan dát.'

— *Weet u ook, wanneer de verhuizing van Arum naar Witmarsum heeft plaatsgevonden?*

'Dat kan ik niet precies zeggen. We hebben eerst nog een tijd gewoond tussen Arum en Witmarsum, op de Grauwe Kat, dat was de naam van een gehucht. We woonden daar dicht bij een vaart.'

— *Had uw vader in Witmarsum hetzelfde beroep als in Arum?*

'Ja, ook daar was hij landarbeider; dat was tenminste zijn voornaamste bezigheid. Mijn vader had nogal aanleg voor ingenieur.'

— *Kunt u nog iets meer vertellen over uw kindertijd? Bijzondere gebeurtenissen?*

---

16 *Gedenkboek van het Christelijk Gymnasium te Zetten, Lyceum te Arnhem, uitgegeven bij gelegenheid van het 60-jarig bestaan, 1864-1924*, ([Arnhem: Christelijk Gymnasium], 1925).
17 **Marcelis Reinier Idema Greidanus**, *Het geslacht Greydanus, Greijdanus, Greidanus, Pluym Greidanus, Idema Greidanus, van Wimersma Greidanus*, (['s Gravenhage: M.R. Idema Greidanus], 1936).
18 Het werk, waarop Greijdanus doelde, is van de hand van Ir. M. R. Greijdanus. Een exemplaar hiervan was in 't bezit van Prof. Greijdanus zelf, en mocht door mij gebruikt worden. Prof. Greijdanus deelde me o.m. nog mee, dat de samensteller zelf niet met Hebreeuws enz. op de hoogte was geweest, en daarvoor hulp had gevraagd en gekregen van hem zelf. Hij meende dat er honderd exemplaren van waren gedrukt.

'Toen we op de Grauwe Kat woonden kwam er ook eens een beestenspel langs. Ik heb dat toen gezien. 't Heeft wel indruk op me gemaakt.'
— *Weet u nog iets te vertellen van de eerste tijd op school? Was er toen al een christelijke school? Had u ook voorliefde voor bepaalde vakken?*
'Eerst ben ik nog op de openbare school geweest. Hoelang? Eén, anderhalf, twee jaar.
Daarna op de christelijke, die even van tevoren was opgericht. Voorliefde voor bepaalde vakken? Nee, die had ik niet.
— *Herinnert u zich nog andere bijzondere gebeurtenissen, thuis, op school, in het dorp?* 'Bijzondere gebeurtenissen waren thuis het verlies van mijn broertjes en zusje. Dat heeft diepe indruk op me gemaakt. Het is me altijd bij gebleven.'
— *U bent dus in Witmarsum aan het werk geweest van uw tiende jaar tot uw achttiende, toen u naar Blija ging. Kunt u van deze jaren nog iets meer meedelen?*
'Eerst heb ik hier en daar wat gewerkt. Ik ging met mijn vader mee. Daarna ben ik ongeveer vijf jaar lang in een schoenmakerij geweest. Een grote gebeurtenis in die tijd was de Doleantie. Daar heb ik intensief mee meegeleefd. In Witmarsum was er niet zoveel te doen op dat punt, maar wel in de omstreken. Ik las steeds met aandacht De Heraut.[19] Dat was wáár natuurlijk.'
— *Hoe was het met het kerkelijk leven in Witmarsum? Is u met heel uw familie met de Doleantie meegegaan?*
'De Doleantie begon in Wons, dat was ongeveer drie kwartier van Witmarsum af. 's Zondags gingen we dikwijls met een paar man erheen. Daar heb ik toen kandidaten van de Vrije[20] gehoord: Van Lummel,[21] Rudolph,[22] Reuijl,[23] Prins,[24] die er later dominee geworden

---

19 De Heraut was een gereformeerd kerkelijk blad dat verscheen in de periode 1855 tot 1945, geraadpleegd 13 april 2017, http://www.hdc.vu.nl/nl/Images/Heraut_tcm215-135639.pdf.
20 Vrije Universiteit Amsterdam.
21 C.W.J. van Lummel (1856-1940), predikant Waarder 1887, Delft 1889, Zuidland 1909, emeritus 1933; *Gemeenten en predikanten*, 334.
22 R.J.W. Rudolph (1862-1914), predikant Heinenoord 1888, Leiden 1890, emeritus 1912, directeur Stichting voor Verwaarloosde Kinderen Achterveld (Utrecht); *Gemeenten en predikanten*, 354.
23 H.J. Reuijl (1862-1904), predikant Zevenhoven 1887, Overtoom 1889, Dordrecht 1894, hulppredikant De Knijpe 1928; *Gemeenten en predikanten*, 351.
24 Th.D. Prins (1862-1929), predikant Wons c.a. 1887, Bolsward 1891, emeritus 1928; *Gemeenten en predikanten*, 349.

is, en anderen. Ik heb daar Prof. Rutgers[25] Ds Prins zien bevestigen in een timmermansschuur. En in Lollum heb ik in 1888 Prof. Kuyper Ds Wijminga[26] zien bevestigen, die later naar Amsterdam is gegaan. Ook heb ik in die jaren Langhout,[27] Ploos van Amstel[28] en Prof. Hoedemaker[29] gehoord.

Hoeveel kerkgangers er in die eerste tijd in Wons waren? Dat kan ik niet precies meer zeggen. 'k Denk dat er zo'n 100 in de schuur zaten. Maar het breidde zich natuurlijk steeds uit.

Wat voor beelden ik van Rutgers en Kuyper toen vastgehouden heb? Ja, die grote mannen stonden daar maar zo, vlak bij je. Rutgers preekte over Handelingen 3: 'de Here uw God zal u een prefect verwekken'. Kuyper over Matth. 24 : 45-51, de knecht die werd aangesteld over het goed van zijn heer, en die de dienstknechten goed verzorgen moet. Kuyper begon toen zo (dat heeft me getroffen): hij was juist op een boot geweest, en had met verscheidene mensen gepraat, ook met de kapitein. Die stond alleen, en bestuurde alles. Zo was het ook met Christus, sinds Hij ten hemel gevaren was. Hij stond op de brug van het heelal. Zo kwam Kuyper toen op de dienstknechten, die werden toevertrouwd.

Ja, thuis zijn ze allen met de Doleantie meegegaan, behalve één zuster.

Wat het kerkelijk leven in Witmarsum betreft: de hervormde kerk was modern. Daarom was er een zgn. 'evangelisatie', uitgaande van een vereniging, die enkele bestuurders had. Er kwam toen een zgn. vaste evangelist. Die preekte 's zondags twee keer, 's morgens en 's middags, hield catechisatie, enz. Alle rechtzinnigen gingen 's zondags naar het lokaal waar hij voorging. Toen de Doleantie kwam heeft deze in de gemeente dan ook tot splitsing geleid. De minderheid der gemeente ging mee. We

---

25 Frederik Lodewijk Rutgers, zie voetnoot 8.
26 Dr. P.J. Wijminga (1858-1913), predikant Lollum 1888, Zaandam 1890, Voorburg 1896, Amsterdam 1899; *Gemeenten en predikanten*, 386.
27 J. Langhout (1848-1908), hervormd predikant Lollum 1875, Anjum 1879; "gereformeerd" predikant Anjum 1886, Haarlem 1889, Groningen 1895, buiten bediening 1906, Drogeham 1907; *Gemeenten en predikanten*, 330.
28 Vermoedelijk G. Ploos van Amstel (1867-1938), predikant Wons 1892, IJlst 1900, Ulrum 1912, Elburg 1917, Oppenhuizen 1920, emeritus 1933, hulppredikant Kockengen 1935; *Gemeenten en predikanten*, 347.
29 Philippus Jacobus Hoedemaker (1839-1910), promotie 1867 Utrecht, hervormd predikant Veenendaal 1868, Rotterdam 1873, Amsterdam 1876, emeritaat 1880, hoogleraar VU 1880-1887, predikant Nijland 1888, Amsterdam 1890, emeritaat 1909; G. Abma, "Hoedemaker, Philippus Jacobus," in *BLGNP* 4, 198-202.

zijn toen eerst samengekomen in een kleine kamer en suite. En als er een dominee kwam, huurden we soms de bovenzaal van een café.

In de tijd van evangelist Veerman[30] (hij kwam uit Gelderland) ontstond de Doleantie.

Hij is zelf met de Doleantie meegegaan, en werd toen door de classis aangesteld als oefenaar voor heel het ressort. Later is hij naar Spijk[31] gegaan als vast oefenaar en daar overleden. In latere jaren kwam de gemeente bijeen in een koetshuis en nog weer later in een eigen kerkje. Ds Miedema[32] is toen in Witmarsum gekomen als de eerste dominee. In 1893 stond er al het kerkje en de pastorie. Vóór de komst van Ds Miedema is Ds Prins[33] van Wons in Witmarsum consulent geweest.'

— *Bij wie bent u op catechisatie geweest, en wanneer heeft u geloofsbelijdenis afgelegd? Heeft u ook lid kunnen zijn van een j[ongelings]. v[ereniging].?*

'Eerst heb ik catechetisch onderwijs gevolgd bij de Heer Kousebroek,[34] daarna bij de Heer Veerman.[35] Wanneer ik voor het eerst naar de catechisatie ben gegaan, weet ik niet meer precies. Maar je ging er al eerder heen dan met je 12e jaar. Je ging al vroeg naar de zondagsschool, en dan ook al gauw op catechisatie.

Ja, er was een jongelingsvereniging, die aangesloten was bij de hervormde jongelingsbond. Daar ben ik toen ook op geweest. Je kan er bij op je 14e jaar. Maar je was dan nog geen lid. Je mocht vergaderingen meemaken, maar op je 16e jaar werd je pas lid. Toen met de Doleantie splitste

---

30 G.J. Mink noemt in zijn dissertatie A. Veerman die in 1861 evangelist was in het Gelderse Kerkwijk. Hij maakt evenwel geen melding van arbeid door Veerman in het Friese Witmarsum; G.J. Mink, *Op het tweede plan: Evangelisten in de tweede helft van de negentiende eeuw* (Leiden: Groen, 1994), 213; F. Steiginga, *100 Jaar Gereformeerde Kerk Witmarsum 1888-25 januari 1988*, (s.l. s.n. [1988]). Meest waarschijnlijk is het dan ook dat het niet gaat om evangelist Veer*man*, maar om Veer*beek*, meer specifiek: oefenaar B.J.H. Veerbeek die in het prille begin van de Doleantie-gemeente van 1888 tot 1889 in Witmarsum heeft gewerkt; *Gemeenten en predikanten*, 246.

31 Oefenaar Veerbeek werkte in Spijk van 1889 tot 1911; *Gemeenten en predikanten*, 208.

32 J.J. Miedema (1869-1936), predikant Witmarsum 1893, Charlois (Rotterdam) 1896, Groningen 1907; *Gemeenten en predikanten*, 338.

33 Prins, zie voetnoot 91.

34 Tot op heden heb ik niet kunnen achterhalen wie de heer Kousebroek was. Ook het boekje Steigenga, *100 Jaar* geeft geen uitsluitsel.

35 Veerbeek, zie voetnoten 30 en 31.

zich ook dat. 'k Denk dat er niet spoedig een gereformeerde j[ongelings].v[ereniging]. gekomen is.'
— *Kunt u ook zeggen, wanneer de begeerte in u opkwam om dominee te worden?*
'Nee. 'k Heb altijd tegen het dominee zijn opgezien. Maar ik wilde studeren.'

Blija; voorbereiding voor Zetten (1889-1891)
'In 1889 ben ik naar Blija gegaan, waar ik ongeveer een jaar gebleven ben. Van de schoenmakerswinkel waar ik werkte toen we in Witmarsum woonden, kwam ik in een andere schoenmakerswinkel bij de vader[36] van Ds D. van Dijk. Ik werd daar hele vrinden met Klaas,[37] die toen ongeveer 12 jaar was, en nu overleden is, en met Jan, die toen ongeveer 10 jaar was, en nu in Leeuwarden-Huizum woont. De tegenwoordige Ds Douwe van Dijk was toen ongeveer twee jaar.

In 1890, november en december, heb ik les gehad van Ds Prins van Wons. Ik heb toen van hem wat Latijn gehad: het eerste boekje van de grammatica[38] van Woltjer,[39] en het eerste themaboek. Met kerstmis kreeg hij het te druk, sindsdien heb ik van hem geen lessen meer gehad.

In het begin van 1891 heb ik les gehad van Mevrouw Pel, de vrouw van Ds Pel,[40] in de vakken, die nodig waren voor het admissie-examen in Zetten (Frans, geschiedenis, aardrijkskunde). Ongeveer eind juni 1891 heb ik admissie-examen afgelegd aan het Zettens gymnasium.'
— *Heb ik het goed begrepen, dat u niet meer in Blija was, toen u les kreeg van Ds Prins en Mevrouw Pel?*

---

36 Schoenmaker Jan van Dijk en Froukje Wielenga te Blija.
37 K. van Dijk (1877-1945), predikant Knijpe 1903, Heeg (voor de missionaire dienst Keboenem) 1905, Wonosobo (N.O.I.) 1931; *Gemeenten en predikanten*, 293.
38 J. Woltjer, *Grieksche grammatica voor gymnasiën*, 2e dr., (Groningen: Wolters, 1900).
39 Jan Woltjer (1849-1917), promotie 1877, docent gymnasium en hbs (geschiedenis en aardrijkskunde) Leiden 1877, Groningen (klassieke talen) 1877, hoogleraar (klassieke letteren, filosofie, pedagogiek) VU 1881-1917, docent (oude talen en godsdienst) Gereformeerd Gymnasium Amsterdam 1889-1917; H. van der Laan, "Woltjer, Jan," in *BLGNP* 5, 577-579.
40 R.H. Pel (1861-1933), predikant St. Anna Parochie 1889, Schraard 1891, emeritus 1932; *Gemeenten en predikanten*, 346.

'Ja, ik was toen niet meer in Blija. Er is wel eens sprake van geweest dat ik, met een ander samen, in Blija les zou krijgen van Ds Bootsma,[41] de christ[elijke]. gereformeerde predikant, maar dat is toen niet doorgegaan. Hoe dat kwam weet ik niet precies meer. Misschien wel doordat ik met kerstmis, kerstmis 1889 dus, ernstig ziek geworden ben. In mei 1890 ben ik toen weer naar Witmarsum teruggekeerd. Daar ben ik toen gebleven tot augustus 1891. Terwijl ik in Witmarsum was, heb ik in november en december 1890 les gehad van Ds Prins.
Ik wilde wel dominee toen worden, maar zag er erg tegen op. Maar de wegen waren zo gelopen, dat het duidelijk was: dat is de weg. Of ik toen ook bezwaren had - dat moest.'

— *Kunt u hier iets meer van vertellen?*
"'t Was bekend in Witmarsum dat ik graag wilde studeren. Toen op een keer, dat was in het begin van 1891, was ik in Schraard, waar Ds Pel bevestigd zou worden. Daar was toen ook Ds Van Lingen[42] van Zetten, die zijn zwager was. Met Ds Van Lingen heb ik toen niet gepraat, maar wel met Ds Pel. Nu, en toen daarna is Ds Pel in Witmarsum wezen preken, en liet hij mij roepen, en zei hij dat Van Lingen gezegd had: dan moest ik naar het gymnasium in Zetten.'

— *Toen u, weer in Witmarsum terug, les had, eerst van Ds Prins en vervolgens van Mevrouw Pel, was toen de mogelijkheid tot studie voor u beperkt tot 's avonds?*
'Ja, ik had toen nog wel een en ander te doen, maar overigens had ik wel gelegenheid tot studie. Maar er waren verscheidene dagen dat ik voor een en ander weg moest.'

— *Kunt u iets vertellen over het kerkelijk leven in Blija, in het jaar dat u daar verbleef?* 'Er was een christ[elijke]. gereformeerde kerk, waar ik heenging. Ik was toen in huis bij de vader van Ds Van Dijk, en hij en ik debatteerden nogal eens. Hij was christ[elijk]. gereformeerd, en ik was dolerend. 't Was een beste man. Ik ben er ook op de j[ongelings].v[ereniging]. geweest, en nog: leider van de knapenvereniging.'

---

41 J. Bootsma (1863-1941), predikant Blija 1887, Kollum 1893, Den Helder 1895, emeritus 1898, geestelijk verzorger Stichting Bloemendaal Loosduinen 1898-1932; *Gemeenten en predikanten*, 277.

42 F.P.L.C. van Lingen (1832-1913), hervormd hulppredikant Steenderen 1854, Hensbroek 1855, Broek op Langedijk 1859, Zetten-Andelst 1862, directeur Christelijk Gymnasium Zetten 1881; dolerend 1882, christelijk gereformeerd 1891, ook na de vereniging tot de Gereformeerde Kerken in Nederland in 1892. Van Lingen was de schoonvader van ds. R.H. Pel; *Gemeenten en predikanten*, 332.

— *U sprak van ernstige ziekte omstreeks de kerstdagen van 1889. Kunt u misschien daarover nog iets meer zeggen?*
'Ik moest toen schoenen wegbrengen, en had erge dorst. Onderweg heb ik toen wat koude sneeuw genomen, en in m'n mond laten smelten en gedronken. Dat heeft het bedorven. De hele boel van binnen is toen bedorven. Geen koud spul mocht ik meer gebruiken sindsdien. Ja, ik ben toen doodziek geweest, wel een week of vier.'

Gymnasium te Zetten (1891-1895)
'In augustus-september 1891 werd ik in Zetten leerling van de eerste klas. Ik was toen twintig jaar. Ik had toen het voordeel van het Latijn dat ik in november-december van het vorige jaar van Ds Prins had gehad. Zodoende ben ik na de kerst in de tweede klas gekomen. De vakken geschiedenis, wiskunde enz., heb ik toen in de loop van het jaar bijgewerkt. Vanuit de vijfde klas heb ik in juni 1895 toelatingsexamen aan de Vrije Universiteit afgelegd.
— *Kunt u van uw jaren het Zettens gymnasium nog iets meer meedelen?*
'Dat was toen het enige christelijke gymnasium in die tijd behalve Amsterdam. Ik ben met genoegen daar geweest. Toen we er kwamen was Ds Van Lingen rector, en ook hoofd van het internaat. In het internaat waren toen bijna alle leerlingen, 60 à 70. Er was toen ook nog een pro-gymnasium, de zgn. 'kleine gymmenâs'. Verscheidenen, die op het gymnasium gingen, waren niet in óns internaat, maar in dat van het kleine gymnasium, uit plaatsgebrek. In Zetten waren leerlingen uit alle delen van het land. Met de Doleantie van 1886 was Ds Van Lingen weggegaan. Er was nog geen kerkgebouw, 's zondags werden er kerkdiensten gehouden in lokalen van het gymnasium. Daar kerkten hoofdzakelijk gymnasiasten, en verder enkele mensen uit Zetten. Later is er een kerk gebouwd.
Ds Van Lingen is vóór 1892 christ[elijk]. gereformeerd geworden, en in 1892 niet meegegaan met de Vereniging. Intussen kwam er een dolerend kerkje in de buurt; Dr. Esser[43] heeft daar nogal eens een preek gelezen.
Ds Van Lingen is in 1893 uit Zetten weggegaan. Ik heb prettige herinneringen aan hem.

---

43 **Dr. J.J. Esser (1865-1945)**; G. Harinck, "Greijdanus' weg naar het hoogleraarschap," in Harinck, *Leven*, 16, 25, 151.

Hij is naar Rotterdam gegaan en later docent geworden aan de christ[e-lijke]. gereformeerde Theologische School, met Wisse[44] samen.
Wat de verschillende vakken betreft: ik heb altijd gehouden van oude talen. Ook wel van geschiedenis. Ook wel van wiskunde, maar niet zo speciaal. Ik hield eigenlijk wel van alle vakken, maar gunde me voor ieder vak toch niet zo de tijd, ik moest vérder komen! Maar ik heb altijd nogal gehouden van oude talen en geschiedenis.
Wat de kerk aangaat: omstreeks 1892 werd een eigen kerkgebouw verkregen. Misschien valt in een oud jaarboekje nog wel te vinden de datum van de instituering.[45] Als kandidaat heb ik er zelf ook wel eens in gepreekt. Bavinck[46] heeft er toen ook gepreekt, en Kok.[47] Er was ook de Vluchtheuvelkerk van Pierson[48] die was opgenomen in het verband van de hervormde kerk.
Aan het gymnasium waren ze lang niet allemaal dolerend. Er waren hervormden bij, ook was er een baptist. Er waren ook christ[elijke]. gereformeerden. Van dezen gingen er ook wel naar de Vluchtheuvelkerk.'
— *Waarom bent u naar Zetten gegaan, en niet naar Amsterdam?*
'Ds Van Lingen heeft dat zo geregeld. Financiëel werd m'n gymnasiumopleiding mogelijk gemaakt door de particuliere synode van Friesland.'

---

44 Johannes Wisse Czn. (1843-1921), predikant Dordrecht (Kuipershaven) 1873, Sliedrecht 1875, Den Haag 1879, Zierikzee 1906. Tevens was Wisse docent aan de Theologische School van de Christelijke Gereformeerde Kerken, Den Haag 1894, Rijswijk 1899-1906; H.J. Ponsteen, "Wisse, Johannes," in *BLGNP* 5, 572-573.
45 De kerk van Zetten werd op 27 september 1887 geïnstitueerd; *Gemeenten en predikanten*, 255.
46 Herman Bavinck (1854-1921), promotie Leiden 1880, predikant Franeker 1881, hoogleraar Kampen 1883, hoogleraar Vrije Universiteit 1902; R.H. Bremmer, "Bavinck, Herman," in *BLGNP* 1, 41-45.
47 Hoewel mogelijk, maar niet waarschijnlijk zou het kunnen gaan om A.D.C. Kok (1870-1958) of J. Kok (1857-1928). Meest logisch doelt Greijdanus op Wolter Alberts Kok (1805-1891). Greijdanus noemt 1892 als mogelijk jaar van instituering van Witmarsum. Dit moet echter 1888 zijn. Dan is het zeker mogelijk dat W.A. Kok daar is voorgegaan, aangezien deze in 1891 overleed. Kok was landbouwer, afgescheiden predikant Ruinerwold-Koekange 1842 en Hoogeveen 1846, emeritaat 1889. Tot 1854, toen de Theologische School in Kampen werd opgericht, leidde Kok zowel in Ruinerwold-Koekange als in Hoogeveen predikanten op; H. Mulder, "Kok, Wolter (Alberts), in *BLGNP* 3, 224-225; *Gemeenten en predikanten*, 246 en 323.
48 Hendrik Pierson (1834-1923), hervormd predikant Heinkenszand 1857, 's Hertogenbosch 1869-1877, directeur Heldringgestichten 1877-1914, in: P.L. Schram, "Pierson, Hendrik," in *BLGNP* 1, 253-255. Zie voor de vluchtheuvelgemeente: geraadpleegd 14 april 2017, http://www.vluchtheuvelgemeente.nl/.

— *U was in het internaat. Had u daar een kamertje alleen? Hoe was in Zetten de dagindeling?*
'Er waren soms drie of vier jongens op één kamertje. Ik ben in het begin met een andere jongen samen geweest, hij was iets jonger dan ik. Hij is ziek geworden en met de studie opgehouden, en van toen af had ik een kamertje alleen.

Op die en die tijd moest je 's morgens er uit. Na het ontbijt volgden de lessen, daarna was er een middagpauze van één à anderhalf uur. Dan waren er weer lessen, tot vier uur. Dan even rondlopen. Om vijf of zes uur eten, en daarna werken. De anderen moesten op een vaste tijd naar bed. Ds Van Lingen kwam dan controleren. Vanwege m'n leeftijd werd er bij mij wat door de vingers gezien.'
— *U heeft de zesde klas overgeslagen, heeft u in het laatste jaar bijzondere lessen gehad?*
'Ja, ik heb extra-les gehad van Mijnheer Kramer[49] en Mijnheer Esser.'
— *Heeft u in Zetten bijzondere vrienden gehad?*
'Ja, één, de latere Dr. H. A. van Andel.[50] Die is een bijzondere vriend geweest, en dat terwijl het maar één jaar in Zetten geduurd heeft, want daarna is Van Andel naar Kampen gegaan. 't Was toen namelijk zo, dat men bij de christ[elijke]. gereformeerden in Kampen tenminste 16 jaar moest zijn. Daarom gingen verscheidenen vóór die leeftijd naar Zetten, zo ook Van Andel, om op 16-jarige leeftijd dan naar Kampen te vertrekken. Later is de vriendschap steeds aangehouden, ook al waren we het niet altijd eens, bijv. wat betreft de Gezangenbundel in Indië.'
— *Waar bent u geweest tussen uw admissie-examen aan de V.U. en het begin van uw studie daar?*
'Na het examen aan de V.U. in eind juni heb ik in augustus nog Staatsexamen afgelegd in Den Haag. Verder ben ik in Friesland geweest.'

Vrije Universiteit, Amsterdam (1895-1903)
'In Amsterdam heb ik in 1896 na het begin van de cursus propaedeutisch examen gedaan; op 25 november 1899 kandidaatsexamen - ik heb toen hier en daar gepreekt - en in december 1900 doctoraal. Op 1 januari 1898

---

49 Dr. W.H. Kramer, leraar Oude Talen 1 september 1893-1 september 1905, rector 10 januari 1899-1 september 1905; J.C.D. Roscam Abbink, ed., *Gedenkboek*, 129 en 131.
50 Dr. H.A. van Andel (1875-1945), predikant Zuidland 1900, Baarn 1908, Amsterdam (voor de missionaire dienst te Solo) 1911, Delft (voor de missionaire dienst te Solo) 1922; *Gemeenten en predikanten*, 268.

hebben mijn latere vrouw en ik ons verloofd. Zij is in augustus van het volgende jaar met haar ouders naar Amerika vertrokken, en na mijn doctoraal examen, in juni of juli van 1901 ben ik ook naar Amerika gegaan. In maart 1902 hen ik teruggekomen naar Nederland, en heb toen aan mijn proefschrift gewerkt. In augustus van dat jaar is ook mijn meisje teruggekeerd, met de Statendam.[51] Zij werd toen opnieuw onderwijzeres hier. In maart 1903 is zij ziek geworden. Dat was in de tijd dat ik zelf begonnen ben met het schrijven van mijn proefschrift. Daarmee was ik in het eind van juni klaar. Op 20 november ben ik toen gepromoveerd.

Toen ik in 1895 in Amsterdam kwam, was er net een scheuring in het corps. Eén groep wilde alleen gereformeerden in het corps, de andere nam het niet zo nauw. Zelf was ik het eens met het standpunt van de eerste groep. Maar het boterde al gauw niet. Er waren heren, die niet deden zoals dat mijns inziens moest. Zodoende ben ik al gauw ermee opgehouden. Ik was toen corpsloos, en behoorde tot de zgn. 'wilden'. Ik had vrienden onder beide groepen. Ik woonde toen in het hospitium, zodoende was er veel contact met verschillende studenten.

Wie mijn vrienden waren? Ik had geen bijzondere vriend, als in Zetten Van Andel, maar ging vooral om met Roos,[52] die later dominee geworden is in Vinkeveen en Okma,[53] later advocaat in Leeuwarden.

Met belangstelling heb ik steeds de colleges gevolgd. Er waren toen maar drie hoogleraren in de theologie: Kuyper, Rutgers en Geesink.[54]

---

51 SS Statendam 1 voer van 1898 tot 1911 voor de Holland America Line. In dat laatstgenoemde jaar werd het verkocht aan de Allan Line en kreeg het de nieuwe naam SS Scottian. Die naam bleef het schip houden toen het werd verkocht aan de Canadian Pacific Line. Evenwel, in 1922 kreeg het schip de nieuwe naam SS Marglen; *Marglen, Canadian Pacific Line, Norway-Heritage Hands Across the Sea*, geraadpleegd 5 mei 2017, http://www.norwayheritage.com/p_ship.asp?sh=marge.
52 P. Roos (1875-1945), predikant Vinkeveen 1902, Lekkerkerk 1916; *Gemeenten en predikanten*, 353.
53 Hendrik Okma (1868-1907), studeerde theologie, maar rondde deze studie niet af en verwisselde deze in 1887 voor rechten. Okma was advocaat en procureur 1894-1907, maar niet in Leeuwarden zoals Greijdanus in het interviewverslag met D. Deddens aangaf, maar te Sneek. Lid Provinciale Staten 1895-1901, lid Tweede Kamer voor de ARP, 1901-1907, geraadpleegd 5 mei 2017, http://www.parlement.com/id/vg09ll3pxwym/h_okma.
54 Gerhard Herman Johannes Wilhelm Jacobus Geesink (1854-1929), promotie 1872, hervormd predikant Schipluiden 1879, IJlst 1882, Rotterdam 1884, gereformeerd predikant Rotterdam 1887, emeritus 1890, buitengewoon hoogleraar VU 1890, gewoon hoogleraar VU 1895, emeritaat 1926; H.C. Endedijk, "Geesink, Gerhard, Herman, Johannes, Wilhelm, Jacobus," in *BLGNP* 5, 192-194.

Later heb ik ook bij Bavinck en bij H. H. Kuyper[55] wel eens een college gevolgd, uit belangstelling, dat waren toen nieuwe proffen. Maar bij hen heb ik niet het tentamen of examen afgelegd.

Kuyper maakte veel indruk op de studenten. Het was een innemende man. Hij had de gewoonte om met dogmatiek eerst een paragraaf te dicteren en deze dan punt voor punt te bespreken.

Rutgers dicteerde niet. Hij kwam meestal met enkele boeken, met vouwtjes er in. Hij sprak verder uit het geheugen. Dat waren mooie colleges, Rutgers was altijd nauwkeurig en scherp, ondanks het feit dat hij uit het geheugen sprak.

Geesink dicteerde meer.

Kuyper had het erg druk; hij was kamerlid erbij, en had tevens de redactie van De Heraut en De Standaard.[56] Hij kon zodoende niet altijd zijn tijd én kracht geven aan het universiteitswerk. Soms was hij wel een hele week weg.'

— *Is het waar, dat u zelf eens geweigerd heeft, bij Kuyper op zondag tentamen af te leggen?*

'Nee, dat is niet juist! Ik ging een keer naar Kuyper toe om tentamen aan te vragen. Toen werd afgesproken voor zaterdag. Maar toen ik 's zaterdags kwam, was Kuyper juist terug uit Den Haag. Hij zei toen, dat het hem erg lastig viel, en vroeg of ik op een andere tijd wilde komen, namelijk op zondag over een week, 29 oktober 1899, zijn verjaardag. Daar heb ik toen in toegestemd. 's Zondagsavonds ben ik eerst naar de kerk geweest, daarna heb ik tentamen gehad. Ik kon dus gewoon de kerkdienst meemaken. Echter heb ik toen naar de A-kerk[57] gegaan, die om half zes begon, want voor een andere dienst was er geen gelegenheid de dienst in de B-kerk[58] ving aan om zes uur, en dat werd te laat.'

---

55 Herman Huber Kuyper (1964-1945), promotie magna cum laude 1891, eredoctor protestantse theologische faculteit Parijs, gereformeerd predikant 1891, Leeuwarden 1891, hoogleraar VU 1900, emeritaat 1940; D. Nauta, "Kuyper, Herman Huber," in *BLGNP* 3, 233-236.

56 *De Standaard* verscheen tussen 1872 en 1944. Het was een Antirevolutionair dagblad, opgericht door A. Kuyper.

57 Met de A-kerken werd bedoeld die kerken die uit de Afscheiding van 1834 waren voortgekomen. Zij kenmerkten zich door persoonlijke vroomheid. De A-kerken hadden een voorkeur voor predikanten die de Theologische School in Kampen hadden doorlopen.

58 Met de B-kerken werd gedoeld op die kerken die uit de Doleantie van 1886 waren voortgekomen. Zij waren meer dan de A-kerken op de samenleving gericht en activistischer, want neo-calvinistisch. De predikanten kwamen bij voorkeur van de Vrije Universiteit Amsterdam.

— *Had u voor bepaalde vakken bijzondere interesse?*
'Mijn belangstelling ging eigenlijk uit naar alle vakken, maar vooral naar dogmatiek.
Naar encyclopedie ook wel. Ook wel naar filosofie, maar daar had ik niet zoveel tijd voor.'
— *Had u en hadden andere studenten op bepaalde dingen bij Kuyper wel kritiek?*
'Ja. We spraken ook onderling wel over de colleges en de behandelde stof van de hoogleraren. (Met lachje) Dat zullen jullie ook wel eens doen, hé? Toen ik na m'n propadeutisch examen college dogmatiek bij Kuyper ging lopen, behandelde hij de locus de foedere.[59] Kuyper gaf deze voorstelling; hij nam zijn uitgangspunt bij het verbond hier op aarde. Dan wordt, zo zei hij, altijd door de mensen gesloten *tegen* een gemeenschappelijke vijand. Dat bracht hij over op het verbond van God. Ik had hier toen bezwaar tegen, en heb dit misschien ook wel eens tegen andere studenten gezegd. Het volle verbondsverkeer is er tussen de drie Personen zelf. Maar dat zou, naar Kuyper, dan tot achtergrond hebben de gedachte: Wij konden wel eens onderlinge strijd krijgen. Ook met betrekking tot de vraag of het aannemen van de menselijke natuur door Christus vernedering was, en op het punt van de leer der rechtvaardigmaking had ik bezwaren tegen opvattingen van Kuyper. Zo zijn er wel meer dingen die je hoort, maar toch niet allemaal voor zoete koek opeet.'
— *Zijn er in uw Amsterdamse tijd verder nog bijzondere gebeurtenissen voorgevallen?* 'Ja, in '96 of '97. Ik kreeg toen een gezwel in m'n mond, dat niet wilde beteren. De tandarts heeft dat toen behandeld, maar op een nacht werd ik wakker, en ontdekte ik dat alles nat was. 't Bleek bloed te zijn. In die tijd zat Sipke Huisman[s][60] in het kamertje naast mij. Ik riep hem, en hij heeft toen al het mogelijke gedaan om het bloed te stelpen. Er zijn toen twee dokters bij geweest. Naar zij zeiden had ik menselijkerwijs kunnen dood bloeden, als ik niet wakker geworden was, en Sipke Huisman[s] mij geholpen had. Dat is waarschijnlijk in '97 geweest.'

---

59 **Locus de Foedere betreft de leer van de verbondssluiting; Zie voor het college-dictaat: A. Kuyper,** *Locus de Providentia, Peccato, Foedere, Christo: College-dictaat van een der studenten,* **2e dr., (Kampen: Kok, 1910).**
60 **S. Huismans (1873-1924), predikant Anjum 1901, Zevenhoven 1916, Doetinchem 1918;** *Gemeenten en predikanten,* **313.**

— *U noemde zojuist uw kamer en die van de latere Ds Huisman[s]. Had u in het Hospitium een eigen kamer, en bent u steeds in het Hospitium gebleven?*
'Ja, ik had daar een vertrek voor mezelf alleen. Na m'n terugkeer uit Amerika ben ik buiten het Hospitium op kamers gekomen.'
— *Wat moest u doen voor uw doctoraal examen, en hoe kwam u aan het onderwerp voor uw proefschrift?*
'Voor het doctoraal examen moest ik wat exegese van het Oude en van het Nieuwe Testament doen, en wat dogmenhistorie. Het was toen nog niet zo geregeld. Ik kreeg een scriptie te maken over Ritschl.[61] 'k Moest een promotor hebben. Bavinck was er toen nog niet. Kuyper was minister.[62] Ik kreeg toen Rutgers toegewezen. 'k Heb toen eens dit onderwerp bekeken, toen dát. 'k Heb studie gemaakt van het begrip 'ziel' in het Oude Testament. Rutgers zei toen, dat hij er niet competent voor was, en liet het Woltjer lezen. En Woltjer zei toen: neem liever maar een ander onderwerp.
Van m'n doctoraal examen af, in december 1900, tot ik ongeveer een half jaar later naar Amerika ging, heb ik naar een onderwerp gezocht. In diezelfde tijd heb ik ook dan hier, dan daar gepreekt. Dat wilde niet zo.'
— *Kunt u over uw examens nog wat meer zeggen? Hoe luidden de judicia?*
'Met z'n vieren hebben we destijds admissie-examen afgelegd aan de Vrije:[63] met me deden dat Ferwerda,[64] later in Amsterdam; Klijn,[65] die

---

61 Albrecht Benjamin Ritschl (1822-1889) was een Duits en luthers theoloog. Hij was verbonden aan de Universiteit van Bonn 1846–1864 en Göttingen 1864-1889; Zijn magnum opus was: *Die christliche Lehre von der Rechtfertigung und Versöhnung*, 3 vol., (Bonn: Marcus, 1870-1874); Hans Wilhelm Frei, "Albrecht Ritschl: German Theologian," *Encyclopaedie Brittanica*, 20 juli 1998, geraadpleegd 14 april 2017, https://www.britannica.com/biography/Albrecht-Ritschl.
62 Abraham Kuyper was van 1901-1905 minister van Binnenlandse Zaken en voorzitter van de ministerraad; geraadpleegd 12 mei 2017, https://www.parlement.com/id/vg09ll2lb8zw/a_abraham_kuyper.
63 Vrije Universiteit.
64 Taeke Ferwereda (1876-1944), geboren te Tzum was leerling aan het Gymnasium te Zetten van augustus 1889 tot 25 juni 1895, predikant Monnickendam 1905, Vlissingen 1911, Amsterdam 1913; Roscam Abbing, *Gedenkboek*, 144; *Gemeenten en predikanten*, 298.
65 Betreft het wellicht Tjeerd S. Klein, geboren te Harlingen, leerling Gymnasium Zetten augustus 1887 tot juni 1893? Er komt geen leerling met de naam 'Klijn' voor; Roscam Abbing, *Gedenkboek*, 143. Tjeerd S. Klein is evenwel geen predikant geworden; *Gemeente en predikanten*, 321-322.

evenals Ferwerda en ik van Zetten kwam; en Brouwer,⁶⁶ die al wat ouder was, en privaatlessen had gehad — later predikant in Zwartsluis.
Het judicium bij het propaedeutisch examen is me niet bekend. Het kandidaatsexamen legde ik af magna cum laude. Bij het doctoraal examen was het geen gewoonte, een bepaalde graad te geven. De promotie vond plaats magna cum laude.'

— *Niet Rutgers, maar Bavinck is uw promotor geworden. Bent u vaak bij hem geweest?* 'Ja, Bavinck is gekomen tegen het eind van 1902. Telkens als ik in het voorjaar van 1903 een stuk geschreven had, bracht ik het naar Bavinck, die toen in Watergraafsmeer woonde. Dat nam hij dan in ontvangst, en dan zei hij: kom dan en dan maar eens terug.
Op een keer was ik nogal van een andere opinie dan Harnack⁶⁷ en Hatch⁶⁸ in verband met de kwestie van de theopoièsis.⁶⁹ Ik las Athanasius,⁷⁰ maar was het met hun zienswijze betreffende zijn uitspraken niet eens. Zo heb ik toen mijn stuk opgeschreven. Toen ben ik ermee naar Bavinck gegaan. Ik ging erheen met een bezwaard hart: 'Wat zal daarvan komen?'. 'k Ging naar hem toe met een héél bezwaard hart.

---

66 A. Brouwer Jzn. (1865-1936), predikant Strijen 1900, Harmelen 1903, Zwartsluis 1910; *Gemeenten en predikanten*, 283.
67 Adolf (von) Harnack (1851-1930), Privatdozent Leipzig 1874, professor extraordinarius Leipzig 1876, professor ordinarius Giessen 1879, Marburg 1886, Berlijn 1888; Wilhelm Pauck, "Adolf von Harnack: German Theologian and Church Historian," in: *Enclyopedie Brittanica* 15 november 2016, geraadpleegd 14 april 2017 https://www.britannica.com/biography/Adolf-von-Harnack; Wilhelm Pauck, *Harnack and Troeltsch: Two historical theologians*, New York: Oxford University Press, 1968.
68 Edwin Hatch (1835-1889), Anglicaans priester, professor Classics Trinity College Toronto Canada tot 1862, rector High School of Quebec Qubec City Canada en professor of Classics at Morrin College Quebec City, Canada tot 1867, vice-principal Saint Mary Hall tot 1885. In 1884 werd hij benoemd als lector ecclesiastical history. Zijn *The Organization of the Early Christian Churches: Eight Lectures Delivered before the Late Rev. John Bampton M.A. Canon of Salisbury*, (London/Oxford/Cambridge: Rivingtons, 1881) werd twee jaar later door Adolf von Harnack in het Duits vertaald; Hugh Chisholm, ed. "Edwin Hatch," in: *Encyclopædia Brittanica*, 11th ed., Cambridge University Press, 1911, geraadpleegd 25 april 2017, https://en.wikipedia.org/wiki/Edwin_Hatch.
69 *Theopoièsis* (van θεοποι-έω) betekent deïficatie, vergoddelijk van de mens; Liddell/Scott, *A Greek-English Lexicon*, 791.
70 Athanasius van Alexandrië (ca. 296-373), kerkvader, bisschop en patriarch Alexandrië; Thomas Gerard Weinandy, *Athanasius: A Theological Introduction*, (Aldershot: Ashgate, 2007).

'k Dacht: nu zal blijken of ik die mensen heel verkeerd verstaan heb of niet. Ik dacht: als ik ze niet goed begrepen heb, moet ik de boel er maar bij neerleggen, dan ben ik er blijkbaar niet toe bekwaam.
Toen ik bij Bavinck terugkwam zei hij dat hij er niet zo erg in zat. Hij wilde geen uitspraak er over doen. Maar hij zei, juist een boekje te hebben ontvangen dat over dit onderwerp ging, en dat moest ik maar eens meenemen. 't Was Bornhäuser's *Die Vergottungslehre des Athanasius und Joh. Damascenus*.[71]
Ik dacht: dat zal mijn vonnis vellen. Ik ging van Bavinck weg, en moest toen met de tram mee. 'k Ben toen gauw naar de tram gelopen, en heb in de tram direct het boekje ingezien. Ik zag al gauw dat hij precies dezelfde bezwaren had tegen Harnack en Hatch als ik. Wat was dat een verlichting voor mijn bezwaard gemoed! (Natuurlijk weet een buitenstaander niet, hoe ik toen eerst zelf tot die conclusie gekomen ben, en pas daarna het boekje in handen kreeg. Alleen aan Bavinck was dat natuurlijk bekend.)

— *Nog even een kleine vraag: heeft u voor uw proefschrift gestudeerd ook in de tijd dat u in Amerika was?*
'Nee. Er is toen van studie niet zo heel veel gekomen. Wel heb ik toen in Amerika gepreekt.'
— *Zoudt u iets willen vertellen over uw promotie? Door wie bent u aangevallen?* 'Aangevallen ben ik door de latere Prof. Dr. J. Ridderbos,[72] dat gebeurde wat studentikoos, en door Prof. Dr. H. H. Kuyper. Dát was menens; dat was om mij te treffen. Ik moest me toen verdedigen, en ik had toen in m'n gedachten opgesteld eerst zeg ik dat, dan dat, en tenslotte het hoofdargument. Maar toen ik bezig was, en nog niet aan mijn laatste argument, het hoofdargument, toegekomen was, klonk het plotseling 'hora'.[73] Dat speet me zo. Er werd toen door de hoogleraren nogal lang beraadslaagd. Later heb ik gehoord, dat er nogal wat onenigheid was geweest. H. H. Kuyper had me geen magna cum laude willen toekennen, maar Bavinck wel.'[74]

---

71 K. Bornhäuser, *Die Vergottungslehre des Athanasius und Johannes Damascenus: Ein Beitrag zur Kritik von A. Harnack's 'Wesen des Christentums'*, (Gütersloh: Bertelsmann, 1903).
72 Jan Ridderbos (1879-1960), promotie theologie 1907, predikant Oosterend (F.) 1905, Meppel 1909, Bussum 1912, hoogleraar Kampen 1913-1950; R.H. Bremmer, "Ridderbos, Jan," in *BLGNP* 1, 280-283.
73 De pedel spreekt de woorden *Hora [finita] est* (het is tijd) aan het einde van de verdediging door de promovendus van diens proefschrift.
74 Jan Veenhof vermoedt dat het punt waarop H.H. Kuyper S. Greijdanus attaqueerde

Verloving en huwelijk (1 jan. 1898; 6 jan. 1904)
(In het voorgaande werd al iets weergegeven van wat Greijdanus over zijn verloving op 1 jan. 1898 en het vertrek naar en de terugkeer van Amerika van de latere Mevrouw Greijdanus meedeelde. In maart 1903 was zij dus ziek geworden. Prof. Greijdanus zei in dit verband het volgende:)
 'In maart 1903 is zij ziek geworden. Zij heeft toen een poos thuis gelegen, en is daarna een maand of wat naar Ermelo gegaan, naar de bossen.
 In begin 1904 zijn we getrouwd, 6 januari 1904.
 En verder hebben we samen alles doorleefd wat we doorleefd hebben, tot zij gestorven is.
 (Na een korte pauze:) Je kunt nooit bepaalde dingen noemen: de een gaat zo met de ander mee. Ze leefde altijd zeer intensief met me mee in droefheid en smart allebei' (uiteraard bedoelde hij hier: blijdschap en smart). Zij trekt de dingen zich soms nog méér aan dan ik zelf.
 Ze was een begááfde vrouw.'
— *Zij werd wel eens genoemd 'de moeder der studenten'*
(Greijdanus, blij glimlachend en zachtjes:) 'Ja, in latere jaren.'
— *U heeft met haar kennis gemaakt in uw tijd te Amsterdam. Verbleef zij toen misschien ook zelf in Amsterdam?*
'Nee. Zij was geboren in Charlois, en woonde daar toen ik met haar kennis maakte. Ik logeerde toen bij de vroegere dominee van Witmarsum, Ds Miedema, die daarvandaan naar Charlois was gegaan. Bij hem heb ik toen kennis met haar gemaakt. Zij was toen onderwijzeres. In Amerika is zij dat ook geweest, dat wil zeggen: zij is zo nu en dan ingevallen. Daar heeft zij dus gewoond, met haar familie, in Paterson, waar ook mijn eigen familie woonde. Toen zij weer terug was, is zij opnieuw onderwijzeres geworden in Charlois waar zij toen in huis was bij familie.'
(Daar de afspraak was gemaakt, dat ik me voor nadere bijzonderheden met betrekking tot de latere Mevrouw Greijdanus zou wenden tot

---

ging om de vraag of de menswording alszodanig een vernedering was. Kuyper en zijn vader A. Kuyper beantwoordden die vraag bevestigend. Helenius de Cock en Greijdanus vonden van niet. A. Kuyper en Helenius de Cock hadden hierover in 1887 strijd gevoerd. H.H. Kuyper heeft dit punt naderhand in een recensie van de dissertatie in *De Heraut* ook genoemd. Deddens heeft dit waarschijnlijk niet geweten of wist er wel van, maar heeft verzuimd erover te schrijven, anders had hij het vast genoemd; J.J.C. Dee ed., *Een schrift-geleerde aan het Woord: Een keuze uit de preken van prof. dr. K. Schilder* 2, Goes: Oosterbaan & Le Cointre, 1996; geraadpleegd 7 mei 2018, http://dbnl.org/tekst/schi008schr05_01/schi008schr05_01_0003.php; J. Veenhof, e-mail aan editor.

Mevrouw Verbrugge, heb ik van verdere vragen over haar aan Prof. Greijdanus zelf afgezien.
Waar Prof. Greijdanus zelf uitdrukkelijk verzocht heeft, in een eventueel te publiceren levensbeschrijving een grote plaats aan Mevrouw Greijdanus in te ruimen, en er in de gesprekken van uitgegaan werd, dat nadere informatie over Mevrouw Greijdanus zou verstrekt worden door zijn schoonzuster, acht ik het juist, de woorden van Greijdanus hier in bepaalde opzichten te doen aanvullen door wat Mevrouw Verbrugge mij heeft verteld. Van wat zij zo vriendelijk was mee te delen laat ik hier enkele dingen volgen. Het overige dat ik van haar mocht vernemen, vinde een plaats in een boek, dat nog eens moge verschijnen. Met hartelijke dankbaarheid jegens Mevrouw Verbrugge vermeld ik het volgende.
Maartje Kruithof[75] werd op 13 mei 1874 geboren te Charlois, waar haar vader timmerman-aannemer was. Deze was reeds eerder gehuwd geweest, en had uit dat eerste huwelijk twee zonen en twee dochters. Maartje had één 'eigen' broer, die later in Amerika is overleden.
Na het overlijden van haar vader trouwde Maartje's moeder met de Heer Zevenbergen uit welk huwelijk drie kinderen werden geboren (de latere Mevrouw Verbrugge was zelf het middelste; Maartje was acht jaar ouder dan zij).
In haar geboorteplaats werd Maartje Kruithof kwekelinge, en direct op haar examendag ontving zij een benoeming tot onderwijzeres. Zij was een zeer serieus meisje, gesloten van aard, wars van mooidoenerij, en zo eerlijk als goud. Het werk als onderwijzeres deed ze met veel liefde en ook heel bekwaam; ze kon bést orde houden.
Die bewuste zondag zat in Charlois de student Greijdanus 's morgens bij Ds Miedema in de kerk, en Maartje was er ook. De mensen zeiden later: die student heeft niet veel van de preek gehoord, hij heeft álmaar naar háár gekeken! Hij had haar reeds ten huize van Ds Miedema gezien, maar ze hadden toen eigenlijk nog niet met elkaar gesproken. Direct stelde hij haar voor die zondagmiddag een wandeling te maken, en tijdens deze wandeling stortte hij haar zijn hele hart uit. Hij vertelde haar óók, dat hij, hoewel theologisch student, er vreselijk tegenop zag om dominee te worden. En diezelfde zondagmiddag vroeg hij haar! 's Zondagsavonds kwam hij al bij haar familie op bezoek.
In de zomervakantie is Greijdanus toen zelf voor enige tijd in Charlois in de kost geweest bij een weduwe en haar dochter; 's avonds kwam hij

---

75 **Maartje Kruithof (1874-1942).**

dan hij de familie Zevenbergen. Het afscheid, dat in augustus 1899 volgde, toen de familie naar Paterson ging verhuizen, viel zwaar. Maartje was zelf graag hier in Nederland, in Charlois gebleven, maar haar moeder wilde haar heel graag mee hebben.
Toen Greijdanus zelf ongeveer twee jaar later in Paterson kwam, was hij down. Hij dacht blijkbaar, dat hij geen dominee kon worden dat hij er niet geschikt voor was. In die tijd zei zijn verloofde: 'al moet hij weer schoenmakersknecht worden, dan blijf ik hem trouw!' De trouw is wel gebleken, toen en ook later, van beide kanten.
Toen Maartje nog in Charlois was, was ze lichamelijk al niet erg goed. Voor hun verloving gingen Seakle en Maartje ringen uitzoeken, maar geen enkele ring bij de goudsmid was klein genoeg: zo dun waren haar vingers. In Paterson verbeterde haar lichamelijke toestand niet: zij had dikke kleren, was gauw moe, en erg mager. Weer in Nederland, en ook in haar werkkring te Charlois terug, knapte zij evenmin op.
Na een bloedspuwing moest zij wekenlang rust houden. Haar moeder maakte zich over haar toestand grote zorgen, wilde overkomen om haar weer naar Amerika te halen, maar op 't laatste nippertje is dit niet doorgegaan. Zij heeft daarna een aantal maanden temidden van de dennenbossen in Ermelo doorgebracht, is wel hersteld, maar altijd zwak gebleven.
Alles heeft zij aan Greijdanus' zijde doorleefd, wat zij samen doorleefd hebben - tot zij in de donkerste tijd van de oorlog en van de kerkstrijd plotseling, voor Greijdanus zelf ook zéér onverwachts, op een zondag werd opgenomen tot de Here, om altijd met Hem te zijn. Greijdanus' schorsing heeft zij niet meer beleefd, maar wel zien aankomen. Op de dag van haar overlijden zei zij 's morgens tot Mevrouw Verbrugge: 'Wat zij hèm aandoen, dat is nog mijn dood'. Een paar uur later raakte ze buiten bewustzijn, en zonder dat zij en haar man afscheid hadden kunnen nemen overleed zij die avond.)

Rozenburg (1904-1911)
— *Binnen de tijd van twee maanden na uw promotie was u reeds werkzaam als predikant te Rozenburg. Kunt u zich nog herinneren hoe het met uw beroep en uw intrede is gegaan?*
'Op 4 november had ik in Rozenburg gepreekt, en op 8 november volgde het beroep. 'k Stond op een tweetal met Goedbloed,[76] ook een student van de Vrije Universiteit. We hadden evenveel stemmen. Toen

---

[76] W.J. Goedbloed (1876-1937), predikant Cubaard 1904, emeritus 1909; *Gemeenten en predikanten*, 301.

ben ik door het lot gekozen. Een goede man, die Goedbloed. Jammer, dat het zo gegaan is.
In november van 1899 was ik kandidaat geworden. 'k Zou toen in januari 1900 praeparatoir examen doen. Maar ik kreeg toen voor een week of vier griep. Toen is m'n classikaal examen uitgesteld, en heb ik het pas in mei gedaan. Ik was sinds mei 1900 gewoon beroepbaar.
Als ik toen een beroep gekregen had, was ik dadelijk de pastorie ingegaan. Want ik studeerde niet van eigen geld. Dan zou er van promotie niet veel gekomen zijn, denk ik.
In Rozenburg ben ik bevestigd door Ds. A. Schouten,[77] die de vorige predikant daar was geweest en van Rozenburg naar Aalten was gegaan, waar hij nu nog woont. Hij had tot tekst 2 Korinthe 5 : 19, als ik mij niet vergis. Als intreetekst had ik zelf Psalm 146. Met Pinksteren zeven jaar later heb ik afscheid genomen met Johannes. 15: 26b.'
— *Zo heeft u zeven jaar lang in Rozenburg het ambt van herder en leraar mogen bedienen. Had u in Rozenburg nog gelegenheid tot bijzondere studie?*
'Dan heb ik dit boek gelezen, dan dat. Eigenlijk deed ik, afgedacht van het eigenlijke werk als predikant, niets. Ik heb toen gevoeld: ik moet niet zo in het algeméén lezen, maar iets speciaals bestuderen. In mei 1905 kreeg ik een brief van Van Schenk Brill,[78] met een uitnodiging om de Openbaring aan Johannes te verklaren. Ik heb hem toen niet dadelijk beantwoord, maar ben naar Arnhem gegaan, met vacantie. Toen kwam een tweede brief van hem over Rozenburg daar in Arnhem. Ik schreef hem toen vanuit Arnhem, waarop hij zag dat ik in de buurt was. Hij is toen zelf naar Arnhem toegekomen, en dat heeft ertoe geleid, dat ik het verzoek tenslotte aanvaard heb. Begin januari 1906 verscheen de eerste aflevering, begin 1908 was het werk klaar. Net was het boek gereed, toen viel Van Schenk Brill weg. Bolle[79] heeft toen het restant van de exemplaren gekocht.'

---

77 A. Schouten (1864-1954), predikant Charlois 1890, Willemstad 1892, Rozenburg 1899, Aalten 1903, emeritus 1930; *Gemeenten en predikanten*, 358.
78 Uitgever J.C. van Schenk Brill te Doesburg; G. Harinck, "Greijdanus en de voorgeschiedenis van de Nieuwe Vertaling," in *Leven en werk van prof. Seakle Greijdanus*, ed. G. Harinck, (Barneveld: De Vuurbaak, 1998), 133 (*ADCHARTASREEKS* 3).
79 Met dank aan drs. G. Harmanny en dr. J. Vree. Het betreft boekhandel D. Bolle te Rotterdam. Hij was jarenlang actief bij fondsverkopingen. Hij kocht daar fondsrestanten op met de daarop gevestigde kopijrechten; Harry van der Laan, *Het Groninger boekbedrijf: Drukkers, uitgevers en boekhandelaren in Groningen tot het eind van de negentiende eeuw*, (Assen: Koninklijke Van Gorcum, 2005), 248v.

— *Kunt u uit uw ambtsperiode in Rozenburg nog bijzondere gebeurtenissen meedelen?*
'Er is een kwestie geweest met één man, die tot ouderling gekozen en benoemd was, maar het niet wilde aannemen. Dat is een hele zaak geworden. Hij had aanhangers. Er is toen ook, dat was in 1908, een christ[elijke]. gereformeerde gemeente opgericht, door leden die zich onttrokken aan de gereformeerde kerk. Zij voelden zich blijkbaar niet door mijn prediking bevredigd.'
— *In uw Rozenburgse tijd viel ook 1905. Kunt u iets zeggen over uw standpunt in 1905 ten aanzien van de bezwaren tegen de leringen van Kuyper en de pacificatieformule?*
'Ik leefde niet mee, had zelf geen drukte ermee. Toen al was er de geest: alles is zo best, en al die knappe mannen met elkaar zullen het wel weten. Hoewel - die veronderstelde wedergeboorte heb ik altijd wonderlijk gevonden; ik vond het altijd vreemd, dat hier van een onderstelling moest worden uitgegaan, en dat er geen zekerheid was.'

Zuid-Beijerland (1911-1915)

— *U heeft zojuist iets verteld over uw bevestiging en intrede te Rozenburg. Herinnert u zich ook nog het begin in Zuid-Beijerland? En kunt u over de daar doorgebrachte tijd iets meedelen?*
'Daar ben ik in juni 1911 bevestigd door Ds Koolstra[80] van Numansdorp, die later naar Zalk gegaan is. Zijn tekst was Psalm 34: 12b-2: 'Ik zal u des Heren vreze leren'. Zelf had ik als intreetekst Jesaja 40 : 6-8: 'Een stem zegt: roep ...'.
Zuid-Beijerland was een uitgestrekte gemeente, één uur maal twee uur gaans. Er woonden mensen van allerlei richtingen. Het was een streek met nogal oud-gereformeerde gedachten en oud-gereformeerde mensen. Niet in Zuid-Beijerland, maar in Noord-Beijerland[81] stond toen Ds. Boome (? D.D.).[82] Ook onder de gereformeerden waren er

---

80 R. Koolstra (1874-1945), predikant Haamstede 1898, Numansdorp 1910, Zalk en Veecaten 1915, Hoek van Holland 1919, buiten bediening 1926; *Gemeenten en predikanten*, 324.
81 Noord-Beijerland is onbekend; A.J. van der Aa, ed. *Aardrijkskundig woordenboek der Nederlanden* 2, (Gorinchem: Jacobus Noorduyn, 1840).
82 Meest waarschijnlijk betreft dit Laurens Boone (1860-1935), oefenaar Borssele 1889, Krabbendijke 1890, Ledeboeriaans predikant Terneuzen 1899, St. Philipsland 1904, oud-gereformeerd predikant St. Philipsland 1907-1934; H. Florijn, "Boone, Laurens," in *BLGNP* 2, 81-83. De woorden (? D.D.) staan letterlijk in de *Almanak*.

mensen, die naar zijn kerkdiensten gingen. 't Ging in de gemeente niet zo best met de opvoeding van de kinderen. Ook niet met het Avondmaal. Er was eigenlijk tweeërlei groep: één, die de kant van de oud-gereformeerden uitging, en één van flinke gereformeerden.'

Paesens c.a. (1915—1917)
— *Uw derde en laatste gemeente was Paesens in Friesland. Weet u nog van uw bevestiging en intrede daar?*
'In Paesens ben ik in juli 1915 bevestigd door Ds H. van Dijk,[83] die toen predikant was te Nes en Wierum. Een broer van hem stond destijds in Oosternijkerk.[84] Hij bevestigde me met de tekst 1 Kronieken 28 : 20: 'En David zeide tot zijn zoon Salomo: wees sterk en heb goede moed. . .' Ik zelf deed daar mijn intrede met Handelingen 13 : 38, 39, 'Zo zij u dan bekend, mannen broeders . . .'.
— *Uw ambtsperiode in Friesland zelf was kort, maar het is bekend dat u toen o.m. redacteur van het Friesch Kerkblad geweest bent. Kunt u iets vertellen over uw perswerk in de periode dat u predikant was?*
'Ja, ik ben redacteur van het *Friesch Kerkblad* geweest. In die redactie ontstonden destijds vacatures doordat Ds Huismans van Anjum vertrok, en Ds Bouwman van Hallum naar Leiden ging. Ds Van der Beek[85] van IJlst en ik hebben toen de redactie gevoerd. Toen ik in Zuid-Beijerland stond heb ik ook nog een artikel gepubliceerd over het doctoraat, waarin ik mij gekeerd heb tegen het besluit van de generale synode van 1914. In kranten heb ik nooit veel geschreven. Een heel enkel stukje heb ik ook wel eens gestuurd naar *De Standaard*, een protestje. Maar verder heb ik als predikant weinig in bladen gepubliceerd.'

**

---

83 H. van Dijk (1866-1932), predikant Zwammerdam 1891, Nes en Wierum 1913-1932; *Gemeenten en predikanten*, 293.
84 H. van Dijk (1864-1924), predikant Gaast c.a. en Idsegahuizum 1891, Ooster-Nijkerk 1913, emeritus 1924; *Gemeenten en predikanten*, 293.
85 K. van der Beek (1883-1918), predikant Dirkshorn 1909, IJlst 1912; *Gemeenten en predikanten*, 272.

Zoals reeds gezegd, heeft Greijdanus op m'n eigen verzoek speciaal gesproken over de tijd, die aan zijn hoogleraarschap voorafging. Dit betekent echter niet, dat hij geen opmerkingen heeft gemaakt ook over 1917 en later. Graag geef ik nu verder nog een en ander door, dat hij in de loop der gesprekken uit zichzelf vertelde of meedeelde op een vraag mijnerzijds over punten, die in het bovenstaande nog niet aan de orde kwamen. Daar hoort ook een en ander bij, dat op de periode in Kampen betrekking heeft. Maar omdat het hier echt varia betreft, die ten dele ook de jaren vóór 1917 raken, kan hier niet boven worden geplaatst de aanduiding 'Kampen (1917-1948)'.

In 't begin van het eerste gesprek maakte ik een opmerking over zijn erelidmaatschap van het corps, en over de hoogachting en de liefde jegens hem, zoals deze gebleken waren en blijken, in en buiten Kampen. 'Ja,' antwoordde hij toen, 'er is wel verschil tussen nu en toen ik hier kwam. In de eerste jaren dat ik hier was, mochten de studenten mij niet zo erg, naar ik meen. 'k Wist hierop alleen maar te zeggen, dat ik daar nooit iets van vernomen had, noch van m'n vader (die toen ook student was), noch van anderen.

Op een bepaald moment kwam ook even ter sprake de opvolging van hem te zijner tijd. Hij merkte toen op, dat een opvolger, wie het ook worden zou, zich altijd zou moeten inwerken, en dat hij zelf in 1917 ook voor allerlei nieuwe dingen was geplaatst. Hij had bijv. hermeneutiek moeten geven, maar zelf nooit een college hermeneutiek gevolgd. En met canoniek was het niet veel anders geweest.

Een bijzondere belevenis is altijd voor hem gebleven zijn Amerikaanse reis in 1926. Op verzoek van deputaten voor de correspondentie met buitenlandse kerken vertegenwoordigde hij toen de kerken zowel ter synode van The Reformed Church of North America als The Christian Reformed Church of North America. Allerlei verhalen zijn er in omloop over de merkwaardig precieze en gedétailleerde wijze waarop hij, in Kampen terug, de studenten vergastte op een verslag van wat hij beleefd had. In het laatste gesprek met me begon hij zelf over deze reis, maar ging toen ook uit zichzelf erover dóór. Een kleurrijk journaal, waarbij over 's morgens, 's middags en 's avonds werd verhaald als ware het alles pas achter de rug.

Wat ik daarvan optekende neemt verscheidene pagina's in klein schrift in m'n dictaatcahier in beslag. 't Zou wellicht te ver voeren, de beschrijving hier minutieus weer te geven. Vermeld zij, dat ook Mevrouw Greijdanus de reis meemaakte, die van mei tot oktober duurde, en door een groot deel van de V[erenigde].S[taten]. voerde. Na enkele dagen te Paterson te hebben doorgebracht en een korte tijd in Michigan te hebben verbleven (in verband met het eigenlijke doel) maakten ze een prachtige tocht naar het Westen. Over de prairies voor de Rocky Mountains, en over dit rotsgebergte zelf, over de sinaasappelen in Californië en de cactussen in de Arizona Desert, over de Mormonen in Salt Lake City werd even nauwkeurig en met vermelding van allerlei bijzonderheden verteld als bijv. over de Niagara Falls. In de Mormonenstad waren Prof. en Mevrouw Greijdanus net even te laat geweest voor de orgelbespeling in de Tabernakel, maar in een chapel hadden ze een mormoonse evangelist gehoord, waarna zij met een sightseeing car de stad verder hadden bekeken, en bij het gouvernementshuis, het huis van het Mormonenhoofd en de bijhuisjes waar z'n vrouwen woonden, waren uitgestapt. De eerste maal dat zij de Niagara Falls bezochten, hadden ze geen regenjassen of paraplus bij zich, en waren zij flink nat geworden. De Watervallen zelf (de ene, die recht is, is ongeveer 1000 meter breed; de andere, die rond is, een soort hoefijzervorm heeft, ongeveer 1500 meter), de kracht van het water, de diepte van de val, stonden Greijdanus 22 jaar later nog helder voor de geest. 's Avonds hadden ze de watervallen opnieuw bezocht, toen lieten ze bengaals vuur op 't water spelen; dat was prachtig - en de volgende morgen voor de derde maal: ''t was toen een mistige dag, niet zo mooi als de vorige'. Ze hadden toen het schouwspel, in onderscheid met de vorige dag, van beneden bezien. Intussen omvatte het programma van deze maanden veel meer dan sightseeing. Nog precies wist Greijdanus de plaatsen te noemen, waar hij gepreekt of gesproken had. Heel bijzonder was wel dat op de 22e augustus te Paterson de verjaardag van Greijdanus' moeder kon worden meegevierd. Klaaske Idzerda was in 1841 te Makkum geboren, en werd toen dus 85 jaar. In maart 1927 overleed zij.[86]

Nog een ander staaltje van Greijdanus' buitengewone geheugen werd gegeven, toen ik hem naar zijn vacanties vroeg. Toen het over Rozenburg ging, vertelde hij immers, dat zijn vrouw en hij een vacantie in Arnhem hadden doorgebracht. Ik dacht toen: zo'n vraagje is misschien ook aardig, en zei: 'Kunt u over uw vacantie nog iets meer vertellen; bleef u meestal hier in Nederland?' Hij was zo vriendelijk ook deze vraag zeer serieus te nemen, en gaf toen het volgende antwoord: 'Nee, we zijn niet altijd in Nederland gebleven. In 1904 hebben we een paar weken in Utrecht doorgebracht. In 1905 zijn we naar Arnhem gegaan. In 1906 naar Nijmegen.

---

86 Klaaske Seeklesdochter Idserda werd geboren op 22 augustus 1841 te Makkum en overleed op 15 maart 1927 te Paterson, New Jersey USA; D. van Baalen, "Kwartierstaat van S. Greijdanus," in *Leven en werk van prof. S. Greijdanus*, ed. G. Harinck, Barneveld: De Vuurbaak, 1998, 264-265.

In 1907 zouden we naar Hilversum gaan, maar dat is niet gebeurd, omdat mijn vrouw toen een paar weken ziek is geweest. In 1908 zijn wij in Haarlem geweest. In 1909 in Zutphen. In 1910 in Vlissingen. In 1911 is niet veel van vacantie gekomen, omdat we toen verhuisden naar Zuid-Beijerland. In 1912 waren we in Apeldoorn, maar ik was toen ook afgevaardigd naar de generale synode van Den Haag. Daar ben ik driemaal heen gegaan, in verband met de hoogleraarsbenoemingen. In 1913 hebben we onze vacantie in Driebergen doorgebracht, en in 1914 in Dieren en Valkenburg. In 1915 zijn we op de Veluwe geweest, en daarna naar Friesland gegaan. In 1916 verbleven we in Velp. In 1917 hebben we geen speciale vacantie gehouden; ik was toen lid van de generale synode van Rotterdam, en in verband daarmee zijn we niet met vacantie weg geweest. In 1918 zijn we naar allerlei kennissen gegaan, in Zuid-Beijerland, enz., maar verder niet naar speciale vacantieplaatsen.

'In 1919 hebben we opnieuw in Arnhem vacantiedagen doorgebracht. In 1920 zijn we niet veel weg geweest, in verband met de generale synode van Leeuwarden. In 1921 zijn we ook maar een paar dagen uit geweest. In 1922 hebben we onze vacantie doorgebracht in Bad Oeynhausen, samen met Prof. en Mevrouw Bouwman, met z'n vieren. In 1923 zijn we naar België gegaan. In 1924 naar Oosterbeek, en in 1925 naar Lochem. In 1926 waren we in Amerika. In 1927 hebben we een tijd in Zwitserland doorgebracht. In 1928 zijn we slechts een paar dagen weg geweest, want mijn vrouw was toen niet in orde. In 1929 hebben we vacantie gehouden in Godesberg en de Eifel. In 1930 in de Harz. In 1931 hebben we Tirol en Beieren bezocht. In 1932 zijn we niet uit geweest: we zijn toen verhuisd van de Cellesweg naar hier, en mijn vrouw is toen ziek geworden. In 1933 hebben we een reis gemaakt naar Zwitserland (Montreux, enz.). In 1934 zijn we in Nederland gebleven (Bloemendaal). In 1935 waren we weer in Zwitserland (Spiez, Geneve, Château d'Oex). In 1936 zijn we naar Berlijn gegaan. In 1937 hebben we enkele weken vacantie gehouden in Hilversum en omgeving. In 1938 zijn we voor 't laatst naar Zwitserland gereisd. In 1939 brachten we, in verband met de dreigende toestand, onze vacantie in Nederland door, bij Arnhem. In 1940 zijn we na de inval van de Duitsers niet met vacantie gegaan. In 1941 zijn we in Oosterbeek geweest, en in 1942 in Apeldoorn. Dat was de laatste vacantie.'

Deze hele reeks van 1904 tot 1942 werd zonder enige hapering als het ware opgezegd. Eén bijzonderheid vertelde Greijdanus nog er bij. Toen zij in 1939 in Arnhem waren, viel het hun op, 'dat de kellners en bedienden allemaal Duitsers waren. We begrepen dat toen niet, maar hoorden het later: dat waren allemaal verspieders!'

Nog enkele dingen méér kwamen ter sprake. Greijdanus deelde bijv. ook iets mee over samensprekingen, die op instigatie met name van Dr. W.A. van Es[87] tussen Prof. Dr. H. H. Kuyper en hem zelf hadden plaatsgevonden. En zo valt er nog wel iets meer te noemen. Ik vroeg hem o.a. ook, of het waar was wat verteld werd, dat hij in Blija steeds een uitgave van het Nieuwe Testament in het Grieks op zak had. 'Nee', luidde zijn antwoord, 'ik wist toen van Grieks nog niets af, dat is pas in Zetten gekomen'.

Met drie opmerkingen van Greijdanus worde deze weergave besloten. De eerste is een vraag, gesteld bij het begin van het tweede bezoek: 'Zou je er eigenlijk maar niet liever van afzien'? Is het de moeite wel waard?' De tweede is een verzoek: 'indien genoemd wordt, dat ik niet van eigen geld heb gestudeerd, wil je er dan bij vertellen, dat we later alles terug hebben betaald?'.

De laatste opmerking is een woord dat hij sprak aan het einde van het laatste bezoek dat ik bij hem bracht, dat was een kort bezoek op 28 of 29 april. Toen waren zijn gedachten wéér bij zijn vrouw 'Zij is een uitnemende vrouw geweest, die altijd zéér met me meeleefde en zodoende 't zich ook alles zeer aantrok'. Zo betroffen de laatste woorden die ik van hem gehoord heb haar, met wie hij samen alles doorleefd heeft, wat zij samen doorleefd hebben, totdat zij gestorven is.

**

Epiloog

Het was donker geworden buiten, in die uren van het laatste lange bezoek op dinsdag 13 april. Toen ik zijn studeerkamer een uur of wat geleden was binnengekomen, had Greijdanus in zijn bekende stoel bij de kachel gezeten. De gordijnen waren toen nog open, en het licht was nog niet op; het lezen van de aflevering van het Ned. Theol. Tijdschrift,[88] die hij in de hand hield, moest hem, waar het reeds schemerig was geworden, niet zo gemakkelijk meer zijn gevallen.

Het was nu buiten geheel donker. Nog maar enkele minuten, dan zou de Nieuwe toren, waarop men in zijn studeerkamer aan de rustige Vloeddijk het uitzicht had, tien slagen laten horen. Hoeveel had hij, die op zijn

---

87 Dr. W.A. van Es (1871-1959), predikant Oudshoorn 1899, Leeuwarden 1904, promotie 1909, emeritus 1939; *Gemeenten en predikanten*, 296; C. van der Woude, "Es, Willem Albertus van," in *BLGNP* 1, 76-77.

88 Thans: *Nederlands Theologisch Tijdschrift: Journal for Theology and Study of Religion*, geraadpleegd 28 april 2017, http://www.ntt-online.nl/over_ntt/.

eigen plaats daar tegenover me zat, in dit huis en in deze kamer meegemaakt. De jaren waren elkaar opgevolgd, jaren van dienst, jaren van veel vreugde, maar ook van veel smart. Het gemis van haar, aan wie ook deze studeerkamer herinnerde, was dagelijks groot geweest, deze laatste jaren, waarin er zoveel was gebeurd.

Vlakbij op de schoorsteenmantel, links van het zware klokkestel, stond hun beider portret, destijds gemaakt in Rotterdam. En aan zijn bureau zag hij haar steeds voor zich, door de beide foto's, de ene, uit de tijd in Amerika, in een versierde koperen lijst, de andere in een lijst van uitgesneden hout.

De kamer was in deze jaren niet veranderd. Nog steeds hing daar bij de schoorsteen het portret van de leermeester die hij 't meest had bewonderd en van wie hij 't meest gehouden had, F. L. Rutgers.[89] Nog steeds ook op de ene kast rechts, bij het raam, een oude afbeelding uit Franeker: Johannes Greijdanus, Med. Dr. en Philos. Dr. en Prof.[90]

De weg van de verre nakomeling van deze hoogleraar in Friesland, van dat jongetje geboren in Arum, dat slechts van zijn zesde tot zijn tiende jaar naar school had kunnen gaan, was een lange weg geweest. Nu was hij op deze aarde bijna ten einde.

Vóór de nacht inging, zou in veel studentenkamers en in heel veel huizen verder in en buiten Kampen gebeden zijn voor deze oudste der hoogleraren die vooral na de Vrijmaking zulk een bijzonder grote plaats verkregen had in de harten van de studenten, in de harten van het gereformeerde volk. Eenzaam was hij in deze kamer, eenzaam in dit huis, maar een volk van God omringde hem.

En het licht van Christus, de Meester, die hij gediend had op heel die lange weg, waarop hij zelf hem van stap tot stap had geleid, straalde ook

---

89 "Daar was bij prof. Rutgers adeldom van ziel, minzaamheid, oprechtheid, nobelheid van karakter, voor zich innemende vriendelijkheid van persoonlijkheid, waarbij alle 'neerbuigendheid' ten aanzien van den mindere, alle aanstellerigheid waardoor innerlijke hooghartigheid en onwaarheid zich meermalen duidelijk genoeg verraden, verre was;" S. Greijdanus, "Prof. dr. F.L. Rutgers – 26 november 1836-19 maart 1917," *Friesch Dagblad* 23 maart 1917.

90 **Johannes Greidanus (1630/1-1668)**, hoogleraar Filosofie Franeker; G. Harinck, "Greijdanus' weg naar het hoogleraarschap," in Harinck, *Leven*, 13; Greijdanus, Seakle," in *BLGNP* 4, 152-155; G.Th. Jensma, F.R.H. Smit, M.H.H. Engels, eds. *Universiteit te Franeker 1585-1811: Bijdragen tot de geschiedenis van de Friese Hogeschool*, (Leeuwarden: Fryske Akademy, 1985); D. Deddens, "Een rechte Fries," *De Ref.*, 46e jrg., n°. 31, 1 mei 1971, 250-251; M.R. Idema Greidanus, *Het geslacht Greydanus*, (s.l. s.n., 1936).

deze avond. Het zou blijven schijnen, ook in de enkele wéken die nog zouden volgen. Hoe verlangde hij, als Paulus, heen te gaan en met Christus te zijn, als verreweg het beste. Het leven Christus - het sterven gewin. 'Want dit sterven zou hem een vollere gemeenschapsgenieting met den Here geven, dan hij ooit op aarde kon smaken. Door het sterven ging zijn leven in vollen bloei open, omdat hij dan te heerlijker de gemeenschap met Christus deelachtig zou worden'.[91]

Op 19 mei, twintig jaar geleden, ging alzo het leven van Prof. Dr. Seakle Greijdanus, dat hier 77 jaar lang Christus was geweest, open in volle bloei.

---

91 S. Greijdanus bij Filipp. 1 : 21 in de *Korte Verklaring*.

4. De verdwijnende ouderling: Het wegvallen van het ouderlingenambt in de congregationalistische kerken van Massachusetts – Inaugurele rede 1979

Volgens het Nederlands Dagblad, het Reformatorisch Dagblad en De Reformatie hield D. Deddens op 7 september 1979 zijn inaugurele rede.[1] Dat strookt niet met Deddens' eigen opmerking in zijn rede dat het 'vandaag' precies 300 jaar geleden is dat een synode van congregationalistische kerken van Massachusetts in Boston in de zogeheten Reforming Synod bijeenkwam.[2] Ook het Handboek 1980 noemde de datum van 7 september 1979.[3] De Reforming Synod begon evenwel pas op 10 en niet op zondag 7 september 1679.[4] Deddens was drie dagen te vroeg met zijn 'exacte' datumvermelding.

De Reforming Synod van 1679 was niet zomaar een reguliere synode of een synode die volgens gezette tijden bijeen diende te komen. De eerste vijf decennia van New England waren een periode van welvaart en voorspoed.[5] Dat veranderde rond 1675. Na een vreedzame begintijd tussen de indianen en de West-Europeanen ontstond er oorlog, de zogenaamde King Philip's

---

1 "Verdwijnen ambt ouderling leidde tot groeiend kerkelijke verval: Prof. D. Deddens oreerde als kerkhistoricus," *RD*, 8 september 1979, 2; *De Ref.*, 54e jrg., n°. 45, 1 september 1979, 722; "Prof. drs. D. Deddens aanvaardt ambt met oratie over 'De verdwijnenden ouderling,' *ND*, 8 september 1979, 2.
2 "The necessity of reformation with the expedients subservient thereunto, asserted; in answer to two questions: I. What are the evils that have provoked the Lord to bring his judgments on New-England? II. What is to be done that so those evils may be reformed? Agreed upon by the elders and messengers of the churches assembled in the Synod at Boston in New-England, Sept. 10. 1679," in Walker, ed., *The Creeds*, 423-437.
3 *Handboek 1980*, 267.
4 Geraadpleegd 16 mei 2018, http://www.stamboomsurfpagina.nl/kalender.html.
5 Janice Knight, *Orthodoxies in Massachusetts: Rereading American Puritanism*, (Cambridge MA/London, England: Harvard University Press, 1994); Allen Carden, *Puritan Christianity in America: Religion and Life in Seventeenth-Century Massachusetts*, (Grand Rapids MI: Baker Book House, 1990).

War.⁶ Deze bedreigde het (voort)bestaan van de kolonies in de periode 20 juni 1675 tot 12 augustus 1676. Deze oorlog vormde de politieke achtergrond van de Reforming Synod. Er was meer tegenspoed voor de kolonies. Op 27 november 1676 gingen de North Church in Boston en meer dan 40 huizen in vlammen op. Nog geen drie jaar later, op 7 en 8 augustus 1679, verteerde een vlammenzee het zakencentrum van Boston.⁷ Ook schipbreuken en de pest brachten slagen toe aan het leven van de kolonies. Alsof dit allemaal nog niet genoeg was, werden ook de vrijheden van de kolonies bedreigd.⁸ Onderdeel daarvan waren pogingen in januari 1679 om het episcopaat op te leggen aan de puriteinse gebieden.⁹

Het is tegen deze politieke en maatschappelijke achtergrond dat Increase Mather,¹⁰ predikant van Second Church in Boston, en geestelijk leider in zijn tijd, zijn medepredikanten opriep een verzoek in te dienen bij de

---

6   George D. Langdon jr., Pilgrim Colony: *A History of New Plymouth 1620-1691*, (New Haven and London: Yale University Press 1966) (*Yale Publications in American Studies* 12); John Gorham Palfrey, History of New England III, (Boston: Little, Brown, and Co, 1859-1864), 132-230; John Fiske, The Beginnings of New England or its Puritan Theocracy in its Relations to Civil and Religious Liberty, (Boston/New York: Houghton, Mifflin and Company, 1889), 199-241.
7   Peter Thacher's diary in: Hamilton Andrews Hill, History of the Old South Church I, Boston, 1890, 230-231; William Hubbard, A General History of New England from the Discovery to MDCLXXX, 2e ed., (Boston: Charles C. Little and James Brown, MDCCCXLVIII), 649.
8   Palfrey, History, 273 e.v.
9   Palfrey, History, 324.
10 Increase Mather (1639-1723) was een beroemde predikant te Boston minister, schrijver en leraar. Hij was de zoon van Richard Mather (1596-1669), een in Engeland geboren Amerikaanse congregationalistische predikant. Increase was ook de schoonzoon van John Cotton (1585-1652), een invloedrijke puriteinse leider en de eerste leraar in First Church of Boston. Increase's zoon was Cotton Mather (1663-1728), een Amerikaanse congregationalitische predikant en schrijver. Hij is bekend van zijn magnum opus: *Magnalia Christi Americana* (1702), een Amerikaanse kerkgeschiedenis vanaf het begin van New England tot de achttiende eeuw, geraadpleegd 20 februari 2017, https://www.britannica.com/biography/Increase-Mather. Geraadpleegd 20 februari 2017, https://www.britannica.com/biography/Richard-Mather. Geraadpleegd 20 februari 2017, https://www.britannica.com/biography/John-Cotton. Geraadpleegd 20 februari 2017, https://www.britannica.com/biography/Cotton-Mather. Robert Middlekauff, *The Mathers: Three Generations of Puritan Intellectuals 1596-1728*, (New York: Oxford University Press, 1971); Kenneth Ballard Murdock, *Increase Mather: The Foremost American Puritan*, reiussed (New York: Russell & Russell, 1966).

Massachusetts General Court[11] om een synode te beleggen. De genoemde tegenslagen voor de kolonie en de kerk hadden ook hun weerslag op het geestelijke leven. Preciezer geformuleerd, de rampspoed werd gezien als het gevolg van de ontstoken toorn van God door het geestelijk verval. De Massachusetts General Court in Boston was het koloniale Hof. De Massachusetts Bay Company, gezeteld in London, had in 1631 het charter overgedragen aan de General Court. Negentien predikanten ondertekenden de petitie: John Eliot (Roxbury), Increase Mather (Boston), Samuel Torrey[12] (Weymouth), Moses Fiske[13] (Braintree), Josiah Flynt[14] (Dorchester), Thomas Clark[15] (Chelmsford), James Sherman[16] (Sudbury), Joseph Whiting (Lynn), Samuel Cheever[17] (Marblehead), Samuel Phillips[18] (Rowley), Solomon Stoddard[19] (Northampton),

---

11 I.H. Murray, The *Puritan Hope: A Study in Revival and the Interpretation of Prophecy*, (Edinburgh/Carlisle: Banner of Truth Trust, 1975), 92vv.
12 Samuel Torrey (1632-1707) arriveerde in 1640 in New England, geordineerd Weymouth 1664/5, predikant Weymouth 1656-1707, gekozen tot president van Harvard College 1684 maar wees deze benoeming af; Weiss, *The Colonial Clergy*, 206.
13 Moses Fiske (1642-1708), geordineerd Killingly CT 1715, predikant Putnam CT 1712-1741, afgezet 1741; Weiss, *The Colonial Clergy*, 84.
14 Josiah Flynt (1645-1680), assistent van zijn vader in Braintree MA, predikant Dorchester 1671-1680, artillery election sermon 1677. In Dorchester volgde hij Richard Mather op; Carden, *Puritan Christianity in America*, 225; Weiss, *The Colonial Clergy*, 86.
15 Thomas Clark (1652/3-1704), geordineerd Chelmsford 1678/9, predikant Chelmsford 1677-1704, legerpredikant King Philip's War; in de Great Swamp Fight 1675; Weiss, *Colonial Clergy of New England*, 57.
16 James Sherman (1645-1718), predikant Sudbury 1678-1705. Daarna werd hij arts. Weis, *Colonial Clergy of New England*, 186.
17 Samuel Cheever (1639-1724), predikant Marblehead 1668-1724, geordineerd 1684; Weiss, *The Colonial Clergy*, 54.
18 Samuel Philips (1625-1696), geordineerd Rowley 1651, predikant Rowley 1651-196; Weis, *Colonial Clergy of New England*, 164.
19 Solomon Stoddard (1643-1728/9), eerste bibliothecaris van Harvard College 1667-1672; fellow Harvard College 1666-1667, predikant Northampton 1669-1667, geordineerd Northampton 1672, en opa van Jonathan Edwards; Weis, *Colonial Clergy of New England*, 195, geraadpleegd 4 oktober 2017 http://historic-northampton.org/highlights/stoddard.html.

Samuel Whiting[20] (Lynn), Thomas Cobbett (Ipswich), Edward Bulkeley[21] (Concord), John Sherman[22] (Watertown), John Higginson[23] (Salem), John Hale[24] (Beverly), Samuel Whiting jr.[25] (Billerica), John Wilson[26] (Medfield). De nauwlettende lezer zal het opvallen dat de petitie werd ondertekend door negentien predikanten, maar niet door ouderlingen. Het ambt van

20 Samuel Whiting (1597-1679), priester van de bisschop van Peterborough 1621, predikant van Sir Roger Townshend, Bart. and Sir Nathaniel Bacon, Knt, hulppredikant Lynn Norfolk 1621-1624, rector Skirbeck Lincolnshire 1625-1636, het zwijgen opgelegd vanwege het niet conformeren aan de *Act of Uniformity*, dat wil zeggen dat de geestelijken zich dienden te houden aan de liturgie, gebeden en handelingen conform het Book of Common Prayer; geraadpleegd 28 september 2017, http://www.eskimo.com/~lhowell/bcp1662/intro/uniformity_1662.html. Whiting vertrok naar New England 1636, geordineerd Lynn 1636, predikant Lynn 1636-1679; Weis, *Colonial Clergy of New England*, 223.

21 Edward Bulkeley (1614-1695/6), predikant Marshfield 1642-1656, Concord 1659-1694; Weiss, *The Colonial Clergy*, 45.

22 John Sherman (1613-1685), arriveerde in Nieuw Engeland 1634, predikant New Haven CT 1636-1644, Branford CT 1645, geordineerd Watertown 1647, predikant Watertown 1647-1685, Massachusetts Convention Sermon 1682, fellow Harvard College gedurende 30 jaar. Naast theoloog en predikant was hij eveneens astronoom. Klein detail: bij twee echtgenotes kreeg hij 26 kinderen; Weis, *Colonial Clergy of New England*, 186.

23 John Higginson (1616-1708), New England 1629, leerling van Thomas Hooker, legerpredikant Fort Old Saybrook CT 1636-1639, leraar Hartford CT 1641-1643, predikant Guildford CT 1643-1649, geordineerd Salem 1660, predikant Salem MA 1660-1708. Higginson had geen opleiding tot predikant gehad en was evenmin geordineerd. Hij was vader van Nathaniel Higginson (1652-1708), burgemeester van Fort St. George (Madras) en president van de kolonie. John leidde het onderzoek naar hekserij, de zogenaamde *Salem witch trials* van 1692-1693 die ook zijn dochter Ann Doliver niet onberoerd lieten. Zij werd in juni 1692 gearresteerd en voorgeleid, omdat ze beschuldigd werd van hekserij, maar ze werd niet veroordeeld vanwege te weinig bewijs en/of haar mentale conditie; Carden, *Puritan Christianity in America*, 225; Weis, *Colonial Clergy of New England*, 105; Carol. F. Karlson, *The Devil in the Shape of a Woman: Witchcraft in Colonial New England*, (New York/London: W.W. Norton, 1998) (*American History/Women's Studies*); Paul Boyer en Stephen Nissenbaum, *Salem Possessed: The Social Origins of Witchcraft*, (Cambridge MA/London Engeland: Harvard University Press, 1974).

24 John Hale (1636-1700), geordineerd Beverly 1667, predikant Beverly 1664-1700, aalmoezenier expeditie Canada 1690; Weis, *Colonial*, 98.

25 Samuel Whiting jr. (1633-1712/3), geordineerd Billerica 1663, predikant Billerica 1658-1713; Weis, *Colonial*, 223-224.

26 John Wilson (1621-1691), geordineerd Dorchester 1649 als coadjutor Richard Mather, predikant Dorchester 1649-1651, geordineerd Medfield 1652, predikant Medfield 1651-1691, ook arts en schoolmeester Medfield gedurende zijn ambtsperiode aldaar; Weis, *Colonial*, 231-232.

ouderling was ondergewaardeerd, anders geformuleerd: er waren geen ouderlingen meer. Vandaar de titel van de oratie en Deddens' fascinatie voor dit onderwerp.

De Massachusetts General Court behandelde de petitie op 28 mei 1679. De Court oordeelde vlot en positief op het verzoek om tot een nieuwe synode te komen:

> In ans[r] [answer] to a motion made by some of the reuerend elders, that there might be a convening of the elders & messengers of the churches in forme of a synod, for the reuisall of the platforme of discipljne agree vpon by the churches, 1647, and what else may appeare necessary for the preventing schishmes, hæresies, prophaness, & the establishment of the churches in one faith & order of the gospell, this Court doe approoue of the sajd motion, & order their assembling for the ends aforesajd on the second Wednesday in September next, at Boston; and the secretary is required seasonably to give notice hereof to the seureall churches. It is further ordered, that the charges of this meeting shall be borne by the churches respectively.
> Questi 1. What are the euills that haue provoked the Lord to bring his judgements on New England?
> 2 Quest. What is to be donn that so those evills may be reformed.[27]

De Court oordeelde dus positief en stelde vast dat op de tweede woensdag van september 1679 de synode gehouden kon worden. Veel werd verwacht van deze aanstaande synode. Een algeheel vasten werd in de kolonie gehouden om de zegen van God over de synode af te smeken.[28] Als moderatoren van de synoden werden benoemd Thomas Cobbett[29] van Ipswich en John Eliot[30] van Roxbury. Zij waren toen respectievelijk 71 en 75 jaar oud.

---

27 "The necessity of reformation with the expedients subservient thereunto, asserted; in answer to two questions: I. What are the evils that have provoked the Lord to bring his judgments on New-England? II. What is to be done that so those evils may be reformed? Agreed upon by the elders and messengers of the churches assembled in the Synod at Boston in New-England, Sept. 10. 1679," in Williston Walker, ed., *The Creeds and Platforms of Congregationalism*, (Eugene OR: Wipf & Stock, 2005), 423-437.

28 C. Mather, *Magnalia* 2, 318; C. Mather, *Parentator: Memoirs of remarkables in the life and the death of ... Dr. Mather who expired, August 23, 1723*, (s.l. s.n., 1724), 84.

29 Thomas Cobbett (1608-1685), predikant Lincolnshire, het zwijgen opgelegd vanwege het zich niet conformeren aan de *Act of Uniformity*, gearriveerd New England 1637, predikant Lynn 1637-1655, Ipswich 1655-1685; Weis, *Colonial Clergy of New England*, 58.

30 John Eliot (1604-1690), leraar Thomas Hooker's grammar school Little Baddow Essed, vertrok naar New England 1631, predikant Roxbury 1632, werkte onder de

Een eerdere, en bekende synode in de Engelse kolonie, was de Cambridge Synod geweest en het bijbehorende Cambridge Platform van 1648. Deze aanvaardde de belijdenis van de Westminster Assembly van 1643 - the Westminster Confession van 1646 - maar niet de kerkelijke organisatie. De Cambridge Synod en het Cambridge Platform bleef congregationalistisch van kerkstructuur. Het bestond uit zeventien hoofdstukken:

1. Of the form of church government; and that it is one, immutable, and prescribed in the word.
2. Of the nature of the catholic church in general, and in special of a particular visible church.
3. Of the matter of the visible church, both in respect of quality and quantity.
4. Of the form of the visible church, and of church covenant.
5. Of the first subject of church power; or, to whom church power doth first belong.
6. Of the officers of the church, and especially of pastors and teachers.
7. Of ruling elders and deacons.
8. Of the election of church officers.
9. Of ordination, and imposition of hands.
10. Of the power of the church and its presbytery.
11. Of the maintenance of church officers.
12. Of admission of members into the church.
13. Of church members, their removal from one church to another, and of recommendation and dismission.
14. Of excommunication, and other censures.
15. Of the communion of churches one with another.
16. Of synods.
17. Of the civil magistrate's power in matters ecclesiastical.

Tien jaar later werd in Engeland de Savoy Declaration (1658) aangenomen. Dit betrof een aanpassing van de Westminster Confession of Faith of 1646, namelijk onder meer de vervanging van de presbyteriale door de congregationalistische kerkstructuur. Engelse independenten waren in oktober 1658 bijeengekomen in het Savoy Palace te Londen. Meer dan honderd independentistische kerken waren bijeen. De volledige titel van de Savoy Declaration luidde: A Declaration of the Faith and Order owned and

---

Indianen in Natick e.o.; Carden, *Puritan Christianity in America*, 225; Weis, *Colonial*, 78.

practiced in the Congregational Churches in England. Als grote geestelijke leiders van de Savoy Declaration zijn Thomas Goodwin en John Owen te beschouwen.

In zijn rede in de Eudokiakerk te Kampen vroeg Deddens aandacht voor een belangrijk aspect van de congregationalistische kerkstructuur in de koloniale context van Nieuw Engeland: de verdwijnende of al verdwenen ouderling. Hij vroeg zich af: waar waren de ruling elders? Het antwoord moest luiden: de meeste kerkenraden hadden toen al geen ouderlingen meer. Dat was ondanks het feit dat het Cambridge Platform het ambt van ouderling een blijvende instelling van Christus noemde en dat dit ambt in stand moest worden gehouden tot aan de wederkomst van Christus.

Deddens volgde in zijn rede predikant en kerkhistoricus Cotton Mather in zijn magnum opus Magnalia Christi Americana. Volgens Mather had de Reforming Synod van 1679 op een aantal aspecten bezwaar tegen het Cambridge Platform. Een van die aspecten betrof het ambt van de ruling elder. Tegelijk oordeelde de Reforming Synod dat er te weinig ambtsdragers waren. Dat stelde vragen aan de onderlinge verhouding tussen beide aspecten en ook deed het de vraag rijzen hoe het kon dat zo spoedig na het Cambridge Platform de ruling elder verdween. In zijn rede over de verdwijnende ouderling liep Deddens achtereenvolgens de deelaspecten van de ruling elder langs: de verschillende ambtdragers, de roeping door verkiezing, de taak van ouderlingen, de presbytery en de bevestiging met handoplegging. Daarna volgde Deddens zowel de ontwikkelingen van het Cambridge Platform als van na de Reforming Synod van 1679 als het ging om de ruling elder.

Hij eindigde zijn academische rede met terug te gaan naar het begin van de oversteek van de Pilgrim Fathers aan boord van de Mayflower. Aan boord bevond zich een ruling elder: William Brewster.

Mijnheer de president-curator, mijne heren deputaten-curatoren en deputaten-financieel van deze hogeschool, mijne heren hoogleraren en overige leden van het corpus docentium,[31] mijne dame studente en mijne heren studenten en voorts gij allen die deze plechtigheid met uw tegenwoordigheid vereert, zeer geachte toehoorders.

Het is vandaag precies driehonderd jaar geleden dat tijdens kerkdiensten in het noordoosten van Amerika gebeden werd voor de synode die vanwege de nood der tijden was bijeengeroepen. In allerlei slagen die Nieuw-Engeland en vooral het prominente Massachusetts hadden getroffen en in gevaren die

---

31 **Corpus docentium is het docentencorps.**

vanuit Engeland dreigden, werd de straffende hand van God gezien.³² En was zijn straf niet naar recht? Was "the settlement of the New-English churches, with a long *series* of preserving and prosperous smiles from Heaven"³³ niet een van zijn grootste wonderwerken in deze eeuw geweest? Maar nu in het kerkelijk leven groei en bloei plaats hadden gemaakt voor 'declension'³⁴ en de 'decay in godliness'³⁵ in de jaren zeventig nog erger was geworden dan in het decennium daarvoor, was het volgens velen geen wonder dat zich steeds sterker de **toorn** van Gods liefde was gaan uiten.

In deze situatie hadden negentien predikanten uit Massachusetts tot de General Court het verzoek gericht om een synode te convoceren, die zich in het bijzonder zou moeten beraden over de volgende twee vragen:

What are the evils that have provoked the Lord to bring his jugdments on³⁶ New-England?³⁷

What is to be done that so those evils may be reformed?³⁸

---

32 Douglas L. Winiarski, *Darkness Falls on the Land of Light: Experiencing Religious Awakenings in Eighteenth-Century England, Darkness Falls on the Land of Light: Experiencing Religious Awakenings in Eighteenth-Century England*, (Chapel Hill: Published for the Omohundro Institute of Early American History and Culture/Williamsburg, Virginia, by the University of North Carolina Press [2017]).

33 De tekst van Deddens bevat de tekst: "the settlement of preserving and prosperous smiles from Heaven"; Mather, *Magnalia* 2, 316.

34 Met 'declension' wordt letterlijk verbuiging bedoeld. In dit verband gaat het om de verbuiging van de bloei en groei van het kerkelijk leven. Kortom: verval. Dat uitte zich in verlies van zuiverheid en van de oorspronkelijke geloofsijver. Ook ging het om een minder hoge morele standaard. Niettemin hebben volgens Allan Carden historici 'recent' – hij schrijft in 1990 – een revisie van de traditionele 'declension' in Puriteins New England gevraagd. Declension zou dan niets meer en minder zijn het proces van volwassenwording van een sectarische beweging. Hoe dan ook, predikanten in New England constateerden destijds dergelijk religieus en moreel verval; Carden, *Puritan*, 201-204; Robert G. Pope, " New England versus the New England Mind: The Myth of Declension," *Journal of Social History* (1969-1970), 99, 108; Edmund S. Morgan, *Visible Saints: The History of a Puritan Idea*, (Ithaca N.Y., 1963), 137; Michael McGiffert, "Puritan studies in the 1960s," *William and Mary Quarterly* 37 (January 1970), 34-52; Perry Miller, "Declension in a Bible Commonwealth," *American Antiquarian Society*, (April 1941).

35 Het correcte citaat zou moeten zijn: 'decay of the power of Godliness'. De volledige zin luidt: "There is a great and visible decay of the power of Godliness amongst many Professor in these Churches."; Walker, *The Creeds*, 427.

36 In de tekst van Deddens ontbreekt het woord 'on'.

37 "What are the euills that haue provoked the Lord to bring his judgements on New England"?; Walker, *The Creeds*, 416. In de tekst van Deddens staat 'to New England'.

38 "What is to be donn that so those evills may be reformed?"; Walker, *The Creeds*, 416.

Op dit verzoek was onmiddellijk positief gereageerd.

De synode, die op woensdag 10 september 1679 te Boston samenkwam, heeft een bijzondere naam gekregen: ze staat bekend als de 'Reforming Synod'. Ze heeft zeer belangwekkend werk verricht. Ik zou daar wel breed bij willen stilstaan, maar het is mijn bedoeling uw gewaardeerde aandacht te vragen voor één bepaalde zaak.

Deze synode - de laatste congregationalistische synode van Massachusetts - heeft twee jaartallen achter haar naam gekregen: 1679 en 1680. In september 1679 heeft zij zich intensief bezig gehouden met de zojuist genoemde vragen. Haar antwoord heeft ze samengevat in resp. 13 en 12 punten. Onder de titel **'The Necessity of Reformation'** werd het gedrukt op last van het General Court, die het ter ernstige overweging aanbeval aan alle kerken en de hele bevolking. Omdat Increase Mather, predikant te Boston, de hoofdopsteller was, is deze publicatie vaak, maar niet geheel terecht, op zijn naam gesteld.

Behalve de twee vragen, stond ook de zaak van de kerkorde op de agenda van de synode. Het Cambridge Platform van 1648[39] werd hoofdstuk na hoofdstuk gelezen. Na overleg werd unaniem besloten de tekst ongewijzigd te laten. Dit impliceerde echter algehele goedkeuring. De synode bekrachtigde het Platform 'for the substance of it',[40] zonder te preciseren hoe deze uitdrukking moest worden opgevat.[41]

---

39 Het Cambridge Platform van 1648 was een confessie van puriteinse congregationalistische gemeenten in de kolonie in Nieuw-Engeland. De Synode die bijeenkwam in augustus 1648 besloot tot vaststelling van deze geloofsbelijdenis in Massachusetts en Connecticut. Zie o.a. Henry Wilder Foote, ed., *The Cambridge Platform of 1648: Tercentenary Commemoration at Cambridge, Massachusetts October 27, 1948, arranged by the Joint Commission of the Congregational Christian Churches of the United States and the American Unitarian Association*, (Boston: The Beacon Press/The Pilgrim Press), 1949.

40 "The truth of what we here declare may appear by the unanimous vote of the Synod of the Elders and Messengers of our churches, assembled at Cambridge, the last of the sixth month, 1648, which jointly passed in these words : This synod having perused and considered, with much gladness of heart, and thankfulness to God, the Confession of Faith, published of late by the reverend assembly in England, do judge it to be very holy, orthodox, and judicious in all matters of faith ; and do therefore freely and fully consent thereunto, for the substance thereof;" De Synode van Cambridge die in juni 1648 bijeenkwam, aanvaardde de Westminster Confessie van 1648, maar alleen – *for the substance of thereof/it* – dat wil zeggen: alleen de confessie, niet de regelingen omtrent de kerkregering en het tuchtrecht; *The Cambridge Platform of Church Discipline, gathered out of the Word of God, and agreed upon by the elders and messengers of the churches assembled in synod 1648*, (Boston: Perkins & Whipple, 1850), 48.

41 "On the 10th of September 1679, the Platform was unanimously, for the substance

Een tweede korte zitting hield de synode nog in mei 1680, nadat een synodecommissie reeds voorbereidend werkzaam was geweest met de tekst van een confessie. Erg zwaar was deze opgave niet.

De synode van Cambridge had reeds haar hartelijke instemming betuigd met de Westminster Confessie, uitgezonderd gedeelten in de hoofdstukken 25, 30 en 31, die de kerkregering betroffen en een presbyteriaanse kleur hadden. In 1658 hadden afgevaardigden van de congregationalistische kerken in Engeland een eigen versie van deze geloofsbelijdenis aanvaard, de '**Savoy Declaration of Faith**'.[42] Daarbij kon nu worden aangesloten. Na het aanbrengen van enige, in het algemeen zeer kleine wijzigingen kwam op deze manier een nieuwe versie van de belijdenis tot stand: '**A confession of Faith owned and consented unto by the elders and Messengers of the Churches assembled at Boston in New-England**'.

Hiermee eindigde de synode en eindigt nu ook dit korte relaas van haar werkzaamheden. Nu zult u het misschien al wat merkwaardig hebben gevonden dat uitsluitend predikanten om het convoceren van een synode vroegen. Dat zij zich daartoe tot de General Court richtten, kunt u ook opmerkelijk achten, maar ik stel u voor dat we dit nu buiten beschouwing laten. De vraag doet zich voor: waar bleven de kerkenraden, de ouderlingen? Het antwoord moet luiden: de meeste kerken hadden toen geen ouderlingen. Dit verschijnsel krijgt iets raadselachtigs wanneer u zich realiseert dat het Cambridge Platform zo'n jaar of dertig eerder het ambt van de 'ruling elders' een blijvende instelling van Christus noemde, een ambt dat in stand moest worden gehouden tot zijn

---

of it, re-approved and accepted by a Synod of the Churches in the Colony of Massachusets, held at Boston," Thomas C. Upham, ed., *Ratio Disciplinae, or the Constitution of the Congregational Churches*, (Portland: Shirley and Hide, 1829), 15.

42 De Savoy Declaration of Faith is een aanpassing van de Westminster Confession of Faith van 1646; geraadpleegd 27 februari 2017, http://reformed.org. De volledige naam luidt: *A Declaration of the Faith and Order owned and practiced in the Congregational Churches in England*. Het was opgesteld door Engelse independenten die in oktober 1658 bijeenkwamen in het Savoy Palace, Londen. Het betrof vertegenwoordigers van meer dan 100 independente kerken. De puriteinse Engelse theologen Thomas Goodwin (1600-1680) en John Owen (1616-1683) gaven leiding aan een commissie van zes leden die benoemd waren om in 1658 tot een revisie van de geloofsbelijdenis te komen. Zij baseerden zich hiervoor op de Westminster Confession of Faith. Zij voegden er een nieuw hoofdstuk aan toe: *Of the Gospel, and of the Extent of the Grace Thereof*. Voor de oratie van Deddens is het van belang te weten dat de artikelen 30 en 31 van de Westminster Confession of Faith werden aangepast opdat de autonomie van de lokale kerken werd verzekerd.

wederkomst. Bovendien sprak het Cambridge Platform over geen enkel ambt zo uitvoerig als juist over dat van de 'ruling elder'.

Hier dringt zich als vanzelf een nieuwe vraag op. Dat de Reforming Synod het Cambridge Platform niet integraal goedkeurde, hield dat misschien verband met de zaak van het ouderlingenambt? We beschikken over een betrouwbare bron die hierover geen enkele twijfel laat bestaan. De zoon van Increase Mather had een en ander van nabij meegemaakt. Jarenlang was deze Cotton Mather te Boston collega van zijn vader. Zijn kerkhistorisch hoofdwerk '**Magnalia Christi Americana**'[43] bevat tal van gegevens uit de eerste hand. Hij deelt daarin mee dat er vooral op vier punten bezwaren leefden tegen het Cambridge Platform, dat één van die punten het ouderlingenambt betrof, en dat mede met het oog op dit laatste werd gekozen voor de formulering 'for the substance of it'. Op zijn verklaring komen we nog terug.

Nu een derde vraag. Zou er geen samenhang zijn geweest tussen die beide verschijnselen: de ingetreden 'declension' en de ontbrekende ouderlingen? Ook dat is aanwijsbaar. De Reforming Synod bracht zelf de verbinding aan. Onder "What is to be done?"[44] vermeldde zij als vijfde punt, dat er met alle kracht gestreefd moest worden naar "a full supply of officers".[45] De situatie werd "very lamentable"[46] genoemd: in de meeste kerken was er (naast de diakenen) maar één figuur, één 'teaching officer',[47] die de last van de hele gemeente had te dragen. De Here Christus zou geen herders, leraren, regeerouderlingen hebben ingesteld (ook zouden de apostelen niet in iedere plaats ouderlingen hebben aangesteld) als Hij niet had gezien dat zij nodig waren voor het welzijn van zijn volk. De mening dat zij wel gemist konden worden, betekende een overtreding van het tweede gebod en een bekritiseren van de wijsheid van Christus.

---

43 Cotton Mather, *Magnalia Christi Americana, or, The ecclesiastical history of New-England, from its first planting in the year 1620. unto the year of Our Lord, 1698 In seven books ...*, (London: Printed for Thomas Parkhurst, at the Bible and three crowns in Cheapside), 1702.
44 "What is to be done that so these Evils may be Reformed;" A.w., 434.
45 "It is requisite that utmost endeavours should be used, in order unto a full supply of Officers in the Churches, according to Christs Institution;" A.w., 434.
46 "The defect of these Churches on this account is very lamentable, there being in most of the Churches only one Teaching Officer, for the burden of the whole Congregation to lye upon;" Walker, *The Creeds*, 434.
47 "The defect of these Churches on this account is very lamentable, there being in most of the Churches only one Teaching Officer, for the burden of the whole Congregation to lye upon;" Walker, A.w., 434.

In het volgende punt werd vervolgens gewezen op de roeping van de overheid, voedster van de kerk te zijn.

En nu gaan de vragen zich natuurlijk nog vermeerderen. Want wanneer de Reforming Synod het geboden achtte dat er weer ouderlingen kwamen, waarom speelden dan op de synode de bezwaren tegen de ouderlingen zo'n gewichtige rol, dat vooral daardoor het Cambridge Platform slechts werd bekrachtigd 'for the substance of it'? In de literatuur over het Congregationalisme en over de kerken in Nieuw-Engeland is hiervoor noch in de vorige, noch in deze eeuw een verklaring gegeven. Een vraag die mede opkomt is deze: hoe is het met de ouderling gegaan na de Reforming Synod? Maar de voornaamste vraag is toch wel: hoe is het mogelijk dat in kerken die in het Cambridge Platform hun geloofsovertuiging hadden uitgedrukt, het ambt van ouderling zo spoedig is weggekwijnd en ging verdwijnen?

Nu hebben we speciaal Massachusetts in beeld: de synode was nu eenmaal een vergadering van afgevaardigden van de kerken daar. Opvallend is overigens, dat de synode zelf telkens niet slechts over Massachusetts, maar over Nieuw-Engeland sprak. In dat hele gebied hadden zich namelijk inzake het ouderlingenambt ontwikkelingen voltrokken, niet ongelijk aan die van de Baai-kolonie.[48] De kwestie speelde zelfs in een nog groter gebied: ook in de congregationalistische kerken in Engeland zelf verdween de ouderling. Dit laatste stip ik alleen aan: het is wenselijk om in Nieuw-Engeland te blijven en ons te concentreren op Massachusetts.

Mijns inziens is het raadsel dat zich hier voordoet door auteurs in de vorige en in deze eeuw onvoldoende opgehelderd. Voor Dexter[49] en Walker[50] en ook anderen was de ouderling een merkwaardige figuur; vreemder dan zijn verdwijning was voor hen eigenlijk zijn verschijning. En in de stroom van de nieuwere literatuur over het Puritanisme en over het Nieuw-Engeland van de zeventiende eeuw, alsmede over de gecompliceerde verbinding van beide, een stroom die na de Wereldoorlog II steeds

---

48 De Massachusetts Bay Colony (1628-1691) was een Engelse nederzetting aan de oostkust van Noord-Amerika in en rond de Massachusetts Bay.
49 H.M. Dexter, *The Congregationalism of the Last Three Hunderd Years...*, (New York, 1880), 689-701.
50 W. Walker was de auteur van: "The Services of the Mathers in New England Religious Development," in *Papers of the American Society of Church History*, v, 6ff; *A History of the Congregational Churches in the United States*, (New York: Christian literature Co., 1894); *The Creeds and Platforms of Congregationalism*, (New York, 1893).

breder is geworden, duikt de oude congregationalistische ouderling[51] hier en daar even op, maar nergens komt hij duidelijk boven water. Graag zou ik daarom nadere aandacht willen vragen voor

DE VERDWIJNENDE OUDERLING
Het wegvallen van het ouderlingenambt in de congregationalistische kerken van Massachusetts.

Na wat reeds naar voren is gebracht, ligt het voor de hand eerst stil te staan bij 1648: de ouderling volgens het Cambridge Platform; vervolgens te letten op ontwikkelingen tot 1679, het jaar van de Reforming Synod; ten slotte ons af te vragen hoe het na deze synode met de ouderling is gegaan.

I
Eerst zullen we dus aandacht geven aan het Cambridge Platform. De officiële naam luidt: **A Platform of Church Discipline gathered out of the Word of God, and agreed upon by the Elders and Messengers of the Churches assembled in the Synod at Cambridge in New England.**

Het is "The fundamental statement of Congregational church government",[52] en ook wel "The constitution of the congregational churches"[53] genoemd. Ook als men van mening is dat in beide typeringen zowel iets te veel als iets te weinig wordt gezegd, zal men erkennen dat het een congregationalistisch document van bijzonder grote waarde is. Het is een zeer uitvoerige verklaring van gevoelens op het gebied van kerkinrichting en -regering, een officieel exposé van de z.g. New England way,[54] met voortdurende verwijzing naar Schriftplaatsen.

---

51 De (verdwijnende) ouderling in de congregationalistische gemeenten in Nieuw-Engeland.
52 Het citaat is uitgebreider dan Deddens vermeldt: "The Cambridge Platform was the fundamental authoritative statement of Congregational church government." J. Maclear, ed. *Church and State in the Modern Age: A Documentary History*, (New York/Oxford: Oxford University Press 1995), 43.
53 Upham, *Ratio*.
54 De New England way was aanvankelijk een platform van oppositie jegens het Engelse episcopaat en ontwikkelde zich tot het Congregationalisme in New England; John Cotton, *The Way of the Churches of Christ in New England: Or The vvway of churches walking in brotherly equalitie, or coordination, without subjection of one church to another: measured and examined by the golden reed of the sanctuary. Containing a full declaration of the church-way in all particulars*, (London: Matthew Simmons in Aldersgate-streete, 1645). Later kreeg het boek een andere titel: *The New England Way*.

Van deze New England way geldt hetzelfde als van Keulen en Aken. Eerst kwam er alleen de kleine gemeente van Plymouth, gesticht in 1620. Van 1630 af kwam de grote emigratie naar Massachusetts op gang. Al spoedig telde dit gebied meer kerken dan de inmiddels gegroeide eerste kolonie. Vanuit Massachusetts werd verder getrokken: dit markeerde het begin van Connecticut en New Haven. In 1643 gingen de vier koloniën een confederatie aan en ontstond aldus het verenigde Nieuw-Engeland.

Het begin van de kerkelijke New England way lag echter niet in Amerika, maar in Europa. Niet alleen mensen, maar ook gedachten en opvattingen maakten de overtocht over de oceaan. Plymouth was gestempeld door wat reeds eerder was ingezien en in praktijk gebracht te Leiden. - wie denkt hier niet aan John Robinson?[55] De Puriteinen die zich in Massachusetts en vervolgens in Connecticut en New Haven vestigden, hadden zich niet afgescheiden van de Engelse staatskerk zoals Robinson en de zijnen, maar bij hen leefden wel, vooral onder de voorgangers, specifieke grondgedachten over de ambten en de ordening van het kerkelijk leven, die zich verder verwijderden van de structuur en praktijken van de Church of England. Een deel van deze emigranten had een periode in Nederland achter de rug.

In het nieuwe land kwamen niet alleen z.g. afgescheidenen en niet-afgescheidenen tot elkaar, maar groeide ook overeenstemming over de vraag: wat is ter zake van de inrichting en de regering van de kerk de wil van Christus, het Hoofd en de Koning? Ecclesiologische inzichten, vertolkt enerzijds door John Robinson, anderzijds door William Ames,[56]

---

55 De Engelsman John Robinson (ca. 1575-1625) was predikant van de *Pilgrim Fathers* in Leiden voordat ze met het schip de *Mayflower* wegzeilden. Hij is begraven in de Pieterskerk te Leiden. Met Robert Brown(e) (†1633) wordt hij beschouwd als de eerste leiders van de stichters van de Congregational Church; O.H. de Vries, "Robinson, John," in *BLGNP* 6, 247-249.

56 Guilelmus Amesius/William Ames (1576-1633), fellow Christ's College Cambridge 1601-1610, predikant 's Gravenhage in dienst van Horatius Vere, commandeur van de Engelse troepen in de Republiek 1611-1619 en tevens predikant Engelse gemeente 's Gravenhage, adviseur Johannes Bogerman – voorzitter Synode van Dordrecht van 1618/1619, assistent theologisch onderwijs Leiden 1619-1622, hoogleraar Franeker 1622-1632, predikant Engelse gemeente 1632-1633; A. de Groot, "Amesius, Guilelmus (William Ames)," in *BLGNP* 1, 27-31.

Robert Parker[57] en figuren als Paul Baynes,[58] William Bradshaw[59] en Henry Jacob,[60] hadden grote invloed. Ze werden nader getoetst en uitgewerkt en kregen vorm in de praktijk. Deze praktijk toonde, evenals uiteenzettingen die in schriftelijke vorm tot stand kwamen, enige onderlinge nuanceringen. Toch was er duidelijk een eigen weg, en men had er geen bezwaar tegen deze aan te duiden als 'the congregational way'. De benaming 'independent' echter verfoeide en verwierp men; ook later bleef men deze term verwerpen, consequenter dan in Engeland zelf.

57 Robert Parker (ca. 1564-1614), Engels puriteins geestelijke en theoloog, rector Stanton St. Bernard, Wiltshire, Engeland 1593, gevlucht naar Nederland stichtte hij in Leiden een gemeente; Ziff, *John Cotton*, 384; William Arthur Shaw, "Parker, Robert (1564?-1614)," in *Dictionary of National Biography*, 1885-1900, vol. 43, 269-271.
58 Paul Baynes (ca. 1573-1617), Engels geestelijke en radicaal puritein, leerling en opvolger van William Perkins aan de kerk St. Andrews the Great, Cambridge, Engeland; Andrew Atherstone, "The Silencing of Paul Baynes and Thomas Taylor, Puritan Lecturers at Cambridge," *Notes and Queries* (2007) 54, 386-389.
59 William Bradshaw (1571-1618) werd in 1599 een van de eerste fellows van het Sydney Sussex College te Cambridge. In 1601 werd hij predikant te Chattam; geraadpleegd 29 mei 2017, http://www.ccel.org/ccel/schaff/encyc02.html?term=Bradshaw,%20William; Richard L. Greaves en Robert Zaller, eds., *Biographical Dictionary of British Radicals in the Seventeenth Century* 1, ([Brighton:] The Harvester Press, 1982), 87-89; William Bradshaw, *English Puritanisme containening the maine opinions of the rigidest sort of those that are called Puritanes in the realme of England*, London: William Jones, 1605; B. Brook, *The Lives of the Puritans: containing a biographical account of those divines who distinguished themselves in the cause of religious liberty, from the reformation under Queen Elizabeth, to the Act of uniformity in 1662*, 3 vols., (Pittsburgh: Soli Deo Gloria Publications, 1994).
60 Henry Jacob (1563-1624), Engels geestelijke, sloot zich in 1590 aan bij de Brownisten, vertrok met ze in 1593 naar Holland. Terug in Engeland kwam hij in een leerstellig en kerkelijk conflict terecht met bishop Bilson van Winchester over diens uitleg van het Apostolicum, specifieker inzake Christus' nederdaling ter helle. Jacob werd gedwongen opnieuw uit te wijken naar de Nederlanden. In Middelburg verzamelde hij Engelse protestanten om zich heen. Na samenspreking met John Robinson in Leiden sloot hij zich aan bij diens denkbeelden inzake congregationele en/of independentistische stelsel van kerkregering. In 1616 stichtte hij in Londen een separatistische gemeente. In 1622 stichtte hij onder de kolonisten in Virginia een nieuwe nederzetting. Deze werd ook wel 'Jacobopolis' genoemd. Twee jaar later overleed hij in Londen; Walter R. Goehring, *Henry Jacob (1563-1624) and the Separatists*, (New York: s.n., 1975); Gordon Goodwin, *Dictionary of National Biography*, 1885-1900, vol. 29, 117-118; geraadpleegd 28 april 2017, https://en.wikisource.org/wiki/Jacob,_Henry_(DNB00); Henry Jacob, *The Divine Beginning and Institution of Christ's True Visible or Ministerial Church*, ([Leiden: H. Hastings, i.e. von Haestens], 1610).

Wat nu het Cambridge Platform verwoordde, kan beschouwd worden als een grote gemene deler van gerijpte en in praktijk gebrachte opvattingen, representatief niet alleen voor Massachusetts, maar ook voor het overige Nieuw-Engeland. Dat het Platform vrij laat ontstond, houdt nauw verband met de situatie in Engeland. In de periode van William Laud[61] wilde men niet extra de aandacht op zich vestigen door officiële verklaringen die gemakkelijk repercussies konden oproepen. In de eerste tijd van de burgeroorlog was de toestand in Engeland zeer onzeker en werd een verenigd front een eerste vereiste geacht. De snelle veranderingen die zich in het midden van de jaren veertig voltrokken, vooral ook de snelle veroveringen van het door de Schotten krachtig bevorderde Presbyterianisme, deden de wenselijkheid beseffen nu officieel en publiek naar voren te treden, en te doen weten waar Nieuw-Engeland voor stond. Het Cambridge Platform kan gezien worden als congregationalistische tegenhanger van **The Form of Presbyterial Church Government** van de Westminster Assembly. In de voorgaande jaren waren reeds tal van manuscripten over de New England way naar Engeland gestuurd. Bedoeld voor circulatie in vertrouwde kring, vonden ze in de veertiger jaren hun weg naar drukkers in Londen. Onder de auteurs namen John Cotton en Richard Mather de eerste plaatsen in. Het is dan ook geen wonder dat juist zij behoorden tot het drietal dat verzocht werd op de synode concepten te leveren. Het was tenslotte de tekst van Mather die aanvaard werd - na allerlei wijzigingen.

Ik ben niet in details getreden, maar één bijzonderheid wil ik u niet onthouden. De zojuist genoemde **Richard** Mather was de vader van **Increase** Mather, prominent in en buiten de Reforming Synod. Zijn zoon **Cotton** Mather, 'The Lord's remembrancer',[62] naar wie we nog verder hopen te luisteren, dankte zijn voornaam aan het feit dat hij óók een kleinzoon van de eerder vermelde John Cotton was.

Het zeventien hoofdstukken tellende Cambridge Platform spreekt op verschillende plaatsen en in onderscheiden verbanden over de ouderling. We geven nu een weergave van de belangrijkste elementen eruit, die we van enig commentaar zullen voorzien.

---

61 **William Laud (1573-1645)**, aartsbisschop Canterbury en theoloog; Samuel Rawson Gardiner, "William Laud," in *Dictionary of National Biography* vol. 32, (London: Smit, Elder & Co., 1885-1890), 185-194.

62 David Levin, *Cotton Mather: The Young Life of the Lord's Remembrancer, 1663-1703*, (Cambridge Massachusetts/London England: Harvard University Press, 1978).

De verschillende ambtsdragers

Christus heeft in zijn kerk buitengewone en gewone ambten ingesteld. Buitengewoon zijn de in het Nieuwe Testament[63] genoemde ambten van apostel, profeet en evangelist. Tot de categorie van de gewone ambten moeten het ambt van ouderling en diaken gerekend worden.

Van de ouderlingen (die in de Bijbel ook bisschoppen heten), wijden sommigen zich in hoofdzaak aan de bediening van het Woord als herder en leraar, terwijl anderen zich speciaal toeleggen op het regeren, waarom zij 'ruling elders' genoemd worden.

Het ambt van herder is onderscheiden van dat van leraar. De 'pastor' legt zich toe op het vermanen en het daarin spreken van een woord van wijsheid, de 'teacher' legt zich toe op de leer en het spreken van een woord van kennis.

Tot de ambtstaak van zowel herder als leraar behoort de bediening van de sacramenten en de kerkelijke tucht. Hoe nodig scholen ook zijn voor de kerk, met name voor de opleiding tot de dienst des Woords, het is onjuist het leraarsambt te beperken tot de school: zowel de herder als de leraar heeft een taak in de gemeente.

Van de ambten van herder en leraar verschilt het ambt van de 'ruling elder' alleen hierin, dat deze niet geroepen wordt en bevoegd is tot de prediking van het Woord en de bediening van de sacramenten. De diakenen hebben een taak in verband met drie tafels: de tafel des Heren, de tafel van de predikanten en de tafel van hen die hulp nodig hebben. Afzonderlijk worden na de diakenen nog genoemd de "ancient widdows"[64] ("Where they may be had"),[65] zusters die overeenkomstig 1 Tim. 5:9, 10 dienst verlenen in de vorm van hulp aan zieken en anderen die daarvoor in aanmerking komen.

Ik veroorloof me de volgende aantekeningen:
Hier is vastgelegd wat we ook steeds zien in eerdere uiteenzettingen. Een enkele maal wordt in plaats van het woord 'teacher' het woord 'doctor' gebruikt, bijv. door Thomas Hooker; daarmee wordt dan de andere predikant in dezelfde gemeente bedoeld.[66]

---

63 De tekst van Deddens bevat: 'NT'.
64 *The Cambridge Platform of 1648*, chapter VII, par. 7, 60.
65 *The Cambridge Platform of 1648*, chapter VII, par. 7, 60.
66 **Thomas Hooker (1586-1647) hulppredikant Esher Surrey, lector Chelmsford, Essex 1620-1629, predikant Chelmsford Essex 1625-1629, het zwijgen opgelegd vanwege het zich niet conformeren aan de *Act of Uniformity* (zie voetnoot 178) door aartsbisschop Laud 1630, private school Little Baddow Essex, in Holland**

Dezelfde opsomming met dezelfde onderscheidingen vinden we aan de ene kant bij Robinson, aan de andere kant bij auteurs als Ames en Parker. Jacob maakt in zijn eerste geschriften geen melding van de 'teacher', maar in 1610 blijkt hij het viervoudige schema te hebben aanvaard. Bradshaw deed dit al in 1605, maar verklaarde wel dat een ware kerk het eventueel zou kunnen stellen zónder zowel een 'pastor' als een 'teacher'.

Wanneer aan het herdersambt verbonden wordt de taak van het vermanen en het spreken van een woord van wijsheid, worden tekstelementen van Rom. 12:8 en 1 Kor. 12:8 samengevoegd. Bij het ambt van leraar voltrekt zich een soortgelijke combinatie: Rom. 12:7 en Kor. 21:8. Overigens wordt er vaak bij gezegd dat de onderlinge grenzen van beide ambten niet scherp zijn aan te geven: het is meer een kwestie van accent.

2. Roeping door middel van verkiezing

De 'gewone' door Christus ingestelde ambten dienen door de kerk in stand te worden gehouden tot zijn wederkomst. Strikt onmisbaar is het ambt niet, maar Christus heeft de dragers van deze ambten voor zijn gemeente nodig geoordeeld en geeft hen als Heer der heerlijkheid. Hij zelf roept de ambtsdragers en verleent hun ambtelijke bevoegdheid. De roeping van de apostelen was on-middel-lijk, de ambtsdragers van nu worden door Hem geroepen door inschakeling van de gemeente. Zij is het die aanwijst. Ze doet dat na biddend overleg, lettend op de eisen van de Schrift in 1 Tim. 3 en Titus 1, en via de verkiezing door de stemgerechtigde broeders, de 'brotherhood'. De verkiezing door de 'brotherhood' betekent niet dat deze nu met gezag bekleedt: dát doet Christus. Hij geeft aan de gemeente, of meer precies aan de 'brotherhood',[67] "the power of priviledge",[68] en aan de ambtsdragers "the power of office",[69] deze bevoegdheden zijn en blijven onderscheiden.

1631-1633, New England 1633, geordineerd Cambridge 1633, Hartford CT 1636. Hooker was een vooraanstaande Puriteinse leider die de Colony of Connecticut stichtte na een conflict met de Puriteinse leiders in Massachusetts. Om die reden werd hij ook wel 'the Father of Connecticus' genoemd; Sargent Bush jr., *The Writings of Thomas Hooker: Spiritual Adventure in Two Worlds*, (Madison WI, The University of Wisconsin Press, 1980); Frank Shuffelton, *Thomas Hooker 1586-1647*, (Princeton NJ: Princeton University Press, 1977); Weis, *The Colonial Clergy*, 110.

67 *The Cambridge Platform of 1648*, chapter V, par. 2; Walker, *The Creeds*, 210.
68 In de tekst van Deddens staat 'privilidge'; *The Cambridge Platform of 1648*, chapter V, par. 2; Walker, *The Creeds*, 210.
69 *The Cambridge Platform of 1648*, chapter V, par. 2; Walker, *The Creeds*, 210.

Aantekeningen:
1. De wijze van verkiezing is in het Platform niet vastgesteld.
2. Nergens lezen we van verkiezing uit dubbeltallen.

3. Taak van de ouderlingen
Zo heeft ook de 'ruling elder' een eigen ambtstaak en -bevoegdheid. Afgezien van de prediking en de daaraan verbonden bediening van de sacramenten heeft de ouderling samen met de herder en de leraar alle vormen van geestelijke leiding te behartigen. Het Platform somt deze op in een tiental punten. De ambtstaak van de ouderling houdt in:

> het openen en sluiten van de deuren van Gods huis (door toe te laten, te excommuniceren enz., met goedkeuring van de gemeente)
> het samenroepen van de gemeente
> het voorbereiden van zaken die in het openbaar te behandelen zijn
> het leiden van de gemeentevergadering
> het gids en leider zijn in alle aangelegenheden die tot het besturen en het handelen van de kerk behoren
> het toezicht uitoefenen op de levenswandel
> het voorkomen en helen van wat aanstoot geeft in leven of leer
> het voeden van de kudde met een woord van vermaning
> het bezoeken van en het bidden voor zieken
> het afleggen van overige bezoeken

Ook hierbij enige aantekeningen:
De opsomming toont veel overeenkomsten met die welke eerder door John Cotton is gegeven; met variaties is ze door anderen herhaald.

Het niet gerechtigd zijn tot sacramentsbediening, ook bij langdurig ontbreken van een predikant, is in Nieuw-Engeland erkend en toegepast van het begin af aan.

De tekst van het achtste punt inzake het spreken van een woord van 'admonition'[70] is bijzonder kort, en geeft geen uitsluitsel over vragen als: hoe, waar en wanneer? Het onderscheid met de prediking wordt gemarkeerd door de uitdrukkingswijze.

---

70 O.a.: "And as the Judgments which befel the Lords people of old are recorded for our Admonition, 1. Cor. 10. 11;" Walker, *The Creeds*, 435.

4. 'Presbytery'

Het achtste hoofdstuk spreekt uitvoerig over de regering van de kerk, waarbij vooral aandacht wordt besteed aan de verhouding tussen 'presbytery' en gemeente, of meer precies de 'brotherhood'. Hierbij is het opmerkelijk dat de benaming 'presbytery' voor komt in de titel van het hoofdstuk en eenmaal in het begin, maar dan plaats maakt voor een andere uitdrukking die verder consequent wordt gebruikt, namelijk 'the elders'. Bij beide benamingen wordt gedacht aan de dragers van de drie ambten: herder, leraar en regeerouderling, maar het is duidelijk dat een zekere terughoudendheid aan de dag wordt gelegd met betrekking tot de collegegedachte.

Met alle nadruk wordt voorop gesteld dat de Here Jezus Christus over alle kerken de volstrekte macht en regeerbevoegdheid heeft. Hij is de Koning en het Hoofd van de Kerk. Alle macht die Hij aan en in iedere gemeente heeft verleend is aan Hem onderworpen en dient te worden uitgeoefend in gehoorzaamheid aan zijn Woord. De regering van de kerk heeft zo een gemengd karakter. Ze is een **monarchie**: Christus heeft soeverein de alleenheerschappij. Wat betreft de gemeente, de 'brotherhood', zijn er overeenkomsten met een **democratie**. Gelet op de 'presbytery', is er sprake van een **aristocratie**.

In het vervolg wordt dan het reeds eerder gemaakte onderscheid tussen de 'power of priviledge'[71] van de gemeente en de 'power of office' van de ambtsdragers uitgewerkt, nu toegespitst op de 'power of government'[72] van de ouderlingen. De uitvoerige uiteenzettingen worden beheerst door enkele grondbeginselen:

1. De gemeente van Christus is mondig en alle gelovigen delen in de voorrechten en de verplichtingen die aan het leven der kerk, de gemeenschap der heiligen, inherent zijn.
2. De door de gemeente, 'brotherhood', verkozen ouderlingen hebben een eigen regeerbevoegdheid met ambtelijk gezag, door Christus zelf hun verleend (een reeds eerder uitgesproken gedacht).
3. Terwijl de onderscheiden verantwoordelijkheden gehandhaafd worden, is het wenselijk dat de ouderlingen waar het maar mogelijk is de gemeente, de 'brotherhood', in de zaken en de te nemen beslissingen te betrekken.

---

71 **In de tekst van Deddens staat 'privilidge';** *The Cambridge Platform of 1648*, chapter X, par. 10; Walker, *The Creeds*, 220.
72 *The Cambridge Platform of 1648*, chapter X, par. 10; Walker, *The Creeds*, 220.

Hoe dit laatste te concretiseren is, wordt eveneens aangegeven. Zo dienen zij die toegelaten wensen te worden, eerst door de ouderlingen onderzocht te worden, maar voor de toelating is dan vervolgens de instemming van de gemeente vereist. De ouderlingen hebben te bepalen hoe er naar de wil van God gehandeld moet worden en of verdere tuchtoefening noodzakelijk is, dit dient aan de gemeente te worden bekendgemaakt, en de gemeente moet dan ook aanwezig zijn bij deze vermaning en verdergaande censuur.

Er wordt dus gestreefd naar een zo groot mogelijke betrokkenheid van de gemeente bij de zaken van de kerk, een vorm van twee-eenheid van 'the elders' en de gemeente, waarbij de eersten de leiding blijven houden. Dit laatste element wordt in dit hoofdstuk onderstreept door bepalingen als deze, dat niemand mag spreken zonder toestemming van de leiding en dat niemand mag tegenspreken zonder voldoende en gewichtige redenen.

Intussen is het evident dat het Platform zelf de[73] dikwijls herhaalde bewering dat bij de congregationalisten de ouderlingen geen eigen 'macht' hadden, weerspreekt en weerlegt.

Bij dit gedeelte wil ik één notitie maken. Een bezwaar van Congregationalisten tegen de praktijk destijds in Nederland was dat de kerkenraad bij de Gereformeerden teveel handelde achter gesloten deuren. John Robinson merkte reeds op dat het publieke ambt meer publiek moest worden bediend. Bij Nortons[74] antwoord aan Apollonius van Middelburg[75] schreef John Cotton: "We seek also (and this is according to the mind of Christ, as we believe) to have the government of each church administered by the elders of that church in full view of the church and not without the knowledge and consent of the church".[76]

5. Bevestiging met handoplegging
Volgens het Cambridge Platform dienen alle ambtsdragers te worden bevestigd met handoplegging en gebed. De bevestiging is de plechtige

---

73 In de tekst van Deddens staat 'zelfde'.
74 John Norton (1606-1663), hulppredikant Bishop Stortford, chaplain Sir William Masham aan het High Lever Essex, New England 1635, geordineerd Ipswich 1638, predikant Ipswich 1636-1653, verbonden Boston 1656, predikant Boston 1653-1663, Election Sermons 1645, 1657, 1661, Artillery Election Sermon 1659, belangrijkste initiatiefnemer vervolging Quakers New England, toezichthouder Harvard College; Carden, *Puritan*, 227; Weis, *Colonial*, 152.
75 John Norton, *The answer to the whole set of questions of the celebrated Mr. William Appolonius*, (Cambridge: Belknap Press of Harvard University Press, 1958).
76 Norton, *The answer*, 16.

bekrachtiging van de verkiezing en de aanstelling; ze is te vergelijken met de installatie van een magistraat. Niet bij de bevestiging van diakenen maar wel bij die van 'ruling elders' moet er bovendien gevast worden. De betekenis van het ambt van 'ruling elder' (die in de kerkdienst ook hoger dan de diakenen zát) wordt hierdoor ook benadrukt.

Hebben we zo geluisterd naar zaken die het Platform naar voren bracht; het is van betekenis nu ook de aandacht te geven aan enkele zaken die achterwege bleven. Ik zal dit beperken tot een tweetal punten.

In de eerste plaats kan het ons opvallen dat niets wordt gezegd over de ambtstermijn en over periodieke aftreding. Het zwijgen hierover valt alleen te verklaren uit het vanzelfsprekend vinden. Staat er in de Bijbel ergens dat de ouderlingen werden aangesteld voor enkele jaren en dan weer moesten aftreden? Ook de regeerouderling en de diaken werden beschouwd geroepen te zijn voor hun hele verdere leven.

In de vroege literatuur van het z.g. niet-afgescheiden Congregationalisme wordt, voor zover ik heb kunnen nagaan, over de duur van de ambtstijd van de 'ruling elder' niets vermeld. Wat de praktijk betreft: voor zover mij bekend heeft alleen de gemeente te Utrecht periodieke aftreding en benoeming op jaarbasis ingevoerd, maar men is er spoedig van afgestapt. Robinson is hierover heel duidelijk. Een van de bezwaren die hij tegen de kerkorde en de praktijk van de Nederlandse kerken heeft, betreft juist de beperkte ambtstermijn en het periodieke aftreden van ouderlingen en diakenen.

In Nieuw-Engeland dienden de ouderlingen van meet af aan levenslang. Ook als ze wegens hoge leeftijd weinig meer konden doen: ze bleven ouderling. Uiteraard gold dit levenslang niet in absolute zin. Ik ga drie gevallen van beperking noemen:

Het kon voorkomen dat men ontheffing moest vragen bijv. door vertrek naar een andere gemeente of door benoeming tot magistraat. Maar vertrek naar elders was voor een ouderling vrijwel uitgesloten: de blijvende roeping woog bijzonder zwaar. Trouwens: ook niet-ambtsdragers mochten niet vertrekken zonder absolute noodzaak; voor verhuizing naar een andere gemeente was de goedkeuring van de eigen kerk vereist. Bij een benoeming tot magistraat moest soms een keuze worden gemaakt die voor zware problemen stelde. Met opzet liet men in de koloniën ouderlingen liever hun plaats en taak behouden in het kerkelijke leven. Tot allerlei publieke functies werden vaker diakenen geroepen.

Het kon nodig zijn aan een ouderling het ambt te ontnemen. Afzetting is weinig voorgekomen. Onvoldoende geschiktheid was meestal de reden van zo'n 'dismissal'.

In incidentele gevallen kon een 'ruling elder' een 'teaching elder' worden, zoals ook meermalen diakenen tot ouderling werden gekozen en benoemd.

Een tweede zaak die niet vermeld wordt, is het quorum van het presbyterium. Uit het Platform zou men de indruk kunnen krijgen dat het presbyterium een college was in de geest van de ons bekende kerkenraad. Maar dat was het in Nieuw-Engeland, ook in Massachusetts, niet. Het bestond soms uit één man, soms uit twee, zelden uit meer dan drie.

Ter illustratie kunnen enkele voorbeelden dienen.

De kerk te Salem,[77] de eerste kerk in Massachusetts, had in het begin één herder, één leraar, één ouderling (en daarnaast twee diakenen). In 1641 vertrok de herder (de bekende Hugh Peter[s])[78] naar Engeland. Zijn plaats bleef vacant. In 1647 overleed de enige ouderling (Samuel Sharp). Ook zijn plaats bleef onvervuld. De presbytery bestond ten tijde van de aanvaarding van het Cambridge Platform uit één ambtsdrager. Pas in 1660 zou er een nieuwe 'ruling elder' komen, op verzoek van de nieuwe predikant John Higginson, die verklaarde assistentie nodig te hebben.

De kerk te Watertown, in 1630 geïnstitueerd, had er eerst één pastor en kreeg er in 1639 een tweede pastor bij (dus geen teacher!). Er was één ruling elder (Edward Howe)[79] die in 1644 overleed. Nadien heeft Watertown nooit meer een ruling elder gehad.

---

77 Salem is een havenstad in Massachusetts en nauw verbonden met de Puriteinse Amerikaanse (kerk)geschiedenis. De First Church of Salem is een van de oudste originele Puriteinse kerken in Noord-Amerika; geraadpleegd 27 februari 2017, http://www.firstchurchinsalem.org.

78 Hugh Peter[s] (1598-1660) was geordineerd te Londen, Engeland 1623, lector St. Sepulchre's London Engeland totdat hem het zwijgen werd opgelegd vanwege het zich niet conformeren aan de *Act of Uniformity* (zie voetnoot 178), collega van William Ames van de Separatist English Church Rotterdam Holland 1632-1635, New England 1635, toezichthouder Harvard College 1637, geordineerd Salem 1636, predikant Salem 1636-1641, terug naar Engeland 1641, legerpredikant en kolonel in Oliver Cromwell's leger 1644-1649, predikant Whitehall 1650. Veroordeeld en geëxecuteerd op grond van de beschuldiging van vorstenmoord. Zijn hoofd werd op een staak gespiest op de London Bridge; Carla Gardina Pestana, "Peter, Hugh (bap. 1598, d. 1660)," geraadpleegd 6 april 2017, https://www.britannica.com/biography/Hugh-Peter.

79 Zie o.a. James Kendall Hosmer, ed., *Winthrop's Journal "History of New England 1630-1649"*, 2 vol., (New York: Barnes & Noble, reprint 1966), deel 1, 299 en deel 2, 47.

In Boston, waar de kerk geïnstitueerd werd op dezelfde dag als die te Watertown, lag de situatie nog weer anders. We vinden daar in 1633: één herder, één leraar en twee ouderlingen (daarnaast nog drie diakenen).

In Cambridge (eerst Newton geheten, voordat de Harvard-opleiding daar kwam), had het kerkelijke leven een eigenaardig verloop na de instituering in 1636. Het grootste deel van de First Church verhuisde met Thomas Hooker en Samuel Stone[80] naar Hartford, Connecticut. De vervolgens ontstane Second Church had één herder, één ouderling (en één diaken).

Wenham had in 1644 één predikant (als 'minister' aangeduid), één proefdiaken (negen jaar later was hij nog steeds op proef), maar géén ouderling. Deze kerk heeft ook later nooit een ruling elder gehad.

Tres faciunt collegium.[81] Maar omstreeks de tijd van het Cambridge Platform hadden de meeste van de juist genoemde kerken een presbyterium dat uit minder dan drie personen bestond. En zoals reeds gezegd: de diakenen stonden erbuiten. We kunnen ook nergens ontdekken dat ze als (een soort) hulpouderling hebben gefungeerd.

Nu waren er[82] in 1648 in Massachusetts 29 kerken. Uit de nog aanwezige bronnen kan niet worden vastgesteld hoe het toen met de ambtelijke bezetting in alle gemeenten stond. De veelal fragmentarische gegevens bieden mijn inziens enige grond voor de veronderstelling dat het algemene beeld misschien iets gunstiger is geweest dan dat van de zo-even vermelde plaatsen.

Intussen is het reeds duidelijk geworden dat ten tijde van het Cambridge Platform er in sommige gemeenten géén ouderling was en dat van de genoemde kerken alleen Boston er meer dan één had.

Het is aannemelijk dat er ongeveer evenveel ouderlingen als kerken waren. Gemiddeld was er dus één ruling elder, en deze trad niet meer af. Hij was immers geroepen voor zijn hele verdere leven.

---

80 **Samuel Stone (1602-1663)** geordineerd door de Bishop van Peterborough 1626, hulppredikant Stisted Essex 1623-1630, geschorst wegens het zich niet conformeren aan de *Act of Uniformity* (zie voetnoot 178), lector Towcester Northamptonshire England 1630, New England 1633, geordineerd Cambridge 1633, predikant Cambridge 1633-1636, 1636-1663, legerpredikant in Major John Mason's expeditie tegen de Pequot Indianen; Weiss, *Colonial*, 195-196.
81 *Tres faciunt collegium* **is een oude Romeinse en Middeleeuwse (rechts) regel in het Latijn die betekent dat er (minstens) drie personen nodig zijn voor een lichaam of bestuur om (rechts)geldige besluiten te kunnen nemen.**
82 **In de tekst van Deddens ontbreekt het woord 'er'.**

II

We gaan nu de ontwikkelingen na het Cambridge Platform bespreken, waarbij we ons tot vier hoofdzaken beperken.

Eerst iets over de aparte herder en de aparte leraar. In de eerste tijd is er kennelijk naar gestreefd beide ambtsdragers aan de gemeenten te verbinden. Van de 21 kerken die er in 1641 waren, had ongeveer de helft zowel een pastor als een teacher.

Financieel betekende dit een niet geringe last. De gemeenten waren in het algemeen klein. Naar congregationalistisch inzicht, ook in het Platform tot uitdrukking gebracht, kon een gemeente trouwens nooit massaal worden. Ze mocht niet meer leden tellen dan het aantal mensen dat in één gebouw kon samenkomen voor de eredienst en op goede wijze de gemeenschap der heiligen kon beoefenen. Maar wat waren in de begintijd de kerkgebouwen bescheiden. Ze werden nooit 'kerk', maar steeds 'meetinghouse'[83] genoemd, altijd gebouwd op een iets hogere plaats, de 'meetinghouse hill'.

In de wijkende wildernis bleef het hard ploeteren. Op de meeste plaatsen was het al een hele opgave om één predikant te onderhouden. Reeds in de jaren dertig werd het financiële draagvlak steeds meer verbreed tot buiten de kerkelijke gemeente. In 1639 vaardigde de General Court een wet uit, die het financieel bijdragen voor de instandhouding van de eredienst voor iedere inwoner verplicht maakte. Het C[ambridge]P[latform] onderstreepte de roeping van de overheid in verband met de predikantstraktementen: de overheden hebben een voedsterfunctie. Toen de Reforming Synod dit nadrukkelijk herhaalde in haar reformatiepunten had dit als achtergrond dat in de periode 1648 - 1679 de zaak van de predikantstraktementen meermalen voor moeilijkheden had gesteld. Was het eigenlijk wel nodig dat in alle gemeenten twee predikanten werkzaam waren, die beiden volledig onderhouden moesten worden? Deze vraag ging te meer leven aangezien in de praktijk het onderscheid in hun ambtelijke werk niet duidelijk aan het licht trad.

In de kolonie groeide het aantal kerken in het tijdvak 1649 tot 1679 met 22. Maar in diezelfde tijd nam het aantal dat èn een pastor èn een teacher had, voortdurend af. Theoretisch bleef het verschil gehandhaafd, en in de praktijk kwam in het begin van de achttiende eeuw hier en daar naast de herder ook de leraar nog voor. Maar de meeste kerken die beide ambtsdragers hadden, lieten bij overlijden van een van hen de vacature

---

83 **Ola Elizabeth Winslow,** *Meetinghouse Hill 1630-1783*, (New York: The MacMillan Company, 1952).

onvervuld. Andere gemeenten, die één van beide ambtsdragers hadden, gingen niet over tot het beroepen van de tweede. Bij de overblijvende predikant waren de functies van herder en leraar verenigd, maar wanneer hij niet afzonderlijk als teacher gekozen en bevestigd was, werd de gebruikelijke naam voor de éne dienaar des Woords 'pastor', of ook wel 'minister'.

Nu kan het de schijn hebben dat deze ontwikkeling losstaat van de ontwikkeling van het ruling eldership. Maar de werkelijkheid is anders. Want het beginsel van het tweevoudige 'ministry' droeg vanaf het begin bij tot het éénhoofdige 'ruling eldership'. In de praktijk konden twee predikanten als fulltimers samen met één ouderling, uiteraard in een gemeente evenveel werk verrichten als één predikant samen met verschillende ouderlingen, parttimers. En het is al opgemerkt: in de begintijd kwamen de twee 'teaching officers' vaak voor, met in de meeste gevallen één ouderling naast zich.

Deze constellatie had grote nadelen en hield grote gevaren in. Wat kon de Dritte im Bunde[84] beginnen tegen twee predikanten als die samen één lijn trokken waarmee hij het niet eens was? Wat kon hij beginnen als er van de kansel dingen werden gezegd die zijns inziens onjuist waren?

Trouwens, de zaken stonden er nauwelijks eenvoudiger voor als er maar één predikant was. Bij een niet-opgelost geschil was er een patstelling, wat in feite betekende dat de predikant, indien hij dit wenste, z'n gang kon gaan.

Omdat we hier worden geconfronteerd met een van de grootste zwakheden van het congregationalistisch systeem, is het opmerkelijk dat in de literatuur in Nederland juist deze zwakheid zo weinig onderkend is. In allerlei beschouwingen over het z.g. independentisme wordt telkens aan de opstellingen tegenover (wat wij noemen) de **meerdere** vergaderingen gedacht. Maar de primaire zwakheid ligt, wat de kerkelijke vergaderingen betreft, in het ontbreken van een goede regeling inzake de eerste en hoogste vergadering: de **kerkenraad**. De 'teaching elders' hadden een enorme armslag, en er was geen college dat ambtelijk toezicht oefende over hun leven en leer.

Ook toen in Massachusetts (zoals ook elders) de herder en de leraar als twee afzonderlijke figuren steeds minder voorkwamen trad er wat het presbyterium betrof geen verbetering in. Terwijl het predikanten**aantal** gereduceerd werd, groeide voortdurend de predikanten**macht**.

---

84 *Dritte im Bunde* betekent letterlijk: de derde in het verbond of gezelschap. Er kan ook mee worden bedoeld dat iemand van betekenis is, een factor die ertoe doet; *Van Dale* **1**, 863.

Deze ontwikkeling werd vooral beïnvloed door het ontbreken van een goede regeling betreffende het **kerkverband**. Wel werden goede woorden gesproken, ook in het Cambridge Platform, over de 'communion of churches',[85] en wel werd uitgesproken dat er indien nodig ook synoden konden worden gehouden en dat er respect moest zijn voor oordelen en uitspraken van een synode, maar van een geordend kerkverband met regelmatig te houden meerdere vergaderingen overeenkomstig welomschreven afspraken wilde men niet weten.

Toen ging déze ontwikkeling zich voltrekken - dat is de tweede lijn die ik wil schetsen - dat de **predikanten** gingen samenkomen. Dat gebeurde eerst informeel, voor het goede collegiale contact. John Winthrop[86] deelde in 1633 mee dat de predikanten in de baai de gewoonte hadden om eenmaal in de twee weken elkaar te ontmoeten. Meestal kwam men bijeen in Boston. De trend laat zich raden: deze ontmoetingen kregen steeds meer status. Daar droeg ook de overheid toe bij. In Boston zocht de overheid zélf ook het contact met de bijeengekomen predikanten. Winthrop noteerde: predikanten hebben grote invloed bij het volk en de goede verstandhouding met hen maakt het voor de overheid gemakkelijker om het volk te regeren. Steeds meer werd aan de ministerial meeting[87] oordeel en advies gevraagd. We beschikken over gegevens dat de periode 1632 tot 1640 minstens 36 predikantenmeetings voornamelijk politieke zaken hebben besproken. Het werd gewoonte dat de predikanten samenkwamen op dagen dat de General Court eveneens vergaderde. Thomas Lechford[88] schreef in 1642: er zijn in Massachusetts twee General Courts. Deze

---

85 *The Cambridge Platform of 1648*, chapter VIII, par. 8, 61; chapter XV, 77-80.
86 John Winthrop (1588-1649) was de eerste gouverneur van de Massachusetts Bay Colony; Richard S. Dunn, "John Winthrop," in *Encyclopaedia Brittanica* 2 december 2016; geraadpleegd 25 april 2017, https://www.britannica.com/biography/John-Winthrop-American-colonial-governor.
Robert C. Black III, *The Younger John Winthrop*, (New York/London: Columbia Press, 1966).
87 De (tweewekelijkse) bijeenkomst van predikanten.
88 Thomas Lechford (1590-1644) was de eerste praktiserende jurist in New England. Hij arriveerde er in 1638, maar geraakte in problemen. In 1641 keerde hij terug naar Engeland. Daarbij liet hij zijn echtgenote en goederen achter. In Engeland werd hij een aanhanger van de monarchie en het episcopalisme; Larzer Ziff, ed., *John Cotton on the Churches of New England*, (Cambridge MA: The Belknap Press of Harvard University Press, 1968), 382; Hosmer, *Winthrop's Journal*, deel 2, 53n; *Plain dealing: or, newes from New-England: A short view of New-Englands present government, both ecclesiasticall and civil, compared with the anciently-received and established government of England in some materiall points: fit for the gravest consideratin in these times*, (London: Butter, 1642).

lijn liep steeds door. Toen New Haven in 1653 de oorlog wilde voeren met de Nederlanders in de hoop hen onder meer uit New Amsterdam te kunnen verdrijven en daarvoor steun vroeg aan Massachusetts, sprak het al vanzelf dat deze zaak werd voorgelegd aan de predikanten. Later kregen de predikanten zelfs hun eigen vergaderzaal in het nieuwe overheidsgebouw.

Maar ook kerkelijke zaken werden besproken; eerst weer informeel, maar gaandeweg meer met erkende status. Allerlei kwesties werden aan de ministerial meetings voorgelegd. In 1642 schreef weer dezelfde Lechford: de predikanten in Massachusetts zijn aan het presbyterianizeren. In Engeland werd een mededeling van Hugh Peter gepubliceerd: predikanten hadden de onderlinge afspraak gemaakt dat niemand van hen iets nieuws zou leren van de kansel, als hij zijn nieuwe opvatting niet eerst had meegedeeld aan de predikantenkring. Vlak voor zijn overlijden in 1648 zei Thomas Hooker: "We must agree upon constant meetings of ministers, and settle then consociation[89] of churches or else we are uttterly undone!"[90] In de praktijk werd de ministerial meeting het enige instrument van de consociation dat voortdurend in werking was.

Ironisch is het, dat terwijl het Cambridge Platform in 1648 de consociation van de kerken niet regelde, de overheid in hetzelfde jaar in de **Laws and Liberties of Massachusetts** het recht van de predikantenassociatie met regelmatige vergaderingen bevestigde. Nog ironischer is het, dat bezwaren tegen het Platform moesten worden ingediend bij de General Court, dat de meeste bezwaren blijk gaven van beduchtheid inzake synoden, en dat de General Court de **predikanten** verzocht de bezwaarschriften te beantwoorden.

De predikantenassociatie ging toezicht houden op de zending onder de Indianen, stelde vastendagen vast, examineerde de predikanten die de kolonie waren binnengekomen zonder beroepen te zijn, enzovoort.

Waar een goede, efficiënte regeling van het werkverband ontbreekt, groeit de dominocratie.

We gaan over tot een derde ontwikkeling.

Binnen de predikantenkring ging de vraag leven: is de aparte 'ruling

---

89 Een consociation – afgeleid van het Latijnse *consociatio* - is een vereniging; Harm Pinkster, ed, *Woordenboek Latijn/Nederlands*, 2e dr., Amsterdam: Amsterdam University Press, 2003, 2016.

90 Deddens, "Synoden", 56; Cotton Mather, *Magnalia Christi Americana, or: The Ecclesiastical History of New-England, from its first planting, in the year 1620, unto the year of our Lord 1698*, vol. 2, (Hartford: Silas Andrus & Son, 1853).

elder' wel een figuur die voorkomt in de Schrift? Het was een zaak waarover men niet schreef, maar die in de eigen samenkomsten werd besproken.

Hier vraagt een passage uit de **Magnalia** onze speciale aandacht. Latere schrijvers hebben zich telkens beperkt tot, of geconcentreerd op, een enkel onderdeel van deze verklaring van Cotton Mather, namelijk op wat hij zegt over het tekort aan bekwame figuren voor het ouderlingenambt. Maar Mather vertelt ons méér. Hij deelt mee: "Er zijn sommigen (die sommigen zijn predikanten) die het ambt van de ruling elder niet als een apart ambt zien voorkomen in de Schrift. En het vooroordeel tegen de ouderlingen is nog sterk vermeerderd door moeiten die veel kerken hebben ondervonden door ouderlingen, wier aantal of wijsheid te wensen overliet."[91]

En dan vervolgt hij: "Ten dele door een vooroordeel, ten dele, ja voornamelijk door een gebrek aan mannen, welbekwaam voor het vervullen van dit ambt zoals het tot dusver is verstaan en toegepast, zijn onze kerken nu in het algemeen van zulke regeerhulpen verstoken."[92]

Ik onthoud me van commentaar, en wil graag onmiddellijk overgaan naar nog een andere uitspraak van dezelfde schrijver in een werk dat korte tijd later het licht heeft gezien, zijn **Ratio Disciplinae**.[93] Aan deze uitspraak is al te weinig aandacht geschonken.

Eerst spreekt hij over het Cambridge Platform en de ouderling. Het werk dat het Platform de ouderlingen toewijst is sommigen beslist te zwaar geweest. Hierbij valt dan nog te bedenken dat de kerken zelden meer dan één of twee mannen tot dit ambt hebben gekozen en dat hun dienst voor het leven was.

Vervolgens brengt hij onder meer enige passages bij kerkvaders ter sprake die zijns inziens onduidelijk zijn. En dan komt er plotseling deze veelzeggende opmerking: "Wat hen bijna geheel heeft doen verdwijnen in dit land binnen de helft van één eeuw, is het heersen van gevoelens als deze geweest, bij zeer velen van de **pastors**."[94]

Vatten we één en ander kort samen, dan geeft Cotton Mather dus te verstaan:
1. Het werk dat het Cambridge Platform als taak van de ouderling

---

91 Mather, *Magnalia*, book V, 40.
92 Mather, *Magnalia*, book V, 40.
93 Cotton Mather, *Ratio Disciplinae Fratrum Nov Anglorum: A Faithful Account of the Discipline Prossed and Practised in the Churches of New-England*, (New York: Arno Press, 1972) (*Research Library of Colonial Americana*, ed. Richard C. Robey).
94 "That which has almost extinguished them in this Country within the half of *One Century*, has been, the prevailing of such Sentiments as these, in very many of the *Pastors*;" Mather, *Ratio*, 124.

omschreef, bleek meermalen diens vermogen te boven te gaan; hierbij valt in rekening te brengen de factor van het uiterst kleine aantal: één of twee, plus de factor van het levenslang moeten functioneren.

2. In de kring van de predikanten vormde het ouderlingenambt een onderwerp van veel beraad; een deel van hen was van oordeel dat dit ambt niet als een apart ambt voorkomt in de Schrift.
3. Aan de **predikanten** lag het dat de ouderling in nog geen halve eeuw vrijwel geheel verdween.

Cotton Mather stond wat dit laatste betreft niet alleen; zijn collega John Wise,[95] met wie hij het in veel opzichten niet eens was, steunde hem in dit opzicht wel.

De vraag naar de wijze van het laten verdwijnen valt niet moeilijk te beantwoorden. Church records en andere bronnen doen blijken, dat eerst hier, dan daar, bij het overlijden van de nog aanwezige ouderling de plaats onbezet werd gelaten. Dit gebeurde niet altijd zonder discussie. Maar wanneer er enige oppositie was, kon deze zich niet doorzetten tegen het presbyterium, ook al bestond dit slechts uit één predikant. Ook was het van aanvang af meer uitzondering dan regel geweest dat in een vacature onmiddellijk werd voorzien. De zaak kon op de langere baan worden geschoven. En van uitstel kwam afstel.

Nu vraag ik nog uw aandacht voor een vierde ontwikkeling. Cotton Mather zette in zijn **Magnalia** het verhaal voort. Hij schreef dat er ook **andere** predikanten waren. 1 Tim. 5:17 leverde voor hen het bewijs. Ze zagen ook in dat met slechts een **enkele** figuur de kerkregering of 'prelatic'[96] of 'popular'[97] zou worden. Toch kwam ook bij deze predikanten een andere instelling naar voren dan die van het Cambridge Platform. De zelfstandige 'ruling elder' van het Platform, de 'presbyter in volle rechten',

---

95 **John Wise (1652-1725)**, predikant Hatfield 1677-1678, geordineerd Essex 1683, predikant Essex 1680-1725, aalmoezenier King Philip's War; legerpredikant Canadian Expedition 1690; geraadpleegd 6 april 2017, https://www.britannica.com/biography/John-Wise-American-colonial-minister; John Wise, *A Vindication of the Government of New-England Churches*, Boston: J. Allan, 1717, a fascimile reproduction with an introduction by Perry Miller, (Gainesville Florida: Scholar's Facsimiles & Reprints, 1958).
96 Cotton Mather, *Magnalia*, book V, 41. Acts and Monuments. The Fifth Book of the New English History: [In Four Parts' containing The Faith and the Order in the Churches of New=England: agreed by the Elders and Messengers of the Churches Assembled in Synods. With Historical Remarks upon all those Venerable Assemblies…,] (London: printed for Thomas Parkhurst, at the Bible and Three Crowns in Cheapside, 1702).
97 Cotton Mather, *Magnalia*, book V, 41.

werd bij hen een hulp van de predikant. Cotton Mather schreef veelzeggend dat predikanten die de ouderling beschouwden als een wèl in de Bijbel voorkomende figuur, probeerden met hun andersdenkende collega's tot overeenstemming te komen via de hulptheorie. Deze theorie werd als volgt uitgebouwd. Oorspronkelijk waren de predikanten, de pastors, belast geweest met het totale werk van het voeden en het regeren van de gemeente. Maar vanwege de omvang van dit werk zouden er in de apostolische tijd, dankzij de goedheid en wijsheid van Christus, assistenten zijn aangesteld om te functioneren in de gemeente onder de leiding van de predikant. En hiermee is mijns inziens tegelijk de sleutel verkregen tot oplossing van de vraag: hoe kon de synode van precies driehonderd jaar geleden twee dingen tegelijk doen: enerzijds vanwege vragen, twijfels en bezwaren juist ook met betrekking tot de 'ruling elder' het Cambridge Platform bekrachtigen alleen 'for the substance of it', en anderzijds uitspreken dat ook het 'ruling eldership' door Christus is ingesteld en geschonken.

III

We komen tot de laatste vraag: hoe is het na de Reforming Synod gegaan?

Er is wat het ouderlingenambt betreft geen verbetering ingetreden. De trend van voor 1679 heeft zich na dat jaar voortgezet. Een enkel typerend voorbeeld: Beverley, dat tot 1679 nooit één 'ruling elder' had, koos na de Reforming Synod (in 1684) niet een ouderling, maar een derde diaken. In Boston zelf overleed in 1680 Edward Raynssford,[98] ouderling van de Third Church. Zijn plaats bleef onbezet.

Maar bij het onbezet blijven uitte zich toen ook een klacht. Een luide jammerklacht van een oud man. Die klacht was zo luid dat ze gehoord werd in heel de kolonie. Het was de klacht van Joshua Scottow.[99] Van Bostons Third Church was hij een van de stichters geweest. Als magistraat had hij met ere gediend. Hij had de eerdere tijd meegemaakt. De tijd nog van John Cotton. De dagen waarin Cotton geschreven had, dat de satan druk bezig was om vooral twee ambten uit de kerk te doen verdwij-

---

98 **Edward Rayns(s)ford of Rainsford (1609-1680)** was handelsman in Boston en ouderling in de kerk aldaar; geraadpleegd 25 april 2017, http://connectedbloodlines.com/getperson.php?personID=I8429&tree=lowell.

99 **Joshua Scottow (1618-1693)**, verliet ca. 1634 Engeland, werd reder en handelsman te Boston, en steunpilaar van de Old Church Boston; Charles Alexander Harris, "Joshua Scottow," in *Dictionary of National Biography*, 1885-1900, vol. 51, 115; geraadpleegd 25 april 2017, https://en.wikisource.org/wiki/Scottow,_Joshua_(DNB00).

nen: dat van de teacher en dat van de ruling elder. Hoe had John Cotton gelijk gekregen! Scottow schreide zijn **Old Mens Tears**.[100] Hoever waren de kerken afgedwaald van 'the good old way'! Die goede eerder tijd. Met z'n 'Couragious Lion-like Ruling Elder'.[101] Met z'n 'Eagle Eyed Teacher'.[102]

Maar nu? 'Where are the ruling elders of old?" Ach, wie **wil** er nu nog ouderling zijn? Ga naar de 'Brethren of low degree'.[103] Zij weigeren, zij hebben de capaciteiten niet, naar hen zal toch niet worden geluisterd. Ga naar de 'Brethren of high degree'.[104] Zij weigeren, zij willen zo'n gering baantje niet.

Maar wilden predikanten nog wel? Spande één predikant zich voor de ruling elder nog in? Cotton Mather zelf, de kleinzoon van John Cotton? Ja hij **schreef** over de ouderling. Maar wat **deed** hij? In de hele periode van zijn verbondenheid aan Bostons Second Church, 43 jaar lang, werd daar nooit één ouderling gekozen, en nooit één ouderling bevestigd. John Wise? Hij noemde in 1710 de ruling elder een 'rara avis'.[105] Een zwarte

---

100 Joshua Scottow e.a., *Old mens tears for their own declensions, mixed with fears of their and prosterities further falling off from New-England's primitive constitution*, Boston: Benjamin Harris en John Allen, 1691; geraadpleegd 13 april 2017, http://digitalcommons.unl.edu/cgi/viewcontent.cgi?article=1000&context=scottow.

101 Scottow heeft het over 'the Couragious Lion-like Ruling Elder, the Laborious Ox-like Pastor, the humanely Compassionate Deacon, and the Eagle Eyed Teacher'; Joshua Scottow, *A NARRATIVE Of The Planting of the Massachusets COLONY Anno 1628. With the LORDS Signal Presence the First Thirty YEARS. Also a Caution from New-Englands APOSTLE, the GREAT COTTON, How to Escape the Calamity, which might Befall them or their POSTERITY. And Confirmed by the EVANGELIST NORTON With Prognosticks from the FAMOUS Dr. OWEN. Concerning the Fate of these Churches, and Animadversions upon the Anger of God, in sending of Evil Angels among us. Published by Old Planters, the Authors of the Old Mens Tears. Published by Old Planters, the Authors of the Old Mens Tears*, transcribed and edited by Paul Royster, (Boston: Harris, 1694), 47 te vinden op: geraadpleegd 13 december 2017, http://digitalcommons.unl.edu/cgi/viewcontent.cgi?article=1003&context=scottow. "Ancient, experienced, godly Christians, of lion-like courage when the sound and wholesome doctrines deliverd by pastor or teacher are spoken against by any;" Cf. Richard Hildreth, *The History of the United States of America From the Discovery of the Continent to the Organization of Government under the Federal Constitution*, vol. 1: Colonial, 1497-1688, (New York: Harper & Brothers, 1860), 190.

102 Joshua Scottow heeft het over de 'Orthodox Eagle-eyed Norton'; Scottow, *Old mens tears*, 7; Royster/Scottow, *A Narrative*, 47.

103 "Some of low degree;" Mather, *Magnalia*, book II, 15; Royster/Scottow, *A Narrative*, 53.

104 Royster/Scottow, *A Narrative*, 53.

105 *Rara avis* betekent: een witte raaf, iemand of iets zoals dat zelden wordt aange-

zwaan in de wei. Als leerling van Samuel Puffendorf,[106] pleitte hij voor ouderlingen. Maar niet voor de ouderling van vroeger. Nee, voor ouderlingen als vertegenwoordigers van het kerkvolk. Maar wat **deed** hij? In zijn eigen gemeente kwam de ouderling niet voor.

De predikanten hadden het voor het zeggen. Samen bepaalden zij door hun op nieuwe leest geschoeide meetings, hun 'associations', de koers. In de eigen gemeente: zij hadden de macht. En leerden wat zij **wilden** leren. En wat was die leer al spoedig ver verwijderd van de Confessie van de Reforming Synod. Op plaatselijk vlak werden er commissies voor dit en voor dat ingesteld. En de taak van de diakenen werd veranderd en verbreed. Maar de ouderling overleed. In Dorchester, de oude gemeente van Richard Mather, de man van het Cambridge Platform, waren er in de jaren 1720 nog twee ouderlingen. De één overleed in 1722, 77 jaar oud. De ander in 1727, ook 77 jaar oud. Fini.

Toen er in 1739 in Bostons First Church enige gemeenteleden hun best deden om weer ouderlingen aangesteld te krijgen, lukte dit niet: de beide pastors waren tegen.

Omstreeks 1740 kwamen in Lexington met vrees en beven twee diakenen bij de predikant, John Hancock.[107] Hij was niet zo jong meer, zou hij er niet mee gediend zijn als hij ter assistentie twee ouderlingen zou krijgen? 'Wat moeten die dan doen', vroeg de pastor.[108] 'Dat kunnen we beter aan u overlaten, want u bent een geleerd man', antwoordden de diakenen. 'Ja dat is zo', beaamde de pastor. 'Ik heb uitgebreid studie gemaakt van de kerkhistorie en het kerkrecht, en ik zou heel goed weten wat ruling

---

troffen, een bijzonder exemplaar; *Van Dale*, 2867.
106 Samuel Freiherr von Pufendorf – niet Puffendorf, zoals Deddens schreef - (1632-1694) was een Duits rechtsfilosoof en historicus, professor natuur- en volkenrecht Heidelberg 1661, Lund 1668, historiograaf in dienst Zweedse koning 1677, hof keurvorst Brandenburg 1688; Irene Dingel, "Pufendorf, Samuel Frhr. v.," in: Hans Dieter Betz et. al., ed., *Religion in Geschichte und Gegenwart: Handwörterbuch für Theologie und Religionswissenschaft* 6, 4e dr., (Tübingen: Mohr Siebeck, 2003), 1825-1826.
107 John Hancock sr. (1671-1752), geordineerd Lexington 1698, predikant Lexington 1697-1752; Weis, *The Colonial Clergy*, 100.
108 Niet-toegeschreven citaten uit John Langdon Sibley, *Biographical Sketches of Graduates of Harvard University in Cambridge, Massachusetts*, deel 3, (Cambridge: Charles William Sever, 1885), 434-435 en uit: Charles Hudson, *History of Lexington, Massachusetts*, deel 1, (Lexington Historical Society, 1913), 313; Richard Kollen, "Reverend John Hancock;" geraadpleegd 4 oktober 2017, http://www.lexingtonhistory.org/uploads/6/5/2/1/6521332/hancockhouseholdpaper_r_kollen.pdf.

elders kunnen doen'. 'We laten de invulling graag aan u over', zeiden de diakenen. 'Wel', verklaarde Hancock, 'ik zou graag willen dat één van hen zondagsmorgens voor de kerkdienst mijn paard van stal haalde en zadelde en mij in het zadel hielp. De andere zou mij kunnen opwachten bij de kerk en mij helpen bij het afstijgen. Na de kerkdienst zou hij mij van dienst kunnen zijn door het rijklaar hebben van het paard bij de uitgang. Deze werkzaamheden zijn de enige die ik zou kunnen overlaten aan ruling elders'.

En hiermee kan de verklaring van het verdwijnen van de ruling elder in Massachusetts eindigen. De Baai-kolonie waarin New Plymouth, de eerste kolonie, in 1691 was opgegaan. Plymouth, het begin van Nieuw Engeland. De plaats van de eerste Pilgrims, die religionis causa[109] met de Mayflower de oceaan waren overgestoken. Met aan boord die éne ouderling, die Schriftgetrouwe, voorbeeldige herder. Ruling elder William Brewster,[110] piae memoriae.[111]

Ik heb hier niets meer aan toe te voegen. Historia docet.[112]

---

109 *Religionis causa* betekent omwille van het geloof.
110 William Brewster (1566/7-1644), ambassadeur en minister Buitenlandse Zaken Koningin Elizabeth 1584-1587, postmaster Scrooby 1587-1602, met de Pilgrims naar de Nederlanden 1608-1620, Mayflower 1620 naar Plymouth, geordineerd Plymouth als regeerouderling, eerste predikant Plymouth 1620-1629, Duxbury 1632-1637, legerpredikant Plymouth Military Co; Weis, *Colonial*, 39-40.
111 *Piae memoriae* betekent (ter) zalige nagedachtenis.
112 *Historia docet* betekent: geschiedenis onderricht.

5. Toespraak D. Deddens ter gelegenheid van zijn inaugurele rede

Aan het einde van zijn academisch rede sprak Deddens enkele woorden van dank aan de deputaten-curatoren, de deputaten-financieel, Kamphuis, vertegenwoordigers van de kerken die hij had gediend (Wetsinge-Sauwerd, Mariënberg en Leeuwarden). Tussendoor sprak hij zijn opvolger aan, drs. M. te Velde.[1] Vervolgens ook de pedel, de heer J. Bos,[2] overige medewerkers van de Theologische Hogeschool Kampen en de studenten. Hij wees daarbij op het voorrecht dat hij de katheder mocht bekleden die zijn vader ooit bekleedde en dat hij de toga mocht dragen die zijn vader ooit droeg. Het is de toga die bewaard wordt in het Archief- en Documentatiecentrum van de Gereformeerde Kerken in Nederland in Kampen. Hij haalde daarbij een citaat van zijn vader aan toen die hoogleraar werd. Deddens jr. beëindigde zijn inaugurele rede met een lofprijzing op de God van alle genade.

Mijne heren curatoren,

Dat u, in nauwe samenhang met uw voordracht voor de dogmatologische katheder, met zo grote eenparigheid mij hebt willen voordragen voor de ecclesiologische vakken, zie ik als een nieuw blijk van uw vertrouwen. Mijn dankbaarheid hiervoor is des te groter omdat uw opvatting inzake de cura[3] die u werd toevertrouwd, mij van nabij bekend is. Aan de samenwerking in uw college denk ik met vreugde terug.

U dankend voor de plaats die u mij in uw midden hebt doen innemen, spreek ik de hoop uit dat ik uw vertrouwen en dat der kerken, ook verder zal mogen genieten. In uw zorg en voorbede beveel ik mij gaarne aan.

Mijne heren deputaten-financieel,
De gedwongen snelle overgang van de pastorie in Leeuwarden naar een woning hier in Kampen stelde voor enige problemen. Door uw hulp en

---

1 De toenmalige opvolger van Deddens: drs. M. te Velde, thans emeritus-hoogleraar aan de Theologische Universiteit Kampen.
2 Harinck/Berkelaar, 351.
3 **Cura** was de godin van de zorg. In dit verband doelde Deddens op de zorg die de curatoren dragen als (mede)bestuurders of raad van toezicht; Pinkster, *Woordenboek*, 252-253.

medewerking heeft de Mayflower tijdig een wal mogen bereiken. Weest u van onze hartelijke erkentelijkheid overtuigd.
Mijne heren hoogleraren en overige leden van het corpus docentium,
Bij een academische inauguratie wordt door de new-comer dikwijls verklaard dat hij met dankbaarheid terugdenkt aan colleges van hen die hij voortaan collega's mag noemen. Een dergelijke verklaring moet hier achterwege blijven. De new-comer is in dit geval tegelijk old-timer.

Er zijn echter veel herinneringen van andere aard. Ook aan u, hooggeachte Doekes, die deze week wel uw afscheidscollege hebt gegeven, maar gelukkig nog geen verdwijnende ambtsdrager bent. Met sommigen van u zijn er vriendschapsbanden sedert de eerste tijd hier te Kampen, aan enige anderen heb ik namens generale synoden kennis mogen geven van hun benoeming aan de hogeschool. Ik sta wel onwennig tegenover allerlei zaken, maar niet tegenover u.

Dat het mij vergund is uw kring binnen te treden zie ik als een bijzonder voorrecht en ik ben u zeer erkentelijk voor veel reeds ondervonden hartelijkheid. Mogen ons jaren worden geschonken van hechte verbondenheid en vruchtbare samenwerking.

Hooggeachte Kamphuis,
Van de vele gebeurtenissen die we samen hebben meegemaakt, ook in en rondom generale synoden, zal u en mij wel vooral blijven heugen de retraite die ons werd opgelegd in Arnhem.

U te mogen opvolgen in die vakken welke u twintig jaar lang gedoceerd hebt met de liefde van uw hart en de u verleende gaven en krachten is voor mij een hoge eer.

Het sterkt me te mogen weten dat een beroep op uw raad en steun nooit vergeefs zal zijn. Dat het overnemen van uw katheder met zich brengt dat uw gewaardeerde wetenschappelijke medewerker voortaan mijn medewerker zal zijn, verheugt me.

Drs. Te Velde, ik ben er zeker van dat wij het uitstekend met elkaar zullen kunnen vinden.

Alle nog niet aangesproken overige werkers aan de hogeschool mag ik reeds langer kennen. U, heer Bos, zelfs heel lang. Het prettige contact in het verleden geeft alle verwachting voor de toekomst.

Vertegenwoordigers en leden van de kerken te Wetsinge-Sauwerd, Marienberg en Leeuwarden, het is dertig jaar geleden dat ik als dienaar des Woords bevestigd werd. In uw midden werden ons rijke jaren gegeven. Er zijn onvergetelijke banden ontstaan. Uw aanwezigheid hier stellen we op hoge prijs. Dat de kerk te Leeuwarden, die zo bijzonder snel mij heeft moeten en willen afstaan, aanstaande zondag ds. P. Schelling aan zich verbonden mag zien is ons een reden tot blijdschap.

Mijne dame en mijne heren studenten,
Naar goed academisch gebruik vormt u bij deze plechtigheid de laatste instantie die aan bod komt. Ik verheug me op de nadere kennismaking met u, en hoop met veel plezier het werk samen met u te verrichten. Ik reken op uw vriendschap, rekent u op de mijne.

Het is bij een gelegenheid als deze niet ongewoon om inzake de ecclesiologische vakken met enige anekdotes en citaten duidelijk te maken hoe men er niet en hoe men er wel tegen aan moet kijken. U zult van mij zulke anekdotes nu niet verwachten. Want u weet zelf wel, ook door de wijze waarop deze vakken hier in Kampen zijn gedoceerd, hoe mooi ze zijn. Hierbij denk ik aan mijn voorgangers.

Zelf ben ik oudste zoon, leerling van mijn vader geweest, die samen met moeder hier zo dichtbij begraven ligt. Daar waar ook mijn leermeesters S. Greijdanus, K. Schilder en B. Holwerda ter aarde werden besteld. De God van ons leven ben ik ten diepste dankbaar voor wat Hij in mijn ouders aan alle kinderen Deddens, ook aan mij, gaf. Hoeveel ik te danken heb aan de juist genoemde hoogleraren, voorgangers in meer dan één opzicht, kan ik moeilijk in woorden uitdrukken.

Nu ik op de plaats mag staan waar eens mijn vader stond, de vakken mag doceren, eens door hem gedoceerd, de toga mag dragen, eens door hem gedragen, mogen zijn woorden, geschreven na zijn benoeming, nu ook mijn woorden zijn:

"Een geweldige taak, toekomstige dienaren des Woords mede te bouwen in deze tijden en in dit stadium der Kerkgeschiedenis! Er zal in de toekomst heel, heel veel van onze predikanten gevraagd worden. Aan Godsvrucht, aan bekwaamheid, aan toewijding, aan beslistheid, aan overgave. Slaven van Jezus Christus, het volstrekte offer van gaven en krachten. En wie hen heeft voor te gaan, leiding heeft te geven! Wie zou het aandurven, steunend en vertrouwend, al was het maar voor een gering deel, op zichzelf? Maar de Meester van die allen! Onze wijsheid is van Hem, onze bekwaamheid is uit Hem, onze toerusting is van Hem, die op het ootmoedig gebed zo mild geeft en niet verwijt. Met Hem, door Zijn Geest gesterkt en verlicht, zal het gaan en zal onze arbeid niet ijdel zijn."[4]

---

4 P. Deddens, "Aan de gemeente," oktober 1945.

In dit geloof aanvaard ik mijn arbeid aan de Theologische Hogeschool van de Gereformeerde Kerken in Nederland.

Met ootmoedige dank en lof jegens Hem die is de God van alle genade.

Ik heb gezegd.

6. Unity of Faith – Rede ter gelegenheid van de International Conference of Reformed Church 1982

Van dinsdag 26 oktober tot en met donderdag 4 november 1982 vond de oprichtingsvergadering van de International Counference of Reformed Churches plaats.[1] Het doel van de Conference is:
- *to express and promote the unity of faith that the member churches have in Christ;*
- *to encourage the fullest ecclesiastical fellowship among the member churches;*
- *to encourage cooperation among the member churches in the fulfillment of the missionary and other mandates;*
- *to study the common problems and issues that confront the member churches and to aim for recommendations with respect to these matters;*
- *to present a Reformed testimony to the world.[2]*

De Conference komt elke vier jaar samen. De constituerende vergadering vond plaats in de Refajah-kerk te Groningen-Zuid. D. Deddens was uitgenodigd een lezing te houden. Hij hield een Engelstalige rede getiteld 'Unity of Faith as Gift and Mandate'.[3] Deze onbekende rede trof ik aan in zijn archief. De titel van zijn bijdrage wil uitdrukken dat deze eenheid niet alleen een gave is, maar ook een opgave voor de kerken en hun onderscheiden vormen van kerkregering. De volledige titel luidde: 'Unity of Faith as Gift and Mandate and its Significance for having Various Forms of Church Government'. Andere sprekers waren: L. Doekes, P. van Gurp[4] en M.K. Drost.[5] Zij hielden lezingen met soortgelijke titels:

---

1 Geraadpleegd 4 januari 2018, https://www.icrconline.com/.
2 Geraadpleegd 4 januari 2018, https://www.icrconline.com/.
3 *Acta GS Heemse 1984-1985*, 1, 278-279.
4 Dr. Pieter van Gurp (*1921), predikant Musselkanaal en Tweede Exloërmond 1947, Meppel 1951, Albany Australië 1955, Oldehove 1964, Bunschoten-Spakenburg 1968, Spakenburg-Zuid 1972, Emmen 1975, emeritus 1986, overgegaan naar de Gereformeerde Kerken Hersteld; Albert-Jan Regterschot, "Vooropgaan, dat past bij emeritus predikant dr. P. van Gurp," *RD*, 15 februari 2013; *Handboek* 2003, 93.
5 Meeuwis Kornelis Drost (1923-1986), predikant Buitenpost 1952, Enschede-Noord voor de missionaire dienst in Nieuw-Guinea 1955, Mariënberg 1963, Dalfsen 1967,

L. Doekes   Harmony and Variaty in Reformed Confessions: The Unity of Faith as Gift and Mandate and its Significance for the Diversity among the Confessions of the Churches
P. van Gurp   The Unity of Faith as Gift and Mandate and its Significance for the Reflection on Contacts and Rules with other Churches
M.K. Drost   Mutual Help in the Execution of the Missionary Mandate in the Missionary Situation of our Time: Reformed Mission Work in the Eighties

Ze hadden deze titels opgedragen gekregen van de generale synode.
Aanwezig bij de oprichtingsvergadering waren vertegenwoordigers van kerken uit Australië, Canada, Korea, Zuid-Afrika, Indonesië, Ierland, Schotland en Taiwan:

The Free Reformed Churches of Australia	Rev. K. Brüning
	Dr. S.G. Hur
The Canadian Reformed Churches	Rev. M. van Beveren
	Rev. J. Visscher
The Presbyterian Church in Korea	Dr. K.S. Lee
Die Vrije Gereformeerde Kerke in Suid-Afrika	Ds. K.J. Kapteyn
	Ouderling J. Moes
De Gereformeerde Kerken van Oost-Sumba/Savu	Ds. C. van Kalkeren
	Ds. J. Klamer
The Evangelical Presbyterian Church of Ireland	Rev. D.W.H. Thomas
The Free Church of Scotland	Rev. D. Lamont
	Rev. J.N. Macleod
The Reformed Presbyterian Church of Taiwan SP	Rev. J.Y Lin
De Gereformeerde Kerken in Nederland	Dr. K. Deddens
	Drs. G. van Rongen

Prof. J. Douma attendeerde mij erop, nadat ik hem had vertelde over deze onbekende rede van Deddens, dat laatstgenoemde in zijn rede blijkbaar niet verwees naar H.H. Kuyper. Deze had op 1 juni 1937 zijn afscheidscollege

---

Enschede-Noord 1970, Groningen-West 1977, Onnen 1981 en ook lector Theologsche Hogeschool Kampen Broederweg 1978; *Handboek 1987,* **326-331; "Drs. M.K. Drost (63) overleden,"** *RD,* **11 december 1986.**

aan de Vrije Universiteit Amsterdam gehouden over de katholiciteit van de Gereformeerde Kerken.[6]

Aan het begin van zijn rede schetste Deddens in het kort de aanleiding tot de oprichting van de International Council of Reformed Churches. Hij had zijn rede cijfermatig ingedeeld in paragrafen en subparagrafen. Hij ging in op zowel de gereformeerde en de presbyteriaanse vormen van kerkregering. Hij wachtte zich ervoor slechts tot een kerkordelijke vergelijking te komen. Hij achtte het van primair belang de aandacht te richten op het confessionele kerkrecht, dat wil zeggen op de belijdenisgeschriften die fundamenten vormen voor de respectievelijke kerkordelijke systemen. Hij maakte dan ook een vergelijking tussen de Synode van Dordrecht van 1618/169 en de Westminster Assembly die in 1643 aanving. Deddens constateerde een grote mate van overeenstemming tussen de drie Formulieren van Enigheid (Dordrecht) en de Westminster Confession and Catechism. Dit betreft ook de systemen van kerkregering. Het gezamenlijke confessioneel-ecclesiologische fundament is dat Jezus Christus Hoofd van zijn kerk is. Vervolgens stelde Deddens de verschillen uitvoerig aan de orde.

Aan het einde van zijn rede gaf Deddens aan dat hij verre van compleet was geweest. Hij had gestreefd om beknopt te zijn, maar dat zijn rede niettemin toch niet kort was geworden. Ondanks de verschillen tussen de Nederlandse gereformeerde en het Schotse presbyteriaanse systeem van kerkregering vormen ze geen onderlinge barrière tot samenwerking. Ze laten zich beide leiden door het zuivere Woord van God en door de stem van de enige Opperherder.

---

6 **H.H. Kuyper,** *De katholiciteit der Gereformeerde Kerken: Afscheidscollege 1 juni 1937,* **(Kampen: Kok, 1937).**

The Unity of Faith As Gift And Mandate and its Significance for Having Various Forms of Church Government

1. Introduction

1.1. The general synod of the Reformed Churches in the Netherlands, held in Arnhem in 1981, instructed the deputies for Relations with Churches Abroad to invite the delegates of churches abroad to a constituent assembly to convene[7] a reformed international conference. The synod also gave it as its view that among the items to be put on the draft agenda of this meeting would have to be found the following item: 'The unity of faith as gift and mandate and its significance for having various forms of church government'.[8]

The deputies requested the writer of this paper to be so kind as to supply the meeting to be held in Groningen with a paper on this subject. May what is offered here be a modest first word.

1.2. The synod of Arnhem which spoke of various forms of church government will not have thought of a purely theoretical subject. It may be assumed that its members thought of the concrete communities of churches which were within range of vision in connection with the meeting to be convoked.

1.3. These communities might be roughly divided into:
    a. Communities of churches which have the Westminster Confession of Faith and (possibly) the Larger and the Shorter Catechism of Westminster as 'subordinate standards', and whose way of church government is labelled as 'presbyterian', and
    b. Communities of churches which have the Belgic Confession, the Heidelberg Catechism and the Canons of Dort as 'Forms of Unity',

---

7 In de tekst van Deddens staat 'convence'.
8 "Op de ontwerp-agenda van deze constituerende vergadering zal tenminste voorkomen:
1 de eenheid des geloofs als opgave en opdracht en haar betekenis voor
    a het hebben van onderscheiden confessies
    b het hebben van onderscheiden vormen van kerkregering
    c de belijdenis aangaande de kerk
    d de bezinning op contacten en relaties met andere kerken;" *Acta Buitengewone GS Arnhem 1979 en 1980, 273-274.*

and whose church-order essentially agrees with that of the Reformed Churches in the Netherlands.

1.4. Here this question immediately arises: if it can be assumed that all the communities of churches to be ranged sub a. have a similar structure, while it is further taken for granted that the communities of churches grouped under b. agree in their structures (in both cases: in principle; and in practice in so far as circumstances make this possible) in how far is it right to speak of 'various forms of church government'? If, for briefness' sake we use the terms 'presbyterian' and 'reformed' in this field of ecclesiastical law, the question may also be formulated in this way: what is typical of the presbyterian church in comparison with the reformed concepts and structure, and conversely: what is typical of the reformed views and the structure of the reformed churches in comparison with the presbyterian views and structure?

1.5. We should realize that it is easier to put the question than to answer it. If we try to compare the various concepts and structures we meet with difficulties. As far as the reformed views and structure are concerned there are not many complications, just because of the essentially similar church order.

With regard to the presbyterian churches matters are less simple.

The receipt of church orders from various countries made the writer of this paper feel exceedingly grateful. Among them were also the church orders of The Korea Presbyterian Church,[9] The Reformed Church of Taiwan, S.P.[10] These publications are a treat to look at, but one can only understand their contents if one has full command of the Korean, Japanese and Chinese languages in which these church orders are printed (the writer of this paper is sorry that he is not an advanced student of these languages).

Further it can be conserved that the presbyterian church orders - in so far as they can be surveyed - have been put in a form which differs from that of the reformed church orders. The question can even be asked if the term 'church order' used by us, is the most correct name in all cases. The Free Church of Scotland might be taken as an example. The practice of

---

9 Geraadpleegd 2 maart 2018, http://www.pck.or.kr/Eng/History/MajorH.asp; Feitelijk werd bedoeld de Koreaanse Presbyteriaanse kerk in Sao Paulo, Brazilië; "Eerste Internationale Conferentie van Gereformeerde Kerken naar Groningen," *ND*, 23 maart 1982, 2.
10 Geraadpleegd 2 maart 2018, http://www.taiwanchurch.org/rpct/bco-en.html.

the Free Church of Scotland in her several courts is a systemic collection of all kinds of laws and operative regulations, with a number of interesting appendixes.[11] It might be called a detailed ecclesiastical code of law that can be supplemented every now and again because 'the legislation of the Church' is or at least may always be in progress.[12] The Code of Practice of the Evangelical Presbyterian Church of Ireland,[13] which was framed this year, was made to a smaller scale and is of smaller size.

1.6. However, churchorders, collected ecclesiastical laws and regulations, 'codes of practice' et.al., are not the only comparable material.

It is the Confessions which are important, even primarily important; naturally those parts are important which have a bearing on church government. It hardly needs saying that further statements about the Church in the Confessions must not be neglected.

1.7. At last mention must be made of the document which is of particular importance for the knowledge of the presbyterian views of church government: The Form of Presbyterial Church-Government, adopted in 1645 by the General Assembly of the Church of Scotland.[14] It is properly called 'the classic expression of Presbyterian Church Government',[15] and

---

11 *The Practice of the Free Church of Scotland in Her Several Courts*, (Edinburgh: Knox Press, 1995).

12 "It is the right and duty of every Presbytery of the Church to take its part in the Legislation of the Church, by approving or disapproving of Overtures transmitted by the General Assembly, with a view to such Overtures being passed into Standing Laws, in terms of what is called the Barrier Act;" *The practice of the Free Church of Scotland in her several courts*, 2nd. ed., (Edinburgh/Glasgow/Aberdeen/London: Maclaren and Macniven/D. Bryce and son, and J.N. Mackinlay/A. and R. Milne/J. Nisbet and Co., 1877), 66.

13 Geraadpleegd 24 januari 2018, http://www.epcni.org.uk/ en http://www.atstranmillis.com/?page_id=43 en https://en.wikipedia.org/wiki/Talk:Evangelical_Presbyterian_Church_(Ireland). De Code is thans nog niet publiekelijk toegankelijk, ook niet na een verzoek hiertoe.

14 *The Form of Presbyterial Church-Government: and of Ordination of Ministers*, Edmonton, (Alberta : Still Waters Revival Books, 2002).

15 Het door Deddens aangehaalde citaat laat zich moeilijk vinden. Het meest in de buurt komen nog de volgende bronnen: Louis H. Gunnemann, *United and Uniting: The Meaning of an Ecclesial Journey*, (New York: United Church Press, 1987), 103; geraadpleegd 31 januari 2018, http://presbyterianreformed.org/about-us/history/. Geraadpleegd 31 januari 2018 https://www.fpclg.org/church-history/. Geraadpleegd 31 januari 2018, http://atlanta-rpc.org/2009/06/forty-years-of-wedded-bliss/.

is of particular value also because of the added 'proofs from the Scripture'.¹⁶

1.8. Hereby we have been carried back to the seventeenth century, to Scotland and to the Westminster Assembly. A very concise further orientation in the historical developments may be of some use, also for the knowledge of the 'sources' already mentioned. We have to focus our attention on two names: Dort and Westminster.

2. Dort and Westminster

2.1. Dort makes us think of the well-known national synod which was held there from 13th November 1618 till 29th May 1619 and which was partly international.¹⁷

2.1.1. Thirty-seven ministers and nineteen elders were delegated by the various regular synods in the Republic of the Seven United Provinces of the Netherlands. The Walloon churches had also sent delegates, while each of the five Dutch universities and regional theological colleges were represented by a professor.

2.1.2. On the invitation of the States General there were foreign theologians from England, the Palatinate, Hessen, Nassau, the German speaking part of Switzerland, Geneva, Bremen and Emden.
The French delegates, appointed by the national synod of Vitré 1617,¹⁸ were absent owing to a prohibition issued by the French king.

---

16 "They have left out the proofs, both of Scripture and reason, having sent them in with their former votes; but if the House please to command the Assembly to give in the proofs, they are ready to do it;" Sessie 463, 7 juli 1645; Alexander F. Mitchell and J.P. Struthers, eds., *Minutes of the Sessions of the Westminster Assembly of Divines While Engaged in Preparing Their Directory for Church Government, Confession of Faith, and Catechism (November 1644 to March 1649), From Transcripts of the Originals Procured by a Committee of the General Assembly of the Church of Scotland*, (Edinburgh, W. Blackwood and Sons, 1874), 109.
17 Acta of Handelingen der Nationale Synode Dordrecht 1618-1619; geraadpleegd 31 januari 2018, http://www.kerkrecht.nl/sites/default/files/Nationale%20Synode%20te%20Dordrecht%201618-1619.pdf.
18 De Synode van Vitré van 1617 was de 22e synode van de Franse gereformeerde kerk; Jean Aymon, ed., *Actes ecclesiastiques et civils de tous les synodes nationaux des eglises reformees de France...* 2 vol., (La Haye: Charles Delo, MDCCX).

The delegates of Brandenburg also stayed away. The delegation of Great Britain was purely anglican and was led by the bishop of Llandaff, George Carleton,[19] a relative of the ambassador in the Hague.

2.1.3. The expenses of the synod were paid by the States General. They were represented by eighteen commissioners—politic, together with a permanent secretary. Their chairman had been charged with the preservation of external order.

2.1.4. As long as there were foreigners, the language spoken during the sessions of the synod was Latin. Before the arrival of the summoned Remonstrants various matters were settled in which the foreigners had a say. After the foreigners had left on 9th May 1619 there were some 'post acts' with regard to foreign subjects.

2.2. The doctrines were completely dealt with in the presence of the foreigners who had a right to vote in matters concerning doctrine and were also fully entitled to make decisions.

2.2.1. With the assistance of the foreigners the Canons of Dort (also called: the Five Articles against the Remonstrants) came into being. They formed the third confession of the Reformed Churches in the Netherlands.

2.2.2. The two other, already existing confessions, namely, the Belgic Confession and the Heidelberg Catechism, were also solemnly approved by the foreigners.

2.2.3. Special mention must be made of the fact that, when the Belgic Confession was under discussion, the articles especially devoted to the

---

19 George Carleton (1559-1628), bisschop van Landaff 1618-1619, gedelegeerde naar de Synode van Dordrecht 1618-1619, bisschop Chichester 1619-1628; Carleton publiceerde o.a. zijn: *Suffragium collegiale theologorum Magnæ Britanniæ de quinque controversis remonstrantium articulis: synodo Dordrechtanæ exhibitum Anno M. DC. XIX. Iudicio synodico prævium*, (Londini: Impressum R. Young, impensis R. Milbourne, 1626); *Ivrisdiction regall, episcopall, papall. Wherein is declared how the Pope hath intrvded vpon the iurisdiction of temporall princes, and of the church ...*, (Londini: Impensis Iohannis Norton, 1610, reprint Amsterdam: Theatrum Orbis Terrarum/New York: Da Capo Press, 1968).

government of the church were deliberately left out of consideration. This was done in consideration of the English delegates.

The articles in question are the articles 30, 31 and 32 which deal with the government of the church; the offices in the church; the order and discipline of the church.

These articles fully retained their place in the Belgic Confession and are very important in connection with our subject (c.f. 1.6).

2.3. The <u>church order</u> was adopted by the synod in its post sessions, after the foreign delegates had left (13 till 29 May 1619).

2.3.1. The Dort church order (often used abbreviation: D.C.O.) was not a new church order for the Netherlands. The Convention of Wesel (1568) and the subsequent synods, held at Emden (1571), Dort (1574), Dort (1578), Middelburg (1581) and the Hague (1586) had already occupied themselves with the organization of local church life and life in the federation of churches, and for that purpose they had made arrangements and agreements which, however, the first synods had not yet assembled in a concentrated and systemic form. Only the synod of Middelburg (1581) proceeded to arrange everything in an ordered system, in the form of a church order (with which its predecessor had already made a first start). This church order consisted of 69 articles. This number was extended to 79 by the synod of the Hague (1568) but the plan of the church order remained unchanged.

What played an important part was the attempts made by the churches to get their own church order acknowledged by the government, while the government often tried to draw up a state church order.

2.3.2. In May 1619 the synod of Dort agreed to the text of the already existing church order (the text of 1568). Most of the articles were not altered; seven new articles were added so that the D.C.O. numbered 86 articles. Especially six articles were altered. Hoping that political approval of the church order would be obtained the synod made certain further concessions[20] to the government (among other things in calling a minister).

2.3.3. The States General did not approve the D.C.O. The States gave their approval in only three provinces.

---

20 **In de tekst van Deddens staat 'consessions'.**

2.4. To get a clearer view of the matter under discussion it will be useful to tell something more in particular about the church order.

2.4.1. The continued absence of approval by the government in most provinces did not mean that the validity of the church order of Dort was given up within the churches themselves. It was possible for the churches to observe most of the regulations laid down in the D.C.O.

2.4.2. As early as the middle of the seventeenth century Voetius pointed out that the D.C.O. had a greater validity and power than might be concluded from[21] the official approval which the government had granted only partially. To prove this he[22] brought forward two principal arguments:
   a. that the churches in fact observed their church order, with permission and approval of the government itself, so that even in those provinces in which official approach had not been granted yet, the church order could yet be looked upon as 'reipsa'[23] approved.
   b. that the Three Forms of Unity, together with the Liturgy had been approved by the government in all the provinces, and that thus everything that the confession had pronounced on the subject of church government had also been approved (see in particular the articles 30-32 of the Belgic Confession).[24]

2.4.3. Till the revolution of 1795 ('The French period') the state of affairs concerning the church order can be described as follows.
   The state was well as the church continued to assert its compentence to regulate church affairs. But the churches acquiesced in the state regulations which in fact permitted them to live almost completely in accordance with their own church order. And in many respects the government spared the churches, either by refraining from giving regulations (Holland and Friesland) or by approval of the reformed church order (Overijssel, Gelderland and Utrecht) or by drawing up or approving regulations which sufficiently corresponded to the reformed church order (Groningen, Drenthe and Zeeland); and further in general by approving and maintaining the confessions, The Three Forms of Unity.[25]

---

21 In de tekst van Deddens staat: form.
22 In de tekst van Deddens staat 'a'. Het moet zijn 'he'.
23 *Res ipsa loquitur*: de zaak spreekt voor zichzelf; *Van Dale* 3, 4389.
24 Geraadpleegd 4 januari 2018, http://www.The Creeds.net/belgic/.
25 F.L. Rutgers, *De geldigheid van de oude kerkenordening der Nederlandsche gerefor-*

2.4.4. In 1816, after the French period, the General Regulations[26] for the government of the Dutch Reformed Church were introduced by order[27] of king William I. They were dominated by collegialistic and erastian conceptions and in the new circumstances meant a complete break with the Dort Church order, and the reformed way of church government, as it had been advocated and had been given shape since the Reformation in the sixteenth century.

2.4.5. In this new situation the confession of Dort, not only The Canons of Dort, but also the Belgic Confession and the Heidelberg Catechism, were openly and more and more audaciously[28] broken away from [...] as well.

2.4.6. In 1834 and 1886 the Lord worked reformation through the 'Secession' and the 'Doleantie'; many churches and churchmembers broke with the new denomination which had been founded in 1816 and returned to the Word of God, the Three Forms of Unity found[ed] on it, and the Canons of Dort. In the 'Amalgamation' of the followers of the Secession and the 'dolerenden' in 1892 the united churches adopted the name The Reformed Churches in the Netherlands. They did not leave everybody in doubt about the question what position they wanted to take and in fact took in the ecclesiastical history there was continuity between them and the churches of the reformation of the sixteenth century, their synods and the synod of Dort 1618-1619. As far as the confession is concerned there was already the commitment to the Three Forms of Unity, a commitment which had been restored in 1834. The church order, adopted in 1619, was fully operative in the united churches (with the exception of the regulations which had been inserted as concessions to the government in the sixteenth century and in Dort 1619). These regulations made it possible for the government to interfere with and influence ecclesiastical affairs immediately.

---

meerde kerken, ingeleid door J. Kamphuis, (Amsterdam: Ton Bolland, 1971), 32-36.

26 *Het Algemeen Reglement voor het bestuur der Hervormde Kerk, in het Koningrijk der Nederlanden*, ('s Gravenhage: Ter Algemeene 's Lands Drukkery, 1816).
27 In de tekst van Deddens staat 'orther'.
28 In de tekst van Deddens staat 'andaciously'. Het moet zijn: 'audaciously'. Dit betekent o.a. dapper; *Van Dale Praktijkwoordenboek Engels-Nederlands*, 1e dr., (Utrecht/Antwerpen: Van Dale Lexicografie, 2003), 67.

2.4.7. After new deformation of church life and new deviation both in doctrine, church government and the discipline of the church, the continuity of 1892 was restored and confirmed in an by the 'Liberation' in 1944. The name of the churches remained unaltered ('The Reformed Churches in the Netherlands'). The same holds good for the confession and the church order.

2.4.8. The reformed sister churches abroad with which a full sister church relationship is maintained have the same Three Forms of Unity and the same church order. At the synod of Groningen-Zuid held in the Netherlands in 1978 the church order underwent a linguistic renovation in which certain emendations were made in the formulation as well. As far as the contents are concerned however, the church order remained the same (I: the offices; II: the church assemblies; III: supervision of doctrine and worship; IV: discipline). It now numbers eighty-four articles.

2.5. When we mention Westminster we have in mind the Westminster Assembly, held in London from 1st July 1643 till 22nd February 1649 — in the history of the church certainly not less well-known than the synod of Dort.[29]

2.5.1. In various respects differences can be pointed out between Westminster and Dort. Properly speaking the Westminster Assembly was not a synod, but an advisory organ of the English Parliament. Its composition was not international, all its members were supposed to be members of the Church of England. As we learn from a report of parliamentary proceedings printed in June 1643 the number of members was considerably larger than that of Dort, viz.[30] ten members from the House of Lords, twenty members from the House of Commons and 121 'divines'. Westminster surpassed Dort not only in duration of time but also in the number of sessions (1163 to 180).[31] The most important difference, however, lay in the mandate given to each of them. While Dort had especially been called together to make decisions on matters of doctrine (in connection with the errors of the Remonstrants) it was the task of Westminster to

---

29 **Mitchell/Struthers, eds.,** *Minutes*.
30 'Viz' is een afkorting van 'videlicet' dat 'namelijk' betekent; geraadpleegd 20 maart 2018, https://www.tuxx.nl/engels/afkortingen/#V.
31 De Westminster Assembly kende 1163 sessies; de Synode van Dordrecht van 1618/1619 180 zittingen.

advise the English Parliament on the alterations to be made in the organization (the confession and the liturgy included) and the government of the Church of England.

2.5.2. The Scottish 'commissioners' who were present as a result of the Solemn League and Covenant had a special position. As far as Scotland was concerned they had an ecclesiastical status, because they were delegated by the General Assembly of the Church of Scotland. In London they had a connective task in connection with the above—mentioned Solemn League and Covenant which task made them active both outside and within the Westminster Assembly though they were not members of this Assembly they had power 'to propound, consult, treat and conclude with them' (as the General Assembly of Scotland (1643) informed the English Parliament).

In the Westminster Assembly they exerted an important influence on the procedure and the achievement of the actual results of all the work done. In particular Alexander Henderson[32] and George Gillespie[33] (Edinburgh), Robert Baillie (Glasgow) and Samuel Rutherford[34] (St. Andrews) are to be mentioned here.

---

32 Alexander Henderson, professor retoriek en filosofie St. Andrews 1610, predikant Leuchars 1615, leider van de Church of Scotland; Alexander Henderson, *The declaration of Mr. Alexander Henderson, principall minister of the word of God at Edenbrough, and chiefe commissioner from the Kirk of Scotland to the Parliament and Synod of England: made upon his death-bed*, ([London]: s.n., 1648); Alexander Henderson, *Reformation of church-government in Scotland, cleered from some mistakes and prejudices, by the Commissioners of the Generall Assembly of the Church of Scotland, now at London*, ([London]: printed for Robert Bostock, dwelling in Pauls Church Yard, at the signe of the Kings Head, 1644).

33 George Gillespie (1613-1648) was een Schots theoloog en predikant te Edingburgh. Zijn bekendste werk is: *Aarons Rod Blossoming, Or, The Divine Ordinance of Church Government Vindicated ...*, (London: printed by E.G. for Richard Whitaker, 1646); Francis J. Bremer en Tom Webster, *Puritans and Puritanism in Europe and America: A Comprehensive Encyclopedia*, (Santa Barbara CA, ABC-CLIO, 2006), 105.

34 Samuel Rutherford (ca. 1600-1661) was een Schots en presbyteriaans predikant en professor. Ook was hij een van de Schotse afgevaardigden naar de Westminster Assembly van 1643; John Coffey, *Politics, Religion and the British Revolutions: the Mind of Samuel Rutherford*, (Cambridge: Cambridge University Press, 1997). Een van Rutherford's vele publicaties was: *A Free Disputation Against pretended Liberty of Conscience Tending To Resolve Doubts Moved by Mr. John Goodwin, John Baptist, Dr. Jer. Taylor, the Belgic Arminians, Socinians, and other Authors contending for lawless Liberty or licentious Toleration of Sects and Heresies*, (Londen: printed by R.I. for Andrew Crook, MDCIL).

2.5.3. In connection with the list of members, which Parliament published in 1643, it should be observed that almost all the Episcopalians mentioned on it (among whom James Ussher,[35] archbishop of Armagh, and the bishops of Exeter and Bristol) abstained from participation from the very beginning. In connection with the views concerning the government of the church the other members who were appointed (even those appointed later) can be divided into three groups:
    a. Erastians (beside the 'divines' John Lightfoot[36] and Thomas Coleman,[37] in particular John Selden,[38] a member of the House of Commons);

---

[35] James Usher (1581-1656), priester 1601, professor 1607-1621 Trinity College Dublin, vice-kanselier 1614 en 1617 Trinity College Dublin, bishop Meath 1621, aartsbisschop Armagh 1625 Ierland en schrijver van theologische en historische publicaties, en actief betrokken op kerkpolitieke zaken; The Editors of Encyclopædia Britannica, "James Ussher," in *Encyclopædia Brittanica*, 20 juli 1998; geraadpleegd 25 april 2017, https://www.britannica.com/biography/James-Ussher; geraadpleegd 28 april 2017, http://www.apuritansmind.com/puritan-favorites/james-ussher-1581-1656/.

[36] John Lightfoot (1602-1675) was een Engelse theoloog, vice-chancellor Universiteit Cambridge en master St. Catherine's College Cambridge. Ook was hij lid van de Westminster Assembly van 1643; James Reid, *Memoirs of the Westminster Divines of Those Eminent Divines, Who Convened in the Famous Assembly at Westminster, in the Seventeenth Century*, vol. 2 (Paisley: Stephen and Andrew Young, 1811; reprint Southampton: The Camelot, 1982), 55-70.

[37] Thomas Coleman (1598-1647) was een Engels theoloog, bekend om zijn kennis van de Hebreeuwse taal. Het leverde hem de bijnaam 'rabbijn Coleman' op. Rector Blyton, Lincolnshire, rector St. Peter's Cornhill 1643; Hij was de leider van de Erastianen in de Westminster Assembly van 1643; Graham Alan John Rogers en Tom Sorell, eds., *Hobbes and History*, London: Routledge, 2000, 171; William M. Lamont, *Godly Rule: Politics and Religion 1603-60*, (London/New York: Macmillan/St. Martin's P., 1969); Reid, *Memoirs* 1, 236-250.

[38] John Selden (1584-1654) was een Engelse jurist. Hij schreef o.a.: *Table-talk: being the discourses of John Selden, Esq., or his sence of various matters of weight and high consequence relating especially to religion and state*, (London: printed for E. Smith, 1689); John Selden, James Howell en Marchamont Nedham, *Mare clausum: the right and dominion of the sea in two books : in the first the sea is proved by the law of nature and nations not to be common to all men, but to be susceptible of private dominion and propriety as well as the land: in the second it is asserted that the most serene King of Great Britain is the lord and proprietor of the circumfluent and surrounding sea as an inseparable and perpetual appendix of the British empire*, (London: printed for Andrew Kembe and Edward Thomas, 1663). Zie over Selden en zijn werk: Reid Barbour, *John Selden: Measures of the Holy Commonwealth in Seventeenth-century England*, (Toronto Ont.: University of Toronto Press, 2003); Paul Christianson, *Discourse in History, Law and Governance in the Public Career of John Selden, 1610–1635*, (Toronto Ont.: University of Toronto Press, 1996).

b. Congregationalists ('Independents', a permanent nudeus: the five 'dissenting brethren', Thomas Goodwin, Philip Nye, Sidrach Simpson, Jeremiah Burroughes, William Bridge);[39]
c. The Presbyterian minded members (the large majority with a wide spectrum).

2.5.4. Concerning the government of the church the discussions in Westminster resulted in:
a. special documents as The Form of Presbyterial Church Government (already mentioned in 1.7);
b. pronouncements in the Westminster Confession.

2.6. Chronologically the discussions about ecclesiastical law together with their results came first in Westminster (after preliminary work concerning the revision of the Thirty-nine Articles and after activities performed to regulate the liturgy). There we shall first pay attention to these separate results in the field of ecclesiastical law.

---

39 Thomas Goodwin (1600-1680), Philip Nye (c.1596-1672), Sidrach Simpson (c.1600-1655), Jeremiah Burroughes (c.1599-1646) en William Bridge (c.1600-1672), zie ook hun *An Apologeticall Narration*, humbly submitted to the honourable Houses of Parliament, (London, printed for Robert Dawlman, M. DC. XLIII). Thomas Goodwin, Engels puriteins theoloog, predikant in het leger van Oliver Cromwell, president Magdalen College Oxford, Engeland; Mark Jones, *Why Heaven Kissed Earth: The Christology of the Puritan Reformed Orthodox theologian, Thomas Goodwin (1600-1680)*, (Göttingen: Vandenhoeck & Ruprecht, 2010); Joel R. Beeke en Mark Jones, eds., *A Habitual Sight of Him: The Christ-Centered Piety of Thomas Goodwin*, (Grand Rapids MI: Reformation Heritage Books, 2009), (*Profiles in Reformed Spirituality*).
Thomas Goodwin (1600-1680), Engels puriteins theoloog, predikant in het leger van Oliver Cromwell, president Magdalen College Oxford, Engeland; Jones, *Why Heaven*. Jeremiah Burroughs (ca. 1600-1646), lector Bury St. Edmunds, rector Tivetshall 1631, geschorst 1636, afgezet 1637, smokkelaar van boeken van Nederland, chaplain Earl of Warwich, leraar van William Bridge in de Rotterdamse gemeente, lector Stepney en St. Giles, Criplegate, lid van de Westminster Assembly 1643; J.S. McGee, "Burroughs, Jeremiah," in Greaves/Zaller, *Biographical Dictionary* 1, 108-109; Sidrach Simpson (ca. 1600-1655), curate Margaret's, Fish Street, Londen, verbond zich ca. 1638 aan de independent gemeente Rotterdam. Vanwege verschil van inzicht met William Bridge over het recht op profetie van gemeenteleden. Simpson startte een eigen gemeente. Terug in Engeland in 1641, weer lector St. Margaret's Fish Street, Lnden. Master Pembroke Hall, Cambridge 1650 en Rector St. Mary Abchurch Londen. St. Bartholomew Exchange 1653, 1654 Trier; R.S. Paul, "Simpson, Sidrach," in Greaves/Zaller, *Biographical Dictionary* 3, 177-178.

2.6.1. In April 1644 a guide for the ordination of ministers was presented to Parliament (Directory for the Ordination of Ministers). A doctrinal exposition consistin[g] of twelve points ('the doctrinal part') preceded the guide proper ('the practical part'). It was stated that this ordination was fully within the competence of 'the presbytery'. Ample discussions especially about the character and the competence of a presbytery had not brought the Presbyterians and the Congregationalists in the Assembly together. Further discussions about presbyteries and synods were follow[ed].

2.6.2. Parliament did not accept 'the doctrinal part' and removed the presbytery elements from the guide proper ('the practical part'). Parliament also edited a 'preface' of its own.

2.6.3. The General Assembly of the Church of Scotland which accepted The Form of Presbyterial Church Government in February 1645 also approved the Westminster text on the subject of the Ordination of Ministers and joined both pieces of work. This combination became usual.

2.6.4. The Assembly presented the further results of the work preformed concerning the government of the church to Parliament in November 1644 (a supplement was offered in December). Shortly afterwards, on 10th February 1645, these 'propositions' to the English Parliament were approved by the Church of Scotland. They form the document that received the title, often mentioned before, The Form of Presbyterial Church-Government.

2.6.5. A kind of approval as given by the General Assembly in Scotland was not granted by the English Parliament. It wanted a practical regulation for the Church, without a jure divino[40] system with ecclesiastical 'courts' which would have power to govern the whole church independently. The situation was characterized by many complications among which was also the appeal that congregationalist members of the Westminster Assembly made to Parliament in the form of The Reasons of the Dissenting Brethren against the Third Proposition concerning Presbyterial Government, to which the Assembly in its turn responded with The Answer of the Assembly of Divines.[41]

---

40 **Goddelijk recht.**
41 **Zie voetnoot 273.**

2.6.6. In order to make some concessions to Parliament, the Assembly reshaped the proposals concerning ecclesiastical law in such a way that a.o. 'the Proofs, both of Scripture and Reason' were omitted. Also incorporated in this new piece of work, which are presented to Parliament as a 'humble advice' (a term often used when results were presented) was what had been designed about church discipline, in particular about the power to excommunicate someone.

In its printed form the document saw the light under the title of <u>A Directory for Church Government and Ordination of Ministers</u>.

2.6.7. Leaving aside all sorts of developments in the intervening period, we mention the fact that the contents of this <u>Directory</u> were eventually largely adopted by Parliament. In the adopted text the results of years of struggle and hard work was published as <u>The Form of Church-Government to be used in the Church of England and Ireland Agreed upon by Parliament after Advice had with the Assembly of Divines</u>.

2.6.8. In Scotland this document was never formally approved, just as the document which was approved in Scotland and which is entitled <u>The Form of Presbyterial Church-Government</u> was never ratified by the English Parliament.

2.6.9. <u>The Form of Chur[c]h-Government to be used in the Church of England and Ireland</u> was valid for a short period only. It will be sufficient to remind you of the terms Rump-parliament,[42] Barebone-parliament,[43]

---

42 Met Rump Parliament wordt aangeduid het Engelse parlement nadat Colonel Thomas Pride op 6 december 1648 het zogenaamde Long Parliament had gezuiverd van die parlementsleden die vijandig waren tegenover Grandee's opzet om koning Charles I veroordeeld te krijgen voor hoogverraad. Met Rump Parliament wordt sinds 1649 gedoeld op elk parlement dat resteert van een wettig parlement; Blair Worden, *The Rump Parliament 1648-53*, (Cambridge/London/New York/Melbourne: Cambridge University Press, 1977).

43 De Barebone's Parliament was de opvolger van de Rump-Parliament. De Barebone's Parliament is ook wel bekend als de Little Parliament, de Nominated Assembly en de Parliament of Saints, van 4 Juli-12 december 1653. Het was de laatste poging van de Engelse Commonwealth om te zorgen voor een politiek stabiele situatie voor de installatie van Oliver Cromwell. De naam 'Barebone' was ontleend aan de benoemde van de City of London: Praise-God Barebone (ca. 1598-1679). Cromwell en de Army Council zochten de te benoemen parlementsleden aan. Er vond geen verkiezing plaats. Het aantal nominees was 140. Daarvan kwamen er 129 uit Engeland, 5 uit Schotland en 6 uit Ierland. Het Joodse Sanhedrin stond

Protectorate[44] and Restauration.[45]

2.7. If we now turn to the <u>Westminster Confession</u>, then, after some statements in Ch. XXV 'Of the Church our attention is mainly attracted to Ch. XXX 'Of Church Censured' and Ch. XXXI 'Of Synods and Councils'.

2.7.1. First of all, it can be noted that Chs XXX and XXXI never had any validity in the Church of England. When in 1648 the confession and changed its title into: ["]Articles of Christian Religion, approved and passed by both Houses of Parliament, after Advice had with the Assembly of Divines by Authority of Parliament sitting at Westminster["], these very chapters were completely eliminated (together with some parts of Ch[apter]s XX and XXIV).

And when after Cromwell's death Parliament convened again in 1659, the confession was again ratified, but again to the exclusion of Chs. XXX and XXXI.[46]

2.7.2. Indeed, the confession that is generally called the Westminster Confession only had very short and relative validity. There was no uniformity in the Church of England in Cromwell's time, and there was no particular confession that had to be signed by ministers. The Restauration brought about the well-known changes. The presbyterian congregations

---

 model voor deze vergadering. De Barebone's Parliament werd opgevolgd door het First Protectorate Parliament; Worden, *The Rump Parliament*.

44 De First Protectorate Parliament, bijeengeroepen door de Lord Proctector Oliver Cromwell onder de voorwaarden van de Instructions of Government, functioneerde van 3 September 1654 tot 22 Januari 1655. Cromwell wilde 84 wetsvoorstellen geratificeerd krijgen in het parlement, maar dat lukte in het geheel niet. Zodra het kon, ontbond Cromwell dit parlement; Worden, *The Rump Parliament*.

45 Met 'Restauration' wordt zowel het daadwerkelijke moment van herstel van de Engelse monarchie aangeduid als de periode die sinds 1660 daarop volgde. Doorgaans wordt het gehanteerd voor de lange regeerperiode van Charles II (1660-1685) en de korte regeerperiode van zijn jongere broer James II (1685-1688). De Glorious Revolution van 1688 van Engelse parlementariers en de Nederlandse stadhouder Willem III maakte een einde aan de 'Restauration'. Echter, het komt ook voor dat met 'Restauration' wordt bedoeld de gehele regeerperiode van de Stuarts tot in de vroeg-achttiende eeuw; Tim Harris, *Restoration: Charles II and His Kingdoms 1660–1685*, (London: Penguin Books, 2006/s.l.: Allen Lane, 2005); N.H. Keeble, *The Restoration: England in the 1660s*, (Oxford: Blackwell Publishers, 2002) (*History of Early Modern England Series*).

46 Walker, *The Creeds*, 195.

that arose beside and outside the Church of England didn't stick very much to the Westminster Confession either.

2.7.3. It is significant that the Westminster Confession was first published in Scotland, and that it was also first adopted in Scotland.[47] The General Assembly of the Church of Scotland already approved it in 1647, and in 1649 the Scottish Parliament ratified the Westminster Confession and Catechism and ordained that they be 'recorded, published and practised'.[48]

2.7.4. Ch. XXX of the Westminster Confession, as mentioned above, is about church discipline, and Ch. XXXI is about synods.

Ch. XXX mentions 'the officers of the church' (generally, without any specifications). In Ch. XXXI the 'ministers' are mentioned. In Ch. XXXI only synods are mentioned.

Unlike the English Parliament the General Assembly of the Church of Scotland (and later the Scottish Parliament) did adopt and ratify these two chapters. ["]But it is noteworthy that the same General Assembly that approved the confession in Scotland, declared at the same time that in her opinion this confession might have been more detailed about the office bearers and the ecclesiastical assemblies. The General Assembly pronounced: But, lest our intention and meaning be in some particulars misunderstood, it is hereby expressly declared and provided, that the not mentioning in this Confession the several sorts of ecclesiastical officers and assemblies, shall be not prejudice to the truth of Christ in these particulars to be expressed fully in the directory of Government["].[49]

---

47 Act XVI Parliament 1649 anent the Catechisms, Confession of Faith, and Ratification Thereof at Edinburgh, 7 februari 1649; Mitchell/Struthers, eds., *Minutes*, 509; H. Florijn, "Het aandeel van de Schotse afgevaardigden," in *De Synode van Westminster 1643-1649*, W. van 't Spijker et. al., eds., (Houten: Den Hertog, 2002), 112-113.
48 Act XVI Parliament 1649 anent the Catechisms, Confession of Faith, and Ratification Thereof at Edinburgh, 7 februari 1649; Mitchell/Struthers, eds., *Minutes*, 509.
49 Deddens citeert hier zonder dat het helder is dat het een citaat betreft. Het – correcte – citaat moet zijn: "But lest our intention and meaning be in some particulars misunderstood, it is hereby expressly declared and provided, that the not mentioning in this Confession the severall sorts of ecclesiasticall officers and assemblies, shall be not prejudice to the truth of Christ in these particulars to be expressed fully in the Directory of Government."; *Acts of the General Assembly of the Church of Scotland 1638-1842*, reprint, (Edinburgh: The Edinburgh Printing and Publishing Company, MDCCXLIII, 147).

2.7.5. It is also important what the same General Assembly declared with regard to Ch. XXXI,2 of the Westminster Confession: the power of the government to convoke synods, and the possibility that ministers and, possibly, other suitable persons, too, would convene in synods if the authorities would be openly hostile to the church. The declaration of the Assembly is too long to quote in its entirety. It is a specification, which is at the same time, a limitation of the government power with regard to synods. This element can already be seen in the beginning of the declaration: 'It is further declared, that the Assembly understanded some parts of the second article of the thirty-one chapter Only of kirks not settled....'.[50]

2.7.6. Finally, we want to draw attention to the very beautiful and impressive declaration of the General Assembly of the Free Church of Scotland in 1851, in connection with the publication of 'the subordinate standards and other authoritative documents' of this Free Church.[51]

In this declaration which illustrates Gods' grace in the history of the Church of Scotland, mention is also made of the Westminster Assembly, the adoption of its Confession in Scotland, its Form of Church-Government, and its other documents. Let everyone read this declaration![52]

2.8. We want to conclude this short historical orientation with some observations on the very special and characteristic significance of <u>Scotland</u> with regard to the <u>presbyterian form of church-government</u>.

2.8.1. Both inside and outside the Westminster Assembly the Scots were the principal spokesman and advocates of presbyterian church-govern-

---

50 "It is further declared that the Assembly understandeth some parts of the Second Article of the thirty one Chapter, onely of Kirks not sttled or constituted in point of Government;" Sessie 23, 27 augustus 1647; *The confession of faith, And the larger and shorter catechisme: First agreed upon by the Assembly of Divines at Westminster, And now approved by the General Assemblie of the Kirk of Scotland*, (London: Company of Stationers, 1651); geraadpleegd 4 januari 2018, http://ia801403.us.archive.org/20/items/confessionoff00chur/confessionoff00chur.pdf.

51 *The Subordinate Standards, and Other Authorative Documents of the Free Church of Scotland*, (Edinburgh: Johnstone and Hunter, MDCCCLI).

52 Thomas Pitcairn en Patrick Clason, "Act and Declaration Anent the Publication of the Subordinate Standards and Other Authorative Documents of the Free Church of Scotland," in *The Subordinate Standards, and Other Authorative Documents of the Free Church of Scotland*, (Edinburgh: Johnstone and Hunter, MDCCCLI, v-xv).

ment. Not only their contributions to the oral discussions should be called to mind, but their publications as well.

What Henderson, Gillespie, Baillie and Rutherford achieved in this respect commands our admiration.[53]

It is obvious, moreover, from the Letters and Journals written by Baillie that both he and his colleagues also exerted themselves in the epistolary field. They did their utmost to receive support from abroad.[54]

2.8.2. They fought as envoys of a church community that had only recently gone through another reformation ('the second Reformation'), they were also constantly aware of the fact that they were in London as a result of the Solemn League and Covenant, whose objective was, on the part of the Scots, 'to bring the churches of God in the three kingdoms to the nearest conjunction and uniformity in religion, confession of faith, form of Church government, directory for worship, and catechising'![55]

2.8.3. Saying this, we do not deny, of course, that there were convinced supporters of Presbyterianism in England, both inside and outside the Westminster Assembly. But after the so called 'early Presbyterianism' in England which came to an end about 1590, firm Presbyterianism was hardly to be found.[56] It was especially the new reformation in Scotland since 1638 which was the cause of new reflection in England — also about the way of Church government. The influence of Scotland was great and

---

53 Alexander Henderson (Edinburgh), George Gillespie (Edinburgh), Robert Baillie (Glasgow) en Samuel Rutherford (St. Andrews) waren afgevaardigden uit Schotland naar de Westminster Assembly. Naast dit viertal was ook Robert Douglas (Edinburgh) als predikant aanwezig. Deddens vermeldt zijn naam niet, omdat Douglas, hoewel afgevaardigd, niet ter Assembly is geweest. Hetzelfde geldt voor de ouderling John Cassilis. Daarnaast waren afgevaardigd de regeerouderlingen (*ruling elders*) John Earl of Cassilis, John Lord Maitland, sir Archibald Johnstoun of Waristoun, Henry Robrough, de secretarissen Adoniram Byfield en John Wallis; *The Subordinate Standards, and Other Authorative Documents of the Free Church of Scotland*, (Edinburgh: Johnstone and Hunter, MDCCCLI), 13; H. Florijn, "Het aandeel van de Schotse afgevaardigden," in Van 't Spijker, *De Synode*, 111-116.
54 Paul Trolander, *Literary Sociability in Early Modern England: The Epistolary Record*, (Newark: University of Delaware Press, 2014), 154.
55 *The Subordinate Standards, and Other Authorative Documents of the Free Church of Scotland*, (Edinburgh: Johnstone and Hunter, MDCCCLI), vii.
56 Polly Ha, *English Presbyterianism, 1590-1640*, Stanford CA: Stanford University Press, 2011.

can also be found in the London ministers who published their Jus Divinum Regiminis Ecclesiastici[57] in 1646.

The presbyterian-minded members of the Westminster Assembly formed a mixed company in which e.g. jure divino[58] and jure humano[59] Presbyterians could be distinguished.[60] In this[61] majority group were relativity few spokesmen.[62] For many people in the Assembly there was no clear alternative; episcopalism was rejected, but there should remain one national church. They saw no solution in what was defended and propagated by the Congregationalists.

2.8.4. In the presbyterian congregations that arose at the end of the 17th century, we can discover deviations from the Westminster Assembly, not only in matters of doctrine but also in the way of church-government.[63]

The presbyterian revival in England in the 19th century was again mainly due to Scotland.[64] After the Disruption in Scotland, the Scottish Free Church gave a very strong impulse which in 1876 led to the Presbyterian Church of England.[65]

---

57 James Young, Joseph Hunscot, George Calvert, *Jus Divinum Regiminis Ecclesiastici...*, (London: printed by J.Y. for Joseph Hunscot and George Calvert, and are to be sold at the Stationers Hall, 1646).
58 Goddelijk recht.
59 Menselijk recht.
60 De presbyterianen waren tijdens de Westminster Assembly in de meerderheid, maar door politieke en militaire invloeden kwam er een grotere invloed voor de congregationalistische stroming. Deze stond autonomie van locale kerken voor in plaats van het door de presbyterianen gewenste systeem van wat congregationalisten onderwerping aan regionale en landelijke kerkstructuren zagen. Gedurende de periode van Restauration van de monarchie in 1660 werden de besluiten van de Westminster Assembly geneutraliseerd ten gunste van de episcopale system van kerkregering, zie voetnoot 296.
61 In de tekst van Deddens staat 'these'.
62 Waaronder de Schotse assessor Robert Baillie; H.L. Stewart, *Westminster Confession after Three Hundred Years,"* geraadpleegd 31 januari 2018, http://dalspace.library.dal.ca/bitstream/handle/10222/62551/dalrev_vol27_iss4_pp443_458.pdf?sequence=1&isAllowed=y.
63 Geraadpleegd 31 januari 2018, http://westminsterconfession.org/confessional-standards/the-westminster-assembly-of-divines.php.
64 Walter L. Linge en John W. Kuykendal, *Presbyterians: Their History and Beliefs*, (Atlanta: John Knox Press, 1978), 54.
65 Alan P.F. Sell, *One Ministry, Many Minister: A Case Study from the Reformed Tradition*, (Eugene OR: Pickwick Publications, 2014).

2.8.5. 'Presbyterianism, so congenial to Scottish soil, was an artificial plant in England'.[66] We'd rather say: Scotland was the cradle of Presbyterianism.

2.8.6. After the precedes it may be evident that certain documents of the time of the 'first Reformation' in Scotland can hardly be left out of consideration here. We make special mention of <u>The Scots Confession</u> of 1560 and The First Book of Discipline of the same year and <u>The Second Book of Discipline</u> of 1578.

3. Agreement

3.1. Just as a large amount of Agreement can gratefully [be] observed between the Three Forms of Unity on the one hand and the Westminster Confession and Catechism on the other hand, so, too, can an important agreement be detected between what we briefly denote as the reformed and presbyterian church law (cf. 1.4).

3.2. This agreement is of such an extent that in the systems of church-government which occur in literature on ecclesiastical law, hardly ever any distinction is made between reformed and presbyterian.

3.3. The collective confession is that <u>Jesus Christ is the only Head of the church and that He has complete command over her and in her</u>.

3.3.1. <u>The Scots Confession</u> (Ch. XI) professes that the ascended Christ is: 'the promised Messiah, the only Head of his kirk, our just Lawgiver, our only High Priest, Advocate and[67] Mediator. To which honours and offices, if man or angel presume to intrude themselves, we utterly detest and abhor them, as blasphemous to our sovereign and supreme governor, Christ Jesus'.[68] The Westminster Confession (Ch. XXV,6) says: 'There is

---

66 "The sequel, however, proved that Presbyterianism, so congenial to Scottish soil, was an artificial plant in England'; Philip Schaff, *The Creeds of Christendom: History of the The Creeds*, vol. 1 deel 2, (New York: Cosimo Classics, 2007), 737, (*Religion + Spirituality*).
67 In de tekst van Deddens ontbreekt het woord 'and'.
68 Het citaat uit The Scottish Confession of Faith: 'whom we confess and avow to be the Messiah promised, the only Head of his kirk, our just Lawgiver, our only High Priest, Advocate, and Mediator. In which honours and offices, if man or angel presume to intrude themselves, we utterly detest and abhor them, as blasphemous to our Sovereign and Supreme Governor, Christ Jesus'; geraadpleegd 24 juni 2017, http://www.swrb.com/newslett/actualNLs/ScotConf.htm#CH11.

no other Head of the church but the Lord Jesus Christ,'[69] and begins a later chapter (Ch. XXX) with the words: 'The Lord Jesus Christ, as king and head of his church....'[70] The Second Book of Discipline postulates (Ch. I,10) that Christ is 'the only spiritual King and Governor of his kirk'.[71] Christ's kingship is also impressively emphasized in the Preface of The Form of Presbyterian Church-Government.

3.3.2. In order to limit this paper a few enunciations of the Dutch Confession follow: in the true church Jesus Christ is recognized 'as the only Head' (art. 29).[72] He is 'the only Bishop and the only Head of the Church' (art. 31).[73] He is 'our only Master'[74] (art. 32). Because Christ is our only Master, what follows is of fundamental importance in the reformed church—order: No church can 'rule' over an other church, no minister over other ministers in whatever way (in the Acta of Emden 1571: art. 1; now a final article: art. 83).

3.4. Another collective recognition is, that Jesus Christ rules His church through His Word and Holy Spirit and that His Word, the Holy Scripture, is rule and line of action for the organization of ecclesiastical life and for all actions of and in the church.

---

69 Geraadpleegd 24 juni 2016, http://www.reformed.org/documents/wcf_with_proofs/.
70 Het correcte citaat uit art. XXX van de Westminster Confession moet zijn: "The Lord Jesus, as king and head of His Church, has therein appointed a government, in the hand of Church officers, distinct from the civil magistrate;" geraadpleegd 24 juni 2017, http://www.reformed.org/documents/wcf_with_proofs/.
71 Dit moet niet art. I,10 zijn zoals Deddens aangeeft, maar art. I,5: "For this ecclesiastical power flows immediately from God, and the Mediator Jesus Christ, and is spiritual, not having a temporal head on earth, but only Christ, the only spiritual King and Governor of his kirk;" geraadpleegd 24 juni 2017, http://www.swrb.com/newslett/actualNLs/bod_ch04.htm#CH01.
72 Art. 29 Nederlandse Geloofsbelijdenis; geraadpleegd 1 juli 2017, http://www.reformed.org/documents/index.html?mainframe=http://www.reformed.org/documents/BelgicConfession.html.
73 Art. 31 Nederlandse Geloofsbelijdenis; geraadpleegd 1 juli 2017, http://www.reformed.org/documents/index.html?mainframe=http://www.reformed.org/documents/BelgicConfession.html.
74 Art. 30 Nederlandse Geloofsbelijdenis; geraadpleegd 1 juli 2017, http://www.reformed.org/documents/index.html?mainframe=http://www.reformed.org/documents/BelgicConfession.html.

3.4.1. The quoted enunciation of I,10 of <u>The Second Book of Discipline</u> is succeeded in 1,11 with the words: 'Thairfor this power and policie of the kirk s[h]ould lene upon the word of God immediatlie as the only [onlie] ground thairof, and should be tane frome the puire fountanis of the Scripturis, heiring the voce of Christ [Chryst], the onlie spirituall king, and being rewlitt [rewlit] be his lawis'.[75]

On the title-page of the Form of Presbyterian Church-Government the significant verse of Ezek. 43:11 is quoted.

3.4.2. The Dutch Confession says (art. 30): 'We believe that this true Church must be governed by that spiritual polity which our Lord has Taught us in His Word'.[76] Art. 29 says that in the true church all things are managed according to the pure Word of God and that all things contrary thereto are rejected. This is a continuation of art. 7 which confesses the perfection of the Holy Scripture. In it God has amply described in which way we have to serve Him: 'Therefore we reject all our hearts whatsoever does not agree with this infallible rule'.[77]

3.5. There is also agreement about this[:] <u>the church organization is not prescribed in detail in the New Testament, and that for the regulation of all kinds of matters actions have to be in accordance with the prescription of 1 Cor. 14:40.</u>

3.5.1. The Scots Confession quotes 1 Cor.14:40 in Ch. XX and states: 'Not that we think any policy or order of ceremonies can be appointed for all ages, times and places, for as ceremonies which men have devised are but temporal, so they may, and ought to be, changed, when they foster superstition rather than edify the Kirk'.[78] <u>The Westminster Confession</u> also

---

75 James Kirk, ed., *The Second Book of Discipline: With Introduction and Commentary*, (Edinburgh: The Saint Andrew Press, 1980), 167.
76 Art. 30 Nederlandse Geloofsbelijdenis; geraadpleegd 1 juni 2017, http://www.reformed.org/documents/BelgicConfession.html.
77 Art. 7. Nederlandse Geloofsbelijdenis; geraadpleegd 6 september 2017, http://www.reformed.org/documents/index.html?mainframe=http://www.reformed.org/documents/BelgicConfession.html.
78 Het citaat luidt: "Not that we think that any policy, and one order in ceremonies can be appointed for all ages, times, and places: for as ceremonies (such as men have devised) are but temporal, so may and ought they to be changed, when they rather foster superstition than that they edify the kirk using the same;" geraadpleegd 24 juni 2017, http://www.swrb.com/newslett/actualNLs/ScotConf.htm#CH20.

refers to this text in Ch. 1,6: There are some circumstances concerning the worship of God, and government of the Church, common to human actions and societies, which are to be ordered by the light of nature an[d] Christian prudence, according to the general rules of the word, which are always to be observed'.[79]

3.5.2. In relation to 1 Cor. 14:40 the Dutch Confession says in art. 32: 'In the meantime we believe, though it is useful and beneficial that those who are rulers of the Church institute and establish certain ordinances among themselves for maintaining the body of the Church, yet that they ought studiously to take care that they do not depart from those things which Christ, our only Master, has instituted. And therefore we reject all human inventions, and all laws which man would introduce into the worship of God, therby to bind and compel the conscience in any manner whatever. Therefore we admit only of that which tends to nourish and preserve concord and unity, and to keep all men in obedience to God'.[80] The beginning of art. 1 of the reformed church-order reads: 'In Christ' s congregation everything ought to take place in good order. Therefore a regulation is necessary with relation to....'.[81]

3.6. We can now further observe that there is extensive agreement on various subjects. If we pay attention to the order of subjects, brought forward in the chapters of the reformed church-order, relating to:
- the offices
- the church-assemblies

---

[79] Geraadpleegd 24 juni 2017, http://www.reformed.org/documents/wcf_with_proofs/.
[80] De tekst van artikel 32: The Order and Discipline of the Church
We also believe that although it is useful and good for those who govern the churches to establish and set up a certain order among themselves for maintaining the body of the church, they ought always to guard against deviating from what Christ, our only Master, has ordained for us.
Therefore we reject all human innovations and all laws imposed on us, in our worship of God, which bind and force our consciences in any way.
So we accept only what is proper to maintain harmony and unity and to keep all in obedience to God.
To that end excommunication, with all it involves, according to the Word of God, is required; geraadpleegd 24 juni 2017,
http://www.reformed.org/documents/index.html?mainframe=http://www.reformed.org/documents/BelgicConfession.html.
[81] Geraadpleegd 1 juli 2017, http://kerkrecht.nl/node/440.

- the <u>supervision on the doctrine and public worship</u>
- the <u>discipline</u>

we can note agreement of on[82] many points.

It would lead us too far, if we were to point out this agreement in a detailed[83] way. Nor is it necessary to go further into various lesser points of difference.

The question we have to face now is: what important differences are there between the presbyterian and reformed views with regard to church-government?

4. Points of difference

It will remain somewhat difficult to draw a clear line between what is more important and what is less important. Nevertheless it is not so difficult in our case to specify a few of the main differences.

4.1. Let us consider first the names of our church-communions.

On the one hand, we see the word 'church' used in official names in the singular: <u>The Korean Presbyterian Church. The Evangelical Presbyterian Church of Ireland. The Free Church of Scotland</u>, and so on.

On the other hand we meet the <u>plural, 'churches'</u>, in other names: <u>The Canadian Reformed Churches. The Free Reformed Churches of Australia. The Reformed Churches of the Netherlands</u>, and so on. Is this difference between singular and plural, between 'church' and 'churches', significant? The Reformed Churches in the Netherlands and in other places would say that they have chosen the plural with deliberate intention, and that, from their point of view, this plural must not be replaced by use of the singular. Much thought and writing has been given to this matter. In the Netherlands there is a church called 'de Nederlands[e] Hervormde Kerk', the same church from which our reformed ancestors seceded in the previous century (cf. 2.4.6). The first article of the church order of this church says: 'The Nederlands[e] Hervormde Kerk consists of all the Hervormde congregations'.[84]

Thus there is a national church institution, which has local subdivisions called 'congregations'. Whether a similar view is held by all the presbyterian church-communions which are represented here in Groningen-Zuid, I am not able at this moment to judge with accuracy.

---

82 In de tekst van Deddens ontbreekt het woord 'on'.
83 In de tekst van Deddens staat 'detailled'.
84 Art. I.1 van de Hervormde Kerkorde van 1951; geraadpleegd 28 juni 2017, http://kerkrecht.nl/node/3252.

But it is a certainly true that in Scotland during the Sixteenth century Reformation, consideration was given to forming one national church, like the one national church in England which became the center of controversy in the Sixteen Forties (1640's) in connection with the Westminster Assembly. And it is also true that the presbyterian church-communions are accustomed to using the singular 'church' in their names. 'Church' or 'Churches', many things depend on which term is chosen.

4.2. Related to this –at least in many cases– is another aspect of these differences, namely, that the various ecclesiastical gatherings are described hierarchically as 'higher' assemblies. All of these gatherings are then viewed as <u>official</u> assemblies, assemblies which exercise <u>official</u> rule and government.

The highest assembly is then the general assembly (or, general synod). Under this is the provincial or regional synod. Under this in turn is the presbytery (or, classis). And finally, under these is the session (or, consistory). The presbytery, the regional synod, and the general assembly are called, in terms of this polity, the 'higher courts'.

The Form of Presbyterian Church-Government speaks in this connection of 'subordination': 'It is lawful, and agreeable to the word of God, that there be a subordination of congregational, classical, provincial and national assemblies, for the government of the church'.[85]

The Reformed Churches in the Netherlands and in other countries have a different understanding. The reformed church order speaks not of higher (superiores) but of 'major' (largiones) assemblies. The classis, the particular synods, and the general synods are major assemblies, for this reason, that in these assemblies more churches have come together, by means of their delegates. These are therefore broader assemblies. But these broader assemblies have no <u>official</u> character and no <u>official</u> authority, which the consistory alone possesses. About this subject also much thought and writing has been provided here in the Netherlands during and after the Sixteenth century.

4.3. In presbyterian polity, the presbytery itself is one of the 'courts' mentioned a few moments ago. It would be good to pay special attention for a moment to the nature of this assembly.

---

85 **Geraadpleegd 29 juni 2017, http://www.reformed.org/documents/wcf_standards/index.html?mainframe=/documents/wcf_standards/p395-form_presby_gov.html.**

The unique nature of presbyterian church structure comes into view in a remarkable way in the presbytery. 'The Presbytery is the radical court of the Church, or that from which the whole Presbyterian[86] government derives its form['].[87] The name of the <u>church</u> is attached precisely to this <u>assembly</u>, the <u>presbytery</u>, in the presbyterian system!

The Reformed Churches in Holland and in other countries do <u>not</u> call themselves <u>'presbyterian'</u>. A possible misunderstanding could arise, if their manner or form of church-organization and church-government were characterized as <u>presbyterian</u>. There is no objection against using a descriptive term like 'presbyterial', which is different than presbyterian. <u>Presbyterial</u> indicates the reformed manner or form of church organization and government in the correct way. This term is preferred by P. Biesterveld[88] and H.H. Kuyper in their well-known and still-used exposition of different systems of church government.[89]

Perhaps a few quotations make this a bit clearer.

'The <u>Reformed</u> system is described mostly a the <u>presbyterial</u> system'.[90] The chief characteristics of this system are contained in this word.

'The Reformed Churches <u>broke as absolutely and principially as possible with the Romish concept of a worldwide church</u>. The Lutheran churches did so only in part, when they accepted the principle of a national or territorial church. The Reformed Churches <u>begin with the local church</u>['].[91]

'This local church is governed by a consistory. This is the only governing power in the church. The Reformed people know of no classical or provincial or synodical church board. The authority and competence of the major assemblies are always more restricted then that of the consistory....'[92]

The descriptive term 'presbyterial' expresse most accurately the reformed vision of a group of <u>presbyters</u> in a local church or congregation,

---

86 In de tekst van Deddens staat 'Presbyerian'.
87 Robert Forbes, ed., *Digest of Rules and Procedure of the Inferior Courts of the Free Church of Scotland*, 3e ed., (Edinburgh: Johnstone, Hunter, and Co., 1869), 51.
88 Petrus Biesterveld (1863-1908), predikant Sexbierum 1883, Gorinchem 1885, Rotterdam 1890-1894, hoogleraar Theologische School 1894, hoogleraar Vrije Universiteit 1902; W. Bakker, "Biesterveld, Petrus," in *BLGNP* 3, 41-42.
89 P. Biesterveld en H.H. Kuyper, *Kerkelijk Handboekje*, (Kampen: J.H. Bos, 1905).
90 Biesterveld/Kuyper, *Kerkelijk handboekje*, XV.
91 Biesterveld/Kuyper, *Kerkelijk handboekje*, XV.
92 Biesterveld/Kuyper, *Kerkelijk handboekje*, XVI.

thus the consistory (comparable to the 'session'), as 'the only governing authority in the church'.⁹³

4.4. These above-mentioned matters - church/churches (4.1); higher courts/major assemblies (4.2); the presbytery as 'the radical court' (4.3) - are, as everyone can see, related to each other very closely. The differences certainly affect the structure of ecclesiastical life and fellowship.

We could say it more strongly: these differences not only <u>affect</u> the structure, but in a great measure they also <u>determine</u> the structure. Therefore it is important and meaningful to investigate these points of difference a bit further. We shall do so now in what follows (5, 6, 7).

But before we do so, we must return for a moment [to] our remark made at the beginning of this section: namely, that it is always somewhat difficult to distinguish precisely between what is more important and what is less important. There are other matters about which, as everyone can see, there is very little uniform agreement. Matters about which one could ask: aren't these also more important? For example: what belongs to the task of the deacons? What is their place among the local officebearers? What is the relationship between the consistory (session) and the deacons?

A subject which is more directly related to the actual government of the church is that of the presbyters, called <u>elders</u>, <u>governing</u> or <u>ruling elders</u>. Especially in connection with the presbytery, there are questions to be asked and observations to be made regarding the place and authority of the elder.

We wish to devote special attention to the place and authority of the <u>elders</u> in section 5. Perhaps in the future it will be possible to discuss the office of deacon and other subjects in this area.

5. The presbytery, 'the radical court'
We begin then with the presbytery, precisely because this is termed 'the radical court of the Church, or that from which the whole Presbyterian government derives its form' (see 4.3).⁹⁴

---

93 **Biesterveld/Kuyper,** *Kerkelijk handboekje,* **XVI.**
94 **Forbes,** *Digest,* **51.**

5.1. Origin of the presbyteries in Scotland
'The institution of the court of Presbytery was the main achievement of the second Book of Discipline'.[95]

There is no unanimity of opinion in Scottish literature regarding the use of this term; the Second Book of Discipline itself uses both 'presbytery' and 'eldership' without a clear difference in meaning. In any case, the 'superintendents' which had been introduced in the First Book of Discipline do not reappear. Their task was taken over largely by the presbyteries which after Fifteen Seventy Eight (1578) grew rapidly in number. This growth continued without interruption. At the time of the important parliament['s] decisions of 1592 the presbyteries were officially sanctioned. This is not to say that they existed everywhere; in 1596 there were still many regions without presbyteries. In the 17th century, during the first decades, new difficulties arose. Thus, for example, during the time of James VI bishops were appointed as permanent chairmen for synods and presbyteries.

5.2. The presbytery in the Westminster Assembly
On January 19, 1644, the debate at the Westminster Assembly over the ordination of ministers was punctuated by committee-propositions concerning the (classical) presbytery. Some further propositions followed. That which was decided has essentially and in virtually the same words appeared in The Form of Presbyterian Church-Government.

The debate was fierce and long. There was immediate opposition to the third proposition: 'That there may be many congregation[s] under one presbytery, as in the church at Jerusalem'.[96] Arguments were brought against the proposition itself (many congregations under one presbytery) and against so-called Scripture proof (the situation in Jerusalem; later, Ephesus too was mentioned). Certain elements continued to reappear throughout the debate and were repeatedly defended.

From the presbyterian side: a congregation doesn't exist by itself, but forms a subdivision of the larger body; in this larger body ministers and elders from[97] various congregations could, by virtue of their offices, make

---

95 Kirk, *The Second Book*, 102.
96 "*Thirdly*, That these many congregations were one church, and that they were under one presbyterial government, appeareth;" geraadpleegd 3 januari 2018, http://www.reformed.org/documents/wcf_standards/index.html?mainframe=/documents/wcf_standards/p395-form_presby_gov.html.
97 In de tekst van Deddens staat 'form'.

decisions together which would be binding for every congregation; the ordination of ministers would come under the attention of these gathered officebearers; also the power of excommunication would be exercised by them; they would also officially supervise the individual congregations with their officebearers.

From the <u>congregationalist</u> side: congregations exercise fellowship with another through, among other ways, the gathering of delegates from neighbouring churches; if decisions about a matter (or, matters) were made in such a meeting, these were to be followed and observed, unless a congregation (the officebearers of a congregation) had serious objections; that such a meeting must function as a fixed ecclesiastical court which gathered at fixed times, is not to be defended by the Scripture; the elders practice the authority and competence of their office exclusively in their own congregations which elected them; it is therefore incorrect for elders from congregation 'A' exercise the ruling authority of their office in a classical assembly or a presbytery over congregations 'B' and 'C' and so on; if that should happen, there would be an inequality between elders and deacons: the former would exercise the authority of their office with relation to other churches, while the latter would not.

We intend only to mention the main arguments here, and so will refrain from reproducing the debate in regard to the churches in Jerusalem and in Ephesus. (See for the course of events: 2.6).

5.3. <u>The presbytery in The Form of Presbyterian Church-Government</u>
The Form of Presbyterian Church-Government speaks about the presbytery under the section entitled <u>Of Classical Assemblies</u>. 'Classical Assembly' and 'presbytery' are two names for the same thing. The following pronouncements were made: 'The Scripture doth hold out a presbytery in a church'.[98]

'A presbytery consisteth of ministers of the word, and such other publick officers as are agreeable to and warranted by the word of God to be church-governors, to join with the ministers in the government of the church'.[99]

---

[98] *The Confession of Faith, and the Larger and Shorter Catechisms: First Agreed Upon by the Assembly of Divines ... and Now Appointed by the General Assembly of the Kirk of Scotland, to be a Part of Uniformity in Religion Between the Kirks of Christ and the Three Churches...*, (Glasgow: Robert Sanders, 1703), 253.

[99] *The Confession of Faith*, 253.

'The Scripture doth hold forth, that many particular congregations may be under one presbyterial government'.[100]

'This proposition is proved by instances:...'[101]

Here follows evidence provided first by the church in Jerusalem, then by the church in Ephesus.

No further pronouncements regarding the presbytery appear in the paragraph Of Classical Assemblies. Scripture references are indicated in the footnotes; for the first statement ('The Scripture doth hold out a presbytery in a church') 1 Tim. 4:14; Acts 15:2, 4, 6 are listed.

The following should also be mentioned:

a. in the preceding section which handled Of Congregational Assemblies, that is, the Meeting of the ruling Officers of a particular Congregation, for the Government thereof, the exercise of ecclesiastical discipline is restricted to barring errant members from the Lord's Supper. Is has already been mentioned that excommunication was considered a matter for the presbytery.

b. the section entitled Touching the Power of Ordination, it is declared: 'Ordination is the act of a presbytery'.

5.4. The presbytery today in the Churches of Scotland and Ireland

We indicated already that the Westminster Confession does have a chapter about synods, although it does not deal with distinct ecclesiastical gatherings (see 2.7.4). We have also mentioned that the General Assembly which[102] approved this Confession in Scotland (1642) did say something about this continued namelessness of 'the several sorts of assemblies' (see 2.7.4). What is there to say about the presbytery as it exists today within the presbyterian church-communions whose deputies are there in Groningen-Zuid? We face here the difficulty indicated in the beginning (1.5). To our regret we are able to reproduce here something of only the Churches of Scotland and Ireland.

The Practice of the Free Church of Scotland deals extensively in chapter II with 'The Presbytery: I[t]s Constitution, Powers, and Functions'.[103] This chapter also has a Supplement. The presbytery comes up for the further

---

100 *The Confession of Faith*, 253.
101 *The Confession of Faith*, 253.
102 In de tekst van Deddens staat 'with'.
103 [H. Wellwood Moncreiff, ed.] *The Practice of the Free Church of Scotland in her Several Courts*, (Edinburgh/Glasgow/London/Belfast: John MacLaren/David Bryce and Son/James Nisbet and Co./G. Aitchison, 1871), 39-72.

discussion in other chapters and in other printed documents. We must restrict ourselves to a few important matters.

a. Composition (general)
'A presbytery consists (1) of all the Pastors of Congregations within the bounds, Colleagues and Successors being included; (2) of the Professors of Theology, whose appointed sphere of labour is with the bounds; (3) of such Ordained Ministers within the bounds, and not having Charges, as many have been received in the capacity of Members thereof by authority of The General Assembly; and (4) of Representative Elders' (II-I-1).[104] If we understand this correctly, all the ministers (including colleagues and successors) have a seat within the presbytery by virtue of their office; qualified professors of theology are members by virtue of their office; and also 'Representative Elders' belong to the members of the presbytery, in addition to those ministers mentioned under (3) above.

b. Members of the presbytery who are elders
Each kirk-session has the right and duty to choose one elder who is appointed for the presbytery as well as for the provincial synod (I, II, 14; II,1,5). This one elder is a member of both courts for a period of one year (II,1,5). Repeated mention is made of this one elder, from which the conclusion can be drawn that a vacant congregation cannot choose two elders.
Official proof of his election must be presented in the form of an excerpt from the minutes of the kirk-session (I,II,14; II,I,5).

c. The meetings
The presbytery can meet a various times each year. There are ordinary meetings, and special meetings; these latter are distinguished as being either 'in hunc effectum meetings' or 'pro re nate[105] meetings' (II,I,8,9).[106]

d. Authority, competence and functions
The second section dealing with 'Powers and Functions of the Presbytery' begins with the statement quoted earlier: 'The Presbytery is the radical court of the Church, or that from which the

---

104 Geraadpleegd 28 juni 2017, https://babel.hathitrust.org/cgi/pt?id=nnc1.cr59917 636;view=1up;seq=42.
105 In de tekst van Deddens staat 'mate'.
106 Geraadpleegd 28 juni 2017, https://babel.hathitrust.org/cgi/pt?id=njp.321010638 42619;view=1up;seq=43.

whole Presbyterian Government derives its form'.[107] Concerning the functions, it is said: 'The functions of a Presbytery may thus[108] be comprehended under three Divisions, viz.: the Division embracing the department of original action; the Division embracing the department of review; and the Division embracing special relations to the Superior Courts'.[109] The matters pertaining to each division are regulated to the smallest detail.

e. The Presbytery: a lower and higher 'court'
The presbytery stands above the kirk-session, but under the provincial synod and the general assembly. Both its 'higher' function and its 'lower' function are defined in a number of statements. We shall give a few examples.

The presbytery is to check the books of each church annually. It could happen that a certain decision recorded in the minutes is found to be incorrect. If so, 'It (the presbytery) may reverse any such deliverance, on the ground of the erroneousness[110] thus exhibited. Or it may declare a Sessional judgment to be null and void, because it was <u>ultra vires</u>,[111] or in opposition to the laws of the Church... The Presbytery may also order passages of the Session Record to be deleted' (II,II,II,1).[112]

Regarding its function as a 'lower' court, we find that 'The Presbytery is responsible to the Synod for the correctness and accuracy of a permanent Record in which their Clerk is required to copy out their Minutes. And it is competent for the Synod, in their annual or half-yearly examination of the Presbytery Records, to take notice of any irregularity or error, not only in the language or form, but also in the substance of the Minutes, and to exercise their powers of review thereanent'.[113]

Further, 'No erasure of the Minutes can be made without the authority of the Synod or Assembly. A Presbytery cannot reserve

---

107 Forbes, *Digest*, 51.
108 In het door Deddens aangehaalde citaat ontbrak het woord 'thus'.
109 Geraadpleegd 28 juni 2017, https://babel.hathitrust.org/cgi/pt?id=njp.32101063842619;view=1up;seq=47.
110 In de tekst van Deddens staat 'erronesousness'.
111 Buiten bevoegdheid; *Van Dale* 3, 3752.
112 Geraadpleegd 28 juni 2017, https://babel.hathitrust.org/cgi/pt?id=nnc1.cr59917636;view=1up;seq=66.
113 Geraadpleegd 28 juni 2017, https://babel.hathitrust.org/cgi/pt?id=nnc1.cr59917636;view=1up;seq=71.

f. Ordination and excommunication
In connection with the debates in the Westminster Assembly and the content of The Form of Presbyterian Church-Government, we observe that the ordination of a minister is performed by the moderator of the presbytery in a public worship service, accompanied by the laying on of hands. (II,II,I,27). Cases involving <u>excommunication</u> are decided by the presbytery. (V,II,39).

g. <u>Supervision of the office of the minister</u>
The minister does not perform his task under the official-related authority of the kirk-session, but under that of the presbytery. He is responsible for the manner in which he fulfills his office, not to the kirk-session, but to the presbytery. (I,II,1).

According to <u>The Code of the Evangelical Presbyterian</u>[115] Church (Ireland) there is, besides the session, only the presbytery.

a. <u>Composition</u>
The presbytery consists of (1) all the ministers, including emeritus ministers, and (2) elders who are designated by the sessions. The number of elders form a congregation depends upon the size of the congregation's membership; but no congregation can send more than three elders.

b. <u>Meetings</u>
The presbytery meets at least nine times per year, in what are called 'ordinary meetings'. Besides these special meetings may be held.

c. <u>Authority and competence</u>
'The Presbytery is the supreme Court of the Church in legislative,[116] administrative and judicial matters'.[117]

---

114 Geraadpleegd 28 juni 2017https://babel.hathitrust.org/cgi/pt?id=nnc1.cr599176 36;view=1up;seq=72.
115 **In de tekst van Deddens staat 'Presbyerian'.**
116 **In de tekst van Deddens staat 'legaslative'.**
117 **Dit citaat blijft lastig, niet alleen als het gaat om het vinden van de bron, maar ook omdat volgens het presbyteriaanse kerkrecht niet de Presbytery, maar de General Assembly the Supreme Court is: "The General Assembly is the Supreme legislative and judicial body in the Scotch church;" Sir William Reynell Anson, *The Law and Custom of the Constitution*, vol. 2, deel 2, (Clarendon Press, 1908), 242.**

a. Special features
   The regulations are considerably less detailed than those of The Free Church of Scotland. The relatively small size by comparison makes this understandable.
   The duties of the presbytery include the examination, approval and ordination (or installation into office) of the elder. Also, members of the session are under the supervision and jurisdiction of the session, but, 'excluding the Minister'.

5.5. The reformed point of view

Permit us now to mention something about the reformed point of view. In order to make clear the contract with the presbyterian perspective regarding (and the composition of) the presbytery, both the consistory and the classis must come within our field of vision. We trust that our presbyterian brothers will understand this. From what has been said earlier (4.2; 4.3) it is recognizable that the relationship between the consistory and the classical assembly in the Reformed Churches is different than that between the (kirk-)session and the presbytery among the Presbyterians.

5.5.1. The point of departure: the local church with a consistory

We gave already quoted the explanation of P. Biesterveld and H.H. Kuyper, that the Reformed believers start out from the idea of the local church, that this local church is governed by a consistory, and that the consistory is the only ruling power in the church (4.3).

The Belgic Confession speaks in Article 30 (as stated earlier in 2.2.3.) about the government of the church. But in that connection it mentions only the consistory. The authoritative ruling body, also recording to reformed church polity, is the body (college) consisting of the 'presbuteroi', the presbyters (the ruling elders, and the teaching-ruling elder, the minister). Together they form a council, a 'presbyterium' (1 Tim. 4:14).

Reformed believers too wish to speak of a 'presbyterium', but then referring to the consistory rather than the classical assembly.

This presbyterium, this consistory alone and exclusively possesses ruling authority and competence over the one congregation. The office bearers are chosen by the congregation, they are appointed by Christ over the congregation.

The local, particular church, with her officebearers, her presbyterium, her consistory, is a complete church, an 'independent' church.

Between Christ and the church stands no person, no single group, no ecclesiastical assembly which has any official, authoritative say in matters, which possesses <u>ex officio</u>[118] authority over her.

5.5.2. <u>The solidarity of the churches</u>
But may such a local, individual church stand by herself? May she live in isolation? By no means! In Jesus Christ our Lord there is a <u>solidarity</u> of churches: if His Word exercises lordship, if there is spiritual <u>unity</u> in Him through His Holy Spirit, than there is no <u>fellowship</u> in Him. For all of the local, individual churches there is the <u>gift</u> of fellowship and the <u>task</u> of fellowship. No individual church can be compelled by means of force to exercise this fellowship. But rather, Christ presses and calls and obligates to such fellowship. He shed His precious blood also for the communal solidarity of the churches and for such church federation. Knowing this solidarity with one another, listening together to His voice, the voice of the Good Shepherd, the congregations in the Netherlands, congregations-under-the-cross, congregations suffering severe oppression and persecution —also congregations dispersed abroad— have sought and found one another. Dutch reformed churches who, with virtually no safety at all, could meet only outside of the country, came together at Wesel in 1568 and at Emden in 1571 — the origin and formation of the reformed church federation! Without a doubt the Belgic Confession itself speaks with a view to these churches-in-fellowship; for it is the Confession of the Reformed churches in Holland: these churches <u>together</u>. And the church order as well (as a whole, and in individual articles): it is the church order of the churches <u>together</u>. And if you belong together, then maximize your solidarity! Strive for the optimal exercise of that fellowship! That is what has been done by the Dutch churches, their organization was different than that of the Congregationalists. The Dutch churches worked for a <u>solid</u> church federation with <u>fixed</u> agreements, clear spheres of jurisdiction, regular meetings, and above all, absolute commitment to the mutually accepted confessional statements.

5.5.3. <u>The nature of the church federation</u>
The Dutch churches have worked very hard for a solid, well-knit fellowship. But such efforts have not resulted in the local, individual churches becoming subordinate components of one national ecclesiastical institution. They have certainly recognized the territorial church, or if

---

118 **Ambtshalve;** *Van Dale* 1, 982.

you will, the one 'national' church in the Old Testament. But this kind of church organization is not copied in the New Testament. The churches have entered into a fixed covenant with one another. The church union possesses a confederate character. Under the Lordship of Christ, with respect for His Word and on the basis of their confession the churches have obligated themselves to one another. They have obligated themselves to observe that which is agreed to in their commonly accepted church Order. This obligation involves also compliance with the decisions of major assemblies which are made in conformity to the church Order.

5.5.4. <u>The character of the major assemblies</u>
A large part of the second section of the church order deals with the major assemblies. They are to be distinguished as the classis or classical assembly, the particular synod and the general synod. These assemblies meet regularly, the classical assembly once every three months, the particular synod once a year, and the general synod once every three years. In special circumstances these assemblies may meet more often.

We wish to explain a bit more precisely the character of these assemblies. In the foregoing a few things have been noted (4.2; 4.3), but some more explanation and clarification is desirable.

We would state first that the major assemblies are assemblies of the churches — the local churches. They come together through representation. Article 41 of the Church Order states: 'A classical assembly is formed by the churches in the classical region, each of which (churches) shall delegate a minister and an elder with the required credentials'.[119]

If a congregation cannot delegate a minister and an elder, they are to delegate two elders. The delegates are the only members of the assembly. Ministers who are not delegated cannot, therefore, be members of the assembly. The members of the assembly are thus office bearers. But they do not have a seat in the assembly by <u>virtue of their office</u>, but by virtue of their <u>being delegated</u> by the churches.

Does this make a difference? Most definitely. This determines the character of the classical assembly. In contract to the consistory, the classis and synod have no office-related character. They lack the <u>office-related authority and competence</u> which[120] the consistory possesses.

But, they might ask, are these not officebearers who have come together? We would answer: Office bearers come together more often.

---

119 **Geraadpleegd 2 september 2017, http://www.kerkrecht.nl/node/480.**
120 **In de tekst van Deddens staat 'whih'.**

For example, we are acquainted with the phenomenon of office bearers' conferences: ministers' conferences, elders' conferences, conferences and congresses of deacons. But those gatherings of office bearers do not thereby possess an office—related authority and competence entirely.

The major assemblies are <u>ecclesiastical</u> assemblies, with no <u>office-functioning</u> character and no <u>office-related authority and competence</u>. In the consistory officebearers have a seat <u>by virtue of their office</u>. In the major assembly the delegates of the churches are seated <u>not by virtue of their office</u>, but by virtue of their being delegated.

You might ask, but don't the major assemblies have many authority? They receive no authority directly from Christ. The local officebearers (the consistory) have authority which is conferred <u>directly by Christ</u>. The classis and the other major assemblies have only that power which is conferred <u>by the churches</u>. They do not have innate, original, independent power. But only that which the churches have granted them in terms of their mutual agreements expressed in the Church Order. This principle has been defended insistently, as you can observe from the following quotations:

A. Kuyper: 'A major assembly has 'in itself not the least bit of authority'.[121]

---

[121] Het juiste citaat laat zich niet vinden. Enigszins in de buurt komt: "Nu kunnen de gedachten uiteenloopen over de vraag: welke zaken tot de kerken in ''t gemeen behooren? Maar er kan geen verschil zijn over de vraag, of de meerdere vergaderingen bevoegdheid hebben zekere zaken te behandelen, die op de mindere vergaderingen niet in behandeling geweest zijn, mits het maar vast staat, dat die zaken tot de kerken der meerdere vergaderingen in het gemeen behooren. Kerken der meerdere vergaderingen zijn niet de plaatselijke kerken hoofd voor hoofd, maar de plaatselijke kerken in meerdere vergaderingen saamgekomen. Hierover kan, dunkt mij, ook geen verschil van meening bestaan; A. Kuyper, "Uit de Pers," in: *De Heraut*, 29 maart 1896, 3-4. Een ander citaat van Kuyper: "Ze [de kerk des Heeren] is één in haar Hoofd. Ze is één lichaam. Ze is één door den Heiligen Geest. T. w. niet de kerk van Christus in Nederland, maar de kerk van Christus over heel de wereld, met de kerk in de hemelen erbij. Voorzoover daarentegen deze ééne heilige Christelijke kerk zich onder menschen openbaart, en plaatselijk een gestalte aanneemt, verkrijgt ze een concrete formatie. Uit deze concrete formation wordt de macht in de meerdere vergaderingen gedragen. De macht in de classis komt uit de kerkeraden; niet de macht der kerkeiaden uit de classis; H. Malcomesius, A.C. van 't Sant en [A.] Kuyper, "Op den dag waarop dit nummer," in *De Heraut*, 27 mei 1892, 2-3.

F.L. Rutgers: 'The major assemblies have merely a limited, subsurviant, derivative, 'lower' authority'.[122]

H. Bouwman: 'The consistory has innate authority, the major authorities (have) derived authority'.[123]

H.H. Kuyper: 'The highest authority rests with the consistory and from the consistory that authorities filters down to the classis, the provincial and general synods'.[124]

K. Schilder and P. Deddens published a pamphlet on this subject entitled First- and-Second-hand Authority (Eerste- en tweedehands gezag).[125]

The restricted authority and competence of the major assemblies comes to expression in Article 30 of the Church Order: 'A major assembly may deal only with that which is a matter common to the churches in its sphere or that which could not be settled in the minor assembly....'[126]

5.5.5. <u>Something more about the classis</u>
To accentuate the image we would like to say a bit more about the classis. From the above mentioned remarks it will be clear that concerning the church councils the classical meetings do not [have] higher authority

---

122 A.F. de Savornin Lohman en F.L. Rutgers, *De rechtsbevoegdheid onzer plaatselijke kerken*, (Utrecht: Kemink & Zoon, 1886), 38; F.L. Rutgers, ed., *Gisberti Voetii Tractatus selecti de Politica Ecclesiastica*, series prima, Pars III, Liber I, Tract. III, Cap. V., (Amstelodami: J.H. Kruyt, MDCCCLXXXV), 285 e.v.

123 H. Bouwman, *Gereformeerd kerkrecht: Het recht der kerken in de practijk 2*, (Kampen: Kok, 1934), 18.

124 Niet direct hetzelfde door Deddens gehanteerde citaat, maar cf.: "Classicale en Synodale vergaderingen, waarin "ambtsdragers" saamkomen, hebben geen gezag; zij kunnen alleen aan de "gemeenten" advies geven, voorlichting schenken, maar bindende besluiten nemen, mogen zij niet;" H.H. Kuyper, *De verkiezing voor het ambt*, (Leiden: D. Donner, 1900, 17);" Die plaatselijke kerk wordt be stuurd door den kerkeraad. Deze is de eenige besturende macht in de kerk. Classicaal en provinciaal of ook synodaal kerkbestuur kennen de Gereformeerden niet. De bevoegdheid van de meerdere vergaderingen is altijd zelfs geringer dan die van den kerkeraad, want zij mogen alleen de zaken behandelen die in demindere vergaderingen niet konden worden afgedaan …;" Biesterveld/Kuyper, *Kerkelijk Handboekje*, xvi.

125 K. Schilder en P. Deddens, *Eerste- en tweedehands gezag: Bijdrage tot de kennis der jongste kerkelijke procedure*, (Groningen: De Jager [1946]).

126 Artikel 30: "In dese t'samen-comstê sullen geen ander dan Kerckelijcke saecken / ende t'selfde op Kerckelijcke wijze ghehandelt worden. In meerder vergaderinge salmen niet handelen / dan 'tgeen dat in mindere niet en heeft af-gehandelt connen werden / ofte dat tot de Kercken der meerder vergaderinge int gemeyn behoort;" geraadpleegd 24 juni 2017, http://kerkrecht.nl/node/469.

(power) of governing. It is a different matter that the decisions taken by the classical meetings have validity. The churches are obliged to adopt their[127] decisions as binding. This has been laid down in the Church Order (art. 31). And every church council promises specially in the credentials of the delegates, that the decisions of the classical meetings will be implemented.

There is, however, one condition: the decision which is taken, should not be in conflict with the Word of God, neither with the Church Order. That, too, is laid down in the Church Order art. 31, and in the credentials.

All sorts of tasks for the classical meetings have been drawn up in the Church Order. Let me mention a few examples.

The classical meeting holds the ecclesiastical examination for those who have finished their study at the Theological College, and who have passed there their Academic examination.

The first exam makes the candidate eligible in the churches; the second examination is held as soon as a calling has been made[128] and accepted. The second examination is also held by the classical meeting.

When a church became vacant, the classical meeting appoints a counselor to assist the church council (especially in the task to call another minister). The classical meetings appoints church visitors who annually[129] visit every church. It is also the task of the classical meeting to judge whether a minister has to be suspended.

These few examples show already that very important tasks are given to the classical meeting. Still one matter draws on attention. As soon as a classical meeting is closed, no executive officers are still in function. There is no moderator either. The Church Order states: 'His task has finished when the meeting is closed' (art. 34).[130]

5.6. SUPPLEMENT
<u>Concerning the elders</u>
Sub 4.5: I stated that I would give special attention to the position and the authority of elders. This is a subject of itself. It is possible to publish and discuss about this in a circumstantial way.

I mention this issue at this moment in connection with the matter of

---

127 In de tekst van Deddens staat 'there'.
128 In de tekst van Deddens staat 'mode'.
129 In de tekst van Deddens staat 'annualy'.
130 "In allen t'samen-comsten sal by den Praeses een Scriba ghevoeght werden / om neerstelick op te schrijven 'tghene waerdigh is opgeteeckent te zijn;" geraadpleegd 24 juni 2017, http://kerkrecht.nl/node/473.

the presbytery and the (kirk-)session, and also in connection with the church council of the Reformed Churches.

During the study of the ordinances in Scotland and Ireland it struck me that the elders do live under the discipline of the Session, but that this is not the case with the minister.

The Reformed Church Order has a different rule. If the congregation is vacant, the church council of the Reformed Church can also presided by an elder; and the elders in the church council possess also authority in matters concerning the worship service. In the Reformed Church Order and other regulations no clause is included as: 'The Minister is specially responsible to the Presbytery for the mode in which all the parts of public worship are conducted. Hence it follows that no one can act as Precentor without the Minister being satisfied with his mode of conducting the psalmody' (The Practice of the Free Church of Scotland[)], (I,II,1).[131] Different points could be mentioned.

6. The synods

The above mentioned explanation about the major assemblies (5.5.4) also regards the synods.

In the Reformed Church Order it is agreed that the classical meeting appoints delegates to the particular synod, and that the particular synod sends delegates to the general synod. This is, therefore, more elections at two or more removes.[132] This is a matter of practical regulation.

In the publication of Reformed authors (not in the Confession or Church Order) Acts 15[133] has been quoted as proofs for synods. This chapter has often been quoted for very different systems, also for the Roman Catholic one.

7. Church - churches

Probably we are allowed to restrict our selves to what was said before. We do see that the country church, say the national church, was prescribed in the Old Testament, but not in the New Testament.

According to the Reformed Church Order somebody is not a member of a national institution, but of[134] a local church.

---

131 **Geraadpleegd 28 juni 2017, https://babel.hathitrust.org/cgi/pt/search?q1=precentor&id=nnc1.cr59917636&view=1up&seq=9.**
132 **Wat Deddens hier bedoelt met 'removes' is niet helder.**
133 **Handelingen 15.**
134 In de tekst van Deddens staat 'to'.

Somebody cannot be a member of the Reformed Churches in the Netherlands either. One is member of the Reformed Church in A, B, C.

8. Conclusion
In the above mentioned remarks I have explained all sorts of points which regard the presbyterian and reformed form of church government.

I realize that I was far from complete. I strived for[135] briefness, but this paper has not turned out to be too short.

If a modest contribution has been delivered to be more acquainted with each other, then there would be reason for gratitude. 'In the past lies the present'. The situations in Scotland and in The Netherlands during the 16th century have not always been the same.

To have different forms of Church government has for the presbyterian and reformed church communities which in all things wanted to be guided by the pure Word of God, never been an impediment to go together.

It would be a matter of joy if we can serve one another also with these respective view-points in connection with the Church Order. Let us march on together, following our only chief Shepherd, always listening to His voice.

---

135 **In de tekst van Deddens staat 'after'.**

7. Hoornbeek over het Independentisme – Rectorale rede 1982

In het collegejaar 1981-1982 was Deddens rector van de Theologische Hogeschool, een jaar nadat hij het secretariaat van de senaat had behartigd. Het was de enige maal dat hij het rectoraat uitoefende.[1] Dat kan ook bijna niet anders. Hij is nog geen negen jaar hoogleraar aan de Theologische Hogeschool geweest. Aan het einde van het rectoraat sprak, zoals gebruikelijk, de aftredende rector een rectorale rede uit.

Deze rede die hij op 6 december 1982 hield, kreeg als titel mee: "Hoornbeek over het independentisme". Johannes Hoornbeek (1617-1666) was gepromoveerd theoloog, predikant en later hoogleraar in Utrecht en Leiden.[2] Hij stond ook bekend als zendingstheoloog en kenmerkte zich bovendien door een bijbels-piëtistische vroomheid. Independentisme is die vorm van kerk-zijn waarbij lokale gemeenten niet alleen autonoom zijn, maar ook onafhankelijk van andere (lokale) gemeenten functioneren. Er zijn in de praktijk allerlei varianten mogelijk, ook met een regionaal, nationaal of internationaal kerkverband, alleen het primaat ligt bij de lokale gemeente. In deze rede voerde Deddens een pleidooi tot bijstelling van het beeld over Engelse congregationalisten van de zeventiende eeuw.

Op de late avond van woensdag 24 november, 13 dagen voorafgaande aan de oratie, had Deddens een brief geschreven aan J. Kamphuis waarin hij hem om advies vroeg. Het ging Deddens om het boek 'Unio Reformantium' van J. Beverley dat hij nergens kon krijgen, behalve dan kopieën. Deddens liep vast op het feit dat de Zuid-Afrikaanse promovendus J.W. Hofmeyer van de zeven hoofdstukken van Beverley het zevende hoofdstuk niet vermeldde, behalve dan de zin: "Ten slotte maan hy lesers van die Summa om te waak daarteen om nie deur Hoornbeeck mislei te word nie."[3] Deddens gaf aan dat hij de volgende ochtend de brief bij de School zou (doen) bezorgen en dat hij mogelijk Kamphuis 's avonds om een uur of 22:00 zou bellen. Het is niet bekend of en hoe Kamphuis heeft gereageerd.

---

1 *Handboek 1983*, 291.
2 Johannes Hoornbeek was predikant te Muhlheim 1639-1643, hoogleraar Utrecht 1644, Leiden 1654; G.P. van Itterzon, "Hoornbeek, Johannes," in *BLGNP* 2, 259-261.
3 ADC, ADD, Brief van D. Deddens aan J. Kamphuis, 24 november 1982; J.W. Hofmeyr, *Johannes Hoornbeeck as Polemikus*, (Kampen: J.H. Kok, 1975), 173.

Deddens ving zijn rede aan met een verwijzing naar de hechte banden tussen de gereformeerden in Nederland en de presbyterianen in Schotland. Vervolgens noemde hij de Westminster Assembly, de Schotse presbyteriaan R. Baillie, de Middelburgse predikant W. Apollonius en de Amsterdamse kerkhistoricus en kerkrechtgeleerde D. Nauta.

Vervolgens richtte Deddens de schijnwerpers op de enige Nederlandse theoloog die een publicatie in z'n geheel aan het independentisme had gewijd: J. Hoornbeek, een leerling en vriend van G. Voetius. Hoornbeek is vooral bekend van zijn boek 'Summa'. Deddens belichtte een ander werk van Hoornbeek, zijn 'Epistola ad Johannem Duraeum de Independentismo'. Ook besprak Deddens de publicatie van John Beverly's 'Unio' uit 1659 die onjuiste congregationalistische beeldvorming bij Hoornbeek moest bestrijden. Hoornbeek reageerde op Beverly's 'Unio' door toe te geven dat hij oppervlakkig was geweest. Wat hij over independentisten had geschreven was terloops en beknopt geweest. Vandaar dat hij besloot een zelfstandig werk aan het independentisme te wijden. Het boek is eigenlijk een brief aan Duraeus. Hij baseerde zich op veel meer congregationalistische auteurs dan W. Apollonius.

Deddens bekritiseerde wel Hoornbeeks omissie dat deze het Cambridge Platform niet had behandeld. Tegelijk toonde hij enig begrip daarvoor. Waar werken uit New England werden gepubliceerd in London, werd het Cambridge Platform gepubliceerd in New England.

Gerustgesteld reageerde Deddens toen hij kon vaststellen dat Hoornbeek veel aandacht had besteed aan, zelfs het meest citeerde uit, John Norton's 'Responsio' dat een antwoord bevatte op vragen van Apollonius.

Met deze rede bouwde Deddens verder voort op zijn eerdere artikelen en inaugurele rede, maar niet in de laatste plaats ook op zijn rede 'Unity of Faith' die hij had gehouden bij de oprichtingsvergadering van de International Council of Reformed Churches in datzelfde jaar. Dat blijkt ook nog maar eens aan het einde van zijn rede: "God geeft óns nu mogelijkheid tot bespreking met de broeders Presbyterianen ... God versterke de unie van gereformeerden én reformerenden de banden met de broederschap in hééll de wereld."

Deddens heeft de rectorale rede niet uitgeschreven en ook niet getypt of laten typen. Het lijkt erop dat hij deze rede in haast heeft geschreven. Zoals vaak kwam hij in tijdnood, stond onder druk, voelde zich druk en zette zich onder druk. Het maakte dat hij niet in staat was zijn rede nader uit te werken. Vanwege de te vele afkortingen die Deddens heeft gehanteerd, is besloten deze uit te schrijven zonder dat ik overal, zoals bij andere oraties, vierkante haken plaats om aan te geven waar ik Deddens aanvul. Daarmee wordt de rede nog enigszins leesbaar.

Handgeschreven pagina uit de rectorale rede 1982 van D. Deddens

Inleiding
In de 17ᵉ eeuw zijn er hechte banden gegroeid tussen de Gereformeerden in Nederland en de Presbyterianen in Schotland.

In dezelfde eeuw zijn er vele en gevarieerde contacten geweest met Engelse Congregationalisten, hier meestal "Independenten" genoemd. De specifieke denkbeelden van de Congregationalisten zijn bij hen ontstaan en tot ontwikkeling gekomen in de eerste decenniën van de 17ᵉ eeuw. Deze ontwikkeling heeft zich voor een niet onaanzienlijk deel voltrokken in Nederland. Hier in ons land hebben figuren als Amesius en Robert Parker hun ecclesiologische opvattingen gepubliceerd. Hier verbleven de 5 figuren die in de Westminster Assembly de grote pleitbezorgers van het Congregationalisme zijn geweest. Hier vertoefden verscheidene predikanten die prominent zijn geworden in de opbouw van het kerkelijke leven in Nieuw-Engeland, waar de congregationalistische inzichten in praktijk konden worden gebracht. In 1644 vond tussen de Presbyterianen en de Independentisten de grote discussie plaats over de kerkvorm.

In 1643 ontmoetten elkaar in de Westminster Assembly de presbyteriaanse gecommitteerden uit Schotland en de Engelse congregationalisten, onder wie het vijftal predikanten dat in Nederland was geweest.

Er was wederzijdse hoogachting, maar zoals te voorzien was, ontstonden er moeilijkheden toen in 1644 de wijze van kerkregering aan de orde kwam.

Die moeilijkheden drongen door naar Nederland, maar de finesses waren in 't algemeen weinig bekend. Onder invloed van de Schotse presbyteriaan Robert Baillie kwam de Middelburgse predikant Apollonius ertoe, in snel tempo een geschrift samen te stellen dat de bedoeling had steun te bieden aan de presbyteriaanse opvattingen en dat in november 1644 te Londen van de pers kwam. G...[4] uit enkele publikaties van "independenten" bijeengelezen, werden kritisch besproken. Aan dit geschrift heeft D. Nauta in 1936 zijn inaugurele rede gewijd; uitspraken van Apollonius bleken in de lijn te liggen van de nieuwe hiërarchie, die bezig was zich meester te maken van de Gereformeerde kerken in Nederland.[5]

Nu is er in latere jaren van Nederlandse zijde slechts <u>één werk</u> in het licht gegeven dat geheel aan het Independentisme werd gewijd.

---

4 Ook met hulp van archivarissen heb ik niet kunnen ontcijferen welk woord Deddens hier heeft geschreven.
5 Op deze plaats heeft Deddens later in rood iets bijgeschreven: "In Nederl[and]. werd meegeleefd – maar 't was [..] vaak n[ie]t [..] wat..."

Het is het ongeveer 450 bladzijden tellende boek van Johannes Hoornbeek, die leerling, en vriend was van Voetius,[6] van 1645 tot 1654 diens collega te Utrecht, sinds dat laatste jaar hoogleraar te Leiden. Dit werk, dat in zijn titel van een brief spreekt, zag te Leiden in 1660 in het Latijn het licht; het is nooit herdrukt, nooit vertaald, en het merkwaardige feit doet zich voor, dat er in de vorige en in deze eeuw zelfs geen apart artikel aan besteed is. Als Hoornbeek op kerkrechtelijk terrein geciteerd werd, - wat gebeurd is zowel in de Doleantietijd als in de strijd om het nieuwe kerkrecht, - betrof dat[7] vrijwel steeds zijn Summa Controversiarum[8] waarvan liber 10 over de Brownisten handelt; een eerdere publikatie die door het grotere werk geheel overvleugeld is.

(Dit laatste werd ook opgemerkt door M. Bouwman, die in zijn dissertatie een klein deel van het grotere werk heeft betrokken, nl. het gedeelte dat over het gezag der synoden handelt. Hierbij verklaarde Bouwman, dat wat Hoornbeek zegt, ons nader doet verstaan wat Voetius bedoelt.)

Het is mijns inziens van belang, een onderzoek in te stellen naar de inhoud van Hoornbeeks werk; om tenminste drie redenen:

- we hebben hier te doen met één van de grotere kerkrechtelijke werken die van gereformeerde zijde in de 17e eeuw verschenen zijn;
- de gereformeerden in Nederland hebben niet alleen in de 17e eeuw te maken gehad met Independentistische gevoelens;
- de generale synode van Arnhem 1981[9] heeft voor de toen voorgenomen vergadering voor een gereformeerde internationale conferentie het nodig geoordeeld dat gesproken zou worden over "het hebben van onderscheiden vormen van kerkregering".[10] Presbyteriaans èn gereformeerd, zijn, wat de kerkregering betreft, niet hetzelfde.

---

6 **Gisbertus Voetius (1589-1676), predikant Vlijmen en Engelen 1611, Heusden 1617, hoogleraar theologie en oosterse talen Illustre School Utrecht 1634, hogeschool Utrecht 1636;** D. Nauta, "Voetius, Gisbertus (Gijsbert Voet)," in *BLGNP* 2, 443-449.
7 Hier heeft Deddens iets met rode inkt tussen geschreven, maar het is onleesbaar.
8 **Johannis Hoornbeek, *Summa controversiarum religionis: cum infidelibus, hæreticis, schismaticis: id est Gentilibus, Judæis, Muhammedanis, Papists, Anabaptistis, Enthusaistis & Libertinis, Socinianis, Remonstrantibus, Lutheranis, Brouwnistis [sic], Græcis*, editio secunda, (Francofurti ad Viadrum: Jeremiam Schrey & Johan. Christoph Hartmann, 1697).**
9 Art. 118 *Acta Buitengewone GS Arnhem 1979 en 1980 en GS Arnhem 1981*, 241-242.
10 *Acta GS Arnhem 1981*, 241.

In een paper die aan de onlangs gehouden vergadering werd aangeboden, is ingegaan op de historie, en is getracht, aan de broeders presbyterianen duidelijk te maken wáár de verschillen liggen; waarbij benadrukt is, dat Gereformeerd niet zeggen wil: <u>Independent</u>. Ook voor in de toekomst te voeren besprekingen, is het verleden belangrijk, en dringt de vraag zich op: heeft ook <u>Hoornbeek</u> afgebakend naar <u>twee</u> kanten?

Graag vraag ik nu aandacht voor het onderwerp:

<u>Hoornbeek over het Independentisme</u>,
    Notities over J. Hoornbeek's <u>Epistola ad Johannem Duraeum de Independentismo</u>.[11]

1) Aanleiding tot Hoornbeek's werk
Tot het schrijven van de Epistola bestond een directe aanleiding. In Engeland hadden de Congregationalisten kennis genomen van Hoornbeek's in 1653 [gepubliceerde *Summa controversiarum religionis cum infidelibus, hæreticis, schismaticis* ...], en aanstoot genomen aan het tiende onderdeel daarvan, over de Brownisten.
    Dat zij bezwaren hadden, is begrijpelijk.
    Die bezwaren golden niet wat Hoornbeek schreef over de Brownisten, (volkmondsnaam voor de onder Elizabeth[12] van de Engelse Staatskerk afgescheidenen, vergelijk de aanduiding "Cocksianen"[13] hier in Nederland.), maar de koppeling van de Congregationalisten met deze afgescheidenen.
    Hoornbeek noemt hen Independenten; verklaart dat zij zelf die naam verwerpen en liever Congregationalisten worden genoemd, wat zijns inziens ook wel juist is; maar na deze verklaring gebruikt hij toch telkens de andere naam. Hun opvattingen komen volgens Hoornbeek met die van de Brownisten op tal van punten overeen. Hij verklaart nadrukkelijk dat de Independentisten van geen Afscheiding willen weten; zij hebben

---

11 **Johannis Hoornbeek,** *Epistola, ad reverendum, & celeberrimum virum, Johannem Duræum, Scoto-Britannum: Quâ respondetur Examini Joh. Beverly, Angli, de independentismo: cujus toto ratio, & opinionum discrimina producuntur, atque expenduntur. Addita est independentium, seu congregationalium in Anglia, nuper edita confessio,* **(Lugduni Batavorum: Severinum Matthiæ, M D C LX).**

12 **Koningin Elizabeth I van Engeland (1533-1603); David Loades,** *Elizabeth I: A Life,* **London/New York: Hambledon Continuum, 2006.**

13 **Cocksianen is de benaming voor de volgingen van Hendrik de Cock (1801-1842) uit Ulrum die zich in 1834 afscheidde van de Nederlandse Hervormde Kerk.**

de laatste tijden echter heel wat onrust en verwarring veroorzaakt. Allerlei mededelingen, ook over voorgangers, ontleent hij aan tegenstanders van het Congregationalisme.

In congregationalistische kring werd het nodig geacht dat een boek werd geschreven ter weerlegging.

De taak viel toe aan John Beverley,[14] vikaris te Rothwell, bevriend met de welbekende John Owen,[15] die eerst Presbyteriaan was geweest, maar in de loop van de jaren-1640 met overtuiging was overgegaan tot het Congregationalisme, en nu een leidinggevende plaats innam. Het betoog van Beverley is rustig, en goed geargumenteerd.

Er leven bij Hoornbeek veel misverstanden, en het door hem van het Congregationalisten gegeven beeld is onjuist.

Hoornbeek blijkt niet voldoende op de hoogte te zijn van wat Congregationalisten zelf hebben gezegd en geschreven; hij baseert zich telkens op beweringen van bestrijders van het Congregationalisme.

De Congregationalisten zijn met de Gereformeerden in Nederland en elders in Europa één in het geloof. Zij weten zich ook nauw verbonden met[16] de broeders die een presbyteriaanse vorm van kerkregering nastreven.

Voor hun eigen opvattingen vragen zij begrip; die opvattingen zijn niet ontleend aan die van de Brownisten; met de Afscheiding en de houding van de afgescheidenen ten aanzien van de kerk in Engeland zijn zij het niet eens.

Hun inzichten over de kerkregering baseren zich op de Heilige Schrift; deze inzichten zijn in de loop der jaren gegroeid; zij hebben zich zorgvuldig bezig gehouden met de kerkinrichting in de eerste eeuwen, en de ontwikkelingen in literatuur na de Reformatie.

Wat zij van harte wensen is vrede en eenheid.

---

14 John Beverly was de eerste predikant van Rothwell en fellow van het Trinity College, Cambridge; geraadpleegd 9 juni 2017, http://www.edintone.com/independents/nathaniel-ponder/2/.

15 John Owen (1616-1683), Engels puriteins theoloog, predikant in het leger van Oliver Cromwell, Dean Christ Church Oxford, Vice-Chancellor Oxford University Oxford; Carl. R. Trueman, John Owen: Reformed Catholic Renaissance Man, (London/New York: Routledge, 2007) (*Great Theologians Series*, John Webster et. al. eds.; "Owen, John," in Chisholm Hugh, *Encyclopædia Brittanica*, 20e ed., (New York: The Encyclopædia Britannica Company, 1911) 392-393; geraadpleegd 28 april 2017 https://babel.hathitrust.org/cgi/pt?id=ucl.b3042655;view=1up;seq=428.

16 In de tekst van Deddens staat 'aan'.

De uitgave van zijn boek, getiteld *Unio Reformantium sive Examen Hoornbeeki de Independentismo*[17] heeft de auteur niet meer mogen beleven; in 1659 werd het postuum in het licht gegeven door 5 collega's, allen uit de onmiddellijke kring van John Owen.

Een bijzonderheid die we niet onvermeld willen laten: twee van hen kwamen uit Nieuw Engeland; - van de interactie en de bewegingen heen en terug tussen Engeland, Nederland en Nieuw Engeland zouden interessante schema's en kaarten te maken zijn!

Nog een tweede bijzonderheid: Beverley richt zich met een vredegroet "ad ecclesias classicales transmarinas, praesertim Belgicas, sorores in Jesu Christo dilectissimas".[18] Opmerkelijk is dat "classicales". We zullen op deze uitdrukking nog terugkomen.

Hoornbeek kon dit boek niet onbeantwoord laten!

2) <u>Karakter en tendens van Hoornbeek's werk</u>
Hoornbeek hééft ook gereageerd. Hij heeft in 1659 en de eerste maanden van 1660 zich ingespannen voor zijn antwoord. We kunnen ons levendig voorstellen dat hij dankbaar was zijn pen te kunnen neerleggen, nadat hij zijn laatste woorden op papier had gezet: "geschreven te Leiden, II juni 1660".[19]

Intussen: wat is het uiterlijk een merkwaardig antwoord. Ja, het is een antwoord aan Beverley: dat zegt de titel. En in 't begin van zijn boek verklaart Hoornbeek aan het adres van Duraeus:[20] Beverley sprak van een onderzoek, ik reageer met een onderzoek ván het onderzoek.

---

17 John Beverly, *Unio reformantium sive Examen Hoornbecki de independentismo apologeticum, elencticum, [brace] utrinque [brace] modestum, fraternum : ad ecclesiarum omnium reformatarum tum rectam inter se intelligentiam, tum summam in Christo pacem & unitatem diligenter compositum; quamq[ue] ab authore fieri potuit anthrō skopōs & minime chōti thrōsklisin efformatum,* (Londini: excudebat J.H. pro S. Thompson, 1659).

18 Beverley, *Unio*, [1]; Hoornbeek, *Epistola*, 32. De vertaling van Marc Janssens luidt: "Aan de gemeenten/kerken over zee die tot de classis behoren, in het bijzonder de Belgische, zeer geliefde zusters (of zustergemeentes) in Jezus Christus;" Marc Janssens, E-mailwisseling met editor, 8-12 september 2017.

19 "Scriph Leydæ, a. clc lc lx. d. I I. Junii."; Hoornbeek, *Epistola*, 398.

20 Johannes Duraeus (1595-ca. 1680), predikant Engelse gemeente Elbing (Pruisen), Anglicaans predikant 's Gravenhage tot 1644, 1645 presbyteriaans, predikant Engelse gemeente Rotterdam. Zijn streven was een unie van alle gereformeerden. Daarvoor reisde hij door vele landen; F.S. Knipscheer, "Duraeus, (Johannes) of Dury, Durie" in *NNBW* 8, col. 443-444.

Maar als we nu zouden verwachten dat Hoornbeek systematisch ingaat op wat Beverley naar voren bracht, dan ontdekken we al gauw dat dáár geen sprake van is.

Hij gaat op Beverley <u>éven</u> in, direct in het begin.[21] Maar dan laat hij de lijn al heel snel los. Zo nu en dan komt Beverley nog eens even bij hem tevoorschijn; hij wordt dan telkens genoemd "onze schrijver".[22]

Hoornbeek, waarom zo?

Wel, hij wil, zo verklaart hij, nu schrijven en een oordeel geven over de <u>hele</u> zaak; dat wil duidelijk zeggen: de hele zaak van het Independentisme.

Ja, Beverley heeft in dát opzicht gelijk, dat hij, Hoornbeek, wat oppervlakkig is geweest. Maar hoe gaat dat? Hij was bezig met de Brownisten, en toen heeft hij, waar het over Engelsen ging, de Independenten erbij betrokken, en daarna heeft hij, nóg eens, het ging tóch over Engelsen, in de derde plaats in hetzelfde liber 10 ook nog geschreven over de Engelse Antinomianen,[23] een apart chapiter. Maar wat hij over de Independenten schreef was "obiter et paucis",[24] het gebeurde "en passant en kort" – nu wil hij opzettelijk en afzonderlijk het Independentisme behandelen.

Wat hij precies wil behandelen: de geschiedenis, óf: opvattingen, óf alle twee, zegt hij hier niet. Uit het vervolg blijkt, dat het hem begonnen is om bepaalde <u>opvattingen</u>. Over de historie zegt hij vrijwel niets.

Maar uit het vervolg blijkt ook, dat een recente gebeurtenis heeft bijgedragen tot een bredere aanpak. Het betreft hier de samenkomst te Londen van 200 afgevaardigden van Congregationalistische kerken in Engeland, een samenkomst die bekend staat als de Saron Conference, omdat hij gehouden werd, met goedkeuring van Cromwell,[25] in het Saron paleis.

---

21 Hoornbeek, *Epistola*, 3.
22 Hoornbeek, *Epistola*, 11.
23 Antinomianen verachten niet zozeer Gods wetten, maar stellen dat de genade van God niet verkregen kan worden op basis van goede werken en het onderhouden van Gods wetten; Gert van den Brink, "Calvin, Witsius (1636-1708), and the English Antinomians," in: *Church History and Religious Culture* 91.1-2 (2011), 229-240; G.A. van den Brink, *Herman Witsius en het antinomianisme*, met tekst en vertaling van de "Animadversiones Irenicae", (Apeldoorn: Instituut voor Reformatieonderzoek, 2008).
24 Obiter betekent 'bovendien' of 'en passant'; Pinkster, *Woordenboek*, 701; Paucus betekent 'weinig', 'gering', 'klein'; Pinkster, *Woordenboek*, 751; Hoornbeek, *Epistola*, 6.
25 Oliver Cromwell (1599-1658) was officier 1642, staatsman, *Lord Protector* [landvoogd] van Engeland, Ierland en Schotland 1653; geraadpleegd 31 maart 2017, http://www.olivercromwell.org.

De betekenis van deze samenkomst kan pas goed gezien worden als de historische achtergrond en context wordt gekend. We moeten die nú buiten beschouwing laten.

Hier alleen déze korte notities, die nodig zijn voor het vervolg: Dit is de eerste keer geweest dat er in Engeland zo'n landelijke samenkomst van Congregationalistische kerken gehouden werd.

Deze samenkomst had als voornaamste doel het vaststellen van een gemeenschappelijke Geloofsbelijdenis en een gemeenschappelijke kerkorde.

Hierbij wilde men vooral ook voor anderen duidelijk maken waar de Congregationalistische kerken voor stonden.

Het resultaat was de "Acclamation of the Faith and Order, owned and practiced in the Congregational Churches in England".[26] De Acclamation of Faith is gelijk aan de Westminster Confessie; op enkele punten gewijzigd (het voornaamste verschil betreft de hoofdstuk over de kerk en de kerkregering).

De Acclamation of Order geeft in 30 korte artikelen weer, wat de Congregrationalistische kerken in Engeland inzake de inrichting en regering der kerk voor schriftuurlijk hielden en in praktijk brachten.

Inzover zij verder ter sprake zullen komen, duiden zij de Acclamation of Faith aan als de Belijdenis van 1658 en de Acclamation of Order als de Kerkorde van 1658.

Aan deze officiële tweevoudige verklaring hecht Hoornbeek zoveel waarde, dat hij haar:
1) als uitgangspunt neemt van zijn uiteenzettingen;
2) uit het Engels heeft vertaald in het Latijn; en dat hij deze door hemzelf vertaalde tekst als bijlage opneemt in zijn boek.

--

Dit boek draagt het karakter van een brief.

Dat wil niet zegen dat de geadresseerde wordt aangesproken op iedere pagina; het wil in dit geval wel zeggen dat men honderden pagina's Latijn moet lezen, zonder dat er één hoofdstuk is, de tekst loopt onafgebroken dóór – zelfs zonder één kopje, of één regel wit. Of Duraeus met deze brief in álle opzichten gelukkig is geweest?

In ieder geval versterkt de Epistola zijn positie in Engeland zelf, naar zijn streven, geheel in de lijn van Cromwell, in de jaren-1650 vóór alles gericht was op éénheid van de Congregrationalisten en de Presbyterianen,

---

26 **De Savoy Declaration van 1658.**

een samengang van hén, en zo mogelijk ook van de voorstanders van een gereduceerd Episcopalisme in de geest van James Usher, binnen de éne Church of England. Die kerk was er nog steeds, maar zónder uniformiteit, en mét een onafzienbare hoeveelheid problemen. Vóór alles éénheid tussen Congregationalisten en Presbyterianen. Dát wilde Cromwell (die in 1658 overleed), dát was het streven van Duraeus. En nu komen de doeleinden samen: aan dat streven was nadrukkelijk bijval betuigd in het boek van Beverley – en wordt nu óók krachtige bijval betuigd door Hoornbeek.

Voor het verstaan van Hoornbeeks werk is het absoluut noodzakelijk in rekening te brengen het doel daarvan.

Wanneer Hoornbeek hier allerlei opvattingen van Congregationalisten bespreekt, dan wil héél die bespreking in dienst staan van het grote doel: een bijdrage te leveren aan[27] de zaak van de Here Jezus Christus in Engeland. En daarbij is het in de eerste plaats zijn oogmerk, de Congregationalisten, de Independenten, dichterbij de Presbyterianen te krijgen. Had hij in Engeland in die dagen als adviseur moeten optreden van Congregationalisten en Presbyterianen allebei, – en in de jaren 1650 is in de Nederlanden overwogen het aanbieden van adviseurs – dan zou Hoornbeek zich óók tot de Presbyterianen hebben gewend.

De tendens is: U, broeders Congregationalisten, hebt met de Presbyterianen dezelfde belijdenis: U hebt dit zojuist bevestigd in 1658, en U hebt óók betuigd de Confessie volstrekt te handhaven. Er zijn verschillen wat de kerkregering betreft, maar kunt U zelf niet wat verder komen?

De situatie was anders dan in 1644 toen Apollonius zijn pennevrucht naar Londen zond. De strekking en de inhoud van de geschriften van 1644 en 1660 zijn óók verschillend.

Bronnen
Een groot verschil met Apollonius ligt ook hierin, dat deze slechts enkele geschriften van congregationalistische auteurs heeft gekend (hij geeft zelf het lijstje), terwijl Hoornbeek zich gebaseerd heeft op meer dan dertig werken van Congregationalisten, naar ons blijkt bij het lezen van de Epistola.

Gaan wij ná, wélke auteurs hij citeert, en hoe vaak hij hen citeert, dan komen we tot interessante ontdekkingen.

Het gedétailleerde resultaat zal ik U besparen. Maar de volgende gegevens zijn hier vermeldenswaard.

---

27 In de tekst van Deddens staat 'voor'.

Van de eerste congregationalistische auteurs, figuren als Amesius, Baynes, Bradshaw en anderen, citeert hij 't meest Robert Parker, naar wie ook Voetius telkens verwijst in zijn Politica Ecclesiastica.[28] (Aan Robert Parker is nog nooit één studie gewijd; hij verdient zéker een biografie!)

Van de Congregationalisten in Engeland vermeldt Hoornbeek 't meest de Kerkorde van 1658, verder maakt hij veel gebruik van geschriften van de 5 woordvoerders in de Westminster Assembly.[29]

Met betrekking tot auteurs in Nieuw-Engeland komen we tot een conclusie die in twee opzichten verrast.

Hoornbeek kent álle belangrijke geschriften, behalve het allerbelangrijkste: dat aller-belangrijkste is het Cambridge Platform van 1648. Dat is DE uiteenzetting van de congregationalistische wijze van kerkregering bij uitstek!, véél en veel uitgebreider dan de Kerkorde van 1658.

We kunnen het betreuren, dat Hoornbeek juist van dit voornaamste dokument geen gebruik heeft gemaakt; hij noemt het zelfs niet eens – maar deze lacune valt wél te verklaren.

De ándere werken uit Nieuw Engeland zagen in Londen het licht – de manuscripten werden toegezonden aan Thomas Goodwin c.s.

Maar het Cambridge Platform is alléén in Nieuw Engeland gedrukt. Men had daar éérst geen behoorlijke drukpers. Maar men heeft daar alles in 't werk gesteld, dat dit officiële dokument van Nieuw Engeland beslist zou gedrukt worden in Nieuw Engeland zelf! Begrijpelijk, maar met het nadeel dat men [er] in Europa, en vooral op het continent, heel weinig mee bekend was.

Maar – en dat is bijzonder verblijdend – één werk uit Nieuw Engeland is er waar Hoornbeek bijzonder veel aandacht aan besteedt.[30] Het is zelfs verreweg het door hem meest geciteerde werk in heel zijn boek. En dát[31] werk is het antwoord van John Norton op de vragen van Appolonius. Dit is bijzonder verblijdend, om méér dan een reden.

1) Vergunt U mij in 't kort hier iets over te zeggen. In de eerste plaats wordt er hier iets goed gemaakt. Denkt u zich de gang van zaken eerst

---

28 Gisbertus Voetius, *Politicæ Ecclesiasticæ...*, 4 vol., (Amstelodami: Joannis à Waesberge, 1663-1676).
29 Thomas Goodwin, Philip Nye, Sidrach Simpson, Jeremiah Burroughes en William Bridge.
30 In de tekst van Deddens staat 'besteed'
31 In de tekst van Deddens staat hier het woord 'is' nog ingevoegd.

eens in. Uit Nederland wordt in 1644 aan de 5 congregationalistische woordvoerders in de Westminster Assembly gevraagd: hier heeft u een vragenlijst; wilt U wel antwoorden hoe u over deze zaken denkt? Die vragensteller is Apollolonius, de mannen a. wie hij die vragen stelt, zijn dag en nacht bezig, en zitten in 't heetst van de strijd: de zaak van de kerkregering in Engeland. Ze vragen aan de broeders in Nieuw Engeland: wilt U al deze vragen voor ons beantwoorden?; wij hebben geen mogelijkheid.

In Nieuw Engeland wijzen de Congregationalisten John Norton hiervoor aan; onder meer omdat hij beter Latijn schreef dan de anderen; de vragenlijst was in het Latijn; je kon Apollonius niet antwoorden in het Engels. Intussen stuurt Apollonius een bestrijding van opvattingen die hij is tegengekomen bij ánderen, naar Londen.

Verschijnt dan láter het antwoord op Apollonius' vragen – dat antwoord was éérst weer nagezien door collega's van Norton in Nieuw Engeland, daarna moest het weer gelezen worden in Londen en daar gedrukt – verschijnt dan later het antwoord op Apollonius' vragen, dan wordt er in Nederland totaal niet gereageerd. Apollonius zwijgt (tenminste wat zijn publikaties betreft), en anderen zwijgen ook. In de Summa, geeft Hoornbeek er blijk van, dat hij weet dat Norton geschreven heeft, maar hij kent 't boek blijkbaar niet. Nú heeft hij het gelezen, en hij citeert het voortdurend.

2) In de tweede plaats is deze aandacht aan Norton's antwoord verblijdend, omdat uit Norton's antwoord blijkt dat Apollonius niet de congregationalistische opvattingen bestreden heeft. Het beeld dat men bij Apollonius krijgt, dient gerectificeerd te worden. (Een aantekening hierbij: hier kan rechtmatig kritiek geoefend worden op D. Nauta, die in zijn verhandeling van 1936 én de vragenlijst van Apollonius én het antwoord van Norton zelfs niet noemt!)

Hoornbeek citeert Norton, en verwerkt wat hij schreef.

INHOUD

Door het ontbreken van een indeling en door het vóórkomen van allerlei uitweidingen, maakt Hoornbeek het zijn lezers niet gemakkelijk.

Zij moeten zelf wegwijs zien te worden.

Pas na lezing en in kaartbrenging van heel de inhoud, ontdekt men de hoofdweg, de zijwegen én de zijwegen ván zijwegen.

De volgende hoofdlijn tekent zich af.

1) Inleiding
   Hoornbeek spreekt Duraeus aan; spreekt over Beverley, de titel van zijn boek, enz.
2) De kwestie van de namen, Independentisme – Congregationalisme, enz.
   De kwestie van de overeenstemming met opvattingen van de Brownisten, enz.
3) De instemming van de Congregationalisten met de gereformeerde confessies: die van Nederland, en elders.
   De belijdenis van 1658
   De Kerkorde van 1658
   N.a.v. deze Kerkorde: er moet doorgesproken worden over de partikuliere kerk en over de synoden.
4) de particuliere kerk
5) de synoden
6) Er is nog een andere kwestie: de verhouding van ambtsdragers en gemeente
   (hierbij komt apart ter sprake de zgn. 'profetie')
7) Er is nóg een kwestie namelijk die van de zogenaamde "form" van de kerk, het zogenaamde "kerkverbond"
8) Er is nog een volgende kwestie: welke kinderen mogen gedoopt worden?
9) Tenslotte nog enige aandacht aan de eredienst.
10) Slotopmerkingen; woorden voor Duraeus

Nu spreekt het vanzelf dat we ons moeten beperken.

Over wat in de punten 1 t/m 3 naar voren komt, hebben we al iets gereleveerd in het begin.

Mag ik u voorstellen, dat we op dit ogenblik het daarbij laten? Aan de slotopmerkingen van Hoornbeek zou ik eigen slotopmerkingen willen verbinden.

Zes punten blijven dan over. Over drie daarvan kunnen we kort zijn; over de andere drie zou ik graag iets meer willen zeggen.

Kort kunnen we zijn met betrekking tot de punten 7, 8 en 9.

Bij 7 brengt Hoornbeek ter sprake het zogenaamde "kerkverbond".

Bij de congregationalisten kwam, tenminste in het begin, deze praktijk voor, dat ter instituering van een plaatselijke of particuliere kerk een "covenant", een verbond werd aangegaan, om samen God te vrezen en te dienen.

Veel teksten van zulke "verbonden" zijn ons bewaard gebleven. De ene tekst is uitvoeriger dan de andere; maar zakelijk is er geen verschil.

Hierbij moet in rekening worden gebracht de achtergrond in Engeland: de Church of England omvatte <u>iedereen</u>.

Apollonius stelde de vraag: ziet U zulk een kerkverbond voor de constituering van de ware kerk als een absoluut noodzakelijke voorwaarde? In zijn <u>Consideratio</u> bestreed hij dat het onjuist was, van een absoluut noodzakelijke voorwaarde te spreken, en in zo'n kerkverbond een wezenlijk kenmerk van de kerk te zoeken.

Aan het "kerkverbond" was ook door Hoornbeek zelf in zijn <u>Summa</u> (en door anderen in Nederland) aandacht besteed.

Het antwoord van Norton, en ook andere uiteenzettingen die Hoornbeek ná zijn Summa gelezen had, was nu voor Hoornbeek <u>voldoende</u>. De door Apollonius gestelde vraag werd door Norton namelijk ontkennend beantwoord. Er werd ook onderscheid gemaakt tussen expliciet en impliciet.

Hoornbeek brengt nog wel enige aspecten naar voren, maar maakt hier geen grote zaak van.

Bij 8: welke kinderen mogen gedoopt worden? is Hoornbeek het <u>niet</u> eens met de Congregationalisten dat alleen kinderen mogen worden gedoopt van leden in volle rechten, nauwkeuriger gezegd: van ouders waarvan tenminste één lid in volle rechten is. Hoornbeek brengt hier naar voren de praktijk in Nederland, die hij ook verdedigt. Kinderen van <u>gedoopten</u> zijn verbondskinderen, en voor de doop van kinderen, wier ouders geen lid in volle rechten zijn, komt het dan kerkelijk erop aan, dat bijvoorbeeld grootouders, eventuele anderen, stipulaties willen aangaan. Zo verdedigt Hoornbeek óók de doop van kinderen wier <u>beide</u> <u>ouders</u> geëxcommuniceerd zijn.

Hij deelt mee, dat bijv[oorbeeld]. in de Nederlandse kerk te Londen een standpunt wordt ingenomen dat overeenkomt met dat van de Congregationalisten.

Ik meen hier kort te kunnen zijn, omdat de Gereformeerde Kerken in Nederland zélf tot het standpunt zijn overgegaan, dat ook in Londen werd ingenomen.

Bij 9 komen elementen van de eredienst ter sprake. Hoornbeek begint met lof, omdat het hem duidelijk is dat hierin zeer zorgvuldig te werk wordt gegaan, en er kennelijk een grotere orde is dan in Nederland – een eerlijk woord van een man van de Nadere Reformatie.[32] Vooral één zaak heeft tot dusver in Nederland kritiek ontmoet: de afwijzing door Congregationalisten van formuliergebeden (- zelfs ook van het "Onze Vader") en van het gebruik van formulieren in het algemeen. Hij noteert nu dat Norton verklaart, wat ook wel bij anderen te vinden is, dat deze afwijzing niet volstrekt is.

Een tweede zaak is de afwijzing van de zgn. "christelijke feestdagen". Hierin wordt wél een volstrekt standpunt ingenomen en gehandhaafd. Op zaken als deze, mag de eenheid met anderen, - Hoornbeek denkt speciaal aan Engeland – niet stuklopen.

Deze drie punten, 7, 8 en 9 betreffen kwesties, die voor Hoornbeek kennelijk van minder belang zijn dan de zaken die bij de punten 4, 5 en 6 ter sprake komen. We komen nu tot die eerdere zaken. Deze zou ik graag onder ogen willen zien met inachtneming van de volgorde 6, 5 en 4. Bij 6 wordt afzonderlijk gesproken over de zgn. profetie – ik zou het gedeelte daarover nu achterwege willen laten.

In 6 komt aan de orde de verhouding <u>ambtsdragers</u> en <u>gemeente</u>.

<u>Ambtsdragers en gemeente</u>
Wanneer Hoornbeek over de ambtsdragers gaat spreken, stelt hij <u>niet</u> dat de Congregationalisten van geen kerkelijk <u>ambt</u> wilden weten, stelt hij <u>óók</u> niet dat bij de Congregationalisten de ambtsdragers hun ambt of hun ambtelijk gezag ontvingen van de <u>gemeente</u> (beide beweringen komen voor in onze kerkrechtelijke literatuur, maar missen iedere grond), maar geeft hij wél uitvoerig weer hoe de verhouding gezien werd tussen ambtsdragers en gemeente bij te nemen beslissingen om de toelating tot de gemeente, de tuchtoefening in de gemeente, en andere zaken.

Met toepassing op de kerkregering werden in <u>die</u> tijd telkens de termen "aristocratie" en "democratie" gehanteerd; van presbyteriaanse zijde werd aan de Congregationalisten verweten een te <u>democratische</u> wijze van kerkregering; zelf spraken de Congregationalisten van een mengvorm van <u>aristocratie</u> en <u>democratie</u>, in onderworpenheid aan <u>Christus</u>, zodat naar zij verklaarden 't beste kan gesproken van een <u>Chris-</u>

---

32 De Nadere Reformatie was een vroomheidsbeweging in de zeventiende en achttiende eeuw die zich richtte op de vrome levenswandel van de gereformeerden. De zestiende-eeuwse protestantse reformatie was volgens deze beweging niet ver genoeg gegaan; W.J. op 't Hof, *Nadere reformatie nu*, (Houten: Den Hertog, 2015) (*Hersteld Hervormde Studies* 11); geraadpleegd 17 mei 2017, http://www.ssnr.nl/.

tocratie – op deze aangelegenheid concentreert Hoornbeek zich als hij handelt over <u>ambtsdragers en gemeente</u>.

Dit wil niet zeggen dat Hoornbeek zich hiertoe <u>beperkt</u>, want Hoornbeek vestigt ook wel de aandacht op enige afzonderlijke punten, wanneer hij over de ambtsdragers handelt.

Hij verklaart nadrukkelijk dat de broeders Congregationalisten vooropstellen dat Jezus Christus in zijn alleenheerschappij over de kerk, alle gezag en alle macht <u>in</u> de kerk bezit, en dat daarvan zijn afgeleid alle gezag en alle macht, die door mensen in de kerk worden uitgeoefend en die in dienst staan van zijn alléénheerschappij.

Hij verklaart eveneens nadrukkelijk, dat de broeders vooropstellen dat Jezus Christus niet alleen de ambten heeft ingesteld, maar telkens zelf ook de ambts<u>dragers</u> áánstelt; Hij schakelt mensen, de verkiezende gemeenteleden in, als instrumenten, maar Hij zelf roept tot het ambt, bekleedt met ambtelijke bevoegdheid en gezag, en wil door Zijn Heil. Geest ook bekwamen tot de bediening van het ambt.

Hierin bestaat er geen enkel verschil tussen de Congregationalisten en de Gereformeerden in Nederland.

Een verschil constateert hij wel betreffende de herder en de leraar. Volgens de Congregationalisten heeft Christus ingesteld, naast de buitengewone ambten van de apostelen, profeten en evangelisten, vier gewone en blijvende ambten nl die van de herder, de leraar, de ouderling en de diaken. Onjuist is het volgens de Congregationalisten het leraarsambt tot de school, de opleiding van dienaren des Woords te beperken. Evenals de herder heeft ook de leraar een ambtelijke taak <u>in</u> de gemeente, maar in zijn taak ligt er een zwaarder accent op het didactische element. Hoornbeek vermeldt, dat na Efeze 4:11 dan telkens voor die nuancering bij de taken gewezen wordt op Rom. 12:7,8 en 1 Kor. 12:8.

Een ander verschil betreft de ouderlingen en diakenen. De Congregationalisten zijn tegenstanders van periodieke aftreding, omdat zij deze niet vermeld zien in het Nieuwe Testament. De ouderling en ook de diaken wordt tot het ambt geroepen voor het leven, en wordt bevestigd met handoplegging. Hoornbeek wijst erop dat de Nederlandse regeling anders is, geeft enig kommentaar, maar gaat niet over tot bespreking van argumenten pro en contra.

Over de handoplegging spreekt hij nog apart – heel belangrijk vindt hij deze kwestie <u>niet</u>.

Van belang acht hij wel, de zaak van het aandeel van de gemeente in de kerkregering.

Daarover heeft "onze schrijver", dat is dus Beverley, verwarde dingen gezegd. Hoornbeek haalt nu schrijvers uit Nieuw-Engeland aan, inzonderheid Norton en Colton; wat begrijpelijk is omdat de meeste informatie dáár vandaan kwam. Hij geeft dan weer, wat deze informatie inhoudt – hoe er gehandeld wordt bij verkiezingen en wat daarna volgen moet; bij het toelaten tot de kerk en tot het Heilig Avondmaal, alsook bij vertrek uit de gemeente (– publieke behandeling, ieder kan bezwaren naar voren brengen); ook hoe het toegaat bij censuur (alléén publieke vermaning en publieke excommunicatie; geen tussenstadia, geen "trappen van censuur"; vóór de publieke vermaning en de publieke excommunicatie éérst de publieke bekendmaking aan de gemeente, niet via de kansel, maar in een aparte samenkomst met de gemeente); zo ook hoe het toegaat bij verzoek tot wederopneming van ge-excommuniceerden; tenslotte hoe het moet toegaan bij censuur over één presbyter en bij ernstige zonde van de gezamenlijke presbyters (in dat laatste geval: de gemeente kan de gezamenlijke presbyters niet afzetten of excommuniceren; kan zich wel aan hen onttrekken, de gemeenschap met hen verbreken).

Nu wordt steeds gesteld: bij dit alles hebben de presbyters de leiding. Maar wie beslist nu? Hierop werd geantwoord: het láátste woord is steeds aan de presbyters. Maar als nu de meerderheid van de gemeente, van de mannenbroeders (de zusters zwegen) tegen is, wat dán? Dán, zo werd uit N[ieuw] Engel[and] verklaard, en door Hoornbeek wordt dit doorgegeven: dán geldt het volgende.[33]

"De kerkelijke besluiten moet men niet louter bepalen uit een menigte stemmen of uit meerderheid van stemmen, maar naar het Woord van Christus, wiens wil de enige regel en wet van de kerken is." – Maar als vóór- en tegenstemmers meenden dat juist hún stem naar de wil van Christus was – wat dán? En als de meerderheid tégen het gevoelen van de presbyters was, en beide partijen persisteerden, wat dán? Dan hadden uiteindelijk de presbyters te beslissen, want als in onze Nederlandse literatuur wordt beweerd: er was daar volkssouvereiniteit, het was de gemeente die daar besliste, en de kerkeraad voerde de beslissing van de gemeente uit, dan is dat bewijsbaar onjuist. Dan is dit in strijd met het getuigenis van de Congregationalisten zelf: onze kerkregering is niet democratisch, maar aristocratisch-democratie. Wij erkennen de eigen regeermacht van de ambtsdragers, de presbyters. Wij achten het echter onjuist, dat zij alléén zouden handelen, alléén zouden beslissen in die zaken die állen aangaan, die héél de kerk aangaan. Heeft Christus zijn

---

33 **Hoornbeek**, *Epistola*, 252.

gemeente niet tot een mondig kerkvolk gemaakt. Matteüs 18, 1 Korintiers 5 – om niet veel méér te noemen: is de ouderlingschap, zijn de gezamenlijke ouderlingen identiek met "gemeente"? Géén volkssouvereiniteit. Wel: aristocratie èn democratie. – Maar nu is het ons ook duidelijk dat bij ernstige onénigheid, eventueel zelfs bij een tegenstemmende meerderheid, de presbyters in een uiterst moeilijke situatie verkeerden. Juist doordat álles publiek was, omdat publiek óók argument tegenover argument was gesteld. Wat moest men in zo'n situatie? Dan was een aanbevolen mogelijkheid het om advies en hulp vragen van een zusterkerk of van zusterkerken. In uiteenzettingen werd vooral op <u>dit</u> middel gewezen, en Hoornbeek vermeldt ook dit, met juiste citering. Dat deze weg weer tot nieuwe moeilijkheden kon leiden, is duidelijk. En één aspect mag niet uit het oog worden verloren: dat het in al de nú genoemde gevallen: toelaten of niet toelaten, publiek vermanen of niet vermanen, excommuniceren of niet excommuniceren om levende personen ging, om broeders, zusters ging die het alles meemaakten. Nu is hiermee <u>niet</u> gezegd dát er telkens onenigheid was. <u>Dát</u> blijft bij Hoornbeek onbesproken, en dat kan ook <u>hier</u> buiten beschouwing blijven; al zou er veel gezegd kunnen worden over <u>conflicten</u>, en ook over <u>ontwikkelingen</u>.

Hoornbeek geeft als zijn oordeel, dat het op deze wijze betrekken van de gemeente in de regering der kerk onjuist is. Hij stemt onmiddellijk toe, dat beslissingen betreffende te bevestigen ambtsdragers, toelating tot het Heilig Avondmaal, toelating tot de gemeenschap van de kerk, ter kennis van de gemeente behoren te worden gebracht, en dat mogelijkheid moet worden gegeven voor het inbrengen van bezwaren. Hij wijst er óók op dat in de geref. kerken in Nederland de gemeente zelf wordt ingeschakeld onder méér in de gang van de tuchtoefening. Maar dat is iets anders dan het gecombineerd regéren. De presbyters hebben hún opdracht en verantwoordelijkheid, en mogen niet gedwongen worden, over personen, broeders en zusters, al hun eigen argumenten op tafel te leggen. De gemeenteleden hebben hun taak en verantwoordelijkheid, juist ook jegens elkaar.

Hoornbeek blijft hier sober. Zelf vermijdt hij de woorden aristocratie en democratie. Zij passen ook geen van beide.

Laat mij nog mogen vermelden een mededeling elders in zij[n] boek. Zij is van betekenis juist in <u>dit</u> verband.

Hoornbeek publiceert (pag. 356)[34] een brief die Voetius, De Maets[35] en hij zelf in maart 1648 naar Schotland hadden gestuurd. De Schotse theologen die zich in Londen (in en buiten Westminster) tot het uiterste hadden ingezet voor de Presbyteriaanse vorm van kerkregering, waren in 1647 teruggekeerd naar huis. Maar vanuit Schotland bléven zij strijden voor de presbyteriaanse kerkstruktuur óók in Engeland.

In 1647 stelde Gilléspie 111 stellingen op die gedrukt werden,[36] en die ook werden toegezonden aan de theologische faculteit van de Utrechtse Akademie. Het grootste deel van de stellingen was tegen het Erastianisme[37] gericht.

Daartegen was er in Utrecht totaal geen bezwaar. Met de meeste andere stellingen was men het ook eens. Maar enige bedenkingen en wensen waren er wel. In de brief van Voetius, De Maets en Hoornbeek wordt onder meer enige aanmerking gemaakt op de stellingen 7 en 75. In stelling 7 staat, dat de regering van de kerk door God is opgedragen niet aan het hele lichaam van de kerk, of de vergadering van de gelovigen ("congregation of the faithfull"); en dat ze ook niet moet uitgeoefend worden zowel door ambtsdragers als het kerkvolk, maar dat God haar heeft toevertrouwd aan de dienaren des Woords, samen met de ouderlingen, 1 Timoteüs 5:17. En dan wordt verder uitgesproken dat aan hén onder meer ook heel de kerkelijke censuur staat.

Stelling 75 spreekt uit dat de kerkelijke jurisdictie, ook de kerkelijke tuchtoefening, een zaak van de kerkeraad is. Tegen deze beperking tot de

---

34 Hoornbeek, *Epistola*, 356.
35 Carolus de Maets/Dematius (1597-1651), predikant Scherpenisse 1620, Middelburg 1629, hoogleraar en predikant Utrecht 1640; G.P. van Itterzon, "Maets [Dematius], Carolus de," in *BLGNP* 2, 314-315.
36 George Gillespie, *CXI propositions concerning the ministerie and government of the Church*, (Edinburgh, Evan Tyler, 1647).
37 Het Erastianisme is een kerkrechtstelsel dat vernoemd is naar Thomas Erastus of Lüber (1524-1583). Hij was hofarts en hoogleraar medicijnen te Heidelberg. Niettemin was hij ook gericht op de theologie. Hij stelde dat voor de verhouding kerk en staat het Oude Testament het model moest zijn. De tucht was beter in handen van de overheid dan in die van de kerk die de sacramenten aan het tuchtwaardig gemeentelid zou onthouden. Althans, dat stelde Erastus in zijn stellingen uit 1568; Charles D. Gunnoe, *Thomas Erastus and the Palatinate in the Second Reformation*, (Leiden/Boston: Brill, 2011); W. van 't Spijker, "Het Erastianisme," in *Inleiding tot de studie van het kerkrecht*, (Kampen: Kok, 1988), 104-105; Ruth Wesel-Roth, *Thomas Erastus: Ein Beitrag zur Geschichte der reformierten Kirche und zur Lehre von der Staatssouveränität* (Veröffentlichungen des Vereins für Kirchengeschichte in der evang. Landeskirche Badens 15), (Lahr/Baden: Moritz Schauenberg, 1954); *The Theses of Erastus: Touching Excommunication, translated from the Latin*, with a Preface by the Rev. Robert Lee, (Edinburgh/London: Myles MacPhail/Simpkin and Marshall, and G. Bell, 1844).

kerkeraad had men in Utrecht bezwaar. Dat bezwaar richt zich niet tegen de stelling dat de kerkeraad het college is van hen, aan wie God de regering van de kerk heeft toevertrouwd, en die ook sámen als college hebben te beslissen. Het bezwaar richt zich wel tegen het hier volledig uitsluiten (althans het geheel buiten beschouwing laten) van de gemeente (het lichaam van het volk, onderscheiden van de kerkeraad). Zij dient niet uitgeschakeld te worden, maar juist ingeschakeld, waar en voor zoveel dit maar mogelijk is.

Bij Hoornbeek dus: kerkeraad én gemeente, die beide samen, met afwijzing van het excessum[38] bij de Congregrationalisten, met bezwaar ook tegen het defectum[39] bij de Presbyteriaan Gilléspie.

Synoden
Over de synode handelt Hoornbeek in direct verband met de artt. 26 en 27 van de kerkorde van 1658.

Art. 26 spreekt uit dat gelegenheidssynoden, (synoniem voor bepaalde gevallen) naar de wil ([...]) van Christus zijn. Maar hun besluiten hebben geen verbindend karakter. Ook hebben synoden geen jurisdictie, waardoor zij enige censuur zouden kunnen oefenen over kerken of personen of hun beslissingen zouden kunnen opleggen aan de kerken of ambtsdragers.

Art. 27 spreekt uit, dat er naast deze gelegenheidssynoden door Christus niet zijn ingesteld synoden op vaste tijden, in een vastgestelde combinatie van kerken; en dat Christus evenmin synoden in kleiner en groter verband heeft ingesteld met een vorm van subordinatie.

Hier komen we tot de uiterst belangrijke kwestie van het kerkverband. Het is bijzonder jammer dat Hoornbeek niet heeft geweten dat men in diezelfde tijd in Nieuw Engeland ging inzien dat er hechtere afspraken moesten worden gemaakt en dat het maken van goede afspraken volkomen legitiem is.

Alle Congregationalisten, zonder onderscheid, achtten onderlinge gemeenschapsoefening van de kerken een schriftuurlijk gebod. En het bijeenkomen in een synode, als dat nodig of wenselijk was, was één van de vormen van gemeenschapsoefening.

Dat alle Congregationalisten het hiermee eens waren, stelt Hoornbeek voorop.

---

38 *Excessum*: het afdwalen, het weggaan, het vertrek; Pinkster, *Woordenboek*, 366.
39 *Defectum* van het Latijnse werkwoord *deficio*: afvallen, verflauwen, ontrouw worden; Pinkster, *Woordenboek*, 272; Hoornbeek, *Epistola*, 308.

Hij voegt er dan direct aan toe:
- zij willen geen verschillende soorten van meerdere vergaderingen.
- zij willen ook geen synoden op vaste tijden

Waarom niet? Wel, zegt Hoornbeek, ze zijn bang dat zo de <u>vrijheid</u> van de kerken verloren raakt.
Daar stelt hij onmiddellijk tegenover dat die vrijheid <u>niet</u> verloren gaat als er <u>goede</u> afspraken worden gemaakt, en dat iedere kerk, groot of klein, zelf <u>gediend</u> is door het maken van goede afspraken, terwijl zo de kerken vooral ook <u>elkáár</u> kunnen dienen.
Hij stelt dan twee artt. van de gereformeerde Kerkorde in Nederland voorop:
- Het oude art. 1 van de Acta van de Synode van Emden van 1571: geen kerk zal over andere kerken, enz.,[40] en
- Het huidige art. 31[41]

U spreekt, zegt Hoornbeek, in de plaats[elijke]., particuliere kerk van een kerk-verbond.
Maar een kerkverbond valt ook te sluiten tussen de kerken zelf. En dat is gebeurd in Nederland. Het kerkverband heeft een konfoederatief karakter.
Het berust op de vrije toestemming van de kerken.
En bij vrije toestemming krachtens gemeenschappelijke afspraak kunnen er synoden gehouden worden – daar bent U zelf het mee eens.
Maar waarom bent U dan tégen meerdere vergaderingen op vaste tijden, want ook hier kan toch 1 Kor. 14:40 gelden?
Naar mijn overtuiging zal de praktijk zelf U gaan noodzaken tot verdere orde en regelmaat te komen.

---

40 **Artikel 1**
Nulla Ecclesia in alias, nullus minister in ministros, nullus Senior in Seniores, Diaconus en Diaconos primatum seu dominationem obtinebit, sed potius ab omni et suspitione et occasione cauebit. Gheen Kercke sal over een ander Kercke, gheen Dienaer des Woorts, gheen Ouderlinck, noch Diaken sal d'een over d'ander heerschappie voeren, maar een yeghelijck sal hen voor alle suspicien, ende aenlockinge om te heerschappen wachten; geraadpleegd 26 april 2017, http://kerkrecht.nl/node/5945.

41 **Artikel 31 – Beroep op een meerdere vergadering**
Als iemand van oordeel is dat hem door een uitspraak van een mindere vergadering onrecht is aangedaan, kan hij zich beroepen op de meerdere vergadering. De uitspraak die bij meerderheid van stemmen gedaan is, zal als bindend worden aanvaard, tenzij bewezen wordt dat zij in strijd is met het Woord van God of met de kerkorde, tekst kerkorde 1978; geraadpleegd 26 april 2017, file:///C:/Users/Gebruiker/Downloads/Kerkorde-1978-2015.pdf.

Wat nu de synode betreft: laat dit absoluut vaststaan:
1) zij heeft geen <u>eigen</u> macht ze heeft alleen <u>die</u> macht die de kerken bij onderlinge afspraak aan hen verlenen.
2) Met het gezag van een synode staat het bij ons principieel anders dan met dat van een kerkeraad.

> Ten aanzien van[42] de plaatselijke ambtsdragers geldt voor de leden der gemeente Hebreeën 13:17 "Gehoorzaamt uw voorgangers en schikt u naar hen!["]
> Maar, zegt Hoornbeek letterlijk:
> "Geenszins geldt dit van een kerk ten opzichte van een synode".[43]
> "Geenszins is er een eigenlijke onderwerping van de ene kerk ten opzichte van de andere en <u>daarom</u> ook niet van meer kerken ten opzichte van een synode." [44]
> Hier wordt de lijn van het oude art. 1 door Hoornbeek consekwent doorgetrokken!

3) Welke macht hebben bij ons nu de kerken zelf, bij onderlinge afspraak aan een synode verleend?
   a) een zeer <u>beperkte</u> macht: art. 30.
   b) wat daar staat over niet-afgehandeld zijn in de mindere vergadering[45] involveert:
      een synode mag géén zaken <u>zelf</u> aan de orde stellen; deze moeten eerst op de mindere vergaderingen aan de orde zijn geweest.

   > even verder zegt Hoornbeek:
   > "synoden behandelen alleen zaken, die door de kerken tot haar gebracht zijn of die op de kerken in 't algemeen naar-wederzijdse instemming betrekking hebben".[46]

---

42 In de tekst van Deddens staat 't.a.v.'.
43 Hoornbeek, *Summa*, editio secunda, 781-783.
44 Hoornbeek, *Summa*, editio secunda, 781-783.
45 Ten opzichte van de classicale vergadering is de kerkenraad de mindere vergadering. Idem geldt dit voor de verhouding particuliere synode en classicale vergadering, en voor de relatie tussen de generale of nationale synode en de particuliere synode. 'Minder' heeft niet de connotatie van 'minderwaardig', maar heeft te maken met het minder in getal zijn. Een classicale vergadering is uit een grotere groep ambtsdragers samengesteld dan een kerkenraad.
46 Cf. Hoornbeek, *Summa*, editio secunda, 781-783.

4) uitvoerig gaat Hoornbeek dan nader op art. 31 in: een synode mag geen enkel besluit nemen dan dat in strijd is met de afspraken in de Kerkorde – alles wordt beheerst door die afspraken zelf.
Welnu – wat heeft U hier dan tegen?
Het betoog, dat we kort weergeven, is hier helder en sterk.

Het is bijzonder jàmmer, dat Hoornbeek vervolgens gaat vragen of het verschil tussen het eventuele excommuniceren van een kerkeraad (wat de Presbyterianen verdedigden) en het de gemeenschap-verbreken (wat volgens de Congregationalisten alleen mogelijk is) wel zo groot is.

En het is te meer jammer, dat hij daarbij zegt, dat die excommunicatie ook is voorgekomen in Nederland, zij het in een wat andere vorm: de Dordtse synode.

Hier gaat hij een onjuiste kant uit, en die kant gaat hij ook verder uit, als hij gaat spreken over het helpen en dienen van een plaats[elijke] kerk, ook door het eventueel ingrijpen bij wanbestuur of onmacht.

Hier komt hij tot uitspraken, die door M. Bouwman geciteerd zijn. De algemene conclusies die M. Bouwman vervolgens trekt, nl. dat volgens Hoornbeek in zijn <u>Epistola</u> de volledige leer-, regeer- en tuchtmacht toekomt – en dat nog wel in <u>ambtelijke</u> zin, zijn bewijsbaar onjuist.

Hoornbeek beperkt zich tot enkele zeer uitzonderlijke gevallen, waarbij bovendien de <u>mindere</u> vergaderingen niet gepasseerd zijn. Het valt te betreuren dat Hoornbeek tot die bepaalde uitspraken gekomen is – maar wat hij <u>fundamenteel</u> naar voren heeft gebracht, is sterk.

<u>De particuliere kerk</u>.
De eerste zaak die Hoornbeek in zijn Epistola behandelt betreft de particuliere kerk met haar eigen presbyteriaans[e] bestuur.

En daarbij gaat het over andere dingen dan we zouden verwachten.

Hoornbeek gaat hier namelijk bespreken de "amplitudo", de grootte van een gemeente. Dat klinkt wat raadselachtig; waarom doet hij dat?
Het raadsel is niet zo groot.

Over de omvang van de particuliere kerk hadden de Congregationalisten een overtuiging die men overal tegenkomt. Alle leden dienen te kunnen samenkomen op één plaats, in één gebouw, van één en dezelfde eredienst. Groter moet een gemeente niet zijn.

Over deze opvatting had Hoornbeek al eerder iets gezegd in zijn <u>Summa</u>, maar hij gaat op deze kwestie nu breder in. Hij citeert figuren als Robinson, Robert Parker, Amesius, Baynes en Jacob, (sommigen van hen citeerde hij al in de <u>Summa</u>), maar hij kan daar nu John Norton aan toevoegen. Want op welke punten de overeenstemming met de Nederlandse

Gereformeerden ook groter geweest is dan Apollonius heeft aangenomen, op dít punt is er géén overeenstemming; Norton verklaart onomwonden dat een ándere praktijk <u>niet</u> naar de heilige Schrift is.

Nu sprak niet iedereen zó streng als Norton; Amesius bij voorbeeld gebruikte de formulering: "'t meest passend"; Hoornbeek laat dat niet onvermeld – maar er kan, mét deze accentverschillen, inderdaad van een "communis opinio" worden gesproken.

Men had kritiek op het systeem en de praktijk in Engeland, de districtskerken; maar zij die Nederland meemaakten, hadden óók bezwaar tegen de te grote gereformeerde kerken, vooral in de steden.

Hoe reageert Hoornbeek hierop?

In de eerste plaats geeft hij gebreken hier in Nederland toe.

In de tweede plaats vindt hij wat de Congregationalisten in praktijk brengen op zichzelf <u>niet te veroordelen</u>.

In de derde plaats vindt hij het niet goed, als gesteld wordt: het mag niet anders dan zó; alleen dít is naar de Schrift en een andere praktijk is onschriftuurlijk.

Er zijn allerlei praktische argumenten naar voren te brengen (een gemeente kan snel groeien en ook weer snel kleiner worden; de stem van de predikant kan een rol spelen; de kerken kunnen kerken onder het kruis worden) – maar dat is allemaal secundair.

Waar 't op áán komt, is de kwestie, niet van het éne gebouw, maar van de verbondenheid tot één kerklichaam met één presbyterium.

Als men één kerklichaam vormt, is het niet ongeoorloofd dat er samenkomsten worden gehouden op méér dan één plaats, in meer dan één gebouw.

Om een beeld te gebruiken: de schapen van één kudde, kunnen grazen in meer dan één weide, ook tegelijkertijd; maar het komt aan op het behoren tot de éne kudde en éne schaapskooi, onder dezelfde pastorale leiding en zorg.

Daar komt Hoornbeek met het Schriftbewijs. En dan neemt hij precies <u>die</u> teksten, waarop de Presbyterianen hun presbyterie hebben onderbouwd.

In hun 'Form of Presbyterian Government' hebben de Presbyterianen gesteld: de kerk te Jeruzalem was één kerk – maar die bestond uit meerdere "congregations"[47] – dat moet wel: de duizenden na de Pinksterdag kunnen

---

47 "*4thly,* The several congregations in Jerusalem being one church, the elders of that church are mentioned as meeting together for acts of government; which proves that those several congregations were under one presbyterial government;" geraadpleegd

niet regelmatig op 1 plaats zijn samengekomen.
En de kerk te Efeze heeft blijkbaar ook meer dan één congregatie gekend.

Maar er is in Jeruzalem tòch sprake van één kerk, en die ene kerk had één bestuur.

Ergo: het is wettig en naar de Schrift dat meerdere congregaties onder één presbyterium staan.

Met congregaties wordt daar door de Presbyteriaanse gemeenten bedoeld.
Hoornbeek volgt nu dezelfde redenering.

Hij spreekt van die verschillende samenkomsten in Jeruzalem en in Efeze (of die er geweest zijn, kan op dit ogenblik buiten beschouwing blijven) als congregationes.

En toch – en nu komt hij overeen met de Presbyterianen – en toch stonden die verscheidene congregationes onder één college van ambtsdragers. Ze vormden samen één kerk. Die lijn kan doorgetrokken worden – en de Presbyterianen hebben gelijk.

En nu zegt hij letterlijk: de broeders Congregationalisten in de vergadering van Westminster zijn door de broeders Presbyterianen weerlegd. Hij stelt zich hier áchter de Presbyterianen.

Maar Hoornbeek gaat er volledig aan voorbij, dat in The Form of Presbyterian Church Government die Presbyterie de "classical assemblie" wordt genoemd. Het is niet de eerste vergadering, de kerkeraad, de kirk-session - maar de eerste meerdere vergadering – de classicale vergadering.

En die classicale vergadering is ambtelijk – en heeft de ambtelijke leiding over de "congregations".

En het geheel van de kerken ónder die Presbyterie heet "Church", want het was immers óók in Jeruzalem de éne kerk, de éne church.

Maar als die Presbyterie – die classicale vergaderingen – hóger is dan de kirk-sessions, de kerkeraden, dan zijn toch ook synoden weer hoger. En als het geheel van de class[icale]. kerken kerk is, dan is zéker ook het geheel van de synodale kerken KERK.

En dat is precies wat in Schotland van het begin af gegolden heeft, van 1560 af bij de door het parlement genomen maatregelen: er is en blijft één nationale kerk.

Als Hoornbeek voor ogen heeft gestaan: de situatie in Nederlanden: de éne plaatselijke kerk, met de ene kerkeraad, maar met méér dan één kerkgebouw, meer dan één wijk (of hoe men ook aanduiden wil), dan is hij door zijn wijze van redeneren en door zijn gelijk geven van de Presby-

---

15 juni 2017, http://www.reformed.org/documents/wcf_standards/index.html?mainframe=/documents/wcf_standards/p395-form_presby_gov.html.

terianen in deze primaire zaak, niet tot goede hulp van de broeders Congregationalisten geweest.

En waar een soortgelijke redenatie al eerder uit Nederland naar de Congregationalisten in Engeland overkwam, en daar onder meer ook het Franse voorbeeld was, is het verklaarbaar dat Beverley zich richtte tot de classicale kerken over zee, vooral die in Nederland.

We komen tot Hoornbeek's slotopmerkingen
1) Hoornbeek vindt het jammer dat de gereformeerde en reformerende broeders
 Congregationalisten hun weg zijn gegaan, zonder advies in te winnen bij de kerken op het continent. Hij haalt een goed woord van Zepper[48] aan. Maar de vraag valt te stellen; was er over het standpunt overzee al niet vrij veel bekend.

2) Hoornbeek wil de gereformeerde en reformed broeders graag zeggen: wil in acht nemen dat niet alles wat op zichzelf goed is, direct moet worden doorgezet. Want er moet rekening gehouden worden met anderen.
 "Men moet", zegt hij, "soms ophouden en zoals op een schip de mast wordt neergelaten als er een storm opsteekt, of voor een brug, en daarna weer opgericht moet worden, zo moeten wij soms wijken voor de noodzaak, opdat die op deze wijze overwonnen".[49]

3) Laat er toch vooral tussen de broeders presbyterianen en congregationalisten verder vrede komen en broederlijke samenwerking groeien. Verschillen zijn er, maar zijn ze onoverbrugbaar? Zijn ze zelfs niet klein?
 Laat er zoveel mogelijk toegegeven worden van beide kanten. Als dát gebeurt, zal er éénheid komen. En die éénheid kán er komen, tot zegen voor de kerk van Engeland, ook voor die in Schotland en Ierland en tot eer van de Naam van God.

We hebben stilgestaan bij een belangrijk kerkrechtelijk werk dat niet eerder onderzocht werd.

---

48 **Wilhelm Zepper (1550-1607), Duits theoloog, hofprediker en professor te Herborn**; Tobias Sarx, "ZEPPER, Wilhelm," in *Biographisch-Bibliographisches Kirchenlexikon* vol. 31, (Nordhausen: Bautz 2010), 1537–1541.
49 **Hoornbeek**, *Epistola*, 388.

Hoornbeek heeft veel bronnen gebruikt, hij heeft aan de Congregationalisten recht willen doen, hij heeft de kerkelijke eenheid in Engeland willen dienen.

Wat hij uit de vele hem ter beschikking staande bronnen geciteerd heeft, maakt duidelijk dat in oude Nederlandse kerkrechtelijke en kerkhistorische literatuur tal van opvattingen aan de Congregationalisten worden toegeschreven, die ten enenmale géén congregationalistische opvattingen geweest zijn.

Er valt veel te rectificeren.

Het werk van Hoornbeek bewijst óók dat de stelling onjuist is, dat de Gereformeerden in Nederland de opvattingen van de "Independenten" over heel de linie bestreden hebben.

Door Hoornbeek zijn bepaalde gevoelens en uitingen bekritiseerd. Hierbij was ook hij rectificerend bezig: ook hij zag in, dat eerder geuite kritiek niet altijd juist was geweest.

Dat de éénheid in het geloof, én tussen Congregationalisten en Gereformeerden én tussen Congregationalisten en Presbyterianen – de éénheid in de gereformeerde leer (nu afgedacht van bepaalde aspecten van de kerkregering) door hem erkend werd, en voorop werd gesteld, is een belangrijk gegeven.

Op welke grond men de Congregationalisten van tóen de naam "gereformeerd" zou kunnen ontzeggen, en die uitsluitend zou kunnen betrekken op de Presbyterianen, is onduidelijk.

De goede opmerkingen die Hoornbeek heeft gemaakt over het confoederatieve kerkverbond met zijn rijke mogelijkheden, en de bezwaren die hij heeft ingebracht tegen vormgeving aan de aristocratisch/democratische regeringswijze beleven wij met erkentelijkheid.

Niet kunnen wij hem bijvallen in zijn steun aan de Presbyterianen inzake de presbytery.

We onderkennen ook zwakheden bij Hoornbeek zelf!

God geeft óns nu mogelijkheid tot bespreking met de broeders Presbyterianen. Voor een goed verstaan van presenterende verschillen is kennis van de geschiedenis onmisbaar.

God versterke de unie van gereformeerden en reformerenden, de banden met de broederschap in héél de wereld.

Ik dank u.

8. Robert Baillie en Apollonius' "Consideratio" - Artikel 1982

Het artikel dat Deddens in 1982 in de Almanak-bundel van de studentenvereniging F.Q.I. publiceerde,[1] ging over "Robert Baillie en Apollonius' "Consideratio"". De Glasgowse theoloog Baillie correspondeerde met zijn neef Willem Spang.[2] Deze was predikant in Veere. Daar was een Schotse stapelmarkt, vanwege de handel met Schotland. Ook was er eigen Schotse rechtspraak en een Schotse gemeente. Aan deze gemeente was Spang als predikant verbonden. De correspondentie tussen de twee neven in Baillie's 'Letters and Journals' geeft een impressie van het congregationalisme in relatie tot de opvattingen van de Middelburgse predikant W. Apollonius' in diens werk 'Consideratio quarendam controversiarum ad regimen ecclesiae Dei spectantium, quae in Angliae regno hodie agitantur.'[3]

Apollonius' Consideratio bevatte zeven hoofdstukken. Daarvan was hoofdstuk 6 onevenredig lang. Apolonnius stelde dat meerdere vergaderingen een authoritatieve macht hebben. Daaraan hebben kerkenraden zich te onderwerpen, op straffe van kerkelijke discipline.

Net als bij andere gelegenheden bekritiseerde Deddens het werk van de Amsterdamse hoogleraar D. Nauta. Dat is een repeterend motief in Deddens' werk. Nauta had in 1936 zijn inaugurele rede uitgesproken aan de Vrije Universiteit Amsterdam. Het onderwerp daarvan betrof de houding van de Nederlandse gereformeerden jegens het Independentisme in de zeventiende eeuw.[4] Voor Deddens reden genoeg om er zijn artikel mee aan te vangen.

Volgens Deddens vereenzelvigde Nauta de inzichten in de Consideratio te sterk met die van de Nederlandse gereformeerden in het algemeen. Hij haakt aan bij Van Lonkhuyzen die niet, zoals velen, de loftrompet op Nauta hadden gestoken. Van Lonkhuyzen stelde dat hoofdstuk 6 van

---

1 D. Deddens, "Robert Baillie en Apollonius' "Consideratio", in *Almanak 1982*, 91-115.
2 **William Spang (ca. 1607-1664), leraar Edinburgh, predikant Schotse Kerk Veere 1630, Middelburg 1652;** H. Florijn, "Spang, William," in *BLGNP* 2, 409-410.
3 **Willem Apollonius,** *Consideratio quarundam controversiarum ad regimen ecclesiæ dei spectantium: quæ in Angliæ regno hodie agitantur. Ex mandato & jussu classis Walachrianæ conscripta,* (Londini: typis G.M. sumptibus Georgij Tomason ad insigne Rosæ in Cœmiterio D. Pauli, 1644).
4 Zie voetnoot 24.

Apollonius' *Consideratio* in strijd was met de essentalia van het Nederlands-gereformeerde kerkrecht. Ook zou Apollonius hiermee een andere positie innemen dan Voetius en Hoornbeek.

Vanwege de (aantasting van) grondbeginselen werd niet alleen naar deze kerkrechtgeleerden gekeken, maar ook naar Engeland en Schotland, met name de Westminster Assembly die aanving in 1643. Deddens zelf zou hierdoor ook gefascineerd zijn geraakt door het kerkrecht van de Pilgrim Fathers in New England.

Deddens verklaarde 'veel respect' te hebben 'voor de kerkhistoricus' Nauta, maar dat hij het toch eens moest zijn met Van Lonkhuyzen. Verder, Deddens bekritiseerde Nauta's opvatting dat de door Apollonius behandelde opvattingen 'de' congregationalistische opvattingen zouden zijn geweest. Apollonius had vijf leiddinggevende congregationlisten gevraagd of bepaalde opvattingen inderdaad konden worden beschouwd als 'de' congregationalistische opvattingen. Hoewel Apolonnius geen antwoord had ontvangen, stuurde hij zijn manuscript toch naar Londen om gepubliceerd te worden.

Deddens betreurde het dat Nauta geen gebruik had gemaakt van de 'Letters and Journals' van Baillie. Deze was immers een belangrijke bron over Apollonius en het ontstaan van diens 'Consideratio'. Deddens liep de correspondentie tussen Baillie en zijn neef Spang langs in relatie tot de beschouwingen van Apollonius in zijn 'Consideratio'. Aansluitend kwam Deddens in tien punten tot zijn conclusies.

I

In 1936 heeft Dr. D. Nauta zijn ambt als hoogleraar in de theologie aan de Vrije Universiteit aanvaard met het uitspreken van een rede over het onderwerp *De Nederlandsche Gereformeerden en het Independentisme in de zeventiende eeuw*, voorzien van twee bijlagen en tal van aantekeningen werd deze rede even later gepubliceerd.[5]

In zijn Inleiding constateert de auteur dat hier in Nederland de opvattingen van de Independenten inzake de Kerk, in deze eeuw nog geen enkele keer tot voorwerp van een opzettelijk onderzoek werden gemaakt. Hij noemt dit feit niet onbegrijpelijk. Wij hebben altijd te kampen met de grote moeielijkheid dat de bronnen voor de kennis van het Independentisme in de Nederlandse bibliotheken vrijwel geheel ontbreken. Maar, aldus Nauta, ditzelfde bezwaar geldt niet wanneer het onderwerp van een andere kant wordt belicht, en gelet wordt op de bestrijding die deze opvattingen hier in Nederland hebben ondervonden. De vraag die hij nu aan de orde stelt is deze: *wat hebben de Nederlandse Gereformeerden in de zeventiende eeuw tegen de congregationalistische denkbeelden inzake de kerk ingebracht?*

Voor de beantwoording van deze vraag concentreert Nauta zich dan op één "leidraad", één geschrift. Het is de *Consideratio quarendam controversiarum ad regimen ecclesiae Dei spectantium, quae in Angliae regno hodie agitantur*,[6] van de hand van G. Apollonius, gereformeerd predikant te Middelburg. De kopij hiervan werd in oktober 1644 naar Londen gezonden, waar het boekje in november gedrukt werd.[7]

---

5 Amsterdam 1936.
6 **Willem Apollonius, *Consideratio quarundam controversiarum ad regimen ecclesiæ dei spectantium: quæ in Angliæ regno hodie agitantur. Ex mandato & jussu classis Walachrianæ conscripta*, (Londini: typis G.M. sumptibus Georgij Tomason ad insigne Rosæ in Cœmiterio D. Pauli, 1644).**
7 Nadere gegevens bij Nauta, aw., 60 n. 37. In 1645 verscheen een Engelse vertaling: *A consideration of Certaine controversies at this time agitated in the Kingdom of england, concerning the Governemtn of the church of God*. Written at the command and appointment of the Walachrian Classis by G.A., minister of the Word of God at Middelburgh. And sent from the Walachrian Churches to declare the sense and consent of their Churches to the Synod at London, Oct. 16, 1644, stilo novo, tr. out of Latin, etc, London 1645. Zie: H.M. Dexter, *The Congregationalism as seen in its Literature* [The Congregationalism of the last three hundred years, as seen in its literature : with special reference to certain recondite, neglected, or disputed passages.], New York 1880, Collect. Bibliogr. Cong,-reg, I10. 1880. Cf. D. Wing, S. T.C. P, no. 3536; B. WP.G.N. I, 204 n.2.

De inhoud van dit werkje, dat zeven hoofdstukken telt, wordt door Nauta summier weergegeven.[8] Daar het zesde caput[9] onevenredig lang is – het beslaat bijna één derde deel van het geheel – neemt ook de weergave daaraan een bredere plaats in. Op de inhoud van dit onderdeel komt Nauta in een slotbeschouwing terug. Hij staat dan vooral stil bij het tuchtrecht van de meerdere vergaderingen.

Volgens Apollonius hebben classes en synoden "ex jure Dei"[10] een autoritatieve macht waaraan de plaatselijke kerken zich hebben te onderwerpen op straffe van kerkelijke censuur. Zij hebben de bevoegdheid, in te grijpen in een plaatselijke kerk, zij hebben daarbij ook de bevoegdheid de gehele kerkeraad te excommuniceren Met dit laatste bedoelt hij – Nauta legt hier de vinger bij – de excommunicatie in de volle zin des woords, de uitsluiting uit het koninkrijk der hemelen.[11]

Aan het einde van zijn overzicht spreekt Nauta van "dit voortreffelijk boekje tegen de Independentistische ideeën".[12] Het heeft, volgens Nauta, op voortreffelijke wijze tot uiting gebracht het algemene standpunt van de Nederlandse Gereformeerden ten aanzien van de besproken kwesties. De inzichten die in de *Consideratio* worden aangetroffen, worden door Nauta zo sterk vereenzelvigd met die van de Nederlandse Gereformeerden in het algemeen, dat na de weergave van de inhoud van dit ene geschrift verklaard wordt: hiermee is "voorgelegd" "de critiek der Nederlandsche Gereformeerden uit de zeventiende eeuw".[13] *De* kritiek van de Nederlandse Gereformeerden – het geschrift van Apollonius zou in volstrekte zin representatief zijn geweest.

De inaugurele rede, die niet lang na Nauta's monumentale dissertatie over *Samuel Maresius*[14] het licht zag, werd in veel recensies waarderend beoordeeld. Uitgebreide en fundamentele kritiek werd geleverd door Dr. J. van Lonkhuyzen.[15] Deze richtte zich echter niet in de eerste plaats tegen Nauta, maar tegen Apollonius. Toch reikte ze wel verder. Van Lonkhuy-

---

8 Nauta, a.w., 21-27
9 **Hoofdstuk.**
10 **Volgens het goddelijke recht.**
11 Ibid., 32. **Zie voetnoot 963.**
12 **Nauta,** *De Nederlandsche gereformeerden,* **27.**
13 **Nauta,** *De Nederlandsche gereformeerden,* **28.**
14 **Samuel Maresius (1599-1673), predikant Laon, bij lening te Falaise, Sedan 1624, tevens hoogleraar 1625 aldaar, Waals predikant Maastricht 1632, 's Hertogenbosch 1636, tevens professor Illustre school aldaar, professor Groningen 1643-1673, tevens predikant aldaar;** D. Nauta, "Maresius, Samuel," in *BLGNP* 1, 158-160.
15 J. van Lonkhuyzen, "Apollonius' uitspraak geen bewijs", in: *G.T.T.* 38 (1937), 19-40.

zen betoogde onder meer dat de schrijver van de *Consideratio* in zijn zesde hoofdstuk in strijd is gekomen met grondbeginselen van het Nederlands-gereformeerde kerkrecht en dat Voetius en Hoornbeek zich anders hebben uitgelaten dan Apollonius. Hij betoogde ook dat in Apollonius' redeneringen over de bevoegdheid, met name de tuchtbevoegdheid, van de classes en synoden, niet het minste Schriftuurlijke of logische bewijs wordt geleverd; het zijn even zovele ongegronde uitlatingen. Zijn slotconclusie verschilde niet onaanzienlijk van het prijzend oordeel in Nauta's rede. "Het enige wat Apollonius bewijst is dit, dat het met het Geref[ormeerde]. kerkrecht en de kennis daarvan in zijne dagen zeer treurig gesteld was."[16]

II

De rede van Nauta heeft niet los gestaan van de actualiteit: de kwestie van het nieuwe kerkrecht, ingeluid door de kerkrechtelijke zwenking[17] van Dr. H.H. Kuyper c.s. in 1926.[18] Wat naar de beginselen van het gereformeerde kerkrecht, in Nederland in de zestiende eeuw aanvaard, en wat naar de gereformeerde kerkorde, sedert de Afscheiding, de Doleantie en de Vereniging weer van kracht, geheel *onmogelijk* is: dat synoden kerkeraden zouden kunnen afzetten, werd in en na 1926 vooral verdedigd door de hoogleraar in net kerkrecht aan de Vrije Universiteit.[19] Bij deze verdediging werd allereerst gebruik gemaakt van uitlatingen van enkele figuren

---

16 Van Lonkhuyzen, "Apollonius," 40.
17 **Met de 'kerkrechtelijke zwenking' doelt Deddens op de wissel die de (synodaal-) gereformeerden omzetten door te veel bevoegdheden toe te kennen aan de meerdere vergaderingen ten koste van de die van de kerkenraad van de lokale en zelfstandige kerk. Het gaat hier om de kwestie van oud en nieuw kerkrecht.**
18 Nauta deelt zelf mee: "Op de kwesties, welke over dit onderwerp gerezen zijn tusschen Dr. H.H. Kuyper en Dr. J. van Lonkhuyzen, ga ik hier niet in. Wel moet ik zeggen, dat deze discussie mede aanleiding heeft gegeven tot de keuze van mijn onderwerp; ik wilde trachten een zelfstandig inzicht in deze zaak te verkrijgen", a.w., 64 n. 74.
19 Nog in 1923 schreef H.H. Kuyper zelf in tegengestelde zin. Hij had een verzoek uit Amerika ontvangen om publiek te antwoorden op enkele vragen, waaronder deze: "kan een meerdere vergadering een kerkeraad (in zijn geheel) uit het ambt ontzetten?". Deze vraag werd door Kuyper ontkennend beantwoord (met verwijzing naar Voetius), *De Heraut* no. 2363, 6 mei 1923. In een artikel "het tuchtrecht der synodes. I: De Independenten", kwam Kuyper in 1944 tot een "openhartige biecht". In deze biecht verklaarde hij o.m.: "Kind der Doleantie, opgevoed in den strijd toen gevoerd tegen de synodale hiërarchie, trouw leerling van Rutgers en geheel onder den indruk van diens "De rechtsbevoegdheid der plaatselijke kerken", heb ik me toen over het Goddelijk recht en gezag der Synodes wel eens uitgelaten op een wijze, die ik nu diep betreur", *De Heraut*, no. 3477, 11 juni 1944.

en van "voorbeelden" uit de praktijk hier in Nederland (hoofdzakelijk van de zeventiende eeuw). Maar daarna werd ook, en steeds meer, gekeken naar het buitenland. De Schotse en Engelse Presbyterianen kwamen in het vizier. En de zogenaamde synode van Westminster van 1643 en volgende jaren (die men beter de Westminster Assembly kan noemen[20]) werd blikvanger. Daar hadden in de kwestie van de bevoegdheden van een synode de Presbyterianen tegenover de Independenten of Congregationalisten gestaan. De Presbyterianen (vooral de Schotten) streden fel voor de stelling dat de generale synode de hoogste kerkelijke vergadering is, en dat zij ook de bevoegdheid heeft kerkeraden *ambtelijk te excommuniceren*. De Congregationalisten (die in de Westminster Assembly aan de totstandkoming van de Westminster Confessie van harte hebben meegewerkt, en daarmee hebben ingestemd met uitzondering van enkele onderdelen die de kerkregering betreffen) hielden vol dat afzetting van een kerkeraad door een synode niet overeenkomstig de beginselen van de Schrift is. Naar hun inzicht kon men in het kerkverband een kerkeraad alleen excommuniceren in deze zin, dat de gemeenschap voor verbroken werd verklaard. Op deze strijd en op deze stellingen werd nu bij herhaling gewezen. De Presbyterianen werden hierbij "de Gereformeerden" genoemd. En met de Independenten werden vergeleken de opposanten tegen het nieuwe kerkrecht.

Dr. Nauta werd de opvolger van H.H. Kuyper. Met zijn inaugurele rede werd hij door zijn voorganger hartelijk gelukgewenst.[21] We kunnen ons voorstellen dat Kuyper met deze oratie bijzonder gelukkig is geweest ook om redenen die niet uitdrukkelijk vermeld werden. Aan Apollonius was tot nog toe weinig aandacht besteed. Nu werd naar voren gehaald een figuur die opvattingen had gepubliceerd die duidelijk in de lijn van het nieuwe kerkrecht lagen Bovendien had deze figuur een apart boekje geschreven om vanuit Nederland steun te bieden aan de Presbyterianen in de Westminster Assembly. En in heel dit boekje werden de Presbyterianen in het gelijk, de Independenten in het ongelijk gesteld. De uit Nederland door Apollonius kenbaar gemaakte gevoelens harmonieerden op alle aan de orde gestelde punten met die van de Presbyterianen.

---

20 De Assembly was in feite een parlementaire adviescommissie. Ze was door het parlement ingesteld, dat ook de leden had benoemd. Het parlement gaf de zaken aan, waarover het advies wenste, en de Assembly had geen andere taak dan advies te geven. Zie bijv. ook D. Nauta, art. over de Westminster synode in *Christelijke Encyclopedie*, VI, 600: deze "is niet een eigenlijke synode geweest".

21 *De Heraut*, no. 3028, 2 febr. 1939 (hier opnieuw voor de Presbyterianen: "de Gereformeerden").

Nu zou ik met betrekking tot deze rede van Nauta nog iets meer willen opmerken. Terwijl ik voor de kerkhistoricus Nauta veel respect heb, onderschrijf ik (details daargelaten) de door Van Lonkhuyzen geuite kritiek. Ik ben echter ook van mening dat er nog andere zaken naar voren kunnen worden gebracht. Tot een enkele zaak wil ik me nu beperken. Nauta spreekt van "dit voortreffelijk boekje tegen de lndependentistische ideeën".[22] Dit sluit toch in dat de door Apollonius ter sprake gebrachte opvattingen inderdaad "de" congregationalistische opvattingen zijn geweest. Maar staat dit wel vast? Gesteld nu eens dat Apollonius vóór hij zijn geschrift afmaakte éérst aan een aantal congregationalistische leidinggevende figuren gevraagd heeft of bepaalde opvattingen wel "de" congregationalistische opvattingen waren, En gesteld nu ook eens dat van hun kant enige tijd later (na de beëindiging van Apollonius' geschrift) geantwoord is dat zij bepaalde opvattingen niet voor hun rekening namen. Wat dan? Ik opper hier een mogelijkheid. Welnu, het valt te bewijzen dat deze mogelijkheid werkelijkheid is geweest.

Wanneer in zijn rede de inhoud van de hoofdstukken van de *Consideratio*, dit éne geschrift, is weergegeven, wordt (het is reeds geciteerd) door Nauta verklaard; hiermee is voorgelegd *de* kritiek van *de* Nederlandse Gereformeerden. Maar gesteld nu eens dat Apollonius, ondanks aandrang en smeekbeden uit Engeland, door anderen niet werd bijgevallen. Dat de telkens herhaalde klacht aan presbyteriaanse zijde juist déze is geweest, dat Voetius en anderen géén steun hebben geboden in de strijd voor de stelling dat de synode de hoogste kerkelijke vergadering was en dat zij de bevoegdheid had tot ambtelijke excommunicatie van een kerkeraad. Wat dan? Ik opper hier weer een mogelijkheid. Maar opnieuw: het valt te bewijzen dat deze mogelijkheid werkelijkheid is geweest.

Het is mijns inziens bijzonder jammer dat Nauta geen gebruik heeft gemaakt van een zeer belangrijke bron, die over Apollonius en het ontstaan van de Consideratio veel informatie biedt: de *Letters and Journals*[23] van Robert Baillie.[24]

---

22 **Nauta, *De Nederlandsche Gereformeerden*, 27.**
23 **David Laing, *The Letters and Journals of Robert Baillie, A.M. Principal of the University of Glasgow, M.DC.XXXVII-M.DC.LXII, edited from the Author's Manuscripts*, 3 vols., (Edinburgh: printed for Robert Ogle, M.DCCC.XLI.-M.DCCC.XLII).**
24 P. Geyl schreef reeds in *Oranje en Stuart*, Utrecht 1939, dat het jammer was dat A.C. Duker de *Letters and Journals* van Baillie niet gekend heeft, en voegde er aan toe: "Ik heb ze trouwens bij geen enkel Nederlandse historicus ooit aangehaald gezien". Dit bleef staan in de nieuwe editie van het boek, Zeist 1963, 345. In twee dissertaties, in

Er is in 1936 een bepaald beeld ontstaan dat moeilijk als geheel juist kan worden aanvaard. Maar dat beeld is tot dusver niet gerectificeerd. En wat Nauta geschreven heeft, heeft invloed geoefend, in meer dan één opzicht. En het blijft invloed oefenen.

Daarom wil ik graag voorstellen enige aandacht te geven aan wat Baillie bericht in zijn *Letters and Journals*.

Voor we naar hem gaan luisteren een enkel woord over de man en zijn werk, en ook over zijn correspondent op Walcheren.

III

Robert Baillie (1602-1662) was "a Glasgow man".[25] Hij werd in deze stad geboren en bracht er zesenveertig jaar van zijn leven door. Hij studeerde aan het Glasgow College, werd predikant in Kilwinning, en aanvaardde in 1642 de benoeming tot hoogleraar aan Glasgow's universiteit. In 1661 werd hij principal.

In 1638 maakte Baillie als afgevaardigde de historische General Assembly in zijn geboortestad mee. Van het einde van 1643 tot de eerste dagen verbleef hij in Londen en woonde hij de Westminster Assembly bij als een van de Schotse "commissioners". Deze "commissioners" waren geen gewone leden van de Assembly. De eigenlijke taak waarmee zij vanuit Schotland belast waren, hield verband met de *Solemn League and Covenant*.[26] Deze taak hield in dat zij als Schotse gedelegeerden in Londen het

---

1937 verdedigd aan de V.U., is echter van de *Letters and Journals* gebruik gemaakt: A.G. Opstal, *André Rivet. Een invloedrijk Hugenoot aan het hof van Frederik Hendrik*, Harderwijk 1937; M. Bouwman, *Voetius over het gezag der synoden*, Amsterdam 1937. Dit wordt ook opgemerkt door A. A. van Schelven, *Uit den strijd der geesten*, Amsterdam 1944, 170 11.3. Van Schelven bezat de eerste editie, die hij meermalen heeft geciteerd. Uit zijn zojuist vermelde noot valt op te maken dat D. Nauta na zijn rede het werk in bezit gekregen heeft.

25 Over Baillie: F.N. McRoy, *Robert Baillie and the Second Scots Reformation*, Berkely, Los Angeles, London 1974; zie verder de daarin opgenomen bibliografie.

26 De *Solemn League and Covenant* was een overeenkomst uit 1643 tussen de Schotse Covenanters en de leiders van de Engelse parlementariërs tijdens de First English Civil War. Op 17 augustus 1643 aanvaardden zowel de Kerk van Schotland als het Engelse parlement en de Westminster Assembly de overeenkomst. De Engelsen beschouwden het als een burgerlijke overeenkomst, de Schotten als een religieuze overeenkomst in de zin van garantie van hun vrijheid van godsdienst; The Editors of Encyclopædia Britannica, "Solemn League and Covenant: England-Scotland [1643]," in *Encyclopædia Britannica* 20 juli 1998; geraadpleegd 26 april 2017, https://www.britannica.com/event/Solemn-League-and-Covenant-England-Scot-

hunne moesten doen dat er in Engeland regelingen tot stand kwamen voor kerkelijke uniformiteit met de Church of Scotland. Dit hield, wat Schotland betreft, onder méér in dat de "commissioners" ter bereiking van dit doel "the Assembly of Divines at Westminster" zouden (kunnen) bijwonen, "to propound, consult, treat and consult with them".[27] In Schotland waren er door de General Assembly acht "commissioners" aangewezen: vijf predikanten (hoogleraren) en drie ouderlingen. Door slechts vier van hen werd de Westminster Assembly regelmatig bijgewoond (gedurende de eerste jaren): door de theologen Alexander Henderson en George Gillespie (Edinburgh), Robert Baillie (Glasgow), Samuel Rutherford (St. Andrews). Zij arriveerden in Londen enige maanden na de opening van de Assembly.

In deze Londense periode schreef Baillie zijn dikwijls aangehaalde werk *A Dissuasive form the Errours of the Time*, dat een felle bestrijding van de Independenten inhield.[28] Voor de kennis van wat zich afspeelde in

---

land-1643; *A solemn league and covenant for reformation and defence of religion, the honour and happinesse of the king, and the peace and safety of the three kingdoms of England, Scotland, and Ireland : also, two speciall orders : viz. I. Concerning the taking of the solemn league and covenant in all churches and chappels in London and Westminster, II. Concerning divers lords, knights, gentlemen, colonells, officers, souldiers, and others, that are desirous to meet upon Friday next in the afternoon, at Margarets-Westminster, and to take the said league and covenant: with a preamble concerning the excellent usefulnesse of the said covenant, made by a worthy member of the House of Commons,* **ordered by the Commons in Parliament, that this League and orders be printed and published: (H: Elsynge, cler. Parl. D. Com., London: Printed for Edward Husbands, 1643).**

27 Mededeling van de General Assembly van Schotland 1643 aan het Engelse parlement, *Acts,* 89-92. Over de taak en de positie van de "commissioners" in London o.m. B.B. Warfield, *The Westminster Assembly and its Work,* New York, 31-34 (repr. Cherry Hill, N.J. 1972). Warfield merkt hierbij op: "But the proper task of the Scotch Commissioners lay not in the Assembly of Divines, but outside of it".

28 London 1645. Het werd gevolgd door: *Anabaptism the true Fountaine of Independency, Brownisme, Antinomy, Familisme,* London 1647. Dit werd aangediend als "A Second Part of *The Dissuasive from the Errors of the Time*". In onderscheid met o.m. A.A. van Schelven ben ik van mening dat het beeld dat Baillie van de Congregationalisten geeft, gekleurd is. Van congregationalistische zijde, zowel in Engeland als in Nieuw Engeland, is tegen dat beeld geprotesteerd. De zaak heeft te maken met de verschillende zin van de gebruikte benaming "Independents" en met de door de Congregationalisten in Engeland bepleite tolerantie. De benaming "Independents" duidde in kerkelijke zin de Congregationalisten aan, maar werd in de jaren – 1640 ook in politieke zin gebruikt. Ze werd daarbij een losse aanduiding van alle protestantse dissenters die zich tegen een uniforme staatskerk naar Schots model te weer stelden en meer vrijheid van eredienst nastreefden. Als zodanig omvatte zij zowel de Congregationalisten als allerlei

en rondom de Westminster Assembly vormen zijn *Letters and Journals* een bijzonder interessante bron.[29] Deze *Letters and Journals* bestrijken het tijdvak van een kwart-eeuw: 1637 tot 1662. Baillie heeft heel wat brieven geschreven, en van veel brieven heeft hij afschrift gehouden (dikwijls liet hij een afschrift maken). Hij stuurde aan zijn correspondenten vaak ook documenten (of afschriften daarvan) toe. Samen met zijn epistolaire nalatenschap zijn ook talrijke documenten (en lijsten van documenten) bewaard gebleven. Aan deze nalatenschap is een hele geschiedenis verbonden, waar we nu aan voorbij kunnen gaan.[30] Een eerste, zeer gebrekkige editie van de *Letters and journals* zag in 1775 het licht.[31] Een

---

sectariërs die ook in het leger in groten getale aanwezig waren. De zaak is nog gecompliceerder door andere factoren, bijvoorbeeld de eigen instelling van de parlementaire Independenten. Hierbij kan nog opgemerkt worden dat ook de benaming "Presbyterian" in meer dan één zin ging gebruikt worden, waarbij ook politieke aspecten een rol speelden. De ingewikkeldheid van de problemen die zich hier voordoen, manifesteert zich in de voortgaande onderzoekingen en discussies van Engelse (en Amerikaanse) historici (Hexter, Yule, e.a.). Zeker van Baillie geldt wat Paul heeft opgemerkt van de Presbyterianen in het algemeen: "Naturally, the Presbyterian party... was none to scrupulous about tarring the Dissenting Brethren (de vijf congregationalistische voormannen in de Westminster Assembly, D.D.) with the Separatist brush or worse", Robert S. Paul, *An Apologeticall Narration*, Philadelphia, London 1963, 46 n. 7.

29 Wanneer Jordan het werk "our most valuable source of information concerning the work and internal conflicts of the Assembly of Divines" noemt, W.K. Jordan, *the Development of religious toleration in England* III, London 1938, 287, n.1, moet wel in rekening worden gebracht dat Baillie de werkzaamheden niet volledig beschrijft. Baillie's eerste beschrijving van "the Assembly at work" noemt de Witt terecht "extraordinarily fascinating", J.R. de Witt, *Jus Divinum. The Westminster Assembly and the Divine Right of Church government*, kampen 1939, 34. Het valt volledig te begrijpen dat Carruthers voor zijn eigen bijzonder interessante boek over de Westminster Assembly van Baillie's *Letters and Journals* een dankbaar gebruik heeft gemaakt, S.W. Carruthers, *The Everyday Work of the Westminster Assembly*, Philadelphia 1943.

30 Uitvoerige gegevens treft men aan in de inleidende gedeelten in Vol. I van de editie van D. Laing; zie de hier volgende n. 17.

31 Uitgegeven Edingburgh, 2 vols., en bezorgd door Robert Aitken, "Schoolmaster at Anderston".

aanzienlijk betere uitgave kwam tot stand door een gelukkig besluit van The Bannatyne Club[32] in 1838.[33]

Met niemand heeft Baillie méér gecorrespondeerd dan met zijn neef William Spang (1607-1664).[34] Deze was sinds 1630 als predikant verbonden aan de Schotse gemeente te Veere. Daar was een Schotse wolstapel gevestigd, er was een Schotse kolonie met eigen wetten en rechtspraak, er was ook een Schotse kerk die in 1642 officieel ging behoren tot de presbyteriaanse Schotse staatskerk.[35] Nauwe banden ontstonden er tussen Spang en Apollonius, sinds 1631 predikant te Middelburg. Ze werden later nog nauwer, toen Apollonius in 1652 zelf in Middelburg kwam als predikant van de Engelse gemeente.

Aan Baillie's brieven aan Spang, opgenomen in the *Letters and journals*, willen we nu aandacht geven. We moeten wel enige beperkingen in acht nemen. Als vertrekpunt kunnen we het best de brief nemen die Baillie na zijn eerste kennismaking met de Westminster Assembly schreef. We kunnen eindigen met de laatste brief van 1644. Hierna volgt er in de correspondentie als het ware een nieuw hoofdstuk: Apollonius' *Consideratio* is dan gedrukt, en het laatste nieuws over dit boekje is dan verteld. Bovendien komt er dan een epistolaire pauze: de volgende brief van Baillie is gedateerd 25 april 1645. Ik teken hierbij aan dat Baillie daarin opnieuw over Apollonius schrijft, maar het gaat dan om een nieuwe zaak: Spang moet nu Apollonius aansporen om tegen Erastus te schrijven. Van nu af aan is telkens het Erastianisme en het schrijven dáártegen aan de orde. Nog in ander opzicht is beperking geboden. In alle brieven aan Spang geeft Baillie het laatste nieuws. Telkens schrijft hij over de koning en over het parlement, over politieke en militaire gebeurtenissen. Meer dan eens gaat hij ook op discussie in de Westminster Assembly of com-

---

32 De Bannatyne Club was een 'text publication society' die in 1823 werd opgericht en vernoemd werd naar de Schotse koopman en verzamelaar van Schotse gedichten George Bannatyne (1545-1608). Het doel van de Club was het uitgegeven van zeldzame Schotse manuscripten. Er verschenen 116 delen. De Club hield in 1861 op te bestaan; "Bannatyne, George," in *Encyclopædia Britannica* 3, 1911, 353; [David Laing], *The Bannatyne Club: List of Members, Rules, and Catalogue*, (Edinburgh: T. Constable, MDCCCLXVII).

33 Uitgegeven Edinburgh, 1841-1842, 3 vols., en bezorgd door David Laing.

34 Over hem: David Laing in *Letters and Journals*, I, Appendix IV, cvii-cxvi; zie ook Appendix V over zijn familie.

35 Zie: John Davidson and Alexander Gray, *The Scottish Staple at Veere*, (London 1909); M.P. Rooseboom, *The Scottish Staple in the Netherlands*, The Hague 1910; *The Journal of Thomas Cuningham of Campbere 1640-1654*, ed. Elinor Joan Courthope, (Edinburgh 1928).

missievergaderingen in. Hij vermeldt allerlei voorvallen, spreekt zijn mening uit over allerlei personen. Hoe interessant dit alles ook is, het is niet mogelijk, het is ook niet nodig, telkens al deze onderwerpen in onze weergave te betrekken. Een slotopmerking: Baillie heeft z'n eigen schrijfwijze, ook z'n eigen spelling, en deze is niet altijd gelijk.[36]

IV
We geven hier nu een en ander door uit de brieven van Baillie aan Spang uit de zojuist genoemde periode. Henderson en Gillespie waren al op 15 september 1643 in deze Assembly verschenen, Baillie en Rutherford werden er verwelkomd op 20 november.

1. Brief van 7 december 1643[37]
In deze brief, die gedateerd is 7 december maar op latere datum beëindigd werd (na verscheidene bladzijden volgt er: "This much I had written when your letter December 11th came to me"),[38] geeft Baillie een levendige en bijzonder interessante beschrijving van de Assembly en haar werkwijze. Hij is erg onder de indruk: "The like of that Assemblie I did never see, and, as we hear say, the like was never in England, nor any where is shortlie lyke to be".[39] Na allerlei zaken verhaald te hebben, blijkt hij één ding toch wel een beetje irritant te vinden: "They follow the way of their Parliament. Much of their way is good, and worthie of our imitation: only their longsomenesse is wofull at this time, when their Church and Kingdome lyes under a most lamentable anarchy and confusion".[40]

Over de positie van de Schotten in de Assembly deelt hij mee:

["]When our Commissioners came up, they were desyred to sitt as members of the Assemblie; [toegevoegd: but they wiselie declyned to doe so:] but since they came up as Commissioners for our National Church to treat for Uniformitie, they required to be dealt with in that capacitie. They were willing, as private men, to sitt in the Assemblie and upon occasion to give their advyce

---

36 Het lijkt me doelmatig, vooral bij die passages in Baillie's brieven die op Apollonius en op andere figuren in Nederland betrekking hebben, veelal woordelijk te citeren. De annotatie blijft zeer beperkt. Voor de kerkrechtelijke debatten die er in het einde van 1643 en in 1644 in de Westminster Assembly werden gevoerd verwijs ik graag naar het reeds genoemde werk van J.R. de Witt (zie hierboven, n. 14).
37 *Letters and Journals* (ed. Laing), II, 107-116.
38 **Laing,** ***Letters and Journals*** **2, 115.**
39 **Laing,** ***Letters and Journals*** **2, 107.**
40 **Laing,** ***Letters and Journals*** **2, 109.**

in poynts debated; but for the Uniformitie, they required a committee might be appointed from the Parliament and Assemblie to treat with them thereanent. All these, after some harsh enough debates, was granted: so once a week, and whyles otter, there is a committee of some Lords, and Commons, and Divines, which meets with us anent our commission.["][41]

Toen Baillie en Rutherford binnenkwamen, was er juist een scherp debat over het ambt van doctor aan de gang. Over de pastor was men het eens geworden, maar met betrekking tot de doctor namen de Independenten een eigen positie in. Daar waren zeer bekwame figuren bij.

["]The Independent men, whereof there are some ten or eleven in the synod, manie of them very able men, as Thomas Goodwin, Nye, Burroughs, Bridge, Carter, Caryll, Philips, Sterry, were for the divine institution of a Doctor in everie congregation as well as a Pastor. To these[42] the others were extreamlie opposite, and somewhat bitterlie, pressing much the simple identitie of Pastors and Doctors. Mr. Hendersone travelled betwixt them, and drew on a committee for accommodation.["][43]

Na gehandeld te hebben over de daarop volgende debatten inzake het ouderlingenambt, bericht Baillie dat het parlement zich bewust was geworden van een verzuim: al veel eerder hadden de kerken in het buitenland ingelicht dienen te worden. De grote commissie zou nu brieven concipieren die namens de Assembly aan de protestantse kerken zouden worden gezonden. In het vervolg van zijn brief komt hij hierop terug. Tegelijk maakt hij zijn wensen kenbaar:

["]There is shortlie to come from the Assemblie here, and us Commissioners from Scotland, letters in Latine to all the Reformed churches, and among the rest to yow of Zeland and Holland. It is my earnest desyre, if by some of the eminent brether there, you can obtain, in their answers which I hope will come, some clauses to be insert, of the churches of Holland and Zeland [their] grave counsell, and earnest desyre, that, according to our profession in our late Covenant, taken now be both the Assemblies of Scotland and England, we would be carefull in our reformation, after the word, to have an eye to that Discipline wherein all the Reformed churches doe agree; and that we be verie diligent to eshew that

---

41 Laing, *Letters and Journals* 2, 110.
42 **In de tekst van Deddens staat: "The these the others."**
43 Laing, *Letters and Journals* 2, 110.

democratick anarchy and independence of particular concregations, which they know to be opposite to the word of God, and destructive whollie of that Discipline, wherby they, and the whole Reformed churches do stand.["]⁴⁴

Een belangrijk moment! Hier beginnen reeds de aanwijzingen. Van Spang wordt nogal wat verlangd. Laat hij doen al wat hij kan doen voor het binnenkomen van waarschuwingen voor het *Independentisme*.

["]If by your dealing, such clauses could be gotten put into your letters unto us, and in the letters of the churches of France, Switze, Geneva, and others, by the means of your good friends Dr. Rivett and Spanheim,⁴⁵ or some others, it might doe us much good: for however we stick here on manie things, yet the great and dangerous difference will be from the Independent faction, to whom it would be a great dashe, if not onlie we in Scotland, but they also of Holland, France, and Switze, who are alyke interested, would give a tymeous warning upon the occasion, from this, against the great and common enemies of that Discipline which is common to us all. Think what yow can gett done here.["]⁴⁶

2. Brief van 1 januari 1644⁴⁷
Een korte brief,⁴⁸ maar met een herhaalde aansporing:
["]Faill not when our letters come, as quicklie they will, to obtain from your folks, and, if ye can, from these of Switze, France, and Geneva, ane grave and weightie admonition to this Assemblie to be carefull to suppresse all schismaticks, and the mother and foster of all, the independencie of congregations.["]⁴⁹

---

44 Laing, *Letters and Journals* 2, 115.
45 Vermoedelijk doelt Deddens hier op Frederik Spanheim/Fredericus Spanhemius sr. (1600-1649) en niet op diens zoon Frederik Spanheim/Fredericus Spanhemius jr. (1632-1701), hoogleraar wijsbegeerte Geneve 1626, ook predikant aldaar, tevens hoogleraar theologie aldaar 1631; D. Nauta, "Spanheim, Fr(i)edericus," in *BLGNP* 2, 1983, 410-411.
46 Laing, *Letters and Journals* 2, 115.
47 *Letters and Journals*, II, 127f.
48 Hoewel Deddens in zijn voetnoot aangaf dat de brief te vinden is vanaf pagina 121, moet dit zijn: Laing, *Letters and Journals* 2, 127-128.
49 Laing, *Letters and Journals* 2, 115.

3. Brief van 18 februari 1644[50]

Een erg lange brief voor het grootste deel over de recente politieke ontwikkelingen. Ook een en ander over de laatste onderwerpen en debatten in de Assembly. Een zaak die Baillie dwars zit: de Independenten zijn plotseling met een gedrukte verklaring voor de dag gekomen, getiteld *An Apologeticall Narration*.[51] Daarin verzoeken zij het parlement om tolerantie, op een slimme manier. Het stuk is volkomen onverwacht aangeboden aan de Assembly, ieder lid ontving een exemplaar. Baillie vermeldt nadere bijzonderheden. "What both we and others shall replie, ye will hear ere long in print."[52]

4. Brief van 10 maart 1644[53]

Deze brief[54] vormt na de vorige een verrassing voor de lezer. Op 18 februari schrijft Baillie niet dat hij een exemplaar van *An Apologeticall Narration* bij zijn brief voegt. En hij doet in verband met dit pamflet aan Spang ook geen verzoek. Uit deze nieuwe brief blijkt nu, dat de classis Walcheren voor een schrijven heeft gezorgd waarin *An Apologeticall Narration* bekritiseerd wordt.

Hoe kwam de classis Walcheren daartoe? Dat blijkt men zich ook in de kring van de Assembly te hebben afgevraagd. Er werd gegist, er werden verbanden gelegd, de predikant van Veere kwam ook ter sprake. Maar hoe de vork in de steel zat? Baillie zelf houdt zich in deze nieuwe brief op de vlakte. Hij begint echter met het uitspreken van zijn dank voor brieven die door Spang waren gezonden en die bijzonder welkom waren. Hij laat daarop volgen: "and for your good service to God, and us, in due time, yow shall receive thanks".[55]

---

50 Ibid., 128-143. **Zie voetnoot 1001.**
51 Een bijzonder belangrijk document. De vijf "dissenting brethren" in de Westminster Assembly, de congregationalistische leidinggevende figuren Thomas Goodwin, Philip Nye, Sidrach Simpson, Jeremiah Burroughes en William Brudge, (die allen in Nederland geweest waren) geven hierin rekenschap van hun geloof en hun opvattingen. Zij zijn geheel gereformeerd in hun geloof. Zij staan geheel los van het Brownisme. Zij verschillen alleen inzake de kerkregering op een enkel punt van hun broeders de Presbyterianen. Het belangrijkste verschil betreft de kwestie van het gezag en de excommunicatiebevoegdheid van de synoden. Zie vooral Robert S. Paul, *An Apologetical Narration*, hierboven reeds genoemd (n. 13).
52 **Laing, Letters and Journals 2, 130.**
53 *Letters and Journals*, II, 143f.
54 **Laing, Letters and Journals 2, 143-144.**
55 **Laing, Letters and Journals 2, 143.**

Dan komt het interessante relaas:

["]The other day some of the Dutch church came to the Assemblie-doore, and delivered a letter to us, from the classis of Walcheren. It was publicklie read, and taken with a great deal of respect: It came wonderfull opportunelie, and will doe a great deall of good. The long and sharpe censure of the Apologetick Narration was very well received be all but the parties, who yet were altogether silent, and durst not oppose one word. A committee was presentlie appointed for translating it into English, and transmitting it, to be read, to both Houses of Parliament, both in Latine and English. What there it may work, yow shall hear in time. It spake so near to the mind and words of the Scotts, that some said it savoured of them; but when some such muttering was brought to the face of the Assemblie, all did deny they knew any author of such a speech; so, no man avowing it, the Scotts let such a calumnie pass, without an apologie. I believe they wished, and thought it just, that all the Reformed Churches should doe all which the Divines of Walcheren hath, in the defence of the cause of God, and of all the Reformed Churches, against common and very dangerous adversaries. But I heard them say, in private, that they had no correspondence at all with any forraigne Churches; it might be, that some of them had sometimes letters from the Minister of the Scotts Staple at Campveere, but that none of them had sent him either the Apologeticall Naratione, or so much as our Ansuer to it; that they had never motioned any censure of that book by the forraigne Divines. However, in the good providence of God, that letter came.["][56]

Blijkbaar is Baillie zelf hierdoor toch niet zo verrast geweest als vele anderen. Misschien mag hier nog wel even extra aandacht worden gevraagd voor zijn mededeling over het aankloppen door leden van de Nederlandse kerk te Londen. Leden van deze gemeente blijken vaker gefungeerd te hebben als tussenpersonen. In wat hij nu verder schrijft maakt Baillie duidelijk dat er méér wordt verwacht:

["]It is expected that the Synod of Zealand will not onlie avow what their brethren hes written, but will give their brotherlie advyce to this Synod, anent all the things in hand; which I assure you, will be very well taken, and doe much good; especiallie, if with their serious dissuasive from Independencie, and cordiall exhortation to erect Presbytries and Synods, they joyne their counsells for abolishing the relieks of Romish superstition, in their festivall

---

56 Laing, *Letters and Journals* 2, 144.

dayes, and Liturgie, etc. and above all, to beware of any tolleration of sects, wherein yow are ane evill and dangerous example. If yow assist us at this time, God may make us helpfull to yow another day. Farewell.["]

5. Brief van 12 april 1644[57]

Een brief die ons voor nieuwe verrassingen stelt! Baillie begint met de mededeling dat hij eerder aan Spang geschreven heeft: onder een andere naam, omdat er, naar hem was meegedeeld, iets mis was gegaan met Spang's eigen brieven. Maar omdat het vaststaat dat alle door Baillie zelf gezonden brieven in Spang's bezit zijn gekomen, hoeft hij die vermomming niet langer te gebruiken. Inmiddels zijn de brieven van Spang bij Baillie bezorgd bij de twee laatste postbestellingen. De brief is in mineur. Wat de situatie in Engeland betreft:

["]Matters here, both of Church and State, are in a strange posture. We are oft put to our knees to cry to God. The unhappie, and unamendable prolixitie of this people, in all their affaires, except God work extraordinarilie, is lyke to undoe them: they can put nothing to any point, either in Church or State: we are vexed and overwearied with their wayes. God help them, and our poor land, who by their own unhappie sottish lazinesse is like to be in great hazard. ["][58]

Baillie spreekt dan over recente militaire feiten. En komt vervolgens op de Assembly. Na een paar maanden blijkt er van zijn aanvankelijke hooggestemdheid vrijwel niets te zijn overgebleven. "Their way is woefully tedious. Nothing, in any Assemblie that ever was in the world except Trent, like them in prolixitie..."[59]

Met de steun uit het buitenland is het ook niet best gesteld.

["This day was read the Ansuers of the divines of Hesse-Cassels. We were very unsatisfied with their letter: it was but a poor short epistle, all spent upon lamenting their own miseries, and in the little they spoke to our point, giving us unseasonable and very unsavourie counsell, not to medle with the Bishops.["][60]

---

57 Ibid., 163-165. **Zie voetnoot 1004.**
58 **Laing, *Letters and Journals* 2, 164.**
59 **Laing, *Letters and Journals* 2, 164.**
60 **Laing, *Letters and Journals* 2, 164-165.**

Zeer kritisch spreekt Baillie ook over Hugh Peter; een pamflet van hem voegt Baillie bij zijn brief.

Maar wat in deze brief een nieuwe verrassing voor ons vormt, is het nieuwe oordeel over de brief van de classis Walcheren, Baillie's brief van 10 maart bevatte daarover, zoals we gezien hebben, niets dan lof. (Wat de classis Walcheren geschreven had, betekende een zware slag voor de schrijvers van *An Apologeticall Narration* en de Independenten in het algemeen. Het ware te wensen dat alle gereformeerde kerken zouden doen wat Walcheren had gedaan. Verwacht werd dat ook de synode van Zeeland zich achter het schrijven van Walcheren zou stellen. Enzovoort.) Maar het oordeel over de brief van Walcheren is nu *negatief*. Het blijkt dat Baillie daar al eerder over geschreven heeft; hij herhaalt dit nu. Wat aan het einde van de classicale brief werd verklaard heeft aan de kerkrechtelijke zaak van de Schotten *grote schade* toegebracht. In dat einde wordt namelijk gesteld dat *de gehele regeermacht bij de plaatseljjke kerkeraden berust* (afgedacht van bijzondere gevallen). Dit is ten enenmale in strijd met de Schots-presbyteriaanse opvatting. Wat nu door de classis Walcheren is uitgesproken, wordt publiek door de Independenten gebruikt tégen de Schotten. Maar niet alleen de Independenten maken er gebruik van, leidinggevende *Engelse* Presbyterianen doen dit nu ook. Baillie vermeldt in dit verband met name Marshall.[61]

Maar er is nog méér. Ook Voetius neemt een standpunt in dat indruist tegen dat van het Schotse presbyterianisme. Zijn standpunt is zakelijk gelijk aan dat van de classis Walcheren. Ook op Voetius wordt nu een beroep gedaan, eveneens door figuren als Marshall. De bevoegdheid tot excommunicatie, zelfs ook tot bevestiging in het ambt, zou in alle gewone gevallen aan de kerkeraden toekomen. In deze situatie hebben andere theologen in de Westminster Assembly zich al gedwongen gezien zich uit te spreken tegen de classis Walcheren, en er op te wijzen dat Voetius "slechts één man was", en de classis Walcheren "slechts één classis". Zij hebben ook gezegd dat de Acta van Nederlandse generale synoden en de *Harmonia Confessionum* de macht van excommunicatie en van bevestiging in gewone gevallen toekennen aan de classes, en niet aan de kerkeraden.[62]

---

61 Het kan gaan om Stephen Marshall, predikant te Londen, maar ook om Thomas Marshall die van 1650-1672 predikant te Rotterdam was; Sprunger, *Dutch Puritanism*, 250, 253, 439.
62 Jean Francois Salvard, Simon Goulart, Johann Heinrich Bullinger, *Harmonia con-*

Baillie merkte ook nog op, dat het een goede zaak zou zijn als Spang de uitspraken van de classis en van Voetius zou kunnen verholpen krijgen in de brief van Zeeland.

We citeren dit hele gedeelte waarmee de brief van 12 april eindigt.

["]The tenets of Independents, yow know: I wrote to yow the great harm of that clause of your Walcheren letter, of the entire power of government in the hands of congregational presbytries, except in cases of alteration and difficultie & c. Not only the Independents make use of it publicklie against us, but some of our prime men, Mr. Marshall by name, upon it and Voetius, who from Parker hes the same, dissents from us, giving excommunication, and, which is more, ordination, to our sessions in all ordinarie cases. If you can gett this helped in the Zeland letter, it will be well; for other divines, in the face of the Assemblie, Seaman by name, hes been forced to decline with all reverence your authoritie, saying, that Voetius was bot one man, and the classis of Walcheren but one classis; that the Acts of your Generall Assemblies, and Harmonie of Confessions, gives the power of excommunication and ordination in ordinarie cases of your Classes, and not to your parochiall Consistories.["][63]

6. Brief van 19 april 1644[64]

Het grootste deel van deze brief handelt over politieke en militaire ontwikkelingen. Baillie maakt een aantal kritische opmerkingen over John Dury[65] en over John Forbes.[66] Betreffende de Assembly deelt hij mee dat de zaak van de bevestiging in het ambt ("ordination") is afgehandeld, en dat nu de zaak van de presbyteries aan de orde gaat komen. "The Independents are resolute to give in their reasons against us, and that shall be

---

fessionum fidei orthodoxarum & reformatarum ecclesiarum : quae in praecipuis quibusque Europae regnis, nationibus, & prouinciis, sacram euangelij doctrinam purè profitentur: quarum catalogum & ordinem sequentes paginae indicabunt : additae sunt ad calcem breuissimae obseruationes: quibus, tum illustra[n]tur obscura, tum quae in speciem pugnare inter se videri possunt, perspicuè, adque modestissime conciliantur: & si quae adhuc controuersa manent, syncerè indicantur: quae omnia, ecclesiarum Gallicarum, & Belgicarum nomine, subiiciuntur libero & prudenti reliquarum omnium, iudicio, (Genevae: apud Petrum Santandreanum, 1581).

63 Laing, Letters and Journals 2, 165.
64 Ibid., 165-168.
65 **Johannes Duraeus.**
66 **Christiaan G.F. de Jong**, *John Forbes: Schots predikant, balling, en kerkpoliticus in de Nederlanden*, (s.l. s.n., s.a.); geraadpleegd 17 mei 2017, http://cgfdejong.nl/John%20Forbes%20-%20Tekst.pdf.

the beginning of an open schisme: lykelie after that, we will be forced to be deal with them as open enemies."⁶⁷

Hij tekent nu verder in korte trekken een zeer negatief beeld van de Independenten die overal in het land bezig zijn. Ook Nieuw Engeland komt hierbij ter sprake. Hij besluit dit deel van zijn brief met: "Be diligent, we beseech yow, with your Synod".⁶⁸

7. Brief van 26 april 1644⁶⁹

Baillie heeft de brief van 18 april ontvangen, Hij dankt Spang voor zijn ijver; "by all means go on with your Divines for their ansuer".⁷⁰

Baillie zou echter willen dat zij die nu in Zeeland door Spang zijn ingeschakeld, zelf ook weer anderen bij de zaak gingen betrekken. Hierbij denkt Baillie vooral aan de hoogleraren in Leiden, en ook aan Rivetus⁷¹ en Voetius:

["]I wish these whom you have engaged in Zeland were put on to engage with themselves the Divines of the other provinces, especiallie the Professors of Leyden, also Rivett and Voetius. There is great need; for this is a very wavering and sickle people.["]⁷²

In de Assembly zal de zaak van the "presbyteries" nu verder met die van de synoden worden gecombineerd. In de diverse legers hebben de Independenten numeriek de meerderheid, hulp van onze vrienden is dus hard nodig, Baillie zou willen dat via de vrienden van Sprang die hulp ook uit andere landen zou worden verschaft:

["]I wish we had letters by some of your friends means from Suiss and Geneva; and however the French divines dare not keep publick correspondence ... yet I think some of the ministers of Paris, and of their professors, if they were dealt with by some of your friends, might, in private letters, either

---

67 Laing, *Letters and Journals* 2, 168.
68 Laing, *Letters and Journals* 2, 168.
69 Ibid., 169-171.
70 Laing, *Letters and Journals* 2, 169.
71 Andre/Andreas Rivet(us) (1572-1651), predikant Thouars 1595, hoogleraar Leiden 1620, professor honorarius Leiden en opvoeder Willem II 's Gravenhage 1632, curator Illustre School Breda 1646 ; G.P. van Itterzon, "Rivet (Rivetus), Andre (Andreas)," in *BLGNP* 2, 375-378; A.G. Opstal, *André Rivet. Een invloedrijk Hugenoot aan het hof van Frederik Hendrik*, Harderwijk 1937.
72 Laing, *Letters and Journals* 2, 169.

to some here, or some with yow, write so much of their mind in this publick cause of Church-government, as might contribute to the encouragement of this fainting and weak-hearted people.["]"[73]

Baillie geeft nu aan, in welke zin er *niet* en in welke zin er *wel* zou moeten worden geschreven. Hij zou wensen dat de brieven zich zeer gematigd uitdrukten op het punt van de overheid en evenzo over de macht van de particuliere kerken. Hij zou ook wensen dat zij de ambtsbevestiging ("ordination") toekenden uitsluitend aan de classes, en dat zij hetzelfde deden betreffende de excommunicatie, "at least for regulating of the processe".[74]

8. Brief van 3 mei 1644[75]

Na een korte opmerking over de onderlinge correspondentie uit Baillie zijn dankbaarheid over de brief die is binnengekomen van de synode van Zeeland: "a better turne could not have been done to us".[76] Het punt van de overheid zal ongetwijfeld het drukken van deze brief verhinderen. Kan hij niet in Zeeland worden gedrukt, zowel in het Latijn als in het Engels? Weer herhaalt Baillie zijn aansporing: "What I wrote, of ingageing your other provinces and professors, and other churches, yow will doe what yow may herein".

In de Assembly zijn er nu weer andere tegenstanders dan de Independenten:

"When we have any truce with the Independents anent our Presbytrie, we fall in new warrs with others. For our sessions, a great party in the Synod, for feare of rueling Elders, and in opposition to Independencie, will have no ecclesiastick court at all, but one presbytrie for all the congregations within its bounds."[77]

De brief bevat verder berichten over andere kwesties, waaraan we kunnen voorbijgaan.

9. Brief van 17 mei 1644[78]

Er volgt nu een brief, waarvan het eerste gedeelte geschreven werd voor

---

73 Laing, *Letters and Journals* 2, 170.
74 Laing, *Letters and Journals* 2, 170.
75 Ibid., 174-176.
76 Laing, *Letters and Journals* 2, 174.
77 Laing, *Letters and Journals* 2, 175.
78 Ibid., 180-185.

medio mei en die op 17 mei een verlengstuk kreeg. Deze brief is bijzonder belangwekkend. Voor het eerst wordt nu met name *Apollonius* genoemd. We ontvangen informaties die bij Nauta (ook bij Van Lonkhuyzen en anderen) niet te vinden zijn.

Allereerst bericht Baillie dat hij geheel en al instemt met de brief van Apollonius. Hiermee blijkt bedoeld te zijn een brief die betrekking heeft op een verzoek *aan de Independenten zelf*, om aan Apollonius hun opvattingen over bepaalde zaken (in drie gedeelten gerubriceerd) kenbaar te maken:

> ["]I approve exceedingly well of Apollonius's letter, to enquire of the Independents themselves their judgments in three heads he propones.["][79]

Hieraan knoopt Baillie de opmerking vast, dat de twee boeken die hij onlangs aan Spang heeft toegezonden, Apollonius van dienst zullen kunnen zijn. Bovendien zendt hij nu tegelijk nog twee andere geschriften. Baillie prijst Apollonius zeer en vertrouwt dat deze zal doorzetten: "We are much obliged to that excellent divine Apollonius. We trust he will, with all diligence, goe on in his avowed intention: there is nothing wherein he can doe better service to God and the Reformed churches."[80]

In het vervolg van zijn brief komt hij op de brief en de wagon van Apollonius terug. Wat hij nu schrijft, zo bericht hij, waagt hij te verzenden met de post. De brief van Apollonius en diens vragen had hij echter niet per post ontvangen, maar op andere geheime wijze ("by another secret menas").[81]

Intussen vreest Baillie dat zij, tot wie Apollonius zich richt, wel eens in het geheel niet kunnen antwoorden, of met beantwoording te lang kunnen wachten, of duister zullen schrijven.

Zij die door Apollonius worden aangeschreven zijn, naar Baillie even later laat blijken, de vijf "dissenting brethren",[82] de auteurs van *An Apologeticall Narration*.[83]

---

79 **Laing**, *Letters and Journals* 2, 180.
80 **Laing**, *Letters and Journals* 2, 181.
81 **Laing**, *Letters and Journals* 2, 183.
82 **Thomas Goodwin, Philip Nye, Sidrach Simpson, Jeremiah Burroughes en William Bridge.**
83 Apollonius' brief aan de vijf "dissenting brethren" en zijn vragen aan hen zijn opgenomen in het boekje dat tegelijk het uitgebreide antwoord van congregationalistische

Baillie attendeert op bepaalde verschillen die er tussen de Congregationalisten in Engeland en Nieuw Engeland bestaan. Het voornaamste verschil betreft zijns inziens de gewetensvrijheid ("liberty of conscience"). Wat het goddelijk recht van synoden voor gezamenlijke beraadslaging betreft is er tussen de Congregationalisten in Engeland en Nieuw Engeland géén verschil. De (Schotse) "Presbytries classicall" wil men echter niet. "A presbytrie to them is our session, and our presbytrie is their synod."[84]

In de brief komen nog meer zaken aan de orde. We vermelden het volgende. Opnieuw dringt Baillie aan, dat de brief van de synode van Zeeland (hij schrijft "your classes of Zeland")[85] in Zeeland zelf zal gedrukt worden. Voorts: "It's marvelled, that the rest of your provinces and professors will not follow the gracious and charitable example of Zeland".[86] Dit houdt geen kritiek op Spang in; "Your course of ingageing the other provincies is very good".[87]

---

zijde bevat. De vijf "dissenting brethren" die weinig mogelijkheden hadden om op de vele vragen van Apollonius breed in te gaan, verzochten hun broeders in Nieuw Engeland een antwoord te concipiëren. Men was daar bereid aan het verzoek te voldoen, en John Norton zorgde voor de tekst. Hij voegde er een brief aan Apollonius bij, die ook in het boekje is opgenomen. John Cotton, predikant te Boston, zorgde voor een uitvoerig woord vooraf. Eind december 1645 was alles in Nieuw engeland klaar, maar nu moest een en ander nog weer naar Engeland. Goodwin, Nye en Simpson voegden er nog weer een eigen woord bij. Tenslotte kwam het werk in 1648 in London van de pres, onder de titel *Responsio ad totam quastionum Syllogen a clarissimo Viro Dom. Guilielmo Apollonio... propositam*. Het staat op naam van John Norton. M. Bouwman en anderen menen dat het werkje een bestrijding van de *Consideratio* bevat, maar dat is niet het geval. Het werk biedt, zoals gezegd, uitgebreid antwoord op de door Apollonius gestelde *vragen*. In 1958 zorgde Douglas Horton voor een vertaling in het Engels: *The Answer to the Whole Set of Questions of the Celebrated Mr. William Apollonius, Pastor of the Church of Middelburg looking toward the Resolution of certain controversies concerning Church Government now being agigated in England*, tr. by Douglas Horton, Cambridge, Mass., 1958. Horton geeft nog weer een eigen woord vooraf.

84 **Laing, *Letters and Journals* 2, 183.**
85 **Laing, *Letters and Journals* 2, 180.**
86 **Laing, *Letters and Journals* 2, 181.**
87 **Laing, *Letters and Journals* 2, 184.**

Forbes[88] van Delft heeft een heel aardig stuk tegen *An Apologeticall Narration* toegezonden.[89] Baillie zou willen dat ook dit gedrukt werd. (Hij heeft op boekengebied méér wensen.) Een vriend heeft zich tot Parijs, Bern, Leiden, Sedan en Genève gewend, opdat men uit die plaatsen steun zal geven aan de gemeenschappelijke zaak.

Spang moet er vooral aan denken dat Baillie's brieven aan hem strikt vertrouwelijk zijn; er zijn al lieden die iets vermoeden: "My correspondence with yow is so secret as may be. Some of them suspects somewhat of yow; but knows little".[90] Dit laatste was dan maar gelukkig, niet alleen voor Spang, maar ook voor Baillie zelf!

10. Brief van 31 mei 1644[91]
Een brief die weer grotendeels het laatste politieke en militaire nieuws bevat.

Blijkbaar heeft Spang om nadere inlichtingen over de reactie op de brief van de Zeeuwse synode gevraagd. Baillie verzekert hem, dat na de voorlezing daarvan in de Assembly, Mr. Calandrin[92] binnen was geroepen, en dat het plechtig verklaard was hoe dankbaar de vergadering voor deze brief was. Maar Spang moet niet verwachten dat de Assembly op deze brief zal antwoorden. Daar kan ze nu eenmaal niet doen; ze heeft geen bevoegdheid aan enige ziel één regel te schrijven, tenzij het parlement een opdracht daartoe geeft.

---

88 **Vermoedelijk gaat het om Patrick Forbes (ca. 1611-1680), predikant van de Engelse gemeente Delft 1636, legerpredikant Schotse militairen Breda 1637-1638, naar Schotland, terug naar Nederland: Delft 1641-1643, legerpredikant Schotse brigade Duinkerken, bisschop Caithness 1662. Evenwel, het kan ook gaan om James Forbes. Beiden waren zonen van John Forbes.**
89 "Mr. Forbes, in Delft, hes sent us over, in writt, a very prettie piece against the Apologetick. I like it very well, I wis hit were in print. It is good yow keep correspondence with that young man, and acquaint him with all yow know in this subject." Laing, *Letters and Journals*, 2, 181. Meest waarschijnlijk gaat het om [het aan] Alexander (=Patrick) Forbes [toebedeelde geschrift], *An Anatomy of Independency, Or A Brief Commentary, and Moderate Discourse upon The Apologeticall Narration of Mr Thomas Goodwin, and Mr Philip Nye, &c.*, (London, 1644), 22-23; Ethan H. Shagan, "Rethinking Moderation in the English Revolution: The Case of an Apologeticall Narration," in Stephen Taylor en Grant Tapsell, eds., *The Nature of the English Revolution Revisited: Essays in Honour of John Morrill*, (Woodbridge: The Boydell Press, 2013), 43-45.
90 Laing, *Letters and Journals* 2, 184.
91 *Letters and Journals*, 186-189.
92 **Wellicht betreft het Lewis Calandrin(e); Keith L. Sprunger, *Dutch Puritanism: A history of English and Scottish churches of the Netherlands in the sixteenth and seventeenth centuries*, (Leiden: Brill, 1982), 398.**

"By all means encourage Apollonius, and whomsoever else yow can, to assist in this common cause: if this season be missed, it will be hardly recovered."[93]

Wil noch Rivetus noch Voetius het voorbeeld van de dappere Apollonius volgen? Baillie spoort Spang aan, dat hij in dit opzicht zijn best zal doen. In deze brief komt ook nog een en ander voor over de Assembly en over boeken.

11. Brief van 9 juni 1644[94]

Een op zondag geschreven brief. De stijl is erg haastig. Het grootste deel gaat over de laatste gebeurtenissen.

Daarna iets over enkele boeken, omdat het geschrift van Forbes wordt gedrukt.

Wéér wekt Baillie zijn neef op, om Apollonius aan te sporen: "Hold Apollonius on".[95]

De Independenten hebben in Londen een aantal gemeenten gesticht, ze zijn er bijzonder hard bezig.

Dan volgt er weer een klacht over de theologen in Nederland. Terwijl wij sterven zitten zíj[96] stil! De ramp die Engeland treft, zal ook Nederland overkomen:

["]Strange! that your divines of Holland will learn nothing from England. Doe they sitt still while we are a-dying! The calamitie may shortlie come over to them. Be assured, your State will follow the fortoun of England.["][97]

12. Brief van 28 juni 1644[98]

Opnieuw een blijkbaar zeer haastig geschreven brief, met allerlei nieuws. Uit deze brief van 28 juni blijkt nu dat de vriend die in de brief van 17 mei werd genoemd en die zich tot instanties te Parijs enz. had gewend, Buchanan[99] was.

---

93 Laing, *Letters and Journals* 2, 186.
94 Ibid., 193f.
95 Laing, *Letters and Journals* 2, 193.
96 **In het citaat staat ook een accent aigu op de letter 'j'.**
97 Laing, *Letters and Journals* 2, 193-194.
98 Ibid., 197-200.
99 **Meest waarschijnlijk gaat het hier om de Schotse historicus, humanistisch geleerde en dichter George Buchanan (1506-1582). Hij doceerde op diverse plaatsen in Frankrijk; Robert Wallace, *George Buchanan*, (Edinburgh/London: Oliphant, Anderson & Ferrier, [1906]).**

Uit Parijs en andere plaatsen zijn nu ook reacties ontvangen. Uit Parijs kwam een antwoord binnen van Drillingcourt,[100] "with the advyse of the whole consistorie there".[101] Een onbevredigend stuk, we hebben om reactie gevraagd. Uit Sedan kwam een reactie binnen van Du Moulin;[102] wat deze schreef was beter. Dit viel te meer mee omdat van Du Moulin het minst was verwacht ("we expected least from that man").[103]

Over de reacties uit Leiden is Baillie slecht te spreken. Spanheim heeft geantwoord dat hij in de gegeven omstandigheden niet wil schrijven tenzij de universiteit hem dit opdraagt. Ook wat Rivetus berichtte stelt teleur: hij blijkt over bepaalde zaken zeer slecht geïnformeerd te zijn, Opnieuw drukt Baillie zijn spijt erover uit dat men zich in Nederland voortdurend neutraal blijft opstellen.

> ["]We cannot but regrate, that both your statesmen and divines should see and hear us sweating to the blood, under these burdens, which concern all the Reformed alike, while they will obstinatelie sitt still as neutrall.["][104]

En weer brengt Baillie de naam van de éne broeder naar voren die zich anders opstelt: Apollonius. "Apollonius would doe well to go on with his writing."[105]

---

100 Het kan gaan om Laurent Drelincourt (1625/6-1680), Frans predikant en bekend om zijn *Sonnets Chrétiens sur divers sujets*, Amsterdam: Jacques DesBordes, 1741. Gezien het jaartal in relatie tot de leeftijd acht ik het waarschijnlijker dat Deddens Drelincourt sr. op het oog had: Charles Drelincourt (1595-1669), predikant Langres 1618, Charenton 1620. Drelincourt sr. is o.a. bekend van zijn *La défense de Calvin contre l'outrave fait à sa mémoire dans une livre qui a pour titre, traité qui contient la méthode la plus facile & la plus asseurée pour convertir ceux qui se sont separez de l'église: par le cardinal De Richelieu*, (Genève: pour Jean Ant. & Samuel de Tournes et se vend à Charenton, par Antoine Cellier, demeurant à Paris, 1667).

101 Laing, *Letters and Journals* 2, 197.

102 Pierre du Moulin (1568-1658), hoogleraar wijsbegeerte Leiden 1592, predikant Charenton 1599, volgde prinses Catherine als hofprediker naar Lorraine. Na haar overlijden keerde hij terug naar Charenton. Hij sloeg professoraten in Saumur en Leiden (tweemaal) af, leraar Franse gemeente Londen, terug naar Sedan; A.J. van der Aa, *Biographisch Woordenboek der Nederlanden* 12-2, (Haarlem: J.J. van Brederode, 1869), 1085-1095.

103 Laing, *Letters and Journals* 2, 197.

104 Laing, *Letters and Journals* 2, 197.

105 Laing, *Letters and Journals* 2, 197.

13. Brief van 5 juli 1644[106]

Deze brief is vrijwel geheel gewijd aan de militaire en politieke toestand. Aan het einde van het gedeelte dat daarover handelt komen twee zinnen voor die voor het inzicht van Baillie c.s. veelzeggend zijn. Ze geven kernachtig de gevoelens weer die er leefden enerzijds in het Schotse leger, anderzijds bij Baillie cs. We citeren deze beide zinnen:

> ["]Our armie oft signified to us, they conceaved their want of successe flowed most from God's anger at the Parliament and Assemblie, for their neglect of establishing of religion. We oft told them the truth, we had no hope of any progresse here, till God gave them victories; and then, we doubted not, all would run both in Parliament and Assemblie.["][107]

Het standpunt van Baillie (dat in de brieven vaker doorklinkt) is duidelijk: alleen door militaire overwinningen van het Schotse leger zal het doel bereikt kunnen worden, waarvoor ook Baillie zelf in Londen is. Het slot van de brief deelt iets mee over een vriendelijke brief van de classis Amsterdam, die overeenstemming met Schotland aanbeval.

De laatste woorden: "Hold on Apollonius. I wish Voetius ingaged. The Lord be with yow."[108]

14. Brief van 12 juli 1644[109]

Ook in deze brief de jongste ontwikkelingen. Maar al dadelijk in het begin wordt Apollonius genoemd, en ook Voetius. Baillie herhaalt nóg eens weer wat hij al zo vaak heeft geschreven: "I wish againe and againe, that Apollonius and Voetius were moved to write".[110] Zij moeten, zegt Baillie, niet verwachten dat deze Assembly of een van haar leden daarom zal vragen, want dat zou [de Assembly] in conflict brengen met het parlement. We doen echter wat we kunnen om verlof te krijgen om jullie brieven van Walcheren, Zeeland en Amsterdam te beantwoorden.

Later in de brief: opnieuw over Apollonius. Als er nog überhaupt geschreven wordt, moet dat vlug gebeuren.

> ["]If Apollonius, or any other, write at all, it were good it were done quicklie; for the chief use, either of their authoritie or arguments, will be shortlie at

---

106 Ibid., 200-202.
107 **Laing, *Letters and Journals* 2, 201.**
108 **Laing, *Letters and Journals* 2, 202.**
109 Ibid., 202-205.
110 **Laing, *Letters and Journals* 2, 202.**

that nick of time when the Independents gives up their reasons against us to the Parliament.["][111]

Baillie geeft nu opnieuw aanwijzingen. Het voornaamste punt is de werkelijke autoriteit, macht en jurisdictie van synoden en classes over de leden van een gemeente of over het geheel van een gemeente. In de tweede plaats is er de kwestie van het recht van gewone belijders op het sacrament, ook al kunnen zij geen zekere of genoegzame tekenen van wedergeboorte geven, Dat zijn, aldus Baillie, de beide hoofdzaken.

Hij laat hier nog op volgen dat hij ook zou willen dat de bevoegdheid van de classes ("Presbyteries classical")[112] om in het ambt te bevestigen ("to ordaine") en te excommuniceren, duidelijk werd gemaakt.

In dit verband komt hij nog weer terug op de schadelijke invloed van Voetius. Behalve de Independenten zijn er velen, die door Voetius' geschriften ertoe gebracht zijn de rechten met betrekking tot deze beide zaken toe te kennen aan de kerkeraad ("the congregationall presbytery"),[113] in tegenstelling tot ons gevoelen en onze praktijk.

Verder noemt Baillie nog de zaak van de regeermacht in de gemeente.

15. Brief van 10 augustus 1644[114]

Ook deze brief gaat voor het grootste gedeelte over de laatste gebeurtenissen in Engeland en Schotland. Er kwam een vriendelijke brief binnen van de synode van Holland[115] (over de inhoud deelt Baillie niets mee).

Weer noemt hij Apollonius en Voetius, en weer herhaalt hij: "If Apollonius, Voetius, or any other, intend to assist us, lett them not delay."[116] In verband met Apollonius krijgt Spang een nieuwe opdracht. Baillie is

---

111 Laing, *Letters and Journals* 2, 205.
112 Ook wel: 'classical Presbyteries'; Laing, *Letters and Journals* 2, 205.
113 Laing, *Letters and Journals* 2, 205.
114 Ibid., 216-219.
115 Van 4-28 juli 1644 kwam de Particuliere Synode van 's Gravenhage bijeen. Dit is de enige Hollandse synode die in dat jaar plaats heeft gevonden. Daarin wordt bepaald dat de bespreking van de zwarigheden in de kerk van Engeland werd uitgesteld na het bespreken van de derde gravamen van de Brielse synode. Daarbij werd ook besproken de missive van de kerk van Engeland en besloten een antwoord aan de Synode van Londen te zenden, 447, 465, 476-478. De brief was in het Latijn opgesteld en door Eleazar M.F. Lootius (Synodi Praeses), Johannes Spiljardus (Praesides Assessor) en geschreven door Guilielmus Soestius (Synodi Scriba); W.P.C. Knuttel, *Acta der Particuliere Synoden van Zuid-Holland 1621-1700*, 2e deel 1634-1645, ('s Gravenhage: Martinus Nijhoff, 1909).
116 Laing, *Letters and Journals* 2, 218.

erg benieuwd wat de Independenten aan Apollonius hebben geantwoord: "Try what ansuer the Independents hes given to Apollonius."[117] Baillie denkt niet dat zij erg veel zullen hebben gezegd: "In my judgement they neither will nor can declare themselves in the halfe of his interrogatories."[118]

16. Brief van 13 september 1644[119]

Na over de militaire toestand een en ander te hebben bericht, komt Baillie dadelijk op Apollonius. Opnieuw maant hij tot spoed. Laat Apollonius zich niet al te formeel opstellen en niet op de classis wachten: "If Apollonius stand on ceremonies, and wait for the authoritie of his classis, or stay till he clogg his book with other treatises, De magistratu, as Callendrin was his purpose, it will come out of season here, and will be for little purpose."[120]

Opnieuw laat Baillie een zeer ernstige klacht horen over het feit dat er uit Nederland en van elders totaal geen hulp wordt geboden.

["]We had need of your prayers in this hour of great darkness; since none of your helpe, nor of any others else over sea, can be obtained. The unkindness of all the Reformed churches to us at these times is great.["][121]

17. Brief van 25 oktober 1644[122]

Een lange brief waarin Baillie uitvoerig ingaat op de ontwikkelingen in het noorden. Hij schrijft dan een en ander over zaken rondom de Westminster Assembly. In de ingestelde commissie zijn de Independenten tot enige zeer duidelijke uitspraken gekomen. Baillie vermeldt onder meer dat hun uitgesproken standpunt is: noch leden van een gemeente, noch gemeenten in hun geheel kunnen door een synode of classis geëxcommuniceerd worden; wel kan met een gemeente (verdere) gemeenschap worden geweigerd. Aan het einde van de brief volgt weer iets over Apollonius. Naar Baillie doet blijken is de verhandeling van Apollonius in Londen aangekomen, maar in ongedrukte vorm. Baillie deelt mee, dat het geschrift niet zal worden overhandigd aan de Assembly tot het van de pers is gekomen.

---

117 Laing, *Letters and Journals* 2, 218.
118 Laing, *Letters and Journals* 2, 218.
119 Ibid., 225-227..
120 Laing, *Letters and Journals* 2, 226.
121 Laing, *Letters and Journals* 2, 226-227.
122 Ibid., 232-239.

"We are extreamlie obliedged to him, and as much disobliedged to his opposits."¹²³ Deze "opposits" blijken de synode van Utrecht en Voetius te zijn. Van de synode van Utrecht werd een brief ontvangen die in de Assembly gelezen werd. Deze brief bevatte geen enkel woord "either of Episcopacie or Independencie".¹²⁴ Voetius valt opnieuw tegen: "we would have expected other things from Voetius."¹²⁵

Er volgen bij Baillie nog meer namen. Rivetus besluit, zowel doof als stom ("silent") te zijn. Heel eerlijk heeft zich Du Moulin uitgesproken. Diodati¹²⁶ en de Parijzenaars zijn tegengevallen. Positiever luidt Baillie's oordeel over de reacties uit Zwitserland.

Dan komt er aan het einde van de brief, weer dezelfde klacht. Maar er is gelukkig één uitzondering:

> ["]We would have expected from brethren in a common cause, greater assistance than we have gotten from any over sea, except only worthie and noble Apollonius; but I must end abruptly, or losse my later supper. Farewell.["]¹²⁷

18. Brief van 1 november 1644¹²⁸
Deze brief is korter dan gewoonlijk.

Baillie bericht dat het boek van Apollonius nog niet van de pers is gekomen en dat hij het dus nog niet gezien heeft. Hij heeft alleen het woord vooraf gelezen, en dat bevalt hem bijzonder. Uitvoeriger schrijft Baillie in verband met Voetius. Baillie heeft vernomen dat Voetius van plan is zijn instemming te betuigen met het geschrift van Cotton over *The Keyes of the Kingdom of Heaven*.¹²⁹ Spang wordt nu verzocht om zelf, en samen met allen die hij hiervoor kan vinden, Voetius te benaderen opdat hij van zijn voornemen zal afzien.

---

123 **Laing, Letters and Journals 2, 239.**
124 **Laing, Letters and Journals 2, 239.**
125 **Laing, Letters and Journals 2, 239.**
126 **Giovanni (Jean) Diodati (1576-1649), was een, hoewel in Zwitserland geboren, Italiaanse theoloog en bijbelvertaler; Ole Peter Grell, *Brethern in Christ: A Calvinist Network in Reformation Europe*, (Cambridge: Cambridge University Press, 2011), xix, 251-253.**
127 **Laing, Letters and Journals 2, 239.**
128 Ibid., 239f.
129 Cotton's in 1644 verschenen *The Keys of the Kingdom of Heaven* is opnieuw uitgegeven in: *John Cotton on the Churches of New England*, ed. by Larzar Ziff, Cambridge, Mass., 1968, 69-164. In zijn reeds genoemde dissertatie heeft M. Bouwman bepaalde passages van Cotton vergeleken met andere bij Voetius, *Voetius en het gezag der synoden*, 435-441.

["]One thing I must recommend to your serious care. We are informed from thence very credibly, that the agents of the Independents have so farr prevailed with Voetius, as to make him publish his approbation of Cotton's Keyes of the kingdom of Heaven, as consonant to truth, and the discipline of Holland. If he should be so evill advised as to doe any thing of this kinde at this time, he will wrong himself, and us, and all the Reformed churches, exceedingly, and doe what in him lyes to marr the most great and gracious work here; which, by God's help, after so great opposition, we are carrying to a happy conclusion. Yow would write to him, and all yow can joyne with yow, to obtest him he doe not any such work, so unworthie of himself. We could never have suspected any such things, if a very good hand had not confidentlie assured us of it.["][130]

19. Brief van 6 december 1644[131]

Deze brief is ook weer kort. Baillie stelt Spang op de hoogte van de laatste gebeurtenissen. Een deel van de brief is aan het boekje van Apollonius gewijd. Ieder lid van de Assembly ontving een exemplaar. De brief van de classis Walcheren, die bij het werkje van Apollonius was gevoegd, werd in de Assembly gelezen. Deze wil nu voor één maal een uitzondering maken, en Apollonius schriftelijk bedanken. Wat Baillie zelf tot dusver van het boekje gelezen heeft, heeft zijn instemming.

["]The letter of your classis before Mr. Apollonius's book was read the other day, and a printed copy of his book given to everie member of the Assembly. It was not only very well taken, but also, which is singular, and, so farr as I remember, *absque exemplo*,[132] it was ordered, *nemine contradicente*,[133] to write a letter of thanks to Apollonius. Surely he hes one a piece of good service to God, and his churches here. I have not yet had leasure to read it all, but I approve what I have read.["][134]

20. Brief van 27 december 1644[135]

De laatste brief van het jaar 1644 aan Spang. Hij is ondertekend met "Jameson".[136] Over Apollonius en zijn *Consideratio* wordt niets meer

---

130 **Laing, Letters and Journals 2, 240.**
131 *Letters and Journals*, 245f.
132 **Zonder voorbeeld, uitzonderlijk; Pinkster, Woordenboek, 7.**
133 **Zonder tegenstem, synoniem voor het woord 'unaniem'; Van Dale 2, 2279.**
134 **Laing, Letters and Journals 2, 246.**
135 Ibid., 250f.
136 **Laing, Letters and Journals 2, 251.**

gezegd. Baillie zal nu, samen met Rutherford, naar Schotland gaan om daar aan de General Assembly verslag uit te brengen. Deze zal bijeenkomen op 22 januari in Edinburgh.

Deze laatste brief van het jaar heeft een dankbare toon. In de Assembly is het werk met de *Directory* afgerond. Wat de nog resterende zaak van de kerkregering betreft, de kwestie betreffende de excommunicatie: Henderson heeft een en ander zo geformuleerd dat Baillie op aanvaarding door de Assembly vertrouwt.

De situatie heeft een gunstige keer genomen: "...Most of all, God's good hand on us here in the Assemblie, and on our Armies in the fields, hes contribute to dispose this land to a very fair reformation..."[137]

V

Wanneer we de inhoud van de hier vermelde brieven verdisconteren, kunnen we onder meer de volgende conclusies trekken:
1. Met de stelling in de brief van de classis Walcheren inzake de regeerbevoegdheid van de kerkeraden is Baillie met de zijnen zeer ongelukkig geweest.
2. Apollonius' *Consideratio* is tot stand gekomen onder de sterke en voortdurende aandrang en invloed van de presbyteriaan Robert Baillie, via zijn neef William Spang.
3. Ook op de inhoud van de *Consideratio* heeft Baillie invloed geoefend; hij heeft hiervoor aanwijzingen gegeven vooral met betrekking tot de zaak van de bevoegdheid van synoden (en classes), met name de bevoegdheid tot het ambtelijk excommuniceren van kerkeraden.
4. Apollonius heeft vijf leidinggevende congregationalistische figuren gevraagd of bepaalde opvattingen inderdaad konden worden beschouwd als "de" congregationalistische opvattingen.
5. Terwijl het antwoord op deze vraag niet door hem ontvangen was, heeft hij zijn geschrift tégen de Congregationalisten naar Londen gezonden.
6. Ondanks alle aandrang van presbyteriaanse zijde hebben Voetius en andere theologen in Nederland die door Baillie herhaaldelijk worden genoemd, géén steun geboden aan de Presbyterianen in de Westminster Assembly, toen zij streden voor stellingen als: de generale synode is de hoogste kerkelijke vergadering, en synoden hebben onder meer de bevoegdheid tot afzetting, zelfs tot ambtelijke excommunicatie van kerkeraden.

---

137 Laing, *Letters and Journals* 2, 250-251.

7. Baillie beklaagt zich over de "neutrale" houding die in Nederland is aangenomen in de genoemde strijd met de Independenten.
8. Baillie beklaagt zich eveneens over het gebrek aan steun uit andere landen.
9. Baillie en de zijnen hebben in meer dan één opzicht kritiek gehad op opvattingen van Voetius; bepaalde opvattingen van Voetius waren meer in de lijn van de Independenten.
10. Het valt te betreuren dat in de rede van Dr. D. Nauta met de talrijke gegevens die de *Letters and Journals* van Robert Baillie met betrekking tot Apollonius en zijn *Consideratio* bieden, geen rekening is gehouden.

9. Synoden bij Robert Parker en in de congregationalistische kerkorden van 1648 en 1658" – Artikel 1984

Ter gelegenheid van het vijfentwintig-jarig ambtsjubileum als hoogleraar aan de Theologische Hogeschool Kampen werd aan J. Kamphuis in 1984 een feestbundel aangeboden getiteld: 'Bezield verband'. Deddens leverde hieraan ook een bijdrage in de vorm van een artikel over "Synoden bij Robert Parker en in de congregationalistische kerkorden van 1648 en 1658".[1]

De titel draagt iets uitdagends in zich: synoden in congregationalitische kerkorden. Deddens onderzocht hoe die twee kerkorden – 1648 en 1658 – en de canonicus onder de toen in de Nederlanden wonende puriteinen, Robert Parker (ca. 1564-1614), de synoden positioneren.

Robert Parker en de Nederlanden waren aan elkaar verbonden geweest vanwege de gemeente die hij in Leiden had gesticht – de stad waarheen hij uit Engeland was gevlucht. Kerkrechtelijk is hij ook bekend vanwege zijn werk: 'Politeia Ecclesiastica'. Volgens Deddens was het een werk waarnaar Gisbertus Voetius in diens 'Politeia Ecclesiastica' frequent had verwezen. Deddens stelde dat er nog nooit een biografie over Parker was verschenen.

In deze vergelijkende studie onderzoekt Deddens de overeenkomsten en de verschillen tussen de synodale opvattingen van Parker en de twee kerkordes. Met die kerkorden van 1648 en 1658 doelde Deddens respectievelijk op: het Cambridge Platform in Nieuw-Engeland en de Savoy Declaration in Engeland.

Deddens kwam tot de conclusie dat voor Parker een synode geen vergadering is van een nationale kerk. Immers, de nieuwtestamentische kerkvorm is die van de gemeente die samenkomt in één plaats van eredienst en met haar ambtsdragers. Niettemin is het bijeenkomen in synoden noodzakelijk. Er kunnen bijzondere zaken spelen die alle kerken raken en op welk terrein de mindere vergaderingen onvermogend zijn om die af te handelen. Echter, deze noodzakelijkheid is niet absoluut. Indien het niet mogelijk is om synodaal bijeen te komen, dient het leven in de particuliere kerken

---

1 **Deddens, "Synoden",** 46-57.

voort te gaan. Niettemin, volgens Parker vloeit een samenkomen van kerken in een groter verband voort uit de Schrift zelf, het Apostelconvent uit Handelingen 15 en uit het evangelie naar Matteus 18:17.

Het Cambridge Platform van 1648 vormde de schriftelijke weergave van de synode die in 1646 in Cambridge, Massachusetts, door de afgevaardigden van de kerken uit de kolonie en zusterkoloniën, bijeenkwam. Het kan niet als een verrassing komen dat een synode van congregationalistische kerken het accent op de lokale kerk legde. Dat is dé kerk. Niettemin achtte het Cambridge Platform synoden niet-absoluut noodzakelijk. Zij zijn niet nodig voor het wezen van de kerk, maar voor het wel-wezen en voor de verankering van waarheid en vrede daarin.

Enigszins anders ligt dit voor de Savoy Declaration van 1658. Dit was een bijeenkomst van afgevaardigden van meer dan honderd kerken in het Savoy Palace in Londen. In deze bijeenkomst bereikten de afgevaardigden overeenstemming over een Declaration of Faith (enigszins gewijzigde Westminster Confessie van 1643) én een Declaration of the Institution of Churches and the Order appointed in them by Jesus Christ. De Savoy Declaration liet hoofdstuk 31 over 'Of Synods and Councils' geheel weg. Niettemin achtte ook de Savoy Declaration een gemeenschap van lokale kerken van belang, omdat deze met elkaar gemeenschap dienen te beoefenen voor hun vrede, vermeerdering van liefde, en wederzijdse opbouw. In bijzondere omstandigheden kan het naar de wil van Christus zijn dat kerken in een synode bijeenkomen.

Deddens toonde aan en vroeg aandacht voor de onjuiste opvatting alsof gesproken zou kunnen worden van 'de' congregationalistische kerkleer of kerkrechtstelsel. Het is de verdienste van Deddens geweest dat hij oog had voor de pluriformiteit van de congregationalistische kerkvorm.

Het was zijn uitdrukkelijke wens dat ook dit reeds gepubliceerde artikel in deze bundel zou worden opgenomen.

Twintig jaar lang heeft J. Kamphuis met veel vreugde de ekklesiologische vakken gedoceerd. Vooral wat het kerkrecht betreft, heeft zijn arbeid zich niet beperkt tot de katheder. Mag ik de jubilaris, mijn voorganger, collega en vriend, hier een kleine bijdrage aanbieden op dat gebied, waarop hij zelf zich in zoveel opzichten heeft ingezet tot zegen voor de kerken?

I
De jubilaris zal het met me eens zijn: een van de vele bekoorlijkheden van de ekklesiologische vakken is, dat je telkens nieuwe ontdekkingen kunt doen. In archieven, maar bijvoorbeeld ook in oude boeken. Laatst kwam ik een merkwaardige mededeling van Voetius tegen. Voetius bespreekt de noodzaak van synoden, en verwijst dan naar 'de zeer geleerde theoloog Robert Parker'. Met wat deze over het onderwerp schreef in zijn *De Politeia Ecclesiastica*[2] is Voetius het van harte eens. En dan komen er een paar regels die ik hier vertaald laat volgen:

"Ik zou willen dat allen die over deze zaak disputeren met het daar geschrevene vertrouwd waren, evenals met zijn voortreffelijk onderzoek ten gunste van het beslissend oordeel van classes en synoden (voor sommigen de grote crux) contra het scepticisme van de remonstranten; een uiteenzetting die door de algemene synode van Dordrecht anno 1619, 25e en 26e zitting, werd opgenomen in haar acta en geapprobeerd."[3]

Parker geapprobeerd (en meer dan dat) door de Dordtse synode! Voorzover mij bekend, is aan deze passage bij Voetius niet eerder aandacht gegeven. Maar zij verrast ons wel. De gedrukte acta van Dordt vermelden niets over Parker. En allerlei bronnen die ik raadpleegde bieden geen opheldering.[4] Toch is het wel plausibel dat Parker toen is aangehaald en

---

2 Niet vermeld in *STC* (beide ed.), maar volledige titel *in MC Alpin Cat.*, I 292. Bij overlijden van Parker waren drie van de voorgenomen zes libri gereed. Deze zijn postuum, 1616, uitgegeven door Godef. Basson, Leiden. De titelpagina vermeldt "Prostant Francofurti", volgens M. Bouwman, *Voetius over het gezag der synoden*, Amsterdam 1937, 50 een mystificatie. Basson bracht ecter 17 van zijn circa 30 uitgaven van 1616 op de Frankfurter Messe. De aankondiging in de *Messekatalog* heeft als plaats van uitgave Leiden. Vrijwel nooit genoemd: tweede ed. 1638 (minus lib. III), z.pl., maar waarschijnlijk John Canne/'Richt Right Press', Amst. (Editie 1616 in mijn bezit.)

3 "Cujus lectionem velim omnibus de hac causa disceptantibus familiarem esse; ut & egregiae diascepsios pro classico & synodico judicio decisivo (ubi maxime aqua haeret nonnullis) contra Scepticismum Remonstrantium; quam actis suis inseruit & approbavit Universa *Synodus Dordracena* anno 1619. Sess. 25 & 26". G. Voetius, *Pol. Eccl.*, IV 136.

4 Ook dr. J.P. van Dooren kon geen opheldering verschaffen. Gaarne betuig ik hem dank voor zijn moeite.

dat met hem werd ingestemd. In geding was, in die beide zittingen opnieuw, het recht van Dordrecht om inzake de remonstrantse leer beslissend te oordelen. En Voetius heeft in Dordt zijn aantekeningen nauwkeurig bijgehouden.[5] De praeses synodi[6] zal Parkers boek gekend hebben. Want wie wordt door Parker zelf telkens aangehaald? Johannes Bogerman.[7] En wie stond de praeses van de Dordtse synode steeds terzijde? De vriend van Parker, die na diens dood heeft gezorgd voor de uitgave van zijn werk: Amesius.[8] Nu staat het vast dat het werk van Parker, die *de* canonicus is geweest onder de destijds in Nederland verblijvende puriteinen,[9] veel invloed heeft geoefend op ekklesiologische, kerkrechtelijke opvattingen van hen die in Nieuw Engeland na 1630 en in Engeland na 1640 *congregationalistische* woordvoerders geworden. Verscheidenen van hen hadden reeds in Nederland met *De Politeia Ecclesiastica* kennis gemaakt. Vooral in geschriften uit Nieuw Engeland komen we uitlatingen tegen als: "we learned this from Mr. Parker."[10]

---

5   A.C. Duker, *Gisb. [Gisbertus] Voetius* I, Leiden 1897, 284. Van deze aantekeningen, geb. in kwarto, geldt nog steeds ' spoorloos verdwenen'.

6   **De voorzitter van de synode.**

7   Zijn *Ad scripti... Hug. Grotii*, Franeker 1614, zie hiervoor de bibliografie van Bogerman van de hand van J. J. Kalma, Leeuwarden 1977, nr. 12.

8   Amesius schreef ook het woord vooraf. Dat hij als enige voor de uitgave heeft gezorgd vindt men zowel bij de Paget als bij Hoornbeek. M. Bouwman, *a.w.*, 52 schrijft dat "de Independenten Amesius en Robinson" de uitgave hebben verzorgd (wat niet juist is), en noemt dit vermeende feit "niet zonder bedenking" (wat ik niet kan begrijpen).

9   Het is opmerkelijk dat geen enkel biografisch woordenboek in Nederland een artikel over hem heeft, en dat er ook in de engelstalige wereld nooit een monografie over hem is gepubliceerd. Het artikel van W.A. Shaw in *DNB* is niet up to date. Parker komt telkens zijdelings ter sprake in werken over Robinson, Amesius, Paget, Th. Hooker, Davvenport, Voetius e.a. K.L. Sprunger noemt hem meer dan eens in zijn recente werk *Dutch Puritanism*, Leiden 1982. F.B. Carr schreef een niet gepuliceerde dissertatie *The thought of Robert Parker (1564?-1614) and his influence on Puritanism before 1650*, Univ. of London 1964. Het jaar van Parker's overkomst naar Nederland staat evenmin vast als het jaar van zijn geboorte.

10 Reeds in Amsterdam was er aansluiting bij Parker door Th. Hooker en Davenport in hun beantwoording van de vragen van Paget. 'New englands biographer' Cotton Mather noemt Parker "one of the greatest scholars in the English nation", "the father of such learned books as that of his *De Politia* (sic!) *Ecclesiastica*", "in some sort the father of all the non-conformists of our age, who yet would not call any man their father". Hij vervolgt: "But let it not be counted any dishonour unto him that he was also the natural father of our Thomas Parker", *Magnalia Christi Americana*, London 1702, ed. Harford 1855, I 480. Th. Parker was pastor in Newbury, Mass., waar zijn zwager J. Noyes teacher was.

De vraag doet zich nu voor: in hoever is er bij de Congregationalisten in Nieuw Engeland en Engeland met Parker homogeniteit geweest met betrekking tot *synoden*? De mededeling van Voetius vormt een sterke stimulans; tot het instellen van een onderzoek! Het is wenselijk dat zo'n onderzoek zich dan richt op de twee *officiële kerkorden* die in Nieuw Engeland en in Engeland tot stand zijn gekomen: het *Cambridge Platform* van 1648 en de *Savoy Declaration* van 1658. Een vergelijkend onderzoek ook van deze twee dokumenten is nog niet gepubliceerd.

Dus: synoden bij Robert Parker en in de congregationalistische kerkorden van 1648 en 1658. Zeker wat Parker betreft, moeten we ons beperken tot enkele hoofdzaken. Over de historische context kunnen we niet uitweiden en met onze noten moeten we erg zuinig zijn. Met opzet citeren we meer dan eens de letterlijke tekst van de in het Engels gestelde kerkorden.

II

Parker kom tot de synoden, wanneer hij in het derde deel van zijn werk de onderlinge gemeenschapsoefening van de gemeenten, de particuliere kerken bespreekt. Een synode is bij hem geen vergadering van een nationale kerk: de kerkvorm van het nieuwe testament is die van de gemeente die samenkomt in één plaats van eredienst en met haar ambtsdragers 'ecclesia completa' is. Aan haar zijn door Christus de sleutels van het koninkrijk der hemelen toevertrouwd.[11]

De kerken die in Christus één zijn, mogen en moeten met elkaar gemeenschap oefenen, en deze gemeenschapsoefening dient, als God daartoe mogelijkheid geeft, een hecht en vast karakter te hebben. Parker gebruikt in dit verband termen als consociatio, combinatio, unio, copulatio.[12] De met deze termen aangeduide hechte gemeenschap manifesteert zich vooral als de kerken door afgevaardigden samenkomen in classes en synoden. Omdat er een bepaalde overeenkomst is tussen het samenkomen van de gelovigen als gemeente en het samenkomen van de kerken in meerdere vergaderingen, spreekt Parker van 'ecclesiae primae'[13] en

---

11 III, 166-209. Het boek heeft veel fouten in de paginering.
12 III, 327-353.
13 **Vertaling door collega Marc Janssens (Theologische Universiteit Kampen):** "Van (of aan) de eerste kerk/gemeente' en 'van/aan de ontstane kerk/gemeente'.". ("De eerste, is de verzameling van afzonderlijke gelovigen in één kudde & wordt met een algemene naam Kerk genoemd". "De ontstane, is de verzameling en samenvoeging van meer eerste kerken in één bijeenkomst/samenkomst & wordt Synode genoemd.). Janssens voegt eraan toe: Het woord 'orta' (=ontstane) zal ook wel jargon

'ecciesiae ortae'. ("prima, est collectio singulorum fidelium in unam congregationem & generali nomine Ecclesia dicitur"; "orta, est collectio & combinatio Ecciesiarum primarium plurium in unum coetum & appellatur Synodus").[14]

Het samenkomen van de kerken vloeit voort uit de roeping tot gemeenschapsoefening, maar de Schrift geeft er ook een concreet voorbeeld van in Hand. 15.[15] Voor meerdere vergaderingen met steeds bredere samenstelling wijst Parker op Matt. 18, 17, dat hij analogisch van toepassing acht.[16] Terwijl het hechte samenleven en het samenkomen van de kerken roeping van Godswege is, kan geen kerk door andere kerken *gedwongen* worden aan deze roeping gehoorzaam te zijn.[17] In het kerkverbandelijk samenleven zijn uitgangspunten de 'summitas'[18] en de 'paritas'[19] van de particuliere kerken.[20] De paritas geldt absoluut. De summitas is in bepaalde opzichten begrensd. Er zijn zaken die alle kerken regarderen. Er doen zich ook gevallen voor, die de hulp en het oordeel van de zusterkerken noodzakelijk maken. Parker noemt drie van zulke gevallen: soms schiet het vermogen tot afhandeling van een zaak tekort; het kan voorkomen dat de predikant dwaalt en zondigt, of dat er in bredere zin een wantoestand is door wanbestuur; er dienen mogelijkheden te zijn voor appèl.[21] Parker spreekt van drie vormen van synode: provinciaal, nationaal en generaal. Wat hij over 'de synode' zegt heeft vrijwel steeds betrekking op een nationale synode. Deze is noodzakelijk.[22] Voorzover Parker bekend, heeft geen leerling van een gereformeerde kerk dit

---

zijn en betekent iets als ontstaan, opgekomen, geboren, opgegaan (bijvoorbeeld van de zon).

De eerste woorden kunnen ook in het meervoud staan. Dan staat er: 'De eerste kerken' en 'de ontstane/opgekomen kerken'.

14 III, 117 ('Synodus' is hierbij kerk in oneigenlijke zin).
15 III, 301, 302, 345, 346.
16 III, 335.
17 III, 329. Daar de door Voetius overgenomen en dikwijls geciteerde woorden; "nam combinantur Ecclesiae ex charitate non ex obedientia, & ex debito mutuae societatis colendae, non ex debito inferioris conditionis ad praestandum obsequium". Parker haalt dan in de eerste plaats W. Zepper aan.
18 **Summitas: hoogste, in de zin van hoogste instantie – gerelateerd in dit verband aan de zelfstandigheid van de lokale gemeenten; Harm Pinkster, ed.,** *Woordenboek Latijn/Nederlands,* **2e dr., (Amsterdam: Amsterdam University Press, 2003), 1043.**
19 **Paritas: op voet van gelijkheid; Pinkster,** *Woordenboek,* **743.**
20 III, 299-326.
21 III, 301, 302.
22 III, 362-367.

ontkend vóór Hugo de Groot. De noodzakelijkheid is niet absoluut: als het onmogelijk is om synodaal samen te komen, kan het leven van de particuliere kerken voortgang vinden. Het samenkomen in nationale synoden is noodzakelijk omdat zaken van de gezamenlijke kerken daar beslist moeten worden. Ook zijn er bijzondere zaken die aan een nationale synode, moeten voorgelegd kunnen worden, vanwege het onvermogen van mindere vergaderingen tot afhandeling daarvan.

Geen synode heeft bevoegdheden die haar rechtstreeks door Christus zijn verleend. Ditzelfde geldt van de andere meerdere vergaderingen. Beslissend is hier wat de kerken zelf zijn overeengekomen.[23] Besluiten die genomen worden overeenkomstig de geldende afspraken dienen nagekomen te worden.[24]

Dient een synode uitsluitend te worden samengeroepen als zich een bijzondere reden voordoet zoals bij de vergadering van Hand. 15 het geval was? Parker laat de mogelijkheid open dat er een synode wordt samengeroepen om een bijzondere reden. Maar het regelmatig samenkomen is een goede zaak.[25]

Wie dienen afgevaardigd te worden? In ieder geval predikanten en ouderlingen.[26] Zij dienen op de hoogte te zijn van het standpunt dat door de afvaardigende vergadering is ingenomen betreffende zaken van het agendum.[27] Hoe de voorbereiding van een synode het best geschieden kan, wordt door Parker uiteengezet.[28]

In onze weergave hebben we ons tot enkele hoofdzaken beperkt.[29]

---

23 III, 368, 370.
24 III, 370, 427-450.
25 III, 364, 365.
26 III, 389-391. Over 'laici' III, 393
27 III, 371.
28 III, 371-379.
29 Van de cap. 25-31 die in lib. III over de synoden handelen, is door mij niets vermeld uit c. 29, dat over de praeses gaat, en c. 31 waarin Parker tenslotte nog zeven vereisten opsomt (waarbij hij zich grotendeels aansluit bij N. Cusanus). In ieder hoofdstuk keert Parker zich tegen de bisschoppelijke hiërarchie. M. Bouwman, a.w., 53 is van mening dat Parker "zeer sterk de invloed van het Independentisme heeft ondergaan". Deze opmerking, die te verklaren is uit het eigen standpunt van Bouwman inzake kerkverband en synoden, houdt verband met zijn onbekendheid met het befaamd geworden werk van Perry Miller, *Orthodoxy in Massachusetts 1630-1650*, Cambridge (Mass.) 1933. Daarin werd de aandacht gevestigd op Parker, Bradshaw, Baynes en Amesius, als een geheel eigen groepering samen met Jacob: de eerste garde van de 'non-separatist

Met de kerkorde die sinds Emden 1571 voor de Nederlandse gereformeerde kerken van kracht werd, is Parker uitstekend op de hoogte. Meermalen verwijst hij naar Middelburg 1581.[30] Het is duidelijk dat hij inzake synoden (en meerdere vergaderingen in het algemeen) opvattingen huldigt die veel overeenkomst vertonen met maximen die aan onze eigen kerkorde ten grondslag liggen en daarin ook tot uitdrukking zijn gebracht.[31]

III

Het *Cambridge Platform*, resultaat van de synode die in 1646 geopend werd te Cambridge, Massachusetts, waar 27 kerken uit die kolonie en enige kerken uit de zusterkoloniën vertegenwoordigd waren, is een zeer uitvoerig dokument. Het telt niet minder dan 17 hoofdstukken die alle weer onderverdeeld zijn.[32]

---

congregationalists', die ekklesiologisch-kerkrechtelijk *eigen* wegen gingen, zonder afhankelijkheid van R. Browne en andere afgescheidenen. *Binnen* die groep lieten zich dan weer verschillen constateren, zoals terecht is opgemerkt door G.F. Nuttall e.a. Wat de synoden betreft is Parker veel verder gegaan dan m.n. Jacob. Het valt op dat Parker, die véél auteurs citeert (dikwijls Calvijn en Beza) nooit Browne aanhaalt, maar wel Cartwright: het presbyterianisme van de jaren 1570-1590 in Engeland legde óók sterke nadruk op de plaatselijke kerk, en had niet het centraliserende karakter van het schotse presbyterianisme dat zich in de jaren 1640 sterk heeft gemaakt.

30 **De Synode van Middelburg van 1581.**
31 Hier dient in rekening te worden gebracht dat Parker niet alleen lid, maar ook ouderling is geweest van de bij de gereformeerd eclassis aangesloten engelse kerk te Amsterdam waarvan Paget predikant was. (A.C. Carter, *The English Reformed Church in Amsterdam in the Seventeeth Century*, Amsterdam 1964, 30 vermeldt dat Parker in 1612 ouderling werd, en reeds in 1609 te Amsterdam kwam. Indien deze laatste opgave juist is, involveert dit dat het bekende verhaal over de overtocht samen met Amesius in 1610 niet juist is – tenzij Parker nog voor korte tijd terug is gegaan.) J. Paget heeft geschreven dat Parker bij hem in huis heeft verbleven, en door de gesprekken veel positiever is gaan denken over synoden, *A Defence of Church Government exercised in Presbyteriall, Classicall and Synodall Assemblies, according tot he Practice of the Reformed Churches*, London 1641, 105. Wat hij hierop laat volgen citeer ik letterlijk: "yea and further it is apparant that the knowledge and experience which Mr. Parker got by this his living here in communion with these Churches, hath bene a special help unto him in the writing of those learned threatises of Ecclesiasticall policie, which for the substance and maine are as a lively Table wherein the government of these Reformed Churches is plainely pourtrayed before our eyes; his discourse being as it were a narration and defence of their practice; which discourse might yet have bene more perfect, had he lived to finish the same", p.105f.
32 Volledige titel en tekst van het Platform in: W. Walker, *The Creeds and Platforms of Congregationalism*, N.Y. 1893, 194-237 (repr. Boston 1960). De tekst eveneens in: *The*

Ch.[33] 15 handelt over de gemeenschap van kerken met elkaar, ch. 16 over synoden.

We vermelden echter allereerst een uitspraak uit ch. 2: de kerkvorm is sinds de komst van Christus "only congregational (the term Independent, wee approve not); therefore neither national, provincial, nor classical".[34] Ook wat het samenkomen in eén plaats betreft, is er overeenstemming met Parker. Ch, 3: "there is no greater church then a *Congregation*, which may ordinarily meet in one place".[35]

Ch. 15 begint met de uitspraak dat alle kerken gemeenschap met elkaar hebben te onderhouden, omdat zij alle verenigd zijn in Christus. Het hoofdstuk geeft dan een opsomming van de onderscheiden wijzen waarop de gemeenschap valt te beoefenen.

We volgen nu ch. 16.

In 16,1 wordt uitgesproken dat synoden noodzakelijk zijn, maar niet in absolute zin. Ze zijn nodig "to the welbeing of churches, for the establishment of truth, & peace therin".[36]

Dat in synoden alleen geestelijke en kerkelijke zaken behandeld dienen te worden, wordt verklaard in 16,2. De kerken zenden hun ouderlingen en andere afgevaardigden,

"& they in argueing, debating & determining matters of religion according to the word, & publishing the same to the churches whom it concerneth, doe out forth the proper & formall acts of a Synod; to the convictiō of errours, & heresyes, & the establishment of truth & peace in the Churches, which is the end of a Synod."[37]

In 16,3 wordt van de overheid gezegd dat deze de macht heeft een synode bijeen te roepen, om haar raad en advies te geven in zaken van de religie. Zij heeft zich dan tot de kerken te wenden, die hun afgevaardigden sturen. Het constitueren van een synode is een kerkelijke handeling,

---

Reformation of the Church. A collection of Reformed and Puritan documents on Church issues, sel. by Iain Murray, London 1965, 231-0271. Walker bespreekt ook de synode. In 1948 vond de 300-jarige herdenking van het Platform plaats. De toen gehouden redevoeringen vindt men in: H.W. Foote (ed.), *The Cambridge Platform of 1648*, Boston 1949. Daarin niet de tekst van het Platform, maar wel een bibliografie van de uitgaven.

33 **Ch: Chapter.**
34 **Walker, *The Creeds*, 205.**
35 **Walker, *The Creeds*, 207.**
36 **Walker, *The Creeds*, 233.**
37 **Walker, *The Creeds*, 233.**

en de kerken mogen in synode bijeenkomen ook wanneer de overheid vijandig is.

16,4 geeft aan wat wél en wat niet tot de bevoegdheid van een synode behoort. Zij heeft besluitbevoegdheid, kan zaken beslissen, aanwijzingen geven, enz., maar heeft geen ambtelijke zeggenschap. Vanwege het belang van deze sectie geven we hier de complete tekst:

"It belongeth unto Synods & counsels, to debate & determine controversies of faith, & cases of consciêce; to cleare from the word holy directions for the holy worship of God, & good government of the church; to beare witness against mal-administration & corruption in doctrine or maners[38] in any particular church,[39] & to give directions for the Reformation therof. Not to exercise church-censures[40] in way of discipline, nor any other act of church authority or jurisdiction: which that presidentiall Synod did for beare."[41]

16.5 handelt over de plicht de besluiten van synoden te aanvaarden en na te komen. Ook nu de letterlijke tekst.

"The Synods directions & determinations, so farr as consonant to the word of God, are to be received with reverence & submission; not only for their agreement therwith (which is. the principall ground therof, & without which they bind not at all), but also secondarily, for the powr wherby they are made, as being an ordinance of God appointed therunto in his word."[42]

16,6 spreekt nog extra over de afgevaardigden. Inzonderheid dienen de 'Elders' te worden afgevaardigd.[43] Maar in Hand. 15 wordt ook van niet-ambtsdragers gesproken. Het is gewenst dat naar een synode worden afgevaardigd niet uitsluitend 'Elders', maar ook 'church-members, edued[44] with gifts'.[45]

---

38 In de originele tekst staat op de letter 'n' een liggend streepje; Walker, *The Creeds*, 234.
39 In de originele tekst is het woord church met een hoofdletter geschreven: Church; Walker, *The Creeds*, 234.
40 In de originele tekst is het woord church-censures met een hoofdletter geschreven: Church-censures; Walker, *The Creeds*, 234.
41 Walker, *The Creeds*, 233-234.
42 Walker, *The Creeds*, 234.
43 'Elders' was in het toenmalige Nieuw Engeland een benaming, gebruikt niet alleen voor de 'ruling elders', maar ook voor de tweeërlei predikanten: de 'pastor' en de 'teacher'.
44 De originele tekst bevat niet het woord 'edued', but 'endued'; Walker, *The Creeds*, 235.
45 Walker, *The Creeds*, 235.

We hebben de inhoud van het 16e hoofdstuk hiermee weergegeven en vermelden nu alleen nog een uitspraak in de laatste sectie van het laatste hoofdstuk. Ch. 17 handelt over de bevoegdheid van de overheid met betrekking tot kerkelijke zaken. Als een kerk schismatiek wordt, en zich aan de gemeenschap met andere kerken onttrekt, wat dan?

"If any church one or more shall grow schismaticall, rending it self from the communion of others churches, or shall walke incorrigibly or obstinately in any corrupt way of their own, contrary of the rule of the word; in such case, the Magistrate is to put forth his coercive powr, as the matter shall require."[46]

Wanneer we de tekst van ch. 16, 'Of Synods', lezen, wordt het ons onmiddellijk duidelijk dat voortdurend rekening is gehouden met ch. 31, 'Of Synods and Councils' van de *Westminster Confession of Faith*, 1647. In het woord vooraf bij het *Cambridge Platform* wordt met de Westminster Confession instemming betuigd, "excepting only some sections in the 25, 30 & 31 chapters".[47] In ch. 16 van het Platform wordt tot uitdrukking gebracht op welke punten men met ch. 31 van Westminster verschilde, én in welke opzichten men met Westminster overeenstemde. Mag ik aanstippen dat juist die woorden van ch. 31, die van gereformeerde zijde nog recentelijk bekritiseerd zijn, letterlijk zijn overgenomen in het slot van 16,5 van het *Cambridge Platform*?

IV

Wat wij hebben aangeduid als de *Savoy Declaration* dient gepreciseerd te worden. De 'meeting' (het woord synode werd vermeden!) van de 'elders and messengers'[48] van ruim honderd kerken in het Savoy Palace in 1658 bereikte overeenstemming over een *Declaration of Faith* (de Westminster Confessie, op bepaalde punten gewijzigd) én een *Declaration of the Institution of Churches and the Order appointed in them by Jesus Christ*. Het gaat ons nu om deze laatste verklaring.[49] Deze draagt een ander karakter

---

46 Ch. XVII.9; Walker, *The Creeds*, 237.
47 In de originele tekst: "Excepting only some sections in the 25 30 & 31. Chapters..."; Walker, *The Creeds*, 195.
48 Titelpagina; geraadpleegd 9 juni 2017, http://www.thecreeds.net/congregational/savoy/index.htm.
49 Volledige titel en tekst bij Walker, 354-408, en in: A. Peel, *The Savoy Declaration of Faith and Order 1658*, London 1939, en A.G. Matthew[s] (ed.), *The Savoy Declaration of Faith and Order 1598*, London 1959. De tekst van de Declaration of Order eveneens in: R.W. Dale, *History of English congregationalism*, London 1907, 386-390, en in het

dan het *Cambridge Platform*. Er zijn slechts korte uitspraken, dertig in getal. Terwijl in het *Cambridge Platform* telkens naar Schriftplaatsen verwezen wordt (vermeld in margine), treft men in de *Savoy Declaration* geen vermelding van Schiftplaatsen aan.

We kunnen ons tot enkele artikelen beperken.

Art. 6 is geheel in de lijn van Parker en van Cambridge:

"Besides these particular Churches, there is not instituted by Christ any Church more extensive or Catholique entrusted with power for the administration of his Ordinances, or the execution of any authority in his name." [50]

Synoden worden genoemd in art. 22, in verband met de kerkelijke tucht: zij hebben geen bevoegdheid tot excommunicatie, "or other church-censures against Churches, Magistrates, or their people upon any account."[51]

Art. 25: alle kerken behoren met elkaar gemeenschap te oefenen voor hun vrede, vermeerdering van liefde, en wederzijdse opbouw.

De twee belangrijkste (verder ook de enige) artikelen inzake synoden zijn de art. 26 en 27.

Art. 26 spreekt uit, dat er in bepaalde gevallen, namelijk wanneer zich moeilijkheden of verschillen voordoen, vele kerken (die met elkaar gemeenschap oefenen) kunnen bijeenkomen in een synode. Dit is naar de wil van Christus. De volledige tekst:

"In Cases of Difficulties or Differences, either in point of Doctrine or in Administrations, wherein either the Churches in general are concerned, or any one Church in their Peace, Union, and Edification, or any Member or Members of any Church are injured in, or by any proceeding in Censures, not agreeable to Truth and Order: it is according to the minde of Christ, that many Churches holding communion together, do by their Messengers meet in a Synod or Councel, to consider and give their advice in or about that matter in difference, to be reported to all the Churches concerned; Howbeit these Synods so assembled are not entru-

---

in noot 27 vermelde werk the *Reformation of the Church*, 273, 280. De samenkomst zelf wordt besproken door Walker en Dale, maar Matthews geeft aanvulling door nieuwere gegevens. Belangrijk voor deze periode: G.F. Nuttall, *Visible Saints. The Congregational Way 1640-1660*, Oxford 1957. Ik vermeld nog dat J. Hoornbeek de gehele Declaration of Faith and Order vertaald heeft in het Latijn, en deze tekst als bijlage heeft opgenomen in zijn *Epistola ad Joh. Duraeum... de Independentismo*, Lugd. Batav. 1660, 399-443.

50 **Walker, *The Creeds*, 404.**
51 **Walker, *The Creeds*, 406.**

sted with any Church-Power[52] properly so called, or with any Jurisdiction over the Churches themselves, to exercise any Censures, either over any Churches or Persons, or to impose their determinations on the Churches or Offers."[53]

In art. 26 wordt niets gezegd over enige verplichting het synodale advies te aanvaarden en op te volgen. Ook het volgende artikel spreekt daar niet over.

Art. 27 brengt naar voren dat alleen synoden-bij-gelegenheid (bij moeilijkheden of verschillen) naar de instelling van Christus zijn. Door Hem zijn ook niet ingesteld kleinere en grotere synoden met subordinatie van de ene vergadering aan de andere:

"Besides these occasional Synods or Councils,[54] there are not instituted by Christ any stated Synods in a fixed Combination of Churches, or their Officers in lesser or greater Assemblies; nor are there any Synods appointed by Christ in a way of Subordination to one another".[55]

Tenslotte noteren we nog dat in de *Declaration of Faith* het gehele ch. 31 van de Westminster Confessie, 'Of Synods and Councils', is geëlimineerd.

V

Na het voorgaande kunnen we tot een aantal conclusies komen. Het is ons duidelijk dat er tussen Parker, het *Cambridge Platform* en de *Savoy Declaration* overeenstemming bestaat over de volgende zaken. 1. De kerkvorm van het Nieuwe Testament is 'congregational', de particuliere kerk is geen onderdeel van een groter institutair geheel. 2. De particuliere kerken, die één zijn in Christus, zijn zusterkerken van elkaar die tot onderlinge gemeenschapsoefening geroepen zijn. 3. Eén van de vormen van gemeenschapsoefening is het samenkomen in synoden. 4. Synoden hebben geen eigen, rechtstreeks door Christus verleend gezag, zij hebben geen ambtelijke zeggenschap, geen juridictie over de kerken.

Er laten zich ook belangrijke verschilpunten constateren.

Vergelijken wij het *Cambridge Platform* met de *Savoy Declaration*, dan is er niet maar verschil in uitvoerigheid. 1. Het *Cambridge Platform*

---

52 **De originele tekst bevat een komma tussen de woorden Church-Power en properly;** Walker, *The Creeds*, 407.
53 **Walker, *The Creeds*, 407.**
54 **De originele tekst bevat niet het woord "Councils", maar "Councels;"** Walker, *The Creeds*, 407.
55 **Walker, *The Creeds*, 407.**

spreekt aanzienlijk krachtiger over de synodale competenties dan de *Savoy Declaration*. De synode heeft bevoegdheid tot het nemen van besluiten, zij beslist, geeft 'directions', laat haar getuigenis horen tegen wanbestuur, enz. in een particuliere kerk en wijst zulk een kerk de weg die zij te gaan heeft. Hierbij blijft dan gehandhaafd, dat zij zelf het bestuur van zulk een kerk niet mag overnemen, en geen tucht mag oefenen. De *Savoy Declaration* concentreert zich op de term 'advice'[56] (zegt dan later nog dat synoden hun 'determinations'[57] niet mogen opleggen). 2. In de omschrijving van de redenen voor en het doel van een synode komt in het *Cambridge Platform* een ruimer standpunt tot uitdrukking dan in de *Savoy Declaration*. 3. Het *Cambridge Platform* spreekt zich uit over het aanvaarden en opvolgen van de besluiten en aanwijzingen van een synode (voorzover zij overeenstemmen met het Woord van God), en verklaart zelfs dat deze ontvangen moeten worden 'with reverence & submission'.[58] De *Savoy Declaration* zwijgt 4. Het *Cambridge Platform* verklaart níet - in tegenstelling met de *Savoy Declaration* - dat alleen 'occasional synods'[59] overeenkomstig de Schrift zijn.

Het belangrijkste verschil met Parker houdt verband met het laatste punt. Zoals we gezien hebben, acht Parker het juist dat er vaste afspraken worden gemaakt inzake het bijeenkomen van classes, provinciale en nationale synoden. Deze afspraken impliceren ressortale indelingen, met vaste combinaties van kerken.

Het *Cambridge Platform* spreekt niet over een indeling in ressorten, en bevat geen afspraken over het regelmatig samenkomen van meerdere vergaderingen. Uiteraard moet hier rekening worden gehouden met het toen nog kleine aantal kerken in Massachusetts en het nog kleinere aantal kerken daarbuiten. Maar jaarlijkse of tweejaarlijkse synoden waren mogelijk geweest. Het *Cambridge Platform* gaat niet zo ver.

Tussen Parker en de *Savoy Declaration* is het verschil nog groter. Een indeling in ressorten, met regelmatig gehouden meerdere vergaderingen, heeft in 1658 afgewezen. Geen vaste synoden in een vaste combinatie van kerken?

De independenten in Engeland hebben welbewust gekozen voor slechts enkele summiere afspraken inzake het samenleven van de kerken. Voor een kerkverband zoals door Parker voorgestaan, was men beducht.

---

56 **Walker,** *The Creeds,* **407.**
57 **Walker,** *The Creeds,* **407.**
58 **Walker,** *The Creeds,* **234.**
59 **Walker,** *The Creeds,* **407.**

Het *Cambridge Platform* was de broeders in Engeland bekend, maar in allerlei opzichten ging dat hun te ver. Voetius heeft ons bericht dat Parker in de Dordtse synode geciteerd is, en dat zijn uiteenzetting over een *beslissend* oordeel dat aan synoden toekomt, niet alleen geapprobeerd werd, maar van zoveel waarde werd geacht dat men haar een plaats heeft willen geven in de acta.

Is dezelfde uiteenzetting van Parker in de synode van Cambridge geciteerd? Is zij in de meeting te Londen aangehaald? De historie zwijgt er over. Als zij in beide samenkomsten geciteerd zou zijn, kunnen we ons nog wél indenken dat zij instemming heeft verworven in Cambridge. Dat zij door de meeting te Londen geapprobeerd is, is uitgesloten.

VI

Met betrekking tot synoden is er dus tussen de kerkorden van 1648 en 1658 overeenstemming én verschil. Zijn deze kerkorden (die beide ook zijn opgesteld om aan anderen duidelijk te maken welk standpunt werd ingenomen inzake de inrichting van het kerkelijke leven en samenleven), van kracht geweest? Wat het *Cambridge Platform* betreft van de reactie in Massachusetts weten wij meer dan van die in Plymouth, Connecticut en New Haven. Laten we kort zijn. "By this Platform of discipline, the churches of New England walked for more than thirty years."[60] Ter synode van Boston 1679 werd het Platform hoofdstuk na hoofdstuk gelezen. Er waren enige reserves, maar besloten werd de tekst niet te wijzigen. Wat hebben de kerken in Engeland met de *Savoy Declaration* gedaan? "What they did with the document, whether they formally accepted it, or Whether they simply studied and discussed it, we do not know."[61]

Wat we van de congregationalistische kerken in Engeland wél weten, is dat zij in de 17e en in de 18e eeuw nooit een synode hebben gehouden. Er is na 1658 ook geen tweede 'meeting' meer geweest met zulk een brede samenstelling. In de eerste decenniën na 1658 oefenden natuurlijk de veranderde politieke en kerkelijke omstandigheden grote invloed uit. Maar ook na 1689 kwamen de kerken niet meer samen in een 'occasional synod'. De Declaration werd een vergeeld en vergeten dokument. In verschillende delen van Engeland oefenden de kerken wel gemeenschap met elkaar. Er werden ook wel 'meetings' gehouden van kleinere aard. In de 18e eeuw groeiden de 'associations of ministers'. Toen in 1833 de nieuw gevormde congregationalistische unie van Engeland en Wales tot nieuwe

---

60 **Walker**, *The Creeds*, 188.
61 **Matthews**, *The Savoy*, 40.

verklaringen kwam op het gebied van leer en orde, was men vér af van 1658, niet alleen temporeel.[62]

In Nieuw Engeland zijn er nog wel synoden gehouden (we noemden die van Boston 1679 reeds).[63] Maar niet regelmatig. Het regelmatig samenkomen is wél bepleit. En het niet regelmatig samenkomen heeft veel nadeel berokkend toen gouverneur Winthrop in 1637 aan afgevaardigden van de kerken vroeg, of het niet goed zou zijn jaarlijks synode te houden, sympathiseerden allen hiermee, maar tot daden kwam het niet".[64] Vlak voor zijn overlijden in 1648 zei Thomas Hooker: "We must agree upon constant meetings of ministers, and settle the consociation of churches, or else we are utterly undone!".[65] John Eliot gebruikte de woorden 'utterly lost'[66] en spande zich in voor regelmatig gehouden synoden, waarvoor hij ook een uitgewerkt plan ontwierp.[67] Maar in plaats van het regelmatig samenkomen van meerdere vergaderingen, kwam er de praktijk van de samenkomende predikanten. Na verloop van tijd steeds duidelijker aan het licht tredende dominocratie. Maar al is het in Nieuw Engeland niet gekomen tot het op vaste tijden bijeenkomen van synoden, ook in de *praktijk* manifesteert zich, althans wat de 17^e eeuw betreft, verschil met Engeland.

VII

Wanneer we letten op het verschil inzake synoden tussen het *Cambridge Platform* en de *Savoy Declaration* (het verschil ook tussen Nieuw Engeland en Engeland in de praktijk, in de 17e eeuw), is de conclusie onontwijkbaar dat allerlei uitspraken betreffende synoden bij 'de' congregationalisten,

---

62 Voor de historie in de periode 1658-1833, naast het oudere werk van Dale: R. Tudur Jones.
63 Voor de ontwikkelingen in Nieuw Engeland na 1648, naast de reeds genoemde werken van Cotten Mather en van Walker: W. Walker, *A History of the Congregatonal Churches in the United States*, N.Y. 1903 en G.G. Atkins and F.L. Fagley, *History of American Congregationalism*, Boston 1942.
64 *Winthrop's Journal 'History of New England' 1630-1649*, ed. by J.K. Hosmer, N.Y. 1906, I 235 (repr. N.Y. 1966).
65 Cotton Mather, *Magnalia* II, 271.
66 **Mather, *Magnalia*, vol. 1, 555.**
67 Cotton Mather, *Magnalia*, I 555. Eliot's project hield o.m. in 'stated meetings of the provincial councils, once every quarter' en 'stated meetings of the national council, once a year'; daarnaast dan ook eventuele 'occasional meetings', John Eliot, *Communion of Churches, or the Divine Management of Gospel-Churches by the Ordinance of Councils, Constituted in Order according to the Scriptures*, Cambridge (Mass.) 1665. (Ex. In mijn bezit.)

wijziging verdienen. In diverse opgaven van stelsels van kerkregering wordt gesproken van 'het' congregationalistische stelsel. En dat stelsel zou dan inhouden dat er wat synoden betreft één standpunt is geweest. Die voorstelling treft men dikwijls ook aan wanneer, los van opgaven van stelsels, over 'het' independentisme of congregationalisme gesproken wordt.

De uitspraken over dat ene standpunt van 'de' congregationalisten vertonen variaties. Heel ver gaan uitspraken als de volgende. "Hulle ken ... geen sinode nie. - Hulle hou ... konferensies van verteenwoordigers van die verskillende gemeentes maar die besluite daar geneem is nie meer as adviserend nie."[68] En: "Die kerkverband word deur die Independente as 'n hierargie bestempel. Daar mag slegs konferensies gehou word. De gelijke konferensies mag adviseer, maar geen bindende besluite neem nie."[69]

Zoals we gezien hebben, heeft ook de *Savoy Declaration* over Synoden gesproken in positieve zin (zij het dan uitsluitend met betrekking tot 'occasional synods'.

De bekende opgave van P. Biesterveld - H.H. Kuyper vermeldt dat volgens de congregationalisten of independenten moet weerstaan worden: "elk kerkverband, dat ook maar in iets zou kunnen gerekend worden voor de tot dat verband behorende kerken beslissend gezag te hebben. Dat is evengoed hiërarchie als het pauselijk stelsel. Zo streng mogelijk moet dit beginsel toegepast [worden]. Het is wel geoorloofd dat de kerken samenkomen in conferentiën, maar die conferentiën kunnen geen besluiten nemen die bindend zijn, doch hoogstens advies uitbrengen."[70]

We beperken ons, en geven nog slechts één citaat. H. Bouwman zegt: "Het bindend gezag der meerdere vergaderingen mag niet bestaan. De congregaties kunnen wel samenkomen in conferenties, doch deze kunnen hoogstens advies uitbrengen".[71]

Uitspraken als deze zijn iets genuanceerder, maar dienen toch gerectificeerd te worden. Zij zijn niet juist, als we op de *Savoy Declaration* letten. Zij zijn nog minder juist als we denken aan de verklaring van het

---

68 J.H. Eybers, *Die Kerkinrigting van die Nederduits Gereformeerde Kerk*, Pretoria 1934, 88.
69 L.S. Kruger e.a., *Handleiding by die Kerkorde van die Gereformeerde Kerk in Suid-Afrika*, Potchefstroom 1966, 27.
70 P. Biesterveld en H.H. Kuyper, *Kerkelijk Handboekje*, Kampen 1905, XII.
71 H. Bouwman, *Geref. Kerkrecht* I, Kampen 1928, 268. Letterlijk overgenomen door L.D. Terlaak Poot in *Chr. Enc.* II 282 (s.v. Congregationalisme).

Cambridge Platform dat besluiten van synoden dienen ontvangen te worden 'met eerbied en onderwerping'.

In het verleden is Nieuw Engeland te veel buiten het gezichtsveld gebleven. Ook is al te veel aandacht geschonken aan Robert Browne.

VIII
Robert Parker heeft de kerkorde van de gereformeerde kerken in Nederland gekend, en zich in veel opzichten daarbij aangesloten. Voor deze gereformeerde kerkorde met haar concrete afspraken inzake de meerdere vergaderingen, vooral ook de generale synode, past ons grote dankbaarheid. Denken we aan de kerkorden van 1648 en 1658, dan zijn wij inzonderheid dankbaar voor art 31 in onze oude, nog steeds vigerende kerkorde, waar de naam Dordrecht zo nauw aan verbonden is.

Uitspraken van Parker hebben via Voetius ook Rutgers bereikt.

Bij de schriftuurlijk kerkrechtelijke lijn van Rutgers werd in Kampen aangesloten toen de ekklesiologische katheder na de Vrijmaking weer bezet werd.

In gehoorzaamheid aan het Woord van God en in gebondenheid aan de gereformeerde confessie werd voortgewerkt in heel de periode 1959-1979, véél-bewogen jaren.

In zelfstandigheid. Zonder epigonisme.[72]
Altijd met goed accoord.

---

72 Epigonisme: zonder nadoenerij of navolging. Een epigoon is iemand 'die op het gebied van de kunsten en wetenschappen geen eigen, nieuwe ideeën heeft, maar de grote voorgangers navolgt of op bestaande grondslagen voortbouwt'; *Van Dale*, 951.

10. Congregationalisme:
Het namens de congregationalisten gegeven antwoord op de complete reeks vragen, hun uit Nederland door Apollonius gesteld
–Afscheidsrede 1988

In 1988 kwam er na negen jaar een einde aan het professoraat van Deddens. De reden was het bereiken van de 65-jarige leeftijd. Sinds 1979 had hij de leerstoel mogen bekleden. Hij nam op woensdagmiddag 11 mei 1988 afscheid in de Stadsgehoorzaal.

Met opzet wilde Deddens blijven in de lijn van zijn inaugurele en rectorale rede. Zo kwam Deddens aan zijn thema en titel: 'Congregationalisme: Het namens de congregationalisten gegeven antwoord op de complete reeks vragen, hun uit Nederland door Apollonius gesteld'.

Deddens begon zijn rede met een anekdote omtrent de predikant van Ipswich, John Norton. Die was gevraagd een antwoord te formuleren op vragen die vanuit de Nederlanden waren gesteld over het congregationalisme of independentisme. Norton's boek 'Responsio ad totam quaestionum syllogèn à clarissimo viro domino Guillelmo Apollonio, Ecclesiae Middleburgensis Pastore, propositam'[1] raakte in de Nederlanden in de vergetelheid. Dit boek was een antwoord op de vragen die Apollonius in zijn 'Consideratio quarundam controversiarum ad regimen ecclesiæ dei spectantium: quæ in Angliæ regno hodie agitantur. Ex mandato & jussu classis Walachrianæ conscripta' had gesteld. Deddens vroeg aandacht voor Nortons vergeten boek en daarmee voor Apollonius' werk. Tevens schetste Deddens opnieuw de context van de Westminster Assembly van 1643. De aanwezige Schotten probeerden de kerkstructuur van de Anglicaanse Kerk meer presbyteriaans te laten zijn. Daarbij kwamen ze de weerstand van vijf invloedrijke congregationalistische woordvoerders tegen. De Schotten zochten steun voor hun zaak vanuit het Europese continent, met name vanuit de

---

1 **John Norton,** *Responsio ad totam quaestionum syllogèn à clarissimo viro domino Guillelmo Apollonio, Ecclesiae Middleburgensis Pastore, propositam,* **(typis R.B. impensis A. Crook: Londini, 1648).**

Nederlanden. De Schotse theoloog R. de Baillie spoorde hiervoor zijn neef W. Spang in het op het eiland Walcheren gelegen stadje Veere aan. Diens Middelburgse collega Apollonius reageerde door een set vragen op te stellen in de vorm van een boek. Daarmee zou Apollonius duidelijk krijgen wat precies hun congregationalistische ecclesiologie was en wat niet. Baillie zette Apollonius enigszins onder druk. Hoewel laatstgenoemde nog geen antwoord had ontvangen op zijn vragen, rondde hij zijn manuscript af en zond het al ter publicatie naar Londen.

Bijna driehonderd jaar later maakte D. Nauta gebruik van deze publicatie. Volgens Deddens verzuimde Nauta hierbij in ogenschouw te nemen dat Apollonius in snel tempo werkte, een lijst met vragen aan de vijf congregationalistische woordvoerders zond met het verzoek deze te beantwoorden. Opnieuw wees Deddens daar in een rede op. Voor zover ik kon nagaan heeft Nauta nooit gereageerd op de kritiek van Deddens inzake zijn inaugurele rede van 1936.

De vijf congregationalistische leidslieden waren niet gelukkig met Apollonius' 'Consideratio'. Ze oordeelden dat het beter was dat een bekwaam theoloog uit New England een reactie zou schrijven. Meer dan in Engeland konden in New England de congregationalistische kerken zich ontplooien. De gezochte theoloog werd gevonden in de persoon van Norton. Al in 1645 was de tekst van zijn manuscript 'Responsio' gereed. Ook drie van de vijf woordvoerders voegden er teksten aan toe. Uiteindelijk werd het boek in 1648 gedrukt.

Norton gaf in dit boek antwoord op de door Apollonius in zijn 'Consideratio' gestelde vragen. Deddens fietste vaak vanuit Wetsinge-Sauwerd naar de universiteitsbibliotheek in Groningen, een afstand van ongeveer tien kilometer. Deze universiteitsbibliotheek had een exemplaar van Nortons 'Responsio' geleend van de universiteitsbibliotheek van Glasgow, Schotland. Rond diezelfde tijd dat Deddens in de Groningse bibliotheek het boek bestudeerde, herontdekte de Amerikaanse theoloog Douglas Horton Nortons 'Responsio'. Het was, net als in Nederland, ook in Engeland en Amerika in de vergetelheid geraakt.

Apollonius had zijn vragen aan de congregationalisten over zestien hoofdstukken verdeeld. Norton haakte daar in zijn boek op in. Hij verwees daarbij niet alleen naar bijbelteksten, maar ook naar veel theologen.

Deddens gaf in zijn rede een overzicht van Apollonius vragen en van Nortons antwoorden om te kunnen concluderen of Apollonius' opvattingen over het congregationalisme juist of onjuist waren. Hij deed dat door achtereenvolgens de hoofdstukken te volgen. Hij concludeerde dat het congregationalistische beeld dat Apollonius had opgeroepen in verschillende *opzichten afweek van het beeld dat Norton had geschetst. Apollonius had het congregationalisme niet scherp voor ogen gehad. Daarmee bekritiseerde Deddens nogmaals. Nauta's inaugurele rede en lofrede op Apollonius' werk.*

Uniek is dat Deddens een keer in zijn academische werk ingaat op kerkrechtelijke ontwikkelingen in de Nederlandse Hervormde Kerk. Hij heeft niet zoals zijn vader aandacht besteed aan (de totstandkoming van) de Hervormde Kerkorde van 1951. Wel had het congregationalistisch pleidooi van de hervormde praktisch-theoloog G.D.J. Dingemans[2] in de vorm van zijn boek 'Een huis om in te wonen' uit 1987 Deddens' aandacht getrokken en kon op enige instemming rekenen.

Met name Hoornbeek ging in zijn 'Epistola' uitvoerig in op Nortons 'Responsio'. Om die reden behandelde Deddens, net als in zijn rectorale rede, dit onderwerp nog een keer. Ook kwam Deddens nog een keer terug op de verdwijnende ruling elder uit zijn inaugurele rede. Door zowel zijn inaugurele als rectorale rede aan te halen, wordt duidelijk dat Deddens besefte dat zijn academische loopbaan ten einde was. Hij wilde nog eens een duidelijk statement maken inzake het congregationalistische (historische) kerkrecht. Verder, hiermee wilde hij zijn redes als een drieluik presenteren. Expliciet had hij dit laten weten in een brief aan Kamphuis.[3] De keerzijde hiervan, van het samenvatten wat hij in zijn academische loopbaan naar voren had willen brengen, was dat zijn rede uitwaaierde. Hoe dan ook, Deddens vroeg nog een keer aandacht voor zijn voorliefde, het congregationalisme van de puriteinen in New England.

Mijnheer de president, dames en heren,

De dominee zat de laatste tijd toch wel bijzónder veel op zijn studeerkamer. In de gemeente vertoonde hij zich minder vaak. Zijn preken leken een tikkeltje beneden [het] niveau dat men gewoon was. Een van de broeders zei er iets over tegen een collega van de predikant. Dat hoefden andere gemeenteleden natuurlijk niet te weten. Maar het gevolg werd door hen ervaren: de predikant beterde zijn leven. Ach ja, hij besefte het ook zelf wel: de gemeente mocht niet te lijden krijgen door het werk dat

---

2 G.D.J. Dingemans (1931-2017), predikant Rinsumageest 1957, Deventer 1961, vormingspredikant Classis Doetinchem en Zutphen 1967, studiesecretaris Raad voor de Catechese 1972 in combinatie met het docentschap aan het theologische opleidingscentrum Hydepark 1974, hoogleraar Praktische Theologie en Kerkrecht Rijksuniversiteit Groningen 1980, emeritaat 1993; geraadpleegd 26 maart 2018, https://www.rd.nl/kerk-religie/ds-g-d-j-dingemans-pkn-overleden-1.1453322.
3 ADC, ADD, Brief D. Deddens aan J. Kamphuis, 3 mei 1988.

hij voor álle kerken te doen had. Dát moest ook gebeuren, maar het ambtelijke werk ging voor.

Een petite[4] histoire, niet verzonnen. Het verhaal is te vinden bij Cotton Mather in zijn <u>Magnalia Christi Americana</u>, zijn Kerkgeschiedenis van Nieuw Engeland, verschenen in 1702. Die predikant was John Norton, sinds 1638 verbonden aan de kerk de Ipswich in Massachusetts. Het werk waar hij zo ingespannen mee bezig was, was in het bijzonder bestemd voor de gereformeerde Kerken en voorgangers in Nederland. Het was een verantwoordelijke taak die hem was toevertrouwd. Hij moest de antwoorden redigeren en adstrueren op een hele reeks vragen, vanuit Nederland gesteld over het zgn. independentisme ofwel congregationalisme. De congregationalisten - wat hielden hun ecclesiologische, kerkrechtelijke opvattingen precies in? Het nauwkeurig uiteenzetten daarvan, wat in Latijn moest gebeuren, was een tijdrovend karwei, zoals de gemeente te Ipswich gemerkt heeft.

Norton heeft dat karwei geklaard, een heel waardevol boekje vormde het resultaat. Helaas is het hier in Nederland in vergetelheid geraakt. Voor de kennis van wat genoemd wordt het klassieke congregationalisme is het een zeer belangrijke bron.

Mijn afscheidscollege zal gaan over het congregationalisme. Opzettelijk blijf ik in de lijn van mijn inaugurele rede en van mijn rede drie jaar later[,] na mijn rectoraat.[5]

Over het belang van het thema zal ik niet uitweiden. Wie de geschiedenis van de gereformeerde Kerken in Nederland sinds 1834 kent, zal de noodzaak van aandacht voor dit thema erkennen. Aparte vermelding verdient de nieuwe en groeiende belangstelling voor het congregationalisme van Nederlands-hervormde kant. Ik denk met name aan G.D.J. Dingemans, hoogleraar te Groningen, die in zijn verleden jaar gepubliceerde boek <u>Een huis om in te wonen. Schetsen en bouwstenen voor een Kerk en een Kerkorde van de toekomst</u>,[6] voor het congregationalisme een lans heeft gebroken. Naar zijn mening dienen in een toekomstige evangelische kerk van Nederland, "belangrijke inzichten, zoals die zijn ontstaan in het Amerikaanse congregationalisme" verdisconteerd te worden.[7] Hoe

---

4 **In de tekst van Deddens stond 'petitie'.**
5 **De zin is enigszins verwarrend. Deddens bedoelde aan te geven dat hij de rectorale rede (1982) drie jaar na zijn inaugurele rede (1979) hield.**
6 G.D.J. Dingemans, *Een huis om in te wonen; Schetsen en bouwstenen voor een Kerk en een Kerkorde van de toekomst*, ('s Gravenhage: Boekencentrum, 1987).
7 Dingemans, *Een huis*, 193.

dit concreet zou kunnen gebeuren, is door hem aangegeven in zijn Proeve van kerkorde-artikelen voor een Evangelische Kerk van de toekomst. Hij eindigt zijn boek met de woorden: "Congregationalisme horen we in elk geval niet meer als een verwijt, maar als een erenaam!"[8] Een stellingname die de <u>actuele </u>betekenis van het thema onderstreept.

Ik vraag uw aandacht voor het onderwerp:

Congregationalisme:
Het namens de congregationalisten gegeven antwoord op de complete reeks vragen, hun uit Nederland door Apollonius gesteld

I
Het boek van Norton, dat centraal staat in mijn rede, is getiteld <u>Responsio ad totam quaestionum syllogèn à clarisimo viro domino Guillelmo Apollonio, Ecclesiae Middelburgensis Pastore, propositam</u>. De steller van de vragen was dus Willem Apollonius, gereformeerd predikant te Middelburg.

Maar we beginnen met een studie voorgeschiedenis.

In 1643 werd in Londen de bekende Westminster Assembly benoemd, vaak ten onrechte synode genoemd; zij was slechts een instantie om het Lange Parlement te adviseren bij wijzigingen in de inrichting en regering van de Anglicaanse kerk. Een meer kerkelijke status bezaten alleen de afgevaardigden van de Church of Scotland, die presbyteriaans was gestructureerd. Het streven van de Schotten was gericht op kerkelijke uniformiteit van Engeland met Schotland, een Church of England die een overeenkomstige presbyteriaanse structuur zou hebben. In de Assembly ontmoetten zij op bepaalde punten in 1644 vooral tegenstand van wat men zou kunnen noemen de congregationalistische fractie. De kerngroep daarvan werd gevormd door vijf bekwame woordvoerders,[9] die allen aan Engelse gemeenten in Nederland verbonden waren geweest, en in 1643 over de positieve bejegening in ons land zich lovend hadden uitgelaten in hun <u>An Apologetical Narration</u>. In de zich toespitsende strijd achtten de Schotten het van groot belang dat aan hun zaak steun werd geboden door kerken en theologen van het continent, met name vanuit

---

8 **Dingemans**, *Een huis*, 193.
9 Zie voetnoten 289, 394, 466, 487 en 488.

Nederland. De brieven van Robert Baillie aan zijn neef William Spang, Schots predikant te Veere, zijn bewaard gebleven en gepubliceerd. Zij bevatten aansporing na aansporing de Schotten te steunen. Eén Nederlandse collega was er, die aan de smeekbeden van Baillie, overgebracht door Spang, gehoor wilde geven: Apollonius. Baillie zorgde ervoor dat Apollonius enige geschriften ontving, en gaf in zijn brieven aanwijzingen wat Apollonius zijns inziens schrijven moest. Om het verhaal kort te houden: in oktober 1644 stuurde Apollonius een in het Latijn gestelde verhandeling naar Londen, in ongedrukte vorm. Zij werd kort daarna gedrukt, en het jaar daarop gepubliceerd in het Engels. D. Nauta heeft deze verhandeling van Apollonius besproken in zijn inaugurele rede (1936), en haar hoog geprezen als een voortreffelijke bestrijding van 'de Independentistische ideeën'.[10]

Wat Nauta echter <u>niet</u> vermeldt, is dat Apollonius, alvorens in snel tempo zijn verhandeling te schrijven, een hele lijst vragen heeft opgesteld en toegezonden aan de vijf eerder vermelde congregationalistische woordvoerders in de Assembly, met het vriendelijk verzoek ze te beantwoorden, zodat het duidelijk zou zijn wat zij <u>wel</u> en wat zij <u>niet</u> voorstonden. Apollonius' brief met dit verzoek is in extenso afgedrukt in het boek van Norton.

De brief arriveerde te Londen in juni, maar reeds in juli berichtte Baillie dat Apollonius, áls hij een verhandeling wilde schrijven, dat nu snel moest doen, anders was het te laat. Terwijl de antwoorden op zijn vragen nog niet door hem ontvangen waren, heeft hij zijn kritisch geschrift toen samengesteld.

De door Apollonius benaderde congregationalisten in de Westminster Assembly waren met zijn vragenlijst niet erg gelukkig. Zij waren in een strijd gewikkeld waar veel van afhing, hun aantal was klein, zij waren al zwaar belast, en het was onmogelijk de antwoorden te beperken tot een simpel ja of nee. De <u>be</u>antwoording zou ook een <u>ver</u>antwoording moeten inhouden. Onder hun collega's in Nieuw Engeland, waar het congregationalisme in de praktijk werd gebracht en het rustiger was, bevonden zich zeer bekwame figuren. De volgende oplossing werd gevonden: Apollonius' vragen zouden vanuit Nieuw Engeland beantwoord worden.

Norton, door de collega's aangewezen, kwam in 1645 met de tekst gereed. John Cotton van Boston las het manuscript en schreef een uitvoerig 'woord vooraf'. Goodwin, Nye en Simpson, drie van de door Apollonius benaderde voormannen, voegden er nog weer een eigen woord bij. Ten slotte kwam het werk in 1648 in Londen van de pers.

---

10 **Nauta**, *De Nederlandsche gereformeerden*, 27.

Bij auteurs die het boek vermelden, treft men meer dan eens het misverstand aan dat het een bestrijding van Apollonius' <u>eigen</u> geschrift bevat. Maar Norton bestrijdt dat nergens, hij geeft slechts een uitgebreid antwoord op de door Apollonius gestelde vragen. Het is opmerkelijk dat deze laatste op dit antwoord publiek nooit heeft gereageerd.

Opmerkelijk is niet minder dat Nortons kleine boek in geen van onze Universiteitsbibliotheken aanwezig is gebleken. In 1952 is de Universiteitbibliotheek[11] te Groningen zo vriendelijk geweest voor mij het exemplaar te lenen van haar zusterinstelling te Glasgow. Vaak ben ik tussen de ambtelijke bedrijven door, van Sauwerd naar Groningen gefietst om in de Universiteitsbibiliotheek[12] Nortons boekje te lezen en over te schrijven: de opmars van de fotokopieerapparaten moest nog beginnen.

Ook in Amerika en Engeland raakte Nortons geschrift in vergetelheid. Totdat het in 1957 werd herontdekt door Douglas Horton,[13] van Harvard. Hij was er enthousiast over. Toen ik het las, schrijft hij, voelde ik mij een ware Hilkia,[14] die het wetboek in de tempel had gevonden.

---

11 In de tekst van Dedden staat 'U.B.'.
12 In de tekst van Dedden staat 'U.B.'.
13 Douglas Horton (1891-1968) was een Amerikaans congregationalistische predikant, oecumenicus, theoloog en decaan van de Harvard Divinity School; geraadpleegd 6 april 2017, https://en.wikipedia.org/wiki/Douglas_Horton. Hij vertaalde John Norton's boek vanuit het Latijn in het Engels: *The Answer To the Whole Set of Questions of the Celebrated Mr. William Apollonius, Pastor of the Church of Middelburg*, (Cambridge MA: The Belknap Press of Harvard University Press, 1958).
14 Hilkia was hogepriester die het wetboek in de tempel had gevonden, 2 Koningen 22 en 2 Kronieken 34.

II

In niet minder dan 16 hoofdstukken zijn de vragen van Apollonius verdeeld. Norton begint telkens met een <u>kort</u> antwoord, waarbij hij de woorden van de vraagstelling herhaald. Vervolgens licht hij het antwoord toe. Zijn betoogtrant is helder. In ieder hoofdstuk voert hij Schriftplaatsen aan. Telkens verwijst hij naar werken van andere theologen. Zij vormen een lange reeks. Hij citeert o.a. Calvijn,[15] Beza,[16] Zanchius,[17] Danaeus,[18]

---

15 De reformator Johannes Calvijn (1509-1564).
16 Theodorus Beza (1519-1605) was Calvijn's medewerker en na diens dood zijn opvolger in Genève. Ook was hij rector van de Academie van Genève.
17 Hieronymus (Girolamo) Zanchius (1516-1590), Italiaans protestants kerkhervormer, o.a. professor Oude Testament St. Thomas Straatsburg tot 1563, predikant Italiaanse gemeente in Chiavenna (Graubünden) gedurende vier jaar, professor Dogmatiek Heidelberg 1568. In Heidelberg werd hij de opvolger van Zacharius Ursinus. In 1576 werd Zachius professor te Neustadt 1576. In zijn *Opera Theologicorum*, Genève: Excudebat Stephanus Gamonetus/Matthæus Berjon, 1605 nam hij een hoofdstuk op: "Tractatus de Redemptione". Dit werd in 2012 door Jeffrey J. Veenstra vertaald en als zelfstandige publicatie uitgegeven onder de titel *On the Law in General*, (CLP Academic, 2012); Emidio Campi, "Zanchius, Hieronymus," in *Religion Past and Present*, 2011. Geraadpleegd 10 juni 2017 http://dx.doi.org/10.1163/1877-5888_rpp_SIM_026482; Otto Grundler, "Zanchi, Girolamo," geraadpleegd 10 juni 2017, http://www.oxfordreference.com.vu-nl.idm.oclc.org/view/10.1093/acref/9780195064933.001.0001/acref-9780195064933-e-1544?rskey= YNjUxt&result=1536.
18 Lambert Daneau of Danaeus (1530-1595), predikant Gien 1562, Vandoeuvres 1572, tevens lector Geneve 1572, hoogleraar Geneve 1574 (tot 1576 tevens predikant) hoogleraar Leiden 1581, Gent 1583, Orthez 1583, Lescar 1591, predikant Castres 1592; J.G. Schenderling, "Daneau (Danaeus), Lambert," in *BLGNP* 5, 132-133.

Trelcatius,[19] Junius,[20] Piscator,[21] Bareus,[22] Bolanus,[23] en Rivetus, van de

---

19 Het kan gaan om zowel vader Luc Trelcat (1542-1602) als Luc Trelcat jr. (1573-1607). Trelcat sr. was eerst schoolmeester in de Zuidelijke Nederlanden, Londen en wederom in de Zuidelijke Nederlanden. Vervolgens werd hij ca. 1577 predikant in Rijssel, Brussel 1578-1584, Waals Leiden 1585-1602, tevens extraordinarius (sinds 1591 ordinarius) hoogleraar godgeleerdheid Leiden 1587-1602; G.H.M. Posthumus Meyes, "Trelcat (Trelcatius) sr., Luc (Lucas)," in *BLGNP* 6, 315-317. Trelcat jr. was Waals predikant Leiden en tevens hulppredikant gereformeerde kerk Leiden 1595-1607, extraordinarius hoogleraar 1603, ordinarius hoogleraar Leiden 606-1607; G.H.M. Posthus Meyes, "Trelcat (Trelcatius), Luc (Lucas)," in *BLGNP* 6, 312-315.

20 Franciscus Junius (1545-1602), Waals predikant Antwerpen 1565, Gent 1566, Schonau 1567, professor Neustadt 1578 en tevens predikant te Otterberg, professor Heidelberg 1584, professor Leiden 1592 en tevens predikant aldaar; B.A. Venemans, "Junius, Franciscus (François du Jon)," in *BLGNP* 2, 275-278.

21 Het zou Antonius Piscator, leerling van Johannes Macovius kunnen betreffen; geraadpleegd 8 juni 2017, http://resources.huygens.knaw.nl/retroboeken/vdaa/#source=aa__001biog18_01.xml&page=333&view=imagePane, maar ik vermoed eerder dat het moet gaan om John Piscator (1546-1625), prefessor Straatsburg. Hij moest deze positie opgeven toen hij koos voor het Calvinisme; Ziff, *John Cotton*, 385; A.J. van der Aa's, *Biographisch Woordenboek der Nederlanden* 15, (Haarlem: J.J. van Brederode, 1852-1878), voortgezet door K.J.R. van Harderwijk en G.D.J. Schotel, 331-332.

22 Hoewel het manuscript van Deddens de naam 'Bareus' bevat, vermoed ik, ook na consultatie van enkele collega's dat het moet gaan om 'Pareus' en wel David Pareus (1548-1622), predikant Niederschlettenbach 1571, leraar Paedagogicum Heidelberg 1571, predikant Hemsbach 1573, Oggersheim 1577, Winzingen 1580, leraar Collegium Sapientiae Heidelberg 1584, rector Collegium Sapientiae Heidelberg 1591, professor Oude Testament theologische faculteit Heidelberg 1598, professor Nieuwe Testament aldaar 1602-1622; Julius Ney, "Pareus, David," geraadpleegd 11 juni 2017, http://www.ccel.org/ccel/schaff/encyc08/Page_353.html; David Pareus, *Irenicum, sive De unione et synodo evangelicorum concilianda liber votivus paci ecclesiae, & desideriis pacificorum dicatus*, (Heidelbergae: Jonae Rosae librarii Francofort, typis Johannis Lancelloti, acad. typogr., 1615).

23 Hoewel het manuscript van Deddens de naam 'Bolanus' bevat, vermoed ik, ook na consultatie van enkele collega's dat het moet gaan om 'Polanus', en wel Valerand Pollanus of Valérand Poullain of Valerandus Polanus (1520-1558), priester, predikant te Straatsburg 1543, Glastonbury 1547, verlaat Engeland 1553, 1554 Frankfurt am Main, verantwoordelijke voor de *Liturgia sacra, seu ritus ministerii in ecclesia peregrinorum profugorum propter Euangelium Christi Argentinæ*, (Londini: Per Stephanum Mierdmannŭ, MDLI).

Engelse theologen o.m. Cartwright, [24] Perkins,[25] Whitaker,[26] Robert Parker en Amesius (de twee laatstgenoemden zeer frequent). Ook Zwingli[27] haalt hij aan, en rooms-katholieke auteurs, o.a. Thomas van Aquino[28] en Bellarminus.[29] Hij citeert of vermeldt geen figuren als Robert Browne en Henry Barrow,[30] afgescheidenen van de Engelse staatskerk, bij wie men

---

24 Thomas Cartwright (1535-1603), Lady Margaret professor of divinity 1569 Cambridge, naar Geneve 1571, terug in 1572, opnieuw gedwongen in ballingschap te gaan 1573, terug naar Engeland 1585 en gevangengenomen, vrijgelaten, aan het werk in Warwick, opnieuw gevangen genomen 1591, vrijgelaten 1592, werkte sindsdien op diverse plaatsen in Engeland. Cartwright opvattingen waren Presbyteriaans; Ziff, *John Cotton*, 374; Hywel R. Jones, *Thomas Cartwright, 1535-1603*, (London: Evangelical Library, 1970).

25 William Perkins (1558-1602), Engels puriteins predikant en rector St. Andrews te Cambridge, Engeland. Postuum werd zijn Gvilielmi Perkinski, *Opera theologica...*, Genevæ: Petrum & Iacobum Chouet, 1611-1618 gepubliceerd; Young Jae Timothy Song, *Theology and piety in the reformed federal thought of William Perkins and John Preston*, (Lewiston NY: Edwin Mellen Press, 1998); Ziff, *John Cotton*, 385; geraadpleegd 28 april 2017, http://www.apuritansmind.com/puritan-favorites/william-perkins/.

26 William Whitaker (ca. 1594-1646), parlementslid gedurende meer dan twintig jaar, toegewijd Puritein, bleef niettemin toegewijd aan de Anglicaanse kerk. Hij spande zich in voor hervorming van de rechtbanken, de wetten en wettelijk onderwijs; L.A. Knafna, "Whitaker, William (c. 1594-1646)," in Greaves/Zaller, *Biographical Dictionary*, 309-310.

27 Hyldrich Zwingli (1484-1531), pastoor Glaus, proost in het leger, priester bedevaartsklooster Einsiedeln, Grossmünsterkerk Zürich, de reformator van o.a. Zürich en Bern, *antistes* (hoogste ambt in en hoofd van de gereformeerde kerk) Zwitserland; Amy Nelson Burnett, en Emidio Campi, eds., *A Companion to the Swiss Reformation*, (Leiden/Boston: Brill, 2016); Ulrich Gäbler, *Huldrych Zwingli: His Life and Work*, (Philadelphia: Fortress Press, 1986).

28 De rooms-katholieke theoloog Thomas van Aquino (1225-1274) o.a. vermaard vanwege zijn Summa theologiae, 1266-1273 en zijn *De regimine principum* uit 1267.

29 Robertus Bellarminus (1542-1621) was een Italiaanse Jezuïet, theoloog, kardinaal en groot contrareformator, o.a. door zijn *Disputationes de Controversiis Christianae fidei, adversus hujus temporis haereticos*, 4 vol., (Ingolstadii, 1601).

30 Henry Barrowe (ca. 1550-1593) was een Engelse puriteinse separatist. Barrowe schreef in de gevagenis diverse tractaten die uit de gevangenis werden gesmokkeld in in Nederland konden worden gedrukt: *A True Description of the Visible Congregation of the Saints, &c.* Amsterdam: s.n., 1589 [1615]; *A Plain Refutation of Mr Gifford's Booke, intituled A Short Treatise Gainst the Donatistes of England.* [Dordrecht s.n.] 1591; *A Brief Discovery of the False Church*, London: s.n., [1590] 1707. Hiervoor werd hij ter dood veroordeeld door ophanging; Ziff, *John Cotton*, 369-370; L.H. Carlson, ed., *The Writings of Henry Barrow*, (London: Allen and Unwin, 1970).

de historiografie het Engelse Independentisme vaak heeft laten beginnen.

Ik ga nu van Apollonius' vragen en van Nortons antwoorden een beknopt overzicht geven. Apollonius' vraagstelling maakt vaak al duidelijk wat hij veronderstelt.

Intussen heeft hij méér gedaan dan veronderstellen: hij is immers ná het formuleren en verzenden van de vragen en vóór het ontvangen van de antwoorden tot publieke bestrijding van de congregationalistische opvatting - óf wat hij daarvoor hield.

Uit Nortons antwoorden zal nu duidelijk worden of de door Apollonius bestreden opvatting [overgegaan] inderdaad als de congregationalistische opvattingen konden en kunnen gelden. Of het beeld dat hij van het Congregationalisme had en bij anderen opriep juist of minder juist was of mogelijk zelfs fictief.

We gaan nu de 16 hoofdstukken op de voet volgen.

1. Het eerste hoofdstuk betreft de vraag wie als leden tot de gemeenschap van de kerk behoren toegelaten te worden.

Apollonius informeert welk standpunt de Congregationalisten innemen inzake de vereisten waaraan men moet voldoen.

Wordt door hen méér vereist dan bij de gereformeerden in Nederland het geval is?

Moet iemand die wenst toegelaten te worden een streng onderzoek ondergaan en daarbij evidente bewijzen van waar geloof en van innerlijke heiligheid leveren? Bewijzen die zó evident zijn dat ieder overtuigd kan zijn?

Norton beantwoordt deze laatste vragen ontkennend.

Dit wil niet zeggen dat er algehele toestemming blijkt te zijn met de Gereformeerde Kerken in Nederland.

Bij de geloofsbelijdenis, zo zegt Norton in zijn toelichting, zijn er twee elementen: 1. De instemming met de leer van de kerk; 2. De belijdenis van zonden. En die beide elementen moeten tot uitdrukking worden gebracht, hetzij mondeling, hetzij schriftelijk. Vrouwen en meisjes kunnen dat schriftelijk doen. Mannen en jongens moeten dat mondeling doen, publiek, in de samenkomst van de gemeente. Dat kan met een ononderbroken eigen verklaring, maar ook door middel van met wijsheid gestelde vragen.

Indien een van de broeders op enig punt nog wat meer opheldering wenst, dient hij zich te richten tot de ouderlingen (dus niet rechtstreeks tot de betrokkene).

Voor ieders toelating is de approbatie van de samengekomen gemeente vereist.

2. In het tweede hoofdstuk stelt Apollonius vragen over een gebruik dat bij de congregationalisten voorkwam: bij de vorming van een gemeente werd een verbond aangegaan om God te vrezen en te dienen.

Apollonius vraagt allereerst, wat het Kerkverbond is. Is het een verbond waarbij de leden van een particuliere kerk zich publiek en uitdrukkelijk met elkaar verbinden om God te vrezen en te eren, en jegens elkaar de eenheid in het geloof, de broederlijke liefde en alle plichten van godsvrucht te beoefenen en na te komen, in heilige gemeenschap met God en met elkaar?

Deze vraag beantwoordt Norton bevestigend.

De vraag of zo'n verbond voor de constituering van een kerk een absoluut noodzakelijke voorwaarde is, beantwoordt Norton ontkennend.

Apollonius vraagt dóór. Is een kerkverbond noodzakelijk, zelfs als de leden van een kerk verbonden zijn door een en dezelfde geloofsbelijdenis, door de praktijk van waarheid en heiligheid en door dezelfde doop: als zij dezelfde eredienst bijwonen, dezelfde ambtsdragers hebben, onder dezelfde wet en kerkelijke jurisdictie staan, en zich onderwerpen aan dezelfde discipline? Het antwoord van Norton luidt: als de kerkleden op déze manier verbonden zijn, dan is er een verbond, al is dat niet expliciet aangegaan.

Apollonius stelt nu enkele vragen over de relatie tussen het genadeverbond en het kerkverbond.

Zijn zij gelijk, zodat allen die tot het genadeverbond behoren zijn, ook behoren tot het kerkverbond? Zijn de sacramenten alleen te bedienen aan hen die verenigd zijn in het kerkverbond, en moeten zij aan anderen onthouden worden? Hoe staat het met de kinderen van ouders die niet zijn toegetreden tot het kerkverbond? Mogen zijn niet gedoopt worden?

Norton antwoordt, dat het door God opgerichte genadeverbond en het bij de gemeentevorming door mensen gesloten kerkverbond twee verschillende zaken zijn, al staat het tweede verbond niet los van het eerste. Het karakter van beide verbonden is verschillend, de grenzen zijn dat ook. Niet allen die in het genadeverbond besloten zijn, zijn deelgenoten van het kerkverbond. Wat de doop van kinderen betreft: ten minste één van beide ouders dient tot de kerk te behoren.

3. In het derde hoofdstuk worden vragen gesteld en beantwoord over de particulier[e] kerk.

Apollonius stelt allereerst een vraag over de maximumgrootte. Dient een kerk een ledental te hebben dat niet groter is dan op één plaats, in één gebouw, kan samenkomen voor de eredienst? Is het ongeoorloofd, gaat het in tégen het goddelijk recht en tégen het onderwijs van de apostelen, een andere praktijk te volgen?

Norton beantwoordt deze vragen bevestigend. Inderdaad mag een kerk niet groter zijn. Hij voert als bewijs hiervoor een aantal Schriftplaatsen aan (o.m. Hand. 2:44; 15:22,25; 1 Kor. 11:20, 33; 14:23, 26).

De formulering van de volgende vraag doet Norton enigszins onzeker zijn over de precieze bedoeling. Apollonius vraagt namelijk of er naast de particuliere kerk niet ook een zogeheten 'representatieve kerk' is, die òf het geheel van een particuliere kerk òf het geheel van vele kerken vertegenwoordigt, en de zaken van die kerken uitvoert naar goddelijk recht.

Norton heeft met die uitdrukking 'representatieve kerk' enige moeite. Als daaronder verstaan wordt het samenkomen van particuliere kerken door middel van afgevaardigden in synoden, voor wederzijdse consultatie, consociatie en confederatie, op zo'n manier dat er geen nieuwe vorm aan de kerk wordt toegevoegd en de vrijheid van een particuliere kerk niet wordt aangetast, is er zakelijk geen bezwaar. Maar als met 'representatieve kerk' bedoeld wordt een kerk in eigenlijke zin, die in de plaats zou kunnen treden van een vertegenwoordigde kerk en die gezag zou bezitten om zelf de zaken van die particuliere kerk uit te voeren, en dat naar goddelijk recht, dán moet zo'n 'representatieve kerk' ontkend worden.

4. In het vierde hoofdstuk komen het ambt en de sleutelmacht aan de orde.

Christus heeft aan de kerk de sleutelmacht van het koninkrijk toevertrouwd. Maar heeft hij daarmee alle kerkelijke macht in handen gelegd van de gemeenteleden als het eerste, eigenlijke en onmiddellijke subject?

Dat is hier Apollonius' eerste vraag.

In zijn antwoord stelt Norton voorop, dat Christus over en in zijn kerk volstrekt álle macht heeft en houdt. Op aarde is de bediening van de sleutelmacht - met inbegrip van álle kerkelijke macht - opgedragen aan de kerk. Het eerste, eigenlijk en onmiddellijke subject is inderdaad de gemeente. Zij gaat aan de ambtsdragers vooraf, kiest hen, kan als dat nodig is ook het ambt hun ontnemen. Maar in de geïnstitueerde kerk met ambtsdragers, hebben de ouderlingen met betrekking tot de sleutels een eigen roeping. Formeel liggen deze in handen van de kerk, functioneel in handen van de ouderlingen.

Wil dit nu zeggen dat de gemeente als het éérste subject, los van de ambtsdragers, rechtstreeks en uit zichzelf kerkelijke rechtspraak en tucht kan uitoefenen, en beslissingen kan nemen over de eredienst en andere kerkelijke aangelegenheden?

Op die vraag van Apollonius laat Norton een krachtig nee horen. De ouderlingen hebben te leiden, te besturen, de gemeente heeft hun leiding te volgen. De Schrift maakt duidelijk onderscheid tussen herders en schapen, tussen hen die regeren en hen die geregeerd worden. Dat wil niet zeggen dat er heerschappij mag worden geoefend. Alle ambt is dienst, de ambtsdragers én de gemeenteleden hebben allen zich volledig te onderwerpen aan Christus.

"Ecclesiae Christianae neque constituta est Monarchia, neque Aristocratia, neque Democratia, sed Theocratia, addatur si placet Christocratia".[31] De christelijke kerken kennen geen monarchie, geen aristocratie, geen democratie; er is alleen de theocratie, of, als men het zo wil uitdrukken, de christocratie.

Hiermee is nog niet gezegd, dat de ouderlingen allerlei zaken ambtshalve zelfstandig mogen beslissen, zonder medewerking en consent van de gemeente. Norton zet uiteen dat de leiding van de ouderlingen, afgedacht van de zielzorg, inhoudt dat zij de leiding hebben in de gemeentevergaderingen, waar alle zaken die voor heel de gemeente van belang zijn, dienen besproken te worden. In de gemeentevergadering brengen zij de zaken na de bespreking tot stemming. Daarna geven zij uitvoering aan wat besproken en beslist is. Norton voegt hier nog aan toe dat dit laatste gebeurt in de naam van Christus, niet in naam van de kerk.

Het is duidelijk dat het aandeel van de gemeente in de besluitvorming niet bijzonder groot is. De beslissingen worden genomen door publieke stemmingen, waarin uiteraard ook de ouderlingen zelf participeren.

5. Het vijfde hoofdstuk bevat enige nadere vragen en antwoorden betreffende de macht van de kerk over de ambtsdragers. Zij hebben in het bijzonder betrekking op het herderschap.

Kunnen de herders niets doen zonder de toestemming van de gemeente? Is de gemeente dan hun directrice en koningin, en zijn herders slechts de mond en de hand van de kerk?

Nortons antwoord luidt ontkennend. Het ambt ontvangt men niet van de gemeente, maar van Christus. Het wordt ook niet bediend uit naam

---

31 **Hoofdstuk IV "Of the Ministry and Ecclesiastical Power;" John Norton, *The Answer to the Whole Set of Questions of the Celebrated Mr. William Apollonius, Pastor of the Church of Middelburg Looking toward the Resolution of Certain Controversies Concerning Church Government Now Being Agitated in England*, translated from the Latin by Douglas Horton of the Harvard Divinity School, (Cambridge MA: The Belknap Press of Harvard University Press, 1958), 88.**

van de gemeente, maar uit naam van Christus. Voor alle herderlijke ambtsbediening geldt: "Wij zijn gezanten van Christus" (2 Kor. 5:20).

6. In het zesde hoofdstuk wordt de vraag gesteld of de dienaar des Woords gerechtigd is voor te gaan in een zusterkerk.
Norton antwoordt dat dit voorgaan inderdaad mogelijk is, mits het gebeurt op verzoek en met bewilliging van de betrokken kerk. De predikant moet zich wel realiseren dat hij géén ambtsdrager van die gemeente is.

7. Het zevende hoofdstuk heeft als titel: de dienaar des Woords als evangelist.
Heeft het werk van de predikant alleen ten doel de bevestiging en de versterking van het geloof van reeds bekeerde kerkleden? Heeft hij niet óók een taak ten aanzien van hen die 'buiten' zijn?
Norton beantwoordt de eerste vraag ontkennend, de tweede vraag bevestigend.

8. Moeten ambtsdragers beslist gekozen worden door de gemeente? Als zij worden gekozen en benoemd door de fungerende ambtsdragers, met de stilzwijgende bewilliging van de gemeente, is die handelwijze dan geoorloofd? Over die vragen gaat het in het achtste hoofdstuk.
Nee, die handelwijze is niet geoorloofd, antwoordt Norton. Volgens Daneau[32] wordt ze in de Franse kerken gevolgd. Maar als het om bewilliging gaat, lijkt toch een andere praktijk nog iets beters, namelijk die uit de apostolische tijd: bewilliging niet stilzwijgend, maar door het opsteken van de handen.

9. Hoe staat het met de zaken als: de examinatie, de bevestiging, eventuele schorsing en afzetting van de predikanten? Moet alles door de gemeente gebeuren? Het negende hoofdstuk.
In zaken als deze dient de mondigheid en de verantwoordelijkheid van de gemeente gehonoreerd te worden, betoogt Norton.
Het onderzoek van een predikant betreft zijn leer, zijn opvattingen, zijn vermogen tot onderscheiding van de geesten of zij uit God zijn.

---

32 **Lambertus Daneau (1530-1595) studeerde rechten en theologie, predikant Gien 1562, Vandoeuvres 1572, tevens lector Geneve, hoogleraar Genève 1574, hoogleraar Leiden 1581, Gent 1583, Orthez 1583, Lescar 1591, predikant Castres 1591;** J.G. Schenderling, "Daneau, (Danaeus), Lambertus," in *BLGNP* 5, 132-133.

Dit onderzoek komt principieel aan de gemeente toe. Zijn er ouderlingen, dan hebben zij de leiding. Voorgangers van naburige kerken worden gewoonlijk geconsulteerd. In een gemeente zonder ambtsdragers dient het onderzoek plaats te vinden met de hulp en raad van voorgangers en in aanmerking komende broeders uit zusterkerken.

Wat de ordinatie betreft: in een kerk met ambtsdragers behoort zij te geschieden met handoplegging van de ouderlingen (1 Tim. 4:14) en in een kerk zonder ambtsdragers met handoplegging door broeders uit de gemeente.

Eventuele schorsing en afzetting dienen voltrokken te worden door de gemeente, naar de regel dat de instantie die benoemt ook de instantie is die ontneemt. Een herder mag alleen worden afgezet om wettige redenen, in een ordelijke procedure en in overleg met de zusterkerken, "conciliater".

10. Hiermee is de overgang naar het kerkverband gemaakt. Classes en vooral en vooral Synoden komen nu aan de orde - het tiende hoofdstuk.

Apollonius stelt de volgende vragen: Kunnen de particuliere kerken gemeenschap met elkaar oefenen door de synoden en classes waarin met algemeen consent van de kerken autoritatieve beslissingen worden genomen over gemeenschappelijke zaken: zaken die rechtstreeks slechts op één kerk betrekking hebben maar voor alle kerken samen regarderen? Behoren de kerken zich aan de besluiten van synoden en classes te onderwerpen op straffe van kerkelijke censuur? Bezitten synoden en classes kerkelijke jurisdictie zelfs ook voor het behandelen van zaken binnen de particuliere kerken zelf, in gevallen van onmacht en wanbestuur?

Op deze vragen gaat Norton uitvoerig in.

Dat de kerken bijeenkomen in synoden is een normale zaak. Hij citeert de uitspraak van Robert Parker dat - voor zover hem bekend - geen enkele alumnus van een gereformeerde kerk vóór Hugo de Groot[33] de noodzaak van synoden heeft ontkend.[34] Zelf geeft Norton voor het bijeenkomen van synoden zeven redenen op. De eerste is, dat er een ker-

---

33 **De grote Nederlandse jurist Hugo de Groot (1583-1645). Hij was echter meer dan 'slechts' jurist. Van 1599-1607 was hij advocaat en historicus Den Haag, advocaat-fiscaal en pensionaris Den Haag en Rotterdam 1607-1618, politiek vluchteling Parijs 1631-1631, ambassadeur Parijs en Zweden 1635-1645; Hugo de Groot, *Het recht van oorlog en vrede: Prolegomena & Boek I* (vert. Jan Frans Lindemans, Baarn: Ambo, 1993; S. Dresden, *Beeld van een verbannen intellectueel: Hugo de Groot*, (Amsterdam/Oxford/New York, 1983).**

34 **Horton/Norton,** *The Answer,* **129.**

kelijke appèlinstantie moet zijn. In het kerkelijke leven komen vaak onenigheden voor, en het recht van appèl kan niet betwist worden. In ieder samenlevingsverband is er een instantie nodig waarop men zich beroepen kan, en in de kerkelijke samenleving mag zij niet ontbreken. In dit verband verwijst Norton opnieuw naar Robert Parker, die vanwege het dikwijls voorkomen van moeilijkheden van onderscheiden aard het frequent bijeenkomen in synoden nodig acht.

De vraag of de kerken met elkaar gemeenschap kunnen oefenen door synoden, kan Norton dus volmondig bevestigend beantwoorden. Hij erkent ook dat synoden beslissingen kunnen nemen (en niet slechts adviezen kunnen geven). Maar Apollonius gebruikt de uitdrukking "autoritatieve beslissingen",[35] en daarmee is niet Norton niet gelukkig.

Van synodaal gezag spreekt de Schrift nóch expressis verbis, nóch duidelijk impliciet. Uit de Schrift kunnen wij alleen opmaken dat aan een synode suprême macht[36] ("potestatem[37] supremam") moet worden toegekend in het beslissen van geloofszaken, en dit doen de Congregationalisten dan ook zonder aarzelen. Maar wanneer men van déze macht gaat maken autoriteit over heel de linie, is dat naar hun oordeel onjuist.

De vraag of de particuliere kerken de besluiten van synoden en classes behoren op te volgen, beantwoordt Norton bevestigend. Maar hij aanvaardt niet, dat dit zou moeten gebeuren op straffe van kerkelijke tucht. Tot tuchtoefening in eigenlijke zin zijn synoden niet gerechtigd. Evenmin hebben zij rechtsbevoegdheid tot het ingrijpen in de particuliere kerken bij onmacht en wanbestuur.

Dit betekent niet, dat een kerk die in wettige synodebesluiten niet bewilligt, zonder sancties haar eigen gang kan gaan. De zusterkerken kunnen de gemeenschap met haar verbreken. Als bovendien de beslissingen van een synode geapprobeerd zijn door de christelijke magistraat, is het niet onmogelijk dat ook van overheidswege maatregelen worden genomen.

Naar congregationalistische opvattingen is een synode geen ambtelijke vergadering. Norton omschrijft haar als een samenkomst van vrome, wijze en geleerde mannen, zowel ouderlingen als niet-ouderlingen, gekozen door publieke stemming van de kerken, voor het aanhoren van religieuze vraagstukken en het nemen van beslissingen daarover overeenkomstig de Schrift.

---

35 "Authoritative decision;" Horton/Norton, *The Answer*, 127.
36 Horton/Norton, *The Answer*, 128.
37 **In de tekst van Deddens staat 'postatem'.**

Hij tekent hierbij aan, dat iedere kerk vrij dient te zijn om afgevaardigden te kiezen "pro re nata"[38] - met het oog op het agendum. Wat voor de afvaardiging naar een synode geldt, geldt eveneens voor die naar een classis. Voor de deelname door niet-ambtsdragers verwijst Norton naar Hand. 15.

11. Er komen nu enige onderwerpen aan de orde die eredienst betreffen. Allereerst stelt Apollonius een vraag over de zgn. "profetie" - het elfde hoofdstuk.

Is de profetie een gewone, een voortdurende instelling in de kerk, waarbij personen die geen kerkelijk ambt bekleden de gaven van de Geest mogen gebruiken voor de hele gemeente door te preken en het Woord van God te verklaren en toe te passen, met alle gezag en in naam van God?

Nee, antwoordt Norton, wij beschouwen de profetie zoals die in de vraag omschreven wordt, niet als een gewone en voortdurende instelling in de kerk.

In zijn toelichting bespreekt Norton vooral wat men onder 'profetie' moet verstaan, alsmede het verschil tussen het voorgaan van een broeder en de Woordbediening door een predikant. Preken met gezag, in de naam van God, is voorbehouden aan het ambt. God geeft daartoe dienaren des Woords. Het is echter wel mogelijk dat in buitengewone omstandigheden (bijv. in vacaturetijd of bij ziekte) een verzoek gedaan wordt tot voorgaan in de eredienst aan een broeder die daarvoor gaven heeft ontvangen.

12. Er volgen nu eerst enige vragen over de regels vóór en de vormgeving ván de eredienst. Zij hebben een nog wat bredere strekking omdat zij niet uitsluitend de eredienst betreffen. Het twaalfde hoofdstuk.

Bevat de heilige Schrift vaste voorschriften voor alle essentiële zaken op het gebied van de publieke eredienst en de kerkinrichting en het algemeen? Geeft zij ook bepaalde algemene regels voor de nadere vormgeving? Is de kerk bevoegd over die vormgeving vaste bepalingen te maken voor de opbouw van de kerk en voor de orde en het decorum van de eredienst?

Norton beantwoordt deze vragen bevestigend.

De kwestie van de zelfstandigheid van de plaatselijke kerk bewaart hij hierbij voor het laatst. Indien zich problemen voordoen die rechtsreeks of

---

38 *Pro re nata* betekent letterlijk: voordat de zaak geboren was. Wat hier bedoeld wordt is: in de omstandigheden.

indirect ook andere kerken raken, dienen zij voorgelegd te worden aan een synode. In het licht van de daar gegeven antwoorden kan een kerk haar eigen regelingen vaststellen.

13. Nu een enkele vraag over kerkelijke formuliergebeden en formulieren - het dertiende hoofdstuk.

Is het geoorloofd om in de kerk vaste formuliergebeden te gebruiken bij de bediening van de sacramenten en andere handelingen in de eredienst? Zijn díe kerken waar zij in gebruik zijn, schuldig aan bijgelovige eigenwillige eredienst, overtreding van het tweede gebod? Rust op een gelovige de plicht zich van zo'n kerk af te scheiden als hij niet mede-schuldig wil zijn aan idolatrie?

Norton antwoordt, dat het geoorloofd is om [in] de kerk vaste formuliergebeden te gebruiken bij de bediening van de sacramenten en andere handelingen in de eredienst. De andere vragen beantwoordt hij ontkennend.

Bij deze vragen en antwoorden valt natuurlijk te denken aan de achtergrond van het Book of Common Prayer[39] en de bezwaren daartegen. De Westminster Assembly stelde ter vervanging daarvan een Directory for the Publick Worship of God[40] op, die in 1645 door het Parlement werd aanvaard.

Volgens Norton is een gemeenschappelijke Directory voor de eredienst een goede zaak.

Het gebruik van formuliergebeden kán tot misbruik worden, namelijk wanneer predikanten het "vrije gebed" nalaten. "Als het voldoende zou zijn om uit een boek te bidden, waarom zou het dan ook niet voldoende zijn om uit een boek te preken?",[41] aldus Norton.

---

39 Sinds 1549 het officieële gepubliceerde dienstboek of handboek voor de liturgie van de Anglicaanse Kerk.
40 The Directory FOR The Publick Worship of God, CHARLES I. Parl. 3. Sess. 5. *An ACT of the PARLIAMENT of the KINGDOM of SCOTLAND, approving and establishing the DIRECTORY for Publick Worship.* AT EDINBURGH, February 6, 1645; geraadpleegd 11 april 2017, http://reformed.org/documents/wcf_standards/index.html?mainframe=/documents/wcf_standards/p369-direct_pub_worship.html.
41 "If it were enough to pray from a book, why should it not also be enough to preach from a book." Hoofdstuk XIII "Of Set Forms;" Horton/Norton, *The Answer*, 154.

14. Apollonius heeft ook nog een vraag over de traktementen - het veertiende hoofdstuk.
Is het geoorloofd dat dienaren des Woords een vast en regelmatig traktement ontvangen? Moeten zij leven van wat de gemeenteleden vrijwillig bijeenbrengen? Norton antwoordt dat een vast en regelmatig traktement op z'n plaats is.

15. In het voorlaatste, vijftiende, hoofdstuk, wordt een vraag gesteld over de politieke magistraat.
Komt aan de christelijke magistraat het hoogste oordeel toe in kerkelijke zaken, en vormt zij bij onenigheden over zuiver kerkelijke aangelegenheden de laatste beroepsinstantie? Norton antwoordt hierop ontkennend.

16. Tenslotte wordt Apollonius gevraagd wanneer afscheiding van een kerk geoorloofd of geboden is.
In zijn antwoord benadrukt Norton dat dit pas mag gebeuren wanneer de deformatie zó ver is voortgeschreden dat de essentialia van het kerk van Christus zijn, zijn gaan ontbreken. Eén gebod geldt absoluut: nooit mag men zich in de kerk tot zonde laten dwingen.

III
Wij hebben gezien hoe de antwoorden van Norton op de vragen van Apollonius zijn uitgevallen.
Ik kom nu tot enige evaluerende opmerkingen, en eindig met een slotbeschouwing.
Voor de kennis van 'the congregational way', zoals deze werd voorgestaan en in praktijk gebracht in de jaren 1640, vormt het werk van Norton een van de voornaamste bronnen.
In die jaren werden de belangrijkste uiteenzettingen over het congregationalisme weliswaar gedrukt in Londen, maar geleverd vanuit Nieuw Engeland. De omstandigheden waren daar anders dan in het moederland: de congregationalistische kerken konden er tot ontplooiing komen. 'The congregational way en 'the New England way waren voor het besef van velen twee aanduidingen van één en dezelfde zaak. De belangrijkste exposés volgden elkaar op in een snel tempo. In 1644: The Keys of

the Kingdom of Heaven, van de hand van John Cotton.[42] In 1645 van dezelfde auteur: The way of the Churches of Christ in New-England.[43] In 1648 eveneens van Cotton: The way of Congregational Churches Cleared.[44] In datzelfde jaar: A Survey of the Summe of Church-Discipline,[45] geschreven door Thomas Hooker.[46] In 1648/49 het bekende Cambridge Platform. En daar tussenin het boek van Norton, waarmee hij gereedkwam in 1645, maar dat - zoals eerder vermeld - pas in 1648 het licht heeft gezien. In het totaal van de reeks neemt het een geheel eigen plaats in, door de zeer directe en duidelijke beantwoording van de concrete en scherpe vragen vanuit Nederland. Fundamenteel stemmen de juist genoemde geschriften met elkaar overeen; waar zich nuanceringen voordoen, hebben deze vrijwel steeds het karakter van accentverschillen.

Wat Engeland betreft: de congregationalistische woordvoerders dáár, die door Apollonius waren aangesproken, zijn voor Nortons antwoorden dankbaar geweest. Het drietal in Londen dat een eigen woord er nog bij heeft gevoegd, verklaarde met het werk in zijn totaliteit in te stemmen - al betekende dat niet dat men op ieder punt zich volledig achter de auteur schaarde. Als informatiebron is Nortons geschrift door niet-congregationalisten in Engeland zeer gewaardeerd. Thomas Fuller,[47] de auteur van

---

42 John Cotton, *The Keyes of the Kingdom of Heaven, and power thereof, according to the vvord of God*, (London: printed by M. Simmons for Henry Overton ..., 1644).
43 John Cotton, *The way of the Churches of Christ in New-England, or, The vvay of churches walking in brotherly equality, or co-ordination, without subjection of one church to another: measured and examined by the golden reed of the sanctuary, containing a full declaration of the church-way in all particulars*, (London: Printed by Matthew Simmons ..., 1645).
44 John Cotton, *The way of Congregational Churches Cleared: In two treatises*, (London: pr. by Matthew Simmons, for John Bellamie, at the signe of the three Golden-Lions, in Cornhill, 1648).
45 Thomas Hooker, *A survey of the summe of church-discipline: wherein the way of the churches of New-England is warranted out of the Word, and all exceptions of weight which are made against it, answered : whereby also it will appear to the judicious reader that something more must be said then yet hath been, before their principles can be shaken, or they should be unsetled in their practice*, (Londen: printed by A.M. for J. Bellamy, 1640).
46 Thomas Hooker (1586-1647) was leraar godsdienst en fellow Cambridge 1609-1618, predikant Esher (Surrey) 1618, Chelmsford (Essex) 1625-1630, hulppredikant bij John Forbes bij de Merchant Adventurers Delft 1631-1633, Newton (Massachusetts) 1633, Hartford 1636-1647; W. Nijenhuis, "Hooker, Thomas," in *BLGNP* 2, 258-259.
47 Thomas Fuller (1608-1661) was o.a. rector Broadwindsor (Dorset) 1634, lector Savoy Chapel London 1640, aalmoezenier Sir Ralph Hopton, R. Cranford (Middlesex)

The Church History of Britain[48] (1656) vermeldt dat geen enkele publicatie hem meer inzicht in het congregationalisme had verschaft dan Nortons antwoord aan Apollonius. Men bedenke dat de congregationalisten in Engeland pas in 1658 hun Savoy Declaration of Faith and Order hebben opgesteld en in het licht gegeven, alle twee postuum: het werk van John Owen in 1689 en dat van Thomas Goodwin in 1696. (Goodwin schreef een deel van zijn boek reeds ten tijde van de Westminster Assembly!)

Komen we nu tot Nederland, dan moet in de eerste plaats geconstateerd worden, dat het beeld dat Apollonius zich van het congregationalisme blijkt gevormd te hebben, in diverse opzichten anders is dan het beeld dat Nortons vragen en antwoorden verschaffen. J. van Lonkhuyzen heeft aangetoond dat Apollonius in zijn boekje onjuiste dingen beweert over het gereformeerde kerkrecht.[49] Thans is bovendien duidelijk dat zijn kijk op het congregationalisme niet scherp is geweest. Bij deze stand van zaken kan moeilijk Nauta's lof voor Apollonius' geschrift worden overgenomen: 'dit voortreffelijke boekje tegen de Independentistische ideeën'.

Uit Nortons beantwoording wordt geciteerd door Voetius en door Hoornbeek. De laatste neemt in zijn uitvoerige publicatie over het 'Independentisme' hele passages van Norton over. Hij prijst hem vanwege zijn buitengewone scherpzinnigheid en om de helderheid en nauwkeurigheid van zijn uiteenzettingen. Hij constateert, dat sommige zaken minder controversieel blijk te zijn dan is aangenomen. Dit geldt bijv. voor de kwestie van het 'church-covenant'.[50]

Maar Hoornbeek verklaart ook, dat hij in veel dingen niet met Norton kan meegaan. Hij is het o.m. niet eens met de congregationalistische stelling dat de gemeente een ledental moet hebben dat in één plaats van eredienst kan samenkomen. Zijn bezwaar is dat men hiervan een ius-divinum[51] zaak maakt; dat afwijking hiervan zou betekenen afwijking van de Schrift.

1658-61; geraadpleegd 15 juni 2017, http://venn.lib.cam.ac.uk/cgi-bin/search-2016.pl?sur=&suro=w&fir=&firo=c&cit=&cito=c&c=all&z=all&tex=FL-R622T&sye=&eye=&col=all&maxcount=50.

48 Thomas Fuller, *The Church-History of Britain: From the Birth of Jesus Christ*, until the year M. DC. XLVIII., (Printed for John Williams at the signe of the crown in St. Paul's Church-yard, 1655).

49 J. van Lonkhuyzen, "Apollonius uitspraak geen bewijs," *Gereformeerd Theologisch Tijdschrift* XXXVIII (1937), 19-40.

50 Het kerkverbond.

51 *Ius divinum* is goddelijk recht, dit ter onderscheid van *ius humanum*, het door mensen gemaakt recht.

Oneens is Hoornbeek het eveneens met de zwakke regelingen inzake de gemeenschapsoefening tussen de kerken. In het bijzonder staat hij stil bij opvattingen over synoden.

Meer kritiek oefent hij vooral op congregationalistische visies betreffende gemeente en ambt. Speciaal de opvatting dat de gemeente in alle dingen mee heeft te oordelen, en sterker nog, te beslissen, bespreekt hij kritisch.

Hoornbeek publiceerde zijn werk, zijn Epistola[52] ad Johannem Duraeum - één lange brief, geen hoofdstukken, 446 gedrukte pagina's - in 1660. Deze uitvoerige publicatie die in Nederland van gereformeerde zijde afzonderlijk aan het 'independentisme' ofwel het congregationalisme werd gewijd, is tegelijk de laatste geweest. Vanwege het belang van dit werk, en omdat er nog nooit een aparte brede bespreking van gegeven werd, heb ik het behandeld zes jaar geleden. Maar bij dit afscheid wil ik wel graag aan het toen gezegde enige opmerkingen vastknopen, waarmee meteen de overgang naar een slotbeschouwing wordt gemaakt. Ik zal hier niet herhalen wat toen naar voren is gebracht.

In zijn publicatie van 1660 geeft Hoornbeek blijk van gedegen kennis van de congregationalistische literatuur. Hij is goed op de hoogte met congregationalistische denkbeelden. Maar hij heeft niet alle ontwikkelingen kunnen onderkennen, laat staan peilen, die zich in de congregationalistische kerken voordeden in de praktijk. Door hem geconstateerde fouten, zwakheden, inconsequenties in de standpunten bespreekt hij op sympathieke wijze. Het is m.i. heel goed mogelijk dat hij de grondfout die in congregationalistische vormgeving aan het leven en samenleven van de kerken bespeurbaar is, terdege heeft ingezien. Maar expressis verbis wijst hij deze niet aan.

Doperse invloeden op het congregationalisme zijn m.i. moeilijk aanwijsbaar; wel kan men bij zgn. 'Brownisten' daarvan iets ontwaren, maar dat is niet het geval bij het congregationalisme zoals dat met name in Nieuw Engeland gestalte heeft gekregen. Maar naar mijn inzicht is wel een versimpelend biblicisme duidelijk aanwijsbaar. Een streven om niet slechts de in de bijbel te vinden beginselen toe te passen, maar veeleer een soort nabootsing te verkrijgen van het kerkelijk leven in de apostolische tijd. Hierbij werden op veel te simpele wijze aan Schriftgegevens conclusies verbonden. Ik illustreer dit met enkele voorbeelden.

---

52 **In de tekst van Deddens staat: 'Epista'.**

De vergadering te Jeruzalem, genoemd in Hand. 15, kan men een synode noemen. Maar het was een synode 'pro re nata', voor één belangrijke, urgente kwestie die zich voordeed. Van regelmatige synoden lezen wij in het Nieuwe Testament niets. Van een indeling in kerkelijke ressorten, en het regelmatig samenkomen in classicale vergaderingen lezen wij ook niets. Daarom moeten wij óók niet instellen. We zagen dit ook bij Norton - alléén bijeenkomen bij gelegenheid, pro re nata. In Engeland luidde art. 27 uit The Savoy Declaration of Order: "Besides these occasional Synods or Councels, there are not instituted by Christ any stated Synods in a fixed Combination of Churches (…)".[53]

Een ander voorbeeld: in het Nieuwe Testament wordt gesproken van ouderlingen en diakenen, maar nergens over periodieke aftreding. Omdat die figuur van periodieke aftreding niet genoemd wordt, moeten wij haar niet invoeren.

Om nóg verder te gaan: in het Nieuwe Testament wordt niet gesproken over een gemeenschappelijke kerkorde, met bepalingen en regelingen die in het kerkverband verbindend zijn. Daarom moeten wij niet tot het invoeren van zúlk een kerkorde in de (ook) in Nederland gebruikelijke zin. De titels zijn vanmiddag al eerder genoemd. In Nieuw Engeland sprak men van Platform, in Engeland van Declaration.

Dit versimpelende biblicisme heeft kwalijke gevolgen gehad. In mijn inaugurele rede heb ik al gewezen op de verdwijnende ouderling. Laat mij in zeer korte trekken nog mogen aangeven tot welke merkwaardige uitkomsten het congregationalisme in enkele tientallen jaren gekomen is.

Men stond in de gereformeerde traditie. Maar: ecclesia reformata semper reformanda.[54] Norton zelf schrijft aan Apollonius, in zijn brief die vóór zijn antwoorden is afgedrukt: wat, indien zelfs de grote Calvijn niet alle dingen begreep? De gereformeerde traditie moest nader gereformeerd worden op o.m. de volgende punten: een gemeente moest niet groter zijn dan in één gebouw bijeenkomen kon; ieder gemeente diende indien mogelijk twee predikanten te hebben, n.l. een herder én een leraar (twee te onderscheiden ambtsdragers, allebei door Christus gegeven aan de gemeente, Ef. 4:11); de ouderlingen (één of meer) dienden benoemd te

---

53 Deddens doelt hier op art. 27 van The Institution of Churches, and the Order Appointed in Them by Jesus Christ achter The Savoy Declaration: "Besides these occasional synods or councils, there are not instituted by Christ any stated synods in a fixed combination of churches, or their officers in lesser or greater assemblies; nor are there any synods appointed by Christ in a way of subordination to one another;" Walker, The Creeds, 407.

54 De kerk die ge-reformeerd is, moet steeds weer ge-reformeerd worden.

worden voor het leven; een gemeente moest over alle zaken mee oordelen, en zelfs beslissen. De ouderling kreeg langzamerhand een positie ergens tussen de predikant en de gemeente. Het was de gemeente die mee besliste over talloze zaken: ze deed het publieke onderzoek van hen die belijdenis van het geloof wilden afleggen, ze hadden een beslissende stem bij publieke tuchtoefening, enz. Wanneer een kleine gemeente twee predikanten telde, konden deze samen het pastorale werk wel af zonder hulp van een ouderling. Zo werden de taken van de ouderling overgenomen door enerzijds de gemeente en anderzijds door de predikant(en). De ouderling kwam in de verdrukking, eclipseerde. Reeds omstreeks 1700 was hij in tal van gemeenten compleet verdwenen, zowel in Nieuw Engeland als in Engeland. Men begon in de gereformeerde traditie, en kwam uit, pregnant uitgedrukt, bij Luther. Straatsburg (Bucer) en Genève (Calvijn) stonden nog wel op de kaart, waar men was in feite terug in Wittenberg met A: het priesterschap van alle gelovigen en B: de Pfarrer.[55]

Luther is wel de eerste congregationalist genoemd. Of dat terecht is, kunnen we momenteel in het midden laten. Maar na het eclipseren van de ouderlingen stonden de congregationalisten zelf weer waar Luther begon. Zij waren terug bij àf.

Terdege hebben vooraanstaande figuren in de congregationalistische kerken na enige tijd ingezien dat het ontbreken van goede kerkverbandelijke regels en afspraken, ook die met betrekking tot synoden en andere meerdere vergaderingen[,] funest werkte. Thomas Hooker verklaarde nadrukkelijk in 1648, vlak voor zijn overlijden: "We must agree upon constant meetings of ministers, and settle the consociation of churches, or else we are utterly undone!".[56] John Elliot sprak van "utterly lost",[57] en ontwierp een uitgewerkt plan voor regelmatig te houden meerdere vergaderingen. Maar zij konden het tij niet keren. Beginselen werken dóór.

De biblicistische stellingname leidde tot nog een andere zaak, waar ik tenslotte op wijzen wil. Na de totstandkoming van de Westminster Confessie konden de congregationalisten zowel in Engeland als in Nieuw Engeland met de inhoud daarvan in het algemeen instemmen. Bezwaar was er wel tegen bepaalde uitspraken inzake de kerk. In de Preface van het Cambridge Platform en in de Savoy Declaration of Faith is dit gepreciseerd. Maar noch in Engeland noch in Nieuw Engeland heeft men van de congregationalistische versie ondertekening verlangd van predikanten

---

55 **Pfarrer is Duits voor pastoor of predikant.**
56 Mather, *Magnalia* 2., 232.
57 Mather, *Magnalia* 1, 555.

of andere ambtsdragers. De kerken oefenden wel gemeenschap met elkaar, maar zonder binding aan de confessie. Er was géén kerkverband op de vaste, hechte grondslag van de confessie als bindend gemeenschapsakkoord.

In de Confession de foy faicte d'un commun accord par les fidelles qui conversant ès Pays-Bas qui désirent vivre selon la vray reformation de lévangile de Notre Seigneur Jesu Christ[58] - in de nacht van 1 op 2 november 1561 in een verzegeld pakje over de muur van het kasteel te Doornik geworpen - werd óók beleden wat men geloofde aangaande de kerk (art. 27-29), de regering van de kerk (art. 30), de ambten van in de kerk (art. 31), de orde en tucht in de kerk (art. 32).

De opbouw van het leven van de gereformeerde kerken in de Nederlanden heeft plaatsgevonden in hechte band aan deze confessie. Het kerkverband is geconstitueerd op de grondslag van deze belijdenis. Heel het samenleven van de gereformeerde kerken rustte op de eenheid in de waarheid: de Schriftuurlijke confessie. Op déze grondslag zijn in de zuidelijke Nederlanden de schuilkerken door hun afgevaardigden bijeengekomen en hebben zij hun kerkordelijke afspraken en bepalingen gemaakt. Op déze grondslag kwam in 1571 de synode van Emden bijeen, en nam zij haar besluiten, de "wettelicke ende rechte ordeninghe der kercken aengaende".[59] Men ondertekende ook hún Confessie waaraan zovéél was ont-

---

58 Bij de opening van de vergadering van de synode op woensdag 31 mei 1967 las Deddens als voorzitter Artikel 116. Bij de opening van de vergadering op woensdag 31 mei 1967 leest de praeses niet alleen 1 Korintiers 4 : 9, maar ook artikel 37 uit de Nederlandse Geloofsbelijdenis. Vervolgens hield hij een nagedachtenis aan de marteldood van de opsteller van deze geloofsbelijdenis, Guido de Brès, op 31 mei 1567 te Valenciennes, precies vierhonderd jaar daarvoor; *Acta GS Amersfoort-West 1967*, art. 116; Guido de Brès, *Confession de foy: Faicte d'un commun accord par les fidèles qui conversent és pays bas, lesquels désirent vivre selon la pureté de l'Evangile de nostre Seigneur Jesus Christ*, s.l. s.n., 1561; geraadpleegd 11 april 2017, http://www.worldcat.org. De Confession de foy is de Nederlandse Geloofsbelijdenis van 1561.

59 Artikel 53
"*Articuli hi ad legitimum Ecclesiae ordinem spectantes ita mutuo consensu sunt constituti, vt si vtilitas Ecclesiarum aliud postulet, mutari, augeri, et minui possint ac debeant; non erit tamen alicuius privatae Ecclesiae id facere, sed dabunt omnes operam vt illos observent, donec a Synodo aliter constituatur.*
Deze Articulen de Wetterlijcke ende behoorlijcke ordre der Kercken betreffende, zijn alsoo met ghemeyn accoort ghestelt, datse, soo de nutticheydt der Kercken vereyschet, verandert, vermeerdert, ende verminderd moghen ende behooren te worden. Nochtans sal 't gheen besondere Kercke vry staen sulcx te doen: maer alle Kercken sullen arbeyden dese te onderhouden, tot dat in een Synodale vergade-

leend, en verlangde dat alle predikanten bij hun ambtsaanvaarding de Nederlandse Geloofsbelijdenis zouden ondertekenen.

F.L. Rutgers, de grote gereformeerde canonicus, is niet moe geworden erop te wijzen dat de eenheid van de kerken allereerst, ja eigenlijk alleen in de gemeenschappelijke belijdenis bestond. En dat instemming met haar ook <u>voorwaarde</u> was. De voorwaarde, waaraan, zou het kerkverband in stand blijven, voortdurend moest worden voldaan.

Onder de kerkorde lag de belijdenis en ónder de belijdenis de geopende bijbel. Maar juist omdat de gereformeerde kerken in de Nederlanden niet reactionair biblicistisch dachten, kon er op de grondslag van de gemeenschappelijke belijdenis een goede orde voor het kerkelijke leven en samenleven worden overeengekomen, naar de norm van de heilige Schrift - geheel anti-hiërarchisch, maar ook beslist anti-independentistisch.

Bij alle respect en erkentelijkheid voor de inspanning die Norton in zijn studeerkamer te Ipswich zich getroost heeft, blijven wij ernstige bezwaren houden tegen het congregationalisme zoals het toen werd uiteengezet en in praktijk gebracht.

In Amerika zijn de congregationalistisch geordende kerken de meest democratische kerken geworden. Zal er in Nederland een Evangelische Kerk komen in de door de hoogleraar Dingemans' <u>Proeve van kerkorde-artikelen</u>, op gereformeerd standpunt ernstige bezwaren in te brengen?[60] Het allereerst bezwaar betreft de <u>grondslag</u> van de kerk.

De drie formulieren van eenheid scheiden én verenigen.

Geve Christus door de kracht van zijn Geest de vereniging van alle die déze grondslag van harte aanvaarden.

---

ringhe anders besloten wort."; geraadpleegd 5 mei 2017, http://kerkrecht.nl/node/5997.

60 In de tekst van Deddens staat geen '?'.

11. Toespraak door rector prof. dr. J. Douma

Zeer geachte collega Deddens,

Graag wil ik namens de senaat van onze Theologische Universiteit enkele woorden bij Uw afscheid spreken. Sinds 1979 hebt U in Kampen gedoceerd - een periode van nog geen tien jaar. Dat is opmerkelijk kort wanneer we Uw diensttijd vergelijken met die van verreweg de meeste docenten die sinds 1854 aan onze instelling gewerkt hebben. Een nieuweling binnen onze Universiteit was U overigens niet, want wij hadden U een aantal jaren daarvóór reeds als president-curator leren kennen. Een nieuweling in Uw vakken kerkgeschiedenis en kerkrecht was U evenmin, want zowel uit publikaties als uit Uw kerkelijk optreden hadden wij U leren kennen als een man die wist waarover hij het had wanneer de historie en het recht van de kerk een rol speelden. Het was ook algemeen bekend dat reeds- in een veel eerder stadium van Uw leven de aandacht op Uw persoon gevestigd was voor een benoeming in Kampen.

Een late benoeming kan een eer zijn, maar heeft ook frustrerende kanten. Van beide aspecten hebt U geweten. U hebt misschien het gevoel gehad dat U zich nog een hele tijd aan de theologische wetenschap kon wijden. Maar negen jaren zijn snel voorbij. En er valt in die korte tijd dan ook nog veel te verrichten dat met het wetenschappelijk werk meekomt, zonder er zuivere vruchten van te zijn. Ik denk aan het bestuurlijke en administratieve werk dat een docent moet verrichten als hij het secretariaat of rectoraat te vervullen heeft, en aan de tentamens en examens die moeten worden afgenomen. Ik denk in Uw geval ook nog aan de vele kerkelijke adviezen die snel gevraagd, maar minder snel gegeven kunnen worden. De gelegenheden die men denkt te krijgen om zich lange tijd helemaal aan een bepaald onderwerp te wijden, blijven dus beperkt. Uiteraard loopt dat meer in het oog wanneer men nog geen tien jaar hoogleraar heeft kunnen zijn dan wanneer het vijfentwintig jaar of langer mag duren.

Dat U ondanks deze handicap nog zoveel voor onze opleiding en voor de aan U toevertrouwde vakken hebt gedaan, stemt ons tot dankbaarheid. De fraaie opstellen die U onder de titels 'Afscheiding en Genève' en 'Het Doleantiekerkrecht en de Afgescheidenen' in de gedenkbundels ter gelegenheid van Afscheiding en Doleantie, respectievelijk in 1984 en 1988 hebt geschreven, geven blijk van stofbeheersing en grote acribie. Zij trokken terecht ook buiten eigen kring de aandacht.

Wanneer men de betekenis van Uw werk gaat samenvatten, zal het accent waarschijnlijk meer op kerkrecht dan op kerkgeschiedenis vallen. U hebt ervoor gezorgd dat de doctoraalstudie ecclesiologie naast kerkgeschiedenis nu ook kerkrecht als volwaardig hoofdvak met een zelfstandig program kent. In Uw speciale liefde voor het vak kerkrecht doet U aan F.L. Rutgers denken, de door U zo hoog gewaardeerde eerste canonicus aan de Vrije Universiteit.

U lijkt trouwens in meer opzichten op deze man. Rutgers was een deftige hoogleraar; U ook, als men U ziet lopen. U woont aan de Burgwal in een huis dat toch meer dan alle huizen van Uw collegae professoraal genoemd mag worden. Wij hebben een studeerkamer, U een studeerzaal. U onthaalt nog studenten op een sigaar, zodat het tentamen allure krijgt. U weet van langzaamaan in het opbouwen van een goede relatie met assistenten. Ik hoorde van een van hen dat het hem toch wat gedaan had, toen U, nadat boven briefjes een jaar lang gestaan had 'Beste B.', ineens schreef: 'Beste Bram'.

Afstand houden kan de indruk geven dat iemand afstandelijk is en weinig persoonlijke band aan de mensen heeft met wie hij te maken krijgt. Ik heb U speciaal binnen senaatsverband meegemaakt, en kan getuigen van de hartelijkheid waarmee U over studenten kon praten die met moeilijkheden zaten. De studenten klagen wel eens over de details die zij voor uw vakken moeten kennen. Ik geloof niet dat ze op hun examens te klagen hadden over Uw becijfering, want die heb ik altijd heel mild gevonden.

Ik noemde Rutgers, van wie ieder weet dat Kuyper veel met hem ophad. Maar, schreef Kuyper eens, nooit "zag ik in éénzelfde persoon een zo stramme gebondenheid en een zó pétillante losheid van uiting samenwonen, als in hem... In speech en epistolair altoos rad, rijk en rijp, maar als de drukkersjongen op copie stond te wachten, papiertjes met zweetvlekjes, die met moeite een vel vulden!"[1] Ik weet niet of het zo erg bij U is; maar ik weet wel dat wij graag naar Uw speeches, vaak vol humor, luisteren, waarin de woorden inderdaad rad, rijk en natuurlijk ook rijp, zomaar opwellen. Ik zou ook graag eens willen neuzen in de kerkelijke adviezen die U per brief hebt gegeven, en die van blijvende waarde kunnen zijn, zoals ook het geval is met de adviezen van Rutgers, die kort na zijn dood werden uitgegeven. En verder is het waar dat U niet gauw kopij op de bus doet, zodat het wel eens gebeurd moet zijn, dat bepaalde kopij per trein

---

1 A. Kuyper, "In Memoriam," in *Almanak van het Studentencorps aan de Vrije Universiteit voor 1918*, Amsterdam: [Herdes], 153.

ter drukkerij bezorgd werd, omdat de laatste buslichting van de volgende dag nog net even te vroeg viel.

Prof. Deddens, U bent binnenkort emeritus-hoogleraar, en 'emeritus' betekent 'uitgediend'. Het eigenlijke werk is gedaan, en de rust is verdiend. U hebt bij leerlingen de liefde voor kerkgeschiedenis en kerkrecht aangewakkerd. Van Uw magister-zijn hebben zij geprofiteerd, met name de studenten die, behalve op de colleges, in de ecclesiologische club van Uw bijdragen genoten hebben. Alles wat U nog van plan bent over de kerkgeschiedenis van Engeland of de kerkorde van Dordt op papier te zetten, is een extraatje, dat wij hogelijk zullen waarderen, maar waarnaar wij niet teveel moeten informeren. Met vrijmoedigheid zal ik althans alleen blijven vragen naar wat U van lopende schaaktournooien vindt, omdat wij elkaar op dit punt immers altijd met het laatste nieuws gediend hebben. Dit edele spel heeft U bekoord vanaf Uw gymnasiumtijd, en het heeft U er zelfs wel eens toe gebracht schoollessen te verzuimen omdat er in Groningen iets anders, en naar Uw overtuiging ook iets beters, te beleven viel. Ik kon U daarin helemaal verstaan, en het maakt ons ook mild tegenover studenten, omdat zij soms ook van die mooie dingen hebben die hen kunnen doen afvragen: zal ik vandaag wel of niet naar college gaan?

Ik wil mij ook tot Uw vrouw richten, die zozeer met U meegeleefd en meegewerkt heeft. Uw hartelijkheid, attentheid en gastvrijheid heeft docenten en studenten getroffen. Zij vragen zich wel eens af of U werkelijk <u>altijd</u> zo blijmoedig negen jaar lang al die afstanden in dat immens grote huis aan de Burgwal hebt afgelegd. Het verhaal gaat dat U ook nog een flinke bijdrage levert aan het archief van Uw man dat zich een verdieping hoger schijnt te bevinden dan zijn studeerzaal. Wakkere studenten zien daar soms om twee uur 's nachts nog licht branden. Het is ons aller hartelijke wens dat U samen, en dan meer gelijkvloers van het otium cum dignitate lang mag genieten!

Laat ik afsluiten met wat U beiden en ons allen beweegt, als het over onze Theologische Universiteit gaat. Ik doe het met verwijzing naar de man die én U als kerkhistoricus én mij als ethicus al sinds lang bekend is: Willem Amesius. Wij hebben er beiden een Schooldag-toespraak aan gewijd. De man boeit ons, omdat hij in leer en leven de zinspreuk van de Franeker Academie voor zijn aandacht had: Christo et Ecclesiae[2] - voor

---

2 **Christo et Ecclesiae betekent: voor Christus en de kerk.** Het was het motto van de universiteit van Franeker, gesticht in 1585, en het werd ook het motto voor het zegel van Harvard; https://www.thecrimson.com/article/1921/4/26/christo-et-ecclesiae-psearch-in-the/

Christus en de Kerk. Dat moet ook ons in beweging brengen en houden, hoogleraar of geen hoogleraar, in actieve dienst of geëmeriteerd. Wij danken U voor Uw bijdrage in die dienst tijdens Uw hoogleraarsjaren. U smaakt het genoegen dat Uw werk straks door twee mensen zal worden voortgezet, die beiden nog onder Uw leiding Deo Volente zullen promoveren, en vanuit dezelfde overtuiging als die ons allen drijft, Uw werk zullen voortzetten.

Wij hopen dat U vanwege die continuïteit niet alleen met genoegen zult terugdenken aan onze instelling, waaraan U ook als familie zich zo nauw verbonden wist (ik denk aan Uw vader als hoogleraar, aan Uw broers als predikanten, en ook aan Uw beide zusters); maar dat het voor U beiden ook een vreugde zal zijn om te zien hoe de Universiteit zich verder ontwikkelt. Uw herinnering wordt er niet een van weemoed en heimwee, als de zinspreuk 'Christo et Ecclesiae' onze Universiteit blijft beheersen!

12. Toespraak van president-curator J. Kok[1]

Hooggeachte professor Deddens,

De kerken wisten wat zij deden, toen zij op 20 februari 1979 te Arnhem in generale synode bijeen, u benoem[d]en tot hoogleraar in de ecclesiologische vakken. Zij deden geen slag in de lucht. Zij stortten zich niet in een blind avontuur. Zij kénden u. Zij wisten uit ervaring, dat u gaven hebt ontvangen die u voor dit ambt bijzonder geschikt maken. De liefde voor het vak erfde u van uw vader, professor P. Deddens. Na de kandidaatstudie speciálíseerde u zich en legde cum laude het doctoraal examen af met de ecclesiologie als hoofdvak. U bent geen veelschrijver. Maar wát u publiceerde trok de aandacht. Of het nu ging over de Nederlandse Geloofsbelijdenis of de Dordtse synode, over de Pilgrim Fathers of van Lonkhuijzen, uw opstellen getuigden van minitieus bronnenonderzoek, verrassende nauwkeurigheid, oog voor het detail en een dienstbaar maken van het detail aan de compositie van het geheel. De grondregel voor elke historicus 'terug naar de bronnen', in concreto 'geen kerkgeschiedschrijving zonder kerkgeschiedvorsing['], ís u a.h.w. op het lijf geschreven. Daar komt nog iets bij. Het was de kerken evenmin ontgaan, dat u zich naast vakman voluit een kerkelijk man betoonde.

U kroop niet weg in uw studeerkamer om de wetenschap te beoefenen om de wetenschap. U trad met uw specifieke gaven naar buiten om de kerken te dienen in moeilijke jaren. Van 1959 tot en met 1970 verzorgde u het jaaroverzicht in het Handboek ten dienste van de Gereformeerde Kerken in Nederland.

Dat was geen sinecure. Zeker niet in die tijd. De storm stak op. De kerken werden op hun fundamenten geschokt door independentísme en confessioneel relativisme; De spanningen liepen hoog op en de gevoeligheden waren groot.

---

1 Jacob Kok (1920-2005), predikant Noordbergum 1947, Leerdam en Culemborg 1950, Enschede 1955, Amersfoort-Centrum 1963, Veenendaal 1982, emeritus 1986; *Handboek 2007*, 472-474. De toespraak is anoniem in het Archief Deddens aangetroffen. P. Schelling bevestigt dat deze van de hand van de toenmalige president-curator ds. J. Kok is geweest; P. Schelling, e-mailwisseling met editor, 20-21 maart 2018.

Jaar in jaar uit liet u de relevante fata en data de revue passeren. U liet stem en tegenstem horen. Accuraat en evenwichtig. Maar u schuwde het commentaar niet, de waarschuwing, de koersbeveiliging. Omdat u zich ook als chroniqueur dienaar wist van het Woord, geroepen om vast te houden aan de belijdenis van dat Woord.

In diezelfde bewogen jaren werd u een- en andermaal geroepen een generale synode te presideren. Vier synoden vergaderden onder uw leiding: die van Rotterdam-Delfshaven 1964/1965, Amersfoort-West 1966, Amersfoort-West 1967 en Hattem 1972.

In Rotterdam-Delfshaven gingen wij met ons kerkverband langs de rand van de afgrond toen 12 synodeleden opstapten en als een aantal afgevaardigden tegenover een ander aantal afgevaardigden apart wilden confereren.

In Amersfoort-West kwam het katholiek karakter van de gereformeerde belijdenis in geding en moest een keus worden gedaan, met alle consequenties hieraan verbonden. In die kritieke situaties werd veel gevraagd, met name van de praeses van de synode. Wat hebben de kerken in dit land toen mogen profiteren van úw leiding. Zij werd gekenmerkt door christelijke vastberadenheid, kerkelijke stijl en confessionele trouw.

Het heeft dan ook niet te verbazen, dat deputaten-curatoren in de aanbeveling van hun voordracht bij de synode van Arnhem 1979 niet alleen de vakbekwaamheid noemden van hun kandidaat, maar ook zijn 'confessionele integriteit, gebleken in moeilijke tijden'.

Professor Deddens, u bent 9 jaar aan onze universiteit verbonden geweest als hoogleraar in de kerkgeschiedenis en het kerkrecht. U verloochende uw speurzin niet, uw historische accuratesse, uw aandacht voor de kleinste details. Maar u bleef ook volop kerkelijk man, existentieel betrokken bij de roeping en de strijd van de kerk in het heden. Met welke periode van de geschiedenis u zich ook bezig hield en welke bijzonderheden u daarin ook troffen, u wist met uw kennis van het verleden het heden te dienen. Dat bleek al direct bij uw entree in Kampen.

Uw inaugurele oratie over 'De verdwijnende ouderling' had iets van een programma. U nam ons mee naar een gebied dat u steeds zou blijven boeien: Schotland, Engeland en Amerika. U honoreerde de nauwe verbondenheid van de kerkgeschiedenis met het kerkrecht. Want via de geschiedenis van de Congregationalistische kerken werden wij betrokken bij het kerkrechtelijk stelsel van het independentisme. U wist middels de keus van uw stof en een zorgvuldig onderzoek van het bronnenmateriaal het beeld te verfijnen van een gevaar, dat blijvend actueel is: waar het door de gereformeerde belijdenis bepaalde en beveiligde kerkverband wordt losgelaten is de weg gebaand voor de dominocratie.

Dat is de stijl van uw arbeid in ons midden gebleven. U dook in het verleden. U was op college bezig met de kerkgeschiedenis van Engeland en de Zuidelijke Nederlanden in de 16e eeuw. U behandelde aspecten van de Afscheiding en de voorgeschiedenis van de Vrijmaking. En u liet samenhangen zien, verbindingsdraden, de éne gang van Christus door de tijden heen,] zijn weg en werk, de weerstand ook tegen dat werk, het raffinement van de verleidende geesten.

Zo hebt u in een tijd van slijtend historisch besef onze aanstaande predikanten mogen toerusten voor een vreugdevol dienen van de Christus in zijn duurgekochte kerk.

Het kerkrecht was uw eerste liefde. Die liefde is nooit gedoofd. Die is door de jaren heen steeds sterker geworden.

U hebt de vrede in de kerken zien wijken door de kerkrechtelijke manipulaties van de synodokratie. U hebt die vrede zien wankelen, toen in de zestiger jaren het kerkverband niet meer werd onderhouden naar de geldende kerkorde.

En u hebt al uw krachten ingezet om uw studenten de Schriftbeginselen bij te brengen van het gereformeerde kerkrecht. Die alleen zijn een waarborg voor de vrede van Christus in de kerk van Christus.

In het spoor van Rutgers en zijn school, van P. Deddens en J. Kamphuis hebt u de eerste waarde beklemtoond van een kerkelijke samenleving onder de exclusieve zeggenschap van Jezus Christus, een kerkverband dat gegrond is in de belijdenis der waarheid. En u hebt gedokumenteerd het kerkontbindend karakter aangewezen enerzijds van de hiërarchische machtsaanmatiging, anderzijds van het independentistische op-zichzelf staan. Uw werk als canonicus bleef niet beperkt tot de collegezaal en de examenkamer. Wekelijks werd u benaderd als vraagbaak, als raadsman, als kerkrechtelijke top-specialist. In vaak lastige kwesties werd een oplossing gevraagd naar de grondregels van de kerkregering.

Vraag niet hoeveel tijd dat allemaal kostte. U hebt met uw adviezen kerkeraden en predikanten GEDIEND.

Professor Deddens, wij staan aan het eind van uw actieve dienst. Wij zien achterom en maken de balans op. U hebt met toewijding en volharding, in onverzwakte trouw aan de belofte,bij uw ambtsaanvaarding afgelegd, de kerken en haar universiteit gediend. De kerken zijn u veel dank verschuldigd voor uw jarenlange arbeid in ons midden. Zij zijn de dank bovenal verschuldigd aan de God van de kerk. Want Hij heeft u als zijn instrument geschapen en toegewenst voor die dienst díe Hij juist van u vroeg. Voor Hem is de lof. Voor Hem alleen. Wij prijzen Hem óók voor wat Hij ons schonk in u, mevrouw Deddens. U hebt al die jaren uw man terzijde gestaan, zíjn spanningen mee doorleefd, zijn zorgen gedeeld. U hebt hem ook afgestaan aan de boeken, aan de studie, aan de kerken. Wees verzekerd van onze erkentelijkheid voor dit offer, in stilte gebracht. Het emeritaat wenkt, de ontspanning. De zweepslag van de professionele verplichtingen zal niet langer worden gevoeld.

De HERE schenke u samen nog goeie jaren, gezegende jaren, kracht ook om werkzaam en produktief te blijven voor de opbouw van die stad, die u steeds weer in verrukking heeft gebracht: de stad Gods, het Jerusalem-boven, ónze moeder.

Curriculum vitae en bibliografie van D. Deddens

Deddens maakte vanwege zijn kandidatuur voor het professoraat in 1979 een uitgebreide curriculum vitae op. Bovenaan de lijst plaatste hij "Summiere gegevens". Deze lijst vormde een uitwerking van hetgeen hij reeds in 1974 had opgesteld vanwege zijn 25-jarig predikantschap. De "Summiere gegevens" bevatten een uitgebreide bibliografie. Ter gelegenheid van zijn afscheid als hoogleraar werd in de Almanak F.Q.I. van 1988 een bijgewerkte bibliografie opgenomen. Om overlap te voorkomen, wordt hieronder de "Summiere gegevens" opgenomen zonder de bibliografie. Daarna volgt de bibliografie uit de Almanak van 1988. Ter afronding voeg ik een lijst toe met de meest relevante publicaties die Deddens na 1988 kon afronden en werden gepubliceerd.

1. "SUMMIERE GEGEVENS D. DEDDENS

Geboren 18 jan. 1923 te Brielle
Lagere school Rijswijk (ZH)
Willem Lodewijk Gymnasium Groningen

<u>Theologische Hogeschool</u>
Ingeschreven dec. 1942 (in eerdere maanden: rechten en wijsbegeerte)
Kandidaatsexamen 18 jan. 1949, cum laude.
Doctoraalexamen 24 juni 1952, cum laude (hoofdvak: ecclesiologie; 1ste doct[oraal]. ex[amen]. a[an]. Th.H. [Theologische Hogeschool]).

In vacature Prof. P. Deddens in 1958: op tweetal met Ds. J.Kamphuis

Door GS Hattem in 1972 benoemd tot curator.
Door curatoren verkozen tot assessor.
Door GS Kampen in 1975 opnieuw benoemd.
Door curatoren verkozen tot president.
Door GS Groningen-Zuid in 1978 opnieuw benoemd.
Door curatoren herkozen als president.

Gemeenten
Wetsinge-Sauwerd, 11 sept. 1949.
Mariënberg, 15 dec. 1957.
Leeuwarden, 19 mei 1963.

Generale Synoden
Rotterdam-Delfshaven 1964-1965: asessor, vervolgens praeses.
Amersfoort-West 1966: praeses.
Amersfoort-West 1967: praeses.
Hattem 1972-1973: praeses.

Deputaatschappen Generale Synoden
Bunschoten-Spakenburg 1958-1959:
dep[utaat]. overzetting van de tekst der form[ulieren]. van enigheid en der lit[urgische]. Form[ulieren]. in hedendaags Nederlands.
Assen 1961:
dep[utaat]. overzetting van de tekst der form[ulieren]. van enigheid en der lit[urgische]. Form[ulieren]. in hedendaags Nederlands.
sec[undus]. dep[utaat]. correspondentie met buitenlandse kerken.

Rotterdam-Delfshaven 1964-1965:
dep[utaat]. voorbereiding volgende GS (de leden van het moderamen blijkbaar niet officieel benoemd)
sec[undus]. dep[utaat]. voor de opstelling van een kort Avondmaalsformulier en voor overzetting v.d. andere, speciaal de het meest gebruikte liturgische formulieren in hedendaags Nederlands.
sec[undus]. dep[utaat]. correspondentie met buitenlandse kerken.

Amersfoort-West 1967:
dep[utaat]. correspondentie met de Hoge Overheid (hiervan voorzitter)
dep[utaat]. voorbereiding volgende GS
(hiervan voorzitter).

Hoogeveen 1969-1970:
dep[utaat]. correspondentie met de Hoge Overheid.
(hiervan voorzitter)

Hattem 1972-1973:
dep[utaat]. voor herziening van de Kerkorde.
(hiervan voorzitter)

dep[utaat]. curator Theol. Hogeschool.(zie bov.)
dep[utaat]. voor de uitgave v.d. Heid[elbergse] Catechismus en liturg[i-sche]. formul[ieren]. in hedendaags Nederlands.
(hiervan voorzitter)
dep[utaat]. voorbereiding volgende GS.
(hiervan voorzitter)
dep[utaat]. voor de werkwijzen van Gen. Synoden.
(hiervan voorzitter)
dep[utaat]. voor de zaak kerkeraad Rotterdam-Charlois/Ds. B.Wesseling.

Kampen 1975:
dep[utaat]. curator Theol. Hogeschool. (zie bov.)
dep[utaat]. voor herziening van de Kerkorde
(hiervan voorzitter).

Groningen-Zuid 1978:
dep[utaat]. curator Theol. Hogeschool (zie bov.)

Particuliere Synoden
In perioden Wetsinge-Sauwerd en Mariënberg
meermalen afgevaardigd n[ar]r PSn Groningen en Overijssel-Gelderland;
diverse moderamenfuncties.

In periode Leeuwarden:
afgevaardigd naar álle PSn Friesland 1964 t/m 1978;
herhaaldelijk praeses.

Deputaatschappen Particuliere Synoden
Diverse deputaatschappen, vooral in Friesland.
O.m. tal van jaren:
voorzitter zendingsdeputaatschap (waarin mede-betrokken: Classis Grootegast en later ook PS N.Hol)
voorzitter deputaatschap ad art. 19 K.O. (hulpbeh[oevende]. studenten).

Classes en classicale deputaatschappen
In perioden Wetsinge-Sauwerd en Mariënberg:
examinator vakken kerkrecht/kerkgeschiedenis;
periode Mariënberg: o.m. ook kerkvisitator.

In periode Leeuwarden:
deel uitgemaakt van álle deputaatschappen (min[us] 1: regeling vakature-
   beurten).
constant:
voorbereiding examina
preekrecensie
examinator vakken kerkrecht/kerkgeschiedenis (vele jaren ook: dog-
   mat[iek]./symboliek)
kerkvisitator bijna steeds: consulentschappen.

Andere functies
O.m. jarenlang (tot 1977):
Landelijk Verband van Geref. Schoolverenigingen:
-Voorzitter C[ommiss]ie. van Beroep Lager- en Kleuteronderwijs}
-Lid C[ommiss]ie. van Beroep Voortgezet Onderwijs.

Pers
Redacteur Handboek t.d.v. De Gereforneerde Kerken in Nederland, 1959
   t/m 1970.
Redactie De Reformatie, sinds 18 maart 1967.
Redacteur Kerkbode Geref. Kerken Leeuwarden en Huizum, sinds 1962
Medewerker Geref. Gezinsbl./ND, sinds 1958.
Eerder: in Redactie Geref.Kerkbl. Overijssel-Gelderl.// In Redactie 'Tot
   aan de einden der aarde'/ Medewerker Can[adian].Ref[ormed].
   Mag[azine]. 1959-1961."

Bibliografie uit de *Almanak F.Q.I. 1988*

"Prof. drs. D. Deddens,
  Als hoogleraar in de ecclesiologie hebt u 9 jaar uw werk mogen doen. Nu is voor u de staat van de welverdiende rust aangebroken. Dat willen wij niet ongemerkt voorbij laten gaan. Als dank voor alles, wat u ons meegegeven hebt in uw onderwijs en publicaties, willen we u deze bibliografie aanbieden.
  Met dank aan God, die u de mogelijkheid en de kracht gaf, om uw taak te verrichten, willen wij u toewensen, dat u nog vele jaren samen met uw vrouw onder Gods leiding zult mogen genieten van uw emeritaat.
  De Redactie

BIBLIOGRAFIE

Inleiding

De bibliografie is in de volgende rubrieken onderverdeeld:
A. Kerkhistorische bijdragen en artikelen,
B. Kerkrechtelijke bijdragen en artikelen.
C. Bijdragen en artikelen op bibliografisch en historisch gebied.
D. Bijdragen en artikelen over Bijbelvertaling en confessie.
E. Gepubliceerde preken.
F. Gepubliceerde toespraken.
G. Overzichten en artikelen inzake kerkelijk leven.
H. Boekbesprekingen.
I. Varia.

In de bibliografie is niet alles opgenomen. In overleg met prof. Deddens is er geselecteerd, nl.n. in Reformatie-artikelen en toespraken. Ook was niet alles meer te achterhalen. Bij de indeling is nog het volgende op te merken:
  Sommige toespraken (F) en boekbesprekingen (H) hadden ook een plaats kunnen krijgen onder A, B of C. Dit is niet gedaan, om de bibliografie overzichtelijk te houden. Bij F, toespraken, was het criterium, dat de toespraken gepubliceerd zijn in de kerkelijke pers. Synodetoespraken e.d., die slechts in de Acta van de betreffende synode vermeld zijn, zijn niet opgenomen. In G is, na overleg, van uitgebreide specificatie afgezien.
  K.A. van der Meer[1]

---

1 **K.A. van der Meer**, predikant Harkstede i.c.m. Overschild 1994, Loppersum i.c.m. Westeremden 2002, Gramsbergen 2008; geraadpleegd 3 september 2018, https://www.gkv.nl/zoek-een-predikant/

A. KERKHISTORISCHE BIJDRAGEN EN ARTIKELEN

1. N.a.v. heruitgave van Calvijns institutie:
    Calvijns Institutie, 3 artt. Geref. Kerkb. Gron., Fr., Dr., 5e jg.
    nos 49, 50, 52 (10, 17, 31 dec. 1949).

2. Nav. Nat. Syn. Franse Geref. Kerken Parijs 1559:
    De eerste Synode der Franse Gereformeerde Kerken te Parijs 1559
    I Voorgeschiedenis
    II Samenstelling en arbeid
    III Betekenis
    Art. Lucerna, 1e jg. no. 3 (juni 1959), pp. 99-120.

3. N.a.v. idem (2):
    Vierhonderdjaar geleden. De Synode van 1559 te Parijs.
    Artt. De Reformatie (rubr. Uit de Historie), 34^e jg. no. 35 (6 juni 1959), pp. 284v.

4. N.a.v. Calvijn-herdenking (450ste geboortedag):
    Bij de herdenking van Joh. Calvijn. Herwaardering en verloochening.
    Hoofdart. De Reformatie, 34^e jg. no. 40 (11 juli 1959), pp. 319v.

5. N.a.v. idem (4):
    Calvijn, reformator der kerk.
    Calvijn en Luther.
    Calvijn als prediker.
    Calvijn en Nederland.
    4 artt. De Poortwake, 14e jg. nos 13, 14, 15, 16 (3, 10, 17, 24 juli 1959), pp. 117-120, 125-127, 133-135, 141-143.

6. N.a.v. herdenking sterfdag R. Estienne:
    Robert Estienne. Paris 1499-Genève 7 sept. 1559.
    Art. De Reformatie, 34e jg. no. 49 (12 sept. 1959), p. 380.

7. N.a.v. herdenking Nederlandse Geloofsbelijdenis:
    De Nederlandse Geloofsbelijdenis. Een en ander over haar geschiedenis.
    Art. De Reformatie, 37e jg. no. 6 (11 nov. 1961), pp. 46v.

8. N.a.v. idem (7):
   Rondom het eerste geschrift van G. de Bres, 'Le baston de la Foy'.
   Art. Lucerna, 3e jg. no 6 (z. tijdsaanduiding [1961]), pp. 817-831.

9. N.a.v. herdenking Heidelbergse Catechismus:
   De Heidelbergse Catechismus in de loop van vier eeuwen.
   In: Vierhonderd Jaar Heidelbergse Catechismus. De Heidelbergse Catechismus herdacht in een landelijke samenkomst op 19 jan. 1963 te Amersfoort. Uitg. Comité Herdenking Heid. Catechismus, Amersfoort 1963, pp. 21-38.

10. N.a.v. herdenking Dordtse Synode 1618-1619:
    Zuil en 'erezuil'. (Bij de driehonderdvijftigjarige herdenking van de Nationale Synode van Dordrecht 1618-1619).
    Hoofdart. De Reformatie, 44e jg. no. 7 (16 nov. 1968), pp. 49v.

11. N.a.v. idem (10):
    De Nationale Synode van Dordrecht 1618-1619. Historische schets.
    Bijdrage in: Van Dordt tot Dordt, 1618-1968. Uitg. T. Bolland, Vlaardingen, 1969, pp. 48-94.

12. N.a.v. herdenking Pilgrim Fathers:
    Zij wisten zich pelgrims. De Pilgrim Fathers herdacht (1620-1970).
    Serie van 13 hoofdartt. De Reformatie, 46e jg., nos 10, 11, 12, 15, 16, 17, 18, 19, 20, 21, 22, 23, 24 (5 dec. 1970 - 13 maart 1971), pp. 77 e.v.
    (Lezing, verkort gehouden voor 'Fides Quadrat Intellectum' op 20 nov. 1970 te Kampen.)

13. N.a.v. herdenking Synode van Emden:
    De synode van Emden 4-13 oktober 1571.
    Hoofdart. De Reformatie, 47^e jg. no. 1 (2 okt. 1971), p. 1.

14. *Een zeldzaam 'Huysboec' uit 1566 herdrukt.*
    Art. N.D., 16 nov. 1974, p. 12.

15. N.a.v. herdenking Leidse Universiteit:
    De Leidse Universiteit en de Kerk.
    Art. ND-Variant 8 febr. 1975, pp. 8v.

16. N.a.v. herdenking H. Bullinger:
    Heinrich Bullinger, 18 juli 1504 - 17 september 1575.
    Hoofdart. De Reformatie, 50ᵉ jg. no 46 (6 sept. 1975), pp. 361vv.

17. N.a.v. herdenking G. Voetius:
    Gisbertus Voetius, een overtuigd calvinist. 3 maart 1589 - 1 november 1676.
    Art. ND-Variant 30 okt. 1976, pp. 4v.

18. N.a.v. herdenking Dordtse Synode 1578:
    1578 - Synode van Dordrecht - 1978.
    Art. ND-Variant 3 juni 1978, pp. 4v.

19. N.a.v. herdenkingsbijeenkomst Theol. Hogeschool 6 dec. 1979:
    Kampen en het buitenland.
    5 hoofdartt. De Reformatie, 55e jg. nos 14, 15, 16, 17, 18 (12 jan. - 9 febr. 1980), pp. 225 e.v.

20. *De laatste van de kring van Rutgers. Dr. Mr. J. de Jong (1872-1928).*
    In: H.E.R.O.S. Lustrumbundel 1925-1980, Kampen 1980, pp. 117-141.

21. *Om de vrijheid van de kerk.*
    4 artt. De Reformatie, 56ᵉ jg. nos 34, 35, 38, 39 (6 juni - 11 juli 1981), pp. 549 e.v.

22. *Historische achtergronden van de voorgenomen ICRC.*
    In: Pro Ministerio, mei 1982.

23. *Afscheiding in Genève.*
    In: D. Deddens en J. Kamphuis (red.), Afscheiding-Wederkeer, opstellen over de Afscheiding van 1834, Haarlem 1984, pp. 37-64.

24. *Prof Dr. F.L. Rutgers, 26 november 1836 - 26 november 1986.*
    Hoofdart. De Reformatie, 62ᵉ jg. no. 9 (29 nov. 1986), pp. 1699v.

B. KERKRECHTELIJKE BIJDRAGEN EN ARTIKELEN

1. *Prof Dr. S. Greijdanus en het gereformeerde Kerkrecht.*
   Bijdrage 'Greijdanus-Almanak' F.Q.I. 51^e jg., Kampen 1948, pp, 185-223.

2. *De nieuwe Kerkorde van de Ned. Herv. Kerk.*
   Art. Pro Lege-Grege-Rege. Hand. 1958-1959 afd. Overijssel en Drenthe Geref. JVen. pp. 23-29.

3. *Kerkenordening van De Gereformeerde Kerken in Nederland.*
   Uitg. in zakform., Oosterbaan & Le Cointre, Goes 1960.

4. *De betekenis van de K.O.*
   Art. Calv. Jongel.bl., 15e jg. no. 16 (9 dec. 1960), pp. 260 vv.

5. *Onze Kerkenordening.*
   Art. Petah-ja, 15e jg. no. 1 (jan. 1961), pp. 6-11.

6. *De Kerkorde van de Ned. Herv. Kerk.*
   2 artt. Petah-ja, 15^e jg. nos 3 en 4 (mrt en apr. 1961), pp. 39-41.

7. *De 'Herziene Kerkorde'.*
   3 artt. over de Herz. K.O. v.d. syn. kerken. Petah-ja, 15e jg. nos. 7/8, 9 12 (juli/aug., sept., dec. 1961). pp. 100-103, 108-111, 163-167.

8. *Canonicus magna cum laude. In Memoriam Dr. J. van Lonkhuyzen, overleden 29 december 1942.*
   Hoofdart. De Reformatie, 43^e jg. no. 13 (6 jan. 1968), pp. 97-99.

9. *De stem der Vrijmaking (inzake art. 31 K. O.).*
   Serie van 8 hoofdartt. De Reformatie, 43e jg. nos. 28, 29, 30, 3l, 32, 33, 35, 36 (20 apr.-15 juni 1968), pp. 217 e.v.

10. *Aloud en oergereformeerd.*
    Serie van 8 hoofdartt. De Reformatie, 43e jg, nos 42-49 (10 aug.-28 sept. 1968), pp. 321 e.v.

11. *De eenheid des geloofs als gave en opdracht en haar betekenis voor het hebben van onderscheiden vormen van kerkregering.*
    Paper (ook in Engelse vertaling) Internationale Conferentie Gereformeerde kerken, Groningen 1982.

12. Robert Baillie en Appolonius' "Consideratio".
    In: Almanak F.Q.I. 1982, pp. 91-115.

13. *Synoden bij Robert Parker en in de congregationalistische kerkorden van 1648 en 1658.*
    In: Bezield Verband, opstellen aangeboden aan Prof. J. Kamphuis. Kampen 1984, pp. 46-57.

14. *Het Doleantie kerkrecht en de Afgescheidenen.*
    In: D. Deddens en J. Kamphuis (red.), Doleantie-Wederkeer. Opstellen over de Doleantie van 1886, Haarlem 1986, pp. 57-150.

15. Artt. over: De Gereformeerde Kerken in Nederland 1560-1816; het Congregationalisme; het Doleantie kerkrecht; De Gereformeerde Kerken in Nederland na de Vereniging van 1892; De Gereformeerde Kerken in Nederland na de Vrijmaking van 1944, in: L.C. van Drimmelen ea., *Inleiding tot de studie van het Kerkrecht*, Kampen 1988.

C. BIJDRAGEN EN ARTIKELEN OP BIBLIOGRAFISCH EN HISTORISCH GEBIED

I. BIBLIOGRAFISCH

1. *Publikaties van Prof P. Deddens.*
   Bibliogr. overzicht in Almanak Fides Quadrat Intellectum 1958-1960, pp. 140-156.

2. *Wat is het oude boek?*
   Art. Boeken-Bijlage ND 29 sept. 1973, pp. 17, 23.

3. *Nieuwe werken op het gebied van het oude boek.*
   Art. ND-Variant 16 aug. 1975, pp. 4v.

4. *Over Calvijn-Bibliografieën*: n.a.v. D. Kempff, A Bibliography of Calviniana 1959-1974. Radix 3e jg. no. 1 (jan. 1977) pp. 53v.

5. *Delftse Bijbel nu vijfhonderd jaar herdrukt.*
   Art. ND-Variant 24 maart 1977, pp. 6v.

6. *Inleidingen en aantekeningen bij geschriften H. de Cock.*
   In: Hendrik de Cock. Verzamelde Geschriften, dl. 1, Houten 1984.

7. Idem (6) bij dl. 2, Houten 1986.

II. HISTORISCH

1. Bij 25-jarig regeringsjubileum Koningin Juliana: *Nederland en Oranje.*
   Hoofdart. Oranje-Bijlage ND 1 sept, 1973.

2. Bij 25-jarig jubileum De Reformatie:
   De Reformatie en de studentengeneratie van de laatste jaren.
   Art. De Reformatie, 26ste jg. no. 1 (7 okt. 1950) p. 20.

3. Bij 50-jarig jubileum De Reformatie:
   Doorgaande Reformatie. De Reformatie in de jaren 1952-1975.
   Art. De Reformatie, 51e jg. no. 1 (4 okt. 1975) pp. 13-22.

4. Over het leven van Prof. Dr. S. Greijdanus:
   Greijdanus over zijn leven
   bijdr. Almanak Fides Quadrat Intellectum 1968-1969, pp. 66-88.

5. Bij herdenking Prof. Dr. S. Greijdanus:
   Een rechte Fries.
   Greijdanus-nummer De Reformatie, 46e jg. no. 31 (1 mei 1971), pp. 250v.

D. BIJDRAGEN EN ARTIKELEN OVER BIJBELVERTALING EN CONFESSIE

I. BIJBELVERTALING

1. *Inzake de nieuwe Friese Bijbelvertaling,* Een serie artt. in de Kerkbode van de Geref. Kerken te Leeuwarden en Huizum, 25^e jg. nos. 5-8; 1445 (31 okt. 1974 e.v.).

II. CONFESSIE

Behalve reeds vermelde bijdragen en artikelen over de Heid. Catechismus, de Ned. Geloofsbelijdenis en de Dordtse Leerregels bij herdenkingen:
Artikel 36 van de Nederlandse Geloofsbelijdenis. Tekst en uitleg.
Almanak Fides Quaerit lntellectum, 1949, pp. 71-123.

E. GEPUBLICEERDE PREKEN

1. 'De enige troost', radiopreek over *Zondag 1 Heid. Catechismus,* gehouden te Leeuwarden op zondag 13 juni 1965.
   (Radiopreken-serie no. 289).

2. 'Bewaar wat u is toevertrouwd', preek over *1 Timotheüs 6 : 20, 21* in Bidstond Gen. Synode Amersfoort-West op maandag 17 oktober 1966 (te Amersfoort-West)
   (De Reformatie 42e jg. no. 5 (29 okt. 1966) pp. 33-35).

3. 'Pijler en fundament der waarheid', preek over *1 Timotheüs 3 : 15* in Bidstond Gen. Synode Amersfoort-West op maandag 3 april 1967 (te Amersfoort-West).
   De Reformatie 42e jg. (april 1967), pp. 217v).

4. 'Christus, zijn apostel Paulus uiterst kort houdend', preek over *2 Corinthiërs 12:7b-10* in Bidstond Gen. Synode Hoogeveen op maandag 14 april 1969 (te Hoogeveen).
   (De Reformatie 44e jg. no. 29 (26 april 1969), pp. 226-228).

5. 'Gods goedertierenheid na de dood', radiopreek over *Zondag 22 Heid. Catechismus,* gehouden te Leeuwarden op zondag 24 mei 1970.
   (Radioprekenserie no. 571).

F. GEPUBLICEERDE TOESPRAKEN

I. KERKELIJKE VERGADERINGEN

1. *Openingstoespraak* Part. Synode Overijssel-Gelderland, gehouden 8 juni en 5 juli 1960 te Mariënberg. (O.m. over het kerkelijk verleden van Mariënberg).

Gepubliceerd in Kerkb. Overijssel en Gelderland, daaruit geciteerd in GG, 22 juni 1960.

2. Generale Synode Rotterdam-Delfshaven 1964-1965:
Zitting gehouden op donderdag 9 juli 1964 te Amersfoort in de Westerkerk:
Herdenkingstoespraak Ds. J.A. Vink.
Gepubliceerd Acta GS art. 140 (pp.70-72)
GG, 10 juli 1964.

3. Generale Synode Amersfoort-West 1967:
Zitting 27 april 1967;
Toespraak na bericht geboorte Prins van Oranje.
Gepubliceerd Acta GS art. 69 (pp.69v)
De Reformatie 42e jg. no. 31 (6 mei 1967)

4. Idem (3):
Zitting 31 mei 1967:
Toespraak herdenking marteldood van Guide de Brès.
Gepubliceerd in Acta GS art. 116 (pp. 109v)
De Reformatie 42e jg. (1967) p. 275

5. Idem (3):
Zitting 9 nov. 1967:
Sluitingstoespraak GS.
Gepubliceerd Acta GS art. 295 (pp. 338-342)
GG, 14 nov. 1967.

II THEOLOGISCHE HOGESCHOOL

1. *Uw gangen, zo vol roem en eer.*
Toespraak Theol. Hogeschooldag 1960.
Gepubliceerd De Reformatie 36^e jg. no 2 (8 okt. 1960), pp. 11-14.

2. *Ter waarschuwing van ons.*
Toespraak Theol. Hogeschooldag 1966.
Gepubliceerd De Reformatie 42^e jg. no. 2 (8 okt. 1966), pp. 12-14.

3. *DS-B. 74.*
   Toespraak Theol. Hogeschooldag 1974.
   Gepubliceerd De Reformatie 50ᵉ jg. no.1 (5 okt. 1974), pp. 4v.

4. *Geen zilver maar goud.*
   Toespraak Theol. Hogeschooldag 1975.
   Gepubliceerd De Reformatie 50ᵉ jg. no. 49 (27 sept. 1975), pp. 390v.

5. *'Voor Christus en de Kerk'.*
   Toespraak Theol. Hogeschooldag 1976.
   Gepubliceerd De Reformatie 51ᵉ jg. no. 49 (25 sept. 1976), pp. 826-829.

6. *Toespraak bij het afscheid van Ds. D.K. Wielenga JDzn, missiologisch lector.*
   Gepubliceerd De Reformatie 51ᵉ jg. no. 33 (22 mei 1976), pp. 564-567.

7. *Toespraak bij de officiële opening van het nieuwe gebouwencomplex van de Theol. Hogeschool.*
   Openingswoord.
   Gepubliceerd De Reformatie 52ᵉ jg. no. 46 (3 sept. 1977), pp. 731v.

8. *De Vrijmaking in stukken.*
   Toespraak Theol. Hogeschool 1981.
   Gepubliceerd De Reformatie 57ᵉ jg. no. 1 (30 okt. 1981), pp. 7-13.

9. *Door de kerk – voor de kerk*
   Toespraak bij de sluiting van de colleges 1981-1982.
   Gepubliceerd De Reformatie 57ᵉ jg. no. 35 (5 juni 1982), pp. 553-557.

10. *For auld lang syne.*
    Toespraak Theol. Hogeschooldag 1985.
    Gepubliceerd De Reformatie 61ᵉ jg. no. 7 (16 nov. 1985), pp. 145-149.

11. *Kampen en de Doleantie.*
    (Uitgebreide) Toespraak Theol. Hogeschooldag 1986.
    Gepubliceerd De Reformatie 62ᵉ jg. nos 7 en 8 (15 nov.-22 nov. 1986), pp. 129 e.v.

12. *'Voor altijd en eeuwig'.*
    Toespraak Theol. Hogeschooldag 1987.
    Gepubliceerd De Reformatie 62ᵉ jg. no. 49 (26 sept. 1987), pp. 1009-1012.

III. OVERIGE TOESPRAKEN

o.m.
Slottoespraak Bondsdag Mannenverenigingen op gereformeerde grondslag, Leeuwarden 1966.
Gepubliceerd in Petah-ja, 20ᵉ jg. no. 8 (sept. 1966), pp. 124-126.

G. OVERZICHTEN, ARTIKELEN INZAKE KERKELIJK LEVEN

I. HANDBOEK T.D.V. DE GEREFORMEERDE KERKEN IN NEDERLAND

Jaaroverzichten in de periode redacteurschap 1959 t/m 1970.
Bijlagen o.m.:
- Kerkenordening
- Belangrijke besluiten laatste GS.

II CANADIAN REFORMED MAGAZINE

Brief uit Nederland in de jaren 1959, 1960, 1961.
Geschreven op verzoek redactie (Rev. G. van Dooren). Over ontwikkelingen in het Nederl. kerkelijke leven,

III DE REFORMATIE

Kerkelijk Leven

In deze rubriek bijdragen van 39e jg. af.
Doorgaans incidenteel (o.m. contra ds. J. Meester, ds. G. Visee, kerkeraad Wormerveer (43ᵉ jg, 1967-1968), prof. C. Veenhof, enz.)

IV INTERVIEWS
1. Drs. N. Scheps, *Interviews over 25 jaar Vrijmaking.*
2. Sneon & snein. Wekelijks bijvoegsel Leeuwarder Courant Zat. 7 april 1973 (rubr. Geestelijk Leven),

H. BOEKBESPREKINGEN

I. GEREFORMEERD GEZINSBLAD/NEDERLANDS DAGBLAD

1. F. van der Meer en Christine Mohrmann: *Atlas van de Oudchristelijke Wereld* (GG, 14-11-1958)
2. L. Praamsma: *Calvijn* (2e dr.) (GG, 24-12-1958)
3. Flavius Josefus: *De val van Jeruzalem*. Uitg. o. toezicht M.A. Beek (GG, 24-6-1959)
4. St. Zweig: *Triomf en tragiek van Erasmus van Rotterdam* (id.)
5. C.C.G. Visser: *Luther en het beroep* (id.)
6. F. Leroy: *Voortvarend en oprecht* (GG, 10-7-1959)
7. H.A. Wiersinga: *Geschiedenis van de zending* (GG, 29-7-1959)
8. F.O. Busch: *Tegenspelers van de Koning* (id.)
9. C. Veenhof: *Prediking en uitverkiezing* (GG, 12-8-1959)
10. H. van Tongeren: *De 'Herziene Kerkorde' getoetst en ongereformeerd bevonden* (GG, 3-10-1959)
11. S.U. Zuidema e.a.: *Baanbrekers van het Humanisme* (id.)
12. D. Nauta e.a.: *Calvijn* (GG, 14-10-1959)
13. Lepusculus Vallensis: *Belijden naar het Woord*, dl. I (NGB) (GG, 4-11-1959)
14. W.J. Kooiman: *Luther's getuigenis in de oorlog tegen de Turken*. (GG, 11-11-1959)
15. A.B.W.M. Kok: *Verleidende geesten* (4e dr.) (GG, 28-10-1959)
16. A. Kuyper: *Het Calvinisme* (3e dr.) (id.)
17. H.A. Wiersinga e.a.: *Heden zo gij zijn stem hoort* (3e dr.) (id.)
18. John Bunyan: *De Christenreis* (vert. P. Visser) (id.)
19. R. Schippers: *Calvijn, zijn leven en werk* (id.)
20. Luthers werken: *De babylonische gevangenschap der kerk* (enz.) (vert. C.N. Impeta, inl. W.J. Kooiman) (GG, 9-12-1959)
21. W.G. de Vries: *Calvijns oecumenische betekenis* (id.)
22. D. v.d. Stoep en H.H. Felderhof: *Opnieuw in de Houten Broek* (GG, 7-1-1960)
23. W.J. Kooiman: *Luther - zijn weg en werk* (5e dr.) (GG, 13-1-1960)
24. P. Jongeling: *Christus en de volken* (GG, 4-2-1960)
25. A. Donker: *Eva en de dichters* (GG, 4-2-1960)
26. A. Donker: *Het schip dat gij bouwen zult* (id.)
27. W. Meijer: *Kleine Kerkgeschiedenis*, dl. I (GG, 25-2-1960)
28. P.A. van Stempvoort: *Petrus en zijn graf te Rome* (GG, 28-4-1960)

29. Kommentaar op het NT: *Efeziërs* door F.W. Grosheide, en *Kolossenzen* door Herman Ridderbos (GG, 16-6-1960)
30. H. Bouma: *Een vergeten hoofdstuk* (GG, 10-11-1960)
31. J.N. Bakhuizen v.d. Brink e.a.: *Documenta Reformatoria*, dl. I (GG, 24-11-1960)
32. A.L.E. Verheyden: *Le Martyrologe Protestant des Pays-Bas du Sud au XVIme Siècle* (id.)
33. A.P. van Esch e.a.: *De Kerk* (GG, 21-12-1960)
34. A. v.d. Jagt: *Struggle and Triumph* (GG, 28-12-1960)
35. I. de Wohl: *De rusteloze vlam (Augustinus)* (GG, 13-1-1961)
36. *Jaarboek 1958/'59* v.d. Oudheidkundige Kring 'De Vier Ambachten' (id.)
37. G.S. Wegener: *6000 Jaar en een Boek* (id.)
38. E.T. v.d. Born: *Een woord ter overweging* (GG, 1-2-1961)
39. *Het evangelie van Thomas*. Vert. enz. R. Schippers (GG, 7-2-1961)
40. M.E. Voilà: *De weleerwaarde heer* (GG, 19-4-1961)
41. H. Mulder: *Uit catacomben en woestijnzand* (id.)
42. *Vrijgemaakt tot Gehoorzaamheid*. Memorabilia uit het gemeentelijk leven van de Geref. Kerk Breda (vrijg.) (GG, 4-7-1961)
43. E.M. Braekman: *Guy de Brès, I: Sa vie* (GG, 3-11-1961)
44. L. Mellema: *Met kruis en ploeg* (GG, 17-11-1961)
45. A. Sizoo: *Techniek in de oudheid* (GG, 6-12-1961)
46. W.J. Kooiman: *Luther en de Bijbel* (2e dr.) (GG, 21-12-1961)
47. G.S. Wegener: *6000 jaar en een boek* (2e dr.) (id.)
48. J. Wesseling: *Afscheiding en Doleantie in de Stad Groningen.* (GG, 9-1-1962)
49. *Om 't Heilig Huis* Gedenkboek Afscheiding en Doleantie Amersfoort (GG, 10-1-1962)
50. W. Meijer: *Kleine Kerkgeschiedenis, dl. II* (GG, 25-2-1962)
51. P.A. de Rover: *Calvijn* (GG, 8-3-1962)
52. *Uw Huis tot Sieraad*. Afscheiding en Doleantie te Amersfoort herdacht (GG, 20-3-1962)
53. A. Sizoo: *Reizen en trekken in de oudheid* (GG, 2-7-1962)
54. G.H. Kersten: *Kerkelijk Handboekje* (2e dr.) (GG, 16-7-1962)
55. G.I.D. Aalders: *Het Romeinse Imperium en het Nieuwe Testament* (2e dr.) GG, 18-7-1962)
56. Kommentaar OT: *Daniël* door G. Ch. Aalders (GG, 24-7-1962)
57. *Het Thomas Evangelie* Vert. en toel. R.M. Grant en D.N. Freedman (GG, 15-8-1962).

58. LN. Bakhuizen v.d. Brink e.a.: *Documenta Reformatoria, dl. II* (GG, 22-9-1962)
59. E. Smilde: *De Apocriefe Boeken* (GG, 10-10-1962)
60. A.J. Bronkhorst: *Het Concilie en de Oecumene* (GG, 10-10-1962)
61. H. van Tongeren: *Bewaard Bevel* (4edr.) (GG, 12-10-1962)
62. G. Puchinger: *Reis naar Rome A.D. 1962* (GG, 30-11-1962)
63. J.E. Neale: *Het leven van Koningin Elizabeth I* (GG, 12-12-1962)
64. N. Glueck: *Rivieren in de wildernis* (GG, 23-11-1962)
65. J.N. Bakhuizen v.d. Brink: *Protestantse Pleidooien*, 2 dln (GG, 2-12-1963)
66. G. P. van Itterzon: *Kalender van de Kerkgeschiedenis* (id.)
67. F.J. Dubiez, *Op de grens van humanisme en hervorming. De betekenis van de boekdrukkunst in A`dam, 1506-1578* (GG, 14-12-1963)
68. A.F.J. Klijn: *Edessa, de stad van de apostel Thomas* (GG, 14-12-1963)
69. Michael Gough: *De eerste Christenen* (id.)
70. H. Wansink en C.B. Wels: *Zeven pijlen, negen pennen* (GG, 14-12-1963)
71. *Bijbelse Encyclopedie met Handboek en Concordantie*, dl. I & IV red. S.P. Dee en J. Schoneveld (GG, 30-5-1964)
72. Joh. Vreugdenhil: *De kerkgeschiedenis verteld aan jong en oud*, dl. IV (GG, 13-8-1964)
73. W.J. Kooiman: *Philippus Melanchton* (GG, 12-2-1965)
74. W. Meijer: *Kleine Kerkgeschiedenis*, dl. III (GG, 10-2-1965)
75. A.A. van Schelven: *Het Calvinisme gedurende zijn bloeitijd*, dl. III (Polen enz.) (GG, 23-7-1965)
76. H. Mulder: *Geschiedenis van de Palestijnse kerk* (GG, 2-4-1966)
77. R.B. Evenhuis: *Ook dat was Amsterdam*, dl. 1 (GG, 28-5-1966)
78. R.H. Bremmer: *Herman Bavinck en zijn tijdgenoten* (GG, 4-7-1966)
79. J. Wesseling: *De geschiedenis van Axel* (GG, 20-3-1967)
80. J.G. de Ridder: *Kerkhistorie van het Westland* (GG, 20-3-1967)
81. P. Lapide: *De laatste drie pausen en de joden* (id.)
82. H.R. Munneke: *In grote lijnen* (GG, 24-3-1967)
83. R.B. Evenhuis: *Ook dat was Amsterdam*, dl. II (GG, 6-4-1967)
84. A. Janse: *Uit de geschiedenis der kerk* (GG, 6-4-1967)
85. T. Mateboer: *Van brandstapel tot beeldenstorm* (id.)
86. E. Bloembergen: *Liefhebben uit verstand. De organisatie v.e. kerkgemeente* (GG, 6-4-1967)
87. H. Bouma: *De vereniging van 1892* (GG, 21-6-1967)
88. I. de Wolff: *Gods voortgaand kerkwerk. 100 jaar Geref Kerk Enschede* (GG, 16-11-1967)

89. A. Algra: *De Gereformeerde Kerken in Nederlands-Indië/Indonesië* (GG, 1-12-1967)
90. H. Meulink en I. de Wolff: *Korte Verklaring van de Kerkenordening* (3e dr.) (GG, 12-12-1967)
91. H. Lilje: *Portret van Luther in de lijst van zijn tijd.* Bewerkt W.J. Kooiman (GG, 15-12-1967)
92. W. Meijer: *Young People's History of the Church*, vol. I. (ND, 6-1-1968)
93. S. Dresden: *Het humanistische denken. Italië-Frankrijk 1450-1600* (ND, 24-1-1968)
94. A.Th. van Deursen: *De val van Wezel* (id.)
95. W. Meijer: *Ons kind leeft morgen* (ND, 6-4-1968)
96. K. Doornbos: *De synode van Dordrecht 1618-1619 getoetst aan het recht der kerk* (ND, 9-11-1968)
97. J. Kamphuis, *Kerkelijke besluitvaardigheid* (ND, 12-5-1971)
98. A.J. Jelsma: *Adriaan van Haemstede en zijn Martelaarsboek* (ND, 23-6-1971)
99. I. de Wolff: *De strijd om de kerk in de 19e eeuw, 1815-1834* (ND, 28-6-1971)
100. J.A. Saarberg: *Waar Gij Uw voetstap zet* (John Kershaw) (id.)
101. W. Meijer: *Young People's History of the Church*, vol. 11 (id.)
102. C. Smits: *De Afischeiding van 1834*, dl. I (ND, 1-7-1971)
103. H.R. Munnekc: *In grote lijnen* (ND, 18-11-1971)
104. R.B. Evenhuis: *Ook dat was Amsterdam*, dl. II1 (ND, 28-12-1971)
105. D. Nauta e.a.: *De synode van Emden 1571* (ND, 5-1-1972)
106. J. Stellingwerff: *Mr. H, Bosbibliotheek en de VU* (ND, 25-1-1972)
107. D. Nauta: *Verklaring van de Kerkorde van de Geref Kerken in Nederland* (ND, 25-1-1972)
108. J. Kamphuis: *De hedendaagse kritiek op de causaliteit bij Groen van Prinsterer als historicus* (2e dr.) (ND, 184-1972)
109. G. Groen van Prinsterer: *Vrijheid, Gelijkheid en Broederschap* (inl. G.J. Schutte) (id.)
110. Jacques den Haan: *Verzamelen is ook een kunst* (over oude boeken) (ND, 19-4-1972)
111. J. Plomp: *Zo zongen de ouden* (ND, 19-3-1973)
112. J. Hovius: *Notities betreffende de Synode te Emden 1571* (ND, 22-3-1973)
113. J.C. de Bruine: *Herman Venema* (ND, 5-4-1973)
114. J. Munneke: *Het historisch fundament der kerk* (ND, 21-4-1973)
115. G. van Essen: *Wat weet je van de kerkgeschiedenis?* (ND, 25-4-1973)

116. C.N. Impeta: *Kaart van kerkelijk Nederland* (5e dr.) (ND, 5-5-1973)
117. G. Janssen: *Om de Theocratie* (ND, 10-5-1973)
118. D.P. Oosterbaan: *De Oude kerk te Delt* (ND, 22-5-1973)
119. W. Teellinck: *Noord-sterre* (mod. spelling enz. J. v.d. Haar) (ND, 22-5-1973)
120. W. Meijer: *Young People's History of the Church*, vol. III (ND,7-7-1973)
121. *Prentbijbel*, inl. Wilco C. Poortman (ND, 10-7-1973)
122. A.F. Krull: *Jac. Koelman* (repr.) (ND, 7-7-1973)
123. J. Kamphuis: *Altijd met goed accoord* (ND, 14-7-1973)
124. W. Balke: *Calvijn en de doperse Radikalen* (ND, 25-7-1973)
125. W.J.M. Engelberts: *Willem Teellinck* (repr.) (ND, 8-10-1973)
126. J. Lindeboom: *Stiefkinderen van het Christendom* (repr.) (ND, 10-12-1973)
127. *Album Studiosorum Academiae Franekerensis*, o. red. van M.J. Fockema Andreae en Th.J. Meijer (ND, 3-1-1974)
128. *Album Promotorum Academiae Franekerensis*, samenst. Th.J. Meijer (id.)
129. A.J. Onstenk: *Ik behoor bij mijzelf* (Van Koetsveld) (ND, 8-1-1974)
130. J.J. Kalma: *Men meldt ons uit Friesland* (ND. 1-2-1974)
131. W.G. de Vries: *Calvinisten op de tweesprong* (ND, 28-2-1974)
132. J. Wesseling: *De Afscheiding van 1834 in Groningerland*, dl. 1 (ND, 7-3-1974)
133. T.J. Kerpel ea.: *De waarde van het woord* (ND, 2-4-1974)
134. J. Kamphuis: *Simon Vestdijk en de kerkgeschiedenis* (ND, 20-4-1974)
135. G. Melles: *Albertus Pighius en zijn strijd met Calvijn over het liberum arbitrium* (ND, 23-4-1974)
136. L.H. Mulder: *Revolte der fijnen* (ND, Z-5-1974)
137. D. Nauta: *Twee geschriften uit de begintijd van de Gereformeerde Kerk in Nederland* (ND, 20-5-1974)
138. H.M. Witteveen: *Het evangelie tussen pacifisme en geweld. H. Zwingli* (ND, 5-8-1974)
139. H.D.L. Vervliet e.a.: *Liber librorum. 5000 jaar boekkunst* (ND, 8-8-1974)
140. Ian Iansz. Starter: *Friesche Lust-hof* (ND, 4-11-1974)
141. H. Bullinger: *Huysboec. Vijf Decades* (ND, 16-11-1974)
142. *Alle de werken van Flavius Josephus* (ND, 26-10-1974)
143. C. v.d. Waal: *Gij kustlanden* (ND, 28-1 1-1974)
144. A.J. Rasker: *De Ned. Herv. Kerk vanaf 1795* (ND, 5-12-1974)
145. R.B. Evenhuis: *Ook dit was Amsterdam*, dl. IV (ND, 27-12-1974)

146. A. van Ginkel: *De Ouderling* (ND, 24-5-1975)
147. J.J. van Baarsel: *William Perkins* (repr.) (ND, 6-6-1975)
148. C. Veenhof: *Kerkgemeenschap en kerkorde* (ND, 7-6-1975)
149. C. Smits: *De Afscheiding van 1834*, dl. II (ND, 9-6-1975)
150. I. Hamming: *De Kerk in Stad en Lande* (ND, 9-7-1975)
151. J. Kamphuis: *Isaaäc da Costa en de Afscheiding* (ND, 4-7-1975)
152. T. Brienen: *Prediking en vroomheid bij de Reformatie en Nadere Reformatie* (ND, 6-9-1975)
153. P.K. Keizer: *Kerkgeschiedenis*, 2 dln (ND, 4-ll-1975)
154. H.R. Munneke: *In 't verleden ligt het heden* (id.)
155. J. Hoogland: *Kerkgeschiedenis* (2e dr.) (id.)
156. J. Kamphuis: *Signalen uit de kerkgeschiedenis* (ND, 11-1 1-1975)
157. C. v.d. Woude: *Elias Annes Borger* (ND, 12-11-1975)
158. Elly Cockx-Indestege & Geneviève Glorieux: *Belgica Typographica I* (ND-Variant, 16-8-1975)
159. J.G.C. Briels: *Zuidnederlandse Boekdrukkers en Boekverkopers in de Republ. der Ver. Nederl. omstr. 1570-1630* (id.)
160. H. de la Fontaine Verwey: *Uit de wereld van het boek*, dl. I (id.)
161. J. Geelhoed: *Kuyper blies verzamelen* (ND, 9-4-1976)
162. *Boekenzoekblad*, I nos 1 en 2 (ND, 3-5-1976)
163. *Adresboek Antiquaren* (id.)
164. C.A. Tukker: *Van God en zijn Kerk*, dl. I (ND, ...?) (dat[um]. niet bekend)
165. C.A. Tukker: *Kerkgeschiedenis* (id.)
166. K. de Vries: *De Christ. Kerk en haar geschiedenis* (id.)
167. J. Wesseling: *De Afscheiding van 1834 in Groningerland*, dl. III (ND, 23-9-1976)
168. B.J.W. de Graaff: *Als een hert gejaeght* (P. Datheen) (ND, 14-10-1976)
169. Joh. Jansen: *Korte Verklaring van de Kerkenordening* (repr. 1e dr.) (ND, 4-11-1976)
170. W. Aalders e.a.: *H.F. Kohlbrugge* (ND, 9-1 1-1976)
171. C. v.d. Waal: *Gij kustlanden* (2e dr.) (ND, 16-ll-1976)
172. *De Delftse Bijbel van 1477*, facs. dr. (ND, 24-3-1977)
173. H. de La Fontaine Verwey: *Uit de wereld van het boek*, dl. II (id.)
174. G.J.D. Aalders: *Pilatus en Herodus* (ND, 13-1 1-1976)
175. J.N. Bakhuizen v.d. Brink: *De Nederlandse Belijdenisgeschriften in authentieke teksten... (enz)* (ND, 22-4-1977)
176. H. Bouwman: *De crisis der jeugd*. Heruitg. met inl. C. Smits (ND, 28-4-1977)

177. S. v.d. Linde: *Opgang en voortgang van de Reformatie* (ND, 15-4-1977)
178. W. Balke e.a.: *Wegen en gestalten in het Geref. Protestantisme* (ND, 15-4-1977)
179. A. Jelsma: *Gisteren vragen naar morgen* (ND, 16-6-1977)
180. L.J. Goossens: *Ende Godts daden niet vergeten* (Hasselt e.o.) (ND, 13-6-1977)
181. M. Elizabeth Kluit: *Nader over het Réveil* (ND, 2-7-1977)
182. G.J.D. Aalders: *Van huisgemeente tot wereldkerk* (ND, 15-7-1977)
183. *Documentatieblad Nadere Reformatie* (ND, 23-7-1977)
184. *Boekenzoekblad* (ND, 14-9-1977)
185. W.G. de Vries: *K. Schilder als gevangene en onderduiker* (ND, 15-10-1977)
186. C. Smits: *De Afscheiding van 1834*, dl. III (ND, 28-10-1977)
187. Th.H. Lunsingh Scheurleer e.a.: *Leiden University in the Seventeenth Century* (ND, 6-12-1977)
188. R.E.O. Ekkart: *Franeker Professoren Portretten* (id.)
189. H. Bouma: *Des HEREN roemrijke daden (Niezijl 1850-1925)* (ND, 21-11-1977)
190. G.C. Zieleman: *Middelnederl. Epistel- en Evangeliepreken* (ND, 1-7-1978)
191. D. Nauta e.a.: *Biograf. Lexicon voor de Geschied. v. h. Nederl. Protestantisme*, dl. I (ND, 20-7-1978)
192. O.J. de Jong: *Nederlandse Kerkgeschiedenis* (2e dr.) (ND, 21-7-1978)
193. W. Meijer: *Kleine Kerkgeschiedenis*, dl, 111 (4e dr.) (ND, 21-7-1978)
194. W. Nijenhuis e.a.: *Geloof en Revolutie. Kerkhist. Kanttekeningen bij een actueel thema* (aangeboden W.F. Dankbaar) (ND, 7-9-1978)
195. J. Wesseling: *De Afscheiding van 1834 in Groningerland*, dl. II (ND, 20-9-1978)
196. D. Nauta e.a.: *De Nationale Synode van Dordrecht 1578* (ND, 22-9-1978)
197. J.H. v.d. Bank: *Macarius en zijn invloed in de Nederlanden* (ND, 5-10-1978)
198. C.P. van Andel: *Ontmoeting met Jodocus van Lodenstein* (id.)
199. P.M.A. van Kempen-van Dijk: *Monnica. Augustinus' visie op zijn moeder* (ND, 20-10-1978)

II DE REFORMATIE
1. H. te Merwe: *De wereldweg der kerk. Kerkgeschiedenis.* (Ref. 32 no. 24; 23-3-1957)
2. W.J. Kooiman: *Luther en de Bijbel* (Ref. 34 no. 5; 1-11-1958)
3. G. Janssen: *De Vrijmaking* (Ref. 34 no. 6; 8-11-1958)
4. F. Leroy: *Voortvarend en oprecht* (Calvijn) (Ref. 34 no. 40; 11-7-1959)
5. F.L. Rutgers: *De geldigheid van de oude Kerkenordening...* (repr., inl. J. Kamphuis) (Ref. 47 no. 1; 2-10-1971)
6. J. Kamphuis: *Zó vonden wij elkaar* (id.)
7. K.J. Popma: *Evangelie en geschiedenis* (Ref. 48 no. 25; 24-3-1973)
8. J.A. Knepper e.a.: *Gespreks- en vergadertechniek* (Ref. 49 no. 7; 17-11-1973)
9. *Oriëntatie in de theologie.* Hoogleraren Theol. Hogeschool Kampen (Ref. 50 no. 5: 2-1 1-1974)
10. A.Th. van Deursen: *Bavianen en Slijkgeuzen* (Ref. 50 no. 18; 8-2-1975)
11. L. Praamsma: *De kerk van alle tijden. Verkenningen in het land van de kerkgeschiedenis.* dl. I (Ref. 55 no. 36; 14-6-1980)
12. J.N. Bakhuizen van den Brink e.a.: *Handboek der kerkgeschiedenis,* dl. 1 (5e dr.) en dl. 3 (4e dr.) (Ref. 55 no. 36; 14-6-1980)
13. T. Rowley: *Handboek van de geschiedenis van het christendom.* Ned. bew. door A.J. Jelsma (Ref. 55 no. 37; 21-6-1980)
14. G. Stenberger (red.): *De Bijbel en het Christendom Kerngedachten uit 20 eeuwen christelijke traditie* (Ref. 55 no. 37: 21-6-1980)
15. *Biografisch Woordenboek van Nederland.* Eindred. J . Charité. Red. comm.: I. Schöffer ea., dl. I (Ref. 55 no. 38; 28-6-1980)
16. J.A. Gruys en C. de Wolf: *A Short Title Catalogue of books printed at Hoorn before 1701* (Ref. 55 no. 38; 28-6-1980)
17. H. de la Fontaine Verwey: *Uit de wereld van het boek*, dl. III (Ref. 55 no. 38; 28-6-1980)
18. *Acta van de Nederlandsche Synoden der zestiende eeuw, verzameld en uitgegeven door F.L. Rutgers,* 2e dr. (ongewijzigd) (Ref. 55 no. 39; 5-7-1980)
19. *Almanak Fides Quadrat Intellectum 1980* (Ref. 55 no. 46; 6-9-1980)
20. C. Smits: *De Afscheiding van 1834,* dl. 6 (Ref. 59 no. 51; 29-9-1984)

III LUCERNA

1. G.P. van Itterzon: *Kerkgeschiedenis en kerkrecht in onderling verband.* Inaug. rede (Luc. 1 no. 2; mrt. 1959)

IV RADIX

1. D. Kempff: *A Bibliography of Calviniana 1959-1974* (Rad. 3 no. 1)
2. J.N. Bakhuizen v.d. Brink: *De Nederlandse Belijdenisgeschriften in authentieke teksten (enz)* (2e dr.) (Rad. 4 no. 3)

V AMBT EN PLICHT

1. A. en H. Algra: *Dispereert niet. Twintig eeuwen historie van de Nederlanden*, dl. I (3e dr.) (A&P 9 no. 2; okt 1961)
2. A. en H. Algra: *Dispereert niet*, dl. II (A&P 9 no. 10; juni 1962)
3. R. van Reest: *Opdat zij allen één zijn. Prof dr. K Schilder in zijn strijd om Woord en Kerk*, dl. I (A&P 9 no. 11; juli 1962)
4. A. en H. Algra: *Dispereert niet*, dl. III (A&P 10 no. 4; dec. 1962)
5. A. Hilbers: *Een goddelijk beroep* (A&P 11 no. 3; nov. 1963)
6. A. en H. Algra: *Dispereert niet*, dl. IV (A&P 11 no. 4; dec. 1963)
7. A. en H. Algra: *Dispereert niet*, dl. V (A&P 13 no. 4; dec. 1965)

VI DE POORTWAKE

1. W.G. de Vries: *Calvijns oecumenische betekenis* (P. 14 no. 42; 4-3-1960)

I. VARIA

Bijdragen aan de *Grote Winkler Prins Encyclopedie* (8e druk), o.m.: art. Geref. Kerken (vrijgemaakt)."

Aanvullende bibliografische gegevens van D. Deddens door Leon van den Broeke

De Regenboog, Geref. Streekschool voor basisonderwijs, Mariënberg 1964-1989: Gedenkboek bij het 25-jarig bestaan. Mariënberg: Vereniging tot stichting en instandhouding van scholen voor onderwijs naar de leer van de Gereformeerde Kerken (vrijgemaakt) in Nederland te Mariënberg en omstreken, 1989.

"Ten geleide." In Cornelis Smits. *De Afscheiding van 1834, deel 9: Provincie Gelderland.* Oudkarspel/Dordrecht: De Nijverheid/Van den Tol, 1991.

"Ten geleide." In *Vereniging in wederkeer. Opstellen over de Vereniging van 1892,* ed. D. Deddens, en M. te Velde, 7-8. Barneveld: De Vuurbaak, 1992.

"De Gereformeerde Kerken in Nederland: Een bond van kerken, geen kerk." In *Vereniging in wederkeer. Opstellen over de Vereniging van 1892,* ed.D. Deddens, en M. te Velde, 45-59. Barneveld: De Vuurbaak, 1992.

"Het congregationalisme." In *Inleiding tot de studie van het kerkrecht,* ed. W. van 't Spijker, en L.C. van Drimmelen, 106-109. Kampen: J.H. Kok, 1988.

"De Nederlandse gereformeerde kerken in de periode 1560-1816." In *Inleiding tot de studie van het kerkrecht,* ed. W. van 't Spijker, en L.C. van Drimmelen, 110-120. Kampen: J.H. Kok, 1988.

"De kerken van de Doleantie." In *Inleiding tot de studie van het kerkrecht,* ed. W. van 't Spijker, en L.C. van Drimmelen, 134-145. Kampen: J.H. Kok, 1988.

"De Gereformeerde Kerken na de Vereniging van 1892", in *Inleiding tot de studie van het kerkrecht,* ed. W. van 't Spijker, en L.C. van Drimmelen, 145-148. Kampen: J.H. Kok, 1988.

"De Gereformeerde Kerken in Nederland ('vrijgemaakt')." In *Inleiding tot de studie van het kerkrecht,* ed. W. van 't Spijker, en L.C. van Drimmelen, 176-177. Kampen: J.H. Kok, 1988.

"Nederlands Gereformeerde Kerken." In *Inleiding tot de studie van het kerkrecht*, ed. W. van 't Spijker, en L.C. van Drimmelen, 177. Kampen: J.H. Kok, 1988.

"De Vereniging van 1892: kerkrechtelijke aspecten." *Documentatieblad voor de Nederlandse Kerkgeschiedenis na 1800*, n°. 36, 15e jrg., (1992): 20-31.

Uit de diepten: Verslagen van de Vrijmakingsvergadering en daarmee verbonden samenkomsten in augustus 1944. Bedum: Woord en wereld, 1994 (*Woord en wereld* 24).

Vrijmaking-- Wederkeer: Vijftig jaar vrijmaking in beeld gebracht, 1944-1994, ed. D. Deddens, en M. te Velde. Barneveld: De Vuurbaak, 1994.

"Ten geleide." In: *Vrijmaking — Wederkeer. Vijftig jaar Vrijmaking in beeld gebracht*, ed. D. Deddens, en M. te Velde, 7. Barneveld: De Vuurbaak, 1994.

"De Vrijmakingsvergadering van 11 augustus 1944." In *Vrijmaking — Wederkeer: Vijftig jaar Vrijmaking in beeld gebracht*, ed. D. Deddens, en M. te Velde, 65-91. Barneveld: De Vuurbaak, 1994.

Cursus bij kaarslicht: lezingen van K. Schilder in de laatste oorlogswinter. 2 dln, Bedum: Woord en wereld, 1998.

"Het manuscript 'Kerkrechtelijke studiën": Greijdanus over gereformeerd kerkrecht." In *Leven en werk van prof. dr. Seakle Greijdanus*. ed. G. Harinck, 233-261. Barneveld: De Vuurbaak, 1998 (*AD Chartas-reeks*, ed. G. Harinck 3).

"Greijdanus, Seakle." In *BLGNP* 4, ed. D. Deddens, en H.R. van der Kamp, 152-155. Kampen: Kok, 1998.

Bibliografie door Leon van den Broeke gebruikt

Aa, A.J. van der, ed. *Aardrijkskundig woordenboek der Nederlanden* 2. Gorinchem: Jacobus Noorduyn, 1840.

Aalders, M.J., *Heeft de slang gesproken? Het strijdbare leven van dr. J.G. Geelkerken (1879-1960)*. Amsterdam: Bert Bakker, 2013.

Aalders, M.J. *Een handjevol verkenners? Het Hersteld Verband opnieuw bekeken*. Barneveld: De Vuurbaak, 2012 (*ADChartasreeks* 21).

Abas, P. e.a., ed. *Non sine causa: Opstellen aangeboden aan prof. mr. G.J. Scholten ter gelegenheid van zijn afscheid als hoogleraar aan de Universiteit van Amsterdam*. Zwolle: W.E.J. Tjeenk Willink, 1979.

A.J. van der Aa's. *Biographisch Woordenboek der Nederlanden*, 21 dln., voortgezet door K.J.R. van Harderwijk en G.D.J. Schotel. Haarlem: J.J. van Brederode, 1852-1878.

Abma, G. "Hoedemaker, Philippus Jacobus." In *BLGNP* 4, 198-202.

Acta der Voorlopige/Acta van de Generale Synode van de Gereformeerde Kerken in Nederland (onderhoudende art. 31 K.O.) 1945-....

Acts of the General Assembly of the Church of Scotland 1638-1842. reprint. Edinburgh: The Edinburgh Printing and Publishing Company, MDCCXLIII.

Het Algemeen Reglement voor het bestuur der Hervormde Kerk, in het Koningrijk der Nederlanden. 's Gravenhage: Ter Algemeene 's Lands Drukkery, 1816.

Almanak van het Corpus Studiosorum in Academia Campensi "Fides Quadrat Intellectum." Kampen: Zalsman, 1953, 10-11.

"Ambtsjubileum drs. D. Deddens." *Nederlands Dagblad*, 24 augustus 1974, 2.

Anson, Sir William Reynell. *The Law and Custom of the Constitution.* vol. 2-2. Clarendon Press, 1908.

Apollonius, Willem. *Consideratio quarundam controversiarum ad regimen ecclesiæ dei spectantium: quæ in Angliæ regno hodie agitantur. Ex mandato & jussu classis Walachrianæ conscripta.* Londini: typis G.M. sumptibus Georgij Tomason ad insigne Rosæ in Cœmiterio D. Pauli, 1644.

Atherstone, Andrew. "The Silencing of Paul Baynes and Thomas Taylor, Puritan Lecturers at Cambridge." in *Notes and Queries* 54 (2007): 386-389.

Atkins, G.G. and F.L. Fagley. *History of American Congregationalism.* Boston/Chicago: Pilgrim Press, 1942.

Augustijn, C. "Nauta, Doede." In *BLGNP* 6, 204-206.

Aymon, Jean, ed. *Actes ecclesiastiques et civils de tous les synodes nationaux des eglises reformees de France...* 2 vol. La Haye: Charles Delo, MDCCX.

Baalen, D. van. "Kwartierstaat van S. Greijdanus." In *Leven en werk van prof. S. Greijdanus.* ed. G. Harinck, 264-265. Barneveld: De Vuurbaak, 1998.

Bakker, W. "Biesterveld, Petrus." In *BLGNP* 3, 41-42.

"Bannatyne, George." In *Encyclopædia Britannica* 3, 353. Cambridge, England/New York: At the University Press, 1911.

Barbour, Reid. *John Selden: Measures of the Holy Commonwealth in Seventeenth-century England.* Toronto Ont.: University of Toronto Press, 2003.

Barrowe, Henry. *A Plain Refutation of Mr Gifford's Booke, intituled A Short Treatise Gainst the Donatistes of England.* [Dordrecht s.n.] 1591.

Barrowe, Henry. *A Brief Discovery of the False Church....* London: s.n., [1590] 1707.

Barrowe, Henry. *A True Description of the Visible Congregation of the Saints, &c.* Amsterdam: s.n., 1589 [1615].

Baum, Henry Mason. *The Church Review and Ecclesiastical Register 1855-1856.* vol. 8. New Haven Conn./New York/London/Oxford: George B. Passett & Co./T.N. Stanford/Trubner & Co./J.H. Parker, 1856.

Beek, R. ter. "Schilder, Herman Johannes." In *BLGNP* 6, 278-280.

Beeke, Joel, en Mark Jones, eds.. *A Habitual Sight of Him: The Christ-Centered Piety of Thomas Goodwin.* Grand Rapids MI: Reformation Heritage Books, 2009. (*Profiles in Reformed Spirituality*)

Bekkum, Koert van, Gert Kwakkel, Wolter H. Rose, eds. *Language and History: Essays in Honour of Professor Jan P. Lettinga (Oudtestamentische Studiën)*, Leiden/Boston: Brill 2018.

Bellarminus, Robertus. *Disputationes de Controversiis Christianae fidei, adversus hujus temporis haereticos*, 4 vol. Ingolstadii: s.n., 1601.

Bergwerff, Peter, en Tjerk S. de Vries. *Met open vizier: Peter Bergwerff en Tjerk S. de Vries in gesprek met prof. J. Kamphuis.* Barneveld: De Vuurbaak, 1987.

Bergwerff, P.A. "Drs. D. Deddens, en zijn verhuizing naar de andere kant van de tafel." *Nederlands Dagblad*, 3 maart 1979, 2.

Beverly, John. *Unio reformantium sive Examen Hoornbecki de independentismo apologeticum, elencticum, [brace] utrinque [brace] modestum, fraternum: ad ecclesiarum omnium reformatarum tum rectam inter se intelligentiam, tum summam in Christo pacem & unitatem diligenter compositum; quamq[ue] ab authore fieri potuit anthrō skopōs & minime chōti thrōsklisin efformatum.* Londini: excudebat J.H. pro S. Thompson, 1659.

Bezemer, C. "Netelenbos, Jan Bernard." In *BLGNP* 1, 208-209.

Biesterveld, P., en H.H. Kuyper, eds. *Kerkelijk Handboekje.* Kampen: J.H. Bos, 1905.

Black III, Robert C. *The Younger John Winthrop*. New York/London: Columbia Press, 1966.

Boer, E.A. *De schele dominee: De Open Brief van 1966 en kerkelijke tucht in de Vrijgemaakte kerken*. Barneveld: De Vuurbaak, 2016 (*ADChartasreeks* 30).

Boer, Tj. de. "Jan Gerrit Agema 1916-2008." Geraadpleegd 6 maart 2018. https://volgdeboereninzuidafrika.wordpress.com/2008/03/07/jan-gerrit-agema-1916-2008/

Boersma, O. *Vluchtig voorbeeld: De Nederlandse, Franse en Italiaanse vluchtelingenkerken in Londen, 1568-1585*. s.l. s.n., 1994.

Boon, R. *Het probleem der Christelijke gemeenschap: oorsprong en ontwikkeling der congregationalistisch geordende kerken in Massachusetts*. Amsterdam: Stichting Universitaire Uitgaven, 1951.

Bornhäuser, K. *Die Vergottungslehre des Athanasius und Johannes Damascenus: Ein Beitrag zur Kritik von A. Harnack's 'Wesen des Christentums'*. Gütersloh: Bertelsmann, 1903.

Bos, F.L. "Cock, Hendrik de." In *BLGNP* 2, 129-132.

Bos, F.L. "Vervangingsformule." In eds. F. Grosheide, en G.P. van Itterzon, *Christelijke Encyclopedie* 6. Kampen: Kok, 1961, 482.

Bouma, H. "Drs. D. Deddens benoemd tot hoogleraar." *De Reformatie*, 24 februari 1979.

[Bouwman, G.G.] Vrijmaking van de gereformeerde kerk te Marienberg. s.l. s.n., 1986 (onuitgegeven).

Bouwman, H. *Gereformeerd kerkrecht: Het recht der kerken in de praktijk* 2. Kampen: Kok, 1934.

Bouwman, M. *Voetius over het gezag der synoden*. Amsterdam: S.J.P. Bakker, 1937.

Boyer, Paul, en Stephen Nissenbaum. *Salem Possessed: The Social Origins of Witchcraft.* Cambridge MA/London Engeland: Harvard University Press, 1974.

Bradshaw, William. *English Puritanisme containening the maine opinions of the rigidest sort of those that are called Puritanes in the realme of England.* London: William Jones, 1605.

Bremer, Francis J. en Tom Webster. *Puritans and Puritanism in Europe and America: A Comprehensive Encyclopedia.* Santa Barbara CA, ABC-CLIO, 2006.

Bremmer, R.H. "Holwerda, Benne." In *BLGNP* 4, 213-214.

Bremmer, R.H. "Bavinck, Herman." In *BLGNP* 1, 41-45.

Bremmer, R.H. "Ridderbos, Jan." In *BLGNP* 1, 280-283.

Bremmer, R. "Deining over een hoogleraarsbenoeming." *Petajah* 12, n°. 10 (oktober 1958), 121-126.

Bremmer, R. "En nu verder." In *Petajah* 12, n°. 10 (oktober 1958), 121-126.

Bremmer, R., "Een tere kwestie." In *Petajah* 12, n°. 10 (oktober 1958), 121-126.

Brès, Guido de. *Confession de foy: Faicte d'un commun accord par les fidèles qui conversent és pays bas, lesquels désirent vivre selon la pureté de l'Evangile de nostre Seigneur Jesus Christ.* s.l. s.n., 1561.

Brink, Gert van den. "Calvin, Witsius (1636-1708), and the English Antinomians." In *Church History and Religious Culture* 91.1-2 (2011), 229-240.

Brink, G.A. van den. *Herman Witsius en het antinomianisme*, met tekst en vertaling van de "Animadversiones Irenicae". Apeldoorn: Instituut voor Reformatieonderzoek, 2008.

Brook, B. *The Lives of the Puritans: containing a biographical account of those divines who distinguished themselves in the cause of religious liberty, from the reformation under Queen Elizabeth, to the Act of uniformity in 1662*, 3 vols. Pittsburgh: Soli Deo Gloria Publications, 1994.

Bruggen, J. van. "Doekes, Lourens." In *BLGNP* 6, 65-66.

Bruggen, J. van. "Jager, Harm Jan." In *BLGNP* 5, 280-281.

Burnett, Amy Nelson, en Emidio Campi, eds. *A Companion to the Swiss Reformation*. Leiden/Boston: Brill, 2016.

Bush jr., Sargent. *The Writings of Thomas Hooker: Spiritual Adventure in Two Worlds*. Madison WI, The University of Wisconsin Press, 1980.

The Cambridge Platform of Church Discipline, gathered out of the Word of God, and agreed upon by the elders and messengers of the churches assembled in synod 1648. Boston: Perkins & Whipple, 1850.

Campbell, Alexander D. *The Life and Works of Robert Baillie (1602-1662): Politics, Religion and Record-Keeping in the British Civil Wars*. Woodbridge: Boydell Press, 2017 (*St. Andrews Studies in Scottish History*).

Campi, Emidio. "Zanchius, Hieronymus." In *Religion Past and Present*. 2011. Geraadpleegd 10 juni 2017. http://dx.doi.org/10.1163/1877-5888_rpp_SIM_026482

Carden, Allen. *Puritan Christianity in America: Religion and Life in Seventeenth-Century Massachusetts*. Grand Rapids MI: Baker Book House, 1990.

Carleton, George. *Suffragium collegiale theologorum Magnæ Britanniæ de quinque controversis remonstrantium articulis: synodo Dordrechtanæ exhibitum Anno M. DC. XIX. Iudicio synodico prævium*. Londini: Impressum R. Young, impensis R. Milbourne, 1626.

Carleton, George. *Ivrisdiction regall, episcopall, papall. Wherein is declared how the Pope hath intrvded vpon the iurisdiction of temporall princes, and of the church* .... Londini: Impensis Iohannis Norton, 1610, reprint. Amsterdam: Theatrum Orbis Terrarum/New York: Da Capo Press, 1968

Carlson, L.H., ed. *The Writings of Henry Barrow*. London: Allen and Unwin, 1970.

Carruthers, S.W. *The Everyday Work of the Westminster Assembly*. Philadelphia: Presbyterian Historical Society of America & Presbyterian Society of England, 1943.

Chisholm, Hugh, ed., "Edwin Hatch," In *Encyclopædia Brittanica*, 11th ed. Cambridge University Press, 1911. Geraadpleegd 25 april 2017. https://en.wikipedia.org/wiki/Edwin_Hatch

Christianson, Paul. *Discourse in History, Law and Governance in the Public Career of John Selden, 1610–1635*. Toronto Ont.: University of Toronto Press, 1996.

Coffey, John. *Politics, Religion and the British Revolutions: the Mind of Samuel Rutherford*. Cambridge: Cambridge University Press, 1997.

The Confession of Faith, and the Larger and Shorter Catechisms: First Agreed Upon by the Assembly of Divines ... and Now Appointed by the General Assembly of the Kirk of Scotland, to be a Part of Uniformity in Religion Between the Kirks of Christ and the Three Churches.... Glasgow: Robert Sanders, 1703.

The Confession of Faith, And the Larger and Shorter Catechisme: First agreed upon by the Assembly of Divines at Westminster, And now approved by the General Assemblie of the Kirk of Scotland .... London: Company of Stationers, 1651.

Cotton, John. *The way of Congregational Churches Cleared: In two treatises*. London: pr. by Matthew Simmons, for John Bellamie, at the signe of the three Golden-Lions, in Cornhill, 1648.

Cotton, John. *The Way of the Churches of Christ in New England: Or The vvway of churches walking in brotherly equalitie, or coordination, without subjection of one church to another: measured and examined by the golden reed of the sanctuary. Containing a full declaration of the church-way in all particulars*. London: Matthew Simmons in Aldersgate-streete, 1645.

Cotton, John. *The Keyes of the Kingdom of Heaven, and power thereof, according to the vvord of God*. London: printed by M. Simmons for Henry Overton ..., 1644.

Van Dale Praktijkwoordenboek Engels-Nederlands. 1ᵉ dr. Utrecht/Antwerpen: Van Dale Lexicografie, 2003.

Van Dale Groot Woordenboek der Nederlandse Taal. 3 dln., 12ᵉ dr. Utrecht/Antwerpen: Van Dale Lexicografie, 2005.

Dalhuijsen, G. "Kort Verslag van de Partic. Synode van Zuid-Holland (N. ged.) gehouden te 's-Gravenhage 20 Juni 1916." *De Heraut*, no. 2012, zondag 13 augustus 1916.

Davidson John, en Alexander Gray. *The Scottish Staple at Veere*. London/New York: Longmans, Green, and C, 1909.

Deddens, D., en H.R. van der Kamp. "Greijdanus, Seakle." In *BLGNP* 4, 152-155.

Deddens, D. "Het manuscript 'Kerkrechtelijke studiën': Greijdanus over gereformeerd kerkrecht." In *Leven en werk van prof. dr. Seakle Greijdanus*, ed. G. Harinck. Barneveld: De Vuurbaak, 1998, 233-261 (*ADChartas-reeks*, ed. G. Harinck, 3).

Deddens, D., en M. te Velde, eds. *Vrijmaking-Wederkeer: Vijftig jaar vrijmaking in beeld gebracht, 1944-1994*. Barneveld: De Vuurbaak, 1994.

Deddens, D. *Uit de diepten: Verslagen van de Vrijmakingsvergadering en daarmee verbonden samenkomsten in augustus 1944*. Bedum: Woord en wereld, 1994 (*Woord en wereld* 24).

Deddens, D. "Synoden bij Robert Parker en in de congregationalistische kerkorden van 1648 en 1658." In: *Bezield verband: Opstellen aangeboden aan prof. J. Kamphuis bij gelegenheid van zijn vijfentwintig-jarig ambtsjubileum als hoogleraar aan de Theologische Hogeschool van De Gereformeerde Kerken in Nederland te Kampen op 9 april 1984*, ed. M. Arntzen, 46-57. Kampen: Van den Berg, 1984.

Deddens, D. "Robert Baillie en Apollonius' "Consideratio." In *Almanak van het Corpus Studiosorum in Academia Campensi "Fides Quadrat Intellectum"*, 91-115. Kampen: Zalsman, 1982.

Deddens, D. "Wat is het oude boek?" *Nederlands/Dagblad*-Boekenbijlage, 29 september 1973, 17 en 23.

Deddens, D. "Een rechte Fries." In *De Reformatie*, n°. 31, 46ᵉ jrg., 1 mei 1971, 250-251.

Deddens, D. "Greijdanus over zijn leven." In *Almanak van het Corpus Studiosorum in Academia Campensi "Fides Quadrat Intellectum" 1968-1969*. 66-88. Kampen: Zalsman, [1969].

Deddens, D. ""Prof. Dr S. Greijdanus en het Gereformeerde Kerkrecht." In *Almanak van het Corpus Studiosorum in Academia Campensi "Fides Quaerit Intellectum,"* 54ᵉ jrg., 185-223. Kampen: Ph. Zalsman, 1948.

[Deddens, D.] "Probleem nr. 599." In *De Standaard*, 7 mei 1937.

Deddens, G.H. Uit het leven van ds. G.H. Deddens (1818-1899), ed. K. Deddens, 1991 (onuitgegeven)

Deddens, K. *Annus liturgicus? Een onderzoek naar de betekenis van Cyrillus van Jeruzalem voor de ontwikkeling van het "kerkelijk jaar."* Goes: Oosterbaan & Le Cointre, 1975.

Deddens, P. "Aan de gemeente." In *Groninger Kerkbode* oktober 1945.

Dee, J.J.C. ed. *Een schrift-geleerde aan het Woord: Een keuze uit de preken van prof. dr. K. Schilder 2*. Goes: Oosterbaan & Le Cointre, 1996.

Dekker, G. *De doorgaande revolutie: De ontwikkeling van de Gereformeerde Kerken in perspectief*. Barneveld: De Vuurbaak, 2013, (ADChartasreeks 23).

Delleman, Th. *Opdat wij niet vergeten: De bijdrage van de Gereformeerde kerken, van haar voorgangers en leden, in het verzet tegen het nationaal-socialisme en de Duitse tyrannie*. Kampen: Kok, 1949.

Dexter, H.M. *The Congregationalism of the Last Three Hunderd Years....* New York: s.n., 1880.

Dingel, Irene. "Pufendorf, *Samuel Frhr. v.*" In *Religion in Geschichte und Gegenwart: Handwörterbuch für Theologie und Religionswissenschaft* 6, ed. Hans Dieter Betz et. al., 4e dr. Tübingen: Mohr Siebeck, 2003, 1825-1826.

Dingemans, G.D.J. *Een huis om in te wonen: Schetsen en bouwstenen voor een Kerk en een Kerkorde van de toekomst.* 's Gravenhage: Boekencentrum, 1987.

Drelincourt, Charles. *La défense de Calvin contre l'outrave fait à sa mémoire dans une livre qui a pour titre, traité qui contient la méthode la plus facile & la plus asseurée pour convertir ceux qui se sont separez de l'église: par le cardinal De Richelieu.* Genève: pour Jean Ant. & Samuel de Tournes et se vend à Charenton, par Antoine Cellier, demeurant à Paris, 1667.

Drelincourt, Laurent. *Sonnets Chrétiens sur divers sujets.* Amsterdam: Jacques DesBordes, 1741

Dresden, S. *Beeld van een verbannen intellectueel: Hugo de Groot.* Amsterdam/Oxford/New York, 1983.

"Drs. M.K. Drost (63) overleden." *Reformatorisch Dagblad* 11 december 1986.

"Ds. J. Faber overleden." *Reformatorisch Dagblad*, 5 oktober 2004.

"Ds. J.G. Agema overleden." *Reformatorisch Dagblad*, 11 maart 2008.

"Ds. J. Kamphuis tot hoogleraar benoemd." In *Gereformeerde Kerkbode voor Groningen * Friesland * Drenthe*, 11 oktober 1958, n°. 40.

"Ds. G. Visee overleden." *Reformatorisch Dagblad* 12 juli 1976.

Dunn, Richard S. "John Winthrop." In: *Encyclopaedia Brittanica* 2 december 2016; Geraadpleegd 25 april 2017. https://www.britannica.com/biography/John-Winthrop-American-colonial-governor

The Editors of Encyclopædia Britannica, "Solemn League and Covenant: England-Scotland [1643]." In *Encyclopædia Britannica* 20 juli 1998; Geraadpleegd 26 april 2017. https://www.britannica.com/event/Solemn-League-and-Covenant-England-Scotland-1643

"Eerste Internationale Conferentie van Gereformeerde Kerken naar Groningen." *Nederlands Dagblad*, 23 maart 1982, 2.

Endedijk, H.C. "Geesink, Gerhard, Herman, Johannes, Wilhelm, Jacobus." In *BLGNP* 5, 192-194.

The Editors of Encyclopædia Britannica, "James Ussher." In *Encyclopædia Brittanica*, 20 juli 1998. Geraadpleegd 25 april 2017. https://www.britannica.com/biography/James-Ussher

"Een professor benoemd." *Opbouw* n°. 2, 26 september 1958, 187

Eybers, J.H. *Die Kerkinrigting van die Nederduits Gereformeerde Kerk*. Pretoria: s.n. 1934.

Faber, J. *Vestigium Ecclesiae: De doop als "spoor der kerk" (Cyprianus, Optatus, Augustinus)*. Goes: Oosterbaan & Le Cointre, 1969.

Fiske, John. The *Beginnings of New England or its Puritan Theocracy in its Relations to Civil and Religious Liberty*. Boston/New York: Houghton, Mifflin and Company, 1889.

Florijn, H. "Het aandeel van de Schotse afgevaardigden." In *De Synode van Westminster 1643-1649*, ed. W. van 't Spijker et. al., 111-116. Houten: Den Hertog, 2002.

Florijn, H. "Boone, Laurens." In *BLGNP* 2, 81-83.

Florijn, H. "Spang, William." In *BLGNP* 2, 409-410.

Foote, Henry Wilder, ed. *The Cambridge Platform of 1648: Tercentenary Commemoration at Cambridge, Massachusetts October 27, 1948, arranged by the Joint Commission of the Congregational Christian Churches of the United States and the American Unitarian Association*. Boston: The Beacon Press/The Pilgrim Press, 1949.

[Forbes, Alexander (=Patrick)]. *An Anatomy of Independency, Or A Brief Commentary, and Moderate Discourse upon The Apologeticall Narration of Mr Thomas Goodwin, and Mr Philip Nye, &c.*. London, 1644.

Forbes, Robert, ed. *Digest of Rules and Procedure of the Inferior Courts of the Free Church of Scotland*. 3ᵉ ed. Edinburgh: Johnstone, Hunter, and Co., 1869.

The Form of Presbyterial Church-Government: and of Ordination of Ministers, Edmonton. Alberta: Still Waters Revival Books, 2002.

Frei, Hans Wilhelm. "Albrecht Ritschl: German Theologian." *Encyclopaedie Brittanica,* 20 juli 1998; Geraadpleegd 14 april 2017; https://www.britannica.com/biography/Albrecht-Ritschl

Fuller, Thomas. *The Church-History of Britain: From the Birth of Jesus Christ*, until the year M. DC. XLVIII. Printed for John Williams at the signe of the crown in St. Paul's Church-yard, 1655.

Gäbler, Ulrich. *Huldrych Zwingli: His Life and Work*. Philadelphia: Fortress Press, 1986.

Gardiner, Samuel Rawson. "William Laud." In *Dictionary of National Biography* vol. 32., 185-194. London: Smit, Elder & Co., 1885-1890.

Gedenkboek van het Christelijk Gymnasium te Zetten, Lyceum te Arnhem, uitgegeven bij gelegenheid van het 60-jarig bestaan, 1864-1924. [Arnhem: Christelijk Gymnasium], 1925.

Gelderen, J. van. "Bouwman, Harm." In *BLGNP* 6, 47-49.

Gemeenten en predikanten van de Gereformeerde Kerken in Nederland:Publikatie ter gelegenheid van 100 jaar Gereformeerde Kerken in Nederland, 17 juni 1992. Leusden: Algemeen Secretariaat Gereformeerde Kerken in Nederland, 1992.

"Geref. Kerk art. 31 beroept." *Nieuwe Leidsche Courant* 10 oktober 1956, 9.

Gereformeerde kerkbode: Contactorgaan van de kerken Bunschoten-Spakenburg en Eemdijk 8ᵉ jrg. n°. 14, 4 juli 1959.

*Gereformeerde Kerkbode voor Groningen * Friesland * Drenthe* 27 september 1958, n°. 38.

Gillespie, George. *CXI propositions concerning the ministerie and government of the Church.* Edinburgh, Evan Tyler, 1647.

Gillespie, George. *Aarons Rod Blossoming, Or, The Divine Ordinance of Church Government Vindicated* .... London: printed by E.G. for Richard Whitaker, 1646.

Goehring, Walter R. *Henry Jacob (1563-1624) and the Separatists.* New York: s.n., 1975.

Goodwin, Gordon, "Henry Jacob." In *Dictionary of National Biography*, 1885-1900. vol. 29, 117-118. Geraadpleegd 14 april 2017. https://en.wikisource.org/wiki/Jacob,_Henry_(DNB00)

Goodwin, Thomas, Philip Nye, Sidrach Simpson, Jeremiah Burroughes en William Bridge. *An Apologeticall Narration, hvmbly svbmitted to the Honourable Houses of Parliament.* London: Printed for Robert Dawlman, M.DC.XLIII, [1643].

Graaf, J., en G.J. de Graaf, eds. *50 Jaar Handboek: Overzicht van predikanten en ledenaantallen in de Gereformeerde Kerken sinds de vrijmaking.* Goes: Oosterbaan & Le Cointre, 1996.

Greaves, Richard L., en Robert Zaller, eds. *Biographical Dictionary of British Radicals in the Seventeenth Century* 1. [Brighton:] The Harvester Press, 1982.

A Greek-English Lexicon of the New Testament and Other Early Christian Literature: A Translation and Adaption of the Fourth Revised and Augmented Edition of Walter Bauer's Griechisch-Deutsches Wörterbuch zu den Schriften des Neuen Testaments und der übrigen urchristlichen Literatur, ed. William F. Arndt en F. Wilbur Gingrich. Chicago/Londen: The University of Chicago Press, 1979.

Greidanus, Marcelis Reinier Idema. *Het geslacht Greydanus, Greijdanus, Greidanus, Pluym Greidanus, Idema Greidanus, van Wimersma Greidanus.* ['s Gravenhage: M.R. Idema Greidanus], 1936.

Greijdanus, S. "Prof. dr. F.L. Rutgers-26 november 1836-19 maart 1917." *Friesch Dagblad* 23 maart 1917.

Grell, Ole Peter. *Brethern in Christ: A Calvinist Network in Reformation Europe*. Cambridge: Cambridge University Press, 2011.

Groot, A. de. "Bronkhorst, Alexander Johannes." In *BLGNP* 5, 92-94.

Groot, A. de. "Eekhof, Albert." In *BLGNP* 1, 74-76.

Groot, A. de. "Amesius, Guilelmus (William Ames)." In *BLGNP* 1, 27-31.

Groot, A. de. *Tussen uitdaging en traditie; kerkelijk belijden in historisch en oecumenisch perspectief*. 's-Gravenhage: Boekencentrum, 1984.

Groot, Hugo de. *Het recht van oorlog en vrede: Prolegomena & Boek I*. Vertaald door Jan Frans Lindemans. Baarn: Ambo, 1993.

Grundler, Otto. "Zanchi, Girolamo." Geraadpleegd 10 juni 2017 http://www.oxfordreference.com.vu-nl.idm.oclc.org/view/10.1093/acref/9780195064933.001.0001/acref-9780195064933-e-1544?rskey=YNjUxt&result=1536

Gunnemann, Louis H. *United and Uniting: The Meaning of an Ecclesial Journey*. New York: United Church Press, 1987.

Gunnoe, Charles D. *Thomas Erastus and the Palatinate in the Second Reformation*. Leiden/Boston: Brill, 2011.

Haas, Joh. de. *Gedenkt uw voorgangers*. 5 dln., 84, Haarlem: Vijlbrief, 1984-1989.

Ha, Polly. *English Presbyterianism, 1590-1640*. Stanford CA: Stanford University Press, 2011.

Handboek van de Gereformeerde Kerken in Nederland [vrijgemaakt] 1945- ....

Harinck, G. "Bremmer, Rolf Hendrik." In *BLGNP* 6, 50-52.

Harinck, G. ed. *Holwerda herdacht: Bijdragen over leven en werk van Benne Holwerda (1909-1952)*. Barneveld: De Vuurbaak, 2005 (*ADChartasreeks* 10).

Harinck, G. en G. Neven, eds. *Ontmoetingen met Bavinck*. Barneveld: De Vuurbaak, 2005 (*ADChartasreeks* 9).

Harinck, G. *De kwestie-Geelkerken: Een terugblik na 75 jaar*. Barneveld: De Vuurbaak, 2001 (*ADChartasreeks* 5).

Harinck, G. "Greijdanus en de voorgeschiedenis van de Nieuwe Vertaling," in *Leven en werk van prof. Seakle* Greijdanus. ed. G. Harinck, 119-146. Barneveld: De Vuurbaak, 1998 (*ADChartasreeks* 3).

Harinck, G. "Greijdanus' weg naar het hoogleraarschap." In *Leven en werk van prof. dr. Seakle Greijdanus*. ed. G. Harinck. Barneveld: De Vuurbaak, 1998 (*ADCHARTASREEKS* 3).

Harris, Charles Alexander. "Joshua Scottow." In *Dictionary of National Biography*. 1885-1900, vol. 51, 115.

Harris, Tim. *Restoration: Charles II and His Kingdoms 1660–1685*. London: Penguin Books, 2006/z.p.: Allen Lane, 2005.

Hatch, Edwin. *The Organization of the Early Christian Churches: Eight Lectures Delivered before the Late Rev. John Bampton M.A. Canon of Salisbury*. London/Oxford/Cambridge: Rivingtons, 1881.

Heij, J.F.H. "Wetenschappelijk vacuum." *Gereformeerde Kerkbode voor Groningen * Friesland * Drenthe*. 11 oktober 1958, n°. 40, 3-4.

Henderson, Alexander. *The declaration of Mr. Alexander Henderson, principall minister of the word of God at Edenbrough, and chiefe commissioner from the Kirk of Scotland to the Parliament and Synod of England: made upon his death-bed*. [London]: [publisher not identified], printed, an. Dom. 1648.

Henderson, Alexander. *Reformation of church-government in Scotland, cleered from some mistakes and prejudices, by the Commissioners of the Generall Assembly of the Church of Scotland, now at London.* [London]: printed for Robert Bostock, dwelling in Pauls Church Yard, at the signe of the Kings Head, 1644.

Henry, G. en Robert Scott. *A Greek-English Lexicon.* Oxford: Clarendon Press, 1996.

Hildreth, Richard. *The History of the United States of America From the Discovery of the Continent to the Organization of Government under the Federal Constitution.* vol. 1: Colonial, 1497-1688, New York: Harper & Brothers, 1860.

Hill, Hamilton Andrews. *History of the Old South Church* I. Boston: Houghton Mufflin, 1890.

Hof, W.J. op 't. *Nadere reformatie nu.* Houten: Den Hertog, 2015 (*Hersteld Hervormde Studies* 11).

Hofmeyr, J.W. *Johannes Hoornbeeck as Polemikus.* Kampen: J.H. Kok, 1975.

Hooiveld, Ernst. "De mannenbroeders: Een onderzoek naar de maatschappelijke kerngroep in de vrijgemaakt-gereformeerde wereld 1944-1994." Onuitgegevens doctoraalscriptie TU Kampen, 1995.

Holwerda, D. *Commentatio de vocis quae est fusis vi atque usu praesertim in Graecitate Aristotele anteriore.* Groningae: Wolters, 1955.

Hooker, Thomas. *A survey of the summe of church-discipline: wherein the way of the churches of New-England is warranted out of the Word, and all exceptions of weight which are made against it, answered: whereby also it will appear to the judicious reader that something more must be said then yet hath been, before their principles can be shaken, or they should be unsetled in their practice.* Londen: printed by A.M. for J. Bellamy, 1640.

Hoornbeek, Johannis. *Summa controversiarum religionis: cum infidelibus, hæreticis, schismaticis: id est Gentilibus, Judæis, Muhammedanis, Papists, Anabaptistis, Enthusaistis & Libertinis, Socinianis, Remonstrantibus, Lutheranis, Brouwnistis [sic], Græcis.* editio secunda, Francofurti ad Viadrum: Jeremiam Schrey & Johan. Christoph Hartmann, 1697.

Hoornbeek, Johannis. *Epistola, ad reverendum, & celeberrimum virum, Johannem Duræum, Scoto-Britannum: Quâ respondetur Examini Joh. Beverly, Angli, de independentismo: cujus toto ratio, & opinionum discrimina producuntur, atque expenduntur. Addita est independentium, seu congregationalium in Anglia, nuper edita confession.* Lugduni Batavorum: Severinum Matthiæ, M D C LX.

Hoornbeek, Johannis. *Summa controversiarum religionis cum infidelibus, hæreticis, schismaticis ....* Trajecti ad Rhenum: Ex Officina Johannis à Waesberge, 1653.

Hooijer, C. *Oude kerkordeningen der Nederlandsche Hervormde Gemeenten (1563-1638), en het concept-reglement, op de organisatie van het hervormd kerkgenootschap in het Koningrijk Holland (1809).* Zalt-Bommel: Joh. Noman, 1865.

Hosmer, James Kendall, ed. *Winthrop's Journal "History of New England 1630-1649."* 2 vol., New York: Barnes & Noble, reprint 1966.

Houten, T.B. van. "Bouwman, Marius." In *BLGNP* 3, 54-55.

Hovius, J. *Het verband tussen onze Belijdenis en onze Kerkorde: Enkele opmerkingen.* Sneek: B. Weissenbach & Zoon, 1962, 12 (Rede uitgesproken bij de overdracht van het Rectoraat aan de Theologische Hogeschool der Chr. Gereformeerde Kerken te Apeldoorn op 9 oktober 1962).

Hubbard, William. A *General History of New England from the Discovery to MDCLXXX.* 2[e] ed., Boston: Charles C. Little and James Brown, MDCCCXLVIII.

Hudson, Charles. *History of Lexington, Massachusetts.* vol. 1, Lexington: Historical Society, 1913.

Hupperts, Charles. *Woordenboek Grieks-Nederlands*. Leeuwarden: Eisma Edumedia, 2004.

Informatieboekje van de Nederlands Gereformeerde Kerken 1974-....

"Intrede Drs Deddens te Marienberg." *Sallands Volksblad – Nieuwe Ommer Courant*. 20 december 1957.

Itterzon, G.P. van. "Bogerman(nus), Johannes." In *BLGNP* 2, 73-76.

Itterzon, G.P. van. "Hoornbeek, Johannes." In *BLGNP* 2, 259-261.

Itterzon, G.P. van. "Maets [Dematius], Carolus de." In *BLGNP* 2, 314-315.

Itterzon, G.P. van. "Rivet (Rivetus), Andre (Andreas)." In: *BLGNP* 2, 375-378.

Jaarboek ten dienste van de Gereformeerde Kerken in Nederland 1917-....

Jacob, Henry. *The Divine Beginning and Institution of Christ's True Visible or Ministerial Church*. [Leiden: H. Hastings, i.e. von Haestens], 1610.

Jacobs, D. *De verhouding tusschen de plaatselijke en de algemeene kerk in de eerste drie eeuwen. Een onderzoek mede ter belichting van den hedendaagschen kerkelijken strijd*. Leiden: J. Ginsberg, 1927.

Janse, W. "Veenhof, Cornelis." In *BLGNP* 5, 521- 523.

Jensma, G.Th., F.R.H. Smit, M.H.H. Engels, eds. *Universiteit te Franeker 1585-1811: Bijdragen tot de geschiedenis van de Friese Hogeschool*. Leeuwarden: Fryske Akademy, 1985.

Jones, Mark. *Why Heaven Kissed Earth: The Christology of the Puritan Reformed Orthodox theologian, Thomas Goodwin (1600-1680)*. Göttingen: Vandenhoeck & Ruprecht, 2010.

Jones, Hywel R. *Thomas Cartwright, 1535-1603*. London: Evangelical Library, 1970.

Jong, Christiaan G.F. de. *John Forbes (1568-1634): Schots predikant, balling, en kerkpoliticus in de Nederlanden*, s.l. s.n., s.a. Geraadpleegd 17 mei 2017. http://cgfdejong.nl/John%20Forbes%20-%20Tekst.pdf

Jong, O.J. de. *Nederlandse Kerkgeschiedenis*. 1ᵉ dr., Nijkerk: Callenbach, 1972.

Joosse, L.J. "Dijk, Douwe van." In *BLGNP* 6, 69-71.

Kamphuis, J. "In Memoriam Detmer Deddens (1923-2009)." *Nader Bekeken*, december 2009, 333-334.

Kamphuis, J. "Deddens, Pieter." In *BLGNP* 5, 133-134.

Karlson, Carol F. *The Devil in the Shape of a Woman: Witchcraft in Colonial New England*. New York/London: W.W. Norton, 1998 (*American History/Women's Studies*).

Keeble, N.H. *The Restoration: England in the 1660s*. Oxford: Blackwell Publishers, 2002 (*History of Early Modern England Series*).

Kerkdienst van de Gereformeerde Kerk (Vrijgem.) vanuit de Noorderkerk te Leeuwarden door: drs. D. Deddens. Zondag 24 mei 1970. Onderwerp: Gods goedertierenheid, uitgave van het Convent van Kerken inzake radio- en televisiediensten.

Kirk, James, ed. *The Second Book of Discipline: With Introduction and Commentary*. Edinburgh: The Saint Andrew Press, 1980.

Knafna, L.A. "Whitaker, William (c. 1594-1646)." In Greaves/Zaller. *Biographical Dictionary*, 309-310.

Knight, Janice. *Orthodoxies in Massachusetts: Rereading American Puritanism*. Cambridge MA/London, England: Harvard University Press, 1994.

Knipscheer, F.S. "Duraeus, (Johannes) of Dury, Durie". In *Nieuw Nederlandsch Biografisch Woordenboek*. 8, Leiden: A.W. Sijthoff, 1930, col. 443-444.

Knuttel, W.P.C. *Acta der Particuliere Synoden van Zuid-Holland 1621-1700.* 2ᵉ deel 1634-1645, 's Gravenhage: Martinus Nijhoff, 1909.

Kok, G.J. *'Het vaste fundament...': 87 Jaar Noorderkerk te Groningen (1921-2008)*, Groningen: Gereformeerde Kerk te Groningen-Noord/Riemer & Walinga, 2007.

Kollen, Richard., Reverend John Hancock." Geraadpleegd 4 oktober 2018. http://www.lexingtonhistory.org/uploads/6/5/2/1/6521332/hancock-householdpaper_r_kollen.pdf

Kooi, C. van der. "Berkhouwer, Gerrit Cornelis." In *BLGNP* 5, 51-55.

Koppe, R. *De leerscholen en het ontwerp L.O. wet.* Groningen: Jan Haan, [1920].

Koppe, R. *Eenige strafrechtelijke beschouwingen in verband met het beginsel van de wet van 12 Febr. 1901 (Stbl. No. 63).* diss., Groningen: Jan Haan, 1906.

Kruger, L.S. e.a.. *Handleiding by die Kerkorde van die Gereformeerde Kerk in Suid-Afrika.* Potchefstroom: Pro-Rege Pers, 1966.

Kuyper, A. "Het afsterven van mijn trouwen vriend Rutgers." In *De Heraut*, 20 maart 1917.

Kuyper, A. *Locus de Providentia, Peccato, Foedere, Christo: College-dictaat van een der studenten.* 2ᵉ dr., Kampen: Kok, 1910.

Kuyper, A. "Uit de Pers." In *De Heraut*, 29 maart 1896, 3-4.

Kuyper, H.H. *De katholiciteit der Gereformeerde Kerken: Afscheidscollege 1 juni 1937.* Kampen: Kok, 1937.

Kuyper, H.H. *De verkiezing voor het ambt.* Leiden: D. Donner, 1900.

Laan, H. van der. "Woltjer, Jan." In *BLGNP* 5, 577-579.

Laan, Harry van der. *Het Groninger boekbedrijf: Drukkers, uitgevers en boekhandelaren in Groningen tot het eind van de negentiende eeuw*. Assen: Koninklijke Van Gorcum, 2005.

[Laing, David]. *The Bannatyne Club: List of Members, Rules, and Catalogue*. Edinburgh: T. Constable, MDCCCLXVII.

Laing, David. *The Letters and Journals of Robert Baillie, A.M. Principal of the University of Glasgow, M.DC.XXXVII-M.DC.LXII*, edited from the Author's Manuscripts, 3 vols. Edinburgh: printed for Robert Ogle, M.DCCC.XLI.-M.DCCC.XLII.

Lamont, William M. *Godly Rule: Politics and Religion 1603-60*. London/New York: Macmillan/St. Martin's P., 1969.

Langdon jr., George D. *Pilgrim Colony: A History of New Plymouth 1620-1691*. New Haven and London: Yale University Press 1966 (*Yale Publications in American Studies* 12).

Langevelde, Ab van. *In het klimaat van het absolute: C. Veenhof (1902-1983). Leven en werk*. Barneveld: De Vuurbaak, 2015 (*ADChartasreeks* 27).

Lechford, Thomas. *Plain dealing: or, newes from New-England: A short view of New-Englands present government, both ecclesiasticall and civil, compared with the anciently-received and established government of England in some materiall points: fit for the gravest consideratin in these times*. London: Butter, 1642.

Levin, David. *Mather, Cotton: The Young Life of the Lord's Remembrancer, 1663-1703*. Cambridge Massachusetts/London England: Harvard University Press, 1978.

Linge, Walter L. en John W. Kuykendal. *Presbyterians: Their History and Beliefs*. Atlanta: John Knox Press, 1978.

Loades, David. *Elizabeth I: A Life*. London/New York: Hambledon Continuum, 2006.

Lonkhuyzen, J. van. "Apollonius' uitspraak geen bewijs." In *Gereformeerd Theologisch Tijdschrift* 38 (1937), 19-40.

Lubbers, A.G. "Van kleine mensen, dingen die niet voorbijgaan." In P. Abas e.a., ed., *Non sine causa: Opstellen aangeboden aan prof. mr. G.J. Scholten ter gelegenheid van zijn afscheid als hoogleraar aan de Universiteit van Amsterdam.* Zwolle: W.E.J. Tjeenk Willink, 1979, 223-243.

Maclear, J., ed. *Church and State in the Modern Age: A Documentary History.* New York/Oxford: Oxford University Press, 1995.

Malcomesius, H., A.C. van 't Sant en [A.] Kuyper. "Op den dag waarop dit nummer." In *De Heraut*, 27 mei 1892, 2-3.

Mather, Cotton. *Ratio Disciplinae Fratrum Nov Anglorum: A Faithful Account of the Discipline Prossed and Practised in the Churches of New-England.* New York: Arno Press, 1972, reprint of the 1726 ed. printed for S. Gerrish in Cornhill, Boston (*Research Library of Colonial Americana*, ed. Richard C. Robey).

Mather, Cotton. *Magnalia Christi Americana, or: The Ecclesiastical History of New-England, from its first planting, in the year 1620, unto the year of our Lord 1698.* vol. 2. Hartford: Silas Andrus & Son, 1853.

Mather, Cotton. *Parentator: Memoirs of remarkables in the life and the death of ... Dr. Increase Mather who expired, August 23, 1723.* s.l. s.n., 1724.

Mather, Cotton. *Magnalia Christi Americana, or, The ecclesiastical history of New-England, from its first planting in the year 1620. unto the year of Our Lord, 1698 In seven books ....* London: Printed for Thomas Parkhurst, at the Bible and three crowns in Cheapside, 1702.

McGee, J.S. "Burroughs, Jeremiah." In Greaves/Zaller, *Biographical Dictionary* 1, 108-109.

McGiffert, Michael. "Puritan studies in the 1960s." In *William and Mary Quarterly* 37 (January 1970): 34-52.

McRoy, F.N. *Robert Baillie and the Second Scots Reformation.* Berkely, Los Angeles, London 1974.

Merwe, H. ter. *De wereldweg der kerk*. Delft: Meinema, 1956.

Meyes, G.H.M. Posthus. "Trelcat (Trelcatius), Luc (Lucas)." In *BLGNP* 6, 312-315.

Meyes, G.H.M. Posthumus. "Trelcat (Trelcatius) sr., Luc (Lucas)." In *BLGNP* 6, 315-317.

Middlekauff, Robert. *The Mathers: Three Generations of Puritan Intellectuals 1596-1728*. New York: Oxford University Press, 1971.

Miller, Perry. "Declension in a Bible Commonwealth." In *American Antiquarian Society*, (April 1941).

Mink, G.J. *Op het tweede plan: Evangelisten in de tweede helft van de negentiende eeuw*. Leiden: Groen, 1994.

Mitchell, Alexander F., ed. J.P. Struthers, eds. *Minutes of the Sessions of the Westminster Assembly of Divines While Engaged in Preparing Their Directory for Church Government, Confession of Faith, and Catechism (November 1644 to March 1649), From Transcripts of the Originals Procured by a Committee of the General Assembly of the Church of Scotland*. Edinburgh, W. Blackwood and Sons, 1874.

[Moncreiff, H. Wellwood ed.] *The Practice of the Free Church of Scotland in her Several Courts*. Edinburgh/Glasgow/London/Belfast: John MacLaren/David Bryce and Son/James Nisbet and Co./G. Aitchison, 1871.

Mooiweer, O. In "In memoriam." *Opbouw*. n°. 16, 28ᵉ jrg., 20 april 1984.

Morgan, Edmund S. *Visible Saints: The History of a Puritan Idea*. Ithaca N.Y., 1963.

Mulder, H. "Hoekstra, Tjeerd," In *BLGNP* 3, 186-187.

Mulder, H. "Kok, Wolter (Alberts)." In *BLGNP* 3, 224-225.

Murdock, Kenneth Ballard. *Increase Mather: The Foremost American Puritan*. Geraadpleegd 20 februari 2017.
http://historic-northampton.org/highlights/stoddard.html

Murray, I.H. The *Puritan Hope: A Study in Revival and the Interpretation of Prophecy*. Edinburgh/Carlisle: Banner of Truth Trust, 1975.

Murray, Iain Hamish. *The Reformation of the Church: A Collection of Reformed and Puritan documents on Church issues*. London: Banner of Truth, 1965.

Nauta, D. "Kuyper, Herman Huber." In *BLGNP* 3, 233-236.

Nauta, D. "Apollonius, Willem (Guilelmus)." In *BLGNP* 2, 30-32.

Nauta, D. "Maresius, Samuel." In *BLGNP* 1, 158-160.

Nauta, D. "Spanheim, Fr(i)edericus." In *BLGNP* 2, 1983, 410-411.

Nauta, D. "Voetius, Gisbertus (Gijsbert Voet)." In *BLGNP* 2, 443-449.

Nauta, D. "Rutgers, Frederik Lodewijk." In *BLGNP* 1, 303-304.

Nauta, D. *Nederlandse Gereformeerden en het Independentisme in de zeventiende eeuw*. Amsterdam: Paris, 1936.

Ney, Julius. "Pareus, David." Geraadpleegd 11 juni 2017; http://www.ccel.org/ccel/schaff/encyc08/Page_353.html

Nijenhuis, W. "Hooker, Thomas" In *BLGNP* 2, 258-259.

Norton, John. *The Answer to the Whole Set of Questions of the Celebrated Mr. William Apollonius, Pastor of the Church of Middelburg Looking toward the Resolution of Certain Controversies Concerning Church Government Now Being Agitated in England*. translated from the Latin by Douglas Horton of the Harvard Divinity School, Cambridge MA: The Belknap Press of Harvard University Press, 1958.

Norton, John. *Responsio ad totam quaestionum syllogèn à clarrisimo viro domino Guillelmo Apollonio, Ecclesiae Middleburgensis Pastore, propositam*. Typis R.B. impensis A. Crook: Londini, 1648.

Nuttall, G.F. *Visible Saints. The Congregational Way 1640-1660*. Oxford: Basil Blackwell, 1957.

Nyenhuis, Jacob E. and George Harinck, eds. *The Enduring Legacy of Albertus C. Van Raalte as Leader and Liaison*. Grand Rapids, Michigan: William B. Eerdmans Publishing Company/Holland, Michigan: Van Raalte Press, [2014].

Oldenhuis, F.T. *Rechtsvinding van de burgerlijke rechter in kerkelijke conflicten: De strijd om het zelfstandig bestaan van de plaatselijke kerk*. Groningen: De Vuurbaak, 1977 (*Kamper Bijdragen* 20).

Oort, J. van. "Jacobs, David." In *BLGNP* 2, 272-273.

Opstal, A.G. van. *André Rivet. Een invloedrijk Hugenoot aan het hof van Frederik Hendrik*. Harderwijk: Drukkerij "Flevo" v/h Gebr. Mooij, 1937.

"Owen, John." In Chisholm Hugh, ed., *Encyclopædia Brittanica*. 20nd. ed. New York: The Encyclopædia Britannica Company, 1911, 392-393.

Palfrey, John Gorham. *History of New England*. 3 vols., Boston: Little, Brown, and Co, 1859-1864.

Pareus, David. *Irenicum, sive De unione et synodo evangelicorum concilianda liber votivus paci ecclesiae, & desideriis pacificorum dicatus*. Heidelbergae: Jonae Rosae librarii Francofort, typis Johannis Lancelloti, acad. typogr., 1615.

Pauck, Wilhelm. "Adolf von Harnack: German Theologian and Church Historian." In *Encyclopedie Brittanica* 15 november 2016; Geraadpleegd 14 april 2018. https://www.britannica.com/biography/Adolf-von-Harnack.

Pauck, Wilhelm. *Harnack and Troeltsch: Two historical theologians*. New York: Oxford University Press, 1968.

Paul, R.S. "Simpson, Sidrach." In Greaves/Zaller, *Biographical Dictionary* 3, 177-178.

Perkins, William. *Opera theologica….*, Genevæ: Petrum & Iacobum Chouet, 1611-1618.

Pestana, Carla Gardina. "Peter, Hugh (bap. 1598, d. 1660)." Geraadpleegd 6 april 2017. https://www.britannica.com/biography/Hugh-Peter.

Pinkster, Harm, ed. *Woordenboek Latijn/Nederlands*. 2^e dr., Amsterdam: Amsterdam University Press, 2003.

Pitcairn, Thomas and Patrick Clason. "Act and Declaration Anent the Publication of the Subordinate Standards and Other Authorative Documents of the Free Church of Scotland." In *The Subordinate Standards, and Other Authorative Documents of the Free Church of Scotland*, Edinburgh: Johnstone and Hunter, MDCCCLI, v-xv.

Pollanus, Valerandus. *Liturgia sacra, seu ritus ministerii in ecclesia peregrinorum profugorum propter Euangelium Christi Argentinæ*. Londini: Per Stephanum Mierdmannū, MDLI.

Ponsteen, H.J. "Wisse, Johannes." In *BLGNP* 5, 572-573.

Pope, Robert G. " New England versus the New England Mind: The Myth of Declension." In *Journal of Social History* (1969-1970), 95-108.

Pos, H.J., et. al., eds. *Eerste Nederlandse Systematisch Ingerichte Encyclopaedie*. Amsterdam: Boek- en Courantmaatschappij N.V., 1946-1960.

The Practice of the Free Church of Scotland in Her Several Courts. Edinburgh: Knox Press, 1995.

The Practice of the Free Church of Scotland in Her Several Courts. 2nd. ed., Edinburgh/Glasgow/Aberdeen/London: Maclaren and Macniven/D. Bryce and son, and J.N. Mackinlay/A. and R. Milne/J. Nisbet and Co., 1877.

"Prof D. Deddens overleden." *Nederlands Dagblad*, 30 oktober 2009.

"Prof. drs. D. Deddens aanvaardt ambt met oratie over 'De verdwijnenden ouderling.'" *Nederlands Dagblad*, 8 september 1979, 2.

"Prof. Lettinga nam afscheid in Kampen." *Reformatorisch Dagblad*, 15 mei 1987.

"Rector prof. drs. D. Deddens na drie jaar professoraat." *Nederlands Dagblad*-Variant: Schooldag, 1982.

De Reformatie: Weekblad tot ontwikkeling van het gereformeerde leven 1945-....

Reforming Synod[/Increase Mather]. *The necessity of reformation: With the expedients subservient thereunto, asserted; in answer to two questions: I. What are the evils that have provoked the Lord to bring his judgments on New England? II. What is to be done so those evils may be reformed?Agreed upon by the elders and messengers of the churches assembled in the Synod at Boston in New England, Sept. 10. 1679.* [Boston] John Foster, 1679.

Regterschot, Albert-Jan. "Vooropgaan, dat past bij emeritus predikant dr. P. van Gurp." *Reformatorisch Dagblad*. 15 februari 2013.

Reid, James. *Memoirs of the Westminster Divines of Those Eminent Divines, Who Convened in the Famous Assembly at Westminster, in the Seventeenth Century.* Paisley: Stephen and Andrew Young, 1811; reprint Southampton: The Camelot, 1982, vol. 2, 55-70.

Reitsma, J. en S.D. van Veen. *Acta der Provinciale en Particuliere Synoden, gehouden in de noordelijke Nederlanden gedurende de jaren 1572-1620: Zeeland 1579-1620, Overijsel 1584-1620.* vol. 5. Groningen: J.B. Wolters, 1895.

Remmelink, J. "Levensbericht G.E. Langemeijer." In *Jaarboek Koninklijke Nederlandse Akademie van Wetenschappen*, 1991, Amsterdam, 144-153

Ridderbos, Jan. *Nederlandse predikanten gevangen in Kampen en/of omgekomen tijdens WO II.* Geraadpleegd 12 december 2017. http://docplayer.nl/14110637-Nederlandse-predikanten-gevangen-in-kampen-en-of-omgekomen-tijdens-wo-ii-samensteller-dr-jan-ridderbos.html.

Ritschl, A.B. *Die christliche Lehre von der Rechtfertigung und Versöhnung.* 3 vol., Bonn: Marcus, 1870–1874.

Rogers, Graham Alan John and Tom Sorell, eds. *Hobbes and History.*, London: Routledge, 2000.

Rooseboom, M.P. *The Scottish Staple in the Netherlands*. The Hague: Nijhoff, 1910.

Rutgers, F.L. *De geldigheid van de oude kerkenordening der Nederlandsche gereformeerde kerken*. ed. J. Kamphuis, Amsterdam: Ton Bolland, 1971.

Rutherford, Samuel. *A Free Disputation Against pretended Liberty of Conscience Tending To Resolve Doubts Moved by Mr. John Goodwin, John Baptist, Dr. Jer. Taylor, the Belgic Arminians, Socinians, and other Authors contending for lawless Liberty or licentious Toleration of Sects and Heresies*. Londen: printed by R.I. for Andrew Crook, MDCIL.

Salvard, Jean Francois en Simon Goulart, Johann Heinrich Bullinger. *Harmonia confessionum fidei orthodoxarum & reformatarum ecclesiarum: quae in praecipuis quibusque Europae regnis, nationibus, & prouinciis, sacram euangelij doctrinam purè profitentur: quarum catalogum & ordinem sequentes paginae indicabunt : additae sunt ad calcem breuissimae obseruationes: quibus, tum illustra[n]tur obscura, tum quae in speciem pugnare inter se videri possunt, perspicuè, adque modestissime conciliantur: & si quae adhuc controuersa manent, syncerè indicantur : quae omnia, ecclesiarum Gallicarum, & Belgicarum nomine, subiiciuntur libero & prudenti reliquarum omnium, iudicio*. Genevae: apud Petrum Santandreanum, 1581.

Sarx, Tobias. "Zepper, Wilhelm." In *Biographisch-Bibliographisches Kirchenlexikon* vol. 31, Nordhausen: Bautz 2010, 1537-1541.

Savornin Lohman, A.F. de en F.L. Rutgers. *De rechtsbevoegdheid onzer plaatselijke kerken*. 2^e. dr., Amsterdam: Wormser, 1887.

Schaff, Philip. *The Creeds of Christendom: History of the Creeds*. vol. 1 deel 2. New York: Cosimo Classics, 2007.

Schenderling, J.G. "Daneau, (Danaeus), Lambertus." In *BLGNP* 5, 132-133.

Scheps, N. *Interviews over 25 jaar Vrijmaking*. Kampen: Kok, 1970, passim.

Schilder, H.J. "Kerkelijke leven: Opdracht tot reformatorische historiografie." *De Reformatie: Weekblad tot ontwikkeling van het gereformeerde leven*, n°. 51, 33^e jrg., , 27 september 1958, 401.

Schilder, K. en P. Deddens. *Eerste- en tweedehands gezag: Bijdrage tot de kennis der jongste kerkelijke procedure*. Groningen: De Jager [1946].

Schram, P.L. "Pierson, Hendrik." In *BLGNP* 1, 253-255.

Schutte, G.J. "Cock, Helenius de," in *BLGNP* 5, 121-124.

Scottow, Joshua. *A NARRATIVE Of The Planting of the Massachusets COLONY Anno 1628. With the LORDS Signal Presence the First Thirty YEARS. Also a Caution from New-Englands APOSTLE, the GREAT COTTON, How to Escape the Calamity, which might Befall them or their POSTERITY. And Confirmed by the EVANGELIST NORTON With Prognosticks from the FAMOUS Dr. OWEN. Concerning the Fate of these Churches, and Animadversions upon the Anger of God, in sending of Evil Angels among us. Published by Old Planters, the Authors of the Old Mens Tears. Published by Old Planters, the Authors of the Old Mens Tears*. Transcribed and edited by Paul Royster, Boston: Harris, 1694.

Scottow, Joshua et al. *Old mens tears for their own declensions, mixed with fears of their and prosterities further falling off from New-England's primitive constitution*. Boston: Benjamin Harris en John Allen, 1691.

Selden, John. *Table-talk: being the discourses of John Selden, Esq., or his sence of various matters of weight and high consequence relating especially to religion and state*. London: printed for E. Smith, 1689.

Selden, John, James Howell en Marchamont Nedham. *Mare clausum: The right and dominion of the sea in two books: in the first the sea is proved by the law of nature and nations not to be common to all men, but to be susceptible of private dominion and propriety as well as the land: in the second it is asserted that the most serene King of Great Britain is the lord and proprietor of the circumfluent and surrounding sea as an inseparable and perpetual appendix of the British empire*. London: printed for Andrew Kembe and Edward Thomas, 1663.

Sell, Alan P.F. *One Ministry, Many Minister: A Case Study from the Reformed Tradition*. Eugene OR: Pickwick Publications, 2014.

Shagan, Ethan H. "Rethinking Moderation in the English Revolution: The Case of an Apologeticall Narration." In *The Nature of the English Revolution Revisited: Essays in Honour of John Morrill*, ed. Stephen Taylor, en Grant Tapsell. Woodbridge: The Boydell Press, 2013, 43-45.

Shaw, William Arthur. "Parker, Robert (1564?-1614)." In *Dictionary of National Biography*. 1885-1900, vol. 43, 269-271.

Shuffelton, Frank. *Thomas Hooker 1586-1647*. Princeton NJ: Princeton University Press, 1977.

Sibley, John Langdon. *Biographical Sketches of Graduates of Harvard University in Cambridge, Massachusetts*. deel 3, Cambridge: Charles William Sever, 1885.

Sikkema, Roel "Tussen Schilders en Deddensen." *Nederlands Dagblad*, 1 maart 1995.

A solemn league and covenant for reformation and defence of religion, the honour and happinesse of the king, and the peace and safety of the three kingdoms of England, Scotland, and Ireland : also, two speciall orders : viz. I. Concerning the taking of the solemn league and covenant in all churches and chappels in London and Westminster, II. Concerning divers lords, knights, gentlemen, colonells, officers, souldiers, and others, that are desirous to meet upon Friday next in the afternoon, at Margarets-Westminster, and to take the said league and covenant: with a preamble concerning the excellent usefulnesse of the said covenant, made by a worthy member of the House of Commons, ordered by the Commons in Parliament, that this League and orders be printed and published: H: Elsynge, cler. Parl. D. Com., London: Printed for Edward Husbands, 1643.

Song, Young Jae Timothy. *Theology and piety in the reformed federal thought of William Perkins and John Preston*. Lewiston NY: Edwin Mellen Press, 1998.

Sonneveld, Reinier, en George Harinck. *Je vindt ze overal: Kamper theologen die geen dominee werden*. Amsterdam: Buijten & Schipperheijn Motief, 2014.

Spijker, W. van 't. "Hovius, Jan." In *BLGNP* 6, 130-131.

Spijker, W. van 't. "Het Erastianisme." *Inleiding tot de studie van het kerkrecht*. Kampen: Kok, 1988, 104-105.

Spongeholz, Jesse. *The Convent of Wesel: The Event that Never was and the Invention of Tradition*. Cambridge: Cambridge University Press, 2017.

Sprunger, Keith L. *Dutch Puritanism: A History of English and Scottish churches of the Netherlands in the Sixteenth and Seventeenth Centuries*. Leiden: Brill, 1982.

Steiginga, F. *100 Jaar Gereformeerde Kerk Witmarsum 1888-25 januari 1988*. s.l. s.n. [1988].

Stolk, Maarten "Werken met de jongens van de Broederweg." *Reformatorisch Dagblad*. 2 juli 2009.

The Subordinate Standards, and Other Authorative Documents of the Free Church of Scotland. Edinburgh: Johnstone and Hunter, MDCCCLI.

The Theses of Erastus: Touching Excommunication, translated from the Latin. with a Preface by the Rev. Robert Lee, Edinburgh/London: Myles MacPhail/Simpkin and Marshall, and G. Bell, 1844.

Trolander, Paul. *Literary Sociability in Early Modern England: The Epistolary Record*. Newark: University of Delaware Press, 2014.

Trueman, Carl, en John Owen. *Reformed Catholic Renaissance Man*. London/New York: Routledge, 2007 (*Great Theologians Series*, eds. John Webster et. al.).

Upham, Thomas. C. *Ratio discipline, or: The constitution of the congregational churches*. Portland, Shirley and Hyde, 1829.

"Van Binnenlands Gebeuren." *Gereformeerd Gezinsblad*, 20 november 1967.

Veenhof, C. "Een 'historische' dag." In *De Reformatie*, 27^e jrg., n°. 38, 28 juni 1952, 316.

Veer, M.B. van 't Veer. *Catechese en catechetische stof bij Calvijn*. Kampen: Kok, 1942.

Veling, K. "Prof. Deddens uit de redactie." In *De Reformatie*, jrg. 60/21, 2 maart 1985, 427.

Venemans, B.A. "Geelkerken, Johannes Gerardus." In *BLGNP* 2, 206-207.

Venemans, B.A. "Junius, Franciscus (François du Jon)." In: *BLGNP* 2, 275-278.

Venemans, B.A. "Lonkhuyzen, Jan van." In *BLGNP* 2, 309-310.

"Verdwijnen ambt ouderling leidde tot groeiend kerkelijke verval: Prof. D. Deddens oreerde als kerkhistoricus." *Reformatorisch Dagblad*. 8 september 1979, 2.

Visee, G. "In een vacature voorzien." In *Kamper Kerkbode: Weekblad ten dienste van de Geref. Kerk van Kampen*, 63e jrg. n°. 41, 18 october 1958.

Voetius, Gisbertus. *Politicæ Ecclesiasticæ....* 4 vol., Amstelodami: Joannis à Waesberge, 1663-1676.

"Vragen rondom de hoogleraarsbenoeming." In *Opbouw*, 2 n°. 2, 24 oktober 1958, 220.

Vreugdenhil, W. "Nabetrachting." In *Gereformeerd kerkblad voor Zuid-Holland, Zeeland, Noord-Brabant en Limburg*, 17e jrg. n°. 5, 30 januari 1965.

Vries, J.P. de. "Vrijmaking." In G. Harinck et. al., ed., *Christelijke Encyclopedie*. 3, Kampen: Kok, 2005, 1837-1839.

Vries, O.H. de. "Robinson, John." In *BLGNP* 6, 247-249.

Walker, Williston, ed. *The Creeds and Platforms of Congregationalism*. Eugene OR: Wipf & Stock, 2005.

Walker, Williston. *A History of the Congregational Churches in the United States*. New York: Christian Literature Co., 1894.

Walker, Williston. "The Services of the Mathers in New England Religious Development." In *Papers of the American Society of Church History*. v, 6ff.

Weinandy, Thomas Gerard. *Athanasius: A Theological Introduction*. Aldershot: Ashgate, 2007.

Weis, Frederick Lewis. *The Colonial Clergy and the Colonial Churches of New England*. Lancaster MA, 1936.

Wesel-Roth, Ruth. *Thomas Erastus: Ein Beitrag zur Geschichte der reformierten Kirche und zur Lehre von der Staatssouveränität*. Lahr/Baden: Moritz Schauenberg, 1954 (*Veröffentlichungen des Vereins für Kirchengeschichte in der evang. Landeskirche Badens* 15) .

Winiarski, Douglas. L., *Darkness Falls on the Land of Light: Experiencing Religious Awakenings in Eighteenth-Century England*. (Chapel Hill: Published for the Omohundro Institute of Early American History and Culture, Williamsburg, Virginia, by the University of North Carolina Press [2017]).

Winslow, Ola Elizabeth. *Meetinghouse Hill 1630-1783*. New York: The MacMillan Company, 1952.

Wise, John. *A Vindication of the Government of New-England Churches*. Boston: J. Allan, 1717, a fascimile reproduction with an introduction by Perry Miller, Gainesville Florida: Scholar's Facsimiles & Reprints, 1958.

Witt, J.R. de. *Jus Divinum. The Westminster Assembly and the Divine Right of Church government*. Kampen: Kok, 1969.

Wolff, I. "Wetenschappelijk vacuum." In *Gereformeerd Kerkblad voor Overijssel en Gelderland*, 11ᵉ jrg. n°. 113, 4 oktober 1958.

Woltjer, J. *Grieksche grammatica voor gymnasiën*. 2ᵉ dr., Groningen: Wolters, 1900.

Worden, Blair. *The Rump Parliament 1648-53*. Cambridge/London/New York/Melbourne: Cambridge University Press, 1977.

Woude, C. van der, "Es, Willem Albertus van," In *BLGNP* 1, 76-77.

Young, James, Joseph Hunscot and George Calvert. *Jus Divinum Regiminis Ecclesiastici....* London: printed by J.Y. for Joseph Hunscot and George Calvert, and are to be sold at the Stationers Hall, 1646.

Zanchius, Hieronymus (Girolamo). *Opera Theologicorum*. Genève: Excudebat Stephanus Gamonetus/Matthæus Berjon, 1605.

Zanchius, Hieronymus (Girolamo). "Tractatus de Redemptione." Vertaald door Jeffrey J. Veenstra onder de titel *On the Law in General*, CLP Academic, 2012.

Ziff, Larzer, ed. *John Cotton on the Churches of New England*. Cambridge MA: The Belknap Press of Harvard University Press, 1968.

Zondergeld, G.R. "Wagenaar, Lutzen Harmens." In *BLGNP* 3, 389-391.

Zwart, Jan. "Wielenga, Douwe Klaas." In *BLGNP* 5, 562-563.

Digitale bronnen

file:///C:/Users/Gebruiker/Downloads/Kerkorde-1978-2015.pdf
https://adckampen.nl/
http://allegroningers.nl
http://atlanta-rpc.org/2009/06/forty-years-of-wedded-bliss/
https://babel.hathitrust.org/cgi/pt/search?q1=precentor&id=nnc1.cr59917636&view=1up&seq=9
https://babel.hathitrust.org/cgi/pt?id=nnc1.cr59917636;view=1up;seq=42
https://babel.hathitrust.org/cgi/pt?id=njp.32101063842619;view=1up;seq=43
https://babel.hathitrust.org/cgi/pt?id=njp.32101063842619;view=1up;seq=47
https://babel.hathitrust.org/cgi/pt?id=nnc1.cr59917636;view=1up;seq=66
https://babel.hathitrust.org/cgi/pt?id=nnc1.cr59917636;view=1up;seq=71
https://babel.hathitrust.org/cgi/pt?id=nnc1.cr59917636;view=1up;seq=72
http://connectedbloodlines.com/getperson.php?personID=I8429&tree=lowell
http://dalspace.library.dal.ca/bitstream/handle/10222/62551/dalrev_vol27_iss4_pp443_458.pdf?sequence=1&isAllowed=y
http://digitalcommons.unl.edu/cgi/viewcontent.cgi?article=1000&context=scottow
http://digitalcommons.unl.edu/cgi/viewcontent.cgi?article=1003&context=scottow
https://drive.google.com/file/d/0B0cIIAg_dq8LN3JCV3h2Um9mcG8/view https://en.wikipedia.org/wiki/Douglas_Horton
https://en.wikipedia.org/wiki/Talk:Evangelical_Presbyterian_Church_(Ireland)
https://en.wikisource.org/wiki/Scottow,_Joshua_(DNB00)
https://hardenberg.mijnstadmijndorp.nl/collecties/historische-vereniging-hardenberg-fotocollectie/fam-ds-gerber
https://huispedia.nl/kampen/8261es/burgwal/81
https://huispedia.nl/kampen/8267aa/spoorkade/7
http://ia801403.us.archive.org/20/items/confessionoff00chur/confessionoff00chur.pdf

http://www.kamperalmanak.nl/downloads/almanak1957/almanak1957_12_kamper_kroniek.pdf
http://kerkrecht.nl/content/stichting-%E2%80%98prof-detmer-deddens-kerkrecht-centrum%E2%80%99
http://kerkrecht.nl/sites/default/files/ActaGKv1964.pdf
https://oekrainezending.nl/cor-harryvan/
http://presbyterianreformed.org/about-us/history/   https://www.fpclg.org/church-history/
http://reformed.org
http://reformed.org/documents/wcf_standards/index.html?mainframe=/documents/wcf_standards/p369-direct_pub_worship.html
http://resources.huygens.knaw.nl/bwn1880-2000/lemmata/bwn2/kuijper
http://resources.huygens.knaw.nl/retroboeken/vdaa/#source=aa__001biog18_01.xml&page=333&view=imagePane
http://stichtingdebrug.nl/over-ons/
http://venn.lib.cam.ac.uk/cgi-bin/search-2016.pl?sur=&suro=w&fir=&firo=c&cit=&cito=c&c=all&z=all&tex=FLR622T&sye=&eye=&col=all&maxcount=50
http://westminsterconfession.org/confessional-standards/the-westminster-assembly-of-divines.php
http://www.apuritansmind.com/puritan-favorites/james-ussher-1581-1656/
http://www.apuritansmind.com/puritan-favorites/william-perkins/
https://www.archivesportaleurope.net/ead-display/-/ead/pl/aicode/NL-ZuRAZ/type/fa/id/NL-ZuRAZ-0096
https://www.archivesportaleurope.net/ead-display/-/ead/pl/aicode/NL-ZuRAZ/type/fa/id/NL-ZuRAZ-0096/unitid/0096+-+91
http://www.atstranmillis.com/?page_id=43
http://www.bolks.nl/stamboom/Leven_en_werk_TK_van_Eerden_080702.pdf
https://www.britannica.com/biography/Cotton-Mather
https://www.britannica.com/biography/Increase-Mather
https://www.britannica.com/biography/John-Cotton
https://www.britannica.com/biography/John-Wise-American-colonial-minister
https://www.britannica.com/biography/Richard-Mather
http://www.ccel.org/ccel/schaff/encyc02.html?term=Bradshaw,%20William

http://www.ccel.org/ccel/schaff/encyc08/Page_353.html
http://www.creeds.net/belgic/
http://www.creeds.net/congregational/savoy/index.htm
http://dbnl.org/tekst/schi008schr05_01/schi008schr05_01_0003.php
http://www.dboverijssel.nl/archieven/2086
http://www.deddenskoppefonds.nl/
http://www.digibron.nl/search/detail/012dc1130b469659da18071d/ds-b-j-f-schoep-overleden
http://www.digibron.nl/search/detail/165cfacf9dfb115f56be9e492b94c6e7/zaak-ds-schoep-weer-ter-discussie-op-synode-hattem
http://www.edintone.com/independents/nathaniel-ponder/2/
http://www.epcni.org.uk/
http://www.eskimo.com/~lhowell/bcp1662/intro/uniformity_1662.html
http://www.firstchurchinsalem.org
http://www.fqinet.nl
https://www.gkv.nl/zoek-een-predikant/
http://www.grammofoon.com/frameset.htm?
http://www.grammofoon.com/Acoustical/Acoustical_SM20.htm&ContentFrame
http://www.hdc.vu.nl/nl/Images/Heraut_tcm215-135639.pdf
https://www.icrconline.com/
http://www.iisg.nl/hpw/calculate2-nl.php
http://www.kerkrecht.nl
http://www.narratio.nl/boon/
http://www.norwayheritage.com/p_ship.asp?sh=marge
http://www.olivercromwell.org
http://www.online-familieberichten.nl/pers/215905/Cornelis-Jacob-Ketel-1920-2005
http://www.opbouwonline.nl/artikel.php?id=12597
https://www.parlement.com/id/vg09ll2lb8zw/a_abraham_kuyper
http://www.parlement.com/id/vg09ll3pxwym/h_okma
https://www.rd.nl/boeken/in-memoriam-ton-bolland-1943-2010-1.554519
https://www.rd.nl/kerk-religie/ds-g-d-j-dingemans-pkn-overleden-1.1453322
https://www.rd.nl/kerk-religie/kerkhistoricus-prof-dr-otto-j-de-jong-87-overleden-1.351385
http://www.reformed.org/documents/BelgicConfession.html
http://www.reformed.org/documents/wcf_with_proofs/

http://www.reformed.org/documents/index.html?mainframe=http://www.reformed.org/documents/BelgicConfession.html
http://www.reformed.org/documents/wcf_standards/index.html?mainframe=/documents/wcf_standards/p395-form_presby_gov.html
http://reformed.org/documents/wcf_standards/index.html?mainframe=/documents/wcf_standards/p369-direct_pub_worship.html
http://www.reformed.org/documents/wcf_standards/index.html?mainframe=/documents/wcf_standards/p395-form_presby_gov.html
https://www.rug.nl/staff/f.t.oldenhuis/
http://www.ssnr.nl/
http://www.stadsarchief.rotterdam.nl
http://www.stamboomsurfpagina.nl/kalender.html
http://www.swrb.com/newslett/actualNLs/bod_ch04.htm#CH01
http://www.swrb.com/newslett/actualNLs/ScotConf.htm#CH11
https://www.thecrimson.com/article/1921/4/26/christo-et-ecclesiae-psearch-in-the/
https://www.trouw.nl/home/handige-jager-op-oude-bijbels~ad8e3fe2/
https://www.tuxx.nl/engels/afkortingen/#V
http://www.universitystory.gla.ac.uk/biography/?id=WH0007&type=P
http://www.verkade.nu/dominees.nl/overleden.php?q=overl1998
http://www.vluchtheuvelgemeente.nl/
https://www.wiewaswie.nl/
http://www.worldcat.org

Geraadpleegde archiefinstellingen en onderzochte archieven door Leon van den Broeke

Archiefbewarende kerk Classis Hardenberg/Ommen te Mariënberg,[1] GKv te Mariënberg
Notulen en ingekomen/uitgegane stukken Classis Hardenberg, 1954-1966
Notulen en ingekomen/uitgegane stukken Kerkenraad Mariënberg, 1954-1966

Archiefbewarende kerk Classis Leeuwarden te Harlingen, De Haven CGKV te Harlingen
Openbare notulen (persverslagen) en ingekomen/uitgegane stukken, 1963-1979

Archief- en Documentatiecentrum van de Gereformeerde Kerken in Nederland Kampen
Archief Theologische Universiteit Kampen, n°. 172, 1945-1989
Archief D. Deddens n°. 297 – nog niet volledig gecatalogiseerd
Archief P. Deddens, n°. 290, 1890-1958
Archief S. Greijdanus, n°. 28, 1898-1948
Archief J. Kamphuis, n°. 403, n.n.b.

Archief Gereformeerde Kerk vrijgemaakt van Leeuwarden, Morgensterkerk te Leeuwarden
Notulen kerkenraad 1963-1979

---

1 De toenmalige ongedeelde Classis Hardenberg is later gesplitst in de Classis Hardenberg en de Classis Ommen. Vandaar dat ik het archiefmateriaal van de toenmalige ongedeelde Classis Hardenberg heb bestudeerd dat nu bij de Classis Ommen behoort en waarvan Mariënberg de archiefbewarende kerk is.

Archief Gereformeerde Kerk vrijmaakt van Wetsinge-Sauwerd, GKv te Sauwerd
Notulen kerkenraad 1949-1957
Foto ds. D. Deddens
Foto oude kerk en pastorie

Archief mevrouw T. Greving-de Vries, Leeuwarden
Cassetteband met kerkdienst over Hebreeën 13:8. Thema: Jezus Christus blijft altijd dezelfde, door D. Deddens op zondag 10 september 1989

Archief F. Hoogland, Leeuwarden
Fotomateriaal ter gelegenheid van het 25-jarig predikantschap ds. D. Deddens in 1974 in de Noorderkerk te Leeuwarden
Foto kerkenraad Gereformeerde Kerk vrijgemaakt van Leeuwarden

Archief M. Hiemstra, Leeuwarden
Foto kerkenraad Gereformeerde Kerk vrijgemaakt van Leeuwarden

Archief R. Oosterhuis, Sauwerd
Foto's echtpaar Deddens-Koppe

Archief A. Prins, Zwolle
Foto kerkenraad Gereformeerde Kerk vrijgemaakt van Leeuwarden
Preek D. Deddens op c.d.

Archief fam. F.R. Rijpma, Leeuwarden
Trouwpreek echtpaar F.R. Rijpma en B. Rijpma-De Lange (†) geleid door D. Deddens, 30 augustus 1978 Leeuwarden

Archief G.O. Sander, Assen
Liturgie voor de samenkomst voorafgaande aan de begrafenis van Detmer Deddens op dinsdag 3 november 2009
Preek voorafgaande aan de begrafenis van Detmer Deddens op dinsdag 3 november 2009

Archief fam. W.O. Sierksma, Leeuwarden
Dia's met afbeeldingen van D. Deddens

Archief L.A. Valkema, Bedum
Correspondentie D. Deddens en L.A. Valkema, 1988-2003

Archief H.J.C.C.J. Wilschut, Bovensmilde
'Memorabilia levensgang D. Deddens – persoonlijke notities van mededelingen door D. Deddens aan Wilschut gedaan'

Groninger Archieven: Regionaal Historisch Centrum, Groningen
Archief Classis Groningen, inv. nrs. 1, 2 en 12-20

Informanten

dr. K. van Bekkum, Amersfoort, gesprek 14 maart 2018
prof. dr. E.A. de Boer, Kampen, doorlopende gesprekken
prof. dr. J. van Bruggen, Apeldoorn, e-mailuitwisseling 22 en 26 februari 2018 en telefonisch gesprek 28 februari 2018
mevrouw G. Deddens-de Graaf, Hoek, telefonisch via zoon W.O. Deddens, 31 januari 2018
de heer W.O. Deddens, Goes, doorlopende e-mailuitwisseling, telefonische gesprekken en gesprekken
drs. L.C. van Drimmelen, Amsterdam, gesprek 22 december 2017
prof. em. dr. J. Douma en drs. R. van der Wolf, Hardenberg, 5 februari 2018
ds. T.K. van Eerden, Zuidhorn, e-mailwisseling 22 februari 2018-12 maart 2018
drs. A. de Graaf, Brazilië, doorlopende e-mailwisseling
mevrouw T. Haaksema-Douma, Sauwerd, gesprek 13 maart 2018
prof. dr. G. Harinck, Amersfoort, doorlopende gesprekken
drs. G. Harmanny, Kampen, doorlopende gesprekken
ds. C.J. Harryvan, Kiev, Oekraïne, e-mailwisseling 23 maart 2018
de heer M. Heemskerk, Oegstgeest/Rijnsburg, telefonisch gesprek 23 maart 2018
ds. L.S.K. Hoogendoorn, Uithuizermeeden, gesprek 19 maart 2018
prof. dr. P.H.R. van Houwelingen, Kampen, gesprek 14 maart 2018 en e-mailwisseling 17 maart 2018
dr. P. van der Kamp, Zwolle, gesprek 14 maart 2018
prof. em. dr. B. Kamphuis, Kampen, doorlopende e-mailwisseling en gesprek woensdag 4 oktober 2017
prof. dr. G. Kwakkel, Kampen, gesprek 2 augustus 2017
dr. dr. A. van Langevelde, Leeuwarden, doorlopende e-mailwisseling en gesprekken
prof. drs. J.P. Lettinga, Kampen, telefonisch gesprek 30 maart 2018
drs. G. Luehof, Heerde, telefonisch gesprek 23 maart 2018
prof. drs. J.A. Meijer, gesprek 15 april 2018
mevrouw H. Mulder-Deddens, Rotterdam, telefonisch gesprek 22 maart 2018
prof. dr. F. van der Pol, Hattem, e-mailwisseling, 18 april en 1 mei 2018
ds. P. Niemeijer, Rijnsburg, e-mailwisseling 17-19 maart 2018

prof. mr. F.T. Oldenhuis, Enumatil, gesprek 18 mei 2018, e-mailwisseling 8 en 10 juni 2018
de heer R. Oosterhuis, Sauwerd, gesprek 13 maart 2018
ds. H. Pathuis, Bunschoten-Spakenburg, doorlopende e-mailwisseling
mr. dr. P.T. Pel, Hattem, doorlopende gesprekken
de heer A. Prins, Zwolle, doorlopende e-mailwisseling en gesprekken 26 september en 7 november 2017
dr. W.H. Rose, Kampen, gesprek 14 maart 2018
drs. G.O. Sander, Assen, telefonisch gesprek 2 maart 2018
mevrouw A. Spijker, Leeuwarden, gesprek 26 maart 2018
ds. P. Schelling, Amersfoort, e-mailwisseling 19-20 maart 2018
prof. dr. W. van 't Spijker, Apeldoorn, gesprek 8 januari 2018
drs. P. Storm, Vroomshoop, gesprek maandag 5 februari 2018, telefonisch gesprek 15 maart 2018
de heer H. Titsing, Sauwerd, gesprek 13 maart 2018
echtpaar L. Valkema, Bedum, doorlopende e-mailwisseling en gesprekken
dr. J. Veenhof, Gunten (Zwitserland), diverse e-mailwisseling, sms-berichten, telefonische gesprekken en gesprekken
dhr. G. van der Veen, Marienberg, diverse e-mailwisseling en gesprek 28 februari 2018
prof. dr. M. te Velde, Hasselt, doorlopende e-mailwisseling en gesprekken
dhr. A. Vreugdenhil, Hardenberg, telefonisch gesprek 6 november 2017
drs. M.J. Wijma, Kampen, doorlopende e-mailwisseling, whatsapp-berichten en gesprekken
dr. H.J.C.C.J. Wilschut, Bovensmilde, doorlopende e-mailwisseling, telefonisch gesprek en gesprek

Beeldmateriaal

Verantwoording beeldmateriaal
- p. 5 Rector D. Deddens, ADD, ADC Kampen
- p. 30 Rector P. Deddens, APD, ADC Kampen
- p. 51 De jonge D. Deddens, Archief W.O. Sierksma
- p. 65 D. Deddens 25 jaar predikant, Archief familie M. Hiemstra Leeuwarden
- p. 66 D. Deddens predikant in Leeuwarden, Archief familie W.O. Sierksma Leeuwarden
- p. 76 D. Deddens als voorzitter van de Generale Synode van Hattem van 1972 met naast hem actuarius J. Kok, ADD, ADC Kampen
- p. 79 D. Deddens met sigaar, ADD, ADC Kampen
- p. 83 D. Deddens tijdens excursie Ecclesiologische Club, Archief M. de Meij, Vlissingen
- p. 92 Inauguratie D. Deddens met rechts van hem president-curator H. Bouma, ADD, ADC Kampen
- p. 265 Handgeschreven pagina uit de rectorale rede 1982 van D. Deddens, ADD, ADC Kampen

Register van persoonsnamen

Ames, W./Amesius, G. 194, 198, 203, 266, 274, 286, 287, 328, 331, 352, 373
Andel, H.A. van 161, 162
Apollonius, W./G. 15, 201, 264, 266, 273, 275, 277, 287, 291-297, 301, 302, 312, 313, 315-323, 343-345, 347-350, 353-356, 358-360, 362-364, 366
Aquino, Th. van 352
Athanasius van Alexandrië 166, 167

Baillie, R. 15, 231, 239, 240, 264, 266, 291, 292, 297-303, 305-323, 344, 348,
Barrowe, H. 352
Bavinck, H. 42, 125, 160, 163, 165-167
Baynes, P. 195, 274, 286, 331
Beek, K. van der 173
Bellarminus, R. 352
Bergwerff, P.A. 16, 46
Berkouwer, G.C. 42, 60
Beveren, M. van 220
Beverley, J. 263, 269-271, 273, 276, 280, 289
Beza, Th. 332, 350
Biesterveld, P. 247, 255, 341
Boeft, F.A. den 53
Boer, E.A. de 23, 447
Boersma, O. 148
Bogerman, J. 70, 73, 74, 194, 328
Bolland, T. 72
Bolle, D. 171
Boon, R. 35
Boone, L. 172

Bootsma, J. 158
Bornhäuser, K. 167
Bos, J. 215, 216
Bouma, H. 80, 81, 92, 93
Bouwman, H. 104, 116, 127
Bouwman, Korn. 55
Bouwman, M. 101, 102, 103, 104, 116, 118, 120, 122, 130, 133, 134, 136, 147, 267, 286, 313, 320, 331
Bouwman, W. 173, 176, 259, 341
Bradshaw, W. 195, 198, 274, 331
Brahn, O.K. 90
Brands, R. 57
Breen, C.J. 30, 80
Bremmer, R.H. 42, 44, 160
Brès, Guido de 368
Brewster, W. 187, 214
Bridge, W. 233, 274, 303, 305, 312
Broeke, C. [Leon] van den 9
Bronkhorst, A.J. 144, 145
Brouwer Jzn., A. 166
Bruggen, D. van 97
Bruggen, ds. J. van 38, 39, 46, 47
Bruggen, prof. J. van 23, 87, 91, 447
Bruinsma, I. 23
Brüning, K. 220
Buchanan, G. 315
Bulkeley, E. 184
Burroughes, J. 233, 274, 305, 312
Buurman, Karel 27, 28
Buurman-Oosterom, Johanna Maria 28
Buursema, A. 84

Calvijn, J. 135, 144, 332, 350, 366, 367

Carleton, G. 226
Carthwright, T. 332, 352
Cheever, S. 183
Clark, T. 183
Cobbett, T. 184, 185
Cock, Helenius de 28, 168
Cock, Hendrik de 268
Coebergh, H. 73
Coleman, T. 232
Cromwell, O. 203, 233, 235, 236, 269, 271-273

Dalhuijsen, G. 110
Danaeus/Daneau, L. 350, 357
Deddens, D. passim
Deddens-de Graaf, G. 23, 447
Deddens, G.H. 28, 99
Deddens, K. 16, 17, 22, 27, 48, 63, 70, 98, 220
Deddens jr, P. 27
Deddens sr., P. passim
Deddens, W.O. 10, 26, 447
Deddens-Buurman, M. 27
(Deddens-)Koppe, A. 13, 24, 29
Dekker, A. Berends 28
Dexter, H.M. 192
Dijk, D. van 38, 39, 53, 157
Dijk, H. van 173
Dijk, H. van 173
Dijk, J. van (jr.) 157
Dijk, J. van (sr.) 157, 158
Dijk, K. van 157
Dingemans, G.D.J. 345, 346, 369
Diodati, G./J. 320
Doekes, L. 33, 60, 78, 80, 98, 216, 219, 220
Don, A.F. 60, 61
Dooren, G. van 393
Dooren, J. van 327
Doornbos, K. 38, 39

Douma, J. 23, 87, 91, 220, 447
Drelincourt, L. 316
Drimmelen, L.C. van 23, 447
Drost, M.K. 31, 219, 220
Dury/Duraeus, J. 264, 270, 272, 273, 276, 309

Eekhof, A. 34
Eerden, architect T.K. van 54
Eerden, ds. T.K. van 23, 54
Eliot, J. 183, 185, 340
Elizabeth, koningin 268
Es, W.A. van 177
Esser, J.J. 159, 161

Faber, J. 30, 31, 39
Faber, S. (burgemeester) 96
Ferwerda, T. 165, 166
Fiske, M. 183
Flynt, J. 183
Forbes, A/P. 314, 315
Forbes, James 314
Forbes, John 309, 363
Francke, Joh. 73, 74
Fuller, Th. 363

Geelkerken, J.G. 101, 121
Geesink, G.H.J.W.J. 162, 163
Gillespie, G. 231, 239, 282, 283, 299, 302
Goedbloed, W.J. 170, 171
Goodwin, Th. 187, 190, 233, 274, 303, 305, 312, 313, 348, 364
Goudappel, C.D. 38
Graaf, A. de 23, 88, 94, 447
Graaff, W. de 80
Greijdanus, J. 178

Greijdanus, S. 10, 14, 19, 20, 33, 34, 41, 73, 91, 96, 101-107, 109-112, 114-116, 118, 120-124, 126-135, 137-145, 147-153, 160, 162, 167-170, 174-177, 179, 217
(Greijdanus-)Kruithof, M. 168, 169
Greijdanus, M.R. 153
Greving, B.I. 23
Greving, J.E. 23
Greving-de Vries, T. 23
Groen jr., J. 56
Groot, H. de 331, 358
Gurp, P. van 219, 220

Haaksema-Douma, T. 23, 447
Hale, J. 184
Hancock, John 213, 214
Harinck, G. 26, 81, 91, 93, 147, 148, 447
Harmanny, G. 23, 171
Harnack, A. (von) 166, 167
Harryvan, C. 23, 84, 447
Hatch, E. 166, 167
Heemskerk, M. 23, 447
Heij, J.F. 45, 62
Heijman, K. 23
Henderson(e), A. 231, 239, 299, 302, 303, 322
Hendriks, A.J. 227
Herksen, H.D. 59, 80
Hettinga, J. 38, 39
Hiemstra, M. 23, 65
Higginson, J. 184, 203
Hoedemaker, Ph.J. 155
Hoekstra, T. 44, 45
Hofmeyer, J.W. 263
Holwerda, B. 31, 32, 33, 36, 217
Hoogendoorn, L.S.K. 23, 447
Hoogland, F. 23

Hooker, T. 184, 185, 197, 198, 204, 208, 328, 340, 363, 367
Hoornbeek, J. 36, 127, 134, 263, 264, 267-290, 292, 295, 328, 336, 345, 364, 365
Houwen, R. 61
Houwelingen, P.H.R. 23, 85, 447
Hovius, J. 125, 126
Howe, E. 203
Huismans, S. 164, 165, 173
Hur, S.G. 220

Idzerda, K. 175

Jacob, H. 195, 198, 286, 331, 332
Jacobs, D. 143
Jager, A. de, 31
Jager, H.J. 33, 43
James II 236
James VI 249
Jansen, Joh. 124, 126, 136
Janssens, M. 23, 270, 329
Jong, O.J. de 85
Jong, P. de 139
Junius, F. 351

Kalkeren, C. van 220
Kamp, P. van der 23, 447
Kamphuis, B. 23, 26, 46, 67, 91
Kamphuis, J. 13, 17, 30, 33, 36, 39, 40, 41, 42, 43, 44, 45, 46, 47, 48, 49, 50, 51, 52, 58, 67, 72, 75, 77, 78, 79, 80, 81, 83, 84, 87, 91, 92, 94, 96, 215, 216, 263, 325, 327, 345, 377
Kansen, J. 23
Kapteyn, K.J. 220
Keegstra, T.J. 80
Ketel, C.J. 31
Klamer, J. 220

Klein, Tj.S. 165
Kok, A.D.C. 160
Kok, J. 160
Kok, Jacob 76, 80, 375
Kok, W.A. 28, 160
Koolstra, R. 172
Koppe, A. 37
Koppe, R. 27
Koppe-Holtman, G.G. 37
(Koppe-)Stegeman, W. 37
Kousebroek, heer 156
Kramer, W.H. 161
Kruse, C. 9, 26
Kuyper, A. 18, 127, 133, 134, 136, 145, 152, 162-165, 168, 172, 258, 372
Kuyper, H.H. 53, 102, 103-105, 114-116, 118, 120, 123, 127, 132, 136, 155, 162, 167, 168, 177, 220, 247, 255, 259, 295, 296, 341
Kwakkel, G. 24, 92, 447

Lamont, D. 220
Langevelde, A. van 26, 447
Langhout, J. 155
Lechford, Th. 207, 208
Lee, K.S. 220
Lettinga, J.P. 24, 61, 91, 447
Lightfoot, J. 232
Lin, J.Y. 220
Lingen, F.P.L.C. van 158-161
Lonkhuyzen, J. van 102-104, 133, 138, 291, 292, 294, 297, 312, 364
Lubbers, A.G. 90
Luehof, G. 24, 447
Lummel, C.W.J. van 154
Luth, E.C. 84

Macleod, J.N. 220
Maets, C. de 282

Mather, C. 182, 187, 191, 196, 209-212, 328, 340, 346
Mather, I. 182, 183, 189, 191, 196
Mather, R. 182, 183, 184, 196, 213
Meij, M. de 24, 83
Meijer, J.A. 24, 91, 447
Miedema, J.J. 156, 168, 169
Moes, J. 220
Moulin, P. du 316, 320
Mulder-Deddens, H. (Ineke) 24, 27, 32, 87, 447

Nauta, D. 35, 101, 139, 264, 266, 275, 291-298, 312, 323, 344, 345, 348, 364
Netelenbos, J.B. 101
Nieboer, N.E. 80
Niemeijer, P. 24, 67, 69, 70, 74, 75, 447
Nieuwenhuis, D. 50
Norton, J. 201, 264, 274, 275, 277, 278, 280, 286, 287, 313, 343-350, 353-364, 366, 369
Nye, Ph. 233, 274, 303, 305, 312, 313, 348

Ohnmann, H.M. 91
Okma, H. 162
Oldenhuis, F.T. 89-91, 448
Oosterhuis, R. 24, 448
Owen, J. 187, 190, 269, 270, 364

Palma, M. 24
Pareus, D. 351
Parker, R. 14, 195, 198, 266, 274, 286, 309, 325-333, 336-339, 342, 352, 358, 359
Pathuis, H. 24, 86, 87, 89, 448
Peereboom, H. 24
Pel, P.T. 9, 26, 448

Pel, mevrouw 157, 158
Pel, R.H. 157, 158
Peter(s), H. 203, 208, 308
Phillips, S. 183
Pierson, H. 160
Piscator, A. 351
Piscator, J. 351
Ploos van Amstel, G. 155
Pol, F. van der 24, 92, 447
Pool, H. 40
Postma, D.P. 28
Prins, A. 24, 82, 448
Prins, Th.D. 154-159
Puffendorf, S. 213

Raynssford, E. 211
Reuijl, H.J. 154
Ridderbos, J. 167
Rijpma, F.R. 24
Rijpma, O.J.
Ritschl, A.B. 165
Rivet(us), A. 304, 310, 315, 316, 320, 351
Robinson, J. 194, 195, 198, 201, 202, 286, 328
Roode, E. de, 24
Roos, P. 162
Rose, W.H. 24, 85, 448
Rudolph, R.J.W. 154
Rutgers, F.L. 10, 18, 20, 73, 102, 112, 113, 120, 127, 129, 130, 132, 134, 136, 144, 155, 162, 163, 165, 166, 178, 295, 342, 369, 372, 377
Rutherford, S. 231, 239, 299, 302, 303, 322

Sander, G.O. 24, 85, 99, 448
Savornin Lohman, A. de 136
Schelling, P. 15, 24, 26, 80, 217, 375, 448

Schenk Brill, J.C. van 171
Schouten, A. 171
Scottow, J. 211, 212
Selden, J. 232
Sharp, S. 203
Sherman, James 183
Sherman, John 184
Schilder, H.J. 36, 38, 41, 43, 47, 75, 77, 78, 91, 151
Schilder, K. 29, 30, 32-34, 41, 53, 56, 60, 91, 101, 138, 140, 145, 147, 149, 217, 259
Sierksma, W.O. 24, 51, 66
Simpson, S. 233, 274, 305, 312, 313, 348
Smelik, J. 56
Spang, W. 291, 292, 301, 302, 304, 305, 307, 309, 310, 312-315, 318, 320, 321, 322, 344, 348,
Spijker, A. 24, 448
Spijker, W. van 't 448
Spronsen, K.C. van 20, 147
Stoddard, S. 183
Stolk, M. 46
Stone, S. 204
Storm, P.L. 25, 84, 448

Thomas, D.W.H. 220
Titsing, H. 24, 448
Torrey, S. 183
Trelcat(ius) jr., L. 351
Trecalt(ius) sr., L. 351
Trimp, C. 31, 78, 87, 91

Ussher, J. 232

Valkema, L.A. 24, 98, 448
Veen, G. van der 24, 448
Veenhof, C. 25, 33, 41-43
Veenhof, J. 25, 26, 167, 448

Veenhof-Bakker, M. 25
Veenhof-Laffer, M. 25
Veer, M.B. van 't 36
Velde, M. te 13, 25, 92, 215, 216, 448
Veerbeek, B.J.H. 156
Veldman, H. 81
Verbrugge-Zevenbergen, A.A.J. 150, 169, 170
Visee, G. 33, 44
Visscher, J. 220
Vlastuin, W. van 24
Voetius, G. 10, 20, 73, 102, 118, 123, 125-127, 134, 136, 137, 140, 145, 228, 264, 267, 274, 282, 292, 295, 297, 308-310, 315, 317, 318, 320-323, 325, 327-329, 339, 342, 364
Vree, J. 24, 171
Vreugdenhil, A. 24, 448
Vreugdenhil D., 38
Vreugdenhil, W. 24, 38, 71
Vries, J.P. de 96
Vries, T.S. de 46
Vries, W.G. de 61, 80

Wagenaar, L.H. 74
Walker, W. 192
Whitaker, W. 352
Whiting, J. 183
Whiting, S. 184
Whiting jr., S. 184
Wielenga, Froukje 157
Wijma, M.J. 26, 448
Wijminga, P.J. 155
Willem (William) I, koning 135
Willem II 310
Willem III, stadhouder 236
Wilschut, H.J.C.C.J. 25, 98, 448
Wilson, J. 184
Winthrops, J. 207, 340
Wise, J. 210, 212, 213
Wisse Czn., J. 160
Wolf, R. van der 24, 93, 98, 99, 447
Wolff, I. de 44
Woltjer, J. 157, 165

Zeijst, J. van 95
Zeijst-Deddens, A. van 27, 95
Ziel, A. van der 53, 71, 72
Zwingli, H. 352